JN449541

판례와 사례로 본

안과의료분쟁

황정민 · 김경례 · 이경권 · 류영주 · 임강섭

신 조 사

머 리 말

법학 영역에서 다른 법률가들과 공동으로 책을 쓰는 일은 흔하지 않다. 하지만 의학영역에서는 논문까지도 공동으로 쓰는 것이 일반적이다. '통섭'이라는 단어도 어느 새 진부하게 느껴질 즈음에 황정민 교수님의 제안으로 이 책은 시작됐다. 처음에는 논문을 쓰는 것으로 시작됐다가 책을 쓰는 것으로 발전된 것이다. 시작은 안과 분야의 권위자이신 황 교수님의 제안으로 안과 관련 의료 판례를 분석해 그 결과를 논문으로 쓰는 것이었으나, 결국 책까지 집필하는 것으로 결론이 났다.

누군가와 공동으로 작업을 한다는 것은 사실 쉬운 일이 아니다. 더구나 각 분야의 전문가들이 만나 의논하고, 토론하고, 집필하고, 서로 검토하는 과정을 거치는 과정은 생각보다 어려웠다. 국내에 의료 판례를 분석한 책이 이미 여러 권 출판되었으나 임상의사, 법률가, 분쟁해결 전문가, 공무원이 함께 참여해 집필된 책은 처음인 것으로 알고 있다.

황정민 교수님을 중심으로 함께 작업을 하면서 많은 것을 배웠다. 또 법률가들에게는 당연하게 생각되는 것들도 임상의사들에게는 생소한 경우가 있어, 어떻게 하면 쉽게 이해시킬 것인가에 대해 고민도 하게 됐다. 법률가들이 판례의 내용 가운데 궁금해 하는 것과 임상의사들이 궁금해 하는 것에 차이가 있다는 점도 알게 됐다.

이 책 초반부에는 의사들이 알아야 할 기본적인 지식에서부터 자주 묻는 질문에 대한 법률적 답변을 먼저 배치했다. 안과 영역을 세분해서 각 영역에 해당하는 판례들을 분석한 내용은 물론 한국소비자원의 분쟁해결 사례 및 분쟁을 예방하는 방법들도 정리했다.

이 책은 온전히 환자를 직접 대면하는 일선 의사들에게 조금이나마 도움이 되자는 취지에서 시작됐다. 모쪼록 저자들의 의도대로 의료의 최일선에서 활동하고 있는 의사들이 분쟁에 휘말리지 않았으면 하는 바람이다. 불가피하게 분쟁이 발생했을 경우에는 가장 바람직한 방향으로 해결되도록 하는 데 도움이 되기를 바란다.

마지막으로 이 책이 만들어지는데 가장 많은 역할을 하신 황정민 교수님, 풍부한 분쟁해결의 경험으로 바탕으로 조언을 아끼지 않은 김경례 박사님, 행정가의 시각을 보여주신 임강섭 사무관님, 판례 분석에 집중해주셨던 류영주 선생님 등 네 분 공동저자들께 진심으로 감사드린다. 그 외 미처 신경쓰지 못했던 부분까지 꼼꼼히 점검해주신 법무법인 〈엘케이파트너스〉의 김동권, 김용정, 황선영씨와 이 책이 세상에 빛을 볼 수 있도록 해준 신조사의 이종은 부장님께도 깊은 감사를 드린다. 부디 이 책이 의료현장에서 고군분투하시는 안과 의사분들에게 조금이라도 힘이 되기를 소망한다.

2016. 3.
공동저자들을 대표하여
대치동 사무실에서 **이 경 권**

차 례

제2부 의료분쟁의 예방 [황정민, 이경권, 류영주, 임강섭]

제3부 의사가 궁금한 의료분쟁과 관련된 질문과 답변 [이경권, 임강섭]

제4부 안과 의사가 알아야 할 진단서 작성법 [황정민, 류영주]

제5부 법원 안과 소송 판례분석 [황정민, 류영주]

제6부 소비자원 안과 사례분석 [김경례]

제1부 의료소송의 기본지식

의사들은 의과대학 또는 의학전문대학원에서 의료법규에 대해 강의를 듣고 실제 의사 국가고시에서 이에 대한 시험도 치르고 있다. 그러나 강의의 전문성이 다른 임상과목에 비해서는 상대적으로 낮고 시험문제 역시 임상의로서 반드시 알아야 할 법률지식을 익히는 데 다소 적절하지 않다는 것이 일반적인 평가라 할 수 있다. 이러한 평가는 많은 의료 관련 법령 위반으로 형사처벌이나 행정처분을 받게 되는 임상의사들을 만나면서 자주 듣게 되는 "잘 몰랐다. 그런 법률이 있었느냐?"라는 말에서도 잘 나타나 있다. 따라서 본격적인 안과 의료소송에 대한 설명을 하기 앞서 의사들이 기본적으로 알아야 할 법률용어에 대해서 간략히 설명을 해야 한다는 판단 아래 다음과 같이 기본적인 개념을 정리하고자 한다. 유의할 점은 방대한 양의 의료 관련 법령의 이해에 필요한 전반적인 설명을 하는 것이 아니라 의료소송과 관련된 용어에 국한하여 설명한다는 점이다.

Ⅰ. 기본적인 용어의 정리

전 국민에 대한 국민건강보험의 실시로 인해 국민이 의료기관을 많이 이용하고 행위별 수가제를 취하고 있는 우리 현실에서는 절대적인 의료행위 수 또한 증가하고 있다. 게다가 인구의 노령화로 인한 만성질환의 증가, 여기에 미용을 위한 각종 성형수술 및 피부과 진료의 대유행으로 사람들이 흔히 말하는 의료사고 또한 급속하게 증가하고 있다. 그에 따라 예전에 비해 병원이나 의원을 이용하는 일반인이 의료사고를 당할 확률도 상당히 높아지고 있다. 그러나 대부분은 자신에게 일어난 것이 의료진의 잘못으로 인해 발생한 의료사고인지, 의료사고라면 어떻게 대처해야 하는지에 대해 제대로 알지 못하여, 인터넷에 의료기관을 비방하는 글을 올리거나, 의료진을 수사기관에 고발하거나, 의료기관에서의 1인 시위 또는 무단점거 등의 행동을 하는 사례가 많다. 반대로 의사들은 의료사고가 무엇인지, 의료과실이 무엇인지에 대한 정확한 지식이 없어 환자나 그 보호자를 상대로 떼를 쓴다고 주장하는 경우가 많다. 이러한 행동은 분쟁 해결에 도움이 되지 않을뿐더러 오히려 당사자 사이의 감정만 악화시켜 분쟁 해결을 어렵게 만드는 경우가 많다. 따라서 환자나 보호자는 물론 의사를 포함한 의료진 또한 의료사고가 무엇인지, 의료과실이 무엇인지에 대하여 정확하게 이해해야 한다.

Ⅱ. 의료사고

1. 기존 논의

일반인들에게 의료사고가 무엇이냐고 물으면 대개는 의사가 환자를 치료하다가 잘못하여 발생한 사고라고 대답하는 경우가 많다. 그러나 이러한 일반인의 의료사고에 대한 생각은 법률적인 의미의 의료사고와는 다소 차이가 있다. 즉 학문적으로 의료사고란 의료행위가 개시되어 그 종료에 이르기까지 과정에서 예기하지 아니한 결과가 발생한 경우[1]를 지칭하며, 이 개념은 그 발생, 원인, 책임의 소재를 일단 도외시한 사회현상을 의미하는 가치중립적인 개념이다.[2] 위와 같은 판례의 정의를 조금 더 분석해보면 ① 병원입구에서 미끄러져 다치거나, ② 병원의 엘리베이터 오작동으로 인한 부상, ③ 병원에서 의사가 잘못하여 환자

1) 唄 孝一, 現代醫療訴訟における事故と過失訴訟 現代損害賠償法講座 4권 3면, 최재천 · 박영호, 의료과실과 의료소송, 육법사, 45면에서 재인용.

2) 최재천 · 박영호, 의료과실과 의료소송, 육법사, 45면.

의 물건을 파손한 것 등은 의료사고에 해당하지 않음을 알 수 있다. 왜냐하면 ①, ②의 경우는 의료진의 의료행위가 없었기 때문에, ③은 의료진의 의료행위가 있기는 하지만 인신사고(人身事故) –사람이 다치거나 죽는 것– 에 해당하지 않기 때문에 결론으로는 의료사고에 해당하지 않게 된다. 판례가 인정하는 의료사고의 정의와 일반인들의 생각을 비교하면 의사의 잘못은 물론 간호사나 임상병리사 등의 잘못으로 인해 발생한 사고도 의료사고에 포함된다는 점, 환자를 치료하는 과정에서 발생한 것에만 의료사고가 한정되지는 않는다는 점, 의료사고는 의사를 포함한 의료진이 잘못한 경우에만 한정되지는 않는다는 점 등에서 차이가 있다. 특히 일반인의 생각과 판례의 정의 사이에 괴리가 생기는 점은 일반인은 의료기관에서 의료사고가 발생하였다고 하면 당연히 의사를 포함한 의료진이 잘못했기 때문이라고 생각하는 경우가 많으나, '의료사고'라는 용어에는 그와 같이 의료진이 잘못했다, 잘못하지 않았다는 것과 같은 가치판단이 전혀 포함되어 있지 않다.

즉 의료사고는 사고의 발생, 원인, 책임의 소재에 대한 판단이 이루어지기 전, 발생한 결과만을 가리키는 가치중립적인 개념이다. 교통사고가 발생한 경우 자세히 분석하기 전까지는 운전자가 잘못하였다고 할 수 없는 것과 마찬가지로 의료사고가 발생하였다고 하여 반드시 의료진이 잘못하였다고 할 수는 없다. 따라서 의료사고가 발생하더라도 의료진에게 잘못이 있는지는 의료행위에 대한 자세한 분석이 이뤄진 이후에야 밝혀지게 된다.

생각해 볼 문제

여러 번 골절 경험이 있는 환자가 교통사고 후 우 대퇴골 불유합으로 인해 피고 병원에서 수술을 받았다. 15년 후 다른 병원에서 치료받는 과정에서 의료진으로부터 뼈는 약한 충격에도 쉽게 골절되는 반면 골유합은 비교적 양호하게 이루어지는 성질을 가지고 있으며, 별도의 수술 없이도 부러진 뼈가 붙어가고 새로운 뼈가 형성되어 간다는 이야기를 들었다. 이에 화가 난 환자는 전화로 수술한 병원의 의료진에게 이 같은 사실을 확인하기 위해 전화를 하였으나, 위 병원 의료진이 "싸가지 없는 자식", "개새끼", "병신새끼" 등의 욕설을 한 사안

⇒ 이 사건은 수술일로부터 10년 이상 경과한 시점에서 소송을 제기하였으므로 원고의 손해배상청구권이 소멸시효의 완성으로 인하여 소멸하였으나, 법원은 피고 병원의 의료진이 원고에 대해 욕한 것에 대해 300만원의 손해배상을 인정하였다. 따라서 이 사건은 최초에는 의료사고를 원인으로 한 손해배상소송의 형태를 띠었으나, 최종적으로는 의료사고가 원인이 아닌 모욕 등의 불법행위를 원인으로 한 일반 손해배상소송이 되고 말았다.

2. 최근 논의

그러나 '의료사고 피해구제 및 의료분쟁 조정 등에 관한 법률'(이하 '의료분쟁조정법'이라 함)이 제정, 시행된 이후부터는 이러한 논의에 변화가 생겼다. 즉 2011. 4. 7. 제정되어 2013. 4. 8.부터 시행된 동법 제2조에서는 의료사고를 "보건의료인(의료법 제27조 제1항 단서 또는 약사법 제23조 제1항 단서에 따라 그 행위가 허용되는 자를 포함한다)이 환자에 대하여 실시하는 진단 · 검사 · 치료 · 의약품의 처방 및 조제 등의 행위(이하 "의료행위 등"이라 한다)로 인하여 사람의 생명 · 신체 및 재산에 대하여 피해가 발생한 경우를 말한다"라고 정의하여 기존의 하급심 판결과는 다른 정의를 내리고 있다. 따라서 보건의료인이 환자에 대하여 의료행위를 행하는 과정에서 발생하는 신체적, 재산적 손해가 발생한 경우를 의료사고로 보는 것이 타당할 것이다. 비록 하급심이라 할지라도 법원이 의료사고에 대하여 정의를 내린 바 있으나, 법학적으로는 판례보다 법률의 규정이 우선하므로 앞으로는 의료분쟁조정법에 규정된 의료사고의 개념을 우선시해야 할 것이다. 다만, 인신사고로 인해 발생하는 손해의 범위를 손해배상법 상의 일반범위와 동일시한다면 위 법률에서 말하는 재산적 손해도 판례에서 말하는 인신사고에 포함되기 때문에 양자는 큰 차이가 없다고 할 것이다.

Ⅲ. 의료행위

이러한 의료사고를 조금 더 명확히 이해하려면 '의료행위', 판례의 표현에 의할 때는 '환자의 진단, 검사, 치료 등 의료의 전 과정', 의료분쟁조정법 상의 개념에 의할 경우에는 '환자에 대하여 실시하는 진단 · 검사 · 치료 · 의약품의 처방 및 조제 등의 행위'가 무엇인지를 알아야 한다. 엄격히 말하자면 판례나 의료분쟁조정법 상의 의료사고 개념에 제시되어 있는 것이 '의료행위'와 완전히 일치한다고 할 수 없다. 법률 상의 의료사고의 정의만 살펴보아도 '의료행위 등'이라고 표현하고 있기 때문이다. 다만 여기서는 이에 대하여 법학적으로 자세히 검토하지는 않을 것이며, 크게 '의료행위'로 보아 논의를 진행하고자 한다.

1. 먼저 의료행위를 담당하고 있는 의료계에서는 "의료는 인간의 생명에 관련된 건강과 질병을 대상으로 하는 의학의 사회적 적용", "의학적인 지식과 수단방법, 즉 의술로써 질병을 진단하고 치료하는 것"이라는 식의 다소 모호하고 추상적인 언어를 사용하여 의료행위를

정의하고 있다.[3]

2. 법학자들은 대체로 의료행위를 "현대의학을 기본으로 하여 그 이론을 임상에 응용하는 행위로서 사람의 질병의 진단, 치료 혹은 예방을 목적으로 하는 행위", 또는 "질병의 치료와 예방에 관한 행위뿐만 아니라 의학상의 지식과 기능을 가진 의료인이 하지 아니하면 보건위생상 위해를 가져올 우려가 있는 일체의 행위"로 정의한다. 그러나 아예 개념의 정의를 포기하고 법원의 판결을 통하여 개별적 사안에 따라 정할 수밖에 없다고 하는 학자들도 있다.[4]

3. 판례는 처음에는 의료행위를 실질적으로 파악하여 "의료란 질병의 예방과 치료행위"라고 정의하였다.[5] 그러나 그 후 "의료행위라고 함은 질병의 예방이나 치료행위를 하는 것을 말하는 것으로서 풀이하여 보면 의학의 전문적 지식을 기초로 하는 경험과 기능으로서 진찰, 검안, 처방, 투약 또는 외과수술 등의 행위를 말하는 것이라고 할 것인바, 의료행위의 내용에 대하여는 이에 관한 정의를 내리고 있는 법조문이 없으므로 결국은 구체적 사안에 따라 이를 정할 수밖에 없는 것이어서 앞에서 말한 의료법의 목적 즉 의학상의 전문지식이 있는 의사가 아닌 일반사람에게 어떤 수술행위를 하게 함으로서 생명신체 상의 위험이나 일반공중위생 상의 위험이 발생할 수 있는 여부 등을 감안한 사회통념에 비추어 의료행위의 내용을 판단하여야 할 것이다"라고 판시하여 의료행위의 범위를 확대하는 방향으로 정의를 내렸다.[6]

이처럼 판례가 바뀌게 된 이유는 문명이 발전함에 따라 의학도 비약적으로 발전하고 그에 따라 기존의 의료행위인 '질병의 예방 또는 치료행위'로 볼 수 없는 행위들이 의료인이 아닌 사람들에 의해 이루어지게 되자, 국민건강이나 보건에 해를 끼칠 위험성이 높아져 이를 제한할 필요가 생겼기 때문이다. 즉 과거의 정의에 의하면 의료행위가 아니어서 누구나 할 수 있지만 의료인들이 하지 않으면 국민건강이나 국민보건에 해를 끼칠 수 있는 행위들이 증가되었기 때문이다. 이러한 판례의 태도에 따라 현재의 의료행위를 정의하면 '전통적인 질병의 예방 또는 치료행위 및 의사가 아닌 일반인이 하면 일반공중위생 상의 위험이 발생할 수 있는 행위'라고 쉽게 정의할 수 있을 것이다.

최근 판례는 이를 조금 더 다듬어 "의료행위란 의학적 전문지식을 기초로 하는 경험과 기능으로 진찰, 검안, 처방, 투약 또는 외과적 시술을 시행하여 하는 질병의 예방 또는 치료행위 및 그 밖에 의료인이 행하지 아니하면 보건위생상 위해가 생길 우려가 있는 행위를 의미한다"[7] 고 판시하고 있다.

---

3) 문국진, 의료의 법이론, 대한의학협회지 제23권 제3호.
4) 최재천 · 박영호, 의료과실과 의료소송, 육법사, 40-42면.
5) 대법원 1972. 3. 28. 선고 72도342 판결.
6) 대법원 1974. 11. 26. 선고 74도1114 전원합의체 판결.
7) 대법원 2012. 5. 10. 선고 2010도5964 판결.

4. 의료행위의 개념은 과거에 비하여 점차로 확대되고 있다(의료행위의 개념은 최초에는 질병의 치료행위만이 의료행위에 해당한다고 보았으나, 그 후 '질병의 예방을 위한 행위'도 의료행위에 포함되었으며, 뒤따라 일반인이 시행하면 일반공중위생상의 위험이 발생할 수 있는 행위'로까지 그 개념이 확대된 것이다). 이처럼 의료행위의 개념이 확대되는 것은 과학기술이 발전함에 따라 이전에는 상상할 수 없는 새로운 행위들이 생겨나고, 그러한 행위들을 의학에 대한 지식이 없는 사람들이 행하면 사회 일반에 위험(=일반공중위생 상의 위험)이 발생할 수 있기 때문이다. 즉 전문적이고 체계적으로 교육받고 국가가 주관하는 시험에 합격한 의료인들로 하여금 이와 같은 행위들을 하게 함으로써 공중에 대한 위험성을 없애기 위해 의료행위의 개념을 확대하고 있다. 대표적인 예가 미용성형수술이다. 지금에는 '성형코리아', '성형공화국'이라는 부정적인 단어가 생겨날 정도로 미용성형이 보편화되어 있으며, 의사가 아닌 자가 미용성형을 하는 것이 법을 위반하는 것이 아니라고 생각하는 사람이 없을 것이지만, 1960년대 후반부터 1970년대 초반까지에는 미용성형수술이 지금처럼 보편화되지 않았고 의사가 아닌 일반인들에 의해 많이 이루어졌었다.

그러나 그때까지의 판례에 의하면 미용을 위한 성형수술은 질병의 예방행위도 아니고 치료행위도 아니기 때문에 의료행위가 아닌 것이 되어 의사자격이 없는 사람이 미용을 위한 성형수술을 하더라도 법적으로 아무런 문제가 되지 않았다. 즉 이러한 행위로 인하여 환자가 다치거나 죽더라도 수술 전에 환자의 동의가 있었다는 점, 행위자에게 상해의 고의가 없다는 점, 과실치상죄[8]는 반의사불벌죄[9]라는 점 등의 이유로 형법에 의해서는 처벌을 하기가 어려웠다. 이러한 현실에 반해 미용성형을 받는 사람들이 늘어남에 따라 피해자들의 수가 증가하여 사회문제화되기에 이르렀다.

이러한 결과의 원인은 판례가 변화하는 사회현실을 제대로 반영하지 못하였기 때문으로, 전문가인 의사들에 의해 미용성형수술이 시행되어야 할 사회적 필요성을 느낀 법원은 기존의 의료행위의 개념을 확대하여 미용성형수술을 의료행위에 포함시킴으로써 의사가 아닌 자가 미용성형수술을 하였을 경우 형사처벌을 받도록 하였던 것이다. 이와 같은 미용성형수술 외에도 수혈, 장기이식은 물론 세포치료, 재생의학 등 새로운 의학기술이 나타남에 따라 이러한 행위들도 의료행위에 포함시킬 사회적 필요성이 있으며, 앞으로도 과학기술은 비약적으로 발전할 것이기 때문에 의료행위의 범위는 지속적으로 확대될 것으로 생각된다.

여기서 한 가지 생각해 보아야 할 것은 의료행위의 개념이 이처럼 확대되는 것이 의사를 포함한 의료인들에게 마냥 유리한 것은 아니라는 것이다. 의료행위의 개념이 확대되면 의료인들의 의료행위에 대한 독점적 지위가 굳어진다는 점과는 별개로 분업이나 협업진료

8) 형법 제266조(과실치상) ① 과실로 인하여 사람의 신체를 상해에 이르게 한 자는 500만원 이하의 벌금, 구류 또는 과료에 처한다. ② 제1항의 죄는 피해자의 명시한 의사에 반하여 공소를 제기할 수 없다.

9) 반의사불벌죄(反意思不罰罪)란 피해자의 명시한 의사에 반하여 공소를 제기할 수 없는 범죄를 말한다(이재상, 형법총론 제5판-보정판-, 박영사, 71면). 이를 '해제조건부범죄'라고도 한다.

에 있어 의료인들이 하지 않으면 안 되는 행위의 범위가 늘어나게 된다는 것이다. 예를 들면 의사들이 간호사나 간호조무사가 아닌 일반 직원들에게 관행적으로 시키는 행위들이 많다. 또한 비용 상의 문제로 간호사가 아닌 간호조무사를 고용하여 지시를 하는 경우도 많다. 이 경우 일반인에게 지시한 행위가 의료행위에 해당할 경우에는 무면허의료행위를 하도록 지시한 것이 되어 무면허의료행위의 교사범 또는 공동정범으로 처벌받게 된다. 이는 간호조무사에게 시킬 수 없는 행위를 시킨 경우도 마찬가지다. 따라서 임상의는 의사가 반드시 직접 해야 할 행위, 의사의 지시 · 감독 아래 간호사 또는 간호조무사가 할 수 있는 행위, 일반인도 할 수 있는 행위의 범위에 대해 잘 알고 있어야 할 것이다.

Ⅳ. 의료과실

1. 정 의

의료과실(醫療過失)이란 의료행위 상의 잘못에 대하여 법적으로 비난을 받을 수 있는 요소로서 사법 상으로는 일정한 사실을 알 수 있었음에도 불구하고 주의의무를 위반하여, 어떤 위험의 발생을 예견하고 회피할 수 있었던 구체적인 상황에서 하지 말아야 할 행위를 하거나 필요한 행위를 하지 않는 것이라고 정의할 수 있으며, 형법 상으로는 정상의 주의를 태만히 함으로 인하여 죄의 성립요소인 사실을 알 지 못한 것을 의미한다.[10] 이를 조금 더 쉽게 풀이하면 의료행위를 함에 필요한 주의를 게을리하여 잘못된 행위를 하거나 필요한 행위를 하지 않는 것을 말한다. 이러한 정의에서 알 수 있는 것처럼 의료사고가 가치중립적인 개념임에 반하여 의료과실은 가치지향적이며 법률적인 개념이라는 것이다. 따라서 누군가가 "의료사고다"라고 말하는 것은 의료진의 잘못을 전제로 하지 않는 것이나, "의료과실이다"라고 말하는 것은 해당 의료진에게 잘못이 있다고 말하는 것으로 이해해야 한다.

이와 약간 표현을 달리하는 것으로 '의료과오'라는 것이 있다. 일상적으로 의료과실이라는 단어보다 오히려 더 빈번히 사용되고 있기도 하다. 여기서 말하는 의료과오(medical malpractice)란 의료인이 당시의 의학지식이나 의료기술에 따라 요구되는 주의의무를 게을리함으로써 그가 행한 의료행위가 적합하지 않은 것을 의미한다. 사실상 두 단어를 구별할 필요가 있는지에 대해서는 학자들 사이에 다툼은 있으나 실무적으로는 의문이다.

10) 정진연, 의사의 의료과오에 대한 민사법적 연구, 원광대학교 대학원 박사학위 논문, 2009, 123면. 학자들 사이에 다툼이 있으나, 대부분의 학자들은 의료과오와 의료과실을 구분하는 것에 실익이 없다고 판단하고 있다. 대법원도 의료과오와 의료과실의 개념을 구별하지 않고 있다.

2. 의료과실의 인정요건

의료과오소송에서 의료인의 과실을 인정하기 위해서는 의료인이 결과 발생을 예견할 수 있고 또 회피할 수 있었음에도 불구하고 이를 하지 못하였음이 인정되어야 한다. 따라서 의료인이 환자에게 발생한 나쁜 결과에 대한 예견 가능성이 없었거나, 예견을 할 수는 있었으나 이를 회피할 수 없었다면 의료과실이 인정되지 않는다. 전자(前者)의 예로는 환자의 특이체질로 인하여 의료진이 전혀 예상할 수 없었던 결과가 발생하는 경우를 들 수 있으며, 성공가능성이 매우 낮으나 환자의 요구에 의하여 수술을 시행하였으나 결국 실패한 경우를 후자(後者)의 예로 들 수 있다. 그리고 의료과실의 유무를 판단함에 있어서는 기준이 되는 주의의무는 같은 업무와 직무에 종사하는 일반적 보통인의 주의 정도를 표준으로 하여야 하되, 사고 당시의 일반적인 의학수준과 의료환경 및 조건, 의료행위의 특수성 등이 고려되어야 한다.[11] 여기서 사고 당시의 일반적인 의학이란 통상 의학계에서 인정되는 임상의학을 의미하며 병리학적인 엄밀성이 요구되지는 않는다.[12]

또한 같은 업무와 직무에 종사하는 일반적 보통인의 주의의무를 표준으로 한다는 것은 의원급 의료기관에서 근무하는 의사에게 상급 종합병원의 특정 질환에 대한 전문적 지식을 가진 의사의 능력을 그 판단기준으로 삼을 수는 없다는 것을 의미한다. 여기서 주의할 것은 통상 자신의 능력을 벗어난다고 판단되는 경우에는 상위 의료기관으로 전원을 시켜야 함에도 굳이 자신이 진료를 하였다면 나쁜 결과에 대하여 책임을 져야 한다는 것이다. 즉 자신의 능력 밖임을 알면서도 진료에 임했다가 추후 나쁜 결과가 발생하였을 경우에 자신의 전공이나 소속 의료기관의 수준을 핑계로 삼아 책임을 피하려는 행위는 허용되지 않는다는 점을 명심해야 한다.

3. 의료과실의 입증책임

일반적으로 민사소송에서는 소송을 제기하는 원고가 피고에게 책임이 있다는 사실을 입증해야 한다. 이를 입증하지 못하면 패소하게 되는데, 입증하지 못할 경우의 패소 가능성을 입증책임이라 한다. 따라서 원칙적인 민사소송에서 입증책임은 소송을 제기하는 원고에게 있다고 보아도 무방하다(법률적으로는 입증책임을 정하는 것이 매우 중요한데, 본 책에서는 이에 대하여 자세히 논하지는 않는다. 다만, 일반적으로 법학에서 받아들이는 입증책임의 분류기준은 해당 법조문의 형태를 기준으로 한다는 법률요건 분류설이 통설이자 판례라는 정도만 알면 된다).

11) 대법원 2008. 8. 11. 선고 2008도3090 판결.
12) 김선중, 의료분쟁의 예방과 대처방법, 의료법학 제3권 제1호, 137면.

그러나 이러한 입장을 견지하면 고도의 전문적 지식이 요구되거나 증거가 일방에 치우쳐 있는 경우에는 사실상 원고가 승소할 가능성이 낮아 형평성에 문제가 있다는 생각이 싹트게 되었다. 특히 과학기술의 발달로 인하여 과실이나 인과관계의 입증이 매우 어려운 영역의 경우 입증책임을 완화해 줄 필요성이 대두되기 시작하고 이러한 분야가 점차 확대되기 시작하였는데, 의료분야 역시 여기에 해당한다. 의료행위는 고도의 전문적 지식을 필요로 하는 분야이므로 전문가가 아닌 일반인이 의사의 의료행위의 과정에 주의의무 위반이 있었는지의 여부나 그 주의의무 위반과 손해 발생 사이에 인과관계가 있는지 여부를 밝혀내기가 매우 어렵다.

이에 우리 판례[13]는 "의료행위 상의 주의의무 위반으로 인한 손해배상청구에서 피해자 측에서 일련의 의료행위 과정에 있어서 저질러진 일반인의 상식에 바탕을 둔 의료 상의 과실 있는 행위를 입증하고 그 결과와 사이에 일련의 의료행위 외에 다른 원인이 개재될 수 없다는 점을 증명한 경우에는 의료 상의 과실과 결과 사이에 인과관계를 추정하여 손해배상책임을 지울 수 있도록 입증책임을 완화하는 것이 대법원의 확립된 판례이다"고 판시하고 있다. 그에 따라 수술 도중 환자에게 중한 결과의 원인이 된 증상이 발생한 경우 그 증상 발생에 관하여 의료 상의 과실 이외의 다른 원인이 있다고 보기 어려운 간접사실들을 입증함으로써 그와 같은 증상이 의료 상의 과실에 기한 것이라고 추정하는 것도 가능하다고 판시한 바 있다. 이러한 점을 본다면 의사에게 지나치게 불리한 것이 아니냐는 생각이 들기도 한다. 실제로 의사에게 무과실책임을 지게 한다고 생각하는 임상의사들도 있다. 그러나 이는 명백히 잘못된 생각이다. 대법원은 전문영역인 의료에 있어 일반인의 입증책임을 경감해주기 위해 입증책임을 다소 완화해 준 것이지 입증책임을 의사에게 지게 하는 입증책임의 전환은 인정하지 않고 있다. 따라서 의사의 과실로 인한 결과 발생을 추정할 수 있을 정도의 개연성이 담보되지 않는 사정들을 가지고 막연하게 중한 결과에서 의사의 과실과 인과관계를 추정함으로써 결과적으로 의사에게 무과실의 입증책임을 지우는 것까지 허용되는 것은 아님을 명시하였다.[14] 이를 조금 더 쉽게 설명하여 도식화하면 다음과 같다. 〈표 1〉

13) 대법원 2006. 10. 27. 선고 2004다2342 판결; 대법원 1995. 2. 10. 선고 93다52402 판결.
14) 대법원 2015. 2. 26. 선고 2013다27442 판결.

〈표 1〉 의료사고에 있어 의료과실이 있는지를 판단하는 과정

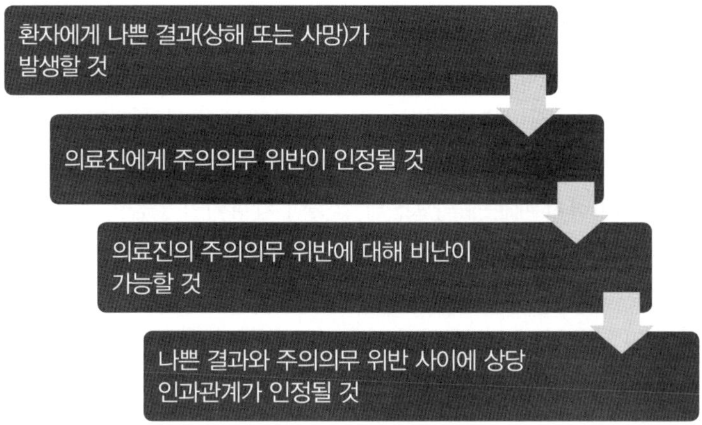

다만 위와 같은 의료과실에 대한 판단은 최종적 · 확정적 · 객관적 판단이 아니라 잠정적 · 유동적 · 주관적 판단임을 잊지 말아야 한다. 왜냐하면 의료과실에 대한 최종적인 판단은 결국 사법기관(법원 또는 검찰)에 의해 이루어지기 때문에 일반인으로서는'의료인의 잘못에 의해 의료사고가 발생했다'고 판단할 수 있을 정도면 충분하기 때문이다. 특히 의학지식이 없는 일반인들이 의료과실을 명확하게 밝혀낸다는 것은 너무나 힘들기 때문에 일견 의료과실이라고 생각되는 점들을 발견하고 이를 입증할 수 있는 자료들만 확보한다면 이 단계에서의 과실판단은 되었다고 할 수 있다.

반대로 의사를 포함한 의료인들의 경우에는 의료과실에 대한 판단이 법률적 판단이라는 점을 명심해야 한다. 즉 의학적으로 지켜야 할 가이드라인이나 매뉴얼을 위반하였다고 하여 반드시 법률적인 의미의 의료과실이 있었다고 볼 수 없기 때문이다. 법률적 의미의 과실 및 인과관계는 과학적 의미의 과실 및 인과관계와는 다를 수 있다. 대표적인 예가 법률적으로는 상당인과관계 –원인과 결과 사이에 상당한 인과관계– 가 있다고 판단되면 인과관계가 있는 것으로 인정되나, 과학적 의미의 인과관계는 '상당한'과 같은 모호하고 주관적인 표현을 사용할 수 없기 때문이다. 따라서 의학적인 면만 검토하여 의료과실을 판단해서는 안 되며, 의료진의 행위에 대해 법률적으로 과실이 있다고 평가를 내릴 수 있는지에 대해 법률적 시각에서 판단할 필요가 있다. 가끔 소송의 당사자가 된 의사가 법원의 판결에 대해 과학적으로 전혀 타당하지 않다고 이의(異意)를 제기하는데 그 이유를 설명할 수 있는 것 중의 하나가 법률적 시각과 과학적 시각이 다를 수 있다는 점이다.

Ⅴ. 의료분쟁

의료분쟁(Medical Dispute)이란, 의료사고로 인한 다툼을 말하는 것으로,[15] 의료사고가 원인이 되어 당사자들 사이에 사실적 · 법률적 분쟁이 발생하는 것을 의미한다. 이러한 정의에서 알 수 있는 것처럼 의료분쟁이라는 용어의 경우는 의료과실이 있는지 여부가 확정되지 않은 상태를 의미하기 때문에 의료진의 잘못이 확정되어 있음이 전제되고 있지 않다는 점을 명심해야 한다. 따라서 의료분쟁은 의료진의 과실 외 다른 원인에 의해서도 늘어날 수 있다. 의료분쟁은 의료사고로 인한 다툼이어야 하기 때문에 의료기관 내에서 발생한 것이라도 의료분쟁이 되지 않을 수 있다. 환자가 자신을 간호하던 간호사에게 욕설을 하여 해당 간호사가 수사기관에 그 환자를 처벌해 달라고 고소하는 경우에도 법률적 분쟁이 발생한 것은 맞지만 의료분쟁이 발생했다고 할 수는 없게 된다. 또한 다툼이 되기 때문에 소송은 물론 조정신청, 민원제기, 고소, 고발 등 다양한 형태의 의료분쟁이 있을 수 있다. 더하여 법률적인 다툼은 물로 1인 시위, 진료실 점거와 같은 사실적인 형태의 다툼도 의료분쟁에 해당한다. 최근 과학기술의 급속한 발달에 따른 의료기술이 발달로 인해 환자나 그 보호자들의 진료에 대한 결과의 기대치가 높아지고 있다.[16] 즉, 의료인이 당시의 의료수준과 자신의 지식과 경험에 따라 적절하다고 판단되는 진료를 하였음에도 불구하고 환자 측에서 그 결과에 만족하지 못하여 다투는 비율이 조금씩 증가하고 있다. 이러한 의료분쟁의 증가는 환자의 권리 보호 및 피해 보상 확대라는 긍정적인 측면이 있음을 부인할 수 없으나 반대로 의료진의 방어진료, 응급의료의 기피 등과 같은 부작용이 발생할 수 있어 무조건적으로 바람직하다고만 할 수는 없다.[17] 이에 대해서는 추후에 자세히 다루기로 한다.

Ⅵ. 의사의 설명의무

1. 설명의무의 의의

일반적으로 의사는 의료행위를 하는 경우에 있어서 진료계약 상의 의무 내지 침습 등에 대한 승낙을 얻기 위한 전제로서 당해 환자나 그 법정대리인에게 질병의 증상, 치료방법의 내용 및 필요성, 발생이 예상되는 위험 등에 관하여 당시의 의료수준에 비추어 상당하다고

15) 의료분쟁조정법 제2조 제2호.
16) 의료분쟁조정법 제2조 제2호.
17) 의료분쟁조정법 제2조 제2호.

생각되는 사항을 설명하여 당해 환자가 그 필요성이나 위험성을 충분히 비교해 보고 그 의료행위를 받을 것인가의 여부를 선택할 수 있도록 할 의무가 있다.[18] 이를 의사의 설명의무라 한다. 이는 근대민법의 3원칙 가운데 하나인 계약자유의 원칙에 대한 수정원칙으로 나온 것이라 할 수 있다. 계약자유의 원칙이란 계약의 체결, 내용결정 및 계약방식 등에 대하여는 당사자들이 자유로이 정할 수 있다는 원칙을 의미한다. 이러한 계약자유의 원칙은 중세 신분에 따라 계약체결이나, 내용결정 등을 일방이 정할 수 있었던 것에 대한 반성에서 나온 것으로 소유권 절대의 원칙, 과실책임의 원칙과 함께 근대민법의 3원칙에 해당하는 민법의 기본원칙이다. 이 원칙에 의하면 진료계약의 당사자 중 일방인 환자는 계약을 체결할 것인지 여부, 어떠한 내용의 계약을 체결할 것인지, 계약의 체결을 문서로 할 것인지, 구두로 할 것인지에 대하여 자유롭게 결정할 수 있게 된다. 그러나 시간이 지나고 사회구조가 복잡해짐에 따라 계약의 당사자가 대등한 지식이나 능력을 보유하지 못한 경우에는 사실상 계약자유의 원칙이 지켜지기는 어렵다는 것이 판명되기 시작하였다. 실제 의사-환자 사이 진료계약이 체결됨에 있어 환자가 의사와 대등한 지식이나 능력을 가지고 임할 것이라고 기대하기는 어렵다. 이러한 문제인식 하에 환경, 의료와 같은 전문영역에 있어 당사자 간 지식, 정보나 능력의 차이를 전제로 우월한 지식, 정보나 능력을 가진 당사자가 상대방의 선택권을 포함한 계약체결의 실질적 자유를 보장하기 위해 부족한 지식, 정보나 능력을 보충해 주는 것을 법률적으로 강제하게 되었는데 그러한 경향이 의료영역에서 나타난 것이 의사의 설명의무라 할 수 있다.

2. 설명의무의 대상 및 설명의 방법

의사의 환자에 대한 설명의무는 수술과 같은 침습적 행위는 물론 검사 · 진단 · 치료 등 진료의 모든 단계에서 발생한다. 그러나 모든 의료행위에 대해서 설명의무가 발생한다고 할 수도 없다. 즉 환자의 자기결정권이 전혀 문제되지 않는 경우에는 설명의무가 문제되지 않는다. 따라서 의료행위에 따른 나쁜 결과가 발생할 가능성이 없는 행위, 예측되는 위험성이 경미한 행위 등은 설명의무의 대상이 되지 않는다.

다음으로 이러한 설명을 어느 범위까지 해야 하는가 하는 문제가 있다. 법원은 "응급환자라는 등의 특별한 사정이 없는 한 진료계약 상의 의무 내지 침습 등에 대한 승낙을 얻기 위한 전제로서 환자나 그 법정대리인에게 질병의 증상, 치료방법의 내용 및 필요성, 발생이 예상되는 위험 등에 관하여 당시의 의료수준에 비추어 상당하다고 생각되는 사항을 설명하여 환자가 그 필요성이나 위험성을 충분히 비교해 보고 그 의료행위를 받을 것인가의 여부를 선택할 수 있도록 할 의무가 있다"고 하며, 그러한 설명은 "의료행위에 따르는 후유증이

18) 대법원 2013. 4. 26. 선고 2011다29666 판결.

나 부작용 등의 위험 발생 가능성이 희소하다는 사정만으로 면제될 수 없고, 후유증이나 부작용이 당해 치료행위에 전형적으로 발생하는 위험이거나 회복할 수 없는 중대한 것인 경우에는 그 발생 가능성의 희소성에도 불구하고 설명의 대상이 된다"[19]고 함으로써 그 범위를 정해주고 있다. 즉 의사의 설명의무는 그 의료행위에 따르는 후유증이나 부작용 등의 위험 발생 가능성이 희소하다는 사정만으로 면제될 수 없으며, 그 후유증이나 부작용이 당해 치료행위에 전형적으로 발생하는 위험이거나 회복할 수 없는 중대한 것인 경우에는 그 발생 가능성의 희소성에도 불구하고 설명의 대상이 된다는 것이 법원의 확립된 태도인 것이다.[20] 그러나 앞서 살펴본 것처럼 이러한 설명의무 역시 계약자유의 원칙에 대한 보충적 성격에서 연유한 것이므로, 의사에게 당해 의료행위로 인하여 예상되는 위험이 아니거나 당시의 의료수준에 비추어 예견할 수 없는 위험까지 설명을 요구하지는 않는다는 점도 유념해야 한다.

마지막으로 설명을 어떠한 방식으로 해야 하는가도 문제가 된다. 말로 설명을 하는 것이 원칙이겠으나, 편의상 서면을 이용하는 것도 가능하다. 다만 이러한 설명이 환자의 올바른 자기결정권을 담보하기 위한 것이므로 서면에 의해서만 설명이 이뤄질 경우 충분한 설명이 이뤄졌다고 보기 힘들다는 점에 유념해야 한다. 실무적으로는 설명의무를 이행하였다는 증거로 환자 또는 법정대리인의 서명이 있는 동의서를 받고 있는데, 이것이 설명의무의 이행을 전적으로 담보하지 않는다는 점을 명심해야 한다. 구두로 설명할 경우 실무적으로 문제가 발생하는 것은 환자나 그 보호자의 지적 수준이나 이해도를 고려하지 않은 의료진의 설명이다. 이 경우 의료진은 설명의무를 이행하였다고 생각하고, 환자나 그 보호자는 제대로 된 설명을 듣지 못했다고 생각한다. 환자 측이 소송을 제기할 경우 설명의무 위반을 주장하는 거의 대다수 경우에서 이러한 주장이 포함된다는 점 및 설명의무의 본질을 생각해 본다면, 환자나 그 보호자의 지적 수준이나 이해력에 부합하는 설명이 이뤄져야 할 것이다.

3. 설명의무 위반의 입증

일반적으로 소송을 제기하는 원고가 피고의 고의 · 과실을 입증해야 한다. 앞서 설명한 것과 같이 입증책임이란 입증을 하지 못할 경우의 패소 가능성이므로 입증책임을 누가 부담하느냐는 매우 중요한 사항이다. 의료소송에 있어서도 기본적인 입증책임은 소송을 제기하는 원고(환자 또는 그 보호자 등)가 부담한다. 따라서 의료진의 과실을 입증하지 못할 경우에는 원고가 패소하게 되는 것이다. 이에 반하여 설명의무를 다하지 않았다는 것에 대한 입증책임은 의사에게 있다. 즉 피고인 의사가 자신이 설명의무를 제대로 이행하였음을 입증해야 하며, 이를 입증하지 못하였을 경우 설명의무를 이행하지 못한 것으로 판단되어 손해를

19) 대법원 1995. 1. 20. 선고 94다3421 판결; 대법원 2007. 5. 31. 선고 2005다5867 판결.
20) 대법원 2002. 10. 25. 선고 2002다48443 판결.

배상해야 하는 것이다.

여기서 특별히 의료진이라고 표현하지 않고 '의사'라고 표현한 점을 유의해야 한다. 그 이유는 설명의무는 의사가 이행해야 하기 때문이다. 현대 의료행위의 특징 중 하나가 분업화 · 협진화이므로 많은 의료행위가 의사의 지도 · 감독 아래 간호사나 보조인력에 의해 시행되고 있으며, 이는 위법한 것이 아니다. 그에 대한 예외로 설명의무만은 의사가 직접 이행해야 한다는 것이 지금까지 대법원의 확립된 태도이다. 실무적으로 일부 상급 종합병원들(일반인들에게는 '대학병원'으로 불린다)에서 소위 '설명간호사'라는 제도를 시행하고 있으나, 그 설명의 범위에 따라서 위법할 수도, 적법할 수도 있다는 점을 주의해야 한다. 다시 한 번 강조하자면 설명의무는 원칙적으로 의사가 이행하여야 한다.

앞서 살펴본 것과 같이 설명의무를 이행하였다는 점에 대한 입증의 증거로 각종 설명서나 동의서를 제시하는 경우가 많다. 그럼에도 불구하고 법원에서는 이를 설명의무 이행의 증거로 완전히 받아들이지 않는 경우가 많다는 점을 유의해야 한다. 즉 이러한 설명서나 동의서는 환자나 그 보호자에 대한 설명이나 동의가 있었다는 점에 대한 부수적인 자료가 될 수 있을 뿐, 위와 같은 서류의 존재 및 해당 서류에 환자나 그 보호자의 서명이 있었다는 사실이 설명의무 이행을 입증하는 것은 아니라는 점을 명심해야 한다. 판례도 "부동문자로 인쇄된 수술승인서 용지에 서명 · 날인한 사실만으로는, 환자에 대한 수술 및 그 준비로서의 마취를 함에 있어서 병원의 의료팀이나 마취담당 의사가 환자나 그 가족에게 수술, 특히 전신마취가 초래할 수 있는 위험성이나 부작용에 대하여 설명의무를 다하였다고 볼 수 없다"[21] 고 판시한 이후, 같은 입장을 견지하고 있다. 이는 보험계약을 체결할 때 빽빽한 약관을 제대로 읽어보지 않고 서명하는 보험가입자가 많은 사실에서 비롯되어 중요한 사항을 설명하지 않은 경우 약관조항에 포함되어 있었다 하더라도 약관에 포함되지 않는다는 판례의 태도에서 비롯된 것이라 할 수 있다. 따라서 실무적으로는 중요한 사항에 대하여 밑줄을 긋거나, 설명을 위한 그림을 그리거나 일부 중요한 내용에 대해서는 수기(手記)를 함으로써 환자나 그 보호자가 서명한 설명서나 동의서가 설명의무를 이행한 것에 대한 증명력을 가지도록 하고 있다.

4. 설명의무 위반의 효과

의사가 설명의무를 위반한 경우에는 그로 인한 손해를 배상해야 한다. 금전배상이 원칙인 우리나라의 법체계에서는 금전으로 배상을 해야 하는 것이다. 문제가 되는 것은 어느 범위까지 배상을 해야 하는 것이다. 이에 대해서는 환자에게 발생한 손해를 전부 배상해야 한다는 학설과 정신적 손해만을 배상해야 한다는 설로 나뉘고 있다. 전자(前者)는 설명의무를

21) 대법원 1994. 11. 25. 선고 94다35671 판결.

위반한 경우에 환자에게 발생한 정신적 손해는 물론 환자의 신체에 발생한 나쁜 결과(사망도 포함)에 따른 재산적 손해도 배상해야 한다는 입장이며, 후자(後者)는 설명의무 위반은 환자의 자기결정권이라는 인격권을 침해한 것이므로 배상의 범위를 정신적 손해에만 한정해야 한다고 본다. 판례는 원칙적으로 정신적 손해를 배상해야 하는 것으로 보고 있다. 즉 설명의무를 위반한 것은 의사가 환자에게 제대로 설명을 하지 아니한 채 수술 등을 시행하여 환자에게 예기치 못한 중대한 결과가 발생하였을 경우에 제대로 된 설명이 있었을 경우 환자가 스스로 자기결정권을 행사하여 해당 수술 등을 받을 것인지 여부를 선택함으로써 중대한 결과의 발생을 회피할 수 있었음에도 불구하고 이를 해태하여 그 기회를 상실하게 된 데에 따른 정신적 고통을 위자 하는 것이라고 판시하여 정신적 손해를 배상해야 한다는 입장을 보이고 있다.[22]

그러나 의사의 설명의무 위반이 구체적 치료과정에서 요구되는 의사의 주의의무 위반과 동일시할 정도일 경우에는 예외적으로 정신적 손해만이 아닌 신체침해에 따른 재산적 손해도 배상하도록 하고 있다. 대법원은 1995. 2. 10. 선고 93다52402 판결에서 "의사는 환자에게 수술 등 인체에 위험을 가하는 행위를 함에 있어 그에 대한 승낙을 얻기 위한 전제로서 환자 본인 또는 그 가족에게 그 질병의 증상, 치료 방법의 내용 및 필요성, 발생이 예상되는 위험 등에 관하여 당시의 의료수준에 비추어 상당하다고 생각되는 사항을 설명하여 그 환자가 필요성이나 위험성을 충분히 비교하여 그 의료행위를 받을 것인가의 여부를 선택할 수 있도록 하여야 할 의무가 있고, 의사가 위 의무를 위반한 채 수술 등을 하여 환자에게 사망 등의 중대한 결과가 발생한 경우에 환자 측에서 선택의 기회를 잃고 자기결정권을 행사할 수 없게 된 데 대한 위자료만을 청구하는 경우에는 의사의 설명 결여 내지 부족으로 선택의 기회를 상실하였다는 사실만을 입증함으로써 족하고, 설명을 받았더라면 사망 등의 결과는 생기지 않았을 것이라는 관계까지 입증할 필요는 없으나, 그 결과로 인한 모든 손해를 청구하는 경우에는 그 중대한 결과와 의사의 설명의무 위반 내지 승낙취득 과정에서의 잘못과의 사이에 상당인과관계가 존재하여야 하며, 그 때의 의사의 설명의무 위반은 환자의 자기결정권 내지 치료행위에 대한 선택의 기회를 보호하기 위한 점에 비추어 환자의 생명, 신체에 대한 구체적 치료과정에서 요구되는 의사의 주의의무 위반과 동일시할 정도의 것이어야 한다고 판시하였다. 위 사안은 수지다한증을 앓고 있는 미성년자에게 수술의 부작용에 대해 설명을 한 후 교감신경절제술을 시행하였으나 수술 후 사망한 사건으로, 수지다한증은 신체나 생명에 영향을 끼치는 병이 아닌 점, 의료진이 수술에 임하는 자세가 열과 성을 다하는 모습이라기 보다는 쉽게 시행할 수 있는 수술이라는 태도로 임하였다는 점이 보이는 점, 위 수술은 기흉, 하지마비 등 후유증이 있을 수 있는 중대하고도 위험한 수술임에도 의사가

22) 대법원 1995. 4. 25. 선고 94다27151 판결.

수술과정 상 발생 가능한 실제적인 위험성을 진지하고 성의 있게 설명하지 아니하고 완치의 측면만을 강조하여 그 설명이 부족하였다는 점 및 경험이 많은 전문의가 중요한 핵심부분을 담당해야 함에도 다른 의사들에게 일부를 맡기고 늦게 수술에 참여한 점 등이 복합적으로 망인의 사망원인이 되었다고 판시하였다. 명확하지는 않으나 대법원은 설명의무 위반이 독자적으로 망인의 사망의 원인이 되었다고 판단한 것이 아니라 다른 원인들과 함께 복합적으로 망인의 사망이라는 나쁜 결과의 원인이 되었다고 하였다면 그러한 판단은 정당하다고 인정한 것이므로 예외적으로나마 재산적 손해에 대해서도 인정할 가능성을 열어는 두고 있는 것이다. 그러나 실제 위 판결 이후 설명의무 위반을 이유로 재산적 손해까지 인정한 대법원 판결은 나오지 않고 있으며, 하급심 판결 역시 그러하다. 따라서 법률전문가가 아닌 이상 설명의무를 위반한 경우 정신적 손해에 대해서만 배상한다라고 보아도 크게 문제는 되지 않는 것으로 생각해도 무방할 것이다.

5. 설명의무 위반이 부정된 경우

설명서나 동의서가 의사가 설명의무를 이행한 것에 대한 충분한 증거가 되지 않는다는 것은 위에서 언급한 것과 같다. 그러나 설명서나 동의서가 없는 경우에도 설명의무를 이행한 것으로 판단한 경우도 있기 때문에 많은 사례를 분석할 필요가 있다. 실무적으로는 의료소송이 제기되는 거의 모든 경우에 원고에 의해 의사의 설명의무 위반이 주장되고 있다는 점을 명심하여 이에 대비할 필요가 있다. 아래에서는 설명의무 위반이 부정된 경우 -의사가 설명의무를 한 것으로 인정된 경우- 를 정리하였으니 참고하기를 바란다.

가. 대법원 1999. 9. 3. 선고 99다10479 판결

의사가 수술 전날 환자에게 수술의 필요성, 방법, 합병증에 대하여 자세히 설명하고 그로부터 수술요청서를 작성받았고, 환자는 태어날 때부터 선천적으로 안검하수 증상이 있었는데 이 사건 수술 전후에 걸쳐 의사는 환자의 기왕병력인 신경섬유종의 변화 유무를 관찰하였으나 아무런 변화가 없었으며, 더욱이 이 사건 수술은 시신경과는 무관한 안검 부위에 대한 것이어서 시신경염 또는 허혈시신경증 등으로 인한 시력상실은 위 수술에서 통상적으로 예견되어지는 후유증이 아니고, 환자의 시력상실은 이 사건 수술 전후에 걸쳐 갑자기 나타난 시신경염에 기인하는 것으로서 의사로서도 사전에 이를 미리 예측할 수 없었음을 들어 의사가 당시 의학의 발전 정도에 비추어 구체적으로 알 수 없었거나 예견할 수 없었던 시신경염 등을 세세히 설명하지 아니한 사정만으로는 설명의무의 전제가 되는 환자의 이 사건 수술에 있어서의 자기결정권을 침해한 것으로 볼 수는 없다.

나. 서울중앙지방법원 2009. 9. 8. 선고 2008가단288814 판결

1998. 5.경에 발표된 Journal of Refractive Surgery 1998에 실린 논문에서 각막확장증에 대하여 세계적으로 처음 보고하면서 잔여 각막두께를 250㎛ 이상으로 할 것을 권유하였고, 국내에서는 1999년 대한안과학회지에 '라식수술 후 관찰된 각막돌출증(확장증) 2례'라는 제목의 논문이 처음으로 그러한 내용을 다룬 논문인 사실을 인정할 수 있고, 이 사건 라식수술은 그 이전인 1997. 12. 30. 및 1998. 2. 10.에 이루어진 사실은 앞서 본 바와 같은바, 앞서 본 법리에 비추어 이 사건 라식수술 당시에는 각막확장증이란 부작용은 의사들로서는 이 사건 라식수술로 인하여 예상되는 위험이 아니거나 당시의 의료수준에 비추어 예견할 수 없는 위험에 해당한다고 할 것이어서 그에 관한 설명을 이행하지 않았다고 하여 환자의 이 사건 라식수술에 있어서의 자기결정권을 침해한 것으로 볼 수는 없다.

다. 인천지방법원 2012. 10. 19. 선고 2010가단83440 판결

의료진은 제1, 2차 시술 전에 환자와 환자의 보호자에게 우안의 열공성 망막박리가 있으므로 그에 대하여 유리체절제술과 실리콘 오일 주입술 등이 필요하고, 수술 후 출혈, 감염, 망막열공, 망막박리, 통증 등이 있을 수 있으며, 회복과정에서 유리체공간 내 재출혈, 망막박리, 재발성 증식유리체망막병증 등의 합병증이 발생할 수 있다는 설명을 하였고, 원고의 보호자가 수술동의서에 각 서명한 사실이 인정되므로, 의료진이 설명의무를 다하지 않았다는 환자들의 이 부분 주장은 받아들이지 아니한다.

라. 대전지방법원 천안지원 2002. 2. 7. 선고 2000가단8706 판결

의사가 홍채절개술 전 · 후의 과정 및 필요성, 후유증 등을 설명하고 보호자에게 동의서를 받은 사실이 인정되는 바, 이에 의사가 설명의무를 다하지 않았다고 보기 어렵다.

마. 의정부지방법원 2010. 9. 17. 선고 2009가단22020 판결

의사는 이 사건 백내장, 녹내장 수술 전 환자의 보호자에게 환자에게 녹내장이 있으며, 백내장이 심해서 결과가 안 좋을 수 있다고 설명한 사실, 의사는 간호조무사에게 지시하여 백내장 증상과 수술 도중 발생할 수 있는 불가항력적인 합병증, 수술 후 치료를 어떻게 받아야 하는지에 대한 설명이 담긴 '백내장수술 합의 승낙서'와 수술 후 합병증으로 안구내 감염, 낭포성 황반부종 등이 발생할 수 있음을 기재한 '수술 후 후유증 및 합병증'이라는 제목의 서류를 환자와 환자의 보호자에게 교부하고, 환자 및 환자의 보호자의 확인 서명을 받은 사실이 인정된다. 이에 의하면, 의사가 환자에 대한 백내장, 녹내장 수술을 시행함에 있어 수술의 내용과 치료계획, 그 부작용, 수술 후 환자의 주의사항 등에 대하여 설명하였다고 봄이 상당하므로, 의사가 설명의무를 위반하였다고 보기 어렵다.

Ⅶ. 의료 관련 법규

1. 의료에 관한 법규의 범위

의료 관련 법규는 그 범위를 정확히 짓기가 매우 힘들다. 어떠한 기준에 따라 나누느냐에 따라 그 범위가 틀려지기 때문이다. 대체적으로 보건복지부가 소관하는 법률이 대략 80여 개에 이르는 것으로 알려져 있다. 이러한 법률들에는 가장 근본이 되는 보건의료기본법, 의료인과 의료기관에 대한 규율이 중심이 되는 의료법, 약사법은 물론 후천성면역결핍증예방법 등과 같이 특정 질병에 관한 내용을 규율 하는 법도 있고, 각종 공공기관의 설립근거가 되는 법률(예를 들면 암관리법) 등 매우 다양한 법률들을 포함하고 있다. 여기서는 의료분쟁과 관련하여 위 법률들 중 주체, 기관 및 행위에 대하여 규율하는 법률들과 의료분쟁의 해결에 대한 내용을 규율하고 있는 법률에 대해 간단히 살펴본다.

2. 주체와 관련된 법규

주체와 관련된 법률들로서는 보건의료기본법, 의료법, 약사법, 의료기사 등에 관한 법률, 응급의료에 관한 법률, 농어촌 등 보건의료를 위한 특별조치법 등이 있다. 먼저 의료법 제2조에 따르면 의료인이란 보건복지부장관의 면허를 받은 의사 · 치과의사 · 한의사 · 조산사 및 간호사를 의미한다. 또한 동법에서는 의료인은 아니지만 간호사를 보조하는 간호조무사, 의료유사업자 및 안마사에 대해서도 규율하고 있다. 약사법에 의한 약사도 의료법 상의 의료인은 아니지만 조제를 담당한다는 측면에서 의료사고와 관련된 자라 할 수 있다. 그 외에도 의료기사 등에 관한 법률에 의한 의료기사 및 응급의료에 관한 법률에 규정된 응급구조사도 의료인의 지도를 받거나 제한된 범위 내에서 예외적으로 의료행위와 관련된 업무를 할 수 있으므로 의료사고와 관련이 있다고 할 것이다. 또한 농어촌 등 보건의료를 위한 특별조치법에 따라 보건진료 전담공무원은 의료 취약지역에서 경미한 의료행위를 할 수 있으므로 이들에 의해서도 의료사고가 발생할 수 있다.

3. 의료기관과 관련된 법규

의료기관에 대해 규율하고 있는 법률들에는 의료법, 약사법, 지역보건법 등을 대표적으로 들 수 있다. 즉 의료법에서는 의료기관의 종류를 의원, 병원, 상급 종합병원으로 분류하고 있는데, 이러한 의료기관의 종별에 따라 그에 종사하는 의료인의 진료수준 판단에 근거가 되므로 그 분류는 매우 중요하다. 또한 약사법에서는 약국 및 한국희귀의약품센터에 대해 규율하고 있으며, 지역보건법에서는 보건소, 보건지소 및 보건의료원에 대해서, 농어촌 등 보건의료를 위한 특별조치법에서는 보건진료소를 규율하고 있다. 특히 보건소 이하의 의료기관의 경우 해당 기관에 근무하는 의사가 의료사고를 일으킨 경우 배상주체에 국가나 지방자치단체가 포함된다는 점과 과실 있는 의사에게 국가나 지방자치단체 등이 구상청구를 할 수 있느냐 등의 쟁점이 발생하기 때문에 의미가 있다. 또한 특정 의료기관에 대한 설립근거가 되는 법률들도 있는데, 서울대학교병원의 경우에 서울대학교병원설치법, 국립암센터의 경우 암관리법 등이 있다. 그 외 독립된 의료기관은 아니지만 진료체계 상의 분류에 해당하는 것으로는 응급의료에 관한 법률에 따른 중앙응급의료센터, 권역응급의료센터, 전문응급의료센터, 지역응급의료센터 및 지역응급의료기관이 있고, 특수한 것으로 전신보건법에 따른 정신의료기관도 의료기관에 포함된다.

4. 의료행위와 관련된 법규

앞서 살펴본 것과 같이 현행 의료 관련 법규에서 '의료행위'에 대하여 구체적인 정의를 내리고 있는 법률은 없다. 다만, 의료법 제12조 제1항에서는 의료행위를 '의료인이 하는 의료 · 조산 · 간호 등 의료기술의 시행'이라 정의하고 있으며, 의료분쟁조정법 제2조에서는 '보건의료인이 환자에 대하여 실시하는 진단 · 검사 · 치료 · 의약품의 처방 및 조제 등의 행위'라고 정의하고 있다. 의료분쟁과 관련하여 의료행위가 문제가 되는 경우는 의료인이 아닌 자가 의료행위를 하거나, 신의료기술로 인정되지 않고 있는 새로운 의료행위를 시행하는 경우 등이 있다. 이러한 경우 모두 무면허의료행위 또는 평가받지 않는 신의료기술을 하였다는 사실 자체만으로는 의료진의 과실이 입증되는 것이 아니라는 것이 일관된 판례의 태도다. 따라서 이러한 행위와 환자에게 발생한 나쁜 결과 사이에 인과관계가 밝혀져야만 한다. 그 외 의료행위와 관련된 것으로 볼 수 있는 법률로는 건강검진기본법, 장기 등 이식에 관한 법률 등이 있다.

5. 의료분쟁과 관련된 법률

소비자기본법에 의해 한국소비자원에서는 소송 전 의료피해구제 및 의료분쟁 조정결정을 하고 있다. 의료사고 및 의료분쟁과 관련된 법률로는 의료분쟁조정법이 있다. 이러한 의료분쟁조정법은 기존의 의료법에서 의료분쟁을 조정하기 위해 설치하였던 의료심사조정위원회가 제대로 기능을 하지 않는다는 반성적 고려에서 비롯된 것으로 2011. 4. 7. 제정되어 2013. 4. 8.부터 시행되고 있다. 의료분쟁조정법은 법원에서 제기되는 의료소송(민사)의 형태를 모델로 하여, 의료과실을 판단하는 의료사고감정단과 감정의 결과를 바탕으로 조정을 이끌어내는 의료분쟁조정위원회의 이원적 조직으로 구성되며 상위에는 한국의료분쟁조정중재원이 있다. 이러한 의료분쟁조정중재제도는 피해자의 신속한 피해구제는 물론 업무상과실치상죄의 혐의를 받고 있는 의료인이 해당 사건에서 조정이 성립된 경우(의료분쟁조정법에 따른 조정이 성립되거나 당사자의 합의로 조정조서가 작성된 경우)에는 피해자의 명시한 의사에 반하여 공소를 제기할 수 없도록 하는 반의사불법죄를 도입함으로 인하여 안정적인 진료환경의 조성도 도모하고 있다. 초기 활발하게 조정이 성립될 경우 강제적 조정절차 개시제도를 도입하지 않아도 될 것으로 기대되었으나, 현재 특히 의료인 측이 제대로 조정에 응하지 않음으로 인하여 조정 건수가 적다는 비판이 제기되고 있어 향후 개정이 필요하다는 의견이 강하게 제시되고 있다.

6. 그 외의 법규

그 외 암관리법, 후천성면역결핍증예방법, 감염병의 예방 및 관리에 관한 법률, 치매관리법 등과 같이 특정 질환에 관련된 법률, 구강보건법, 정신보건법 등 특정 의료영역에 관한 법률, 한국보건복지인력개발원법, 한국보건산업진흥원법 등과 같이 특정 공공기관의 설립근거가 되는 법률 등이 있다. 이와 같이 보건복지부가 소관하는 법률들은 80여 개 이상이며 이러한 법률 아래 각 시행령, 시행규칙은 물론 고시, 예규와 같은 하위 규정들까지 포함하면 약 300여 개 이상의 법령이 보건의료 전 영역을 촘촘히 규율하고 있다.

Ⅷ. 의료행위의 특수성

1. 구명성

의료행위의 구명성이란 질병 및 사고로 인하여 생명, 신체에 위협을 받는 인간의 생명을 구하고 보호하며 신체의 완전성을 회복하기 위한 행위라는 의미다. 이러한 구명성에서 의료진의 선의가 추정될 수 있다. 즉 의료행위를 시행하는 의료진은 환자의 생명과 신체를 보호하려 한다는 의사를 추정할 수 있는 것이다. 물론 환자와의 개인적 관계에 의하여 의료행위를 빙자하여 상해 또는 살인행위를 할 수도 있다. 그러나 그와 같은 행위는 의료행위가 아니라 의료행위를 가장한 상해 또는 살인행위에 불과한 것으로, 의료행위는 본질적으로 인간의 생명, 신체를 보호하기 위한 행위인 것이다. 이러한 구명성에 의하여 의료행위에 불가피하게 부수되는 신체에 대한 침습은 형법적으로 위법성이 조각되어 상해가 성립하지 않게 되는 것이다. 일부 학자들이나 실무가들이 이러한 구명성의 원리를 강조하여 의료사고가 발생할 경우 보험에 가입하였다면 특별히 중한 결과가 발생하지 않은 경우 형사처벌을 하지 말자는 교통사고처리특례법과 유사한 법안을 발의하거나 추진한 바 있다. 의료행위의 속성이 구명성이라 하더라도 민사배상이 이뤄질 경우 형사처벌을 하지 못하도록 하는 것은 법논리적으로 지나치다고 할 수 있다. 외국에서도 그러한 입법례는 존재하지 않으며, 오히려 교통사고처리특례법 자체가 세계에서도 찾아보기 힘든 법률이라는 점을 고려한다면 이러한 주장은 받아들이기 힘들다고 할 것이다.

2. 신체침습성과 위험내재성

의료행위는 환자의 신체에 대한 침습을 동반하기 때문에 환자에 대한 상해나 사망 등의 위험이 내재되어 있다. 의료행위는 그 속성상 필연적으로 신체에 대한 침습행위를 수반하며 그로 인하여 상해 또는 사망이라는 나쁜 결과가 발생할 위험이 늘 존재한다. 이를 의료행위의 '신체침습성과 위험내재성'이라 한다. 치료에 불가결한 약물을 투여하였다 하더라도 환자에게 동일한 결과가 확실히 발생하는 것도 아니며 예상치 못한 부작용이 발생할 수 있다. 이러한 속성에 따라 앞서 본 것과 같이 의료행위에 불가피하게 발생하는 신체의 침습행위는 처벌되지 아니하며, 의료행위에 내재된 위험이 발생한 경우에도 해당 의료진이 요구되는 주의의무를 다하였을 경우 나쁜 결과에 대하여 책임을 지지 않는 것이다. 여기서 주의할 점은 예상되는 나쁜 결과가 발생하였다고 하여 무조건적으로 해당 의료진이 면책되지는 않는다는 것이다. 의료진이 법적 책임을 지지 않기 위해서는 당해 의료행위를 시행함에 요구되는 주의의무를 다하였음에도 내재된 위험(=의료진이 예상할 수 있는 나쁜 결과)이 발생하였어야 한다. 의료분쟁조정법에서는 이러한 경우를 '불가항력에 의한 의료사고'라고 하여 피해를 입은 환자에 대하여 일부 보상하는 제도를 시행하고 있다.

3. 전문성

의료행위는 고도의 전문적 지식을 필요로 하는 분야로서 전문가가 아닌 일반인은 시행하기가 어렵다. 역사적으로 의료행위를 담당하는 의사를 포함한 의료인은 전문가로서 인정을 받으며, 다른 일반인들과는 다른 취급을 받아왔다. 특히 과학의 놀라운 발전과 최근의 놀라운 발전 속도로 인하여 의료인도 지속적으로 연구하고, 공부하지 않으며 전문가로서의 능력을 갖추기가 힘들게 되었다. 이러한 의료행위의 전문성으로 인하여 의료사고가 발생한 경우 환자나 그 보호자들이 의사의 의료행위 과정에 주의의무 위반이 있었는지, 주의의무 위반과 손해 발생 사이에 인과관계가 있는지를 밝혀내기가 매우 어렵게 되었고, 이로 인해 "의료소송은 환자가 이길 수 없다"는 불평이 많은 것도 사실이다. 이러한 사정을 감안하여 법원은 일반인은 그 당시의 상식에 비추어 문제되는 의료행위에 잘못이 있음을 입증하면 된다고 하여 입증책임을 경감해 주고 있다. 그러나 앞서 살펴본 것과 같이 입증책임을 피고인 의료인에게 부담 주는 것이 아니라는 점 또한 명심해야 한다. 단지 의료행위의 전문성으로 인하여 입증이 곤란한 환자 측의 입증책임을 경감시켜 줄 뿐인 것이다.

4. 밀실성(비공개성)

수술, 검사를 비롯한 거의 모든 의료행위는 누구나 출입할 수 없는 곳에서 이뤄지는 경우가 많다. 이는 환자의 프라이버시 보호를 위한 것으로 각종 진료과정에서 문진, 시진, 청진, 촉진 등의 행위를 함에 있어 환자의 개인정보가 알려지거나 신체상의 특징이 현출되는 경우가 많기 때문이다. 따라서 진찰실, 수술실, 검사실 등과 같이 의료행위가 이뤄지는 곳은 출입을 엄격히 통제하는 반면, 대기실이나 휴게실과 같은 곳은 출입제한이 이뤄지지 않게 된다. 이러한 의료행위의 밀실성은 환자의 프라이버시를 보호하기 위한 것임에도 오히려 환자 측이 소송과 같은 사법절차에서의 입증을 방해하는 요소로 작용하기도 한다. 즉 수술상의 과실을 입증하기 위한 가장 좋은 방법은 수술동영상을 촬영하거나 환자의 보호자 또는 대리인들이 수술을 참관하는 것이다. 그러나 현재까지는 이러한 일들은 잘 일어나지 않는다. 오히려 수술동영상이 촬영되는 일부의 경우에는 의사가 연구나 교육목적을 위해 촬영하는 경우다. 이는 검사실이나 진찰실의 경우도 마찬가지다. 최근 일부 성형외과 수술의 경우 수술실을 투명한 유리로 만들어 외부에서 환자의 보호자나 대리인이 참관하도록 하거나, CCTV를 설치하는 경우도 있는데, 이는 다른 많은 문제를 야기한다. 의료적으로는 의료진의 심리적 위축으로 인한 실수가 발생할 가능성이 커지며, CCTV의 촬영범위와 관련하여 의료진은 물론 다른 제3자의 프라이버시가 침해될 소지가 있다는 점이다. 이러한 문제는 의사-환자 간 신뢰의 형성이나 확립으로 해결되어야 할 것으로 보이며, 인위적인 장비로 해결될 수는 없다고 생각된다.

5. 불확실성과 재량성

의료행위의 객체인 사람의 신체는 개인에 따라 구조, 기능, 특성 등에서 차이가 있다. 또한 의학이 급속한 발전에도 아직 질병의 원인과 내용, 질병이 인간의 신체와 정신에 미치는 영향에 대하여 해명되지 않은 분야가 여전히 많다. 이와 같이 질병 및 그 치료 방법에 대한 불완전한 지식과 신체적 차이로 인하여 특정 약에 과민한 반응을 보이거나 특정 의료행위에 대하여 예상치 못한 결과가 발생할 수 있어, 의료행위는 본질적으로 불확실성을 내포한다. 더불어 이러한 불확실성으로 인하여 의료인은 개별 환자를 치료함에 있어 자신의 경험과 지식에 바탕을 둔 상당한 재량을 가지게 된다. 왜냐하면 의료인은 다양한 상황에서 다양한 사람들을 상대로 의료행위를 해야 하기 때문에 자신이 그간 해왔던 집적된 경험을 바탕으로 과학의 발전에 따라 변화된 새로운 치료법도 사용할 필요가 있기 때문이다. 그에 따라 의료인이 특정 환자에 대하여 특정한 의료행위를 한 것에 대해서는 그것이 명백하게 합리성을 결여하지 않는 이상 그 재량성을 인정하여 성급하게 위법하거나 주의의무를 위반하였다고 판단할 수는 없다. 따라서 교과서적으로 표준적인 치료법을 따르지 않았다고 하여 무조건적으로 주의의무를 위반하거나 위법하다고 판단할 수 없으며, 의료진의 경험, 환자의 상태, 해당 의료행위를 시행하게 된 의학적 근거 등을 고려하여 판단해야 한다. 결론적으로 의사는 진료를 함에 있어 환자의 상황과 당시의 의료수준 그리고 자기의 지식경험에 따라 적절하다고 판단되는 진료방법을 선택할 상당한 범위의 재량을 가진다고 할 것이고, 그것이 합리적인 범위를 벗어난 것이 아닌 한 진료의 결과만을 근거로 선택 가능한 진료방법 가운데 어느 하나만이 정당하고 이와 다른 조치를 취한 것에 과실이 있다고 말할 수는 없는 것이다.

6. 집단 이기성(폐쇄성)

의료행위는 주로 진료실, 검사실, 수술실 등과 같이 공개되지 않은 장소에서 행해지기 때문에 일반인이 그 시행된 의료행위의 구체적 내용이나 시행과정에 잘못이 있는지 여부를 알기 어려운 특성을 가지고 있다. 또한 의료행위는 고도의 전문성을 가지기 때문에 환자가 의료인으로부터 설명을 듣는다 하더라도, 의료행위의 구체적인 내용에 대하여 정확히 이해하기 어려운 경우가 많다. 현실적으로도 일반인이 의료인들이 나누는 의학적 대화를 제대로 이해하기는 어려우며, 그들과 소통을 하는 것이 쉽지는 않다. 또한 의사를 포함한 의료인들은 면허를 따기까지 그들만의 폐쇄된 공간에서 한정된 사람들과 비교적 오랜 기간을 생활하기 때문에 상호간의 유대감이 어느 집단보다 강하다. 이러한 성격에 의하여 비의료인에 대해 배타적인 경우가 많고 그들끼리만 의사소통을 하는 경우가 많다. 이러한 이유로 인해 의료분쟁이 발생할 경우 감정이나 의학적 사항에 대한 회신에 있어 소위 '침묵의 카르텔'을 형성한다는 일반인들의 오해를 받기가 쉽다. 그러나 이러한 특성을 의료행위의 특성으로 보는 것은 바람직하지 않으며, 오해의 소지가 높다. 실제 의료소송이 법원에서 다루어지던 초기에는 의료적 과실 유무에 대한 판단을 구하는 진료기록감정이나 사실조회의 내용 가운데 당사자들이 문의하지 않은 내용에 대하여 적극적으로 의료인의 입장을 대변해 주는 내용들이 포함된 경우도 종종 있었던 것이 사실이다. 그러나 손배해상소송의 하나로 의료소송이 일반화된 현재의 경우 그러한 내용을 담은 회신은 거의 없다고 보아도 과언이 아니다. 그러나 의료인들이 객관적 지식에 반하는 내용의 감정이나 사실조회 회신을 한다면 이러한 국민 일반의 오해는 언제든지 다시 고개를 들 수 있다는 점을 명심해야 한다. 또한 일반 국민들과의 적극적 소통 및 중립적 감정 등을 통해 '집단 이기성'이라는 불필요한 오해를 불식시키려는 노력을 지속적으로 기울여야 할 것이다.

제2부 의료분쟁의 예방

Ⅰ. 의료분쟁의 정의

의료분쟁(medical dispute)이란 의료사고로 인한 다툼을 말한다. 앞서 살펴본 것과 같이 의료분쟁은 의료인의 과실이 없는 경우에도 발생할 수 있으며, 법률적인 다툼은 물론 1인 시위, 진료실 점거와 같은 사실적인 형태의 다툼도 의료분쟁에 해당한다.

흔히 의료분쟁에 대하여 환자 수가 적으면 의료분쟁 가능성이 낮다고 생각하거나, 시술 전 상태가 심하면 의료분쟁 가능성이 높다고 생각할 수 있다.[1)] 그러나 이는 오해에 불과하다. 교정학회 회원 중 의료사고 경험자의 교정환자 수는 50명 미만이 34%로 가장 높았고, 100명 미만, 200명 미만, 400명 미만, 400명 이상 순으로 나타났다. 즉 많은 교정환자를 볼수록 의료사고 경험이 적었다. 이는 환자가 적더라도 충분히 주의하지 않는다면 문제가 생길 수 있다는 것을 시사한다. 또한 치과의사가 부정교합 정도를 상, 중, 하로 판단할 때 의료분쟁은 "상"인 경우의 34%, 중 54%, 하 12%로서, 부정교합상태가 심한 경우가 아니고 보통인 경우 가장 의료분쟁이 빈발하였다. 부정교합이 경미한 경우도 10% 이상이었다. 즉 부정교합 중증도와 관계 없이 어느 경우에서도 의료분쟁이 발생할 수 있다. 부정교합이 보통인 경우 의사는 부정교합이 심하지 않으므로 주의의무를 소홀히 할 수 있고, 반면 환자는 기대치가 높아 결과에 만족하지 못할 수 있다.

Ⅱ. 의료분쟁의 발생원인

1. 의료인의 과실과 무관한 다툼 발생 –환자 또는 그 보호자의 시각에 대한 이해 필요성–

위 통계에서 알 수 있듯이 의료분쟁의 발생은 의료인의 숙련도, 시술경험과는 오히려 반비례하는 것 같고, 악결과의 정도와도 정의 상관관계를 보이지 않는 것 같다는 점을 주목해야 한다. 즉 시술의 경험이 적은 의료인에게 분쟁의 발생 가능성이 높으며, 악결과의 정도가 중하다고 하여 반드시 분쟁이 발생하는 것이 아님은 물론, 경미한 경우에도 발생할 수 있다는 점이다. 이는 환자나 그 보호자들의 생각을 이해할 필요가 있다는 점을 시사해준다. 과학적 사고에 근거한 판단만으로는 의료분쟁의 발생을 예측하기가 힘들기 때문에 환자나 그 보호자들이 불만을 가지는 것이 무엇이고, 어떠한 불만이 해결되지 않았을 경우에 분쟁

1) 황충주, 교정과영역의 의료사고 및 분쟁의 성격분석, 대치교정지, 1999 ; 29 : 1-22면.

을 제기하는지를 잘 알아야 한다. 의료사고가 발생하면 환자 측은 의료인의 사소한 잘못도 모두 환자에게 발생한 나쁜 결과(상해 또는 사망)의 원인이라고 생각하기 쉽다. 이러한 주장에 대해 의료인은 환자 측이 의학적 근거가 전혀 없거나 희박한 주장을 할 경우 '돈을 뜯기 위해서 트집을 잡는다'는 식으로 생각하기 쉽다. 물론 그런 환자도 일부 있으나 대부분 의학적 지식 부족에서 기인한 경우가 많고, 의료진과의 관계가 나쁜 경우에 이러한 주장이 제기되는 경우가 많다는 사실은 음미해 볼 만하다. 환자 측에 대해서는 무리한 주장을 반복할 경우 합리적 설득력을 잃어 의료인과의 합의가 힘들어짐은 물론 소송을 제기해도 패소할 가능성이 높게 된다는 점을 설명해줌으로써 불필요한 주장이나 요구는 하지 않도록 하는 것이 중요하다.

이하에서는 의료사고를 당한 환자 측에서 의학지식과는 무관하게 주장하는 대표적인 주장을 살펴보고, 이러한 주장에 대해 어떠한 법적 평가가 내려지는지를 살펴, 무조건 "말도 안 되는 소리는 하지 마라"는 식으로 대응하지 말고 그러한 주장을 계속할 경우 오히려 자신에게 불리하다는 사실을 설명해주는 태도가 바람직할 것이다.

가. 의료인이 불친절하다

물론 병 · 의원을 이용하는 대부분의 환자 측이 느끼는 것이라 생각된다. 2000년 초반까지에 비해 좋아졌으나 현재에도 일부 의료인들이 무뚝뚝하거나 퉁명스럽게 환자를 대하는 경우가 있다. 종별 의료기관 사이에서도 환자유치로 경쟁을 하고, 의원급 의료기관들 사이에서는 과간 진료영역이 사실상 붕괴한 현시점에서 친절함은 이제 선택이 아닌 필수가 되었다. 대학병원급 의료기관 –상급 종합병원– 에서도 친절교육이 일반화되었다. 상징적으로 어느 순간 의료인들 사이에서 환자를 '고객'이라 부르기 시작한 것이 이를 상징적으로 보여준다고 할 수 있다. 의료진이 불친절한 것이 직접적으로 환자에게 나쁜 결과를 발생시키는 경우는 없으며, 설사 있다 하더라도 매우 드물다는 점을 설득시킬 필요가 있다. 즉 의료인의 불친절은 환자 측이 느끼는 주관적 불만족에 불과하여 조정과정이나 법정에서의 변론 등의 소송절차에서 아무리 주장해도 나쁜 결과와 인과관계가 인정되기 어려우며, 특히 소송에서 무의미한 주장이 되기 쉽다. 물론 의료진에게 과실이 인정되는 경우 의료진이 불친절하다는 주장이 과실과 결합하여 의료진의 책임을 높일 수는 있을 것이나, 명확한 과실 주장이 없이 불친절하다는 주장만으로는 오히려 재판부에게 과실 주장이 없는 무리한 소송을 제기한 것이라는 인상을 주기 쉽다는 점도 명확히 인식시킬 필요가 있다. 다만, 그러한 주장이 제기된 의료기관이나 의료진의 경우 실제 불친절한 경우가 다른 의료기관이나 의료진에 비해 높으므로 향후 동일한 불만을 이유로 분쟁을 야기할 가능성이 높다는 점은 반드시 생각해 보아야 할 것이다.

나. 의료인이 환자 상태에 대하여 제대로 설명을 해주지 않는다

현재 우리나라의 진료여건 상 수술 전 · 후나 입 · 퇴원 과정에서 환자나 그 보호자들이 의료인에게 환자 상태를 포함하여 자신들이 궁금한 사항에 대하여 물으면 친절하고 충분한 대답을 듣는 경우가 일반적이지는 않다. 물론 법원이 일관되게 '의사의 설명의무'와 관련된 법리를 판결을 통해 발전시키고 설명의무 위반을 이유로 손해배상을 인정하는 판결이 축적됨에 따라 대형병원을 포함한 의료기관의 진료시스템에 설명과 관련된 절차들이 반영된 것을 비롯하여 의료진의 인식도 많이 바뀌었다. 그에 따라 설명의무의 이해 및 이행 정도가 과거에 비해서는 놀라울 정도로 높아졌다. 그러나 아직까지도 '설명을 해야 한다'는 의미를 '동의서를 받아야 한다'는 것으로 이해하는 의료진이 많다는 점 역시도 부인할 수 없다. 그러나 설명의무는 앞서 살펴본 것과 같이 환자가 치료법이나 진료법 등의 침습적 의료행위에 대해 그 시행 여부를 결정할 수 있어야 한다는 점을 전제로 하여 그들의 자기결정권을 제대로 보장해주기 위해서는 의학적 지식의 보완을 위해 의료진이 설명을 잘 해주어야 한다는 것에서 비롯된 것이므로 단순히 동의서에 서명을 받는 것으로 되지 않는다. 설명을 하였다는 사실 자체가 중요한 것이다. 환자나 보호자들은 의료사고가 발생하여 소송이 제기되는 경우 거의 예외 없이 의료진의 설명의무 위반을 문제 삼는다. '검사에 대해 설명을 해주지 않고 일방적으로 시행하였다', '성형수술의 부작용에 대하여 제대로 설명을 해주지 않았다', '환자의 상태에 대해 물어보았는데 상태가 나빠졌다는 사실을 숨기기 위해 의료진이 제대로 설명을 해주지 않았다' 는 등과 같은 주장이 대표적이다. 이러한 주장은 대부분 검사나 수술에 대한 동의서, 설명하는 광경을 목격한 제3자의 증언이나 진술서, 설명이 녹음된 녹취파일이나 녹취록 등을 이용해서 입증할 수 있다. 마지막 주장의 경우 의료진이 작성한 경과기록지나 간호기록지와 같은 진료기록에 몇 시간 단위로 환자 상태에 대하여 기록하고 있으므로 이러한 기록에 의해 환자 상태를 객관적으로 입증할 수 있기 때문에, 위 기록에 환자 상태가 정상적으로 기재되어 있을 경우 설명을 하지 않았다는 주장을 반박할 수 있다. 행위별수가제, 진료수가, 의사 1인당 돌보아야 할 환자 수 등의 문제로 인하여 환자나 그 보호자가 원하는 정도의 충분한 설명이 이뤄지기 어려운 우리나라의 의료 현실도 어느 정도는 고려되어야 할 것이다. 이와는 달리 의료인이 환자에게 침습적 의료행위[2]를 하는 경우 설명의무 위반 자체로 손해배상책임이 인정된다. 의료인은 환자에게 침습적 의료행위를 하기 전에 반드시 그 의료행위의 내용, 필요성, 방법 및 발생할 수 있는 부작용 등에 대하여 설명하고, 환자로부터 의료행위에 대한 동의를 받아야 한다. 즉 침습적 의료행위를 하기 위해 필요한 환자 측의 동의를 얻기 위한 전제(前提)로서 설명의무가 요구되는데, 이러한 설명의무를 이

2) 침습적 의료행위란 인체의 완전성을 해하는 의료행위를 말한다. 즉 의료행위가 아니라면 형법상의 상해와 같이 환자의 신체에 대하여 위해를 가하여 신체의 완전성을 해치는 행위를 일컫는 용어로 수술, 주사 등이 대표적인 예에 해당한다.

행하지 않은 경우 나쁜 결과의 발생과는 무관하게 독자적인 손해배상책임의 근거가 된다. 즉 의료진의 과실이 없다 하더라도 의료진이 환자나 그 보호자들에게 반드시 해야 할 설명을 제대로 하지 않아 환자의 치료선택권이 침해된 경우(다른 말로 표현하면, 환자의 자기결정권이 침해된 경우)에는 그로 인해 환자나 보호자들이 입은 정신적 손해에 대한 배상을 받을 수 있다. 물론 이러한 설명의무 위반이 의료인의 치료행위에 있어서의 주의의무 위반과 동일하게 평가할 수 있을 정도라면 환자에게 발생한 나쁜 결과에 대한 손해배상책임도 지게 되지만, 우리나라의 경우 단 1건[3]만 이러한 경우를 인정하고 있으며, 대부분은 정신적 손해(=위자료)에 대한 배상만을 인정하고 있다.

마지막으로 유의해야 할 것은 의료인의 설명의무는 의료과정 전반이 아니라 수술 등 침습을 가하는 과정 및 그 후에 나쁜 결과 발생의 개연성이 있는 의료행위를 하는 경우 등과 같이 환자에게 자기결정권에 의한 선택이 요구되는 경우에만 국한된다는 점이다. 최근에 법원에 의해 의사의 설명의무가 강조되어 대부분의 의료소송에서 원고가 설명의무 위반을 주장하고 있으나, 이러한 설명의무는 환자의 자기결정에 의한 선택이 가능한 분야에 한정된다는 점을 반드시 잊지 말아야 한다. 아래는 침습적 의료행위에 대하여 환자의 자기결정권에 의한 선택이 요구되는 경우에 국한되어 설명의무가 인정된다는 점을 알 수 있는 사례이다.

사례 1

환자가 척추관련 통증을 호소하며 피고 병원을 방문하여 검사를 받은 결과 심한 요추부 척추신경관 협착증이 발견되어 수술을 받기로 하였다. 의료진은 환자에게 양측 추간판 절제술, 신경공감압술, 요추 및 천추간 우외측 척추고정술, 자가골 이식술을 시행하였는데, 수술 직후 환자에게 갑작스런 혈압하강 및 서맥, 심혈관 허탈상태가 발견되어 치료를 받아 의식을 회복하였으나, 양안이 실명되었다.
⇒ 원고는 피고가 환자에 대한 수술을 하기 전 수술 부작용을 설명해 주지 않았다고 주장하였으나, 환자의 양안실명 원인이 색전으로 인한 것임이 밝혀졌다. 이러한 폐색전증은 위 수술의 후유증 또는 합병증이 아니기 때문에 피고가 환자에게 위 수술 전 폐색전증에 대해 설명을 할 의무는 없다고 법원은 판단하였다.

다. 선택진료계약[4]을 체결했는데 다른 의사가 진료를 한다

최근에 많이 문제되고 있는 것 중의 하나이다. 물론 선택진료제도가 폐지되었기 때문에 향후에는 문제가 될 소지가 적지만 소멸시효를 고려하면 향후 3-10년까지는 문제가 될 수

3) 대법원 1996. 4. 12. 선고 95다56095 판결.
4) 이를 '지정진료계약'이라고도 한다.

있는 사항이다. 환자 측이 상급 종합병원을 비롯한 의료기관에서 근무하는 경험이 풍부한 선택진료 의사로부터 진료를 받기로 하고 선택진료비를 지불하였는데 실제로는 선택진료의사가 전혀 진료를 하지 않거나 일부분만 담당하고 나머지를 전공의, 임상강사와 같은 비선택 진료의사가 수행하는 경우가 있다.

이 점에 대해 의료계에서는 선택진료제도가 우리나라의 낮은 건강보험 요양수가를 보존해주기 위해 만든 특진의 제도가 이름만 바뀌 유지된 기형적 제도로서 현실적으로는 의료기관의 운영을 위해 불가피한 것이라고 주장하거나, 진료라는 것이 반드시 선택진료의 자신에 의해 직접 이루어지는 것만을 의미하는 것은 아니며, 전공의 수련을 위해서나 전체 진료를 모두 선택 진료의사가 담당하는 것은 불가능하므로 큰 문제가 되지 않는다고 주장한다. 또한 같은 의사에 대하여 여러 환자가 선택진료를 신청했을 경우에는 어떻게 해야 하는가라는 현실적인 문제를 제기하기도 한다. 의료소송에서 환자 측이 선택진료 의사가 환자를 직접 진료하지 않았다는 사실을 의료과실이라고 주장하는 경우가 있는데 이러한 주장은 받아들여지지 않는다는 점을 이해시켜야 한다. 실제로 진료를 담당한 의사가 환자의 상태에 대하여 선택진료의에게 보고를 하고, 이상이 있을 경우에는 선택진료 의사가 지시를 하거나 직접 진료를 담당하기 때문에 직접 진료를 하지 않았다는 사실 자체만으로는 의료과실이 있는 것으로 판단되지는 않는다.

그러나 이상이 있음을 보고하였음에도 선택진료 의사가 지시나 진료를 하지 않거나(전화로 지시하는 경우도 진료를 한 것으로 보는 것이 일반적임), 전공이 전혀 다른 의사가 선택진료 의사 대신 진료를 보는 경우 등에는 의료진의 과실로 인정될 가능성이 높다. 특히 환자가 앓고 있는 질병이 희귀하고, 선택진료 의사가 그 질환에 있어 국내의 권위자일 경우에는 선택진료 의사가 아닌 자가 진료하는 것이 문제가 될 가능성이 높다. 이러한 모든 점들을 고려한다면, 선택진료 의사가 직접 진료를 하지 않았다는 사실만으로 일률적으로 의료과실이라고 판단되지는 않는다고 할 것이다.

사례 2

환자가 피고 병원에 입원하여 제4, 5 요추부 감압술, 금속내 고정술 등을 받은 후 사망한 사안

⇒ 원고들은 피고 병원의 주치의가 수술 후 망인의 혈압과 체온이 정상으로 회복될 때까지 대기하며 환자의 상태를 살필 필요가 있었음에도 이를 게을리하였다고 주장하였다. 그러나 법원은 위 주치의가 수술 후 병실을 방문하여 환자의 혈압, 체온, 배혈관을 통해 배혈상태 등을 확인하고 퇴근하였고, 퇴근 후에도 계속하여 당직의로부터 전화통화를 통하여 환자의 상태에 대하여 보고를 받았기 때문에 직접 환자의 상태를 살피지 않았다고 하여 주치의로서의 주의의무를 위반한 것은 아니라고 판결하였다.

최근에는 의료과실과는 다른 문제로 선택진료비를 돌려달라고 하는 경우가 자주 발생하고 있다. 특히 환자가 원하는 결과가 나오지 않았을 경우 선택진료 의사가 제대로 진료를 하지 않았다는 이유를 들어 선택진료비를 반환해 달라고 하는 경우가 상급 종합병원에서 심심찮게 발생하고 있다. 최근에서는 의료기관의 모든 정보가 환자들에게 제공되고 있고, 환자들의 권리의식도 높아져 이러한 요구가 늘어나고 있다. 일부 소비자단체나 시민단체에서는 선택진료계약을 체결하여 비용을 받았음에도 진료를 하지 않는 것은 형법상의 사기죄에 해당한다고 문제를 제기하기도 한다. 이에 대하여 말도 안 된다고 반발할 의사들이 대부분이겠지만 법리적으로 형법상 사기죄의 성립 가능성이 있다는 점을 유의해야 한다.

라. 의사가 오진을 하였다

오진(誤診)이란 의사가 환자의 질병의 내용을 잘못 판단한 것을 말한다.[5] 의학적으로는 의사가 판단한 질병과 실제 질병이 다르다면 모두 오진이 되지만, 의료소송에서 문제가 되는 오진은 그러한 오진으로 인하여 환자에게 나쁜 결과가 발생한 경우이다. 즉 오진으로 인하여 현재의 질병이 악화되거나, 적절한 치료기회를 놓쳤거나, 치료기간이 연장되었거나, 사망하는 등의 경우에만 법률적으로 문제가 되는 것이다. 이러한 오진의 법률관계는 일반인들이 가장 납득하기 어려운 부분 중의 하나이다. 쉽게 풀이하면, 오진이 있다 하더라도 그로 인해 환자에게 나쁜 결과가 발생하지 않았다면 오진은 문제가 되지 않는다는 것이다.[6] 이처럼 법률이 오진에 대하여 다소 관대한 이유는 아직도 현대의학의 수준에서 정확히 질병의 종류 및 정도를 초기에 정확히 알아내는 것이 쉽지 않기 때문이다. 특히 건강보험 급여범위의 확대와 더불어 건강검진이 일반화되고 있다. 이에 따라 암 등 중증질환의 조기 발견율이 높아지고 있는데, 이러한 건강검진에서 특정 질병을 진단하지 못하였다는 이유로 문제를 제기하는 경우가 증가하고 있다. 그러나 건강검진의 항목이나 검사법 등에 따라 진단을 하지 못한 것이 의료과실이 아닐 수도 있으므로 진단을 하지 못한 것만으로 바로 의료과실이 된다고 할 수 없다. 다만 과실로 인정된다고 하더라도 현재까지의 주류적 판례는 치료기회 상실에 따른 위자료(정확히 말하면 비재산적 손해) 정도를 배상하도록 하고 있다.

사례 3

환자가 복부에 계란 크기의 종양이 생겨 복통을 호소하며 병원을 방문하였고, 의사는 필요한 검사를 하지 아니하고 위종양 또는 위궤양으로 오진한 후 개복수술을 하였으나, 환자에게 생긴 종양은 투약으로 치료가 가능한 대장결핵성 임파선염의 질환으로 판명된 사안

⇒ 이 사건에서 판례는 "의사가 치밀한 조사도 없이 청진 · 촉진 · 흉곽촬영 등의 진단

5) 사법연수원, 의료과오손해배상, 1998, 136면 .
6) 위 같은 면.

방법만으로 환자의 질환을 위궤양으로 판단하여 개복수술을 하였으나 그 질환이 회지하기 어려운 대장결핵성임파선염으로 판명된 이상 위 개복수술로 인하여 환자에게 어떠한 손해가 발생할 수 없다"라고 판결하여 오진하였더라도 그로 인해 환자에게 손해가 발생하지 않았다면 손해배상을 할 필요가 없다는 점을 명확히 하였다.

마. 의사가 진료기록부 등을 위 · 변조하거나, 허위 기재하였다

의사 개인이 개설한 의원급 의료기관의 경우에는 평소 진료기록부 등을 상세하게 기재하지 않다가 의료사고가 발생하면 그 때서야 과거의 기억을 되살려 기록하는 경우가 많은데, 그러한 과정에서 잘못된 기억에 의하여 기재하거나, 고의로 기억에 반하는 내용을 기재하는 경우가 종종 발생하고 있다. 환자 측이 진료기록부 등을 복사하여 확인하는 과정에서 이러한 점을 발견하면 그것으로 의료진의 과실이 밝혀진 것으로 생각하는 경우가 많다. 그러나 그러한 생각은 잘못된 것이다.

현행 의료법에서 의료인에게 진료기록부 등을 작성해야 할 의무를 부과하고 있는 것은 사실이나,[7] 언제 기록하고, 어떻게 기록해야 하는지에 대해서는 규정하고 있지는 않다. 즉 의료법 제22조 제1항은 "의료인은 각각 진료기록부, 조산기록부, 간호기록부, 그 밖에 진료에 관한 기록을 갖추어 두고 환자의 주된 증상, 진단 및 치료 내용 등 보건복지부령으로 정하는 의료행위에 관한 사항과 의견[8]을 상세히 기록하고 서명하여야 한다"고 하여, 상세히

7) 의료법 제22조 (진료기록부 등) ① 의료인은 각각 진료기록부, 조산기록부, 간호기록부, 그 밖의 진료에 관한 기록 (이하 "진료기록부등"이라 한다)을 갖추어 두고 환자의 주된 증상, 진단 및 치료 내용 등 보건복지부령으로 정하는 의료행위에 관한 사항과 의견을 상세히 기록하고 서명하여야 한다.

8) 의료법 시행규칙에서는 진료기록부 등에 기재할 사항에 대하여 따로 규정을 두고 있다.
의료법 시행규칙 제14조(진료기록부 등의 기재사항) ① 법 제22조제1항에 따라 진료기록부 · 조산기록부와 간호기록부(이하 "진료기록부등"이라 한다)에 기록해야 할 의료행위에 관한 사항과 의견은 다음 각 호와 같다.
1. 진료기록부
가. 진료를 받은 사람의 주소 · 성명 · 연락처 · 주민등록번호 등 인적사항
나. 주된 증상. 이 경우 의사가 필요하다고 인정하면 주된 증상과 관련한 병력(病歷) · 가족력(家族歷)을 추가로 기록할 수 있다.
다. 진단결과 또는 진단명
라. 진료경과(외래환자는 재진환자로서 증상 · 상태, 치료내용이 변동되어 의사가 그 변동을 기록할 필요가 있다고 인정하는 환자만 해당한다)
마. 치료 내용(주사 · 투약 · 처치 등)
바. 진료 일시(日時)
2. 조산기록부
가. 조산을 받은 자의 주소 · 성명 · 연락처 · 주민등록번호 등 인적사항
나. 생 · 사산별(生 · 死産別) 분만 횟수
다. 임신 후의 경과와 그에 대한 소견
라. 임신 중 의사에 의한 건강진단의 유무(결핵 · 성병에 관한 검사를 포함한다)
마. 분만 장소 및 분만 연월일시분(年月日時分)
바. 분만의 경과 및 그 처치
사. 산아(産兒) 수와 그 성별 및 생 · 사의 구별
아. 산아와 태아부속물에 대한 소견
자. 삭제 〈2013.10.4.〉
차. 산후의 의사의 건강진단 유무
3. 간호기록부

기록하라고만 할 뿐, 구체적 방법이나, 시기에 대하여는 밝히지 않았다. 따라서 제대로 기억할 수만 있다면 진료 후 곧 기재할 필요는 없다. **진료행위 이후에 기재하였다고 하여 위법한 것도 아니다.** 이러한 법규정의 미비로 인하여 사후에 의료진이 기록함에 있어 필기구의 종류가 다르거나, 약간의 필체가 다른 경우 환자 측은 진료기록부 등이 위 · 변조되었다고 주장하고, 의료진은 정확히 기재했다고 반박하는 상황이 벌어지는 것이다. 특히 EMR(전자의무기록, Electronic Medical Record)가 보편화된 지금 언제든지 로그인하여 기록을 수정하거나 추가 기재할 수 있다는 의심이 있어 이러한 주장이 오히려 강화되고 있는 형편이다. 그러나 실제로 대부분의 EMR시스템에서는 로그인 기록을 보관하고 있어 의료진이 추가기재를 하였는지를 알 수 있고, 최초 기록내용도 보관되어 있는 경우가 많기 때문에 환자 측의 이러한 주장은 기우이다. 또한 진료기록부 등이 위 · 변조 또는 허위기재 되었다는 사실은 환자 측이 입증해야 하는데, 실제 소송에서 이를 입증하기는 대단히 어려워 주장만 하는 경우가 많다. 그러나 모든 기록을 꼼꼼히 검토하여 다른 기록들과 일치하지 않는 부분을 찾아내거나, 일반적인 의학상식에 반하는 내용이 기재되어 있는 경우 등을 찾아내어 더러 입증에 성공하는 경우도 있다.[9] 그러기 위해서는 의학지식이 필요할 뿐 아니라 관련된 모든 기록을 꼼꼼히 비교 · 분석하는 세심함이 요구된다. 반대로 의료진으로서는 불가피하게 추가기재하거나 기록을 보완할 경우에 관련 기록과 모순되지 않도록 주의를 기울여야 한다. 예를 들면, 응급환자를 치료하다 상급병원으로 전원한 경우 환자와 함께 진료기록 사본을 보내야 하는데, 응급상황이라 필요한 내용을 모두 작성하지 못한 경우가 많다. 이 경우에 일부 법률가는 **추가로 기재를 하지 말라고 하나, 추가로 기재하는 것이 바람직하다. 다만, 추가 기재의 내용이 상급병원의 응급실에서 환자를 전원받을 당시 작성된 내용과 모순되지 않도록 해야 할 것이다.**

만일 환자 측이 의료진의 위 · 변조 사실이나 허위 기재하였음을 밝혔을 경우 소송에 어떠한 영향을 미치는가의 문제도 있다. 이 경우 법원이 바로 환자 측의 주장을 모두 받아들이는 것은 아니고, 다만 자유심증에 따라 의료진에게 불리하게 판단하는 근거로 삼고 있다. 쉽게 말하면 진료기록부 등이 위 · 변조 또는 허위기재 되었다는 사실이 밝혀졌다고 하여 의사의 과실이 바로 인정되는 것은 아니지만, 그러한 사실이 소송에서 의사에게 불리하게 작용한다. 따라서 진료기록부 등과 관련하여 위 · 변조 또는 허위기재 사실을 입증하거나, 아

가. 간호를 받는 사람의 성명
나. 체온 · 맥박 · 호흡 · 혈압에 관한 사항
다. 투약에 관한 사항
라. 섭취 및 배설물에 관한 사항
마. 처치와 간호에 관한 사항
바. 간호 일시(日時)

9) 이 경우 진료기록부 등을 거짓으로 작성하거나 고의로 사실과 다르게 추가 기재 · 수정한 의료인은 의료법 제88조에 의하여 3년 이하의 징역이나 1천만원 이하의 벌금에 처해진다.

예 병원 측이 제출하지 않는 경우 바로 소송에서 승소하는 것은 아니나, 상당히 유리한 입장에 서게 된다.

사례 4

원고는 고열, 전신쇠약감, 탈수증세 등으로 피고 병원에서 급성신우신염이라는 진단을 받고 치료를 계속 받았으나, 호전이 없었다. 종합병원을 방문하여 검사를 받은 결과 결핵성 뇌막염이라는 진단 하에 치료를 받아 결핵뇌막염은 완치되었으나, 그 후 무혈괴사가 발생하여 현재 양측 슬관절 동통 및 좌측 족관절 운동제한 등의 후유장애를 겪고 있는 사례

⇒ 이 사건에서 피고는 법원의 진료기록부 제출명령에 대해 진료기록을 분실하였다는 이유로 제출하지 않았다. 이에 대해 법원은 피고가 진료기록을 분실하였다면 약 10여 년 전에 치료한 내용을 자세히 기억하여 준비서면에 기재하였다고는 보기 힘들기 때문에, 고의로 진료기록부를 제출하지 않고 있는 것으로 판단하여 피고에게 불리한 판결을 내렸다.

사례 5

초산부인 산모가 임신 39주 1일째 진통을 느껴 병원에 입원하였고, 그 때 양막이 파열되었다. 그 후 질식분만으로 2.9kg인 아이를 출산하였으나, 출산 직후부터 호흡이 없고, 청색증이 나타나 종합병원으로 옮겨 치료를 하였으나, 신생아가사 및 허혈뇌손상으로 뇌성마비 증세를 보인 사안

⇒ 이 사건에서는 피고가 진료기록부를 제출하지 않고, 분만과정기록표만을 제출하였는데, ① 위 분만과정기록표의 내용은 타 병원 의료진이 작성한 진료소견서의 내용과 배치된다는 점, ② 재판부가 위 기록표의 사후조작 여부를 위해 의무기록의 제출을 요구하였으나, 피고가 끝내 제출하지 않은 점, ③ 담당간호사의 필적이 담긴 서류라도 제출하라는 재판부의 요구에도 따르지 않은 점 등으로 미루어 위 기록표가 사후에 조작된 것으로 판단하였다.

사례 6

원고는 좌측 족저부에 생긴 염증 치료를 위해 피고병원을 방문하여 창상 치료를 받은 후 반흔과 염증을 절제하는 치료를 받았다. 증세 호전이 없어 종합병원에서 검사를 받은 결과 편평상피세포암이라는 진단을 받아 치료받았으나, 결국 무릎 아래를 절단한 사례

⇒ 이 사건에서 피고는 환자를 초진할 당시에 편평상피세포암이 의심된다는 진단을 하

지 않았다고 주장하며, 진료기록에 나와 있는 '편평상피세포암이 의심됨'이라는 기재는 나중에 추가로 기재한 것이라고 주장하였다. 그러나 위 기재가 여백이나 공란에 기재된 것이 아니라 진료기록의 기재란에 기재된 점, 나중에 기재한 것으로 보기에는 글씨의 크기가 같은 점, 다른 내용은 모두 일어난 날에 작성되었음에도 유독 위 기재만이 나중에 쓰여졌다고 보기에는 힘들다는 점 등을 고려한다면 위 기재는 나중에 된 것이 아니라고 판단하였다.

바. 그 외

의사가 환자가 원하는 시간만큼 진료를 해 주지 않는다거나, 의사가 회진을 돌 때 무성의하다는 등도 소송에서 곁가지로 주장되는 내용들이다. 하지만 이런 주장들 역시 설사 그러한 내용이 사실로 인정된다고 하더라도 이를 이유로 의료진의 과실 인정의 근거는 될 수 없다. 물론 경우에 따라 환자와 의사(또는 병원) 사이에 이루어진 진료계약의 불이행에 해당될 수는 있을 여지는 있으나(이는 채무불이행이 될 수는 있다), 이러한 환자 측의 주관적 불만족과 환자에게 발생한 나쁜 결과 사이에는 인과관계가 인정되지 않을 가능성이 높기 때문에 이러한 것만 가지고는 의료진의 과실에 의해 의료사고가 발생하였다고 할 수는 없다. 따라서 의료진은 분쟁 발생 초기에 환자 측이 위와 같은 주장을 하는 경우에는 그러한 주장이 사실로 판명된다고 하더라도 의료과실을 인정하는 직접적 근거가 되지 않는다는 점을 잘 설명해야 할 것이다.

2. 의료사고의 의료분쟁화[10)]

의료진의 의료행위로 인하여 상해 또는 사망이라는 나쁜 결과를 입은 환자 측이 의료진에 대하여 항의, 면담요청, 1인 시위와 같은 형식의 비공식적 문제제기는 물론 손해배상이나 형사처벌을 바라는 고소, 고발과 같은 공식적 문제제기를 하는 것을 '의료사고로 인해 의료분쟁이 발생한다'라고 표현할 수 있다.

'의료사고의 의료분쟁화'라는 명제는 너무나 당연한 것으로 생각될 수 있지만 과거에는 의료사고가 의료분쟁화되는 경우가 지금보다 훨씬 적었다. 즉 의사의 의료행위에 대하여 비난하거나, 과실 있는 의료행위라고 지적하며 다투는 환자나 보호자가 지금보다 많지 않았다. 그 이유로는 의사–환자관계가 수평적 관계보다는 수직적인 관계로 인식되어 환자가 의

10) 의료분쟁이란 "의료행위로 인하여 생기는 분쟁(의료법 제54조의2 제1항)", "의료사고를 주원인으로 한 환자 측과 의료인 측 간의 다툼(이재형, 의료분쟁에 있어서의 의료권보장에 관한 연구, 서울대학교 보건대학원 석사학위논문, 1983, 4면)," 의사의 진료로 인한 의료사고와 의사를 포함한 의료관계자의 행위로 인한 의료사고를 출발점으로 한 의료진과 환자 측과의 다툼(김광우, 진료의 입장에서 본 병원의료분쟁의 예방과 대책, 대한병원협회지 1984. 1.2월호, 37면) 등으로 다양하게 정의될 수 있는데, 여기서는 "의료행위로 인하여 생기는 환자 측과 의료인 간의 다툼" 정도로만 정의하기로 한다.

사와 대등한 지위를 가진다는 생각을 하기 어려웠다는 점, 의사의 진료라는 용역(用役, 서비스)을 대가를 주고 구매한다는 사고가 낯설었던 점, 전통적으로도 의료진의 의료행위는 환자에 대한 시혜적(施惠的) 행위로 인식되었다는 점 등을 들 수 있을 것이다.

그러나 현재에는 의사-환자관계를 평등하게 인식하게 되는 것에서 나아가 오히려 환자-의사관계로 파악하려는 사고도 싹트고 있으며, 인터넷을 통한 의료정보에의 접근이 용이해지면서 의료인에 대한 무조건적인 믿음이 깨어지고 있고, 환자 측의 권리의식도 높아져 의료사고가 발생하면 의료분쟁으로 발전되는 비율이 과거에 비해 높아지고 있다.[11]

Ⅲ. 의료분쟁의 특징

이해관계자 사이에 분쟁이 발생하면 감정적 대립을 하고, 상대방에 대해 도덕적 비난을 하는 것은 물론 취할 수 있는 모든 방법을 동원한다는 점 외 다음과 같은 특징을 가지고 있으므로, 분쟁의 해결을 위해 이러한 점을 이해할 필요가 있다.

1. 당사자 간의 감정의 골이 매우 깊다

이혼소송을 포함한 부부 간 다툼과 같은 정도의, 아니 그 이상일 정도로 의료분쟁의 경우 당사자 사이의 감정의 골이 매우 깊다. 의료사고가 발생하는 일반적 과정을 보면 질병이나 이상증상을 보이는 환자가 특정 의료인이나 의료기관을 방문하여 진료를 받은 후 예상하지 못했던 악결과가 발생하고, 초기에는 환자나 그 보호자가 악결과가 발생한 이유에 대한 의료진의 설명을 요구하였으나, 불충분하거나 설명을 하지 않는다는 이유로 의료기관에 항의하고, 담당 의료진과 여러 차례 면담절차를 거쳤음에도 해결이 되지 않는 경우 분쟁으로 발전한다. 즉 이미 상당한 정도로 당사자들이 면담이나 대화 및 협상의 시간을 거친다. 현재까지 우리나라의 법률문화상으로는 법률대리인을 데리고 면담이나 협상에 임하는 것이 아니라 분쟁 당사자들이 바로 만나기 때문에 대화나 면담을 하는 과정에서 서로 상처를 주는 말들을 주고 받는 경우가 많아 최종 협상이 성공하면 괜찮으나, 그렇지 않을 경우 상당한 정도로 감정적 대립이 심해진다. 이러한 감정적 대립은 소송과 같은 공식절차에 들어가더라도 당사자들이 합리적으로 사고를 할 수 없게 만들어 분쟁 해결을 막는 장애요인으로 작용

11) 유감스럽게도 2000년에 있었던 의사들의 집단행동이 이러한 시각의 광범위한 확대에 일조를 하지 않았나 하는 것이 필자의 개인적인 생각이다.

하기 때문에 바람직하다고 할 수 없다. 따라서 이러한 문제를 해결하기 위해서는 분쟁화되기 전이나 분쟁 초기에 당사자들이 직접 대화하기 보다는 제3자적 시각을 가진 사람 -대표적으로는 법률대리인- 을 통해 대화나 협상에 임하는 것이 바람직하다. 최근 비뇨기과 진료에 불만을 가진 환자가 담당의사를 살해한 사건을 생각해 본다면 이러한 감정적 대립이 얼마나 심한지를 간접적으로 알 수 있을 것이다.

2. 의료진의 언행이 모두 증거화될 가능성이 높다

환자 측은 의료지식이 부족한 경우가 많아 분쟁을 염두에 둔 경우에는 증거수집에 신경을 많이 쓰는 것이 사실이다. 따라서 당사자들이 면담을 하거나 협상하는 과정에서 이루어지는 대화는 거의 모두 녹음된다고 생각해야 한다. 휴대폰이나 휴대용 녹음기 발달로 인하여 상대방이 거의 인지할 수 없는 상태에서 녹음이 이뤄지는 경우가 많다. 또한 대화 당사자 일방의 녹음파일은 민사소송에서 증거로 활용될 수 있기 때문에 실제 많은 녹음이 이뤄지고 있다. 따라서 **의료진으로서는 환자 측과의 대화가 녹음되고 있다고 생각하면서 대화를 진행해야 한다.** 일부에서는 동영상을 촬영하는 경우도 있다. 또한 CCTV를 설치한 의료기관이 많은데 추후 소송과정에서 이러한 CCTV 촬영 내용이 증거로 제시되는 경우가 많다. 일정 시간이 지난 경우 영상자료가 없을 수 있는데 이를 증거를 고의로 없앴다고 주장하는 경우도 많다는 점을 주의해야 한다. 이러한 행동은 모두 의료과실을 입증하기가 매우 어렵다는 생각을 가진 환자 측에서 발전시켜 온 고육지책이라는 점도 의료진으로서는 생각해 볼 점이다.

3. 의료진의 진솔한 사과를 원하는 경우가 많다

분쟁이 발생하면 대부분 입은 손해를 보전받는 것이 목적인 경우가 대부분이다. 그러나 의료분쟁의 경우에는 담당 의사의 진솔한 사과를 우선으로 내세우는 경우가 많다는 특징을 보인다. 가벼운 질환으로 의료기관을 방문하였다가 장애 또는 사망과 같은 중한 결과가 발생하는 경우도 있지만 암과 같은 중환 질환으로 진료를 받다가 사망하는 경우에도 분쟁이 제기되는 경우 역시 빈번하다. 이런 경우 유족들은 초기에 해당 의료진으로부터 사망의 원인이나 본인들이 궁금해 하는 점에 대한 의료진의 명확한 설명과 그 과정에서 있었던 사소한 실수에 대해서 진솔한 사과를 원하는 경우가 많다. 또한 분쟁을 줄이고 분쟁 해결의 비용을 줄이는 효과적인 방법의 하나로 미국에서 '의사가 솔직하게 사과하라'는 명제가 유행하였다. 물론 이러한 의료진의 진솔한 사과가 매우 효과적인 분쟁 해결 수단이라는 점에 대해서는 이론의 여지가 없다. 그러나 여기서 유의해야 할 것이 있다. 누가 보더라도 명확하게 과실이 있다고 판단되는 경우에는 이러한 태도가 매우 효과적이다. 수술 후에 수술 부위에 거즈가 발견된다거나 왼쪽 부위를 수술해야 함에도 오른쪽 부위를 수술하였다는 것과 같은 경우가 대표적이다. 그러나 **과실 여부에 대해 의학적으로 판단이 필요한 경우에는 섣불리 사과해서는 안 된다. 의료과실에 대한 판단은 의학적 판단이 아니라 법률적 판단이 최종적**이다. 현재까지의 판례는 의료행위에 있어 의료진의 재량을 상당히 인정하고 있다. 반드시 최신 의학지식을 따르지 않았거나 현재의 주류적 치료법을 따르지 않았다고 하여 바로 의료과실이라고 판단하지는 않기 때문에 의료진으로서는 자신의 의학적 판단에만 근거하여 사과를 하는 것은 바람직하지 않다는 점을 명심해야 한다.

4. 형사사건화 비율이 늘고 있다

과거 의료분쟁이 많지 않았던 1980-1990년대에는 의료분쟁이 발생하는 경우 형사고소를 하는 경우가 많았다. 주로 죄명은 '업무상 과실치상이나 업무상 과실치사'다. 이는 과거 진료기록을 환자 측이 요구해도 사본발급할 의무가 없어 의료기관이 주지 않는 경우가 많아 환자 측이 진료기록을 확보할 방법이 없어 울며겨자먹기식으로 형사고소를 함으로써 진료기록 등 증거확보를 시도하였던 것이다. 그러나 이러한 고소의 경우 기소율이 너무 낮고, 무혐의 처분을 받을 경우 민사소송을 제기해도 관련 형사사건에서 무혐의 처분을 받았다는 이유로 패소 가능성을 높여 상당기간 고소비율이 낮아졌었다. 더불어 의료법의 개정으로 환자 요구가 있을 때 진료기록 사본을 교부하지 않을 경우 형사처벌을 규정함으로써 증거확보를 위해 고소할 필요가 없게 되었기 때문이다. 그러나 최근 다시 고소하는 경우가 늘고 있다. 이에 대해서는 여러 이유를 들 수 있다. 먼저 2010년 이후 검찰에서도 의료전담부가 생겨 과거보다 의욕적으로 의료분쟁에 대해 임하고 있다는 점, 의사 자격을 가진 변호사들이 증가하고 이들이 전문 지식을 바탕으로 의료진의 과실을 정확히 지적하면서 고소를 함으로써 기소율이 높아진다는 점, 환자 측이 의료진을 '업무상 과실치사상죄' 외 진료기록 미기재, 진료기록 허위 기재 및 무면허의료행위 또는 이중개설 등과 같은 해당 의료진이나 그들이 속한 의료기관의 의료법 위반을 지적하며 함께 고소하는 경우가 늘어나면서 의료인이나 해당 의료기관을 압박하는 수단으로 삼고 있다는 점이다. 왜냐하면 의료법 위반이 인정될 경우 형사처벌이 되는 것은 별론으로 하고 행정처분이 뒤따르기 때문에 '업무상 과실치사상죄'보다 의료인이나 의료기관이 입게 되는 피해가 훨씬 크기 때문이다. 이를 방지하는 최선의 길은 의료법 위반 사항이 없도록 해야 하는 것이지만 이런 점까지 고려하여 대화나 협상에 임할 필요가 있다.

Ⅳ. 의료분쟁의 증가 요인

현재 우리나라에서 한 해에 어느 정도로 의료분쟁이 발생하고 있는지에 대해서는 정확히 알 수가 없다. 왜냐하면 우리나라에는 아직까지 의료분쟁에 대한 구체적이고 체계적인 통계자료가 없기 때문이다. 물론 보건복지부, 검찰, 대한의사협회, 한국소비자원 및 각종 의료관련 소비자단체 등에서 의료분쟁에 대한 통계 및 자료를 발표하고는 있으나 각 단체별로 발표내용에 다소 차이를 보이고 있으며, 발표 및 통계의 기준도 달라 어느 것이 정확한 것인지 판단하기가 힘들다.[12] 한국의료분쟁조정중재원이 향후 이러한 역할을 해야 할 것으로 기대하지만 필수적 조정전치주의가 아니기 때문에 현재까지는 그러한 역할을 수행하지 못하고 있다. 또한 일명 '종현이법'[13]으로 불리는 환자안전법이 국회를 통과하게 됨에 따라 의료기관평가인증원이 향후 이러한 역할을 수행할 것을 기대해 볼 수는 있으나 이 또한 현재까지는 작동되고 있지 않다. 따라서 현재 의료분쟁의 발생현황을 직접적으로 파악할 수 있는 자료가 없기 때문에 한 해 동안 법원에 접수되는 의료소송의 수와 의료분쟁이 의료소송화되는 비율을 이용하여 간접적으로 추론해 볼 수 있을 뿐이다.

1. 의료민사소송

가. 의료민사소송의 1심 접수 현황[14]

먼저 1999년까지 법원에 접수된 의료민사소송의 수를 개략적으로 살펴보면 아래 〈표 1〉과 같다.

〈표 1〉

연도	1989	1990	1995	1996	1997	1998	1999
건수	69	84	179	290	399	542	508

위 표를 보면 우리나라에서 의료민사소송이 100건을 넘은 시기는 1995년부터임을 알 수 있고, 그 후 매년 100건 이상씩 늘었다는 사실을 알 수 있다. 즉 완만하게 증가하던 소송

12) 1999년 4월부터 같은 해 연말까지 9개월 동안 의료서비스 피해구제 업무를 담당하고 있는 한국소비자보호원에 접수된 의료서비스 관련 상담은 총 5,670건으로 월 평균 630견이 접수되었다고 하고, 1996년에 대한의사협회가 의사 37,994명을 대상으로 설문 조사한 결과에 의하면 응답자의 30.4%인 10,015명이 의료분쟁을 경험한 적이 있다고 대답하였다.

13) '종현이법'이란 대구 모 대학병원에서 종현이라는 환자에게 항암제를 잘못 투여하여 사망케 한 사건이 발생한 것을 계기로 시민단체와 일부 의료계의 노력으로 '환자안전법'이 제정되었으며, 대중에게는 사망한 환자의 이름을 따서 '종현이법'이라고 알려졌다.

14) 2002년 참조. 단 울산지방법원의 수치에는 창원지방법원의 수치도 포함되어 있다. 창원지방법원에 접수된 1심 의료소송의 수를 살펴보면, 2000년에 5건, 2001년에 12건이며, 각 지방법원의 수치에는 지원에 접수된 사건 수도 포함되어 있다.

건수가 1995년을 기점으로 급속하게 증가하는 추세를 보인 것이다. 이러한 증가세는 1999, 2000년에 둔화되었다가 다시 상승하고 있다. 즉 2000, 2001년 각 지방법원별 1심 의료민사소송 접수건을 살펴보면 〈표 2〉와 같다.

〈표 2〉

	서울	인천	수원	춘천	대전	청주	대구	부산	울산	광주	전주	제주	합계
2000	278	26	27	14	20	10	47	32	11	34	12	4	519
2001	268	43	39	6	19	11	145	65	19	27	15	4	666

위 표를 보면 2000년은 전년에 비해 소폭 증가하였으나, 2001년에는 다시 증가폭이 커졌다는 것을 알 수 있다. 증가율로는 연평균 증가율이 36%를 넘으며, 2001년의 경우에도 전년에 비해 28%나 증가하였다. 〈표 3〉을 보면 2013년까지 법원에 접수되는 의료민사소송이 매년 1,200~1,500여 건이며, 전체적으로는 2010년까지 감소하다 다시 증가하고 있다는 점을 알 수 있다.

〈표 3〉[15)]

	2002	2003	2004	2005	2006	2007	2008	2009	2010	2011	2012	2013
합계			1,541 (0.5)	1,494 (0.5)	1,296 (0.3)	1,104 (0.3)	1,116 (0.3)	1,250 (0.4)	1,191 (0.3)	1,249 (0.3)	1,406 (0.4)	1,572 (0.4)
제1심	671	755	802 (0.3)	867 (0.3)	979 (0.3)	766 (0.2)	748 (0.2)	911 (0.2)	871 (0.3)	876 (0.3)	1,009 (0.3)	1,101 (0.3)
항소심	167	267	273 (0.8)	239 (0.6)	243 (0.6)	280 (0.6)	302 (0.7)	272 (0.7)	260 (0.5)	314 (0.6)	332 (0.6)	371 (0.7)
상고심	44	38	49 (0.7)	60 (0.8)	74 (0.8)	58 (0.6)	66 (0.7)	67 (0.7)	60 (0.5)	59 (0.5)	65 (0.5)	100 (0.8)

※ 1. ( ) 내의 수는 구성비(%)임.
2. 제1심에는 소액사건이 제외됨.

나. 의료분쟁이 의료민사소송으로 발전하는 비율

다소 오래 된 자료이기는 하지만 1987년 대한의사협회가 의료사고를 경험한 개원의를 대상으로 조사한 결과 약 6.0%만이 재판을 통해, 62.4%가 화해를 통해 의료분쟁을 해결하였다고 응답하였다. 그러나 위와 같은 비율은 현재에는 유지될 수 없는 것으로 보인다. 왜냐하면 위 통계자료는 1987년도의 것으로 현재는 소송으로 발전하는 비율이 높게 책정되어야 할 것으로 생각되기 때문이다. 그 이유로는 첫째, 의료분쟁의 경우 당사자 간의 합의가 다른 사안들보다 쉽지 않다는 점, 둘째 일반인들이 권리의식이 향상된 점, 셋째 변호사의

15) 사법연감 2002년부터 2013년 참조.

수가 늘어났다는 점, 넷째 인터넷의 보급으로 의료정보에 대한 일반인의 접근이 쉬워졌다는 점 등을 들 수 있을 것이다.

위에서 제시된 자료를 살펴보면 매년 우리나라에는 약 1,500-1,600여건의 의료민사소송이 제기되고 있다는 사실을 알 수 있다. 이를 1987년의 비율로 환산하면 매년 우리나라에는 약 25,000여 건의 의료분쟁이 발생한다고 추산해 볼 수 있다(1,500건 기준). 그러나 현재는 소송화 비율이 6%를 훨씬 넘는다고 본다면 이러한 수치는 정확하다고 볼 수 없다. 이에 대한 연구가 있지 않아 정확하게 알 수는 없지만, 필자의 경험으로는 약 20-30% 정도의 의료분쟁이 소송화된다고 예측한다. 필자의 예측대로라면 한 해 우리나라에서 발생하는 의료분쟁은 약 5,000-7,000건 정도라 예측해 볼 수 있다.

아래 표를 보면 2013년에는 의료민사소송 접수 건이 현저히 증가하여 증가율이 100%에 육박하고 총 접수 건이 7,350건에 달한다. 자료를 종합하면 우리나라에서 한 해 발생하여 법원에 접수되는 의료분쟁은 약 7,000건-8,000건 정도로 볼 수 있겠다.

〈표 4〉

	서울	인천	수원	춘천	대전	청주	대구	부산	울산	광주	전주	제주	합계
2013	5,719	63	83	12	44	22	77	108	11	60	46	6	7,350

다. 의료민사소송의 증가원인

이처럼 과거 1980년대보다 의료분쟁이 소송화되는 비율이 높아지는 이유는 다음과 같다. 먼저 행위별 수가제에 따라 절대적인 의료행위의 종류와 수가 증가하고 있는 점, 국민의 권리의식이 날로 높아지고 있는 점, 의료인에 대한 사회적 불신풍조의 확대 등을 들 수 있을 것이다. 또한 점차 의료를 전문으로 하는 변호사들이 생겨나고, 법원도 의료전담재판부를 두며, 위 재판부에 의사면허가 있는 법관이 근무하는 등 의료진의 과실 유무에 대한 올바른 판단이 내려질 수 있는 여건이 성숙되고 있다는 점도 의료민사소송이 증가하는 원인으로 볼 수 있을 것이다. 여기에 성숙한 시민문화가 점차 확산됨에 따라 1인 시위, 진료실 난입과 같은 무력행사와 같은 행위가 줄어들고 공식 절차를 통해 문제를 해결하려는 의식이 확산되고 있다는 점도 주목해야 할 것이다.

2. 의료형사소송

가. 의료형사소송의 1심 접수 현황[16)]

의료형사소송이란 위에서 살펴본 것처럼 의사를 형법상의 업무상 과실치상죄 또는 업무상 과실치사죄로 기소하여 법원의 판단을 구하는 것인데, 이에 대하여 독립적인 자료는 없고 단지 수사기관에서 위 죄명으로 수사하여 처분한 통계가 있을 뿐으로 그 내용은 아래 〈표 5〉와 같다.

〈표 5〉

연도 / 죄명	1987	1988	1989	계
업무상 과실치상	132	133	148	413
업무상 과실치사	121	131	157	409
계	253	264	305	822

위 표를 보면 의료형사사건의 수가 의료민사사건과 비교하여 완만하게 증가한다는 것을 알 수 있다. 그러나 〈표 5〉와 〈표 1〉, 〈표 2〉,〈표 3〉은 기준연도가 다르다는 점, 1990년 이후의 자료가 전혀 없다는 점 등을 고려하면 큰 의미는 없다고 할 것이다.

나. 의료형사소송의 증가 원인

위에서 살펴본 것처럼 2000년대까지는 의료분쟁이 형사사건화되는 비율이 낮았으나, 최근 증가율이 높아지고 있다. 공신력 있는 기관의 통계자료가 없어 이를 수치화하여 설명하기는 어렵지만 늘어나고 있다는 것이 실무가들의 공통된 견해다. 위에서 여러 가지 이유를 들었지만 다시 한 번 정리해 보면 다음과 같다. 먼저 전문변호사들의 수가 증가하여 의료진의 과실을 정확하게 지적하여 고소하는 경우가 늘어나 기소율이 늘어나고 있다는 점, 법원에 이어 검찰에서도 의료전담부를 지정하고 전문검사제를 시행하면서 의학적 지식을 가진 검사들이 투입되고 있다는 점, 기존의 업무상 과실치사상죄 외 의료법 위반에 대해 같이 고소함으로써 업무상 과실치사상이 무혐의로 되는 경우에도 의료법 위반으로 처벌받는 경우가 늘어나 의료진이나 의료기관에 대한 압박수단으로 활용되고 있다는 점 등을 들 수 있다. 2015년 후반기에는 일명 '신해철 사건'으로 인해 경찰청에도 의료전담부가 생겨 의료사고에 대한 수사는 물론 의료법 위반 사안에 대해서도 의욕적으로 수사를 펼치고 있다는 점을 감안한다면 향후에도 형사사건화 되는 비율은 늘어나리라고 생각한다.

---

16) 아래의 내용은 윤석정, '의료과오사범의 실태와 대책', 법무연수원, 1990년에 나와 있는 통계자료를 인용하였다.

V. 의료분쟁의 해결 실태

1. 의료분쟁의 해결 실태

매년 우리나라에서 발생하는 의료분쟁의 대부분은 당사자들 사이의 화해에 의해 의료진의 사과 또는 유감 표명, 치료비를 포함한 일정 금원의 지급, 합의서 작성과 같은 순으로 처리되고 있다. 그러나 이러한 합의가 실패하여 소송이 제기되는 경우도 늘어나고 있는데 소송화된 경우 그 결과가 어떠한지 궁금하지 않을 수 없다.

가. 의료민사소송의 처리 결과

2013년 각 지방법원에 접수된 의료민사소송의 1심 결과는 〈표 6〉과 같다.

〈표 6〉

구분 종류	금년 접수	처리											
		합계	소장 각하 명령	판결					소 취하 (간주)	조정	화해	인낙	기타
				원고 승	원고 일부승	원고 패	각하	기타					
의료민사소송	1,101	945	6	6	282	238	2	1	48	123	136	0	103

① 위 표를 보면 먼저 의료민사소송의 처리율이 생각보다는 높다는 것을 알 수 있다. 즉 2013년 한 해 1심에 접수된 1,101건 중 945건이 처리되어 1년 내 처리율이 86%에 달하여, 같은 해 총 323,080건이 접수되어 그 중 312,183건이 처리되어 처리율이 96%인 일반 민사사건에 비해서는 처리율이 떨어지나, 의료소송은 시간이 많이 걸린다는 일반인들의 생각과는 다소 다른 수치를 보여주고 있다. 여기에는 여러 가지 이유가 있겠지만 조정제도의 활성화가 가장 큰 기여를 하고 있는 것으로 생각된다. 즉 소송이 진행되는 과정에서 당사자들이 화해를 하여 소송을 종결시킴으로써 소송기간이 단축되는 것이다. 위 표에서도 볼 수 있듯이 945건의 처리사건 중 조정으로 해결된 사건이 123건으로 전체의 13%에 이른다.

② 의료민사소송의 승소율이 일반인이 생각하는 것만큼 낮지는 않다. 위 표를 보면 전체 처리사건 945건 중 원고가 일부라도 배상을 받은 사건은 547건으로 승소율이 57.88%에 이르러 일반 민사사건의 승소율과 비교해도 승소율이 매우 낮다고 할 수 없다.[17] 같은 해 각 지방법원에 접수되어 처리된 1심 일반 민사사건 323,080건 중 원고 승소사건은 224,215건으로 승소율은 69%이다.

17) 승소사건 수 = 원고 승(6) + 원고 일부 승(282) + 조정(123) + 화해(136) + 인낙(0)

이러한 통계치를 본다면 "의료소송은 원고가 이기기 힘들다"는 일반인의 믿음 또한 실제 현실과 어느 정도 차이가 있음을 알 수 있다. 다만 여기에는 통계적 함정이 있다. 법적으로 원고 승소에는 원고 일부 승소도 포함되는데 사실상 원고가 패소하였다고 생각할 정도의 일부 승소도 통계적으로 원고 승소에 포함되게 된다는 점이다. 예를 들면 원고가 1억원을 청구하였는데 법원이 위자료 청구만 인정하여 200만원을 배상하라는 판결을 내렸다고 가정해 보자. 일반인이라면 누구라도 이러한 경우에는 패소하였다고 생각할 것이지만 통계상으로는 원고가 승소한 사건에 포함되는 것이다. 법원의 의료전담재판부는 의료소송의 경우 전문가인 의사에게 과실이 있다 하더라도 고의나 중과실에 의해 발생한 것이 아니고 불가피하게 발생한 불행한 사건이라고 생각하기 때문에 다액의 배상을 하는데 신중을 기할 수밖에 없다고 한다. 따라서 청구금액의 50% 이상을 원고가 승소한 것으로 분류한다면 다른 결과가 나올 수 있다.

나. 의료형사사건의 처리결과[18)]

위에서 살폈듯이 의료형사소송에 대한 자료가 없기 때문에 여기서는 의료형사사건에 대한 수사기관의 처리결과를 살펴보는 것으로 대신하겠다. 먼저 업무상 과실치상 사건의 경우는 〈표 7〉과 같다.

〈표 7〉[19)]

구분 연도	접수(명)	처리 내역						
		① 구공판	② 구약식	③ 혐의 없음	④ 기소 유예	⑤ 공소권 없음	기소중지	타관송치
1987	132	2	6	116	2	3	1	2
1988	133	4	7	107	3	2	3	7
1989	148	2	7	118	9	6	2	4
계	413	8	20	341	14	11	6	13
점유율(%)	100	1.9	4.8	82.6	3.4	2.7	1.5	3.1

위 표를 보면 업무상 과실치상 사건에 있어 기소된 사건은 전체 413건 중 28건으로 6.7%에 불과하며, 그 중 정식재판이 청구된 사건은 8건으로 1.9%밖에 되지 않는다.

또한 업무상 과실치사 사건의 처리결과도 〈표 8〉을 보면 위 〈표 7〉과 크게 다르지 않은데, 전체 409건 중 기소된 사건은 37건으로 9.5%이며, 그 중 정식재판이 청구된 사건은 6

18) 윤석정, 위 논문 참조.

19) 위 표에서 ① 구공판이란 검사가 피의자가 죄를 지었다고 생각하여 재판을 청구하는 것. ② 구약식이란 유죄라고 생각되나 재판을 청구하지 않고 간소화된 절차를 통해 벌금형을 청구하고 집행하는 것. ③ 혐의 없음이란 죄를 지었다고 생각하지 않는 것. ④ 기소유예란 죄를 지었다고 생각하나 여러 가지 사정을 고려하여 벌금형의 청구나 정식재판의 청구와 같은 기소를 미루는 것. ⑤ 공소권 없음이란 피의사건에 대하여 소송조건에 결여되거나 형을 면제할 사유가 있는 경우에 내리는 법원의 결정을 말한다.

건으로 전체의 1.9%에 불과하다.

〈표 8〉

구분 연도	접수(명)	처리 내역						
		구공판	구약식	혐의 없음	기소유예	공소권 없음	기소중지	타관송치
1987	121	3	10	91	0	1	1	15
1988	131	1	141	99	0	1	1	15
1989	157	2	7	132	2	0	0	14
계	409	6	31	322	2	2	2	44
점유율(%)	100	1.9	7.6	78.7	0.5	0.5	0.5	10.7

다. 향후 전망

의료민사소송은 의료를 전문으로 하는 변호사와 의료전담재판부 등이 설치되어 의료진의 과실 유무에 대한 올바른 판단이 내려질 수 있는 여건이 성숙되고 있다. 이에 비하여 의료형사사건의 경우 기본적으로 수사기관에 의료지식이 있는 인원이 없어 사건의 실체를 파악하는데 어려움을 겪고 있다. 위 〈표 7, 8〉에서 나타난 낮은 기소율의 원인 중 하나로 수사기관의 전문성 부족을 들 수도 있을 것이다. 그러나 앞서 언급한 것과 같이 의사 자격증을 가진 검사의 존재, 의학지식을 보완해 줄 공중보건의의 검찰청 배치, 의료전담부 설치, 의료전담 검찰청 지정 및 경찰청에서도 의료전담반 설치 등과 같이 수사기관이 의료소송에 대한 전담부를 설치하고 전문인력을 배치하고 있다는 점에서 향후 다른 방향으로 전개될 가능성도 상당하다. 최근의 형사소송 제기율 증가는 이러한 경향을 반영하는 것이라고 할 수 있다.

2. 의료사고 발생 후 환자 측의 행동방향

환자 측으로서는 앞서 살펴본 '의료인이 불친절하다, 선택진료계약을 체결했는데 다른 의사가 진료를 한다, 의사가 오진을 하였다' 등 주관적 불만족을 제외하고 나면 실제 주장할 수 있는 것이 거의 없다. 왜냐하면 입증이 가능한 의료진의 과실을 지적하려면 필요한 증거를 확보하고, 이를 이해하는데 필요한 의료지식을 갖추어야 하는데 현실적으로 위 두 가지를 갖추는 것이 어렵기 때문이다. 따라서 이하에서는 의료진의 과실을 판단하는데 필요한 자료를 수집하고, 이를 이해하는데 필요한 과정들을 설명하기로 하겠다.

가. 생각을 정리한다

환자 측은 먼저 자신들의 생각을 정리해야 한다. 즉, 의료사고가 발생하였다는 사실 때문에 지나치게 흥분하거나 감정적으로 되지 말고, 차분하게 생각을 정리하는 것이 가장 먼저 해야 할 일이다. 생각을 정리하기 위해서는 의료사고가 발생한 과정을 시간적 순서에 따라 정리해 보는 것이 도움이 된다. 즉,

① 환자가 의료기관을 내원한 이유가 무엇인지, 병원에 내원하기까지의 과정

② 병원에 내원하기 전 치료행위가 있었던 경우 그 치료경과

③ 의사의 치료를 받은 시기 및 당시의 진단, 치료, 예후에 대한 설명내용

④ 의료사고 발생 직전까지의 의사의 진료내용 및 증상의 변화

⑤ 의료사고가 발생했다고 생각한 시기와 그 계기

⑥ 의료사고 발생 시 상황, 사고, 부작용, 합병증 등에 대한 사전 설명 유무 및 설명내용, 사고에 있어서 의사, 간호사 등의 대응 및 그 때의 설명의무 내용 등의 순서로 환자를 비롯하여 의료진과 접촉한 사람들의 말을 근거로 자세히 정리하여 두는 것이 좋다.

사건경위서의 작성 례–쌍꺼풀수술 후 토안[20]이 생긴 경우

① 환자는 미용을 위한 쌍꺼풀수술을 받기 위해 피고 병원을 방문하였다. 인터넷을 통해 여러 병원에 상담하였으나, 피고 병원의 답변이 가장 성실하여 직접 방문하기로 하였다

② 환자는 피고 병원에 내원 전 다른 병원에서 직접 쌍꺼풀수술에 대한 상담을 한 적이 없으며, 안과질환을 앓은 적이 없다.

③ 2003. 1. 12. 피고 병원을 방문하여 상담실장이라는 사람과 쌍꺼풀수술에 대한 상담을 하였고, 뒤이어 의사인 피고와 수술방법(절개법 또는 매몰법) 및 수술 후 효과 등에 대한 설명을 들었다. 그러나 쌍꺼풀수술로 인해 생길 수 있는 부작용이나 합병증에 대해서는 아무런 설명을 듣지 못하였다.

④ 2003. 1. 12. 당일 쌍꺼풀수술을 피고로부터 받았으며, 환자는 수술 직후부터 통증을 느꼈다. 그러나 피고는 "수술이 잘 되었으며, 통증은 일시적으로 발생할 수도 있는 것이니 너무 걱정하지 말라"고만 하면서 통증의 원인이 무엇인지에 대해서는 알려주지 않았다. 그러나 통증은 점차 심해져만 갔고, 눈이 떠지지 않는 증상이 나타났다.

⑤ 수술 후 1주일 정도 경과한 시점에서도 환자가 통증 및 눈이 떠지지 않는 증상을 호소하였고, 그제서야 피고는 환자 눈을 살펴보더니 별다른 설명 없이 당일 오후 다시 수술하였고, 이틀 후 세 번째 수술을 하였다. 환자는 그 때서야 무언가 잘못되었다는 사실을 깨달았으며, 다음 날 피고가 안과에 가서 진찰을 받아보라는 말을 하였을 때 의료사고가 발생했다는 생각을 하게 되었다.

⑥ 환자는 피고로부터 쌍꺼풀수술을 받을 때 부작용이나 합병증과 관련한 설명을 듣지 않았고, 수술동의서에 서명을 한 적도 없다. 이러한 사실은 당시 환자와 동행하였던 친

20) 안검하수라고도 하며 쉽게 설명하면 윗눈꺼풀이 아래로 처져 내려온 상태이다.

구가 확인해 줄 수 있다. 피고는 아직도 환자에게 발생한 토안이 자신이 시행한 쌍꺼풀 수술과는 무관하게 발생한 것이라고 주장하고 있다.

나. 진료기록부 등을 확보한다

다음으로 진료기록부 등 의료기관에서 환자와 관련하여 작성한 일체의 기록을 확보하는 일이 중요하다. 의료사고란 과거에 일어난 일을 대상으로 하기 때문에 당사자 외에는 그 당시 어떠한 일이 발생하였는지를 정확히 알 수가 없다. 따라서 의료진의 과실을 입증하려는 측으로서는 먼저 사실관계를 명확히 아는 것이 가장 중요하기 때문에 의료진이 환자를 진료하면서 작성하는 모든 기록(이를 통칭하여 '의무기록'[21]이라 한다)을 확보하는 것이 의료진의 과실 여부를 판단함에 있어 가장 먼저 해야 할 일이다.

1) 의무기록의 확보방법

① 과거에는 의료기관에서 환자 측에게 의무기록을 열람시키거나 사본을 교부하지 않는 경우가 많았기 때문에 환자 측에서는 의무기록을 확보하기 위해 의료기관을 형사 고소하는 경우가 많았다. 이로 인해 '민사소송의 형사소송화'[22]라는 용어가 나왔는데, 이러한 사태를 막기 위하여 현행 의료법에서는 환자 측이 요구할 경우 의료인 또는 의료기관은 진료기록부 등을 열람하도록 하거나 사본을 교부하도록 규정하고 있다.[23] 따라서 이전처럼 의무기록을 확보하기 위하여 의료인을 형사 고소해야 할 필요가 없어졌으며, 실제로 의무기록의 열람 · 사본교부를 거절하는 경우가 줄어들었다.

② 의무기록의 교부 절차를 살펴보면, 『환자 측의 의료기관 방문 및 접수→담당의사의 상담/진료→교부비용 수납→교부』이다. 교부해야 할 의무기록의 양이 적을 경우에는 대개 그 자리에서, 많을 경우에는 복사를 마친 후 환자 측에게 연락 후 교부하게 된다. 교부비용은 대개 복사에 드는 실제 비용 정도를 받고 있으나, 종합병원의 경우 이러한 업무를 외부기

---

21) 의무기록이란 용어는 법에 규정된 용어가 아니라 의료기관 내에서 주로 통용되고 있는 용어로서 의료법 상의 진료기록부 등과 같은 의미라고 보면 된다.

22) 원래 민사소송에 의해 해결되어야 하나 증거확보가 곤란하거나, 소송진행의 편의를 위해 일방의 당사자를 고소, 고발(주로 빌려준 돈을 받지 못한 경우 채무자를 사기죄로, 의료사고가 발생할 경우 의사를 업무상 과실치사상죄로)하고, 사건을 조사한 수사기관이 만든 수사기록을 민사소송에서 증거로 활용하는 현상을 말한다.

23) 의료법 제21조(기록 열람 등) ② 제1항에도 불구하고 의료인이나 의료기관 종사자는 다음 각 호의 어느 하나에 해당하면 그 기록을 열람하게 하거나 그 사본을 교부하는 등 그 내용을 확인할 수 있게 하여야 한다. 다만, 의사, 치과의사 또는 한의사가 진료를 위하여 불가피하다고 인정한 경우에는 그러하지 아니하다.
1. 환자의 배우자, 직계 존속, 비속 또는 배우자의 직계 존속이 환자 본인의 동의서와 친족관계임을 나타내는 증명서
2. 환자가 지정하는 대리인이 환자 본인의 동의서와 대리권이 있음을 증명하는 서류를 첨부하는 등 보건복지부령으로 정하는 요건을 갖추어 요청한 경우.
3. 환자가 사망하거나 의식이 없는 등 환자의 동의를 받을 수 없어 환자의 배우자, 직계 존속 · 비속 또는 배우자의 직계 존속이 친족관계임을 나타내는 증명서 등을 첨부하는 등 보건복지부령으로 정하는 요건을 갖추어 요청한 경우(이하 생략)

반에 발기는 경우가 많아 타 의료기관과 비교하여 비용이 조금 더 비쌀 수는 있다.[24)]

의무기록의 사본교부와 관련한 통계

한국소비자원에서는 2001. 2.-같은 해 3.까지 106개 병원과 병 · 의원에 대해 의무기록 교부를 요구했던 경험이 있는 295명의 소비자를 대상으로 의무기록 교부에 요구된 시간과 비용을 조사한 일이 있는데 그 결과를 보면 다음과 같다.

먼저, 의무기록을 교부하는데 걸린 시간을 보면 즉시(3시간 이내) 또는 당일이 64.7%(191명), 2일 이상이 35.3(104명)이었다. 따라서 교부에 걸리는 시간은 대체로 양호한 것으로 평가되나, 6일 이상 걸린 경우도 13.9%(41명)이나 되었다. 이처럼 합리적 이유 없이 의무기록 교부에 시간이 걸릴 경우 환자 측에서는 의료기관에서 의무기록을 위 · 변조하지 않았을까 하는 불필요한 의심을 할 가능성이 높고, 교부를 위해 의료기관을 2회 이상 방문해야 하는 불편이 있으며, 의료기관으로서도 불필요한 의심으로 향후 발생할지 모를 분쟁의 해결을 어렵게 할 수도 있으므로 되도록 환자 측의 요청이 있으면 즉시 의무기록을 교부해 주는 것이 좋다. 여기서 한 가지 같은 문항에 대한 의료기관들의 답변을 보면 즉시 83%(이 중 5개 병원은 교부시간이 당일 또는 2~3일 등으로 복수응답), 당일 16.1%(17개), 기타 0.9%(1개)로 대다수가 당일 이내에 교부한다고 응답하여 소비자들의 응답결과와는 상당한 차이를 보이고 있는 점이 흥미롭다.

또한 의료법 개정으로 진료기록부 등의 사본을 교부해야 함에도 불구하고, 295명의 의무기록 교부 요구자 중 39.7%인 117명이 의무기록 교부 요구를 거부당한 적이 있다고 대답하였다. 교부 요구자는 자신의 교부 요구가 거절당하였을 경우 병원에 항의한 경우가 45.3%(53명), 보건소 등 관할관청에 신고한 경우가 23.1%(23명), 한국소비자원 등에 도움을 요청한 경우가 19.7%(23명)으로, 아직까지도 교부과정에서 불필요한 다툼이 발생하고 있다는 사실을 알 수 있다.

교부비용의 경우 발급비용 기준이 없어 병원 별로 큰 차이를 보였다. 즉 기본매수와 기본비용이 1매에 2,000원, 3매까지 무료 또는 3,000원, 4매까지 4,000원, 5매까지 무료부터 5,000원, 10매까지 무료부터 3,000원 등으로 차이가 심하였다. 또한 기본매수를 초과하여 교부하는 의무기록 1매의 발급비용도 50원-500원으로 차이가 있었다. 방사선 필름사본 1장당 교부비용은 4,000원 또는 5,000원을 받는 곳이 많으나, 무료교부 또는 대여하는 경우와 최저 2,000원부터 최고 7,000원까지의 범위 내에서 병원 별로 다르게 징수하고 있었다.

24) 진단서 등 각종 증명서의 발급수수료에 대해서는 1995. 3. 1.부터 보건복지부의 기준안에 의거한 자율기준이 있어 병원별로 큰 차이가 나지 않으나, 의무기록 사본교부비용에 대해서는 이러한 기준이 없어 각 병원별로 교부비용의 차이가 있다. 앞으로 이 부분에 있어서도 자율기준이 제정되어야 할 것으로 생각된다.

2) 의무기록의 종류[25)]

의무기록은 크게 진료기록부, 조산기록부, 간호기록부로 나눌 수 있다.

① 진료기록부: 진료기록부에는 입·퇴원기록지, 퇴원요약지, 병력기록지, 신체검진기록, 단기간입원기록지, 경과기록지, 수술기록지, 의사지시기록지, 협의진단기록지, 임상병리검사보고서, 조직병리검사보고서, 그래프기록지, 활력증상기록, 마취기록지, 회복실기록지, 수혈기록지, 검사결과보고서, 특수치료기록지 등이 있을 수 있다. 그러나 개별 환자의 상황에 따라 위 기록 중 일부만이 작성되기 때문에 환자 경과에 따라 진료기록부 구성이 다를 수 있다. 예를 들면, 수술을 하지 않은 환자의 경우에는 마취기록지, 수술기록지, 회복실기록지 등이 작성되지 않으며, 병력기록지나 활력증상기록이 따로 작성되지 않는 경우도 많다. 또한 각종 검사를 실시하지 않은 환자의 경우에는 검사보고서가 존재하지 않는다. 따라서 진료기록부는 환자에 따라 다를 수 있으나 가장 기본적으로 입·퇴원기록지, 의사지시기록지, 경과기록지는 반드시 있어야 한다.

② 간호기록부: 환자를 담당하는 간호사가 환자의 활력증후(체온, 맥박, 호흡, 혈압 등)에 관한 사항, 투약, 섭취 및 배설물에 관한 사항, 처치와 간호에 관한 사항을 기록하는 것으로서 일반인들이 가장 유용하게 사용할 수 있는 기록이다. 왜냐하면 가장 자세히 기록되어 있고, 시간별로 일정하게 기록되어 있으며, 대부분 한글과 간단한 영어로 적혀 있기 때문에 특별한 의학지식이 없는 경우에도 읽을 수 있기 때문이다.

③ 조산기록부: 분만과 관련된 사건에서 작성되는 것으로 산과기록지(산전기록지+진통 및 분만기록지+산후기록지), 신생아기록지 등이 있다.

④ 기타: 그 외 환자가 입원을 하지 않은 경우에는 외래기록지가 작성되며, 응급실에 내원한 경우에는 응급실기록지가 작성된다. 또한 각종 수술이나 마취, 검사 등을 시행하기 위하여는 동의서가 작성된다. 이러한 동의서는 설명의무와 직접적으로 관련을 가지고 있기 때문에 반드시 누락 여부를 확인해야 한다.

⑤ 전자의무기록[26)]: 과거에는 의무기록을 의료진이 손으로 작성하였으나, 현재에는 이를 전산화하여 각종 의무기록을 작성할 권한이 있는 사람들이 써야 할 내용을 컴퓨터에 입력하고 필요한 경우 출력하도록 되어 있는 경우가 많다. 전자의무기록 도입이 확대되어 많은 병원에서 전자의무기록을 작성하고 보관하고 있으므로 환자 측의 요구에 의한 의무기록 사본교부 시 의무기록의 일부가 누락되는 일은 없어질 것으로 기대된다.

25) 아래의 내용은 홍준현 전(前) 세브란스병원 기록관리 과장이 2002년 상반기 변호사 연수과정에서 '의무기록의 내용 및 관리현황과 의무기록 읽기'라는 주제로 강의한 내용을 참조하였다.

26) 의무기록전산화에 관련된 개념은 크게 3가지가 있다. 즉 CPR(Computer Based Patient Record), EMR(Electronic Medical Record), EPR(Electronic Patient Record)로 구분할 수 있다. 현재 종합병원급에서는 EMR 가운데 전 병원을 네트워크환경으로 구축하고 전산시스템도 원무 및 보험청구 중심단계에서 한 단계 발전한 처방전달시스템인 OCS(Order Communication System)단계를 구현하고 있다.

다. 의무기록을 검토한다[27)]

의학지식이 없는 일반인이 의무기록의 내용을 자세히 검토한다는 것은 불가능하다. 그러나 이러한 의무기록에 대해 일반인의 수준에서 검토할 수 있는 부분이 있기 때문에 먼저 검토해 보는 것이 좋을 것이다.

① 양적 분석: 즉 의무기록에 누락된 기록이 없는지, 의무기록에 기재되어야 할 내용이 누락되지는 않는지, 필요한 곳에 서명이 되어 있는지 등을 검토하면 된다.

② 질적 분석: 먼저 앞, 뒤가 맞지 않는 모순된 내용이 있는지를 확인하고, 다음으로 진단명이 일치되는지를 확인해야 한다. 즉 입 · 퇴원기록지, 퇴원요약지 및 각종 조직병리보고서에 나와 있는 진단명이 일치하는지를 확인해야 한다. 실제 이러한 검토는 의학지식이 필요한 경우가 많아 일반인들로서는 다소 어려움을 느끼는 것이 사실이나, 비교적 읽기 쉬운 간호기록지를 통하여 전체적인 치료과정을 확인한 후, 문제된 부분의 진료기록을 비교검토하는 식으로 한다면 어느 정도 가능할 것이라 생각된다.

③ 기타: 그 외 작성자의 글씨가 정확한지, 동일부분의 필체가 다르지 않은지를 확인해야 한다. 또한 기록 일부를 수정하였을 경우 원칙에 맞게 수정하였는지를 확인해야 한다. 원칙적으로 의무기록을 수정할 경우 원래 글씨를 알아볼 수 있도록 수정해야 하는데, 그러지 않고 원래의 글씨를 알아볼 수 없도록 수정한 부분이 있는지 확인해야 한다. 이상과 같은 내용은 의학지식이 없는 일반인들로서도 그리 힘들이지 않고 검토할 수 있으므로 타인의 도움을 찾기 전에 미리 해 둘 필요가 있다고 할 것이다.

라. 사건의 전개과정과 의료진의 과실 여부를 추론해 본다

위와 같이 자신의 생각을 정리하고, 객관적인 의무기록을 검토하고 나면 환자에게 발생한 의료사고의 진행과정을 대충 알 수 있게 된다(특히 간호기록부 참조). 그 후에는 차분히 어떤 부분에서 문제가 있었을까를 생각해 보는 시간이 필요하다. 의무기록에서 한두 가지 잘못된 점을 찾았다고 해서 바로 의료진의 과실을 입증할 수 있다고 믿는 것은 성급한 생각이다. 따라서 환자가 의료기관을 찾게 된 이유, 환자에게 이상반응이 나타난 시기, 의무기록을 검토한 결과 의료진의 과실이라고 생각되는 점들이 나타난 시기, 현재 환자가 보이고 있는 상태 등 모든 것들을 종합하여, 현재 환자에게 발생한 나쁜 결과가 의료진의 과실 때문이라고 생각되어 질 수 있는지를 먼저 검토해 보고, 의심되는 의료행위 또는 쟁점이 무엇인지를 파악해야 한다.

마. 의료사고와 관련된 의학지식을 수집한다

이처럼 의료진의 과실을 판단하는 과정에서 어쩔 수 없이 의료지식이 필요한 경우가 많

27) 주 23)과 같음.

다. 따라서 환자 측에서는 사건과 관련된 의학지식을 여러 경로를 통해 수집하고, 이를 분석해야 한다. 요즈음은 인터넷이 보급되어 있어 웬만한 의료정보는 이를 이용해 손쉽게 구할 수 있다. 또한 국립도서관 등의 도서관에서 의학서적을 열람하고 필요한 부분은 복사할 수 있다. 물론 가정에 의학서적이 있는 경우에는 당연히 그러한 서적을 먼저 참조해야 한다. 특히 유용한 의학서적으로는 의과대학에서 교과서로 사용되고 있는 서적, 전문의학학회지, 의학사전 등이 있다.

여기서 주의할 점은 의학논문이나 의학서적 등을 참조할 때에는 되도록 최신 것을 우선시해야 한다는 점이다. 드물지만 1980년 초의 논문이나 의학서적 등을 제시하며 의료진의 잘못을 지적하는 분들도 있다. 그러나 의학은 하루가 다르게 발전하고 있기 때문에 20년 전의 논문이나 서적 등에 나와 있는 내용이 현재에도 타당하다고 하기는 어려우므로 반드시 최신 논문이나 의학서적을 통해 확인할 필요가 있다. 즉 의학서적이나 의학논문을 참조할 때에는 반드시 구할 수 있는 가장 최신 것을 구하여 읽어보아야 한다는 점을 명심하여야 한다.

바. 의료진의 과실을 입증할 수 있는 관련자료를 확보한다

의료진의 과실로 인한 의료사고라고 판단된다면, 의료사고 발생 당시 상황에 대해 명확히 인식하고 관련 자료를 확보할 필요성이 있다. 의료사고 당시 환자 상태에 대한 상황과 이와 관련한 자료를 확보해 두는 것이 소송을 용이하게 진행하는데 도움이 되기 때문이다. 의료사고 피해자는 사망하거나 상해를 입은 두 경우로 나누어 생각해 볼 수 있는데, 사망한 경우에는 사망한 장소를 관할하는 경찰서에 변사사건 접수절차를 거쳐 부검절차를 진행하는 것이 좋다.

부검이 진행된 후 부검의에 의해 작성되는 부검소견서는 사망원인에 대하여 제3자가 작성한 의견서로서 추후 소송을 진행하게 될 때 중요한 증거 또는 참고자료로 사용될 수 있다. 우리나라 국민들은 대부분 부검에 대한 거부감이 강하여 부검을 꺼리는 편이나, 의료사고가 발생한 병원에서 발급한 사망진단서만으로는 사망과 의료사고 사이의 인과관계를 입증하기에는 부족하기 때문에 가능하다면 부검을 통하여 명확한 사인(死因)을 판명할 필요가 있다.

이와는 달리 피해자가 상해를 입은 경우에는 사고가 일어난 병원 외의 의료기관에서 작성한 진단서나 소견서를 발급받는 것이 유용한 방법이 될 수 있다. 또한 성형외과나 피부과, 치과 관련 사고가 발생한 경우에는 피해자 상태가 가장 악화되어 있을 당시 사진을 확보하여 두는 것도 나중에 도움이 될 수 있다. 이러한 사진은 일실수익 계산의 기초가 되는 장해율에 영향을 주지는 않겠으나, 재판부가 위자료 등을 산정할 때 어느 정도의 영향을 미칠 수는 있다. 이 외에도 다른 의료인에게 사고의 원인과 관련하여 문의를 하는 것 등 의료진의 과실을 입증하기 위한 자료를 준비하는 것이 필요하다.

사. 의료인의 자문을 구한다

아직은 의료계의 폐쇄성이 강하기 때문에 의료사고가 발생하였을 경우 일반인이 의료인의 도움을 받는 것은 혈연관계가 있는 의료인이 없는 한 쉽지 않은 형편이다. 최근에는 젊은 의료인들에게 의식 변화가 감지되고 있기는 하나 아직은 대세라고 할 수는 없다. 따라서 어렵게 자문을 해줄 의료인을 만났다 하더라도 그들은 대제로 자문에 소극적으로 응할 가능성이 높기 때문에, 이들을 효과적으로 활용하지 않는다면 실제 효과는 생각보다 크지 않다. 따라서 자문을 해줄 의료인을 효과적으로 활용하는 방법은, ① 절대 사건과 관련하여 신변이 외부에 노출되지 않도록 하겠다는 점을 확신시키고, ② 사건에 대해 추상적으로 질문하는 것이 아니라, 위에서 설명한 것처럼 충분한 추론과정을 거친 후 정리된 점에 대해 구체적으로 물어야 하고, ③ 구체적인 답변을 꺼릴 경우에는 판단에 필요한 자료가 무엇인지라도 가르쳐 달라고 해야 한다. 특히 의사의 의견을 일방적으로 듣는 태도보다는 궁금하거나 의문이 드는 점에 대하여 구체적으로 질문하고, 이해가 되지 않는 점에 대하여 자세한 설명을 요구하는 태도가 필요하다.

아. 판례를 검색해 본다

과거에는 의료사고가 소송으로 이어지는 경우가 많지 않아 판례가 드물었으나, 근자에는 꽤 많은 수의 의료소송이 제기되고 있으며, 그에 따라 판례도 상당 수 나오고 있다.[28] 판례는 유사한 사례에 대하여 법원이 어떻게 판단하였는지를 보여주는 것이기 때문에 실질적으로 사건을 판단하는 데 있어서 유용한 자료가 될 수 있다. 이러한 판례는 대법원 홈페이지나, 다른 법률사이트에서 구할 수 있으며, 판례가 수록된 컴퓨터 프로그램을 구입할 수도 있다.

판례를 볼 때 주의해야 할 점은 사건과 관련된 질병이 유사하다, 치료법이 같다는 등의 한두 가지 유사점만을 가지고 판례의 사안과 자신의 사안이 같은 경우라고 속단해서는 안 된다는 것이다. 판례 문구에는 나오지 않으나 중요한 것 중의 하나가 법관이 심증(心證)을 굳히게 된 과정을 의미하는 '변론의 전취지'라는 것이 있다. 변론의 전취지란 법관이 재판을 진행하고, 당사자의 주장과 입증과정을 지켜보면서 가지게 된 심증 또는 판단을 말하는 것으로, 이러한 변론의 전취지는 판결 결과에 영향을 미치기 때문이다. 따라서 유사한 판례가 있을 경우 반드시 먼저 전문(全文)을 읽어보고, 여러 가지를 검토한 후 비로소 자신의 사건과 유사한 점을 찾아내고, 그 점이 법원에서 어떻게 평가를 받았는지를 확인하는 것이 판례를 제대로 이용하는 것으로, 단순히 결과만을 보는 것은 잘못된 판례의 이용방법이다.[29]

28) 대법원 통계에 의하면 2013년 한 해 법원에 소장이 접수된 의료소송은 전국적으로 1,572건이다.
29) 필자의 경우에도 많은 상담사례와 진행 중인 소송사건과 사안이 일치하는 판례는 거의 없었다.

이상으로 의료사고가 발생하였을 경우 취해야 할 태도에 대해 개략적으로 설명하였다. 여기서 한 번 더 강조해야 할 사항은 의료진의 과실 유무를 판단함에 있어 최대한 사건을 객관적 시각에서 바라보아야 한다는 점이다. 즉 모든 사실을 '아전인수(我田引水)'식으로 해석하는 태도는 사건의 올바른 해결에 전혀 도움이 되지 않는다. 물론 상해를 입어 불구가 되거나, 사망한 경우 환자 측에서 사건을 객관적으로 본다는 것이 쉽지는 않다. 그러나 의학적 근거가 희박하거나, 판례를 왜곡하여 해석한다면 상대방인 의료인을 제대로 설득할 수 없을 것임은 물론, 법의 해석기관인 법원도 설득할 수 없게 된다.

따라서 의료사고의 초기 단계에서 객관적으로 판단하여 의료진의 과실이 인정되지 않는다든지, 나쁜 결과가 생긴 이유가 환자 자신의 기존 질병(=기왕증) 때문이라고 판단되면 더 이상의 낭비적 행위, 또는 소송을 제기하려는 마음을 접어야 할 것이다.

3. 의료사고 발생 후 의료진 측의 행동방향

가. 초기에 최우선으로 해야 할 일

가장 먼저 현재 환자가 안전한지, 적절한 치료계획이 사건에 대응하여 적절히 마련되었는지 확인하여야 한다. 사건 관리지침을 마련하고 이를 관계자에게 알리며 진료기록을 보존하여야 한다. 진료기록을 수정하거나 삭제, 추가한 경우 진료기록의 진실성이나 의사의 성실성이 의심받고, 진료기록의 증명력이 떨어질 수 있어 가급적 피하여야 한다(절대적으로 금지한다는 의미는 아니다). 잘못 기록된 부분이 있으면 읽을 수 있도록 두 줄을 긋고, 새로운 줄에 수정하는 내용과 수정한 이유를 추가한 뒤 수정 날짜와 작성인의 서명을 남겨야 한다. 혹시 미진한 점이 있다면 추가 기재로 당시 있었던 사항을 사실 그대로 기록해 놓을 수 있다. 진료 후 나중에 기재되었다는 이유만으로 진료기록의 위조나 변조로 보지 않으므로 있었던 사실 그대로를 시간상 나중에 기록하는 것은 문제가 되지는 않는다.[30)]

나. 변호사나 보험회사에 제공하기 위한 정보를 모은다

환자에게 행해진 진료 내용을 검토하고, 관련자를 인터뷰하고, 경과보고서를 받는다. 초기에 유리한 자료와 불리한 자료를 구분해 취합 · 정리하고, 원무팀이나 법률전문가 등으로 대화창구를 단일화하는 것이 필요하다.

다. 환자 또는 가족에게 문제에 대해 대응을 보이고 있음을 일찍 확인시킨다

환자 및 가족과 소통하는 데 있어 누가 가장 적절한지 파악하고, 환자 및 가족과 소통할 수 있는 연락선을 유지하고, 환자와 가족에 대한 관리를 지속한다. 환자 및 가족과의 모든

30) 의료법 제21조 제2항 및 시행규칙 제15조 제1항에 명기된 바에 따르면 환자의 명부는 5년, 진료기록부는 10년, 처방전과 방사전사진 및 소견서는 5년, 진단서 부본은 3년을 보관해야 한다.

대화는 객관적으로 기록하고, 면담이나 논의 후 의무기록에 그 내용을 기술하여야 한다. 재발 방지를 위한 조치를 확립하고, 이에 대해 환자와 보호자에게 설명하여야 한다.

라. 언행을 주의한다

문제가 생길 가능성이 조금이라도 있을 경우라면 단어 사용을 조심하고, 모두 의무기록에 기록하여야 한다. 사실을 축소하거나 숨기지 않도록 주의한다. 초기에 의료인이 성의 있는 자세로 대화하여 환자마다 개인 차이가 있다는 점과 의료의 한계와 특수성 등을 이해시키고 환자나 보호자가 무엇을 요구하는지를 파악한다면 문제해결이 쉬워질 가능성이 높아진다.

마. 과실이 없다고 밝혀지면 위로는 계속하되 잘못이라고 하면 안 되고, 유감을 표한다[31)]

바람직한 말은 다음과 같다. "이런 일이 생겨 매우 안타깝습니다. 환자분께서 이해하시는 데 도움이 되도록 어떤 일이 일어났는지를 말씀 드리고, 최선을 다해 환자분이 안심할 수 있도록 다음 단계로 무엇을 하려는지 말씀 드리고 싶습니다. 충격과 슬픔, 저희도 공감합니다. 저희가 알고 있는 점을 설명 드리고 싶습니다. 이런 위로의 말을 하게 되어 정말 마음이 아픕니다. 저희는 자제분을 좋아했고 성심 성의껏 진료했습니다. 이 일에 대하여 정말 마음이 아픕니다." 반면, 바람직하지 않은 말은 다음과 같다. "미안합니다, 모두 제 잘못입니다, 제가 ○○하지 않았더라면, 이런 치료를 해 본 것은 이번이 처음이었습니다".

바. 과실이 확실하다면 소송으로 가기 전 합의하는 것을 고려한다

사과할 필요가 있을 때에는 사과의 4단계를 포함한 효과적이며 의미있는 사과를 한다. 사과의 4단계는 ① 위로 혹은 안타까움 표현, ② 과실 시인(제가 실수했어요, 그건 나의 잘못입니다), ③ 어떤 일이 일어났고 재발 방지를 위해서는 무엇이 필요한지에 대한 설명, ④ 배상 혹은 발생한 문제를 해결하는 방법의 제안이다. 그리고 지난 십여 년 동안의 연구를 보면 대부분의 환자나 보호자가 의료과오와 관련해 소송을 선택하는 이유는 탐욕이 아닌 분노 때문이라고 한다. 조사 결과 의료과오와 관련해 환자나 보호자가 원하는 것은 ① 잘못의 인정, ② 무슨 일이 일어났는지 이해하기, ③ 왜 그런 일이 일어났는지 이해하기, ④ 잘못된 결과에 어떻게 대처할지에 대한 계획, ⑤ 비슷한 일이 다시 되풀이되지 않을 것이라는 확신, ⑥ 사과를 포함한 감정적 지지이다. 이러한 요소들이 들어갈 수 있도록 사과와 설명을 준비하고, 환자나 보호자와 만날 때의 상황을 몇 번이고 연습한 후 만나는 것이 좋다.

---

31) Saxton JW, Finkelstein MM, Wojcieszak D(지은이), 박형욱, 박재영, 김호, 이강희(옮긴이), 쏘리웍스-의료분쟁 해결의 새로운 패러다임, 청년의사.

사. 불법적인 환자의 행위는 다음과 같이 대처한다

의사의 진료를 방해하는 등 병원 내 · 외부에서 난동을 하는 자가 있다면 일단 병원 내 보안요원을 부르고 112에 신고하여 신고기록을 남긴다. 경찰을 불렀을 때 난동을 피우고 있었다면 현행범으로 체포되지만, 경찰이 왔는데 조용히 있는 경우는 이전 상황에 대한 증거 확보가 필요하다. 증거 확보를 위하여 원내 CCTV를 확인하고, 녹음기능도 있는지 확인한다(이 점에 있어 주의할 점은 최근 일부 CCTV에 녹음기능을 탑재하여 사용하고 있는 의료기관이 있는데 **녹음기능을 탑재하는 것은 위법**이라고 판단된다). 고함이나 욕을 한다면 대화를 녹음하고, 사진이나 동영상을 찍고, 인터넷 게시물을 캡쳐 하는 등의 방법으로 증거를 확보할 수 있다. 녹음 기능을 활용할 때 주의할 점은 '통신비밀보호법'이 타인 간의 대화 녹취를 원칙적으로 금지하고 있으므로, 이 법에 위반되지 않기 위해서는 **대화자로서 자신의 목소리가 녹취내용 중에 들어가야 한다**는 점이다.

허위 사실을 주장하며 병원 앞이나 내부에서 시위를 하고 인터넷에 글을 쓰는 환자나 그 가족에 대하여는 시위금지 가처분신청이나 인터넷 게재 가처분신청을 할 수 있고 형사법상 명예훼손, 모욕, 폭행, 협박, 손괴, 진료방해, 주거침입, 퇴거불응죄 등에 해당할 수 있다. 폭행 및 기물파괴 등으로 손해가 발생하였다면 '손해배상청구소송' 또는 '지급명령'을 신청할 수 있다. 그리고 진료방해를 하는 자에게는 업무방해죄가 성립할 수 있고, 진료방해금지가처분신청을 할 수 있다. 진료방해금지가처분이 일회성의 경우에는 도움이 되지 않을 수 있으나 추후 재발을 막을 수 있다. 그러나 환자가 손해에 대한 배상청구를 하는 도중에 폭력, 욕설, 인신공격 등을 하지 않은 경우에는, 구체적인 사실관계에 따라 달라질 수 있으나 자신의 손해에 대한 배상청구를 하는 것은 적정한 범위를 벗어나지 않는 한 위법이라고 보지 않는 것이 판례임을 감안할 때 업무방해로 볼 수 없다.

4. 의료진에게 과실이 있을 경우의 합리적 대응

위에서 살펴본 것처럼 의료사고에 대하여 환자 측은 물론 의료진으로서 과실이 있다고 판단하는 경우에는 합의를 통하여 관련된 분쟁을 일거에 해소하는 것이 가장 바람직하다. 이 단계에서는 환자 측이 의료진을 고소하거나 보건소, 국가인권위원회, 청와대, 보건복지부 등과 같은 곳에 민원을 제기해 둔 경우도 많다. 이하에서는 환자 측이 취할 수 있는 조치들을 알아보고, 각 조치에 따른 장 · 단점, 주의점 및 이에 대한 대응방안을 알아보도록 한다.

가. 합의(合意)

1) 합의의 개념

국어사전을 찾아보면 '합의란 사람과 다툼을 그치고 서로 나쁜 감정을 푸는 것'으로 나와 있다. 그러나 여기서의 합의란 법적으로 '재판 외 화해(和解)'를 말하는 것으로, 민법 제731조[32]에 규정된 화해계약을 의미한다. 이러한 민법상의 화해계약이란 '당사자가 상호 양보하여 당사자 간의 분쟁을 끝낼 것을 약정하는 것' 즉 당사자인 환자와 의사(또는 의사가 고용된 의료법인 등의 개설 주체)가 서로 조금씩 양보하여 의료분쟁을 끝낼 것을 약정하는 것을 의미한다.[33] 이러한 화해는 넓게는 재판 외에서 이루어지는 재판 외 화해는 물론 재판 과정에서 이루어지는 '재판상 화해'[34]를 포함하는 개념이다.

2) 합의의 장 · 단점

합의는 당사자가 서로 양보하여 문제를 해결하는 것이기 때문에 합의 이후에도 인간적인 관계를 유지할 수 있으며, 합의금 외에는 비용이 거의 들지 않는다는 장점이 있다. 또한 의원급 의료기관을 운영하는 경우 그 지역에서의 명성이나 평판이 의료기관의 운영에 상당한 영향을 미치기 때문에 합의에 의해 의료사고를 해결할 경우 쓸데없는 소문이 나지 않도록 방지하는 장점이 있다. 그러나 환자 측으로서는 섣부른 합의에 의해 치료에 충분한 액수의 금원을 받지 못할 가능성이 있으며, 의사 측으로서도 소송화 또는 형사처벌의 가능성만을 두려워하여 합의에만 의존할 경우 실제 배상해야 할 금액보다 훨씬 더 많은 금액을 지급할 가능성이 있다.

3) 실제 현황

대부분의 의료사고는 당사자들 간의 합의에 의하여 해결되고 있다. 왜냐하면 의료진은 의료사고의 조용한 해결과 형사처벌의 가능성을 없애기 위해, 환자는 계속 지출해야 하는 치료비에 대한 지불능력이 없거나, 생계를 유지하기 곤란하다는 등의 이유로 양쪽 모두 합의의 필요성을 절실히 느끼기 때문이다. 다소 오래 된 자료이기는 하나 1987년 대한의사협회가 의료사고를 경험한 개원의를 대상으로 조사한 결과 약 6.0%만이 재판을 통해 해결하였다고 응답하였으며, 62.4%가 당사자 간의 화해(=합의)로 종결하였다고 응답하였다.

따라서 의료사고의 경우 현재에도 대부분 합의에 의해 종결된다고 보아도 틀리지 않을 것이다. 그러나 점차 소송을 제기하는 비율이 늘고 있다는 사실을 간과해서는 안 된다. 즉 환자의 권리의식이 신장되고, 의료과실에 대해 인정하기를 싫어하는 의사의 속성이 맞물려 점차 법적 절차에 의존하는 경우가 늘고 있다. 그러나 아직까지는 의료사고의 과반수 이상이 당사자 사이의 합의에 의해 해결된다고 보아도 큰 무리는 없을 것이다.

32) 민법 제731조(화해의 의의) 화해는 당사자가 상호 양보하여 당사자 간의 분쟁을 종지할 것을 약정함으로써 그 효력이 생긴다.

33) 이시윤, 민사소송법, 박영사, 제6판, 17면.

34) 재판상 화해에는 제소전 화해와 소송상 화해의 두 가지 종류가 있으며, 재판 외 화해에는 (확정)판결과 동일한 효력이 주어지지 않지만, 재판상 화해에는 이러한 효력이 주어진다는 점에서 양자는 차이가 있다. 위 같은 책, 같은 면 참조.

4) 합의의 당사자

합의는 원칙적으로 의료사고를 당한 환자와 의료사고를 일으킨 의사 사이에 이루어져야 한다. 그러나 피해자가 미성년자인 경우에는 법정대리인인 부모가 합의 당사자가 되고, 의료기관이 의원이 아닌 경우에는 의사가 고용되어 있는 병원의 개설자인 의사 또는 의료법인이 등이 합의의 당사자가 된다. 여기서 주의해야 할 점 한 가지는 피해자는 원칙적으로 의료사고를 당한 환자에 국한되는 것이 아니라, 그와 일상생활을 같이 하는 사람들(환자의 주민등록등본, 가족관계등록부 등에 같이 기재되어 있는 사람들로 이해하면 된다)도 소송을 제기할 수 있기 때문에 반드시 이들도 포함시켜 합의를 하도록 해야 한다는 점이다. 따라서 환자와 합의를 하는 **의사는 환자의 주민등록등본, 가족관계등록부나 제적등본(가족 중의 일부가 주민등록지를 달리한 채 생활하는 경우)을 확인하여 환자와 일상생활을 같이 하는 사람들도 합의의 당사자에 반드시 포함시켜야** 할 것이다. 특히 최근에는 이혼가정의 증가와 외국인과의 결혼이 증가하고 이민자의 수도 늘어남에 따라 합의 대상을 특정하는 것이 쉽지 않다. 또한 국제의료의 활성화로 외국인에 대한 진료가 늘어나서 사고발생률도 늘고 있다. 이 경우 누구와 합의를 해야 하는지는 매우 중요하다. 그럼에도 현장에서는 신중한 검토 없이 그 일행들과 진행하는 경우가 많은데 이는 큰 잘못이다. 왜냐하면 합의권자를 누락한 경우 그들로부터 추후 소송을 제기당하게 되고, 합의권이 없는 자와 합의를 한 경우 이들에게 지급한 합의금을 돌려받는 것이 매우 어렵기 때문이다. 따라서 합의가 성립되었다면 반드시 법률전문가에게 자문을 구하여(특히 가족구성원이 복잡한 경우) 합의권자를 명확히 하여 합의에 임해야 할 것이다.

의료진의 경우에도 의료사고를 낸 의사를 고용하여 의료기관을 운영하는 의사 또는 의료법인은 물론 사고를 유발한 의사도 합의 당사자로 하는 것이 혹시 있을지도 모를 사후의 이의(異議)를 방지한다는 측면에서 바람직하다.

5) 합의의 내용 및 효력

당사자 사이에 이루어지는 합의는 위에서 본 것처럼 그 본질이 계약이기 때문에 그 내용 또한 근대법의 대원칙인 '계약자유의 원칙'에 따라 당사자들이 자유롭게 정할 수 있다. 따라서 합의 내용이 공서양속[35]에 위반하거나, 불공정한 법률행위[36]에 해당하지 않는 한 합의는 효력을 가지게 된다. 즉 환자가 완치될 때까지 치료비를 받지 않고 치료를 해준다는 내

35) 공서양속 위반이란 합의의 내용이 민법 제103조 "선량한 풍속 기타 사회질서에 위반한 사항을 내용으로 하는 법률행위는 무효로 한다"에 위반하는 것을 말한다. 예를 들면, 합의의 내용이 의사는 평생 환자의 노예로 살아야 한다는 것과 같이 노예제도를 인정하지 않은 현재의 사회질서에 반하면 그러한 합의는 법률에 의해 무효로 되어 당사자는 이를 지킬 필요가 없다.

36) 불공정한 법률행위란 당사자들의 합의가 민법 제104조 "당사자의 궁박, 경솔, 또는 무경험으로 인하여 현저하게 공정을 잃은 법률행위는 무효로 한다"에 위반될 경우 그러한 합의는 무효로서 당사자들이 지킬 필요가 없다는 의미이다. 예를 들면, 합의를 함에 있어 사망한 환자의 가족으로 어린 아이들밖에 없음을 이용하여 장례비에도 미치지 못하는 금액으로 합의를 하였다면 이러한 합의는 무효라는 것이다. 이 때 불공정한 법률행위에 의해 합의금이 지급되었다면 이를 반환할 필요가 없다는 점에 주의해야 한다.

용이나, 다른 병원에서 치료를 받을 수 있도록 모든 치료비를 부담한다는 내용의 합의는 유효한 것이다. 실제 합의내용으로는 가해자인 의료진이 일정 액수의 돈을 지급하는 대신, 피해자인 환자 측이 자신들의 모든 손해배상청구권을 포기한다는 내용의 권리포기조항("민·형사상 일체의 청구를 포기한다")을 삽입하거나, 소송을 제기하지 아니한다는 부제소(不提訴)의 특약("민·형사는 물론 행정상 일체의 이의제기를 하지 않는다") 을 맺는 경우가 많다. 위에서 언급한 것과 같이 **'행정상 일체의 이의제기'를 보다 명확히 하여 '보건소, 청와대, 국가인권위원회 또는 국민권익위원회, 보건복지부 등에 대한 민원 등 일체의 이의제기'로 구체화**하는 것도 바람직하다.

최근에는 이러한 민·형사상 또는 행정상의 청구 이외에 인터넷을 이용하여 의료진의 명예를 훼손할 의도의 글을 유포시키는 경우가 늘고 있다. 따라서 이를 방지하기 위한 조항도 삽입해야 할 것이며, 그럼에도 불구하고 환자 측이 명예훼손적 행위를 할 경우를 대비하여 손해배상액을 예정할 필요가 있을 것이다. 실무적으로는 이러한 손해배상액의 예정을 하는 것이 쉽지는 않다. 왜냐하면 환자 측이 자신들을 믿지 못하는 것이냐고 반발하면서 기존의 합의를 없는 것으로 하자고 하는 경우가 많기 때문이다. 외국과 같이 법률대리인이 합의조건에 대해 마무리를 짓고 당사자들은 서명만 하는 문화가 정착되어 있으면 이러한 일이 발생하지 않으나 현재까지의 법률문화로서는 당사자들이 주가 되는 경우가 많다. 따라서 손해배상액을 구체적으로 밝히지 않고 '손해배상을 청구할 수 있다' 정도의 문구만 삽입하는 것으로 타협할 생각도 가지고 있어야 할 것이다.

합의가 이루어져 위와 같은 권리포기조항 또는 부제소특약[37]조항이 들어 있는 합의문이 작성되면 나중에 환자 측이 의사의 과실을 이유로 손해배상을 청구하는 소송을 제기하였을 때 피고가 된 의사 측이 위 합의서를 법원에 제출하여 위 조항들이 확인되면 소송은 그 단계에서 종료된다.[38]

그러나 환자 측이 이를 어기고 수사기관에 의사를 '업무상 과실치사상죄'의 혐의로 고소, 고발[39]하면 사건의 경중에 따라 다를 수는 있지만, 원칙적으로는 수사기관이 수사를 하는데 아무런 영향을 미치지 못한다. 따라서 의사로서는 합의금을 지급하고도 형사처벌을 받는 경우가 발생할 수도 있고,[40] 환자 측으로서는 적은 금액으로 합의하였다고 나중에 이러

37) 글자 그대로 소송을 제기하지 않겠다는 약속(=계약)을 말하는 것이다.

38) 권리포기조항으로 보느냐, 부제소특약으로 보느냐에 따라 소송에서의 효과가 다르다. 즉, 권리포기조항이 합의문에 삽입되었음에도 소송을 제기한 경우에는 법원은 청구기각 판결을, 부제소특약이 삽입된 경우에는 소각하 판결을 내리나, 실제 양자의 구별이 쉽지는 않다. 예외적으로 판례(대법원 1993. 12. 10. 선고 93다42979 판결)가 교통사고 피해자의 유족과 가해자와의 합의를 청구권 일부 포기조항이 아니라 개인재산에 대해 강제집행을 하지 않겠다는 부집행(不執行)의 약정이라고 본 경우도 있다.

39) 일반인들의 경우 수사기관에 범죄사실을 알리고 처벌을 원하는 행위에 대해 '고소'라는 용어를 사용하고 있다. 그러나 '고소'의 경우 친고죄에만 해당하는 것으로 그 외의 경우에는 '고발'이라는 용어를 사용해야 한다.

40) 실제의 경우 의사들이 의료사고의 형사화를 두려워하여 환자 측에게 과다한 액수의 합의금을 지급하는 경우가 종종 있다.

한 합의의 효력을 부인하기도 힘들기 때문에 당사자들은 그 내용에 대단히 주의를 기울여 합의를 하고, 합의를 한 경우 반드시 합의문을 작성하여 나중에 일방이 제기할지도 모르는 소송에 대비해야 한다.

6) 주의할 점

대부분의 의료사고는 합의에 의해 종결된다는 점에 주목한다면 의료사고의 당사자들은 이러한 합의를 함에 있어서 많은 주의를 기울여야 하고 특히 다음과 같은 사항을 주의해야 한다.

가) 합의는 신중하게 해야 한다

당연한 말 같지만 실제 쉽지 않은 일이다. 의료사고가 발생하였을 경우 의사 측은 주변에 알려지기를 꺼려하여 빨리 마무리지으려고 서두르는 경향이 있고, 환자 측은 환자(또는 사망한 사람)에게 발생한 피해가 얼마인지를 정확히 모르는 상황에서 상당한 액수의 금액을 일시금으로 제안받을 경우 뿌리치기 어렵다. 그러나 환자 측에서 정확한 손해액을 전문가의 도움 없이 계산해내는 것은 힘들고, 특히 환자가 상해를 입은 경우 앞으로 발생할지 모르는 후유증 등을 평가하는 것이 쉽지 않기 때문에 적절한 합의금을 계산해 내는 것이 쉽지 않다. 이러한 상황에서 당사자들이 시도하는 합의가 과연 적절한 선에서 이루어질지 의문이 들기는 하지만 합의는 신중히 해야 한다.

왜냐하면 일단 합의가 이루어져 합의금을 수령하고 합의서가 작성되어 당사자들이 기명날인 또는 서명을 하게 되면 나중에 이러한 합의를 번복하는 것은 대단히 힘들기 때문이다. 즉 합의란 민법상의 화해계약으로 민법 제733조 본문에서는 “화해계약은 착오를 이유로 하여 취소하지 못한다”라고 규정하여 일단 합의가 성립되면 나중에 이를 취소하는 것을 원칙적으로 금지하고 있다. 따라서 의료사고의 당사자 모두 합의를 할 때에는 모든 변수를 고려하여 서두르지 말고 신중하게 하여 나중에 다시 분쟁이 발생하는 일이 없도록 해야 할 것이다.

나) 합의의 본질이 양보임을 잊지 않도록 한다

합의(=화해)의 개념 속에는 이미 당사자들이 조금씩 양보하는 것이 내재되어 있다. 즉 일방의 주장을 전부 받아들이는 것은 일방의 권리포기이지 합의는 아닌 것이다. 실제 의료사고의 경우에도 당사자들이 제시하는 합의금의 격차가 커 합의가 되지 않는 것은 물론 합의과정에서의 다툼으로 인한 감정의 악화로 더욱 깊은 불신의 골을 남기는 경우도 많다. 이런 현상은 당사자들이 합의를 시도하는 과정에서 양보하려는 생각을 가지고 있지 않은 데서 생기는 것으로 의료사고가 소송화되는 비율이 높아지고 있는 하나의 요인으로 작용하기도 한다. 다시 한 번 강조하자면 합의의 출발점은 양보라는 점을 명심하여야 한다.

다) 합의문의 작성 및 교환에 주의한다

당사자 사이에 합의가 이루어지면 합의금을 지불하고 서로 합의문에 서명한 후 한 부씩 나누어 가지게 된다. 그러나 이러한 과정에서 다음과 같은 점에 주의해야 한다.

① 먼저 합의의 당사자를 확정하기 위해 환자 측의 주민등록등본, 가족관계등록부, 제적등본 등을 확인할 필요가 있다. 대개 합의를 할 때 합의자란에 환자와 의사만 기재하고 기명날인하거나 서명하는 경우가 많은데 이는 잘못된 것이다. 위에서 살폈듯이 합의는 환자와만 하는 것이 아니라 환자와 혈연관계에 있는 사람들(대개 상속권자로 주민등록등본, 가족관계증명원, 제적등본 등에 나와 있는 사람들)과도 반드시 해야 한다.[41] 이 때 모든 사람들이 합의장소에 나와 합의를 하는 것이 번거롭거나 불가능할 때에는 출석할 수 없는 사람들로부터 대리권을 받은 사람이 나와 기명날인하거나 서명하는 방법을 사용하면 된다. 이 경우 대리권의 존부(存否)를 확인하기 위해 인감증명서가 첨부된 위임장을 지참하도록 해야 한다. 이와 같은 합의 당사자의 범위는 의료기관 쪽에서 명확히 파악할 필요가 있다.

② 이미 합의를 하였다가 다시 합의를 하는 경우 양측이 보관하는 서류 중 서로 반환할 필요가 있는 서류가 있는지를 확인하고, 있다면 합의 시 지참하여 서로 반환하도록 해야 한다. 즉 기존 합의서, 소송진행 중 합의한 경우의 조정조서, 집행관련 서류 등 합의가 있기 전에 당사자 사이에 오갔던 서류는 서로 반환하는 것이 좋다. 특히 의료사고 발생 후 의사가 환자에게 각서를 써 주는 경우가 있는데 이러한 각서는 반드시 되돌려 받아야 할 것이다.

③ 당사자 본인 확인을 위한 인감도장 날인, 인감증명서 지참 및 확인이 필요하다. 너무나 당연하다고 생각되지만 소홀하기 쉬운 사항이므로 반드시 빠뜨리지 말아야 한다. 합의의 당사자가 미성년자인 경우에는 친권자의 인감증명서 및 인감도장 날인이 있어야 하고, 대리인이 합의하는 경우 당사자 본인의 인감 및 대리인 인감이 모두 필요하고, 위와 같이 위임장이 있어야 하므로 반드시 이를 확인해야 한다. 가끔 의료기관에서 변호사를 대리인으로 선임하여 합의하는 경우 변호사라는 이유로 위임장 없이 합의서를 작성하는 경우가 있는데, 이 경우에도 환자 측에서는 변호사의 대리권 확인을 위해 위임장 등을 확인해야 한다.

④ 공증이 반드시 필요한 것은 아니지만 가능하면 공증을 하는 것이 좋다. 공증이란 특정한 사실 또는 법률관계의 존재를 공적으로 증명하는 행정행위의 하나로 양 당사자가 원만히 합의서를 작성하였다는 것을 공적으로 증명하고 그 이행을 보다 강제할 수 있는 준법률행위이다. 당사자들이 공증을 원할 경우, 당사자들이 출석한 경우는 인감도장이 필요 없으나(주민등록증, 도장만 필요), 대리인을 통해 공증을 하려면 위임장(인감도장이 날인된 위

41) 우리나라의 경우 의료소송의 청구원인을 불법행위로 구성하고 있는데, 이 때 환자는 물론 환자와 혈연관계에 있는 일정 범위의 사람들에게도 손해배상청구권이 인정되기 때문에 환자-의사의 합의는 그 외의 사람들에게 원칙적으로 효력이 미치지 않는다. 따라서 환자-의사만이 합의를 하였을 경우, 그 외 손해배상청구권을 가진 사람들에 의해 소송이 제기되어도 위 합의를 이유로 소각하나 청구기각의 판결이 바로 내려지지 않게 된다.

임장)과 인감증명서가 필요하다. 이상의 서류를 가지고 공증업무를 하는 법무법인이나 공증인가합동법률사무소를 찾아가 공증을 받으면 된다.

의료배상책임보험의 활성화

최근에 의사들이 전문가보험의 일종인 의료배상책임보험에 가입하는 경우가 늘고 있다. 1997년 3월 개최된 의료개혁위원회 공청회 발표자료에는 의료사고로 인한 분쟁건수는 매년 약 6,700여건이고, 분쟁이 소송화되었을 때 1심 판결에 평균 933일, 2심 판결에 평균 464일이 소요되고 있다. 이에 따른 보상비용, 변호사비용, 방어비용 등을 합하면 약 900억원이 쓰여지고 있어 보험제도 활성화가 강조되었으며, 그 후 의료기관은 의료사고 발생에 대한 대비책의 하나로 의료배상책임보험에 점진적으로 가입하는 추세이다. 1997년 국내의 손해보험회사에서 의료배상책임보험을 개발, 판매할 당시에는 의료기관들이 가입 필요성을 크게 느끼지 못하여 가입률이 저조하였으나(병원, 의사의 17%만이 가입하였음), 의료분쟁의 증가, 예측하지 못한 손해에 대한 배상에의 대비, 과도한 변호사 비용 및 소송비용, 본업에 끼치는 과도한 부담에서 벗어나기 위해 의료배상책임보험에의 가입률이 점차 증가하고 있다. 즉 1999년부터 의료배상책임보험이 활성화되기 시작하여 2001년 6월 당시 110개 종합병원과 산부인과, 내과, 정형외과, 가정의학과, 피부과, 일반외과, 신경외과, 마취과 등의 개원의협의회를 중심으로 3,500여명의 개원의사들이 이 보험에 가입하기에 이르렀고, 연간 100억원 이상의 보험료가 의료과실 사고를 위한 보험준비금으로 보험회사에 적립되고 있다. 이처럼 의료배상책임보험에 가입하는 의료기관이 늘어남에 따라 의료사고의 경우에도 교통사고처럼 가해자 본인이 합의를 하는 것이 아니라 보험회사가 합의당사자로 등장하게 되었다. 특히 2010년 이후에는 대형병원으로 불리는 상급 종합병원들에서도 보험에 가입을 하기 시작하고 있고 이들 보험회사들이 재보험을 드는 경우도 생겨나 명실공히 이제는 의료소송의 상대방이 의료인이나 의료기관이 아닌 보험회사가 되고 있다. 그러나 교통사고는 많은 사례의 축적이 이루어져 이제는 통계적으로 접근할 수 있으나, 의료사고에 대한 손해사정은 교통사고처럼 다양화 · 전문화되어 있지는 않은 것이 사실이다. 그러나 향후 많은 사례가 축적된다면 통계자료에 근거한 합의도출도 가능한 시기가 오리라 생각된다. 현재로서는 이와 같은 보험회사의 대리로 인해 의료기관은 의료사고가 발생하더라도 분쟁조정을 보험회사에 맡기고 환자진료에 전념할 수 있고, 환자 측은 보다 전문적인 자료를 근거로 합의를 할 수 있게 된 측면이 있다. 다만 대형 보험회사들이 일차적으로 손해사정을 맡기는 기관이 의료소송의 손해사정에 정통하지 않은 곳이 많아 소송을 담당하는 전문변호사들로부터 불만이 제기되고 있다. 또한 교통사고의 처리에서 볼 수 있듯이 보험회사의 횡포에 의해 환자 측이 일방적으로 피해를 볼 가능성 또한 높아진 것도 사실이다. 따라서 환자 측에서는 오히려 이러한 보험회사와 대등하게 협상할 수 있는 협상력을 가진 전문가의 도움을 받을 필요성이 높아지고 있는 것도 부인할 수 없는 현실이다.

나. 합의 후 분쟁[42] 발생

당사자 사이에 합의가 성립된 이후라 하더라도 그 후 합의와 관련한 분쟁이 발생하는 경우가 많으며, 그 사유 또한 다양하다. 모든 사유를 망라하여 설명을 하는 것은 불가능하므로 가장 대표적인 것을 중심으로 살펴보겠다.

1) 합의 당사자 중 일부가 누락된 경우

의료사고로 인하여 손해를 입은 자 또는 손해를 입힌 자가 여럿인데 그 중 합의에 나선 사람이 한 명뿐인 경우, 그 한 명이 한 합의의 효력이 다른 당사자에게 미치느냐가 문제가 된다. 만약 합의의 효력이 미친다고 한다면 다른 당사자는 소송을 통해서 자신의 손해를 주장할 수 없게 되고, 상대방은 손해를 배상할 필요가 없게 되는 것이다. 실제 문제가 되는 것은 손해를 입은 사람이 여러 명인데 그 중 한 명이 합의를 한 경우이므로 이에 대하여만 설명을 하겠다.

가) 합의에 나선 사람이 다른 사람을 법률상 대리하여 합의를 한 경우에는 문제가 발생할 소지가 없이 합의의 효력이 다른 사람들에게도 미친다.[43] 그렇지 않은 경우에는 합의를 한 사람들의 진정한 의사(意思), 즉 다른 당사자들도 합의에 포함시키려는 것인지, 아니면 배제시키려는 것인지를 밝혀야 한다.

나) 손해배상의 합의에 있어서는 보통 복수의 배상권리자는 가족관계 등의 밀접한 관계를 가지고 있는 사람들이기 때문에 합의서의 내용에 대리관계가 명확히 표시되어 있지 않더라도 그 대리관계를 인정하여 합의의 효력이 미치는 것으로 보는 것이 사회통념에 맞는 경우가 많다.

예를 들면, 의료사고를 당한 자가 친권자인 부 또는 모인 경우, 미성년자[44]인 자식들이 합의과정에 참여하지 않더라도 그 합의의 효력이 자식들에게까지 미치는 것으로 보는 것이 사회일반의 경험칙(=상식)에 맞는다고 할 수 있다.[45] 그러나 자식이 성년자인 경우에는 이와 같이 판단할 수는 없다. 부 또는 모는 예외적인 경우[46]가 아닌 한 성년자녀의 법정대리인

42) 이하의 내용은 사법연수원, 손해배상소송, 2009, 91-98면의 내용을 요약 및 정리하였다.

43) 물론 이 경우에는 합의에 나선 자가 다른 사람들을 법률상 대리한다는 증거가 있어야 할 것이다. 가장 대표적인 것으로는 대리권을 수여하였음을 나타내는 서류(위임장)를 들 수 있다.

44) 민법 제4조에 의하면 만 19세가 되어야 민법상의 성년이 된다.

45) 판례는 친권자 본인의 부상을 입어 손해배상에 관하여 가해자 측과 합의를 하는 경우 특별한 사정이 없는 한 미성년자인 자녀들의 고유의 위자료에 관하여도 그 친권자가 법정대리인으로서의 합의도 함께 하였다고 보는 것이 경험칙에 합당하다고 하였다(대법원 1975. 6. 24 선고 74다1929 판결).

46) 성년자녀가 피성년후견인, 피한정후견인, 피특정후견인, 피임의후견인 등의 요보호자로 지정되어 부 또는 모가 그의 성년후견인, 한정후견인, 특정후견인, 임의후견인 등으로 지정되는 경우.

이 될 수 없으므로 부 또는 모가 합의에 관여하더라도 대리행위임을 명시하지 아니하는 한 부 또는 모가 성년자녀의 손해배상청구권 부분에까지 가해자와 합의하였다고 보기는 어려울 것이다.

반대의 경우 즉 피해자 본인만이 합의에 관여하고 그 부모는 전혀 관여하지 않은 경우, 피해자 본인이 한 합의의 효력이 그 부모의 손해배상청구권에까지 당연히 미치는 것으로 볼 수는 없다. 왜냐하면 부모의 청구권은 원칙적으로 그들 고유의 손해배상청구권이기 때문이다.[47] 만약 이렇게 해석하지 않고 부모가 합의당사자인 피해자 본인과 생활관계상 일체관계에 있고 합의 후 상당기간 동안 합의내용에 대하여 아무런 이의를 제기하지 아니하였다 하여 부모 모두에게 합의의 구속력을 일괄적으로 미치게 한다면 합의 이후 다소 우연한 사정만을 고려하여 가해자에게 유리하게 해석한다는 비난을 면할 수 없을 것이다.

다) 한편 피해자인 미성년자를 대리하여 그의 부 또는 모가 합의를 하였으나 합의서에 대리관계가 표시되지 않고 부 또는 모만이 당사자로 표시되어 있는 경우 그 합의의 효력은 미성년자와 생활관계상 일체관계에 있는 부 또는 모에게도 효력이 미친다고 보는 것이 타당할 것이다.[48]

2) 합의 당시 예상하지 못한 손해가 발생한 경우

합의는 손해배상책임의 유무나 범위가 불명확한 유동적인 상태에서 체결되는 것이 보통이기 때문에, 합의 당시 당사자가 인식하지 못했던 손해라든가 합의 후 증대된 손해에 대하여는 합의의 효력을 부정할 필요가 있으며, 판례도 여러 가지 이론을 통하여 합의의 효력을 부정하려고 하고 있다. 대표적인 것으로 계약성립을 부정하는 이론, 합의가 실효하였다는 이론, 합의의 효력을 제한하는 이론 등이 있다.

가) 계약의 성립을 부정하는 이론이란 배상책임의 존부(存否)나 액수에 관하여 당사자 사이에 실질적 교섭이 없었다 하여 아예 합의의 성립 자체를 부정하는 이론이다. 즉 원래 합의서는 당사자 간에 배상책임의 유무, 배상액에 관하여 실질적 교섭이 있었는지 여부를 결정하는 중요한 자료의 하나이기는 하나, 그 자체만으로 합의의 성부가 당연히 판가름되는 것은 아니라는 이유로 그 외의 여러 사정을 참작하여 당사자 사이에 합의가 성립하지 않았다고 보는 이론이다.

---

47) 판례도 "교통사고로 말미암아 피해자 본인과는 별도로 그의 부모들도 그들이 입은 정신적 손해에 대하여 고유의 위자료청구권을 가진다 할 것이고, 피해자 본인은 합의에 의하여 합의금을 수령하고 나머지 손해배상청구권을 포기하기로 약정하였다 하더라도 그의 부모들이 피해자 본인의 합의가 성립되면 그들 자신은 별도로 손해배상청구를 하지 않고 손해배상청구권을 포기할 뜻을 명시적 혹은 묵시적으로 나타낸 바 있다는 등 특별한 사정이 없는 한 위 포기 등 약정의 효력이 당연히 고유의 손해배상청구권을 가지는 그의 부모들에게까지 미친다고는 할 수 없다"고 하여 사정이 없는 한 합의의 효력이 미치지 않는다고 판시하였다(대법원 1993. 9. 28. 선고 92다42606 판결).

48) 서울고등법원 1987. 7. 16. 선고 87나1047 판결. 그러나 이에 대하여는 미성년 자녀가 피해자 본인이고 공동친권자 중 1인만이 가해자와 합의한 경우에는 특별한 사정이 없는 한 미성년 자녀에게까지 합의의 구속력을 인정하기 어렵다는 반대견해도 있다.

나) 합의의 실효이론이란 합의 후 발생한 후유증으로 인한 손해에 관하여 불공정한 법률행위(민법 제104조), 해제, 착오(민법 제109조) 등을 원인으로 합의의 효력을 부정하는 이론이다. 이러한 범주에 속하는 판례 경향을 보면, 일단 성립한 합의를 불공정한 법률행위라 하여 무효로 보거나,[49] 합의약정 불이행을 이유로 해제를 인정하여 합의를 전면적으로 실효시키거나,[50] 착오를 이유로 합의를 취소할 있도록 하고 있다.[51]

다) 제한적 해석의 원칙이란 대부분의 판례가 취하는 이론으로서 대체로 합의서 내용인 권리포기조항을 제한적으로 해석하여 당사자가 인식 · 예견 가능한 손해만 포기한 것으로 봄으로써 피해자 보호를 도모하는 이론이다. 특히 합의 당시 예상하지 못했던 후발적 손해의 경우 이 이론에 의해 해결하고 있다. 이 이론에 의할 때 어떠한 기준에 의하여 합의의 효력을 제한적으로 해석할 수 있느냐 하는 것이 실제적인 문제인데, 결국 구체적인 사안의 내용에 따라 합의에 이르게 된 경위, 합의 당시 예측할 수 있었던 증상의 추이, 당사자의 직업, 지식, 경험 유무, 합의금과 실손해액과의 불균형 내지 후발 손해의 중대성 등을 종합 · 검토하여 결정하여야 할 것으로 생각된다.

사례 7

환자가 구타를 당하여 피고 병원에 내원하여 검사를 받았으나, 별다른 이상 결과가 없어 관찰을 하던 중 뇌부종에 의한 두개내압의 증가로 인하여 사망한 사안

⇒ 소를 제기한 원고들은 망인의 외삼촌 및 이모로서 이 중 외삼촌은 이 사건으로 인하여 피고와 400만원을 받고 일체의 민 · 형사상의 소송이나 이의를 제기하지 않겠다고 합의를 하였다. 따라서 재판부는 원고들 중 외삼촌의 청구는 각하하였고, 나머지 원고의 청구는 기각하였다. 외삼촌은 위 합의가 민법 제104조에 위반한 불공정한 법률행위라고 주장하는 한편, 합의는 피고의 과실이 없다는 전제 하에 이루어진 것인데, 나중에 피고의 과실이 밝혀진 이상 착오를 이유로 취소할 수 있다고 주장하였으나, 모두 받아들여지지 않았다.

49) 대법원 1999. 5. 28. 선고 98다58825 판결.

50) 대법원 1978. 7. 11. 선고 78다973 판결.

51) 그러나 이러한 취소가 항상 인정되는 것은 아니다. 위에서 살펴본 것처럼 합의는 민법상의 화해계약에 해당되고, 민법상 화해계약에 있어서 당사자는 화해 당사자 자격 또는 화해 목적인 분쟁 이외의 사항에 착오가 있는 때에 한하여 취소할 수 있기 때문에 취소 사유가 '화해 목적인 분쟁 이외의 사항'에 해당되어야 한다. 취소가 인정된 위 판례에서는 교통사고의 양 당사자가 사고 발생에 가해자의 과실이 경합되어 있는데도 오로지 피해자의 과실로 인하여 발생한 것으로 착각하고 합의한 경우, 그 사고가 피해자의 전적인 과실로 인하여 발생하였다는 사실은 쌍방 당사자 사이에 다툼이 없어 양보의 대상이 되지 않았던 사실로서 화해의 목적인 분쟁의 대상이 아니라 그 분쟁의 전제가 되는 사항에 해당하는 것이므로 피해자 측은 착오를 이유로 화해계약을 취소할 수 있다고 판시하였다(대법원 1992. 7. 14. 선고 91다47208, 95다48414 판결).

사례 8

환자는 전국택시운송사업조합연합회와 공제계약을 체결한 회사의 영업용 택시에 부딪혀 뇌좌상, 뇌간손상, 기뇌증, 뇌기저골골절 등의 상해를 입어, 피고 병원에서 치료를 받은 사안

⇒ 피고 병원에서 환자에게 있던 금속성 이물질을 적절한 시기에 제거하지 못한 과실이 있으므로 약 1억 2천만원 정도를 배상해야 한다. 그러나 환자는 위 공제계약에 따라 전국택시운송사업조합연합회로부터 손해배상금으로 1억 5천만원을 받은 사실이 인정되므로 공동불법행위자의 1인에 의한 변제는 다른 공동불법행위자에게도 효력을 미친다는 법리에 따라 피고는 손해를 배상할 필요가 없다고 판결하였다. 즉 같은 사건으로 인해 불법행위자 중의 한 사람으로부터 돈을 받고 합의서를 작성한 경우에는 다른 불법행위자를 상대로 소송을 제기하더라도 위 합의의 효력이 다른 불법행위자에 대한 소송에도 영향을 미친다는 사실을 알 수 있다.

3) 합의 불성립 시 해결 방법

가) 한국소비자원에의 상담 및 피해구제신청[52)]

당사자 사이에 합의가 이루어지지 않으면 환자 측으로서는 여러 가지 절차를 고려해 볼 수 있는데 그 중에서 가장 손쉬운 방법 중의 하나가 바로 한국소비자원을 이용하는 것이다. 한국소비자원은 물품이나 서비스 이용 중에 불만이 있거나 피해를 당한 소비자의 피해를 구제해 주는 기관으로 의료사고 피해구제를 하고 있다.[53)] 따라서 소비자가 의료서비스와 관련하여 불만이나 그로 인한 피해가 발생하였을 경우에 전화나 서신, 팩스, 인터넷, 방문 등을 통하여 한국소비자원 소비자상담팀으로 접수하면 전문상담원과 상담을 할 수 있으며, 상담원이 상담 결과 피해구제가 필요하다고 판단되면 관련자료를 첨부하여 분쟁조정사무국으로 이관, 업무를 처리하고 있다.[54)]

이러한 한국소비자원의 피해구제는 분쟁조정국의 담당 팀에서 피해구제 접수일로부터 30일 이내에 합의권고의 형식으로 처리를 하게 되는데, 당사자의 일방이 받아들이지 않을 경우에는 분쟁조정위원회에 조정요청을 하게 되며, 분쟁조정위원회는 조정요청일로부터 30일 이내에 조정결정을 하게 된다. 그러나 분쟁조정위원회의 조정 또한 법적 구속력이 없어

52) 아래의 내용은 한국소비자원 인터넷 사이트(www.kca.go.kr)에 나와 있는 내용을 참조하였다.

53) 한국소비자원에서는 한국소비자원에서 직접 피해구제 처리를 하지 못하는 각종 법률상담 분야에 대한 무료 법률상담을 받을 수 있도록 하고 있다. 전화로 무료 법률상담을 받을 수 있으며 대한법률구조공단(국번 없이 132번), 대한변호사협회에서 시행하는 무료 상담서비스 상담장소에 방문하여 상담을 받을 수도 있다(대한변호사협회 소속 변호사가 상담소를 방문해 무료 상담서비스를 제공하고 있다. 상담장소와 상담 일시에 관한 자세한 사항은 각 지방변호사회 홈페이지에서 확인할 수 있다.)

54) 한국소비자원의 분쟁조정사무국은 조정1팀, 조정2팀 및 조정3팀이 있는데, 현재 의료사고와 관련된 것은 조정3팀에서 처리하고 있다.

당사자의 일방이 받아들이지 않는다면 아무런 효력이 없다. 따라서 대부분의 한국소비자원 조정사례를 보면 치료비 반환을 요구하는 경우, 의료사고가 경미한 경우 등이 대부분이다. 실제 조정금액 또한 1,000만원을 넘어가는 경우가 많지 않다(최근에는 5,000만원 이상 다액인 경우가 증가하고 있다). 환자 측으로서는 전혀 비용이 들지 않고, 법령에 따라 한국소비자원의 자료요청에 대해서는 의료기관이 거부할 수 없기 때문에 이용해 볼 만하다.

나) 대한법률구조공단을 이용하는 방법[55]

① 법률구조제도란

법률구조제도는 경제적으로 어렵거나 법을 모르기 때문에 법의 보호를 충분히 받지 못하는 사람들에게 법률적 도움을 줌으로써 기본적 인권을 옹호하고 나아가 법률복지증진에 이바지하게 함을 목적으로 하는 사회복지제도이다. 우리나라에서는 1987. 9. 1. 법률구조법에 의해 설립된 비영리 공익법인인 대한법률구조공단에서 이러한 일을 맡고 있는데, 여기에 소속된 변호사 또는 공익법무관에 의해 소송대리 기타 법률사무에 관한 모든 것을 지원해주고 있다.

② 법률구조공단을 이용하는 방법

ⅰ) 구조의 내용: 법률구조공단을 이용하는 방법은 크게 상담과 소송대리로 나누어 볼 수 있다. 상담은 방문, 전화(국번 없이 132번) 또는 팩스, 인터넷[56]을 이용하여 가능하며, 상담 결과 소송을 해야 할 사안인 경우 소송대리도 가능하다. 상담 가능 시간은 평일 오전 10시~12시, 오후 1시~5시이며, 서울중앙지부에서는 수요일은 오후 6시~8시까지 야간 상담 및 토요일 오전 9시~오후 1시에 토요 상담을 실시하고 있다. 서울중앙지부에서 실시하는 수요 야간 상담 및 토요 상담은 예약제로 운영하니 서울중앙지부 구조3팀을 통해 상담 예약 후 방문하면 상담을 받을 수 있다.

ⅱ) 구조공단의 위치: 대한법률구조공단은 서울특별시에 본부를 두고 있으며 18개의 지역 본부, 72개의 지소, 그리고 40개의 출장소가 전국의 법원, 검찰청에 대응하여 설치되어 있으므로 자신의 거주지를 관할하는 검찰청에 법률구조공단 지부나 출장소가 있다.

ⅲ) 법률구조공단의 물적 제한: 구조공단에서는 국가 또는 지방자치단체를 상대로 하는 사건, 즉 소송의 상대방인 피고가 국가나 지방자치단체인 경우에는 소송을 대리하지 않는다. 예를 들면, 보건소에서 진료를 받다가 의료사고가 난 경우에는 보건소의 운영주체가 국가 또는 지방자치단체이기 때문에, 이 경우에는 구조공단을 이용한 법률구조를 받을 수 없다.

ⅳ) 법률구조공단의 인적 제한: 또한 법률구조공단은 전 국민을 대상으로 하는 것이 아니라 일정 범위의 국민만을 대상으로 하고 있다. 이를 구조대상자라고 하는데, 그들 중 무료법률구조사업에서 정한 대상자는 ㉮ 임금 및 퇴직금 체불 당시 최종 3월분의 월평균 임금

55) 아래의 내용은 대한법률구조공단에서 발간한 안내책자의 내용을 참조하였다.

56) 대한법률구조공단의 인터넷 주소는 www.klac.or.kr 이다.

이 400만원 미만인 임금 및 퇴직금 체불로 인한 피해근로자(국내 거주 외국인 포함), ㉯ 기초연금지급대상자, ㉰ 생활보장수급자, ㉱ 장애인, ㉲ 국가유공자 또는 그 수급권자, 보훈보상대상자 또는 그 수급권자, 독립유공자 또는 그 수급권자, 5 · 18민주유공자, ㉳ 농업인, 어업인, 축산인, ㉴ 소상공인으로서 월평균 수입 260만원 이하인 자, ㉵ 가정폭력 · 성폭력 피해자(국내거주 외국인 여성), ㉶ 한 부모가족, ㉷ 범죄피해자인 국민, ㉸ 영세담배소매인, ㉹ 선원법상 임금 및 퇴직금이 체불된 피해 선원 및 선원법상 재해보상 사고 관련 피해를 입고 보상을 받지 못한 선원, ㉺ 기타영세민(월평균 수입 260만원 이하이고 재산세 미과세 대상자 중 소액임차인), ㉻ 개인회생 및 파산 · 면책신청을 신청하는 모든 국민 등[57]이 있다.

ⅴ) 구조절차: 법률구조를 받고자 하는 사람은 대한법률구조공단에 비치된 소정양식에 의한 법률구조신청서와 함께 본인의 신분증, 주민등록등본과 법률구조 대상자임을 소명할 자료, 그리고 주장사실을 입증할 자료를 해당 지역의 대한법률구조공단 사무실에 제출하면 된다. 절차에 따른 신청 및 접수가 있으면 공단은 즉시 조사담당 변호사 또는 공익법무관을 지정하여 당해 사건의 사실관계를 조사하고 법률적 검토를 마친 후 소송제기 여부 등을 결정하게 된다.

ⅵ) 비 용: 소송에 쓰이는 비용은 공단이 우선 지출하고 소송이 종료된 후 대한법률구조공단에서 지출한 인지대 등 소송비용을 의뢰인으로부터 상환받게 된다. 그러나 의뢰인의 구체적인 사정을 고려하여 경우에 따라서는 분할상환하도록 하거나 상환을 면제시켜 주기도 한다.[58] 형사사건과 관련된 일체의 비용(기록등사료, 접견료 등)은 공단에서 부담하고 의뢰자로부터는 비용을 징수하지 않는다. 다만 보석보증금 또는 보석보증 보험증권 수수료는 의뢰자가 부담한다.

다) 한국의료분쟁조정중재원을 이용하는 방법

의료사고 피해자에 대한 신속 · 공정한 구제와 의료인의 안정적인 진료환경을 조성하기 위하여 보건복지부 산하에 설립된 한국의료분쟁조정중재원(이하 '조정중재원'이라 한다)을 이용할 수 있다. 조정중재원은 환자 측이나 의료기관 모두 신청할 수 있으며 이러한 당사자의 신청에 의해 조정, 중재 절차가 진행된다는 점에서는 한국소비자원과 동일하다. 그러나 일방이 조정을 신청하여도 상대방이 응하지 않으면 절차가 진행되지 않는다는 점에서는 한국소비자원과 다르다. 그러나 조정중재원의 경우 조정이 성립되었으나 의료기관이 조정금액을 지불할 여력이 없을 경우 조정중재원이 먼저 지불을 해주는 대불제도는 물론 불가항

57) 그 밖에 가족관계미등록자, 의사자유족, 의상자와 그 가족(가족의 범위는 당사자의 배우자(사실혼관계 포함), 자녀, 부모, 조부모, 형제자매), 다문화가족지원법 제2조에 따른 결혼이민자와 귀화허가를 받은 자, 국가보훈처에 제대군인으로 등록된 군인으로 군인 연금수급권이 없는 중 · 장기 복무 제대군인, 국민기초생활보장법에 의한 수급자 또는 월평균 수입 260만원 이하의 국민 중 학교폭력예방 및 대책에 관한 법률 제2조에 따른 학교폭력 피해학생, 개인회생 및 파산 · 면책신청을 신청하는 모든 국민이 무료법률구조사업의 대상자에 해당한다.

58) 특히 법률구조대상자 중 무료법률구조사업에서 정한 대상자는 무료로 법률구조를 받을 수 있다.

력적 의료사고라고 판단할 경우 일정 금원을 원고 측에 지급하는 불가항력의료사고보상제도를 갖추고 있어 환자 측에서는 이용해 볼 만한 장점이 있다. 다만, 조정절차를 강제적으로 진행하지 않는다는 점에 대한 보완의 목소리가 높은 바, 이 점에 대한 법개정의 필요성이 있다.

라) 수사기관에의 고소, 고발

① 개 념

의료사고를 발생시킨 의사를 업무상 과실치사상죄로 수사기관에 고소, 고발하는 것을 말한다. 과거에 의료사고가 발생한 경우 의학적 지식에 바탕을 둔 객관적 판단 없이 의사를 고소, 고발하는 경우가 많았으며, 현재에도 많이 이루어지고 있다. 특히 개정 전 의료법에서 의무기록의 열람 및 사본교부의무를 규정하지 않았던 때에는 민사소송을 진행하기 위한 전(前) 단계로 증거확보 차원에서 미리 의사를 형사고소하는 경우가 많았다.[59] 왜냐하면 의사를 고소할 경우 수사기관이 혐의 여부를 판단하기 위하여 관련된 모든 자료의 제출을 명하는 것은 물론 의사를 상대로 조사를 한 후 이 모든 것을 수사기록으로 남기기 때문에 나중에 민사소송을 제기한 후 이러한 수사기록에 대해 문서송부촉탁을 하는 식으로 증거를 확보하였기 때문이다.

② 고소, 고발의 효용성

㉮ 실제 의사를 고소, 고발한 후 수사기관에서 의사를 포함한 의료인을 기소하는 경우는 드물다. 이는 수사기관 또한 의료에 대한 전문지식이 부족한 점에서 기인하는 면도 있으나, 무분별한 고소, 고발이 그 원인이기도 하다. 참고로 1990년 검찰에서 발표한 자료를 보면 의료사고로 인한 고소, 고발 사건에 대해 검찰이 기소를 한 경우가 각 6.7%(업무상 과실치상의 경우), 8.1%(업무상 과실치사의 경우)에 불과하며, 그나마 법원에서 무죄 선고되는 경우도 많았다.[60]

㉯ 또한 확정된 형사판결에서 인정된 사실은 특별한 사정이 없는 한 민사소송에서 유력한 증거자료가 된다.[61] 즉 의료사고를 원인으로 고소, 고발하였으나 무혐의 처분(또는 무죄판결)을 받은 경우에 같은 사고를 원인으로 민사소송을 제기할 경우 원고들로서는 형사사건

59) 일부 인터넷 법률사이트에서도 의료사고 발생 시 의사를 형사고소 하라는 내용을 싣고 있는 것으로 알고 있다. 그러나 이는 이전에 진료기록부 등을 확보하기 어려웠던 시대에 어쩔 수 없이 사용되었던 방법으로 의료법 상 진료기록부 등의 열람 및 사본교부의무가 규정되어 있는 지금에서는 시대착오적인 방법이라고 할 것이다.

60) 대법원의 판결을 기준으로 보면 의료사고로 인한 형사사건의 경우 유책률(유죄판결을 받는 비율)이 54.2%에 불과하다. 사법연수원, 의료와 손해배상 1998, 7면.

61) 대법원 1995. 1. 12. 선고 94다39215 판결. 위 판결의 원문 내용을 살펴보면 "….한편, 관련 형사판결에서 인정된 사실은 달리 특별한 사정이 없는 한 민사재판에서도 유력한 증거자료가 되는 것은 상고이유에서 지적한 바와 같으나, 이 사건에 있어서와 같이 민사재판에서 제출된 다른 증거 내용에 비추어 형사판결의 사실판단을 그대로 채용하기 어렵다고 인정되는 경우에는 법원이 이를 배척할 수 있다…."라고 되어 있다. 따라서 특별한 사정이 있을 경우에는 형사사건에서 인정된 사실과 다른 사실관계를 인정할 수도 있다는 점과 이 점은 이를 주장하는 자가 입증해야 한다는 점을 명심해야 한다.

과는 달리 판단되어야 할 특별한 사정을 밝혀야 한다는 점에서 의사의 의료과실에 대한 입증책임이 더욱 가중되는 결과를 초래한다. 따라서 증거확보를 위하여 또는 형사합의금을 받아 내기 위하여 의사를 고소하였으나 수사기관에 의해 무혐의 처분이 내려지거나 법원에 의해 무죄판결이 내려진다면, 뒤따르는 민사소송의 재판부는 특별한 사정을 원고가 입증하지 못하는 한 의사의 과실이 없다고 판단할 가능성이 높기 때문에 오히려 고소, 고발이 나쁜 결과를 가져오게 되는 것이다.

㈐ 의사 과실 없음이 명백한데도 고소를 하는 경우 무고죄로 처벌을 받을 수도 있다. 우리나라의 경우 고소의 남발현상으로 인하여 검찰에서 무고사범에 대하여 특별히 엄하게 처벌하도록 하고 있으며, 법원에서도 무고범에 대하여는 엄한 판결을 내리는 경향이 있다는 사실을 명심해야 할 것이다.[62]

③ 민사소송과 형사소송의 준별(峻別)

민사소송(손해배상소송의 경우로만 제한하여)이 관련 당사자들 사이에서 손해의 공평, 타당한 분배가 이루어지는 것을 목표로 하는 것이라면 형사소송은 정의 실현을 그 목표로 한다. 전자(前者)는 사회적으로 발생한 손해를 누구에게 얼마나 부담시키는 것이 전체 사회의 입장에서 적절한 것인지를 판단하는 것이 소송의 목적이 되는데 반하여, 후자(後者)는 피고인에게 죄가 있는지 없는지를 판단하는 것이 소송의 목적인 것이다.

이와 같이 두 제도가 목적이 다른 만큼 그 목적에 맞게 이용하는 태도가 필요하다. 즉 환자가 의사로부터 자신을 포함한 그 가족이 입은 육체적 · 정신적 손해를 배상 받고 싶다면 민사소송을 제기하면 되고, 업무상 과실 있는 의사의 처벌을 원한다면 고소 또는 고발을 하여 형사소송절차가 진행되도록 하면 되는 것이다. 국가적 차원에서도 민사소송으로 해결할 수 있는 사안임에도 환자 측의 고소, 고발로 인하여 수사기관 및 법원의 노력이 이중으로 소요된다면 결코 바람직하다고 할 수 없을 것이다.

따라서 무분별한 고소, 고발은 개인적으로도, 국가적으로도 바람직하지 않으므로 삼가야 할 것이다. 물론 피해를 당한 피해자 본인이나 가족의 입장에서는 금전적 손해배상은 물론 의료인의 처벌 양자를 모두 원하는 경우가 많지만, 감정에만 치우쳐 형사고소 및 고발을 남발하게 될 경우 조금 더 유리하게 진행할 수 있는 민사소송에 영향을 줄 수도 있는 만큼 환자 측이 형사절차를 선택함에 있어서는 보다 더 신중을 기해야 할 것이다.

마) 그 외 방법

위와 같은 방법 외에도 제소 전 화해를 신청하는 방법, 민사조정법에 의한 조정신청을 하는 방법 등이 있다. 그러나 의료사고의 경우 실제 이러한 절차를 통해서 해결되는 경우가 극히 드물고, 특히 민사조정신청은 소송제기와 크게 차이가 없고 조정이 결렬될 경우 추후

62) 2003. 4. 23.자 매일신문 기사에 의하면 대구지방검찰정에서 2001년 당시 우리나라와 일본의 기소사건을 비교한 결과, 무고죄의 경우 일본은 8건인데 비해 우리나라는 388배나 많은 3,105건이었다고 한다.

민사소송과 같은 절차로 신행되기 때문에 자세한 설명은 생략하기로 한다.

바) 민사소송을 제기하는 방법

이상의 모든 방법으로도 해결되지 않을 경우, 최후로 취할 수 있는 방법은 민사소송을 제기하는 것이다. 즉 의료사고로 입은 육체적, 정신적 피해를 금액으로 환산하여 이를 가해자에게 청구하는 것이다.

Ⅵ. 의료분쟁의 예방

의료사고나 의료분쟁을 예방하는 것이 의료분쟁이 발생한 후 해결하는 것보다 훨씬 낫다는 점은 누구나 공감할 것이다. 의료분쟁을 피하는 가장 좋은 방법은 환자와 좋은 관계를 형성하고 환자를 존중하는 것이다. 환자의 불만과 요구를 인식하고 수용하도록 노력한다. 퉁명스럽거나 고압적인 자세나 무시하는 듯한 언동으로 인한 사소한 감정대립은 문제를 복잡하게 만들고, 의료분쟁으로 진행할 수 있다.

1. 환자와 소통이 무엇보다 중요하다[63)]

환자와 보호자 말을 경청하고, 공감하고, 이해하도록 노력한다. 우리나라의 3분 진료 현실에서 3분이라도 잘 쓰려면 공감을 표시하기 위해 고개를 끄덕이고, 눈을 맞추고, 환자 말을 반복함으로써 최대한 신뢰관계를 형성하도록 노력해야 한다. 대화의 질은 시간보다 감정이입하는 이해력에 달려있다.

가. 진료 시작할 때

진료실에 들어오는 환자와 반드시 눈을 맞춘다. 처음에 낯선 감정을 빨리 극복하고, 환자가 환영 받는다는 느낌이 들도록 노력해야 한다. 환자가 의사의 첫 행동부터 관심과 친절이 배어 있다고 느낀다면 이상적인데, 가장 쉬운 방법은 미소를 짓는 것이다. 또한 환자와 대화 초반에는 컴퓨터를 보거나 기록하지 않도록 하고 잠시라도 환자에게 온전히 집중하고 있음을 보여준다. 환자 첫말을 가로막지 않고 끝까지 잘 들어주면 신뢰관계가 형성되고 바른 진단을 할 수 있는 밑거름이 된다.

63) 조안 데스몬드, 래니 R. 코플랜트. 진료시간 3분, 30분처럼 쓰기, 청년의사, 2009.

나. 진료 도중

1) 경 청

사람 사이의 거리는 친밀한 거리(보통 50 cm), 개인적 거리(악수할 정도의 거리), 사회적 거리, 공중의 거리로 나누어지는데, 의사와 환자는 개인적 거리로 90 cm – 1.5 m가 적당하다. 적극적 경청이란 말뿐 아니라 말하지 않은 행간의 의미와 질문 이면의 실제 의도를 파악하는 능력으로서 환자와의 대화에서 가장 중요하다. 적극적 경청을 위해서는 환자 및 보호자와 눈을 마주치면서 대화하면서 관심을 가지고 있음을 보이는 것이 필요하다. 환자 말을 그대로 반복하거나, 더 나아가 정리하고 요약해 자기 언어로 바꿔 말하고, 환자가 경험한 감정을 표현하는 것도 좋은 방법이다.

2) 대화하는 방법

"환자분 입장에서 그렇게 하시는 것이 이해가 갑니다" 등이 지지하는 표현을 사용하며 공감하고 환자를 안심키는 것이 중요하다. 또한 나쁜 소식을 전할 때 "당황스러우시겠지만", "놀랍겠지만" 같은 정서적 지지 발언을 한다. 전문용어 대신 환자가 이해할 수 있는 쉬운 말로 설명하고 쉬운 비유를 사용하는 것이 좋다. 환자와 이야기 도중 의료진에게 이야기하면 대화가 섞여 혼선을 초래할 수 있으므로 조심한다. "사람들은", "우리는"과 같이 다수를 뜻하는 주어 대신 "저는"이라는 1인칭 주어를 사용한다면 책임 소재를 분명히 하게 되어, 환자에게 신뢰감을 줄 수 있다. 또한 환자 의견을 반박할 때는 "그 말씀도 일리가 있습니다." 등의 말로 진정시키고, 이후 "그럼요, 그러나" 같은 표현을 쓴다. 순응도를 높이기 위해 시각적으로 설명하거나 서면 정보를 제공하는 것도 도움이 될 수 있다.

3) 질문하는 방법

"무엇이 불편하십니까?", "증상이 어떠십니까?", "제가 뭘 도와드릴까요" 등의 개방형 질문을 하는 것이 좋다. 압력이 있는 질문인 "오늘은 기분이 훨씬 좋지 않나요?"라는 질문은 사실 더 안 좋아졌다고 느끼는 환자에게 잠재적으로 압력을 행사하고 "조금 좋아진 것 같아요"와 같은 대답을 유도하는데 이런 암시적 질문들은 문제를 해결하는데 적절치 않다. 질문을 할 때는 두 가지 질문을 동시에 하지 않는다.

4) 주의할 점

환자와 대화가 실패하는 이유는 환자의 관심이 아니라 의사의 관심사만 고려되기 때문인 경우가 많다. 그리고 진료실 대화 내용이 밖으로 나가지 않도록 조심하며, 가능한 환자에게 시간적 압박감을 보이지 않도록 한다.

다. 진료 마무리

중요한 정보가 마지막에 나올 수 있기 때문에 대화 마지막에 다른 불편한 게 없는지 물어보아야 한다. 시작 인사도 중요하지만 사별 인사도 중요하다. 말하는 의사는 끝을 알지만 환자는 언제 끝날지 모르기 때문에 의사가 갑자기 돌아서면 감정이 상할 수 있기 때문이다.

통상적인 대화 마무리에는 ① 마무리 발언(대화에서 도달한 것이 무엇인지 분명하게 공유하는 것), ② 건설적 계획(처방 조언 권고 격려, 지시사항과 대책, 예약), ③ 다음 진료일자의 합의가 들어가야 한다. 다음 진료일에 대한 합의는 의사가 자신에게 신경을 쓰고 있고 관심이 있다는 확신을 줄 수 있다. 또한 다음 진료일자를 합의한 후에 부작용, 특별한 증상이 있을 경우 언제든지 오도록 알려주어 보호받고 보살핌 받는다는 느낌을 주면 좋다.

2. 의사소통에서 흔히 저지르는 실수를 인지하고 피한다[64)]

의사소통에서 흔히 저지르는 실수는 다음과 같다. 너무 둔감하고, 적절하지 않은 장소나 시간에 나쁜 소식을 전달하고, 상황과 맞지 않게 유머가 넘치거나 무례하거나 희망이 전혀 없다는 느낌을 전달하고, 예후에 대한 언급 없이 단지 진단만을 말하거나 정신지체, 기대여명 등 원래 주제와 다른 심각한 문제를 통보하고, 준비 없이 중대 사안에 돌입하고, 일부, 예를 들어 부모하고만 이야기하거나 서두르고 있음을 드러내는 것이다. 이와 같은 실수를 피하도록 노력하여야 한다.

가능하면 좋은 표현을 써야 한다. 예를 들어, "~까지 ~기다리셔야 합니다" 보다는 "~하자마자 ~해드리겠습니다"를 "진정하시죠" 보다는 "불편한 마음 이해하겠습니다. 그 문제에 대해 얘기하지요"라고 표현하는 것이 좋다. "이미 설명 해드렸습니다" 대신 "다른 식으로 설명해드리겠습니다"라고 하는 것이 좋으며, "네 또 설명해드리지요" 보다는 "좋습니다. 저도 명확하게 설명해 드리고 싶습니다"라고 표현한다. "그렇게 못 합니다"라고 말하기 보다는 "지금 우리 상황은 ~합니다. 그래서 ~은 어려우나 ~는 할 수 있습니다"라고 말하는 것이 환자와의 원활한 소통에 유리하다.

3. 환자와 의사 간의 신뢰를 잃지 않도록 조심한다

의료진이 서로 다르게 말하면 환자의 신뢰를 얻기 힘들다. 교수, 전공의, 간호사, 의료보조자 등 모든 의료진이 동일한 설명을 하도록 반복 교육이 필요하다.

질병의 증상, 치료방법의 내용과 필요성, 예상되는 위험 등에 관하여 당시 의료수준에 비추어 상당하다고 생각되는 사항을 설명해 환자가 필요성이나 위험성을 충분히 비교해보고 그 의료행위를 받을 것인가의 여부를 선택할 수 있을 정도로 설명한다. 치료과정, 치료의 후유증, 위험성에 관해 설명하고, 특히 흔히 오해하는 점에 대해 강조하고, 현실적인 기

64) 조안 데스몬드, 래니 R.코플랜드, 진료시간 30분, 30분처럼 쓰기, 청년의사, 2009.

대치를 가지도록 한다. 환자에게 설명한 내용은 진료기록지에 기록한다.

지나치게 안심시키지 않는다. 걱정하는 것이 딱해서 “너무 걱정 말라”, “괜찮을 거다”, “별거 아닐 거다”, “간단하다” 등의 이야기를 했다가 나중에 매우 고생할 수 있다. 의사가 “괜찮을테니 너무 걱정하지 말라” 했으나 경과가 나빠져 사망하자, 보호자가 그 말에 꼬투리를 잡아 고소한 경우도 있다. 환자가 지인이나 동료인 경우 특히 조심한다.

4. 나쁜 소식을 전하는 방법을 숙지한다[65)]

나쁜 소식을 전할 경우 과도한 표현은 피한다. 예를 들어 시신경위축을 “시신경이 죽었다”라고 설명하면 매우 낙심하고, “시신경이 가늘어졌다”라고 하면 덜 충격적일 수 있다. 또한 경과를 예언하듯 말하지 않아야 하고, 지나친 동정은 피해야 한다. 나쁜 소식을 전할 때 “일이 이렇게 되어 마음이 아픕니다. 얼마나 슬프십니까? 견딜 수 없는 심정이라는 것 압니다. 이 소식을 인정하고 싶지 않은 기분 압니다” 등의 표현은 해도 좋다. 그러나 “이제 눈의 수명이 다 된 것입니다. 그 동안 눈을 오래 쓰셨으니 그래도 다행입니다. 눈을 살리지 못해서(제가 부족해서) 죄송합니다(살릴 수 있었을지 모른다는 잘못된 생각을 갖게 한다). 그렇게 이성을 잃으시면 안 됩니다. 당신만 괴로운 것은 아니지 않습니까? 어떤 기분인지 다 압니다. 시간이 흐르면 좋아질 겁니다. (아이가 사망한 경우) 아직 젊으시니 아이는 또 낳으면 됩니다. 형제가 있으니 그나마 다행입니다(형제가 몇 명이건 이런 말은 금물). 사람은 누구라도 언젠가는 죽는 법, 어쩔 수 없는 일입니다. 저는 바빠서 이만 실례합니다.”와 같은 말은 해서는 안 된다.

나쁜 소식을 전할 때는 환자 반응에 유의하여야 한다. 아무리 강심장인 사람도 끝까지 물어보는 경우는 극히 적다. 대개 어느 선에서 환자는 묻는 것을 중지하는데 바로 그 선이 환자가 알고자 하는 최고의 정보 수준이다. 의료진은 “그래도 또 다른 치료방법이 있다”는 것을 환자에게 강조하여야 한다. 환자가 불면증, 식욕상실, 악몽, 심장박동 증가, 식은 땀, 호흡곤란 같은 증상을 호소하면, 지난 번 알려준 정보에 놀라서 감당하지 못하는 상황을 시사하며 불안과 우울이 있다는 간접증거이니 정보 제공을 중단한다. 시일이 지나 환자가 불안과 우울에서 벗어난 것이 확인되면 다시 상세한 정보를 제공할 수 있으나, 이런 때라도 먼저 환자가 물어올 때에만 답하는 것이 좋다. 우울 증상이 심각하다면 적절히 정신건강의학과 등에 의뢰하고, 그 사실을 기록하고, 가능하면 추후 확인한다

65) Mehta PN. Communication skills-breaking bad news. Indian Pediatrics 2008;45:839-41.,VandeKieft GK. Breaking bad news. Am Fam Physician. 2001;64:1975-8.

나쁜 소식 전하기에 도움이 되는 연상기호

• ABCDE (The ABCDE Mnemonic for Breaking Bad News)[66)]

– Advance preparation (사전 준비한다.)

따로 만날 수 있는 적당한 시간과 장소를 마련하고 방해받지 않도록 휴대폰 등을 끈다. 임상정보를 확인한 후 미리 연습을 해보고, 적당한 단어와 써서 안 되는 단어나 문장을 생각한다.

Build a therapeutic environment and relationship (치료 환경과 관계를 수립한다.)

환자와 보호자에게 자신을 소개하고 좋지 않은 소식이 있다고 이야기를 시작해서 준비시킨다.

– Communicate well (잘 소통한다.)[67)]

환자나 가족이 이미 알고 있는 것이 무엇인지 확인한다. 솔직하게 그러나 연민을 가지고 대한다. 의학용어를 피한다. 환자가 얼마나 이해했는지 스스로 설명하도록 한다. 질문에 답을 해주며, 필요하면 써주고 설명문을 준다. 요약으로 마친다.

– Deal with patient and family reactions (환자와 가족의 반응을 다룬다.)

환자와 가족의 감정반응을 살피고 반응한다. 공감적 태도를 유지한다.

– Encourage and validate emotions (감정을 격려하고 승인한다.)

소식이 환자에게 의미하는 바를 탐구한다. 환자의 목표에 따라 현실적인 희망을 제시한다.

• SPIKES

– S: 면담 준비(Setting up the interview)

어떠한 검사를 했었다는 것을 말하고 힘들었을 것이라고 공감한다.

"검사 결과에 대해 걱정 많으셨죠?"

– P: 환자평가 (Assessing the patient's perception)

"결과를 말씀드리기 전 자신의 상태에 대해 얼마나 알고 있으세요?"

– I: 참여유도 (Obtaining the patient's Invitation)

환자가 얼마나 알고 싶어하는지 파악한다.

"검사 결과가 생각보다 좋지 않습니다. 어디까지 알려드리면 좋을지요? 오늘은 진단 결과만 알려 드릴까요? 아니면 이후 치료계획까지 알려드릴까요?"

---

66) VandeKieft GK. Breaking bad news. Am Fam Physician. 2001;64:1975–8., Rabow MW, McPhee SJ. Beyond breaking bad news: how to help patients who suffer. West J Med 1999;171:260–3., Tanaka H, Tsukuma H, Masaoka T, Ajiki W, Koyama Y, Kinoshita N,et al. Suicide risk among cancer patients: experience at one medical center in Japan, 1978–1994. Jpn J Cancer Res 1999;90:812–7

67) Baile WF, Buckman R, Lenzi R, Glober G, Beale EA, Kudelka AP. SPIKES–A six–step protocol for delivering bad news: application to the patient with cancer. Oncologists 2000;5:302–11., Choi YS. Breaking bad news. J Korean Acad Fam Med 2005;26:376–7.

- K: 소식전달 (Giving knowledge and information to the patient)

전달 내용(진단, 치료계획, 예후, 도움)을 결정한다.

병에 대한 환자의 인식과 이해 정도에 따라 시작하고 정보를 제공한다.

- E: 감정이입 (Addressing the patient's emotions with empathic responses)

많이 놀라셨죠. 받아들이기 어려우실 겁니다. 누구나 그렇습니다.

- S: 계획수립과 요약 (Strategy and summary)

중요사항 반복, 요약하고 마무리한다.

"다른 의료진, 환자분과 상의하여 최선의 치료방법을 결정하도록 하겠습니다. 가족에게 결과를 말씀하시기 어렵다면 제가 설명해 드리겠습니다. 다른 궁금하신 점 있으신지요?"

• SHARE[68)]

일본 국립암센터에서 만든 모델로, 암환자에서 이상적인 의사소통이다.

- S: 지지적 환경조성(Supportive environment)

신뢰 관계를 맺는다.

환자를 정중하게 대한다.

말할 때는 환자 쪽을 향하고, 눈이나 얼굴을 보며 대화한다.

첫 대면에서 바로 나쁜 소식을 전하는 것은 가급적 피한다.

서로 친한 관계가 아니라면 환자의 손, 어깨 등에 신체접촉을 하지 않는다.

분위기를 조성한다.

나쁜 소식을 전하는 면담은 프라이버시가 보장되는 장소에서 한다.

의사와 환자가 앉는 위치에 대해서 고려한다.

충분한 시간을 할애한다.

다른 의료인이 함께 자리에 있어야 될 경우에는 그 이유에 대해서 설명하고 환자 동의를 구한다.

나쁜 소식을 함께 전달 받을 사람에 대해 환자의 의사를 물어본다.

- H: 나쁜 소식 전달방법(How to deliver the bad news)

성의 있게 대한다.

이해하기 쉽게 설명한다.

- A: 부가정보(Additional information)

환자 의사를 파악한다.

의학 정보를 제공한다.

사회적 정보를 제공한다. 이용할 수 있는 서비스, 의료비 지원, 가정간호, 사회복지 서

68) Hong YS, Yeom CH, Lee KS. Loss and grief in Asian culture. Korean J Hosp Palliat Care 1998;1:1-5., Maiko Fujimori, Yosuke Uchitomi. Communication with cancer patients. Cancer therapy. 2008;7:44-7.

비스, 심리상담 등에 관한 정보를 제공한다.
환자가 원하는 정보를 제공한다.
환자가 대화하고 싶은 주제를 선택한다.
– R: 안정시킴(Reassurance) & E: 정서적 지지(Emotional support)
환자와 가족의 심정에 대해서 배려하고 공감(상냥함, 배려)을 보인다.

5. 화난 환자나 가족을 달래야 한다

환자나 보호자가 불만을 말하면 일단 앉히고, 그들이 앉으면, 의사도 앉는다. 보호자가 서 있길 원하면 의사도 일어서는데 천천히 일어난다. 느닷없이 일어서면 마치 보호자에게 맞서는 듯한 인상을 줄 수 있으므로 의자를 먼저 뒤로 뺀 다음 천천히 몸을 일으킨다. 환자와 가족의 감정을 알아주어야 한다. 감정 문제를 피해서는 아무 것도 해결할 수 없기 때문이다. "~때문에 화나신 것을 알겠습니다", "어머니께 ~가 얼마나 중요한지 저도 알고 있습니다"라는 표현으로 그들에게 공감한다는 것을 보여주도록 한다. 또한 의사도 동의할 수 있는 것을 찾으려고 노력하는 모습을 보여야 한다. "저도 전적으로 보호자분과 의견이 같습니다. ~가 정말 중요합니다"라고 말한 후 보호자에게 할 말을 한다.

다음 환자는 조심해야 한다.[69]

① 의료소송 내지 의료분쟁 경험자: 병원에 민원을 냈던 사람은 이후 또 민원을 내거나 소송을 제기할 수도 있다. 다른 병원에서의 분쟁을 이야기하는 사람은 우리 병원에서도 분쟁을 낼 가능성이 높다고 할 수 있다.

② 정신질환, 특히 경계형 인격장애

③ 의료관계자: 의사, 간호사, 병원 직원

④ 고위관리, 매스미디어 관계자, 부자, 유명인 등: 예전 A기자 아이가 B대학병원 응급실에서 진료가 지체되어 신문 칼럼에 크게 실리고 해당 전공의가 징계를 받았다.

⑤ 권위의식이 강한 사람: 늘 어디 가나 대접받아야 하고 권위의식이 강한 사람은 병원에서도 대접받길 기대한다.

⑥ 알코올 등 약물중독자, 조직폭력배, 성질이 급한 사람

⑦ 교통사고, 폭력사고 등 사건성이 높은 경우

⑧ 환자의 호소와 소견이 일치하지 않은 경우(아동학대, 아내학대, 노인학대)

⑨ 초고령자나 3개월 이하의 영아: 힘든 일은 안 시키려는 가족에게 과보호되던 아동에

69) Hiroyuki Hayashi(지은이), 송형곤, 심민섭(옮긴이). 응급실... 이제 두렵지 않다!! 1 응급진료의 기본편. 대한의학서적, 2008.

게 약간이라도 힘든 치료는 성공하기 어려운 경우가 많다.

6. 진료기록을 철저히 한다

가. 의료법에서는 진료기록을 상세히 기록할 것을 요구한다. 상세한 기록이란 추적 관찰시 이전 상태에 대한 정보를 얻을 수 있고, 제3자가 봤을 때 의료행위의 적정성을 판단할 수 있을 정도의 기록을 의미한다. 환자와 의사 사이는 진료계약관계이므로, 진료기록부는 법률관계문서가 되어 환자가 문서를 신청할 경우 문서소지자인 의사는 문서제출에 응해야 한다. 진료기록부는 특별한 사정이 없는 한 그러한 사실이 존재한다는 추정력이 생긴다. 따라서 기재가 누락되면 그러한 사실이 없었다고 추정할 수도 있을 것이며, 경우에 따라서는 의사의 부주의에 대한 정황근거가 될 수도 있다. 즉 기재가 없다면 진찰을 하지 않은 것이나 마찬가지라는 사실을 명심한다. 만일 A질병을 의심해서 진찰을 했는데도 이를 뒷받침하는 증거가 없더라도 그것까지 진료기록에 확실히 기재한다.

나. 중요한 동의는 서면으로 하고 환자 서명을 받는다. 설명하고 동의서를 작성할 때 밑줄이나 도형, 그림 등을 충분히 활용하면 도움이 된다. 일반적인 동의는 '평균적인 의사'라면 '환자가 이 정도는 알아야 한다'고 판단할 내용을 기준으로 삼는다. 진료기록에는 환자진료 내용은 물론이고 진단에 이르기까지의 생각한 과정을 그 이유와 함께 기재한다. 감별한 질환명도 기재한다. 환자에게 설명한 내용, 조언, 내원 약속 이행 여부, 협조도, 시술 시 후유증이나 부작용 등 최초 진료에서부터 치료 종료까지의 모든 관련 내용이 포함되면 좋다. 환자가 내원하지 않아 전화로 연락했다면 언제 누가 어떤 내용으로 연락하였고 그 내용의 결과는 어떠하였는지를 기록하는 것이 바람직하다. 환자 권고사항을 확인하고 검사를 지시했다면 그 결과를 확인하고 기록한다. 나빠지면 언제라도 병원에 오라는 말을 써두고, 언제 병원을 찾으면 좋을지 증상을 기재한 핸드아웃(인쇄물)을 주고 그걸 주었다는 것을 진료기록에 기재한다. 핸드아웃을 건넬 때는 종이만 건네지 말고 그 내용을 함께 읽는다.

다. 환자의 의견을 기재하고 의사의 치료방침과 특히 환자의 정신상태가 정상인지 아닌지에 대해서도 기재한다. 환자에게 일어날지 모르는 불이익과 위험에 관하여 환자가 충분히 이해했다는 취지를 기재한다. 치료에 반하여 비현실적인 의학적 기대가 있다면 그 내용을 기재하고 그 자리에서 현실적 기대 및 결과를 명확히 한다. 반드시 마지막에 환자에게 질문한다. 시술 후 사후관리를 구체적으로 기재한다. 언제 어떻게 관리해야 하는지, 구체적으로 어떻게 악화되면 병원을 찾아야 하는지를 지시한 후 정확하게 기재한다. 진료기록은 후에 읽혀진다는 생각으로 기재하며 읽을 수 있는 문자로 기재하여야 한다. 읽을 수 없는 진료기록은 법적으로 의미가 없다. 감정적 기재는 피하고 환자의 언동을 그대로 기재한다. 환자의 인격을 중상하는 내용을 기재해서는 안 된다.

라. 타과와 협진하는 경우 타과에 협진을 부탁했다는 것과 타과 의사를 부른 시간을 의무기록지에 기재하고, 이에 대해 환자나 가족에게 설명하고 기록한다. 의사 책임이 타과 의뢰한 시점에서 끝나는 것이 아니며, 다음 의사에게 인계할 때까지는 처음 진찰한 의사에게 책임이 있다. 다른 전문가에게 자문을 의뢰했다면 자문결과를 꼭 확인해 환자가 지시를 따르지 않았다면 그 이유를 살피고 진료기록에 남겨둔다.

마. 잘 기록한 진료기록은 환자가 그걸 들고 변호사 사무실을 갔을 때 승산이 낮다고 판단되어 사건을 수임하지 않도록 하는 강력한 예방책이 될 수 있다. 또 다른 의사가 법정에서 나를 방어하기 위해 진술할 수 있는 귀중한 자료가 된다. 즉 진료기록은 의사를 보호해주는 가장 강력한 무기일 수도, 소송에 패하는 치명적인 약점이 될 수도 있다는 점을 명심한다.

7. 약물을 처방할 때 조심한다

약물유해반응(adverse drug reaction, ADR)의 빈도는 입원환자의 0.3-7%이며, 입원기간 중 1회 이상 ADR을 경험하는 빈도는 약 15-20%에 이른다. ADR은 항생제, 항암제, 항응고제, 심혈관계 치료제 등의 순서로 유발되며, 그 결과 골수기능 억제, 출혈, 중추신경계 기능손상 등을 초래한다. 노인, 영아, 특히 신장 또는 간장 질환, 복합적 수술을 받은 환자에서 빈발한다. 드문 부작용이라도 중대한 결과를 초래할 수 있다면 반드시 설명하고 추후 확인한다. 메티마졸아마이드로를 복용하고 스티븐존슨증후군이 생겼고, 이후 환자가 자살했는데 설명의무 위반으로 1,600만원의 위자료를 물어준 예가 있었다. 아세타졸아마이드 6알 복용 후 저칼륨혈증으로 사망한 예에서 환자가 힘이 없다고 호소하여 안과의사가 복용을 중단시키고, 안과 직원을 동반하여 인근 내과에서 진료받고, 혈중 칼륨치를 다음 날 확인하고, 환자에게 2번 전화하여 빨리 병원에 가서 칼륨을 보충하도록 권하고, 응급실로 전화해서 상황을 설명하고 부탁했으나 도착 직후 사망하였다. 재판부는 의사가 직접 방문하거나 구급차를 부르지 않아 의무를 해태한 과실이 있다고 대략 1억원 정도를 배상하도록 하였다. 이는 안과의사가 안과 직원을 동반하여 인근 내과에서 진료받도록 하고, 혈중 칼륨치를 다음 날 확인하고, 환자에게 2번 통보하여 병원에 가도록 권하고, 인근 대학병원 응급실에 고지한 점 등을 고려하여 책임률을 30%로 제한한 금액이다.

약물 상호작용이 문제될 수 있음을 유의한다. ADR의 발생에 약물 종류뿐 아니라, 함께 사용된 약물 수와 약물 상호작용이 중요하다. ADR의 약 6.5-23.0%는 약물 상호작용에 기인되므로 나이, 체중뿐 아니라 어떤 약을 먹는지, 어떤 기존 질환을 가졌는지 확인해야 한다. Quinolone계 항생제와 Non-steroidal anti-inflammatory drugs(NSAIDs)를 같이 쓰면 경련이 생길 수 있고, 칼슘길항제를 쓰던 환자에서 β-blocker를 주면 서맥, 저혈압이 생겨 위험할 수 있다. 상호작용을 일으키기 쉬운 대표적 약제로는 NSAIDs, 항생제, warfarin, digitalis, theophylline, benzodiazepine, 항알러지제, 항진균제, cisapride, cimetidine, selective serotonin reuptake inhibitor(SSRI) 등이 있다.

고령자에서는 다른 진료기관에 다니면서 많은 약제를 복용하고 일반의약품이나 한약, 생약을 복용하는 경우가 많기 때문에 약물 부작용이나 상호작용을 받기 쉽다. 무슨 약을 복용하는지 물으면 의사가 처방한 약만 대답하는 경우가 많으므로 반드시 일반 의약품, 건강보조약제, 한약, 비타민 등 복용하는 약 모두를 포함해 물어봐야 한다. 근육량 저하, 상대적 지방 증가, 수분량 감소, 단백질량 감소로 인해 약제 분포가 달라진다. 지용성 약제(diazepam, lidocaine, phenytoin)는 널리 분포하며 반감기가 연장되고, 수용성 약제(digoxin, theophylline, 각종 항생제)는 분포하는 범위가 좁아져 혈중농도가 급격하게 상승하기 쉬우므로 사용량은 적정량보다 적게 하는 게 좋다. 또한 고령자는 많은 경우 만성 기저질환을 가지고 있으며 생리기능이 저하되어 있다(치매, 시력저하, 청력저하, 근육량 감소, 상대적 지방 증가, 신장기능 저하, 간기능 저하 등). 단백질이 감소된 고령자에서는 단백질에 고도로 결합하는 약제(sulfonylurea, phenytoin)가 단백질에 결합하지 않는 자유 상태로 존재하는 양이 많아져 혈중농도가 정상이라도 중독될 수 있다. 자율신경조절기능도 저하되어 기립성 저혈압이 쉽게 발생한다. 신기능도 저하되어 사구체 여과량은 80세가 되면 30세에 비해 50%나 저하된다. 신 혈류는 레닌-안지오텐신에 더 의존하게 된다. Angiotensin-converting enzyme(ACE) inhibitor나 NSAIDs는 고령자에서 특히 조심해야 할 약제이다. 고령자는 소화력이 많이 떨어져 자주 위장약을 받아 복용하고 있다.

외견상 이름이 비슷한 약제가 많으므로 주의하여 처방해야 한다. NSAIDs를 처방할 때는 십이지장궤양이나 신장장애 기왕력을 확인한다. 미국에서는 NSAIDs 부작용에 의한 위장장애로 적어도 연간 10만 7천명의 환자가 입원하고, 16,500명이 사망한다. NSAIDs의 소화기궤양 위험도는 십이지장궤양 기왕력이 있는 경우 5-6배, 60세 이상 5-6배, NSAIDs를 2배로 투여한 경우 10배, steroid 복용자는 4-5배, warfarin 복용 중 10-15배 상승한다. NSAIDs의 소화기 합병증으로 입원한 대부분(81%)에서 전구증상(warning sign)이 없고, 10%가 사망한다.

8. 설명의무 위반을 예방하기 위한 동의서 작성

환자에게 얼마만큼 설명해야 충분히 설명했다고 말할 수 있는지 논란이 된다. 설명의무에 대한 판례를 살펴보면 원심에서 설명의무를 위반했다며 위자료 지급을 명했던 사건이 대법원에서 뒤집히는 경우는 물론 재판부마다 비슷한 사건의 판결이 엇갈린다. 아직 설명의무 위반 항목에 대한 명확한 기준은 없는 상황이다.

대법원 판례를 살펴보면, 일반적으로 의사는 환자에게 수술하는 과정 및 그 후에 나쁜 결과가 발생할 개연성이 있는 의료행위를 하는 경우에 있어서는, 응급환자의 경우나 그 밖의 특별한 사정이 없는 한 진료계약 상의 의무로서 또는 수술에 대한 승낙을 얻기 위한 전제로서 당해 환자나 법정대리인에게 질병의 증상, 치료 방법의 내용 및 필요성, 발생이 예상되는 위험 등에 관하여 당시의 의료수준에 비추어 상당하다고 생각되는 사항을 설명하여 당해 환자가 그 필요성이나 위험성을 충분히 비교해 보고 그 의료행위를 받을 것인가의 여부를 선택할 수 있도록 하여야 할 의무가 있다고 판단한다. 그러나 설명의무를 위반한 채 수술이나 투약을 하여 환자에게 사망 등의 중대한 결과가 발생한 경우에 환자 측에서 위자료만을 청구하는 경우에는 설명결여 내지 부족으로 선택의 기회를 상실하였다는 사실만을 입증하면 되나, 전 손해의 배상을 구하는 경우에는 그 설명의무의 위반이 구체적 치료과정에서 요구되는 의사의 주의의무의 위반과 동일시할 정도의 것이어야 하고 그러한 위반행위와 환자의 사망과의 사이에 인과관계가 존재함이 입증되어야 한다.

의료인이 어떻게 설명해야 충분한가를 보여주는 판례를 살펴보면 아래와 같다.

가. 충실하게 설명했나?

동의서에 수술 후 근시나 난시가 남을 수 있고, 각막내피 세포 수의 감소 및 색소녹내장 발생 가능성, 수술 후 약간의 번짐과 눈부심 현상, 안압상승에 의한 두통과 안통, 망막관련 질환, 안내염, 백내장 및 녹내장의 발병 가능성 등이 언급되어 있으나 황반원공에 관하여 아무런 기재가 없어, 설명했다고 인정할 증거가 없다고 판단하였다.

나. 수술동의서 서명을 받으면 설명이 인정되는가?

수술동의서를 받았다고 하더라도 환자가 그 내용을 충분히 이해하지 못한 상황에서 사인했다면 설명의무를 다하지 않은 것으로 본다. 서울중앙지방법원은 2014년 성형수술 후 부작용이 생긴 환자가 의원을 상대로 제기한 손해배상 소송에서 “수술동의서 서명만으로는 설명을 제대로 했다고 보기 어렵다”며 설명의무 위반으로 위자료 750만원을 배상하라고 판시했다. 수술 상 과실이 없더라도, 이미 작성돼 있는 수술동의서에 서명을 받은 정도로는 설명을 제대로 했다고 보기 어려워 위자료를 지급해야 한다는 판단이다.

다. 수술 승낙이 의사의 부정확한 설명 때문이었나?

1993년 대법원 판례에서는 의사가 자신의 시진, 촉진 결과 등을 과신한 나머지 정밀한 진단방법을 실시하지 않은 채 병명을 오진하고 정확한 내용을 설명해주지 않고 환자로부터 수술 승낙을 받았다면 유효한 승낙이라고 볼 수 없다고 판단하였다. 이와 대조되는 사례로, 2013년 서울중앙지방법원 제18민사부는 “의사의 설명의무는 침습행위에 관한 사항이니 환자의 자기결정권이 문제되는 사항일 경우에만 요구된다”며 환자 상태가 악화돼 사망할 수 있다는 얘기를 너무 늦게 해줬다는 환자 가족들의 주장을 기각했다.

라. 설명의무 위반행위 자체가 수술 후 합병증과 인과 관계가 있는가?

2011년 서울중앙지방법원 제15민사부의 안과 판례를 보면 피고의 설명의무 위반이 구체적 치료과정에서 요구되는 의사의 주의의무 위반과 동일시할 정도의 것이라거나, 설명의무 위반행위와 원고의 수술 후 합병증 발생 사이에 상당인과관계가 있다고 보기는 어렵다고 판단하여 재산상 손해배상의 의무는 부정하였고 설명의무 위반으로 인한 정신적 손해만 배상하도록 하였다.

마. 수술 이후 후유증을 설명했나?

2011년 서울중앙지방법원은 의료행위에 따르는 후유증이나 부작용 등의 발생 가능성이 낮다는 사정만으로 면제될 수 없으며, 그 후유증이나 부작용이 치료행위에 전형적으로 발생하는 위험이거나 회복할 수 없는 중대한 것인 경우에는 발생 가능성의 희소성에도 불구하고 설명의 대상이 된다고 하여 수술 후 지연성 맥락막상강출혈에 대해 설명하지 않은 의사에 대해 설명의무 위반으로 인한 정신석 손해에 책임이 있다고 판단하였다.

바. 수술 전 설명해야 할 후유증 및 부작용의 범위는 어디까지인가?

통상적 부작용이 아니라면 의료진이 이를 설명하지 않았더라도 의무를 위반한 것으로 볼 수 없다. 1999년 대법원 판례에 따르면 시신경과는 무관한 안검 부위 수술 후 시신경염 또는 허혈시신경병증 등으로 인한 시력상실은 통상적으로 예견되는 후유증이 아니고, 위 원고의 시력상실은 의사들로서도 사전에 이를 미리 예측할 수 없었으므로 수술 전 시신경염에 관한 설명을 하지 않은 것이 설명의무 위반에 해당되지 않는다고 설명하였다.

이처럼 주의의무 및 설명의무 위반으로 의사의 책임이 인정돼 정신적 손해에 대한 배상 결정이 내려지는 경우가 아주 많다. 의사가 해야 할 설명의 범위는 매우 넓다. 우선 환자의 질병 유무와 진단 결과를 설명해야 하고, 확신을 갖지 못하는 불확실한 진단도 알려줘야 한다. 방치할 경우의 상태, 치료 방법과 수단 등 질병의 경과에 대해서도 설명해야 한다. 이때 성공 가능성, 실패할 경우의 대안, 수술이 도중에 확대될 가능성, 부작용, 후유증도 미리 말해줘야 한다.

설명을 함에 있어서도 의료분쟁이 의학적 지식이 없는 환자의 오해에서 비롯될 수 있기 때문에 환자가 알아들을 수 있도록 쉽게 설명하는 것이 바람직하다. 실제로 ‘의사의 설명은 환자의 교육 정도와 연령, 심신상태 등의 사정에 맞춰 구체적인 정보와 함께 이뤄져야 한다'는 대법원 판례도 있다. 과거에는 수술동의서를 받지 않아 의료진이 설명의무 위반으로 위자료를 지급하는 경우가 많았지만 최근에는 대형병원들이 설명의무를 지키기 위해 과잉 설명을 하는 경우도 발생하고 있다. 설명의무의 기준이 명확하지 않기 때문에 책임을 면하기 위해 환자가 몰라도 되는 부분까지 설명하게 된다. 아직까지 애매한 설명의무 위반에 대한 구체적인 기준이 정립될 필요가 있다.

제3부 의사가 궁금한 의료분쟁과 관련된 질문과 답변

의과대학에서 의료현장에 나올 경우 필요한 지식과는 다소 거리가 먼 법률지식을 국가시험 합격용으로 가르치기 때문에 법률교육이 절실히 필요하다. 이러한 필요성을 인식하여 주변 의사들로부터 자주 듣는 질문에 대하여 간단히 답변을 하는 것으로 기초적 지식을 전하고자 한다.

01 환자에게 설명했는데 들은 적이 없다고 우기면 어떻게 하나요?

설명의무의 대상이 되는지 여부와 관련하여, 대법원은 “의사의 설명은 모든 의료과정 전반을 대상으로 하는 것이 아니라 수술 등 침습(侵襲)을 과하는 과정 및 그 후에 나쁜 결과 발생의 개연성이 있는 의료행위를 하는 경우 또는 사망 등의 중대한 결과 발생이 예측되는 의료행위를 하는 경우 등과 같이 환자에게 자기결정에 의한 선택이 요구되는 경우만을 대상으로 하여야 할 것이고, 따라서 환자에게 발생한 중대한 결과가 의사의 침습행위로 인한 것이 아니거나 또는 환자의 자기결정권이 문제되지 않는 사항에 관한 것은 위자료 지급대상으로서의 설명의무 위반이 문제될 여지는 없다고 봄이 상당할 것이다”[1]라고 판시하고 있다.

따라서 모든 의료과정 전반이 설명의무의 대상이 되지는 아니하나, ‘수술 등 침습(侵襲)을 과하는 과정 및 그 후에 나쁜 결과 발생의 개연성이 있는 의료행위를 하는 경우 또는 사망 등의 중대한 결과 발생이 예측되는 의료행위를 하는 경우 등과 같이 환자에게 자기결정에 의한 선택이 요구되는 경우’에는 실제 설명의무를 이행하여야 한다. 나아가 설명의무의 대상이 되는 의료행위에 대하여는 수술동의서나 진료기록부 등에 그 설명 내용을 기재하여야 한다. 그렇지 않을 경우 환자가 설명의무를 이행하지 않았다는 주장에 대해 의사는 민사상 입증할 수 없는 경우가 빈번히 발생한다. 다시 말해 실제 구두상으로 설명해 주었다고 하더라도, 이를 입증할 수 없어 입증책임의 일환으로 의료기관이 민사상 책임질 수 있다.

02 동의서가 필요한 시술 혹은 치료인지 정하는 기준이 있나요?

대법원은 “의사의 환자에 대한 설명의무가 소론과 같이 수술 시에만 한하지 않고, 검사, 진단, 치료 등 진료의 모든 단계에서 각각 발생한다 하더라도 위 설명의무 위반에 대하여 의사에게 위자료 등의 지급의무를 부담시키는 것은 의사가 환자에게 제대로 설명하지 않은 채 수술 등을 시행하여 환자에게 예기치 못한 중대한 결과가 발생하였을 경우에 의사가 그 행위에 앞서 환자에게 질병의 증상, 치료나 진단방법의 내용 및 필요성과 그로 인하여 발생이 예상되는 위험성 등을 설명하여 주었더라면 환자가 스스로 자기결정권을 행사하여 그 의료행위를 받을 것인지 여부를 선택함으로써 중대한 결과의 발생을 회피할 수 있었음에도 불구하고, 의사가 위 설명을 하지 않아서 그 기회를 상실하게 된 데에 따른 정신적 고통을 위자하는 것이므로, 이러한 의미에서의 의사의 설명은 모든 의료과정 전반을 대상으로 하는

1) 대법원 1995. 4. 25. 선고 94다27151 판결.

것이 아니라 수술 등 침습(侵襲)을 과하는 과정 및 그 후에 나쁜 결과 발생의 개연성이 있는 의료행위를 하는 경우 또는 사망 등의 중대한 결과 발생이 예측되는 의료행위를 하는 경우 등과 같이 환자에게 자기결정에 의한 선택이 요구되는 경우만을 대상으로 하여야 할 것이고, 따라서 환자에게 발생한 중대한 결과가 의사의 침습행위로 인한 것이 아니거나 또는 환자의 자기결정권이 문제되지 않는 사항에 관한 것은 위자료 지급대상으로서의 설명의무 위반이 문제될 여지는 없다고 봄이 상당할 것이다"[2]라고 판시하였다.

"환자에게 발생한 중대한 결과가 투약으로 인한 것이 아니거나 또는 환자 스스로의 결정이 관련되지 않는 사항에 관한 것일 때에는 설명의무 위반이 문제되지 않는다"[3]라고 판시하고 있다.

따라서 설명의무와 관련하여 동의서 작성은 '모든 의료과정 전반을 대상으로 하는 것이 아니라 수술 등 침습(侵襲)을 과하는 과정 및 그 후에 나쁜 결과 발생의 개연성이 있는 의료행위를 하는 경우 또는 사망 등의 중대한 결과발생이 예측되는 의료행위를 하는 경우 등과 같이 환자에게 자기결정에 의한 선택이 요구되는 경우'를 대상으로 하는 것으로 족하다고 할 것이다. 다만, 추후 분쟁의 소지를 줄이기 위해서 동의서뿐 아니라 진료기록부 등에 경과과정 및 설명의무 이행 사항을 명시하는 것이 바람직할 것이다.

03 자세한 그림과 설명이 있는 동의서에 서명을 받으면 안전할까요?

'환자동의서' 또는 '수술동의서' 등의 동의서는 의료법에서 규정하는 서류가 아니다. 이는 그 표준약관을 공정거래위원회에서 마련하고 있는 등, 시술 부작용 등에 있어 의료인의 형사상 업무상 과실치사상죄의 위법성 조각 여부 또는 민사상 손해배상책임 완화 · 면제 여부 등을 담보하는데 중요한 증거로서 사용되는 것으로, 의료인이 환자에게 치료과정에 대한 설명의무를 충실히 이행한 것인지 증빙하는 목적으로 작성 · 보관된다.

따라서 자세한 그림과 설명이 있는 동의서의 경우 시술 부작용 등과 관련하여 민 · 형사상 책임 완화 · 면제 등을 담보할 가능성이 높을 것으로 생각된다. 그러나 유의할 점은 법원에서는 동의서를 설명의무 이행의 증거로 완전히 받아들이지 않는 경우가 많다는 것이다. 즉 설명서나 동의서는 환자나 그 보호자에 대한 설명이나 동의가 있었다는 점에 대한 부수적인 자료가 될 수 있을 뿐, 서류의 존재 및 해당 서류에 환자나 그 보호자의 서명이 있었다는 사실이 설명의무 이행을 입증하는 것은 아니라는 점을 명심해야 한다. 판례도 "부동문자로 인쇄된 수술승인서 용지에 서명 · 날인한 사실만으로는, 환자에 대한 수술 및 그 준

2) 대법원 1995. 4. 25. 선고 94다27151 판결.
3) 대법원 2002. 5. 28. 선고 2000다46511 판결.

비로서의 마취를 함에 있어서 병원의 의료팀이나 마취담당의사가 환자나 그 가족에게 수술, 특히 전신마취가 초래할 수 있는 위험성이나 부작용에 대하여 설명의무를 다하였다고 볼 수 없다"[4]고 판시한 이후, 같은 입장을 견지하고 있다. 이는 보험계약을 체결할 때 빽빽한 약관을 제대로 읽어보지 않고 서명하는 보험가입자가 많은 사실에서 비롯되어 중요한 사항을 설명하지 않은 경우 약관조항에 포함되어 있었다 하더라도 약관에 포함되지 않는다는 판례의 태도에서 비롯된 것이라 할 수 있다. 따라서 실무적으로는 **중요한 사항에 대하여 밑줄을 긋거나, 설명을 위한 그림을 그리거나 일부 중요한 내용에 대해서는 수기(手記)를 함으로써 환자나 보호자가 서명한 설명서나 동의서가 설명의무를 이행한 것에 대한 증명력을 가지도록** 하고 있다.

04 수술 결과에 만족하지 않는 환자가 보상해달라는데 적절한 보상수준을 어떻게 정하나요?

대법원은 "의사가 환자에게 부담하는 진료채무는 질병의 치유와 같은 결과를 반드시 달성해야 할 결과채무가 아니라 환자의 치유를 위하여 선량한 관리자의 주의의무를 가지고 현재의 의학수준에 비추어 필요하고 적절한 진료조치를 다해야 할 채무 이른바 수단채무라고 보아야 하므로 진료의 결과를 가지고 바로 진료채무불이행사실을 추정할 수는 없으며 이러한 이치는 진료를 위한 검사행위에 있어서도 마찬가지라고 할 것이다"[5]라고 판시하였다. 따라서 진료의 결과만을 가지고 의사에게 진료채무불이행사실이 추정되지 않으므로, 손해배상책임이 바로 발생한다고 보기는 어렵다.

한편 성형시술과 관련하여 하급심 판결은 "성형수술은 일반적인 질병 치료와 달리 의사와 환자 사이에 성립된 계약의 내용이 위임계약을 넘어 도급계약적인 성격을 가진다"며 "2차에 걸친 수술을 한 후에도 수술 전보다 콧등의 휘어진 정도가 더 나빠지는 등 성형수술의 목적을 달성하지 못했으므로 환자는 진료비를 지급할 의무가 없다"[6]고 밝히고 있다. 일반적인 질병치료는 반드시 결과를 달성해야 하는 결과채무가 아니라 적절한 진료조치를 다했으면 완성되는 수단채무로서 진료의 결과만을 가지고 의사에게 책임이 있다고 보기 어렵지만, 성형수술은 다르게 보고 있다는 취지의 판결이다. 즉, 성형수술계약은 치료 목적의 일반 의료계약이 '위임'의 성격이 강한 것과는 달리 '도급'계약으로 봐야 한다는 취지로서, 성형수술의 경우 당초 의도한 목적을 달성하지 못했다면 수술비를 지급하지 않아도 될 것으로 사료된다. 따라서 의료과실 유무와는 별개로 오로지 목적했던 수술에 불만족할 경우 수술비

4) 대법원 1994. 11. 25. 선고 94다35671 판결.
5) 대법원 1988. 12. 13. 선고 85다카1491 판결.
6) 서울중앙지방법원 2014. 12. 5. 선고 2013가소865646 판결.

면제 정도는 고려해 볼 수 있을 것으로 보인다. 다만, 의료과실이 없는 상황에서 수술비 지급을 면제해준다고 할 경우, 추후 의료과실을 인정한 것처럼 보일 수 있는 문제가 발생할 수 있으므로, 최종적인 손해배상책임의 여부 및 범위는 명확한 사실관계 및 정황을 바탕으로 이루어져야 할 것이다.

05 환자가 진료실에서 녹음을 하는데 제지할 수 있나요?

통신비밀보호법 제3조 및 제14조에 따르면, 누구든지 공개되지 않은 타인 간의 대화를 녹음하거나 전자장치 또는 기계적 수단을 이용하여 청취할 수 없다. 다만, 위 규정은 타인 간의 대화의 녹음을 금지하고 있으므로, 대화자 사이의 녹음에 대해서는 문제되지 않는다.

따라서 대화자인 의사와 환자 사이에서 환자가 녹음하는 것은 진료실 내라고 하더라도, 명시적으로 금지되지는 않는다. 다만, 진료실 내의 의사와 간호사의 대화, 의료진 사이의 대화는 '공개되지 않은 타인 간의 대화'로서 환자가 녹음할 수 없다. 한편, 환자의 진료실 내에 녹음행위가 의료진의 진료행위를 방해할 정도에 이른다면, 업무방해죄 혹은 퇴거불응죄로 문제 삼을 수 있을 것으로 사료된다.

06 진료에 비협조적이고 의료진과 지속적으로 갈등을 만드는 환자에 대해 진료를 거부할 수 있나요?

의료법 제15조 제1항에서는 '의료인은 진료나 조산 요청을 받으면 정당한 사유 없이 거부하지 못한다'고 규정하고 있으며, 이를 어길 시 해당 의료인은 행정처분으로서 1개월의 자격정지, 형사처벌로서 1년 이하의 징역 또는 500만원 이하의 벌금에 처해질 수 있다. 일반적으로 '진료거부'라 함은 의료기관 또는 의료인이 환자를 진료하기에 충분한 시설과 인력 등을 갖추고 있음에도 불구하고 환자의 진료요구에 응하지 않는 행위를 뜻한다. 또한 위 '진료거부의 정당한 사유'라 함은 다음과 같은 명백한 이유가 있는 상황을 뜻한다.

진료거부의 정당한 사유 예시

- 의사가 부재 중이거나 신병으로 인하여 진료를 행할 수 없는 상황인 경우
- 병상, 의료인력, 의약품, 치료재료 등 시설 및 인력 등이 부족하여 새로운 환자를 받아들일 수 없는 경우
- 의원 또는 외래진료실에서 예약환자 진료 일정 때문에 당일 방문 환자에게 타 의료기관 이용을 권유할 수밖에 없는 경우

- 의사가 타 전문과목 영역 또는 고 난이도의 진료를 수행할 전문지식 또는 경험이 부족한 경우
- 타 의료인이 환자에게 기 시행한 치료(투약, 시술, 수술 등) 사항을 명확히 알 수 없는 등 의학적 특수성 등으로 인해 새로운 치료가 어려운 경우
- 환자가 의료인의 치료방침에 따를 수 없음을 천명하여 특정 치료의 수행이 불가하거나, 환자가 의료인으로서의 양심과 전문지식에 반하는 치료방법을 의료인에게 요구하는 경우
- 환자 또는 보호자 등이 해당 의료인에 대하여 모욕죄, 명예훼손죄, 폭행죄, 업무방해죄에 해당될 수 있는 상황을 형성하여 의료인이 정상적인 의료행위를 행할 수 없도록 한 경우
- 더 이상의 입원치료가 불필요함 또는 대학병원급 의료기관에서의 입원치료는 필요치 아니함을 의학적으로 명백히 판단할 수 있는 상황에서, 환자에게 가정요양 또는 요양병원, 1차 의료기관, 요양시설 등의 이용을 충분한 설명과 함께 권유하고 퇴원을 지시하는 경우

따라서 진료에 비협조적이라는 이유만으로는 진료를 거부할 수 없을 것으로 사료되나, 환자 또는 보호자 등이 해당 의료인에 대하여 모욕죄, 명예훼손죄, 폭행죄, 업무방해죄에 해당될 수 있는 상황을 형성하여 의료인이 정상적인 의료행위를 행할 수 없도록 한 경우에는 진료거부의 정당한 사유가 될 수 있을 것이다. 다만, 최종적인 위법 여부의 판단은 명확한 사실관계 및 정황을 바탕으로 이루어져야 할 것이다.

07 응급실에 온 환자를 입원실이 없어서 전원할 때 검진을 하지 않으면 진료거부에 해당하나요?

의료법 제15조 제1항에서는 '의료인은 진료나 조산 요청을 받으면 정당한 사유 없이 거부하지 못한다'고 규정하고 있으며, 이를 어길 시 해당 의료인은 행정처분으로서 1개월의 자격정지, 형사처벌로서 1년 이하의 징역 또는 500만원 이하의 벌금에 처해질 수 있다. 일반적으로 '진료거부'라 함은 의료기관 또는 의료인이 환자를 진료하기에 충분한 시설과 인력 등을 갖추고 있음에도 불구하고 환자의 진료 요구에 응하지 않는 행위를 뜻하며, 위 '진료거부의 정당한 사유'라 함은 다음과 같은 명백한 이유가 있는 상황을 뜻한다.

진료거부의 정당한 사유 예시

- 의사가 부재 중이거나 신병으로 인하여 진료를 행할 수 없는 상황인 경우
- 병상, 의료인력, 의약품, 치료재료 등 시설 및 인력 등이 부족하여 새로운 환자를 받아들일 수 없는 경우
- 의원 또는 외래진료실에서 예약환자 진료 일정 때문에 당일 방문 환자에게 타 의료기관 이용을 권유할 수밖에 없는 경우
- 의사가 타 전문과목 영역 또는 고 난이도의 진료를 수행할 전문지식 또는 경험이 부족한 경우
- 타 의료인이 환자에게 기 시행한 치료(투약, 시술, 수술 등) 사항을 명확히 알 수 없는 등 의학적 특수성 등으로 인해 새로운 치료가 어려운 경우
- 환자가 의료인의 치료방침에 따를 수 없음을 천명하여 특정 치료의 수행이 불가하거나, 환자가 의료인으로서의 양심과 전문지식에 반하는 치료방법을 의료인에게 요구하는 경우
- 환자 또는 보호자 등이 해당 의료인에 대하여 모욕죄, 명예훼손죄, 폭행죄, 업무방해죄에 해당될 수 있는 상황을 형성하여 의료인이 정상적인 의료행위를 행할 수 없도록 한 경우
- 더 이상의 입원치료가 불필요함 또는 대학병원급 의료기관에서의 입원치료는 필요치 아니함을 의학적으로 명백히 판단할 수 있는 상황에서, 환자에게 가정요양 또는 요양병원, 1차 의료기관, 요양시설 등의 이용을 충분한 설명과 함께 권유하고 퇴원을 지시하는 경우

따라서 입원실이 없어 전원할 때 검진을 하지 않았다는 사유는 진료거부의 정당한 사유가 될 수 있을 것으로 사료되나 최종적인 위법 여부의 판단은 명확한 사실관계 및 정황을 바탕으로 이루어져야 할 것이다.

08 타 병원에서 수술이 필요하다고 듣고 환자가 응급실에 내원하였습니다. 우리 병원에 입원실이 없어 수술이 불가능한데 검진을 해서 비용만 들었다고 주장합니다. 환자의 주장이 합당한가요?

의료법 제15조 제1항에서는 '의료인은 진료나 조산 요청을 받으면 정당한 사유 없이 거부하지 못한다'고 규정하고 있으며, 이를 어길 시 해당 의료인은 행정처분으로서 1개월의 자격정지, 형사처벌로서 1년 이하의 징역 또는 500만원 이하의 벌금에 처해질 수 있다. 일반적으로 '진료거부'라 함은 의료기관 또는 의료인이 환자를 진료하기에 충분한 시설과 인력 등을 갖추고 있음에도 불구하고 환자의 진료요구에 응하지 않는 행위를 뜻한다.

따라서 응급실에 내원하여 검진을 하였다는 유일한 사정만으로는 의료법 15조 제1항에 따라 진료의무를 다한 것으로 사료되며, 입원실이 없어 종국적으로는 입원 대신 전원조치를 할 수밖에 없었다고 하더라도, 응급상황 여부에 따라 전원 혹은 퇴원조치 여부를 결정하여야 할 필요성이 있으므로 불필요한 치료를 하였다고 보기 어렵다고 사료된다. 다만, 최종적인 위 · 적법 여부의 판단은 명확한 사실관계 및 정황을 바탕으로 판단하여야 할 사항으로 사료된다.

09 환자가 의원 밖에서 피켓을 들고 1인 시위를 하는데 어떻게 할지요?

법원은 "이 사건 병원 건물 1층 출입구에서 피켓을 들고 시위를 함으로써 이 사건 병원의 업무에 어느 정도 장애가 초래된 것으로 볼 수도 있으나, 이 사건 당시 시위를 벌인 사람의 수, 주위의 상황, 피고인들과 공소 외2의 관계 등을 고려해보면, 피고인들이 이 사건 건물 출입객의 통행을 방해하거나 확성기를 사용하여 소음을 일으키지도 않은 채 단지 가족들이 교대로 위와 같은 내용이 적힌 피켓만을 들고 위 건물 출입구의 한 쪽에서 1인 시위를 벌인 것만으로는 업무방해죄의 구성요건인 위력에 해당한다고 보기는 어렵다"[7]라고 판시한 바 있다. 반면 환자 유가족이 병원 곳곳을 돌아다니며 소리를 지르고, 여러 날에 걸쳐 상복을 입은 채 병원 앞 인도 위에서 베니어판을 목에 앞뒤로 걸고 1인 시위를 벌이는 행위를 한 자에게 명예훼손 및 업무방해죄를 인정하였다.[8]

판례에 비추어 볼 때, 병원 밖에서 출입객의 통행을 방해하거나 소음을 일으키지 않은 채 1인 시위를 벌인 것만으로는 업무방해죄로 규율 하기는 어렵지만, 명확한 사실관계 및 정황에 덧붙여 환자 및 보호자 등이 소음을 일으키거나 통행을 방해하는 등의 행위를 한 경우 업무방해죄로 규율할 수 있을 것이다. 나아가 피켓에 담긴 내용이 의원 혹은 의사의 명예훼손과 관련된 경우에는 '명예훼손죄'의 죄책을 물을 수도 있다.

한편 법원은 "퇴거불응죄에 있어서 '건조물'이라 함은 단순히 건조물 그 자체만을 말하는 것이 아니고 위요지를 포함하고, '위요지'가 되기 위하여는 건조물에 인접한 그 주변 토지로서 관리자가 외부와의 경계에 문과 담 등을 설치하여 그 토지가 건조물의 이용을 위하여 제공되었다는 것이 명확히 드러나야 할 것인데, 화단의 설치, 수목의 식재 등으로 담장의 설치를 대체하는 경우에도 건조물에 인접한 그 주변 토지가 건물, 화단, 수목 등으로 둘러싸여 건조물의 이용에 제공되었다는 것이 명확히 드러난다면 위요지가 될 수 있다"[9]고 판

7) 대법원 2009. 12. 24. 선고 2009도11845 판결.
8) 대법원 2004. 11. 25. 선고 2004도6408 판결.
9) 대법원 2010. 3. 11. 선고 2009도12609 판결.

시함으로써, 의원 밖이라고 하더라도 위요지로 볼 장소에서 시위를 하면서 의원의 퇴거 요구에 불응할 경우 '퇴거불응죄'의 죄책을 물을 수도 있다.

10 환자가 진료와 치료과정에 문제가 없는데 불만이라고 계속 소란을 피웁니다. 해결할 수 있는 방법은 없나요?

의료법 제15조 제1항에서는 '의료인은 진료나 조산 요청을 받으면 정당한 사유 없이 거부하지 못한다'고 규정하고 있으며, 이를 어길 시 해당 의료인은 행정처분으로서 1개월의 자격정지, 형사처벌로서 1년 이하의 징역 또는 500만원 이하의 벌금에 처해질 수 있다. 일반적으로 '진료거부'라 함은 의료기관 또는 의료인이 환자를 진료하기에 충분한 시설과 인력 등을 갖추고 있음에도 불구하고 환자의 진료요구에 응하지 않는 행위를 뜻한다.

단지 소란에 그치지 않고 환자가 의료인의 치료방침에 따를 수 없음을 천명하여 특정 치료의 수행이 불가하거나, 해당 의료인에 대하여 모욕죄, 명예훼손죄, 폭행죄, 업무방해죄에 해당될 수 있는 상황을 형성하여 의료인이 정상적인 의료행위를 행할 수 없도록 한 경우에는 진료거부의 정당한 사유가 될 수 있을 것으로 사료된다. 나아가 모욕죄, 명예훼손죄, 폭행죄, 업무방해죄에 해당될 수 있는 상황을 형성할 경우, 형사적인 책임 여부도 고려할 수 있다.

11 개인병원에서 환자와 법적 문제가 발생하면 도움을 청하거나 조언을 구할 수 있는 기구가 있나요?

현재 2기관에서 소송 전 의료분쟁업무를 하고 있다. 한국의료분쟁조정중재원(약칭 '조정중재원')은 의료사고 피해자(환자)에 대한 신속 · 공정한 피해구제와 의료인의 안정적인 진료환경 조성을 목적으로 설립된 보건복지부 산하 공공기관이며, 주로 의료사고에 대한 상담과 이에 따라 조정신청 된 사건에 대한 사실조사, 인과관계 · 과실규명 등의 감정업무 및 조정위원회의 손해배상액산정, 조정업무 등을 통하여 당사자 간의 합의, 조정 · 중재를 이끄는 업무를 한다.

조정중재원의 인력은 크게 조정위원회(조정부), 감정단(감정부)와 사무국으로 구성되어 있으며, 의료분쟁 업무의 특성을 반영하여 각 조정부와 감정부의 위원은 법조인(판사 · 검사 · 변호사), 의료인, 소비자단체, 교수 등으로 구성되어 있다. '의료분쟁조정법'은 의료사고로 인한 피해를 신속 · 공정하게 구제하고 보건의료인의 안정적인 진료환경 조성을 목적으로 하고 있으며, 이와 관련한 분쟁의 조정은 이해당사자인 환자와 의료인(보건의료기관)

모두가 신청을 할 수 있다.

한국소비자원은 공정거래위원회 산하 준정부기관으로 의료분쟁에 대한 상담, 피해규제, 조정결정 업무를 하고 있다.

12 환자가 침대에서 내려오다가 넘어져 골절되었는데 누구 책임일까요?

의료기관에서의 환자에 대한 관리상 주의의무의 정도는 그 의료기관의 환자관리 형태, 진료경과, 사고발생 시점, 환자의 연령 및 기왕증 등에 따라 차이가 있으며, 당시 병실바닥의 미끄럼 방지를 위한 노력 등 방호조치의무를 다하지 않았을 경우에는 공작물의 설치 및 하자로 인한 배상책임의 문제도 발생할 수 있다.

의료기관 내에서 발생한 낙상사고이지만 의료기관이 환자를 관리해야 할 통상의 시간대와의 차이, 간호사(간호조무사)의 예방노력, 환자의 기왕증 기여도를 같이 살펴볼 필요가 있으며, 사고 이후에 의료기관이 환자에 대한 신속한 응급조치를 취하였는지 등의 처치의 적절성 또한 고려될 필요가 있다.

13 대기실에서 놀던 어린이가 넘어져 다쳤는데 의사가 배상해야 될까요?

환자에게 안전사고가 발생한 경우 그 책임범위를 결정하는 데 있어서 중요한 것은 사고가 발생한 장소가 아니라 사고의 내용 즉 그 원인이 무엇인지 살피는 것이다. 물론 진료실 안에서 발생한 경우 의료기관의 책임이 커지는 경우가 많을 수 있는데, 그것은 진료실 안에서 발생하더라도 진료와 전혀 관계없이 발생하는 경우 의료기관의 책임은 전혀 발생하지 않을 수도 있다. 마찬가지로 진료실 밖에서 발생한 안전사고의 경우에도 의료기관의 책임 여부는 구체적인 상황에 따라 다를 수 있다.

따라서 이 사례의 경우 진료실과 대기실이 어떤 구조이고 대기실 놀이방의 관리는 누구에 의해서 어떻게 이루어지고 있는지 등 구체적인 사항이 검토되어야 할 것이다.

14 비보험인 약재를 사용할 때 환자에게 고지하지 않고 사용하면 문제가 되나요?

의료법 제45조에 다음과 같이 비급여 진료비용 등의 고지를 규정하고 있다.

제45조(비급여 진료비용 등의 고지)

① 의료기관 개설자는 「국민건강보험법」 제41조제3항에 따라 요양급여의 대상에서 제외되는 사항 또는 「의료급여법」 제7조제3항에 따라 의료급여의 대상에서 제외되는 사항의 비용(이하 "비급여 진료비용"이라 한다)을 환자 또는 환자의 보호자가 쉽게 알 수 있도록 보건복지부령으로 정하는 바에 따라 고지하여야 한다.
② 의료기관 개설자는 보건복지부령으로 정하는 바에 따라 의료기관이 환자로부터 징수하는 제증명수수료의 비용을 게시하여야 한다.
③ 의료기관 개설자는 제1항 및 제2항에서 고지 · 게시한 금액을 초과하여 징수할 수 없다.

2010.1.29.자로 개정 공포되고 2010.1.31.자로 시행된 의료법 시행규칙 제42조의2는 다음과 같이 명시적으로 규정하고 있다.

제42조의2(비급여 진료비용 등의 고지)

① 법 제45조제1항에 따라 의료기관 개설자는 비급여 대상의 항목(행위 · 약제 및 치료재료를 말한다. 이하 이 조에서 같다)과 그 가격을 적은 책자 등을 접수창구 등 환자 또는 환자의 보호자가 쉽게 볼 수 있는 장소에 갖추어 두어야 한다. 이 경우 비급여 대상의 항목을 묶어 1회 비용으로 정하여 총액을 표기할 수 있다.
② 법 제45조제2항에 따라 의료기관 개설자는 진료기록부 사본 · 진단서 등 제증명수수료 비용을 접수창구 등 환자 및 환자의 보호자가 쉽게 볼 수 있는 장소에 게시하여야 한다.
③ 인터넷 홈페이지를 운영하는 의료기관은 제1항 및 제2항의 사항을 제1항 및 제2항의 방법 외에 이용자가 알아보기 쉽도록 인터넷 홈페이지에 따로 표시하여야 한다.
④ 제1항부터 제3항까지에서 규정한 사항 외에 비급여 진료비용 등의 고지방법의 세부적인 사항은 보건복지부장관이 정하여 고시한다.

위 규정에 의한 비급여 진료비용 게시의 입법취지는 비급여 진료비용에 대한 정보를 제공하도록 함으로써 환자의 의료기관 선택권을 강화하고 진료비용에 대한 예측 가능성이 확보되도록 함에 있다. 따라서 해당 의료기관에서 스스로 비급여 진료비용에 대한 정보를 고지 · 게시하지 않고 사용하는 행위는 의료법에 저촉될 수 있다. 이를 게시하지 않았다면 시정명령에 처해질 수 있고 이를 이행하지 않을 경우 업무정지 15일의 행정처분에 처해질 수 있다. 다만, 위 규정은 의료기관 내에 비급여 진료비용을 게시하여야 하는 의무를 부과하는 것이며, 진료 시 의료인이 환자에게 별도로 이에 대해 설명해야 하는 의무까지는 부여하고 있지 않다는 것을 알 수 있나.

15 백내장수술 후 아주 드문 합병증인 허혈시신경병증이 생겼는데 의사가 배상해야 할까요?

대법원은 "의사가 환자에게 부담하는 진료채무는 질병의 치유와 같은 결과를 반드시 달성해야 할 결과채무가 아니라 환자의 치유를 위하여 선량한 관리자의 주의의무를 가지고 현재의 의학수준에 비추어 필요하고 적절한 진료조치를 다해야 할 채무 이른바 수단채무라고 보아야 하므로 진료 결과를 가지고 바로 진료채무불이행사실을 추정할 수는 없으며 이러한 이치는 진료를 위한 검사행위에 있어서도 마찬가지라고 할 것이다"[10]이라고 판시하고 있다. 따라서 의사가 환자의 치유를 위하여 선량한 관리자의 주의의무를 가지고 적절히 진료조치를 다하였음에도 불구하고 아주 드문 합병증이 발생하였다는 사실만으로는 의사에게 과실이 있다고 보기 어려울 것이다.

다만, 설명의무와 관련하여, 대법원은 "의사는 환자에게 수술을 시행하는 과정 및 그 후에 나쁜 결과가 발생할 개연성이 있는 의료행위를 하는 경우에 있어서는, 응급환자의 경우나 그 밖의 특별한 사정이 없는 한, 진료계약상의 의무로서 또는 수술에 대한 승낙을 얻기 위한 전제로서, 당해 환자나 법정대리인에게 질병의 증상, 치료 방법의 내용 및 필요성, 발생이 예상되는 위험 등에 관하여 당시의 의료수준에 비추어, 상당하다고 생각되는 사항을 설명하여 당해 환자가 그 필요성이나 위험성을 충분히 비교해 보고 그 의료행위를 받을 것인가의 여부를 선택할 수 있도록 하여야 할 의무가 있을 뿐만 아니라, 그 진료 목적의 달성을 위하여 환자 또는 그 보호자에 대하여 요양의 방법 기타 건강관리에 필요한 사항을 상세히 설명하여 후유증 등에 대비하도록 할 의무가 있다"[11]라고 판시하고 있다.

따라서 아주 드문 합병증이라도, 수술 이전 그와 같은 합병증이 발생할 수 있음은 설명할 필요가 있을 것으로 사료되며, 설명의무를 다하지 않았을 경우 의사의 설명의무 위반의 문제가 있을 수 있다.

16 후배 개인의원에 가서 수술해줘도 되나요?

의료법 제33조 제1항 규정에 의거하여 의료기관의 개설자는 자신이 개설한 의료기관에서만 의료업을 할 수 있다. 의료기관의 개설자가 아닌 의료인은 복수의 의료기관에서 근무

10) 대법원 1988. 12. 13. 선고 85다카1491 판결.
11) 대법원 1997. 7. 22. 선고 95다49608 판결.

하더라도 의료법에는 위배되지 아니한 것으로 보고 있다. 다만 주 4일 주 32시간 이상 근무할 시에만 해당 의료기관에 근무하는 의료인 수로 산정하므로, 그 이하 시간 동안만 근무하게 될 의료기관에서는 관할 보건소의 의료인력의 변경신고 또는 허가를 득할 필요는 없는 것으로 보고 있다.

또한 복수 의료기관에 근무하면서 2개 이상 의료기관에 각각 주 4일 이상 주 32시간 이상 근무한다 하여도 각 의료기관의 의료인력으로 모두 산정될 수는 없으며, 주로 근무하는 1개 의료기관의 인력 수로만 산정이 가능한 것으로 보고 있다. 참고로, 복수의 의료기관에서의 근무를 희망하는 경우, 건강보험심사평가원에 사전신고를 해야 할 것이며, 대학병원 교수는 교직원으로서 해당 기관장으로부터 겸직근무에 관한 허가를 득하여야만 타 기관에서 영리활동을 할 수 있다.

17 휴가 간 원장님 대진을 할 때 어떤 일을 하면 위법인가요?

대진의에게 환자 진료에 대한 제한이 있는 것은 아니다. 따라서 신환 및 재진 환자에 대해 일반적인 진료를 시행하면 되고, 특히 대진의뢰 과정에서 지시받은 사항을 충실히 이행하여야 한다. 이 때 주의할 점은 실제 진료를 한 사람의 명의로 처방전이나 진단서 등이 작성되어야 한다. 즉 대진의가 별다른 제약 없이 진료할 수 있으나, 처방이나 진단서의 작성 명의는 개설자가 아니라 대진의 명의로 해야 한다는 것을 명심해야 한다.

18 간호사가 의사 대신 어디까지 설명을 할 수 있나요?

최근 법원은 '수술 당시 예상되는 부작용 등이 적힌 수술동의서에 서명했고 간호사로부터 이런 내용에 관한 설명을 듣긴 했지만, 의사가 이를 환자에게 직접 설명하지 않은 것은 의무를 위반한 것'이라고 판시한 바 있다. 따라서 수술 등 의사가 시행하는 의료행위에 대하여는 의사가 직접 설명해야 되고 간호사가 대신 설명하는 것은 허용되지 않는다. 한편 간호사 역시 자신의 독립된 간호행위 시 환자가 제대로 회복될 수 있도록 요양 방법을 설명하고, 지도할 의무가 있다.

19 간호조무사는 합법적으로 어떤 일을 할 수 있나요?

간호조무사는 간호보조 및 진료보조의 업무에 종사할 수 있는데, 진료보조에 대해 법원은 '의사만이 할 수 있는 진료행위 자체를 하도록 지시하거나 위임하는 것은 허용될 수 없고, 진료의 보조행위에 해당하더라도 의사의 현장 입회 및 지도 · 감독을 필요로 하는 행위를 간호조무사가 의사의 입회 및 지도 · 감독 없이 하였다면 무면허 의료행위에 해당한다'고 본다. 다만, '보조행위의 객관적인 특성상 위험이 따르거나 부작용 또는 후유증이 있을 수 있는지, 환자상태가 어떠한지, 간호조무사의 자질과 숙련도는 어느 정도인지 따라 의사가 진료의 보조행위 현장에 입회할 필요 없이 일반적인 지도 · 감독만을 하는 것이 허용되는 경우도 있을 수 있다'고 보고 있다. 이러한 입회가 필요 없는 진료보조행위가 법적으로 규정되어 있는 것은 아니나, 일반적인 주사행위, 드레싱, 수술준비 및 투약행위 등이 포함될 수 있다. 한편 법원은 심전도, 모발이식, 치아 본뜨기, 치아 보철물 임시부착행위, 지방분해주사 등은 의사의 입회 하의 지도 · 감독이 필요하다고 보고 있다.

20 간호조무사를 교육해서 시야검사를 하면 불법인가요?

시야검사는 진료보조행위가 아니라 진료행위 자체에 해당하므로 간호조무사가 단독으로 시행할 수 없다.

21 간호조무사가 환자 눈에 약을 넣어주면 불법인가요?

환자 눈에 약을 넣어주는 행위는 일반적인 투약행위에 해당하므로 의사의 입회 없이 일반적인 지도 · 감독만을 받아 간호조무사가 시행할 수 있다.

22 진료를 보조하는 안경사는 합법적으로 어떤 일까지 할 수 있나요?

안경사는 시력보정용 안경의 조제 및 판매와 콘택트렌즈의 판매를 주된 업무로 하며, 안경 및 콘택트렌즈의 도수를 조정하기 위한 시력검사(약제를 사용하는 시력검사 및 자동굴절검사기기를 사용하지 않는 타각적 굴절검사는 제외)를 할 수 있으나, 6세 이하 아동에 대한 안경의 조제 · 판매와 콘택트렌즈의 판매는 의사의 처방이 있어야 할 수 있다.

23 환자가 소송을 하겠다는데 어디에 어떻게 도움을 청하면 좋을까요?

환자가 의료과오를 이유로 소송을 제기하려는 경우, 의협 공제조합이나 보험회사의 배상보험에 가입되어 있는 경우에는 공제조합이나 보험회사를 통해 대응하여야 하며, 만약 보험에 가입되어 있지 않은 경우에는 한국소비자원에 조정을 요청하거나 원내 법무팀을 통해 대응하거나 변호사를 선임하여야 한다.

24 한국소비자원의 조정을 따르는 것과 소송을 진행하는 것은 어떤 장 · 단점이 있나요?

한국소비자원의 조정절차에 따른 조정안에 환자 및 의사가 동의하는 경우 이는 판결과 동일한 효력을 가지므로 소송에 비하여 비용이 저렴하게 들고 간편하고 신속하게 분쟁이 해결되는 장점이 있다. 다만 환자의 요구가 과다하거나 의료진이 과실이 없다고 주장하는 경우 조정의 성립 가능성이 없어 조정절차를 진행하는 것이 무의미하므로 이러한 경우에는 조정절차에 따르지 않고 소송을 진행하여 법원의 판단을 받는 것이 바람직하다.

25 형사고소를 당하면 어떤 불이익이 있나요?

환자가 의사를 업무상 과실치사상의 죄로 고소하는 경우, 의사는 수사기관의 요구에 따라 출석하여 조사를 받아야 하며 기소되는 경우 판결의 확정 시까지 재판에 출석하여야 한다. 또한 수사 또는 재판 과정 및 결과가 언론에 보도되는 등의 불이익이 생길 우려가 있다. 또한 수사기관에서 필요하다고 생각하는 경우에는 출국금지를 시킬 수가 있는데, 이 경우 해당 의사는 외국 학회 등에 참석할 수 없다. 그러나 기소되어 재판이 진행되는 중이라 하더라도 구속된 경우가 아니면 외국 학회에 참석할 수 있다.

26 형사소송에서 유죄판결을 받으면 민사소송에 어떤 영향을 미치나요?

형사소송에서 업무상 과실치사상의 죄에 대해 유죄판결을 받는 경우, 이는 민사소송에서 과실 인정의 근거가 되고, 특별한 사정이 없는 한 과실이 없다는 주장이 받아들여지지 않는다.

27 어떤 경우에 의사 면허가 취소되나요?

① 허위진단서 작성 또는 행사 죄, 낙태와 관련한 죄, 업무상 비밀누설죄, 진료비 청구와 관련된 사기죄, 기타 의료관련 법률을 위반하여 금고 이상의 형을 선고 받은 경우

② 면허증을 빌려준 경우

③ 면허 정지 기간 중 의료행위를 하거나 3회 이상 면허 정지 처분을 받은 경우

④ 마약 · 대마 · 향정신성의약품 중독자, 의료인으로 비적합한 정신질환자

28 어떤 경우에 의사 면허가 정지되나요?

① 비학문적이거나 비도덕적인 진료행위, 거짓 또는 과대광고행위, 미디어를 통해 거짓 또는 과장하여 건강 · 의학정보를 제공하는 행위, 불필요한 진료행위, 부당하게 많은 진료비를 요구하는 행위, 직무와 관련하여 부당하게 금품을 수수하는 행위, 영리를 목적 환자 유인, 약국과의 담합행위 등의 품위손상행위를 한 경우

② 사무장병원에 고용된 경우

③ 진단서, 검안서, 증명서를 거짓으로 작성하여 내주거나 진료기록부 등을 거짓으로 작성하거나 고의로 사실과 다르게 추가 기재 · 수정할 때

④ 태아 성 감별을 목적으로 진찰, 검사행위를 하거나, 진찰 · 검사 과정에서 알게 된 태아의 성을 임신 32주 전에 알려주는 경우

⑤ 무면허의료행위를 지시한 경우

⑥ 부정한 방법으로 진료비를 청구한 경우

⑦ 허용되지 않는 리베이트를 수수한 경우

29 의사 면허가 취소되면 나중에 다시 의사 일을 할 수 있나요?

면허 취소 후 취소의 원인이 된 사유가 없어지거나 개전의 정이 뚜렷하다고 인정되면 보건복지부장관이 면허를 재교부할 수 있다. 재교부 전에는 의료행위를 할 수 없다. 다만 금고 이상의 형의 선고를 이유로 면허가 취소된 경우에는 3년 이후, 면허증 대여, 3회 이상 면허 정지 또는 면허정지기간 중 의료행위를 이유로 면허가 취소된 경우에는 2년이 지나야 재교부가 가능하다.

30 금고형이란 무엇인가요?

금고형은 형무소에 구치하게 하는 형벌로, 징역과 달리 형무소에서 노동에 종사하지 않는다.

31 집행유예란 무엇인가요?

집행유예란 3년 이하의 징역 또는 금고의 형을 선고할 경우 정상을 참작하여 1년 이상 5년 이하의 기간 형의 집행을 유예하는 것이며, 집행유예 기간 중 고의로 범한 죄로 금고 이상의 실형을 선고 받아 그 판결이 확정되는 때는 집행유예가 실효된다.

제4부 안과 의사가 알아야 할 진단서 작성법

Ⅰ. 서 론

1. 진단서의 정의와 종류(medical certification)

진단서란 의사가 환자의 건강상태를 진찰하고 의학적 방법으로 형태 및 생리 변화와 기능장애를 관찰하여 이상의 유무, 병적 이상의 원인과 경과 및 치료 결과에 관한 전문적 의견을 밝힌 문서이다.

내용 및 용도로 보아 일반진단서, 건강진단서, 상해진단서, 병사용 진단서, 공무원 요양용 및 각종 보험용 진단서 등으로 구분된다.

진단서와 제 증명서는 공문서의 역할을 하므로 법률적 구속력을 갖게 되고 본의가 아니었다 해도 사실과 다르게 기술된 경우에는 그에 따른 책임을 지게 되므로 단순한 자기만의 주관적 견해나 추정보다는 객관적 자료를 가진 진료기록에 근거하고 학문적으로 인정되는 사실에 기초하여 사안을 판단하고 문서를 발급하여야 한다.

2. 진단서와 소견서

의료인이 진찰하고 처치한 내용에 대하여 진단서를 요구하는 것이 원칙이고, 그에 대하여 책임을 지는 것이 일반적이지만, 의사가 진단서 발급을 기피하거나 환자가 편의적 목적으로 "소견서"를 요구하는 경우가 있으며, 이럴 때 의사는 소견서를 진단서보다 가볍게 생각하여 쉽게 발급하였다가 나중에 분쟁에 개입되기도 한다.

의료인이 발급하는 의료문서는 법률적 정의에 의하면 진단서, 검안서 또는 증명서로 구분하므로 "소견서"에는 책임이 없다고 생각하는 경향이 있다. 그러나 소견서가 법률적 요건을 구비하지 않았다 하더라도 발급자가 면허를 가진 의료인이므로 그것이 공적으로 사용될 수 있으며 그 내용이 어떤 사안의 판단에 중요한 자료가 될 수 있다. 그러므로 "소견서"는 경찰관이나 사법기관의 대행자가 직접 요구할 때 개인적 견해로 밝힐 수 있으나, 문서의 형태로 요구할 때에는 정식 진단서의 발급을 권유하고 진단서를 작성하는 기준에 따라 의료문서의 기본사항을 기재하여 발급하는 것이 옳다. "소견서"라고 가볍게 생각하여 일반적인 진단서의 기재사항을 소홀히 하여 어떤 피해나 오류가 발생하면 책임문제의 시비에 얽힐 수 있음에 유념해야 한다.

3. 진단서 작성과 교부

가. 진단서 작성과 교부 의무(의료법에 명시된 의무)

1) 진단서 교부 의무

국민의 일상생활에 진단서나 증명서가 첨부되는 경우가 많다. 만약 의사가 진단서를 교부하지 않으면 국민 활동에 제약이 따르고 권리를 행사할 수 없는 일이 생긴다. 이를 방지하기 위하여 의료법 제17조 제3호에 "진단서 · 검안서 또는 증명서 교부를 요구받은 때에는 정당한 사유 없이 거부하지 못한다"고 하였다. 다만 정당한 사유가 있다면 교부 요구를 거부할 수 있다.

2) 진단서 교부 주체

진단서는 의료인이 교부할 수 있지만, 진단서를 작성하고 교부할 수 있는 의료인은 면허를 가진 것만으로는 충분하지 않다. ① 의료업에 종사하고 ② 직접 진료해야 한다. '의료업에 종사'는 개설된 의료기관에 소속하여 지속적으로 의료행위를 수행하는 것을 의미한다. 신고하지 않은 상태로 일시적으로 당직 진료를 하는 의사는 진단서를 교부할 수 없다. 의과대학에 근무하는 기초의학 교수는 비록 의사 면허를 지녔을지라도 의료기관에 소속하여 진료하지 않는다면 진단서를 교부할 수 없다. 예외로 국립과학수사연구원처럼 검시(檢屍) 업무를 담당하는 국가기관에 종사하는 의사는 비록 의료업에 종사하지는 않지만 검안서를 작성하여 교부할 수 있다.

환자가 직접 의료기관을 찾지 못하고 가족이 대신 찾아와 환자 상태에 관한 진단서를 요구하는 경우가 있다. 진단서 요구 당시 환자가 오지 않더라도 의사가 전에 환자를 직접 진료한 적이 있다면 '직접 진료'하지 않았다고 볼 근거가 없고, 의사는 환자 상태에 대하여 의무기록을 근거로 진단서를 교부할 수 있다. 나아가 의료법 제17조 단서 조항은 전에 환자를 직접 진료한 의사가 진단서를 교부할 수 없는 사정이 있다면, 같은 의료기관에 종사하는 의사가 진료기록부 등을 근거로 환자에 대한 사실을 기록한 진단서를 교부할 수 있도록 허용하였다. 요컨대 사실을 증명할 근거가 있고, 진단서 내용이 사실이라면 굳이 직접 진료한 의사만 진단서를 교부하도록 강요하지 않는다는 취지다.

나. 진단서 교부를 거부할 수 있는 경우

진단서 등 의료문서의 교부를 거부할 수 있는 정당한 이유 사례는 다음과 같다.

1) 환자 또는 법정대리인이 아닌 제3자의 청구. 환자 개인의 비밀에 속한 사항으로 환자에게 불리하게 사용될 가능성이 있을 때는 환자의 의사를 확인하도록 요구서 또는 동의서 등의 제출을 요구할 수 있다.

2) 진단서 또는 증명서가 사기, 공갈 또는 기타의 범죄에 악용될 것이 확실한 경우

3) 신난이 불가능한 경우, 그 이유를 설명하고 상급 의료기관으로 전원 권고할 수 있다.

4) 교부권자의 압력으로 진단서 내용이 왜곡될 염려가 있는 경우

5) 암, 에이즈 등과 같이 병명을 알리는 것이 환자 진료 상 중대한 지장이 있다고 판단되는 경우

6) 의사 자신의 질병 등으로 교부가 불가능한 경우

다. 허위진단서

형 법

제233조(허위진단서등의 작성) 의사, 한의사, 치과의사 또는 조산사가 진단서, 검안서 또는 생사에 관한 증명서를 허위로 작성한 때에는 3년 이하의 징역이나 금고, 7년 이하의 자격정지 또는 3천만원 이하의 벌금에 처한다.

진단서 작성은 반드시 직접 진찰한 경우에 한하며 이를 위반할 때에는 의료법(제53조, 제69조) 등에 의하여 자격정지와 벌금을 받게 되고, 허위진단서 작성은 형법에 따라 처벌받을 수 있다. 그러나 진찰했던 의료인이 없어 증명서를 발급받지 못함으로써 피해를 볼 수 있는 경우, 같은 의료기관에서 종사하는 다른 의사가 진료기록부에 의거하여 발급할 수 있다(의료법 제18조 개정).

1) 의사가 환자를 진찰하고 그 내용을 형식에 맞게 기재하여 환자의 건강상태를 증명하는 의료문서를 “진단서”라고 하며, 환자 신체에 대하여 검진한 것을 기재한 의료문서를 “검안서”라고 한다면 의료인이 허위로 작성한 진단서, 검안서, 증명서는 허위진단서가 되고, 그 행위는 허위진단서 작성죄(형법 제31조, 233조)로 처벌받는다.

2) 직접 진찰하지 않고 진단서를 작성하면 비록 그 내용이 사실과 부합하더라도 허위진단에 해당하며, 직접 진찰하였다고 하더라도 사실과 반하여 고의적으로 사실과 다르게 작성한 경우 허위진단에 해당한다. 따라서 허위진단의 여부를 가리기 위해서 의사의 진료기록부와 각종 검사자료가 참고되므로 진단서 작성 후 야기될 수 있는 허위진단의 오해를 받지 않기 위해서는 의료법에 규정된 기재사항을 충실히 사실에 입각하여 객관적으로 기술하여야 한다.

3) 허위진단서 작성죄는 의사의 진찰소견과 판단이 진단서 기재내용과 다름을 인식하고도 일부러 진실이 아닌 내용을 진단서에 기재할 때 성립되며, 오진한 결과를 진단서에 옮긴 것은 허위진단서의 작성죄에 성립되지 않는다. 즉 허위진단서 작성에는 고의성이 있어야 하므로 사실에 반함을 알면서도 고의로 허위진단서를 작성한 경우가 아니면 형사적 책임은 면할 수 있다. 그러나 그로 인한 민사적 책임은 따를 수 있다.

4) 다른 의사 이름을 차용한 경우

가) 의사1이 환자A를 직접 진찰, 의사2가 "의사2, 환자A"로 된 진단서, 처방전을 작성해 환자A에게 교부한 경우

대법원 1993. 7. 13. 선고 92누16010 판결(의사면허자격정지처분취소)에서는 직접 진료를 하지 않았음에도 병원의 대표자로서 원고 명의의 건강진단서를 발급한 사항에 대해, 현행 의료법 제17조 제1항 본문에 위반되는 행위임이 명백하나, 원고가 직접 진료는 하지 아니하였지만 위 병원 소속 의사와 직원에 의해 검사와 진단이 행해진 후 위 병원의 통례에 따라 원고가 대표자로서 건강진단서를 발급한 점을 고려해 원심판결이 지나치게 가혹하여 재량권의 범위를 일탈한 위법한 처분이라고 판단하였다.

나) 의사1이 환자A를 직접 진찰, 의사 2가 "의사1, 환자A"로 된 진단서, 처방전을 작성해 환자A에게 교부한 경우

만약 직접 진찰한 교수인 의사1의 지시에 의하여 레지던트인 의사2가 의사1 명의의 진단서를 작성한 경우, 협의진료 또는 공동진료한 의사1의 지시에 의해 의사2가 의사1 명의의 진단서를 작성한 경우에는 의사2는 대필한 단순한 사자에 불과하므로 진단서 작성 주체를 의사1로 보아야 하며 의료법 조항에 위반된다고 볼 수 없다. 의사2가 의사1의 지시, 승낙 없이 독자적으로 의사1 명의의 진단서를 작성했다면 의사2만이 의료법 제17조 제1항 위반행위자로 볼 수 있다.

다) 의사1이 환자A를 직접 진찰, 의사1이 "의사2, 환자A"로 된 진단서, 처방전을 작성해 환자A에게 교부한 경우

고용의사가 환자를 진료한 후 의료기관 개설자 명의로 진단서, 처방전을 작성할 경우 발생한다. 의사1을 작성, 교부 주체로 볼 수 있으나, 직접 진찰한 이상 의료법 제17조 제1항을 위반하였다고 보기는 어렵다(대법원 2007. 5. 10. 선고 2006두20570 판결 참조).

5) 다른 환자 이름을 차용한 경우

가) 의사1이 환자A를 직접 진찰, 의사1이 "의사1, 환자B(직접 진찰하지 않은 환자)로 처방된 진단서를 작성하여 환자A에게 교부한 경우

대법원 2013. 4. 11 선고 2011도14690 판결에서는 의료법 제17조 제1항에 따라 직접 진찰하여야 할 상대방은 처방전에 환자로 기재된 환자며, 만일 의사가 처방전에 환자로 기재한 환자가 아닌 제3자를 진찰하고도 환자 성명 및 주민등록번호를 허위로 기재하여 처방전을 작성, 교부하였다면 그러한 행위는 의료법 제17조 제1항에 위배된다고 판결하였다. 진단서의 경우도 마찬가지로 적용해 볼 수 있다.

Ⅱ. 일반진단서

1. 작성 기본사항

질병에 관한 진단서는 의료법 제17조와 의료법 시행규칙 제9조에 따라 ① 환자의 주소·성명 및 주민등록번호, ② 병명, ③ 발병 연월일, ④ 향후 치료에 대한 소견, ⑤ 진단 연월일 ⑥ 의료기관의 명칭·소재지, 진찰한 의사·치과의사 또는 한의사(부득이한 사유로 다른 의사가 발급하는 경우에는 발급한 의사이다)의 성명·면허자격·면허번호 등을 기재한다.

〈그림 4-1〉

진 단 서

등록번호	
연 번 호	

환자의 성명		주민등록번호	
환자의 주소	(전화번호 :)		
질 병 명 [ ] 임상적 추정 [ ] 최 종 진 단	(주상병) (부상병)	한국표준질병 분류번호	
발병 연원일	년 월 일	진단 연월일	년 월 일
치료 내용 / 향후 치료에 대한 소견			
용 도			
비 고			

「의료법」 제17조 및 같은 법 시행규칙 제9조에 따라 위와 같이 진단합니다.

년 월 일

의료기관
명칭:

주소:

[ ]의사 [ ]치과의사 [ ]한의사 면허번호 제 호

성 명: (서명 또는 인)

가. 환자의 주소 · 성명 및 주민등록번호

진단서는 공적인 문서이므로 발급자는 피진단자가 본인인지 확인할 의무가 있다. 진단서를 요구하는 목적도 다양하므로 이미 갖고 있는 질병을 은폐하기 위하여 다른 환자를 진찰받게 하는 예가 있기 때문이다. 따라서 병사용 진단서 등에는 환자 사진이 부착된다. 환자의 주민등록증과 같은 증명서로 본인 여부를 확인한다. 본인 확인은 작성자의 책임이다. 확인할 책임이 무한한 것은 아니고 일상적인 방법으로 확인하였다면 충분하다. 주민등록증을 확인하고 의심이 가는 경우 사진(즉석사진 또는 슬라이드)이나 진료기록부에 지문을 찍게 할 수도 있다.

나. 병 명

병명 기재는 「통계법」 제22조 제1항 전단에 따라 고시된 한국표준질병 · 사인 분류에 따른다. 이 분류는 세계보건기구(World Health Organization, WHO)에서 만든 국제표준질병 · 사인분류(ICD, International Statistical Classification of Diseases and Related Health Problems)를 번역한 것이고 현재 제10판(ICD−10)이 있다.

진단서 서식의 병명은 크게 두 가지로 나눈다. [임상적 추정]과 [최종진단]이다. 임상적 추정은 주로 환자의 주관적 증상과 일부 객관적인 징후를 바탕으로 추정한 진단이고, 최종진단은 객관적 징후만 있어도 진단할 수 있지만 대개는 증상과 징후뿐 아니라 검사 결과로써 객관적이고 재현 가능한 근거가 있을 때에 해당한다. 모든 증상과 징후, 검사 결과 등의 근거는 의무기록에 있어야 한다. 만약 증상이나 징후만 가지고 구체적인 진단명을 기재하고자 한다면 진단명 뒤에 "(추정)"이라고 덧붙일 수 있다.

진단명(상병명)을 기재할 때 의료법시행규칙으로 "국제 질병, 상해 및 사인분류표"에 의한 코드번호도 기입하게 되어 있다. 불분명할 때에는 자료를 진료기록부에 남기고 진단명을 지재한 다음 "( )" 속에 추정이라고 밝히거나, 비고란에서 객관적 소견이 불분명하므로 추가진단이나 전문적 검사가 요함을 부기하는 것이 좋다.

다. 발병 연월일

발병 연월일은 생물학적인 발병일을 의미하는 것이 아니라 임상적 발병일이다. 예를 들어 3개월 전부터 시력이 저하되었는데 결국 망막박리로 진단하였다면 발병일은 3개월 전이고, 아무런 증상이 없는데 우연히 건강검진에서 녹내장이 발견되었다면 건강검진을 한 날이 발병일이다. 다친 지 1주 이상 경과되고 정확한 증거가 불충분할 때에는 "환자 또는 동반자 누구의 진술에 의거"한다는 사실을 기재하고, 초진일을 분명히 한다. 상해의 경우에는 그 시각까지 기재하는 것도 다중 폭행이나 사고, 시간이 경과한 때에는 매우 유용하다.

라. 향후 치료에 대한 소견

진단한 뒤 또는 진단서를 교부한 날 이후에 치료에 관한 의학적인 사실을 의미한다. 예를 들어 수술이나 입원 치료가 필요하다거나 또는 구체적으로 "안압 조절을 위한 녹내장 임플란트 삽입술이 필요하다" 등을 기재할 수 있다. 특별히 기재할 내용이 없다면 기재하지 않아도 무관하다.

다른 병 · 의원에서 진찰 또는 치료를 받던 중 내원한 경우 이전 의료기관의 소견이나 자료에 근거함이 마땅하며, 그와 같은 근거를 부기하는 것이 옳다. 그러나 만약 그와 같은 자료 없이 환자나 동반자가 말하는 병력 진술을 그대로 옮기는 것은 때에 따라 분쟁의 소지가 있으므로 이전 진단 및 치료에 관한 사항은 치료를 시행한 의료기관에서 발급받도록 권유하는 것이 좋다.

마. 진단 연월일, 발급일

1) 2달 전 또는 1주 전 환자가 내원하여 진단 또는 치료를 받고 나중에 진단서를 요구하는 경우 진단서를 발급하는 날 환자를 다시 진찰하고 그날 상태를 진단서에 기재함이 마땅하다. 그러나 한번 내원하거나 몇 회 치료를 받은 다음, 환자는 내원하지 아니하고 어떤 대리인이나 가족이 진단서를 요구하는 경우에는 진찰 또는 치료 사실이나 경과만을 기재하고 향후의 치료계획은 "현재의 상태"를 모르기 때문에 기재하지 않거나 추정할 수 없음을 밝히고, 현재의 날짜로 발급해야 한다.

2) 얼마 전 진단 및 처지를 받고 진단서까지 교부하였는데 추가로 진단서 교부를 요청하는 경우에는 진료기록부에 보관된 진단서를 복사하여 "추가발급, 20○○년 ○○월 ○○일" 이라고 적고 날인하는 것이 옳으며 "추가진단"을 요하는 경우에는 반드시 환자를 재진하여 과거 진료기록과 현재 상태 및 근거자료에 입각하여 발급하는 날짜를 기재해야 한다.

3) 상해진단서는 처음부터 분쟁과 연관되어 재판과 결부된다고 생각해야 하며 그 내용과 판단이 사실에 근거하지 않거나 기재에 오류가 있는 경우 법적 책임에 휘말릴 가능성이 그 만큼 높다. 따라서 상해진단서를 교부하는 경우에는 자의적 판단이나 주관적 추리를 피하고 증거가 될 수 있는 자료에 근거하여 객관적으로 기재해야 하며, 그 자료는 반드시 별도로 보관하여야 한다.

4) 일반진단서와 상해진단서는 사용상 구분일 뿐 법률적으로는 모두 "진단서"에 해당하므로 그에 따른 의무와 책임은 같음을 유의하여야 한다.

바. 용도

사. 작성자 이름 및 서명, 의료기관의 명칭

법적인 효력을 발생시키기 위해서는 반드시 의사의 서명이 있어야 한다.

Ⅲ. 상해진단서

1. 작성 기본사항

손상은 인체에 이루어진 결과를 일컫는데 비하여 상해는 환자 신체의 완전성(integrity) 자체를 보호하려는 법률 취지에 따라 신체의 생리적 기능에 장애를 주는 경우는 물론 일상생활에 장애를 주는 체구와 외모의 현저한 변화도 포함한다.

질병에 관한 진단서는 의료법 제17조와 의료법 시행규칙 제9조에 따라 ① 상해의 원인 또는 추정되는 상해의 원인, ② 상해의 부위 및 정도, ③ 치료기간, ④ 입원 필요 여부, ⑤ 외과적 수술 여부, ⑥ 합병증 발생 가능 여부, ⑦ 통상활동 가능 여부, ⑧ 식사 가능 여부, ⑨ 상해에 대한 소견이 포함되어야 한다(그림 4-2).

2. 상해 원인에 관한 기록

가. 유인(誘因, 상해를 일으킨 원인)인 "주먹에 의함", "각목에 의함", "자동차 내의 사고" 등은 의사가 본 것이 아닌 이상 구체적으로 기재하기 어려운 부분이므로, "전방에서 가한 둔한 외력" 또는 "좌측방향에서의 예리한 금속기구에 찔림" 등의 표현이 좀더 객관적이며 소인(손상을 입을 수 있도록 특별히 약해진 상태)을 구체적으로 넣어준다면 사용 목적에도 부합하고 법적 기재사항에도 위배됨이 없을 것이다.

나. 상해원인에 대하여 유인에서 "환자 또는 동반자 누구의 진술에 의함"이라고 ( ) 안에 밝히고, 손상 부위의 수상 전 상태 즉 소인(素因: prime causes, predisposing factors)에 대하여 전문적 지식에 입각하여 판단한다.

3. 치료기간의 설정

가. 치료기간은 의료기관에서 의학적 지식과 기술 및 약품을 사용하여 손상을 원상회복하는데 소요되는 기간이며, 치유기간은 의학적 치료 없이 자연적으로 회복되는 기간을 말하므로 진단서에는 "치료기간"을 기재하여야 한다. 그러나 치료기간은 치료방법과 기술, 약품 종류, 시설 및 후처치의 정성에 따라 차이가 있으므로 진단서에서는 평균적인 수준을 고려해야 한다. 가능한 단정적인 용어를 사용하기 보다는 치료 내용과 구분 등을 상세히 적으면서 그 기간을 나누어 적는 것이 좋고, 입원기간과 통원치료 기간 및 안정과 관찰기간을 구분하여 기록하는 것이 바람직하다. 사법적 판단에서 요구하는 진단기간은 부상 정도와 그 기간 동안의 노동력상실 또는 손해배상 문제 때문에도 그 치료기간을 알고자 하므로 치료 내

용에 따라 그 치료기간을 제시하는 것은 진단서의 목적에 부합한다.

나. 치료기간의 기재에는 "특기할 합병증이 병발치 않는 경우"나 "상기 치료방침을 따르는 한" 이라고 먼저 언급하는 것이 좋다.

〈그림 4-2〉

상 해 진 단 서

대조필인

병록번호: ____________

연 번 호: ____________ 주민등록번호 : - 동반자:

환자의 성명		성 별		생년월일	년 월 일	연 령	만 세
환 자 의 주 소						전화:	
병명	□ 임상적추정 □ 최종 진단					한국질병분류번호	
상 해 년 월 일		년 월 일(추정)		진 단 일	년 월 일		
상 해 의 원 인							
증 상	상해부위와 정 도						
상소에 대한 견해	진료 경과 의견						
	외과 수술 여부						
	입 원 여 부						
	통 상 활 동 가 능 여 부						
	식사가능여부						
예 상 치 료 기 간		년 월 일 (수상일 · 진단일) 로부터 일간					
향후 치료에 대한 의견	향후치료의견						
	병발증발생가능성						
비 고							

위와 같이 진단함.

발 행 일 : 년 월 일

의 료 기 관 :

주소 및 명칭 : ○○시 ○○구 ○○동 12-3

전화 및 Fax : 123-1243 ~ 43 Fax : 123-1234

면허번호 제 호 의사성명 ㊞

D.E. Form No. 3-C-12

4. 상해진단서 작성을 위한 각 상병별 치료기간

〈표 1〉

부위	상 병 명	상병 번호	상 병 명	치료 기간 (주)	입원 기간 (주)
앞방 (anterior chamber)	앞방출혈(hyphema)	H21.0	경증: 안정가료 중증: 안정가료 및 앞방 천자(paracentesis)	2 4	1 2
수정체 (lens)	외상백내장 (traumatic cataract) 수정체탈구 (lens dislocation)	H26.1 H27.1	수정체적출술 수정체적출술	4 4	1 1
유리체 (vitreous)	유리체출혈 (vitreous hemorrhage)	H43.1	경증: 안정가료 중증: 유리체절제술	4 8	1 1
망막 (retina)	황반부종(Berlin's edema) 망막출혈 (retinal hemorrhage) 망막박리 (retinal detachment) 망막밑출혈 (subretinal hemorrhage) 맥락막파열 (choroidal rupture)	S05.8 H35.6 H33.2 H35.6 H31.3	약물치료 약물치료 단순성: 공막돌융술 복합성: 공막돌융술+ 유리체 망막수술 망막밑(subretinal)출혈 경증: 약물치료 중증: 약물치료 + 유리체 망막수술 약물치료	4 4 4 8 4 8 4	× × 1 2 1 2 ×
안와(눈확) (orbit)	눈확골절(안와, orbital wall fracture) 눈확파열골절(blow-out fracture)	S02.8 S02.8	눈확골절되맞춤 눈확골절되맞춤 수술을 하지 않고 외래 치료만 하는 경우	8 8 3-4	1 1 ×
눈꺼풀, 안검 (eyelid)	눈꺼풀열상(eyelid laceration) 눈물소관열상 (canalicular laceration)	S01.1 S01.1	(경증) 단순봉합 눈꺼풀판봉합술 눈물소관 성형술 (canaliculoplasty)	2 4 4	× × 1

결막 (conjunctival)	결막열상 (conjunctival laceration) 결막밑출혈 (subconjunctival hemorrhage)	S05.3 H11.3	결막봉합술 약물치료	2 2	× ×
각막 (cornea)	각막열상 (corneal laceration)	S05.3	각막봉합술	4	1
공막 (sclera)	공막열상 (scleral laceration) 안구열상 및 안구조직 탈출(eyeball laceration& intraocular tissue prolapse) 안구열상 및 안구조직 탈출	S05.3 S05.2	공막봉합술 각 · 공막봉합술 안구내용제거술 (evisceration) 눈전적출술(enucleation)	4 6 8 8	1 1 1 1
결막	결막 이물(foreign body)	T15.1	결막 이물제거술	1	×
각막	각막 이물	T15.0	각막 이물제거술	1	×
공막	공막 이물	T15.9	공막 이물제거술	2	×
수정체	수정체 이물	S05.5	수정체내 이물제거술	4	1
유리체	유리체 이물	S05.5	유리체내 이물제거술	8	2
눈확, 안와	눈확 이물	S05.4	이물제거술	8	2

상해진단서가 일반진단서에 비하여 법률적 구속력이 높은 것이 아니고, 단지 그 용도에 있어 차이가 있을 뿐이므로 상해진단서만이 법적 책임을 진다고 생각해서는 안 된다. 상해진단서를 발급하는 경우 어떤 형태로든 분쟁에 개입되었다고 간주할 수 있으며, 진단 내용이 불확실하거나 사법관계인이 필요하다고 판단될 때는 언제든 부를 가능성이 높고, 그러한 과정 중 진단 내용의 객관성 결여 또는 자료 불충분, 기재 오류 등이 발견될 경우 책임을 지게 될 가능성이 높기 때문에 일반진단서에 비하여 더욱 신중하고 철저하여야 한다.

Ⅳ. 병사용 진단서

1. 작성 기본사항

가. 병사용 진단서는 병역의무를 피하거나 계속하기 위하여 사용되므로 의도에 따라서는 고의적으로 사실을 과장하거나 은폐할 수도 있음에 유념해야 한다.

나. 병역을 면제받거나 계속하는 데 대한 판정은 이러한 기능장애의 평가를 점수화하고 병역자원 수요에 의하여 결정되는 것이 보통이다. 예를 들면 시력 저하 정도에 따른 평가점수에 신체 다른 곳의 기능이상 점수를 합산하고, 그때의 병력충원 수요에 따라 일정점수에서 판정하여 어느 해에는 면제에 해당할 수도 있고, 어느 해에는 재검 대상이 될 수도 있다. 그러므로 의사가 그 진단서 상의 기재가 환자의 희망에 충족하거나 미치지 못한다고 미리 판단하지 않아야 한다.

Ⅴ. 후유장애

1. 후유장애 진단서의 용도

질병이나 업무상 재해 또는 부상을 입고 치료 및 요양을 받은 상태에서 더 이상의 치료가 심신 상태를 더 이상 호전시킬 수 없을 때, 질병이나 손상 또는 이를 치료하는 중에 발생된 심신의 형태적 결손과 기능적 결함 상태를 객관적으로 진단한 서류로서 대부분 손해보상 문제와 연계된 법적 처리과정에 노동부 등 국가기관, 산업체, 이를 중재하는 법원에서 요구하게 된다.

따라서 후유장애 진단서는 보상을 원하는 측과 보상을 해야 하는 측 사이에서 대단히 민감하고 중요한 역할을 하게 되고 진단에 하자가 있는 경우 역으로 진단서를 발급한 의사나 치과의사가 곤란에 처하게 되며, 만약에 객관적 증거가 없이 동정이나 친분이 있어 두둔하였다면 허위진단의 범주에 들기 쉽다

2. 양식과 작성 상의 주의사항: 신체장해 판정 시 고려해야 할 사항

가. 외상 병력을 가진 초진 환자는 나중에 시각장애평가를 할 가능성이 있으므로 검사를 철저히 하고 기록해두어야 한다. 구심동공운동장애를 포함한 동공검사, 안저검사 및 사진촬영, 안구운동검사에서는 수평, 수직, 고개기울임방향에서 교대가림검사를 외상 초기에 시행한다. 시유발전위검사(visual evoked potential, VEP)를 시행할 때 문양시유발전위(pattern VEP)는 굴절이상이 있는 경우 교정안경을 쓰고 검사하며 일부러 화면을 집중하지 않고 멍하니 보거나 과도한 조절 등을 시도하여 결과가 나쁘게 평가되는 경우가 많으므로 주의를 요한다. 한눈 교정시력이 0.1 이하일 경우는 섬광시유발전위(flash VEP)를 해야만 양안비교가 가능하다.

나. 시각장애요소(시력, 시야, 복시)의 검사 결과는 환자의 주관적 호소에 의한 것이므로 검사 결과의 원인을 객관적으로 규명해야 하며 판정의와 검사자의 주관을 배제하고, 꾀병을 배제하기 위해 판정의의 공정한 견해를 유지하도록 한다.

다. 장애율 계산과정에서 항상 오류가 가능하므로 정확해야 한다.

라. 일차 판정의가 오류를 범할 가능성에 주의한다.

- 예: 1차 진료에서 동공반사이상 혹은 부등동공이 있을 때 시력저하/시야이상 등에서 원인 규명 없이 (의증)외상시신경병증으로 진단하여 환자가 꾀병을 부리게 되는 경우도 있다.

마. 시각장애가 생긴 배경, 전후 관계를 확인한 후 검사종류와 방법을 결정해야 하고, 주관적 증상과 검사소견을 비교하면서 결과를 해석해야 한다.

바. 시각장애의 기왕증이 있는 경우는 대한안과학회에서 제시한 사항을 따르는 것이 합리적이다(대한안과학회지 1992. 11 부록, 후유장애평가기준개선안).

최종장애율(%)=(현재장애율－기존장애율)+기존장애율×(현재장애율－기존장애율)/100

사. 시각장애자의 적응력

1) 단안 혹은 양안시력이 떨어져도 어느 정도 안경교정이 된다면 직업을 바꾸는 경우는 드물다.

2) 단안이 거의 실명된 경우 수개월 간 적응훈련 후 원래 직업으로 복귀 가능하다.

- 예외: mechanist, glass worker, textile worker, structural worker

3. 산재보험 장해평가기준

〈표 2〉

기존안		
등급	신체장해	노동력 상실률(%)
제1급	1. 두 눈이 실명된 자	100%
제2급	1. 한 눈이 실명되고 다른 눈 시력이 0.02 이하로 된 자 2. 두 눈 시력이 0.02 이하로 된 자	100%
제3급	1. 한 눈이 실명되고 다른 눈 시력이 0.06 이하로 된 자	
제4급	1. 두 눈 시력이 0.06 이하로 된 자	
제5급	1. 한 눈이 실명되고 다른 눈 시력이 0.1 이하로 된 자	
제6급	1. 두 눈 시력이 0.1 이하로 된 자	
제7급	1. 한 눈이 실명되고 다른 눈 시력이 0.6 이하로 된 자	60%
제8급	1. 한 눈이 실명되거나 한 눈 시력이 0.02 이하로 된 자	50%
제9급	1. 두 눈 시력이 0.6 이하로 된 자 2. 한 눈 시력이 0.06 이하로 된 자 3. 두 눈에 반맹증, 시야협착 또는 시야손상이 남은 자 4. 두 눈 안검에 현저한 결손이 남은 자	40%
제10급	1. 한 눈 시력이 0.1 이하로 된 자	30%
제11급	1. 두 눈 안구에 현저한 조절기능장해나 또는 현저한 운동장해가 남은 자 2. 두 눈 안검에 현저한 운동장해가 남은 자 3. 두 눈 안검에 현저한 결손이 남은 자	20%
제12급	1. 한 눈 안구에 현저한 조절기능장해 또는 현저한 운동장해가 남은 자 2. 한 눈 안검에 현저한 운동장해가 남은 자	15%
제13급	1. 한 눈 시력이 0.6 이하로 된 자 2. 한 눈에 반맹증, 시야협착 또는 시야손상이 남은 자 3. 두 눈 안검의 일부에 결손이 남거나 속눈썹에 결손이 남은 자	10%
제14급	1. 한 눈 안검 일부에 결손이 남거나 또는 속눈썹에 결손이 남은 자	5%

4. 맥브라이드식 장애평가: McBride 신체장해평가법(제6판, 1963년)

가. 맥브라이드식 장애평가 소개

시효율은 눈이 생리적 기능을 발휘하는 능력을 백분율로 표시한 것이다. 평가항목은 ① 원거리 및 근거리 교정시력, ② 시야, ③ 안구운동이며, 각 항목의 효율을 계산하여 시각장해에 따른 신체장해의 정도를 평가한다.

나. 맥브라드이식 장애평가 계산방법

1) 중심시력

가) 시력표는 Snellen원칙에 의한 문자, 숫자 등을 사용하며, 원거리시력은 20 feet(6 m), 근거리시력은 14 inch(36 ㎝)에서 측정한다. 시력표기는 분자(피검자가 시표를 읽을 수 있는 거리, feet or meter)/분모(정상인이 그 시표를 읽는 거리)로 한다. 예를 들어 20/40이면 정상인이 40 feet 에서 읽는 시표를 피검자는 20 feet라야 읽을 수 있다는 의미이다. 원거리 혹은 근거리 시력에 상응하는 시력상실 비율은 〈표 3〉과 〈표 4〉를 참조한다. 측정된 원거리 및 근거리 시력이 만나는 지점을 중심시력 상실률로 사용한다〈표 5〉.

〈표 3〉 원거리시력의 효율

feet	meter	시각(분)	시효율(%)	시효율상실(%)
20/16	6/5	1.80	100	0
20/20	6/6	1.00	100	0
20/25	6/7.5	1.25	95	5
20/32	6/10	1.6	90	10
20/40	6/12	2.0	85	15
20/50	6/15	2.5	75	25
20/64	6/20	3.2	65	35
20/80	6/24	4.0	60	40
20/100	6/30	5.0	50	50
20/125	6/38	6.3	40	60
20/160	6/48	8.0	30	70
20/200	6/60	10.0	20	80
20/300	6/90	15.0	15	85
20/400	6/120	20.0	10	90
20/800	6/240	40.0	5	95

〈표 4〉 근거리시력의 효율

Snellen	Jaeger	Point	시각(분)	시효율(%)	시효율상실(%)
14/14	1-	3	1.0	100	0
14/18	2-	4	1.25	100	0
14/22	-	5	1.6	95	5
14/28	3	6	2.0	90	10
14/35	6	8	2.5	50	50
14/45	7-	9+	3.2	40	60
14/56	8	12	4.0	20	80
14/70	11	14	5.0	15	85
14/87	-	-	6.3	10	90
14/112	14	22	8.0	5	95
14/140	-	-	10.0	2	98

〈표 5〉 중심시력 상실률

원거리 시력 효율	근거리시력 효율										
	14/14	14/18	14/22	14/28	14/35	14/45	14/56	14/70	14/87	14/112	14/140
20/16	0 50	0 50	3 52	5 53	25 63	30 65	40 70	43 72	45 73	48 74	49 75
20/20	0 50	0 50	3 52	5 53	25 63	30 65	40 70	43 72	45 73	48 74	49 75
20/25	3 52	3 52	5 83	8 54	28 64	33 67	43 72	45 73	48 74	50 75	52 76
20/32	5 53	5 53	8 54	10 55	30 65	45 68	48 73	50 74	50 75	53 77	54 77
20/40	8 54	8 54	10 55	13 57	33 67	38 69	48 74	50 75	53 77	55 78	57 79
20/50	13 57	13 58	15 58	18 59	39 69	43 72	53 77	55 48	58 79	60 80	62 81
20/64	18 59	18 60	20 60	23 62	43 72	48 74	58 79	60 80	63 82	65 83	67 84
20/80	20 60	20 60	22 62	25 63	45 73	50 75	60 80	63 82	65 83	68 84	69 85
20/100	25 63	25 63	28 64	30 65	50 75	55 78	65 83	68 84	70 85	73 87	74 87
20/125	30 65	30 65	33 67	35 68	55 78	60 80	70 85	73 57	75 88	78 89	79 90
20/160	35 68	35 68	38 69	40 70	60 80	65 83	75 89	78 89	80 90	83 91	84 92
20/200	40 70	40 70	43 72	45 73	65 83	70 85	80 90	83 91	85 93	88 94	89 95
20/300	43 72	43 72	45 73	48 74	68 84	73 87	83 91	85 93	88 94	90 95	92 96
20/400	45 73	45 73	48 74	50 75	70 85	75 88	85 93	88 94	90 95	93 97	94 97
20/800	48 74	48 74	50 75	53 77	73 87	78 89	88 94	90 95	93 97	95 98	97 99

각 항의 위 숫자는 한눈 무수정체안이 아닌 경우에서 시력장해가 있는 경우이고, 아래 숫자는 한눈 무수정체안으로 인하여 시력장해가 있는 경우임.

나) 한눈 무수정체안은 수정체가 있는 경우 시효율의 절반으로 계산하며, 무수정체안 교정안경을 사용하는 경우는 계산된 시효율에서 25% 감한 것을 시효율로 정한다.

2) 시 야

가) 골드만수동시야계(Goldmann perimeter)를 이용하여 주변시야를 측정하는데, 주변부에서 중심으로 이동하며 8개 방향 경선에서 측정한다〈표 6〉.

〈표 6〉 시야에 대한 효율표

전체		상실률	전체		상실률	전체		상실률
상실분	보유분	(%)	상실분	보유분	(%)	상실분	보유분	(%)
0	500	0	170	330	34	340	160	68
5	495	1	175	325	35	345	155	69
10	490	2	180	320	36	350	150	70
15	485	3	185	315	37	355	145	71
20	480	4	190	310	38	360	140	72
25	475	5	195	305	39	365	135	73
30	470	6	200	300	40	370	130	74
35	465	7	205	295	41	375	125	75
40	460	8	210	290	42	380	120	76
45	455	9	215	285	43	385	115	77
50	450	10	220	280	44	390	110	78
55	445	11	225	275	45	395	105	79
60	440	12	230	270	46	400	100	80
65	435	13	235	265	47	405	95	81
70	430	14	240	260	48	410	90	82
75	425	15	245	255	49	415	85	83
80	420	16	250	250	50	420	80	84
85	415	17	255	245	51	425	75	85
90	410	18	260	240	52	430	70	86
95	405	19	265	235	53	435	65	87
100	400	20	270	230	54	440	60	88
105	395	21	275	225	55	445	55	89
110	390	22	280	220	56	450	50	90
115	385	23	285	215	57	455	45	91
120	380	24	290	210	58	460	40	92
125	375	25	295	205	59	465	35	93
130	370	26	300	200	60	470	30	94
135	365	27	305	195	61	475	25	95
140	360	28	310	190	62	480	20	96
145	355	29	315	185	63	485	15	97
150	350	30	320	180	64	490	10	98
155	345	31	325	175	65	495	5	99
160	340	32	330	170	66	500	0	100
165	335	33	335	165	67			

나) 정상시야 범위는 귀쪽 85°, 아래귀쪽 85°, 아래쪽 65°, 아래코쪽 50°, 코쪽 60°, 위코쪽 55°, 위쪽 45°, 위귀쪽 55°이며 8개의 경선으로 표현된다. 8개 경선이 표시하는 시야값의 합이 500° 이상이면 정상이다. 500° 이하인 경우에 전체 보유분을 계산하여 〈표 6〉을 참고하여 상실률을 계산할 수 있다.

3) 안구운동(복시)

가) 골드만수동시야계를 이용한 복시검사를 한다(그림 4-3).

나) 8개 경선부위에서 작은 전등으로 주시점에서 주변부 복시를 검사한다.

다) 중심 20° 내에 복시가 있는 경우 시효율 상실은 100%이다.

라) 상반부 시야중심 20-30° 사이 복시가 있으면 10% 상실로 판정하고, 30° 바깥에서 복시가 있으면 일상생활에 미치는 영향이 적어 장해율 판정에서 무시한다.

마) 직하방의 하반부 시야인 경우, 20-30° 사이 복시는 50%, 30-40° 사이면 30% 시효율 상실, 40° 이상이면 일상생활에 미치는 영향이 적으므로 장해율 판정에서는 무시한다.

바) 그 외 하반부 시야의 경우 20-30° 사이 복시는 20%, 30-40° 사이 복시는 10% 시효율 상실, 40° 이상의 복시는 장해율 판정에서 무시한다.

사) 양안시기능은 대약시경 등을 이용하여 측정하나 정확히 정량적으로 표시하기가 곤란하며, 다른 질환 없이 양안시가 불가능하면 50% 이하 상실로 간주한다.

〈그림 4-3〉 복시영역에 따른 단안의 시효율상실율

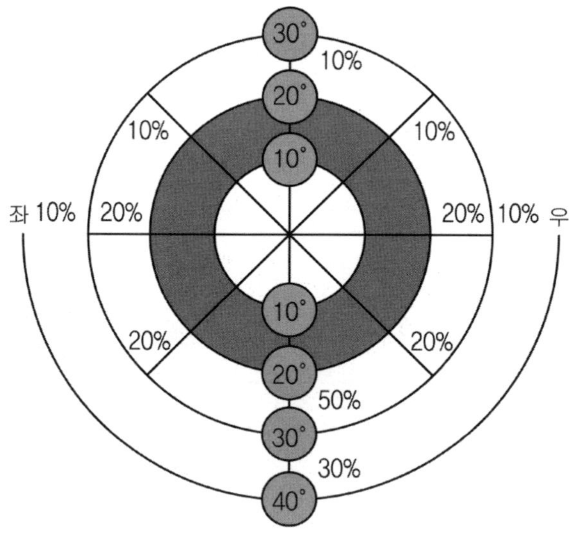

4) 다른 눈에 기존 장해가 있을 경우의 시효율 계산

최종장해율(%)=기존장해율(%)+기존장해율×(최종장해율−기존장해율)/100

- 예: 기존장해율이 50%인 환자가 두눈 실명 시
  (100−50)+50×(100−50)/100 = 75% 장해율

5) 시효율 계산

가) 3 항목의 효율이 계산되면 한눈의 종합시효율은 한눈의 각 효율을 곱한 것이다. 예를 들면, 중심시력, 시야, 눈 운동(복시)으로 평가한 각각의 시효율이 100%, 70%, 50%라면 1.0×0.7×0.5 = 0.35, 즉 35%가 한눈시효율이 된다. 이 때 복시의 경우에는 한 눈에만 판정에 적용한다. 이 값이 10% 이하이면 완전 한눈 상실로 본다.

나) 두눈시효율은 각각의 한눈 종합시효율을 계산한 후 아래 공식으로 두눈 효율을 산출한다. 즉 (좋은눈 효율×3)+(나쁜눈 효율)/4= 두눈시효율(%)(10% 이하인 경우 완전상실로 간주한다.)

다) 시효율 계산은 일반적으로 염증 반응이 소실된 후 최소 3개월 후 하며, 눈수술을 받았을 경우 6개월 후, 외안근장애, 교감안염, 외상백내장 및 시신경위축 등은 12개월 이후 16개월 이내에 시각장해를 평가한다.

6) 직업별 보정 및 노동력상실률 산정

먼저 두눈시효율을 계산하고 눈의 직업별 등급표〈표 7〉에서 해당 직업의 등급칸을 찾아 장해와 직업별 등급의 합성표〈표 8〉의 가로 줄에 있는 신체장해에 대한 직업별 등급에 수치를 맞추어 세로로 내려와서 두눈시효율과 장해율이 만나는 점의 숫자가 직업별로 보정된 두눈시효율 상실이 된다. 그리고 이 두눈시효율 상실을 시력장해와 전신노동력상실률표〈표 9〉에 의해 전신노동력상실률로 환산하게 된다.

〈표 7〉 눈의 직업별 등급

직업	등급	직업	등급
아세틸렌 발생기 취급공	4	기름 주유공	3
일반 농부	4	배달부	4
벌목공	5	펌프 기사	3
계산기 수리공	6	전선공	5
어부	4	직물염색공	5
도장공	5	선원	6
공기 압축기 기사	4	보석 가공 기사	6
가구 수리공	5	자동차 전기공	5
판금공	6	재봉틀 작공	7
자동차조립공	5	제과업자	4
유리공	5	라디오 전기공	6
밀가루 제분업자	4	석공	7
구두조립공	5	자동차 정비공	5
수위	2	극장 전기공	5
금속 주형 제작자	7	재단사	6
제본공	3	분쇄기 기사	4
금속 선반 기사	6	전기 기사	7
배관공	4	트럭운전사	6
케비넷 제조공	6	초자공	5
목재 선반 기사	6	기관차 기사	9
항만 노동자	4	자동차 내부 장식가	5
목수	6	정제사	3
석공	6	기계기사	8
가축 사육사	3	가구 내부 장식가	5
시멘트 혼합공	2	구멍 뚫는 기구 기사	5
석탄광부	4	낙농 농부	4
환경미화원	3	창문 청소부	6
자가용차 운전사	7	웨이터	4
금속광부	5	과일 농부	4
비누 제조업자	3	철도 구호반	9
요리사	4	타이어 제조공	5
미장이	5		

〈표 8〉 상해와 식업별등급의 합성표

완치 후 작업할 경우의 상태		일반 노동자 (30세)		신체장해에 대한 직업별 등급								
정상인의 반대쪽을 기준으로 측정		두눈 시효율	두눈 장해율	1	2	3	4	5	6	7	8	9
Ⅰ. 한눈시효율 100%												
	0% ……	75	25	25	28	32	36	40	44	49	53	55
	10% ……	77.5	22.5	23	26	30	34	33	42	47	51	57
반	20% ……	80	20	20	23	27	31	35	39	44	48	52
	30% ……	82.5	18.5	19	22	26	30	34	38	43	47	51
	40% ……	85	15	15	17	20	23	26	29	33	36	39
대	50% ……	57.5	12.5	13	15	18	21	24	28	31	34	37
	60% ……	90	10	10	12	15	18	21	24	28	31	34
	70% ……	92.5	7.5	8	10	13	16	19	22	26	29	32
안	80% ……	95	5	5	6	7	9	11	13	16	18	20
	90$ ……	97.5	2.5	3	4	5	7	9	11	14	16	18
Ⅱ. 한눈시효율 90%												
	0% ……	67.5	32.5	33	36	40	44	48	52	57	61	65
	10% ……	70	30	30	33	37	41	45	48	54	58	62
반	20% ……	72.5	27.5	25	31	35	39	43	46	52	56	60
	30% ……	75	25	25	28	32	36	40	44	49	53	57
	40% ……	77.5	22.5	23	26	30	34	38	42	47	51	55
대	50% ……	80	20	20	23	27	31	35	39	44	49	52
	60% ……	82.5	18.5	18	21	25	29	33	37	42	46	50
	70% ……	85	15	15	17	20	23	26	29	33	36	39
안	80% ……	87.5	12.5	13	15	18	21	24	27	32	34	37
	90$ ……	90	10	10	12	15	18	21	24	28	31	34
Ⅲ. 한눈시효율 80%												
	0% ……	60	40	40	43	47	51	56	59	64	68	72
반	10% ……	62.5	37.5	38	41	45	49	53	57	62	66	70
	20% ……	65	35	35	38	42	46	50	54	59	63	67
	30% ……	67.5	32.5	33	36	40	44	48	52	57	61	65
대	40% ……	70	30	30	33	37	41	43	48	54	58	62
	50% ……	72.5	27.5	28	31	35	39	43	46	52	56	60
	60% ……	75	25	25	28	32	36	40	44	49	53	57
안	70% ……	77.5	22.5	23	26	30	31	38	42	47	51	55
	80% ……	80	20	20	23	27	31	35	39	44	48	52
Ⅳ. 한눈시효율 70%												
	0% ……	52.5	47.5	48	51	55	59	63	67	72	76	80
반	10% ……	55	45	45	48	52	56	60	64	68	73	77
	20% ……	57.5	42.5	43	46	50	54	58	62	66	71	73
	30% ……	60	40	40	43	47	51	55	59	64	68	72
대	40% ……	62.5	37.5	38	41	43	49	53	57	62	66	70
	50% ……	65	35	35	38	42	46	50	54	59	63	67
	60% ……	67.5	32.5	33	36	40	44	48	52	57	61	65
안	70% ……	70	30	30	33	37	41	45	48	54	58	62

완치 후 작업할 경우의 상태 / 정상인의 반대쪽을 기준으로 측정		일반 노동자 (30세) 두눈 시효율	일반 노동자 (30세) 두눈 장해율	신체장해에 대한 직업별 등급 1	2	3	4	5	6	7	8	9
Ⅴ. 한눈시효율 60%												
	0% ……	45	55	55	58	62	66	70	74	79	83	87
반	10% ……	47.5	52.5	53	56	60	64	68	72	77	81	85
	20% ……	50	50	50	53	57	60	65	68	73	78	87
대	30% ……	52.5	47.5	48	51	55	59	63	67	72	76	80
	40% ……	55	45	45	48	52	56	60	64	65	73	77
안	50% ……	57.5	42.5	43	46	50	54	58	62	66	71	75
	60% ……	60	40	40	43	47	51	55	59	64	68	72
Ⅵ. 한눈시효율 50%												
	0% ……	37.5	62.5	63	66	70	74	78	82	87	91	95
반	10% ……	40	60	60	63	67	71	73	79	84	88	91
대	20% ……	42.5	57.5	58	61	65	69	73	77	82	86	90
안	30% ……	45	55	55	58	61	66	70	74	79	83	87
	40% ……	47.5	52.5	53	56	60	64	68	72	77	81	85
	50% ……	50	50	50	53	57	60	65	68	73	78	81
Ⅶ. 한눈시효율 40%												
	0% ……	30	70	70	73	77	81	85	89	93	97	100
반	10% ……	32.5	67.5	68	71	75	79	83	87	92	96	93
대	20% ……	35	65	65	68	72	76	80	84	89	93	97
안	30% ……	37.5	62.5	63	66	70	74	78	82	87	91	95
	40% ……	40	60	60	63	67	71	75	73	84	88	92
Ⅷ. 한눈시효율 30%												
	0% ……	22.5	77.5	78	81	85	89	93	97	100	100	100
반	10% ……	25	75	75	78	82	86	90	94	99	100	100
대	20% ……	27.5	72.5	73	76	80	84	88	88	98	100	100
안	30% ……	30	70	70	73	77	81	85	89	93	97	100
Ⅸ. 한눈시효율 20%												
반	0% ……	15	85	85	92	96	100	100	100	100	100	100
대	10% ……	17.5	83.5	83	90	94	98	100	100	100	100	100
안	20% ……	20	80	80	87	91	95	100	100	100	100	100
Ⅹ. 한눈시효율 10%												
반	0% ……	7.5	92.5	93	97	100	100	100	100	100	100	100
대 안	10% ……	10	90	90	94	98	100	100	100	100	100	100

〈표 9〉 시각장해와 전신노동능력상실률

장해정도		장해정도		장해정도		장해정도	
시각(%)	전신(%)	시각(%)	전신(%)	시각(%)	전신(%)	시각(%)	전신(%)
0	0	23	22	46	43	69	65
1	1	24	23	47	44	70	66
2	2	25	24	48	45	71	67
3	3	26	25	49	46	72	68
4	4	27	25	50	47	73	69
5	5	28	26	51	489	74	70
6	6	29	57	52	49	75	71
7	7	30	28	53	50	76	72
8	8	31	29	54	51	77	73
9	8	32	30	55	52	78	74
10	9	33	31	56	53	79	75
11	10	34	32	57	54	80	76
12	11	35	33	58	55	81	76
13	12	36	34	59	56	82	77
14	13	37	35	60	57	83	78
15	14	38	36	61	58	84	79
16	15	39	37	62	59	85	80
17	16	40	38	63	59	86	81
18	17	41	39	64	60	87	82
19	18	42	40	65	61	88	83
20	19	43	41	66	62	89	84
21	20	44	42	67	63	90~100	85
22	21	45	42	68	64		

5. 미국의학협회(American Medical Association, AMA) 장애평가

가. AMA 장애평가 소개

정형외과 의사인 McBride에 의해 고안된 맥브라이드식 장애평가 방법은 1963년 6판을 마지막으로 절판되었다. 미국의학협회(American Medical Association, AMA)에서는 장애평가를 위한 길잡이로서 1971년 초판을 시작으로 개정을 거듭하여 2001년 5판 개정에 이르렀다. AMA기준의 4판에서는 시력, 시야, 안구운동의 3가지 시각요소를 평가였으나, 5판에서는 시력장애와 시야장애로 구분된다.

산업재해보상보호법	맥브라이드(&AMA 1st–4thed. 1995)	AMA (5thed. 2001)
1 (시력장애)	시력장애	시력장애
2 (안구운동장애)	안구운동장애	
3 (조절기능장애)		
4 (시야장애)	시야장애	시야장애
5 (눈꺼풀장애)		

개정된 5판의 특징은 저시력(low vision) 분야 국제 전문가들이 관여하여 4판과는 완전히 달라진 평가방법이다.

나. 1925년 Snellen에 의해 개발되어, AMA평가법 4판까지 사용되었던 시효율표(visual efficacy scale)가 기능시각점수(functional vision score, FVS)로 대체되었다.

다. 시야 또한 새로운 시야점수(visual field score, VFS)로 대체되었다. 아래쪽 시야에 위쪽 시야보다 50%의 가중치를 부여하여 하사분면 시야상실의 기능적 중요성을 포함시켰다.

라. 반맹(hemianopsia)에 대해서도 적절한 점수를 부여하였다.

마. 시력과 시야에 대한 평가를 기초로 하는 기능시각점수에 대해, 시력, 시야상실에는 반영되지 않는 복시, 억제 입체시, 대비감도, 눈부심, 색각, 두눈보기 등 의미 있는 심한 기능장해가 있다면, 기능시각 점수에 개별적 조정이 가능하다. 즉 복시가 시력, 시야를 포함하여 주요 3대 시각요소에서 제외되었음을 의미한다. 또한 무수정체안 시력상실에 대한 추가효율표도 삭제되었고, 필요에 따라 개별적 조정이 가능하다.

바. 시력 장해비율은 좋은 눈과 나쁜 눈의 시각만을 포함시킨 기존 공식을 대신하여, 두눈, 오른눈 그리고 왼눈 시각을 포함시켜 계산된다. 또한 먼저 두눈 시력 및 시야-관련 장해 비율을 구하는 두눈시기능장해율을 산출한다.

사. 시각계 장해비율=100-기능 시각점수이다.

아. 근거리시력 측정은 선택사항이다. 영구적인 시기능장해는 환자가 가지고 있는 의학적인 상태에 대해 최대한의 의학적인 개선 후에도 남아있는 영구적인 시기능 소실로 정의하며 시기능(일상생활의 활동을 행할 수 있는 시각능력)을 평가하기 위해서 시력장해 및 시야장해로 나누어 각각의 평가치를 숫자로 표시하여 시기능장해에 따른 신체장해평가를 한다.

자. 시각장해에 따른 신체장해의 전반적인 평가과정

1) 시력을 측정한 후 〈표 10〉을 이용하여 시력점수(visual acuity score, VAS)를 계산한다.

2) 오른눈, 왼눈, 두눈의 시력점수를 병합해서 하나의 기능시력점수(functional acuity score, FAS)를 구한다. 시야가 정상이고 다른 개별적 보정이 필요하지 않다면, 시각장해비율은 시력-관련 장해비율(100-기능시력점수)과 일치한다.

3) 시야검사를 시행하며 측정된 각각의 시야값(field value)을 시야점수(visual field score, VFS)로 환산한다.

4) 오른눈, 왼눈, 두눈의 시야점수를 병합하여 기능시야점수(functional field score, FFS)를 구한다.

5) 기능시력점수와 기능시야점수를 병합하여 기능시각점수(functional vision score, FVS)를 계산한다.

6) 시각장해비율은 100에서 기능시각점수를 뺀 수치이다.

7) 만약 시력이나 시야검사에서 반영되지 않으나 시기능에 영향을 미칠 수 있는 대비감도, 눈부심, 색각, 두눈시, 입체시, 억제, 복시 등의 추가적인 시기능장해가 심각할 정도로 있다면, 그 사유를 반드시 기록하고 이에 대한 보정을 시행해야 한다.

〈표 10〉 시력장해(impairment of visual acuity)

장해분류 (ICD-9CM에 기초)		시력		시력점수 (VAS)(능력)	시력장해비율 (%)(능력손실)	예측되는 읽기 능력
		미국표기법	1m 표기법			
정상시력 (normal vision)	정상시력 범위 (normal)	20/12.5	1/0.63	110	…	정상 읽기 속도
		20/16	1/0.8	105	…	정상 읽는 거리
		20/20	1/1	100	0	작은 활자에 대한 여분의 능력 잔존
		20/25	1/1.25	95	5	
	정상-근접 시력 (near-normal)	20/32	1/1.6	90	10	정상 읽기 속도
		20/40	1/2	85	15	읽는 거리 감소
		20/50	1/2.5	80	20	작은 활자에 대한 여분의 능력 없음
		20/63	1/3.2	75	25	

		20/80	1/4	70	30	보조 도구 이용 시 거의 정상
	중등도 저시력 (moderate)	20/100	1/5	65	35	저배율 확대경이나 큰 활자책을 이용
		20/125	1/6.3	60	40	
		20/160	1/8	55	45	
		20/200	1/10	50	50	보조 도구를 이용하여도 느린 읽기속도
저시력 (low vision)	고도 저시력 (severe)	20/250	1/12.5	45	55	고배율 확대경 이용
		20/320	1/16	40	60	
		20/400	1/20	35	65	
		20/500	1/25	30	70	보조 도구 이용의 경계
	현저한 저시력 (profound)	20/630	1/32	25	75	확대경을 사용할 수 있으나
		20/800	1/40	20	80	맹인용 녹음책을 선호함
		20/1000	1/50	15	85	
		20/1250	1/63	10	90	읽기 불가능
	실명-근접 (near-blindness)	20/1600		5	95	녹음책, 점자 등 비시각적 도구에 의지
실명 (blindness)		20/2000 이하	1/100이하			
	완전 실명 (total blindness)	빛감각 없음 (no light perception)		0	100	

*주의: 시력 값에 있어 20/32나 20/63 등의 수치는 20/30, 20/60으로 반올림하여 임상적으로 적용한다.

차. 시력장해(impairment of visual acuity)

시력을 평가하는 것은 항상 최적조건에서 실시하여야 한다. 단, 최적조건이 일상생활에 적절하지 않은 경우라면(예: 두눈 간 심한 굴절이상 차이로 두눈 교정을 견디지 못하는 경우), 일상생활과 유사한 환경에서 행해진 측정 결과에 의한 평가가 이루어져야 하며, 그 이유를 필히 기록하여야 한다. 또한 전신마비 등의 다중 신체장해자를 검사할 때는 반응이 없는 것과 보이지 않는 것의 차이를 반드시 구분해야 한다. 시력은 대개 분수형태로 기록한다.

1) 시력검사방법

가) 각각의 한눈과 두눈 나안시력과 안경이나 콘택트렌즈로 굴절이상을 교정한 최대교정시력을 측정한다. 콘택트렌즈로 굴절이상을 교정하고자 할 경우, 피검자의 눈 상태가 콘택트렌즈 착용을 원하지 않을 경우에는 안경으로 교정한 시력을 판정지표로 한다. 만일 나안시력과 최대교정시력이 같다면, 이를 자세히 명시해야 한다.

나) 안전수지(눈 앞의 손가락 갯수를 셀 정도 시력) X m일 경우는 X/60, 안전수동(눈 앞에서 손 흔드는지 아는 정도 시력) X m일 경우 X/300으로 환산한다. 예를 들면 안전수지 3 m라면 시력은 3/60이며, 5 m 앞에서 안전수동이라면 시력은 5/300이다.

한눈의 최대 교정시력뿐 아니라 두눈 최대교정시력 또한 측정한다. 보통 두눈 최대교정시력은 좋은 눈의 시력에 의해 결정되나 잠복눈떨림의 경우 두눈 시력이 더욱 좋으며, 한눈에 왜곡이 있거나 복시가 있는 경우 나쁜 눈을 가리고 검사할 때 더 좋은 시력을 보이는 등 예외가 있을 수 있다.

2) 시력점수의 계산

측정된 시력을 기준으로 〈표 10〉을 이용하여 시력점수를 구한다. 만일 시력에 대한 자료가 없다면, 〈표 10〉의 오른쪽 부분을 통해 대략적인 장해비율을 구할 수 있다.

3) 기능시력점수(functional acuity score, FAS) 및 시력-관련 장해비율(acuity-related impairment rating)의 계산

두눈, 오른눈, 왼눈의 시력 점수를 〈표 11〉을 이용하여 병합해서 기능시력점수를 구한

〈표 11〉 시력관련 장해비율의 계산법(acuity related impairment rating)

측정된 스넬렌 값	계산된 시력점수
두눈 원거리시력 : 20/_______	두눈 시력점수 VASOU :_______ X3 = a
오른눈 원거리시력 : 20/_______	오른눈 시력점수 VASOD :_______ X1 = b
왼눈 원거리시력 : 20/_______	왼눈 시력점수 VASOD :_______ X1 = c

두눈, 오른눈, 왼눈 시력점수를 각각 구한 뒤 두눈 시력점수는 3배의 가중치를 주고 합산한 수치를 5로 나누어 평균을 구한다.

기능시력점수(FAS) = $\frac{a+b+c}{5}$

100-기능시력점수 = 시력관련 장해비율

선택적으로, 근거리시력에 대한 시력점수를 계산한다. 만일 원거리시력과 유의한 차이를 보이는 경우, 그 차이를 기술하고 평균값을 계산한다.

전반적 기능시력점수 = (원거리기능시력점수 + 근거리기능시력점수)/2
(FASglobal = [FASletter chart+FASreading] / 2)

* 만일 시야결과가 정상이고 개별적 조정 요소가 없으면, 전신 장해비율은 시력관련 장해비율과 동일하다.

후 시력-관련 장해비율을 산출한다. 주의해야 할 것은 정상시력일 경우 시력점수가 100 이상이 될 수 있으므로, 능력 손실은 시력이 20/20 미만인 경우에만 측정할 수 있다.

또한 기능시력점수는 100 이상 나올 수 있는 반면 장해비율은 0보다 낮을 수 없다. 만일 근거리시력이 원거리시력보다 유의하게 나쁘다면, 기능시력점수는 원거리시력점수와 근거리시력점수의 평균을 사용하며, 차이가 나는 이유를 찾아 기록해야 한다.

카. 시야장해(impairment of visual field)

시야장해가 없다고 생각되는 경우에는 대면법으로 시야장해가 없다는 것을 확인할 수 있다. 그러나 시야장해가 의심되는 경우에는 대면법만으로는 불충분하며 정량적인 시야검사를 해야 한다.

1) 시야검사방법

가) 한눈시야 범위 측정

골드만수동시야계로 시야검사를 하는 것이 표준이며 일반적으로 Ⅲ-4-e 시표를 이용한 등시감도선(isopter)을 판정지표로 인정한다. 만약 골드만수동시야계를 이용할 수 없어서 자동시야계(Humphrey, Octopus, Icon 등)를 이용할 경우, Humphrey 60-2 등의 60° 이상 범위를 측정할 수 있는 프로그램으로 시행하며 10dB 이하 감도(sensitivity)를 보이는 점은 제외하고 그 이상 감도를 보이는 모든 점을 포함하는 등시감도선(pseudoisopter)을 구한다.

나) 두눈시야 범위의 계산

두눈시야 측정도 필요하나 기존 시야검사계로 두눈시야를 신뢰성 있게 측정할 수 있는 것이 없으므로 각각의 한눈시야를 측정한 뒤 병합하여 계산하고 한눈 시야검사 결과를 포개어 두 눈 중 한눈으로 본 것은 보이는 것으로 계산하고 어느 눈으로도 보지 못한 것은 시야결손부위로 계산한다.

2) 시야점수(visual field score, VFS)의 계산

시야점수는 시야점수 계산의 기초가 되는 경선을 이용한 방법을 이용하거나 표준화된 시야 격자 내에서 보이는 점의 개수를 파악하여 결정한다. 시야검사용 격자(visual field testing grid)는 총 10개의 경선으로 구성되어 있으며 아래쪽 시야가 기능적으로 보다 중요하므로 상사분면에 2개씩, 하사분면에 3개씩으로 설정되어 있다. 경선의 구체적인 위치는 25°, 65°(위오른쪽), 115°, 155°(위왼쪽), 195°, 225°(아래왼쪽) 285°, 315°, 345°(아래오른쪽)이며 각 경선에서 중심 10° 이내 5점이 주어지고 10° 바깥 주변부에도 5점이 주어진다. 따라서 정상시야범위인 60°까지 보면 10점에 해당하며 일반적으로 코쪽과 위쪽 경선은 60°에 도달하지 못하나 귀쪽 시야범위는 60°보다 넓다. 평균 정상시야점수는 100점 정도이

다(그림 4-4). 여기서 원은 10° 반경을 나타낸다. 이 배열의 의미는 다음과 같다. 중심 10° 이내 범위의 총 시야점수는 50점으로 중심 10° 시야범위가 시피질의 50% 정도를 차지하는 것과 일치한다. 또한 중심 10°의 시야결손은 시력손실로 따지면 시야장해 비율이 50%로 계산되어 시력이 20/200에 해당하는 장해와 동급이라는 통념과 일치한다.

시야장해평가를 위해서 수평과 수직 경선을 선택하는 것보다 이 시야점수분포도처럼 사분면 내에 있는 경선을 선택하는 것이 보다 합리적인데 특히 반맹인 경우에 더욱 그러하다. 완전동측반맹이면 시야점수는 50점에 해당하며, 이것은 20/200 이하의 시력손실이나 중심 10° 정도의 시야결손과 같은 정도의 장해로 평가됨을 의미한다.

〈그림 4-4〉 시야검사용 격자(visual field-testing grid)

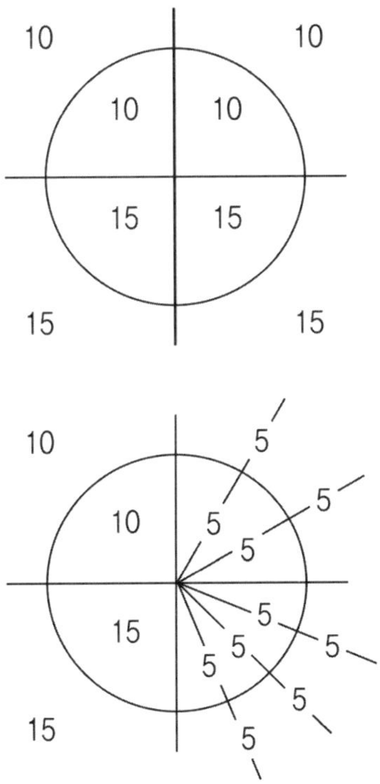

3) 기능시야점수와 시야-관련 장해비율 field-related impairment rating의 계산

시야점수의 계산은 〈표 12〉를 이용하거나 다음과 같은 방법을 이용할 수 있다.

〈표 12〉 시야장해(impairment of visual field)

장해분류 (ICD-9CM에 기초)		특수조건	동심성시야 장해에서 평균반경	시야점수 (VFS) (=능력)	시야장해 비율(%) (능력손실)	시각적 방향감각과 운동(O+M) 수행에 대한 예측되는 능력
정상시력 (normal vision)	정상시야 범위 (normal)			110	…	
				105	…	정상 시각 방향 감각(O)
			60°	100	0	정상 운동성 기능(M)
				95	5	
	정상-근접 시야 (near-normal)	한눈 상실 상태	50°	90	10	정상 방향+운동(O+M) 수행.
				85	15	추가적인 탐지가 필요함.
			40°	80	20	주변 옆의 상황에 의해 가끔씩 놀란다.
				75	25	
저시력 (low vision)	중등도 저시야 (moderate)	상반부 시야결손	30°	70	30	정상에 가까운 수행능력,
				65	35	장해물에 대한 탐지가 필요함.
			20°	60	40	
				55	45	
	고도 저시야 (severe)	반맹	10°	50	50	시각적 운동성은 정상보다 느려진다.
		아래쪽 시야결손 상태		45	55	지속적인 탐지가 필요함.
			8°	40	60	보조적으로 지팡이 사용.
				35	65	
	현저한 저시야 (profound)		6°	30	70	장애물을 탐지하기 위해서 긴 지팡이를 사용해야 함.
				25	75	
			4°	20	80	확인을 위해 보조적으로 시각을 사용.
				15	85	
실명 (blindness)	실명-근접 (near blindness)		2° 이하	10	90	시각적 방향 감각이 없음.
				5	95	긴 지팡이, 음성, 안내견, 다른 실명-대체운동성 기술 등에 의존해야 한다.
			0°			
	완전 실명(total), 전체 시야 손상			0	100	

가) 종이와 연필(정신)을 이용하는 방법

Ⅲ-4-e 시표를 이용한 시야검사결과지 상에 〈그림 4-4〉처럼 상사분면에 2개씩, 하사분면에 각각 3개씩 총 10개의 경선을 그린다. 각 경선에서 주시점 10° 이내 범위에서는 2° 단위로, 10° 바깥쪽에서는 10° 단위로 눈금을 설정한 후 반올림하여 선택한 눈금을 연결하여 등시감도선을 구한다. 〈표 13〉을 이용하여 각 경선에서의 시야범위를 점수로 환산한다. 만약 시야내 암점이 존재한다면 해당 경선의 점수에서 암점이 차지하는 시야만큼의 점수를 빼준다. 이렇게 얻은 각 경선, 총 10개의 점수를 합산하여 시야점수를 구한다. 예를 들어, 왼눈 망막색소변성으로 인하여 중간 주변부 고리모양암점을 보이는 환자에서 측정한 시야검사 결과가 〈그림 4-5〉와 같다. 오른눈과 두눈시야는 정상이다. 일단 10개의 경선을 긋는다. 각 경선 안에서 해당하는 반경의 범위를 측정한 후 표 13를 이용하여 이 반경을 점수로 환산한다. 각 경선에서 암점의 범위를 측정한 후 〈표 13〉을 이용하여 각 경선에서 암점에 해당하는 만큼의 점수를 뺀다. 각 경선에서 구한 점수를 합하면 시야점수는 82점이 된다.

〈그림 4-5〉 왼눈의 중간-주변부 암점
(경선을 이용하여 시야 범위를 시야 점수로 환산하는 방법)

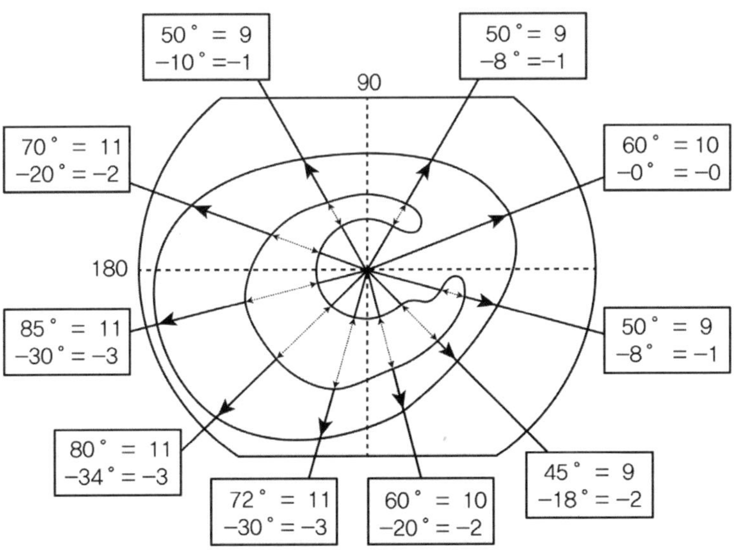

〈표 13〉 시야 반경에서 시야점수로의 전환(conversion of field radius to field score)

대체적인 주변부 시야한도												
시야범위	0°	2°	4°	6°	8°	10°	20°	30°	40°	50°	60°	70° 이상
점수	0	1	2	3	4	5	6	7	8	9	10	11
중심 10°이내 암점 범위값의 감산												
시야범위	1°	2°	3°		4°	5°	6°	7°		8°		9°
감산점수	0	1	1		2	2	3	3		4		4
중심 10°이외 암점 범위값의 감산												
시야범위	1~4°		5~14°		15~24°		25~34°		35~44°			45~54°
감산점수	0		1		2		3		4			5

나) 오버레이 격자(overlay grid)를 이용하는 방법

오버레이 격자는 시야검사지에 덧대어 결과를 비추어 볼 수 있는 투명판에 〈그림 4-7〉와 같은 10개의 경선을 그린 후, 각 경선에서 중심부로부터1°, 3°, 5°, 7°, 9°, 15°, 25°, 35°, 45°, 55°, 65°에 해당하는 지점에 눈금을 그려서 제작한다. 이 격자눈금판을 시야검사지위에 겹친 후 등시감도선 내에 위치하는 격자눈금의 수를 합산한다. 단 격자눈금이 암점에 위치하는 경우에는 계산에 포함하지 않는다. 이 격자눈금의 총합계가 시야점수다. 반대눈 및 두눈시야의 경우도 위와 같은 방법으로 계산한다.

〈그림 4-6〉 왼눈의 중간주변부 암점: 오버레이 격자를 이용한 방법

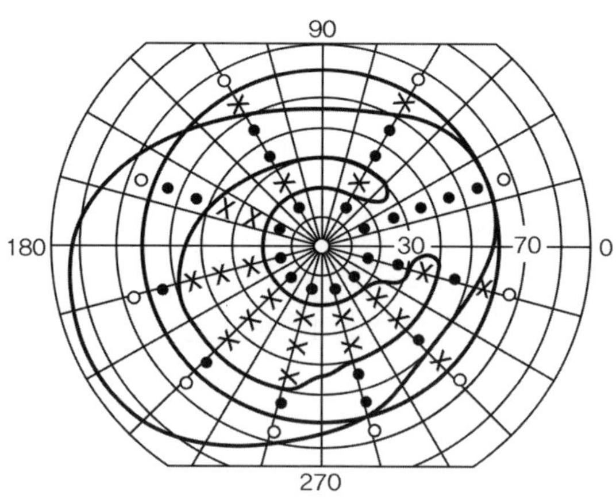

〈그림 4-7〉 왼눈의 귀쪽시야상실: 오버레이 격자를 이용한 방법

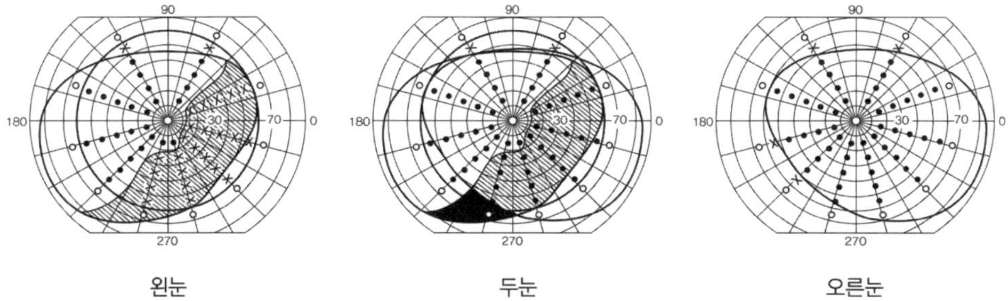

• 예: 〈그림 4-5〉의 예시와 동일한 시야검사결과로 오버레이 격자를 이용하면 〈그림 4-6〉과 같다. 오른눈과 두눈시야는 정상이다. 흰 점은 정상시야의 한계범위, 검은 점은 정상시야범위 내 보이는 부위, 가위표는 정상시야 범위 내 보이지 않는 부위를 나타난다. 정상적으로 위쪽과 코쪽은 시야범위가 적어 〈그림 4-6〉과 같이 50-60° 내에 보이지 않는 부위(4점)가 생기고 귀쪽 부위는 시야범위가 넓어 60° 바깥쪽도 보이는 부위(4점)가 있으므로 중간주변부 암점이 없다고 가정하여 시야점수를 계산하면 전체 시야범위 내 보이는 격자눈금의 수는 100-4+4로 시야점수는 100이다. 다음으로 주변시야한계 점수(100점)에서 암점에 해당하는 가위표의 갯수(18점)를 빼면 최종 점수는 82점이다. 시야결손으로 인한 시야-관련 장해비율은 100에서 기능시야점수를 뺀 값이다〈표 14〉.

〈표 14〉 시야관련 장해비율의 계산(field-related impairment rating)

측정된 시야범위	시야점수
두눈시야 : ___________	두눈시야점수 VFSOU :_____ X3 = a
오른눈시야 : ___________	오른눈시야점수 VFSOD :_____ X1 = b
왼눈시야 : ___________	왼눈시야점수 VFSOS :_____ X1 = c

두눈, 오른눈, 왼눈 시야점수를 각각 구한 뒤 두눈시야점수는 3배의 가중치를 주고 합산한 수치를 5로 나누어 평균을 구한다.

$$\text{기능시야 점수(FVS)} = \frac{a+b+c}{5}$$

100-기능시야점수 = 시야관련 장해비율

다) 두눈 시야를 고려해야 할 경우의 시야-관련 장해비율 계산의 예

예를 들어, 왼눈 귀쪽 시야결손을 보이는 환자의 검사 결과가 〈그림 4-7〉과 같을 때,

시야점수는 왼눈은 100−20=80점, 오른눈은 100점, 두 눈은 100−4+4=100점이므로 기능시야점수는 80+100+100*3/5=480/5=96점이 된다. 시야 장해비율은 100−96=4(%)가 된다.

타. 기능시각점수 및 시각장해 비율

1) 기능시각점수 및 시각장해 비율의 계산

가) 기본 계산공식

기능시각점수 = 기능시력점수×기능시야점수/100

예를 들어 기능시력점수가 80점(20%의 시력−관련 장해비율)이고 기능시야점수가 75점(25%의 시야관련 장해비율)이라면 기능시각점수는 80(%)×75(%) = 60(%)(40%의 시각장해비율)로 계산된다. 이 계산공식에서 주의해야 할 점이 있는데, **반드시 기능시력점수 및 기능시야점수를 대입해야 하며 장해비율을 대입하면 잘못된 결과가 나올 수 있다.** 시각장해비율은 '100−기능시각점수'이다. 단, 부적합한 계산을 피하고자 다음 추가 규칙을 제시하고 있다.

첫째, 일반적으로 건강한 눈의 수행능력은 표준 수행능력보다 좋은 경우가 많고, 표준능력 이하로 감퇴된 경우에만 장해비율에 포함될 수 있다. 즉 평균이상의 수행능력은 기능점수 산정에 포함시키되 장해비율 감소로는 계산하지 않는다. 또한 100점을 초과하는 기능시력 점수 및 시야점수는 100점으로 계산하여야 한다. 둘째, 임상적으로 시야가 정상이라 판단되거나 시야검사 결과를 사용할 수 없는 경우 기능시야점수는 100으로 추정하여 사용하게 되므로 기능시각점수는 기능시력점수와 같아지고, 시각장해비율은 시력관련 장해비율과 같게 된다.

나) 중심암점에서의 법칙(시력손실과 시야결손이 독립적이지 않은 경우)

중심부근암점(paracentral scotoma)의 경우 중심시력에는 영향을 주지 않더라도 일상생활에 유의한 장해를 유발할 수 있으므로, 시야 격자의 중심 10°의 점들의 조밀한 배열로 장해 계산에 포함되며 이는 타당하다 사료된다. 그러나 암점이 주시점을 포함하여 시야중심에 위치한다면, 암점이 시력과 시야 장해 모두에 영향을 주기 때문에, 시력과 시야는 독립적인 변수가 되지 못한다. 따라서 중심암점이 있는 경우, 기본 계산공식에 의해 시각장해비율을 산출한다면 중심암점으로 인한 장해가 2배로 계산될 오류가 발생할 수 있다. AMA 5판에서는 시력저하 정도에 비례하여 중심시야장해는 고려되지 않을 수 있도록 보정하는 규정을 설정하였으며 만일 시력이 감퇴되어 일부 중심 시야결손이 검사상 측정되지 않는 경우에도 보정해야 한다〈표 15〉.

〈표 15〉 중심암점에 대한 보정(correction for central scotoma)

예상시력점수	100~90	89~80	79~70	69~60	59~50	49 이하
시력점수의 손실량 예상	0~10	11~20	21~30	31~40	31~50	51 이상
예상시력	〉20/30	〉20/50	〉20/80	〉20/152	〉20/200	≤20/200
중심시야결손을 무시할 수 있는 범위	–	2°	4°	6°	8°	10°

다) 추가로 보정해야 할 사항

시력이나 시야검사에서 반영되지 않으나 시기능에 영향을 미칠 수 있는 섬광감도(glare sensitivity), 눈부심(photophobia), 눈부심 회복 지연, 광순응과 암순응의 감소 및 지연, 색각이상, 양안시, 입체시, 억제, 복시 등의 시기능장해가 심각할 정도로 있다면 이에 대한 보정이 필요하다. 상기 기능 대부분에서, 표준화된 노동능력 평가를 기본으로 하는 표준 측정 기법이 아직 확립되지 않았다. 또한 환경적 요구에 따라 매우 다양하게 변화될 수 있으며, 이들 영향이 시력상실에 대한 평가에서 부분적으로 고려될 수도 있다. AMA 지침상 구체적인 적용방법에 대한 상세한 언급은 없으나 AMA 4판에서는 그 장해 정도에 따라 5-10%의 시기능장해를 가산해 주도록 규정하고 있으며 5판에서는 시각계 장해 비율을 최대 15점까지 상향하는 쪽으로 규정되어 있다. 위와 같은 규칙이 중심암점의 경우에도 적용된다. 단, 시각 점수의 감산은 관련된 시력 또는 시야결손의 영향을 초과하는 범위 내에서만 허락된다. 예를 들어 정상시력과 정상시야를 가진 선천성 암순응장애는 이 질병에만 한정된 장해비율을 받을 수 있다. 막대세포이상증의 경우 시야결손 및 암순응장애도 보이지만, 장해비율은 시야결손에 의해서만 결정되고, 암순응장애에 의한 추가적 비율은 계산되지 않는다. 다른 예로, 황반변성에 의한 시력손실 환자의 경우 대부분 대비감도의 손상을 보이나 장해비율은 주로 시력손실에 의해 좌우되므로, 대비감도 감소는 추가 장해에 해당되지 않는다. 가끔 정상시력에 비해 심한 대비감도 손상이 있다면, 대비감도 손상에 기초하여 장해비율을 한정적으로 인정할 수 있다. 미미한 색각장해는 남자의 약 5%에 존재한다. 이는 전반적 일상생활 활동에 별다른 어려움을 야기하지 않으므로 일반적 장해 평가 요소에는 포함시키지 않는다. 하지만 색과 관련된 특정 직업의 채용에 영향을 줄 수 있다. 보통 완전 색맹은 드물고 시력손실과 동반되는 예가 많아 장해 비율은 시력손실 정도에 따라 결정한다.

2) 전신장해의 계산(impairment of the whole person)

〈표 16〉을 이용하여 전신장해를 구한다.

〈표 16〉 시각장해와 전신장해의 분류

1단계(Class 1) 0%~9% 전신장해	2단계(Class 2) 10%~29% 전신장해	3단계(Class 3) 30%~49% 전신장해	4단계(Class 4) 50%~61% 전신장해	5단계(Class 5) 62%~73% 전신장해	6단계(Class 6) 74%~85% 전신장해
시각계 장해비율 visual system impairment rating(시각능력의 손상을 추정)					
0%~9%	10%~29%	30%~49%	50%~69%	70%~89%	90%~100%
기능적 시각점수 functional vision score (FAS)(시각능력을 추정)					
FVS : ≥91점	FVS: 90~71점	FVS: 70~51점	FVS: 50~31점	FVS: 30~11점	FVS: ≤10점
정상시각 범위 (normal)	정상-근접 범위 (mild)	중등도 시각 손상 (moderate)	고도 시각 손상 (severe)	현저한 시각 손상 (profound)	완전 시각 손상 (near-or total)
두눈 시야가 정상이고 시력이 다음과 같을 때					
시력이 20/25 이상	시력이 20/60 이상	시력이 20/160 이상	시력이 20/400 이상	시력이 20/1000 이상	시력이 20/1000 이하
두눈 시력이 정상이고 시야는 다음과 같을 때					
시야범위가 50°이상	시야범위가 30°이상	시야범위가 10°이상	시야범위가 10°이하	시야범위가 6°이하	시야범위가 2°이하
	한눈 시력 20/200 이하; 반대안은 정상	한눈 시력 20/200 이하; 반대안 시력 20/80	한눈 시력 20/200 이하; 반대안 시력 20/200		
	한눈 실명; 반대안은 정상	두눈 상측 시야상실	두눈 하측 시야상실		
			동측 반맹		
추정되는 일상생활 활동 수행능력					
정상(또는 정상-근접) 수행능력					
여분의 보유능력	여분의 능력소실	시각 보조도구 필요	보조도구에도 불구하고 정상 보다 느린 행동	보조에도 불구 하고 경계선상 의 시각적 수행 능력	시각적으로 행동할 수 없 음: 시각대체도 구 필요

* 시각장해가 50% 이하일 때는 전신장해와 같다. 만일 시각장해가 50% 이상일 때는 전신상해 = 50+0.7×(시각계 장해-50) 공식을 통한 조정이 필요하다.

- 예 1: 주시점을 포함한 중심시력 소실로 확대경을 써야 책을 읽을 수 있는 68세 환자. 오른눈, 왼눈, 두눈 시력이 모두 20/160으로 감소하여 시력점수를 계산하면 55점이고, 시야검사상 각 경선에서 1°, 3°, 5°의 모든 격자눈금에서 보지 못하였으므로 시야점수는 100−10×3 = 70점이다. 그러나 중심암점에 대한 규정〈표 15〉 상 중심시야 8° 내 암점은 무시할 수 있으므로 기능시야점수는 100점으로 대입하여 기능시각점수는 기능시력점수×기능시야점수/100 = 55×100/100 = 55, 시각장해 비율은 100−55 = 45%이며 〈표 16〉에 의해 전신장해를 구하면 45%가 된다.
- 예 2: 외상으로 인해 오른눈 눈알위축이 있는 28세 환자.

  첫째, 시력장해는 6 m에서 원거리 교정시력은 오른눈 빛 인지 없음. 왼눈은 20/15, 두눈 또한 20/15으로 측정되었다. 〈표 10〉에 따르면, 오른눈 시력점수는 0, 왼눈 시력점수는 105이며 두눈 시력점수 또한 105이다. 〈표 11〉을 이용하면 0+105+105×3/5 = 420/5로 기능시력점수 FAS는 84이며 시력관련 장해비율은 100−84 = 16%이다.

  둘째, 시야장해는 골드만수동시야계로 두눈 시야를 측정하여 오른눈은 시야가 완전 결손이며 왼눈은 〈그림 4-4〉대로 10개의 경선에 해당하는 시야를 통해 〈표 13〉의 환산표를 이용해 시야점수를 구하여 합하면 100, 두눈으로 측정 시 또한 100으로 측정되었다. 〈표 14〉를 이용하면, 오른눈은 완전시야상실이므로 시야점수는 0, 왼눈 및 두눈은 모두 시야점수는 100이다. 그러므로 0+100+100×3/5 = 400/5로 기능시야점수(FVS)는 80이며 시야관련 장해 비율은 100−80 = 20%이다.

  셋째, 기능시각점수 및 시각장해비율을 보면 기본 계산공식에 따라 기능시각점수는 84×80/100 = 6720/100 = 67.2%으로 67이며, 시각장해비율은 100−67 = 33에 해당한다고 판정하는 것은 잘못이다. 왜냐하면 이 경우 시력손실과 시야결손이 독립적이지 않기 때문이다. 즉 시야결손이 주시점을 포함하기 때문에 중심암점 법칙을 적용하여야 한다. 즉 왼눈의 100% 시야장해가 왼눈의 100% 시력손실을 초과할 수 없기 때문에 시야장해는 무시되어 기능시야점수는 0이 되어 0% 장해로 계산되므로 기능시각점수는 기능시력점수와 같게 된다. 즉 84가 기능시각점수며 100−84 = 16%의 시각장해로 산출되어 〈표 16〉에 따라 16% 전신장해가 된다.

파. 근거리시력(가독시력)의 측정

앞서 언급했듯이 기능시각점수를 계산하는데 근거리시력의 적용 여부는 선택적이다. 원거리시력과 근거리시력 간 유의한 차이가 있다면 검사하는 것을 권한다. 이러한 경우 〈표 7〉을 통한 근거리시력에 대한 기능시력점수와 원거리시력에 대한 기능시력점수의 평균을 사용하도록 한다.

1) 근거리시력 대 원거리시력

근거리시력 측정은 축소된 시력표 또는 연속된 문구를 이용할 수 있으나 기능시각을 측정한다는 의도를 고려하면 후자를 사용해야 할 것이다. 대부분 적절한 굴절교정으로 근거리와 원거리 시력은 유사해진다. 즉 차이가 존재한다면 측정 오류, 부적절한 굴절교정 등의 원인을 우선 고려해야 한다. 또한 부정확한 시표 크기 표기법이 사용이 원인이 될 수 있다. 우선, 일부 시력표에서 적용하고 있는 인쇄활자 크기의 표기법은 정해진 검사거리에서 측정한 경우에만 타당하므로 검사거리가 달라지면 혼란을 야기하므로 주의가 필요하다. 둘째 〈표 7〉에 열거된 J-번호는 일반적으로 사용하는 Jaeger 숫자로서 J 시력표라고 지칭된 많은 근거리시력표에서 각각의 시표 크기에 따른 범위를 나타낸다. 셋째, 원거리와 근거리 시력 간 비교가 가능한 시표 크기 단위는 M-단위 M-unit로서 이는 실제 시표 크기를 직접 나타낸다. 1M-단위는 1.454 ㎜로서 1 m에서 5분각도(5 minutes for arc at 1 m)를 나타낸다.

2) 근거리시력 측정 지침

두눈보기 읽기가 가능하다면 두눈보기 근거리시력(binocular reading acuity)을 기록한다. 만약 힘들다면 실제 읽기가 편한 눈의 근거리시력을 사용한다. 규격화된 문장으로 되어 있으면서, 동일한 길이에 일정 비율의 줄 간격을 가진 구획으로 표시된 것이 좋다. 검사거리에 주의하며 디옵터자(diopter ruler)가 유용하다. 또한 M-단위의 시표 크기를 이용해야 계산, 비교가 가능하다. 근거리 시력표의 대부분은 거리등가법(distance equivalents)을 나타내므로 지정된 거리에서 사용되었을 때만 유효하다는 것을 기억해야 한다. 대부분 시각장해 평가를 받는 환자들은 저시력 범위에 해당되므로 더 짧은 검사 거리 및 더 큰 글씨의 시표가 요구된다. 굴절교정이 검사 거리에 맞게 이뤄졌는지 확인하기 위해, 시력표를 앞뒤로 움직여 최상의 초점을 찾는 방법이 유용하다.

3) 장해비율 측정법

검사 거리와 시표 크기의 적절한 결합을 파악하기 위해서는 개인의 일반적 독서 습관 또는 조절력에 해당하는 검사 거리를 찾는다. 이 거리에서 검사를 시작한 후, 검사 거리를 점차 줄여 최대한 작은 글씨까지 읽도록 한다. 장해비율은 〈표 5〉에서 교차점을 찾거나 M × D 공식과 디옵터자를 이용하여 1/V 값을 계산하여 결정한다.

〈표 5〉의 시력값은 표준 스넬렌 분수(V=m/M)를 사용하여 계산한다.

V=m/M 검사 거리 (미터) 자체가 분수인 경우에는 표준 스넬렌 분수 방법을 사용하는 것이 더 불편할 수 있으므로 다음의 수정 공식으로 사용한다.

$$1/V = M/m = M \times (1/m) = M \times D$$

M = "M-단위"로 표시된 시표 크기

m = 미터로 표시된 검사 거리

D = 디옵터로 표시된 검사거리

6. 노동력상실 평가의 정의

손상이나 사고로 인한 손해배상을 함에 있어, 치료 종결 후 후유장애와 그에 따른 노동력상실 정도를 정당하게 평가하는 것은 매우 어렵고 또 신중해야 한다. 후유장애 정도는 가능한 모든 치료와 노력을 다한 다음에 피해자의 의학적 상태가 안정되고 재훈련 회복에 관한 모든 가능한 노력을 마친 후에 평가되는 것이 원칙이며, 5년 단위로 재평가하거나, 일정 기간 후 노동력상실을 재평가하는 것도 나라에 따라 시행되고 있다. 우리나라의 손해배상에 관한 재판 실무에서는 맥브라이드의 노동력상실 평가방법(소위 맥브라이드식), 미국의학협회 신체장애 평가방법(AMA식), 국가배상법 시행령의 규정 또는 근로기준법(산재보험법) 시행령의 보상일수를 %화하여 사용하여, 피해자 및 재판관도 매우 혼란스러운 실정이다.

Ⅵ. 감정서 작성

1. 감정의 정의와 근거

가. 신체감정이란 교통사고, 산재사고 등 신체손상을 원인으로 한 손해배상청구 사건에서 법원이 피해자의 장해내용과 정도, 노동능력상실률 및 향후 치료비를 판단하기 위한 자료를 얻기 위하여 병원에 의뢰하는 것을 말한다.

나. 감정이란 소송의 제3자가 특별한 지식과 경험에 속하는 법칙 또는 그에 근거한 구체적 판단을 하는 것이다. 감정인은 민사소송에서는 전문적 지식과 경험을 바탕으로 법률적 사실의 판단을 법원에 보고하도록 명령받은 제3자로서 병원과 법인도 감정인이 될 수 있으나, 형사소송에서는 감정 내용을 사실인정의 자료로 사용하므로 법원에서 명한 자이다(민소법 제314조, 형소법 제109조). 그러므로 감정서는 법원으로부터 지시된 감정사항에 대하여 감정인(의사, 치과의사)이 결과를 기재한 의료문서이며, 일반적으로 법원에서 판사가 감정

사항을 지정하여 요구하고 있다.

2. 신체감정과 관련한 의문사항

가. 피감정인의 과장된 호소, 꾀병

신체감정 시 감정 환자의 과장된 주관적 호소 등이 장해판정에 어떤 영향을 미칠 수 있는지 여부이다. 일반적으로 주관적 호소를 참고로 하나 판정의 구체적인 근거는 되지 못하며, 객관성 있는 진찰소견, 검사소견과 일치할 때 장해 판정의 근거가 된다.

나. 조기 감정의 문제점

아직 치료가 종결되지 않았는데 감정을 요구하는 경우이다. 의사에 따라서 수상 후 6개월 내지 1년이 지난 후에 감정하는 경우가 일반적이나 1년이 지난 후에도 치료가 종결되지 않아 재판이 지연되는 경우가 종종 있다. 감정은 치료가 종결되어 후유장해가 고정된 후에 하는 것이 원칙이겠으나, 신속한 재판, 당사자의 조속한 피해구제 등 현실적인 문제 때문에 과거의 임상경험을 토대로 치료 후 후유장해를 추정하여 감정서를 작성하기도 한다.

다만 후유장해를 추정하여 평가한다 하더라도 최소한의 치료기간이 필요할 것인 바, 감정의사에 따라 수상일로부터 6개월~1년 정도를 최소한의 치료기간으로 보는 경우가 대부분이다. 그러나 이것은 일반적인 경우일 뿐, 피감정인의 수상부위, 치료경과에 따라 가변성이 매우 커 감정의사의 재량에 맡기는 것이 타당할 것으로 판단된다.

3. 감정료의 청구

가. 감정인은 여비, 일당 및 숙박료, 감정을 위한 검사료, 감정료 등을 소송비용으로 판결 전에 청구하여야 한다(형소법 제178조, 민소법 제4조 및 제11조). 신체감정이란 개인의 신체상 손상과 관련된 특정한 사항을 판단하기 위하여 의사나 치과의사가 발급하는 의학적 보고 문서로서 별도의 증거조사를 거치지 않고 바로 사실인정과 판단의 자료로 사용된다.

나. 의학적 신체감정에는 신체의 손상과 관계된 민사상 손해배상청구를 위한 민사감정과 인정여부와 관련된 형사감정 및 일상생활에서 의학적 진실을 요하는 가사감정이 있다.

참고문헌

[단행본]

1. 김명래, 김종열. 치과 의료와 관련된 진단서 및 감정서의 작성과 실례. 지성출판사 1996.
2. 엄부섭. 안과 검사. 내외학술 2013.
3. 손명세, 이경석, 박동식, 원종욱, 정양국 외 (편). 대한의학회 장애평가기준 – 해설과 사례 연구. 박영사 2011.
4. McBride ED. Disability Evaluation and Principles of Treatment of Compensable Injuries. 6th ed. JB Lippincott Co. 1963.

[논문]

1. 김영태. 허위 진단서 작성죄의 구성 요건 등에 대한 고찰. 의료법학 2009;10(2):115-50.
2. 문현호. 진단서, 처방전과 관련된 최근의 쟁점. 의료법학 2013;14(2):49-80.
3. 박달현. 공무원인 의사가 공무소 명의의 허위진단서를 작성한 경우에 성립하는 죄책. 안암법학 2012;37:201-35.
4. 배현아. 의사의 진단서 작성과 관련된 사회적-법적 책임. Ewha Med J 2013;36(2):101-11.

[기타]

1. 진단서 등 작성 · 교부 지침. 대한의사협회 2015.

제5부 법원 안과 소송 판례분석

01 굴절수술 관련 소송

Ⅰ. 라식수술 후 각막확장증이 생긴 29세 여자

1. 사건번호

○○지방법원 2006. 12. 21. 선고 2004가합20013 판결

2. 소송 결과

원고 일부 승(위자료)

3. 원고와 피고

가. 원고: 환자, 남편, 자녀 2명

나. 피고: A개인안과 의사1

4. 사건 요약

가. 원고는 1999. 6. 18. A안과에서 양안 -6.5디옵터(D)를 교정하는 라식(laser in-situ keratomileusis, 레이저각막절삭성형)을 받았다.

구 분	교정시력	안압	각막두께	굴절	각막곡률반경
우안	1.0	9mmHg	500㎛	근시 -6.50D 난시 -0.25D	가로 42.50 세로 42.75
좌안	1.0	11mmHg	500㎛	근시 -6.75D 난시 -0.75D	가로 42.50 세로 43.00
비고		정상범위 10-20mmHg	평균 510-530㎛		

나. 1999. 11. 16. 각막두께는 우안 420㎛, 좌안 450㎛, 굴절이상은 우안 -1.25D, 난시 -0.25D, 좌안 근시 -1.50D, 난시 -0.75D로 좌안 2차 수술을 하였다.

다. 2002. 8. 10. 좌안 -7.50D, 난시 -4.50D로 좌안 각막확장증(keratectasia)을 확인

하고 산소투과렌즈(rigid gas permeable lens, RGP 렌즈)를 처방하였다.

라. 2004. 6. 23. 좌안 근시 -10.00D, 난시 -5.00D이었다.

마. 2005. 5월 B대학병원에서 검사한 바 좌안 나안시력 0.03, 최대교정시력 0.2, 전체 각막두께는 355㎛이었다.

5. 원고와 피고의 주장

가. 원고의 주장

1) 각막 절삭 시 오차가 생길 수 있으므로 최소한 잔여 각막두께를 320㎛ 이상 확보하는 것을 전제로 수술하지 않고, 1차 수술에서는 좌안 교정에 실패하고 2차 수술을 하면서 각막을 과다 절삭한 과실이 있다.

2) 라식수술로 인하여 각막확장증이 발생할 수 있다는 점을 설명하지 않았다.

3) 2002. 8. 10. 특수렌즈를 처방하면서 각막확장증이 발생한 사실을 알리지 않는 등 특수렌즈 처방 이유와 처방에 따른 주의사항 등을 정확히 고지하지 않았다.

나. 피고의 주장

1) 당시 잔여 각막두께는 250㎛만 확보하면 된다는 것이 의료계에서 일반적으로 받아들여지는 이론으로 피고도 250㎛의 두께를 확보하였고 각막절편 생성 및 각막 절제는 목표 교정수치를 입력하면 기계에서 자동으로 실행되므로 피고에게 과실이 있다고 할 수 없다.

2) 각막확장증이 피고 행위로 인한 것임이 명백하지 않은 이상 피고가 각막확장증 발생 가능성을 설명하지 않았다고 하여 설명의무 위반이라고는 할 수 없고,

3) 당시 잔여 각막두께를 250㎛ 이상을 확보한 상황에서는 각막확장증이 예상할 수 있는 부작용이라고는 할 수 없으며,

4) 2002. 8. 10. 특수렌즈를 처방하면서 사용방법이나 생활상 주의사항을 함께 설명하면서 그 렌즈를 착용하여야 시력이 떨어지지 않는 것이고 추후 경과를 확인하겠다고 설명하였으므로 피고에게 어떠한 의무 위반도 없다.

6. 사건의 쟁점

가. 라식수술에서 의사 과실 여부

1) 라식수술 후 잔여 각막두께가 250㎛ 이상이면 안전하다는 것이 현재까지도 의료계에 일반적으로 알려진 지식이며 수술의 부정확성에 의한 오차를 감안하더라도, 2차 수술 당시 오차를 70㎛(320㎛ − 250㎛)으로 보아야 한다고는 할 수 없다.

2) 각막이 현재 얇아진 것은(355㎛) 각막확장증이 발생하였기 때문이고, 각막확장증 발생은 개인차가 있을 수 있고 잔여 각막이 얼마 이하면 생긴다는 명확한 경계는 없어, 현재 각막두께가 355㎛란 점과 각막확장증이 발생했다는 점만으로는 피고가 2차 수술에서 과다 절삭했음을 추인하기에 부족하다.

3) 각막절편 두께는 미세 각막절삭기가 일률적으로 정하는 것이고, 나머지 각막 조직을 절제하는 정도는 목표 굴절 수치에 따라 레이저 기계가 자동으로 절제하므로, 좌안 각막이 과다하게 절삭된 것이 사실이더라도, 목표 굴절 수치를 과다하게 설정하였거나 수술 전 각막두께가 충분하지 않았음에도 무리하게 수술하였다는 등의 다른 잘못에 대한 주장에 입증이 없는 한 과다 절삭되었다는 점만으로 피고에게 과실이 있다고 할 수 없다.

나. 설명의무 위반 여부

1) 각막확장증은 라식수술의 전형적인 부작용인 사실을 인정할 수 있다(피고가 수술 당시 잔여 각막두께 250㎛ 이상을 확보하려고 의도하였더라도 각막확장증이 라식수술로 발생할 수 있는 부작용 중 하나임을 예상할 수 없었다고는 할 수 없다). 그런데 피고는 라식수술로 인하여 5% 정도 시력이 감퇴할 수 있다는 설명만 하였고, 각막확장증 발생 가능성에 대하여 1차 및 2차 수술에서 원고에게 설명하였음을 달리 인정할 증거가 없어, 원고에게 정신적 손해를 배상할 의무가 있다.

2) 라식수술 전 안압이나 각막두께가 정상이었고, 각막확장증이 라식수술의 전형적인 부작용이므로 특별한 사정이 없는 한 좌안 각막확장증은 라식수술로 인한 것이라고 볼 수 있다.

다. 2002. 8. 10. 진료의무 위반 여부

1) '의사가 진료과정 중 또는 진료 후 진료목적의 최대실현을 위해 환자가 실천해야 하는 사항, 주의사항 등을 지시, 권고할 의무'(지도의무 또는 진료적 설명의무, 이하 지도의무라 한다)를 위반하였는지에 관한 문제로,

2) 피고는 2002. 8. 10. 원고에게 특수렌즈를 사용하지 않으면 시력이 나빠진다는 취지로만 고지하면서 특수렌즈를 처방하였을 뿐, 각막확장증의 발생, 진행을 특수렌즈로 억제하지 않을 경우 결과 및 그 심각성에 대하여는 정확하게 알리지 않았다.

3) 각막확장증이 2002. 8. 10. 이후 계속 악화되었고, 각막확장증은 특수렌즈만이 유일한 진행 억제책이며 각막확장증 진행을 방치할 경우 실명할 수 있다는 점을 보면, 피고가 2002. 8. 10. 원고에 대한 진료의무를 게을리하여 각막확장증 악화에 기여한 과실이 있다. 따라서 피고는 각막확장증이 악화되어 발생한 손해(진료의무에 관한 과실로 위자료의 범위로 한정되지 않음)를 배상할 의무가 있다.

7. 손해배상의 범위

가. 자기결정권 침해로 인한 위자료: 100만원

원고의 자기결정권이 침해되어서 다른 원고에게도 정신적 손해가 발생하였음을 인정할 증거는 없어 원고에 대한 위자료 100만원 만 인정한다.

나. 지도의무 위반으로 인한 손해액: 없음

좌안 각막확장증이 2002. 8. 10. 이후로 악화되었고, 현재 노동능력상실률이 7%(원고들이 주장하는 노동능력상실률 24%는 원고의 좌안 시효율이 0%인 경우를 전제한 경우이고, 현재 좌안 시효율은 72%이다) 중 어느 정도가 피고의 8. 10. 지도의무 위반으로 인한 악화 정도인지를 인정할 증거가 없다.

다. 기왕 치료비: 없음

원고의 치료비를 지급한 것이 피고의 2002. 8. 10. 지도의무 위반으로 인한 악화에 기인한 것임을 인정할 증거가 없다.

라. 위자료: 환자 1,000만원, 환자의 남편 100만원, 환자의 자녀 2명 각 50만원

마. 총 금액: 1,300만원

8. 사건의 해석

가. 라식수술 후 발생한 각막확장증으로 시력이 떨어져 라식수술 중 과실과 설명의무 위반으로 소송이 제기되었다. 수술의 과실은 인정되지 않았으나 설명의무 위반에 대한 자기결정권 침해로 위자료를 지급한 경우이다.

나. 라식수술(laser associated stromal in-situ keratomileusis, LASIK)

굴절이상을 교정하는 수술로서 미세각막절개도(microkeratome)로 일정한 두께의 각막절편을 만들어 이를 젖힌 후 엑시머레이저로 각막기질을 절제하여 굴절이상을 교정하는 수술이다. 굴절력이 1년 동안 0.5D 이상 변한 경우, 근시에서 각막두께가 500㎛ 이하인 경우, 나안시력이 좋은 경우 등은 라식수술에 부적합하다.

다. 각막확장증

1) 각막이 안압을 이기지 못하고 일정 부위가 커지는 현상으로, 특수렌즈로 어느 정도 진행을 억제시키기도 하나 심하면 각막이식수술을 받지 않으면 실명할 수 있다. 발생원인은

명확하지 않고, 대부분의 각막확장증은 수술 후 전체 두께가 400㎛ 이하이며 잔여 각막이 250㎛ 이하인 경우 발생했다고 하나, 어떤 위험인자 없이 각막확장증이 생긴 경우도 있다. 라식수술 시 각막확장증 등의 부작용을 막기 위해 잔여 각막두께(전체 각막두께에서 각막절편의 두께를 제외한 나머지 부분의 두께)를 250㎛ 이상 남기는 것이 바람직하다.

2) 라식수술 시행에서 의사 과실은 없지만 환자의 시력과 젊은 나이를 생각할 때 아쉬운 점이 남는다. 안전하고 합병증이 없는 방향으로 수술을 결정하는 것이 환자와 의사 모두에게 바람직하겠다.

9. 같은 일이 다시 일어나지 않으려면

가. 수술 전 충분한 설명

설명의무를 위반하지 않으려면 수술과 시술 전 방법과 내용을 충분히 설명하고, 합병증에 대해 환자에게 주지시키고 설명하였음을 의무기록에 남기는 것을 습관화해야 한다. 라식수술 후 각막확장증은 드물지만 생길 수 있고, 시력 예후가 나쁘기 때문에 반드시 설명해주고 발생할 경우에 대한 치료 방법과 예후 등에 대해서도 알려주어야 한다.

라식수술같은 굴절교정수술은 시력이 좋은 상태에서 하고 질병으로 인한 수술이 아니므로 환자의 수술에 대한 기대나 요구도가 높을 수밖에 없고, 문제가 생기면 손해배상액이 많다. 따라서 더욱 세심한 설명과 수술대상 선정에 주의가 필요하다.

Ⅱ. 라식수술 후 생긴 원추각막으로 양안 시력이 저하된 23세 여자

1. 사건번호

가. ㅇㅇ지방법원 2009. 5. 28. 선고 2008가합107110 판결

2. 소송 결과

원고 일부 승(위자료)

3. 원고와 피고

가. 원고: 라식수술을 받은 23세 여자
나. 피고: 개인안과 의사1

4. 사건 요약

가. 원고는 2000. 4. 18. 의사1에게 라식수술을 받았다.
나. 이후 점차 시력이 저하되어 2003. 6. 23. 양안 원추각막과 혼합난시 진단을 받았다.

5. 원고와 피고의 주장

가. 원고의 주장

각막이 얇아 라식수술 적응증에 해당하지 않는데 라식수술을 하였으며 수술과정에서 각막을 너무 많이 깎아 원추각막이 발생하였다. 피고가 다른 시력 교정방법 등에 관하여 설명하지 않은 잘못이 있다.

6. 사건의 쟁점

가. 라식수술 과정 상의 주의의무 위반으로 원추각막이 발생하였는가?

수술 전 징후 없이 라식수술 후 원추각막이 발생하였으며 원추각막이 라식수술의 중요 부작용 중의 하나인 점에 비춰 원추각막이 시술로 인해 발생한 것으로 추정할 수 있으나, 원고는 라식수술 적응증에 해당하고, 각막 절삭은 기계에 의하는 것으로서 각막을 과도하게

절제하였다고 보기는 어려우므로 위 주장은 이유 없다.

나. 피고가 다른 시력 교정방법에 관한 설명을 하지 않는 등 설명의무를 위반하였는가?

원추각막은 발생 빈도가 매우 낮으나, 심각한 결과를 초래할 수 있으며 시력교정수술은 치료를 목적으로 하는 다른 수술과 의미가 달라 환자의 선택권이 충분히 존중되어야 한다는 점, 피고가 원고에 대한 시술과정에서 통상의 경우보다 좁은 부위에 레이저를 조사하였고 이는 각막실질의 손상을 최소화한 것으로 피고도 원고의 각막실질이 지나치게 얇아지면 문제가 발생할 수 있음을 의식하고 있었던 것으로 보이는 점 등을 고려하면 피고로서는 원고에게 엑시머수술과 라식수술의 장단점을 충분히 설명하여 선택할 기회를 부여하지 않은 과실이 있다.

7. 손해배상의 범위

위자료: 피고의 설명의무 위반으로 인한 손해배상책임은 원고의 정신적 손해에 대한 위자료로 한정되고, 시술의 성격, 시술 후 경위와 결과, 설명의무 위반의 정도, 원고의 나이 등을 참작하여 2,000만원으로 정함.

8. 사건의 해석

이 사례는 굴절교정수술 후 드물게 발생하는 원추각막에 대해 수술과정 상의 과실과 설명의무 위반을 주장하였으나 설명의무 위반에 의한 정신적 손해만 인정된 경우이다. 설명의무 위반에 관한 명확한 기준이 없고, 설명의무는 환자의 이해도에 맞추어 판단하기 때문에 의료소송이 생기면 피하기 매우 힘들다. 이를 염두에 두고 항상 환자에게 충분히 설명하고 의무기록 등에 그 증거를 남겨두는 것이 환자와 의사 모두에게 도움이 될 것이다.

9. 같은 일이 다시 일어나지 않으려면

가. 굴절수술 전 검사로 위험인자를 가진 환자를 감별해낸다

1) 시력검사(나안, 교정), 굴절검사(현성, 조절마비), 대비감도와 안압측정, 세극등현미경검사, 안저검사, 각막곡률검사, 각막지형도, 동공크기검사, 각막두께측정, 각막내피세포와 전방깊이 검사, 눈물검사, 우세안 측정, 파면수차 검사 등을 한다.

가) 각막곡률계: 수술 전 각막곡률을 확인한다. 수술 전후 불규칙난시나 원추각막이 있는지를 확인할 때 도움이 되며, 나중에 백내장수술을 할 때 인공수정체 도수 결정에도 도움

이 되므로 정확히 측정해야 한다.

나) 각막지형도: 각막지형도는 라섹이나 라식 등 각막을 깎아내는 수술에서 많은 정보를 주며 필수적인 검사이다. 플라시도원반 혹은 주사세극(slit-scan, scheimpflug) 카메라를 이용하여 각막곡률, 각막 표면과 후면의 지형, 각막두께, 전방깊이 등을 측정할 수 있다. 불규칙난시, 콘택트렌즈에 의한 각막변형, 원추각막, 기타 각막확장증 등의 진단에 도움이 된다.

다) 각막두께: 수술 전 각막두께 측정은 수술 종류와 수술 조건 결정에 중요한 요소이며, 또한 수술 후 잔여 각막두께도 계산할 수 있다. 수술 시 각막을 절삭하고 남는 각막두께가 너무 얇으면 수술 후 원추각막, 각막확장증 등이 생길 수 있다.

나. 굴절수술 전 환자 선택에 주의한다

1) 환자 나이는 18세 이상이어야 하며, 진행성 굴절변화를 방지하기 위해 굴절력이 안정된 상태여야 한다. 기대치가 비현실적인 환자는 제외하는 것이 바람직하다.

2) 노안에서는 굴절교정술이 단지 원거리시력을 교정할 뿐이라는 것을 설명한다. 30대 후반이나 40대 초반에서는 굴절교정술 후 근거리 보기가 더 힘들 수 있고, 경우에 따라 근거리 안경이 필요하다는 점을 주지시킨다.

3) 동공이 6㎜ 이상인 경우 수술 후 야간운전 시 눈부심이 나타날 수 있음을 설명한다. 수술 전 어두운 조명에서 동공 크기가 7㎜ 이상이면 엑시머레이저표면절제술을 권하지 않는 것이 바람직하다.

4) 수술 후 성공적인 결과를 위해서는 다른 눈수술과 마찬가지로 과거와 현재 병력, 가족력, 사회직업적 특징을 포함한 문진과 철저한 사전검사가 필요하다. 켈로이드 체질의 경우, 수술 후 각막혼탁 증가의 위험성이 확인되지 않았다는 보고가 있지만 주의하는 것이 바람직하다. 원추각막, 단안시력을 가진 경우, 각막질환, 심한 건성안, 표층점상각막진무름을 동반한 진행된 각막염, 헤르페스각막염의 과거력, 반복각막진무름, 광범위 혈관화, 각막반흔, 포도막염, 망막염, 토끼눈(lagophthalmos) 등은 엑시머레이저의 금기이다.

5) 수술 후 약 6개월 정도 임신을 피하는 것이 좋다. 임신 후 호르몬 변화가 수술 후 각막혼탁 등 창상치유에 영향을 미칠 수 있으며, 수술 후 점안약을 사용하면 수유에 좋지 않은 영향을 줄 수 있기 때문이다.

다. 수술 전 설명을 철저히 한다

드물지만 치명적인 영향을 미치는 합병증에 대해 설명해주고, 이를 방지하기 위한 최선의 조치를 다할 것임을 환자에게 알려주어야 한다.

Ⅲ. 라식수술 후 상피내생으로 후유장해가 생긴 남자

1. 사건번호

ㅇㅇ지방법원 2012. 4. 18. 선고 2011가합63180 판결

2. 소송 결과

원고 일부 승

3. 원고와 피고

가. 원고: 피고에게 라식수술을 받은 환자

나. 피고: 개인병원 의사1

4. 사건 요약

가. 원고는 2005. 6월 나안시력 우안 0.15, 좌안 0.1로 경한 근시와 난시가 있어 의사2에게 라식수술을 받았다(1차 수술). 수술 직후 나안시력 우안 1.0(정시), 좌안 1.2(+0.25D)로 근시와 난시가 모두 교정되었다.

나. 2008. 9. 2. 우안 나안시력은 0.3(난시 -1.25D)로 근시 난시가 있었고, 각막두께는 515㎛였다. 2008. 4월부터 피고 병원을 운영하고 있던 피고 의사1은 9. 10. 우안 각막절편을 들어올리고 엑시머레이저로 각막 절삭을 시행하는 2차 수술을 무료로 하였다.

다. 2008. 9. 24. 우안 상피내생이 보여 10. 6. 피고는 우안 각막 절편을 들어올리고 상피내생을 제거한 다음 절편과 기질의 완전한 유착을 돕기 위해 절편의 경계부 5군데를 봉합하는 각막상피내생 제거술 및 각막봉합술을 하였다(3차 수술).

라. 2008. 11. 11. 우안 나안시력이 0.2로 측정되고, 각막지형도 검사상 부정난시가 있었다. 원고는 11. 12. A병원에서 각막 부종 및 혼탁으로 스테로이드 점안액 처방을 받았고, 2009. 1. 7. 우안 시력이 0.9로 호전되었다. 의사1은 A병원 진료비 763,830원을 대신 지급하였다.

마. 2010. 1. 11. A병원에서 각막절편이 불균일하였다.

바. 2011. 1. 7., 2. 11. A병원에서 우안 교정시력은 0.32, 주관적 검사인 골드만시야 검사에서 중심 20도 이내 복시, 우안 각막 9-12시 방향으로 절편 단면의 미세 주름 및 약간

의 각막혼탁이 보였다. 그러나 원고의 주관적인 시력저하 정도와 검사 소견은 서로 맞지 않았다.

5. 원고와 피고의 주장

가. 원고의 주장

1) 피고는 2차 수술 시 각막절편을 만들 때 적당한 크기와 두께로 자르지 못하는 등의 술기상 과실로 우안에 상피내생을 유발하였고, 상피내생제거술 중 알코올을 과다 적용하거나 바닥면을 강하게 긁어 각막부종/혼탁/주름이 생겨 시력저하와 복시를 만들었다.

2) 2차 수술 전 시력저하 정도가 그리 심하지 않았고 일상생활에 전혀 지장이 없었으므로 피고가 각막상피내생, 각막부종/혼탁/주름 등의 부작용이 발생할 수 있다는 점을 설명했다면 2차 수술을 받지 않았을 것이므로 피고는 설명의무 위반으로 인한 원고의 정신적 및 재산상 손해를 배상해야 한다.

나. 피고의 주장

1) 2, 3차 수술 전 수술방법, 주의점, 합병증 등에 대하여 충분히 설명하였고,

2) 1, 2차 수술을 받기 전 이미 근시 및 난시가 있었으며, 시력저하 및 복시의 정도는 해부학적 구조 및 임상양상과 전혀 부합하지 않으므로 2, 3차 수술로 인하여 원고에게 손해가 발생했다고 볼 수 없다.

6. 사건의 쟁점

가. 술기상의 과실 유무

1) 의료행위로 후유장해가 생긴 경우, 그 후유장해가 당시 의료수준에서 최선의 조치를 다하는 때에도 의료행위 과정의 합병증으로 나타날 수 있거나 또는 합병증으로 인하여 2차로 발생될 수 있다면 의료행위 내용이나 시술 과정, 합병증 발생 부위, 정도 및 당시 의료수준과 담당의료진의 숙련도 등을 종합하여 볼 때 그 증상이 일반적으로 인정되는 합병증의 범위를 벗어났다고 볼 수 있는 사정이 없는 한, 그 후유장해가 발생되었다는 사실만으로 의료행위 과정에 과실이 있었다고 추정할 수 없다(대법원 2008. 3. 27. 선고 2007다76290 판결 등 참조).

2) 라식수술 과정에서 문제가 없던 경우에도 각막절편 주름이 발생할 수 있는 점, 2차 수술 전 시력검사, 굴절검사, 각막지형도, 전안부 단층촬영, 조절마비굴절검사, 동공검사, 초음파각막두께검사, 눈물막파괴검사 등에서 재수술이 가능한 상태였으며 2차 수술방법은

임상에서 일반적으로 시행되는 방법인 점, 각막상피내생은 라식수술 과정에서 문제가 없던 경우에도 발생 가능하며, 라식 재수술을 받은 경우 발생률이 더 높은 점, 상피내생제거술의 경우 재발률이 44%로 높게 보고되나 피고가 상피내생의 재발을 예방하기 위해 절편 경계부를 봉합하는 방법을 이용한 3차 수술 후 우안에 상피내생이 재발하지 않은 점,

3) 2009. 12. 16. A병원에서 발급받은 진단서에는 시력저하가 발생하여 현재 최대교정시력 0.6으로 측정되나 미세 주름 외에는 특이소견이 없고, A병원에서 시력저하 원인을 발견하지 못하였으며, 진료기록감정의는 각막혼탁은 상피내생 치료 등의 결과로 발생한 반흔 정도이며 시축을 가려 시력을 떨어뜨릴 정도의 의미 있는 혼탁은 아닌 것으로 보인다는 소견이고, 신체감정의도 우안 각막절편면의 불균일한 단면과 혼탁 정도에 비해 원고의 주관적 시력저하가 심하다는 점에 비추어 2, 3차 수술 후 원고에게 발생한 각막편주름 및 혼탁이 일반적으로 인정되는 합병증 범위를 벗어났다고 보기는 어려운 점 등을 종합하면, 우안 각막절편의 미세주름 및 혼탁 등의 증상이 발생했다는 사실만으로 2, 3차 수술과정에 피고 과실이 있었다고 추정할 수 없고, 달리 피고가 2차 수술 시 각막절편을 만들면서 적당한 크기와 두께로 자르지 못하였다거나 3차 수술 중 알코올을 과다 적용하거나 각막의 바닥면을 강하게 긁었다고 인정할 만한 증거가 없다. 따라서 원고의 위 주장은 이유 없다.

나. 설명의무 위반

1) 정신적 손해의 배상의무

원고의 상피내생은 라식수술의 전형적인 부작용이고, 각막부종/혼탁/주름은 상피내생 제거술의 전형적인 부작용인 점을 고려하면 각막혼탁, 절편주름 등은 2, 3차 수술로 인한 것으로 보이고, 피고가 원고에게 2, 3차 수술 전 각막혼탁, 절편주름의 발생 가능성을 설명하였음을 인정할 아무런 증거가 없으므로 피고는 설명의무 위반으로 인한 원고의 정신적 손해를 배상할 의무가 있다.

2) 재산상 손해배상의무

원고는 1차 수술 후 지속적으로 시력검사 및 약물치료 등을 받던 중 근시 난시 및 시력저하 증상이 발생해 치료할 필요성이 있었던 점, 라식수술 후 시력에 영향을 줄 위험이 있을 정도로 상피내생이 발생할 확률이 비교적 높지 않은 점 등을 종합하면, 설명의무 위반이 구체적 치료과정에서 요구되는 의사의 주의의무 위반과 동일시할 정도의 것이라거나, 설명의무 위반행위와 각막혼탁, 절편주름의 발생 사이에 상당인과관계가 있다고 보기는 어려워 재산상 손해를 배상할 의무는 없다.

7. 손해배상의 범위

가. 재산상 손해: 인정되지 않음

나. 위자료: 수술 경위와 결과, 설명의무 위반 정도, 피고가 A병원 진료비 763,830원을 대신 지급한 점 등을 참작하여 위자료 액수는 500만원으로 한다.

8. 사건의 해석

가. 이 사건은 라식수술 후 근시 난시가 재발하여 시행한 2차 수술 후 상피 내생이 발생하였고 이를 치료하기 위한 3차 수술 후 경도의 각막절편 주름과 혼탁이 발생하여 시력 저하를 호소한 경우로 수술한 의사에게 수술 중 과실, 설명의무 위반을 이유로 소송을 제기하여 수술 중 과실은 없었고 설명의무를 위반한 것으로 판결하여 정신적 손해에 대한 위자료를 지급한 경우이다.

나. 상피내생(epithelial ingrowth)

1) 라식수술 후 정상적으로는 절편이 부착되고 상피세포가 절편 위를 덮으며 치유된다. 그러나 상피세포가 각막절편 밑으로 자라 들어가는 현상을 상피내생이라고 한다. 상피내생 발생률은 처음 수술 후에는 1% 미만에서 20%까지 다양하며 보강수술 후에는 5.6-32%이다.

2) 라식수술 후 상피내생의 발생원인은 각막편 부착의 불량 또는 부착위치의 불량, 미세각막절개도 사용 시 상피세포의 유입, 경계면내 표면 조작이나 수술 중 각막편이 접힌 경우 생길 수 있다.

3) 대부분의 상피내생은 절편의 주변부 경계면에서 시작하여 자연 소실하거나 진행이 멈춰 임상적으로 큰 문제가 되지 않는다. 그러나 상피내생이 각막 주변부에서 2.0㎜를 넘는 경우, 동공을 침범하거나 부정난시 등 시력에 영향을 주는 경우, 기질 융해를 일으키는 경우, 진행하는 경우에는 상피내생제거술이 필요하다. 또한 라식수술 후 발생한 상피내생을 치료한 다음에는 상피내생 재발률이 약 44%로 높으므로, 이를 막기 위해 절편과 기질의 완전한 유착을 돕기 위해 절편의 경계부를 봉합하는 방법, 접착제(glue)를 이용하는 방법 등이 시행된다.

4) 상피내생제거술을 할 때 각막을 들어올려 각막에 기계적인 조작을 가하거나 알코올을 이용하여 상피내생을 제거하므로 수술 후 각막부종/혼탁/주름 등이 발생할 수 있으나, 수술 후 각막부종이나 주름 등은 일반적으로 발생할 수 있는 소견 중 하나이다.

다. 양호한 시력과 적은 양의 굴절값에도 2차 수술을 하였고 공교롭게도 상피내생이라는 합병증이 생겨 적절히 치료하였으나 약간의 후유증이 남게 되었다. 원고는 불편감을 호소하는데 주관적인 증상이 객관적인 검사소견과 많이 다른 경우이다. 법원은 이러한 사실을 인정하여 의사의 과실은 없으나 상피내생에 대한 설명의무 위반의 명목으로 위자료를 지급하도록 판결하였다.

9. 같은 일이 다시 일어나지 않으려면

질병에 대한 수술과 달리 굴절교정수술은 환자 본인의 만족과 삶의 질을 높이기 위한 수술이므로 수술에 대한 기대치가 높고 환자를 만족시키기가 어려울 수 있다. 굴절교정수술 후 적은 양의 저교정 또는 과교정 혹은 수술 후 근시로의 퇴행 등은 피할 수 없는 일이다. 이를 해결하기 위해 재수술을 결정할 때는 환자의 성향이나 굴절값 등을 잘 살펴 수술 방법 등을 신중히 고려하여 결정하고 환자와 충분한 상담이 필요하다. 재수술은 첫 수술에 비해 발생할 수 있는 합병증 가능성이 높아지므로 이에 대해 환자에게 설명하고 그 기록을 의무기록에 남기는 것을 잊지 말아야 하겠다.

Ⅳ. 라식수술 후 진균각막염으로 우안 실명된 27세 여자

1. 사건번호

가. ○○지방법원 2006. 7. 26. 선고 2005가합29820 판결

2. 소송 결과

원고 일부 승

3. 원고와 피고

가. 원고: 라식수술 이후 우안이 실명된 환자
나. 피고: 개인안과 의사1, 의료법인 A병원

4. 사건 요약

가. 원고의 라식수술 및 전원 경위

1) 원고는 2004. 11. 5. 검사 후 11. 19. 의사1에게 라식수술을 받았다.

2) 2004. 11. 21. 눈이 시리며 눈물이 나 11. 23. 내원하였고, 의사1은 검진 후 당일 피고 A병원으로 전원시켰다.

나. A병원에서의 진료 경과

1) A병원에서 우안 시력은 0.04, 우안 경미한 결막충혈과 각막편의 혼탁과 부종, 침윤 등이 보여 미만성 층판각막염 의증으로 잠정 진단 후 각막편을 들어올리고 그람염색, 항산성균염색, 세균배양검사를 한 후 항생제 세척을 하고, 항생제와 스테로이드를 점안하도록 하였다.

2) 11. 24.부터 상태가 호전되어 11. 26. 퇴원하였고, 퇴원 시 우안 각막에 링 모양의 침윤이 남기는 하였으나 시력은 0.5-0.63을 유지하고, 그람염색과 항산성균검사 결과는 음성, 균 배양검사에서 배양된 세균 및 진균은 없었다.

3) 11. 30. A병원에서 우안 시력은 1.0을 유지하고 각막에 남아 있던 링 모양의 침윤은 점점 맑아지고 있었다.

4) 2004. 12. 3.부터 동일 증상이 재발해 동네 의원에서 치료받다가, 12. 6. 증상이 갑

자기 심해졌다. A병원에서 시력 0.02로 저하, 우안 부종과 결막충혈, 각막 혼탁 및 상피결손이 보여 마이코박테리움으로 인한 각막염을 의심하고 입원하였다. 이후 12. 10. 위성 병소가 생기면서 악화되어 진균성 각막염을 의심하였다.

5) 12. 11. 각막편을 들어올리고 항산성균염색, 진균 도말검사 및 배양검사를 하고 항생제로 경계면을 세척하였다. 상태가 호전되지 않자 12. 14. B대학병원으로 전원하였다. 당시 우안 시력은 안전수동이었다.

다. 전원 후 치료

1) 12. 14. B대학병원에서 우안 전방천자 후 세균과 진균에 대한 도말검사와 배양검사를 하였고 도말검사는 음성, 배양검사에서는 12. 22. 진균의 일종인 푸사륨(fusarium)이 배양되어 원인균으로 판명되었다.

2) B대학병원에서 항진균제 점안약과 전신약물인 플루코나졸(fluconazole)을 투여하였으나 호전되지 않고 각막 간질부위 융해와 전방 축농이 심해지면서 2005. 1. 4. 각막천공이 생겨 1. 6. 치료 목적의 전층각막이식술, 유리체절제술 및 백내장제거술을 하였다.

5. 원고와 피고의 주장

가. 원고의 주장

1) 피고는 라식수술을 하면서 감염방지를 위한 진료상의 주의의무를 다하지 않아 원고의 진균각막염과 우안 시력 상실을 유발하였다.

2) 피고는 원고가 라식수술 전 안구건조증이 있다고 알고 있었으나, 안구건조증으로 인하여 라식수술 후 각막염이 잘 생길 수 있으며, 특히 진균각막염의 경우 치명적인 시력손상이 올 수 있다는 점을 설명하지 않아, 원고의 자기결정권을 침해하였다.

3) A병원은 시력상실의 위험성이 높은 진균감염증을 조기 발견하여 적절한 치료를 시행할 진료 상의 주의의무를 소홀히 하여 비감염성인 미만성 층판각막염으로 오진하고, 진균감염을 악화시킬 우려가 있는 스테로이드를 투여하는 등 발병 초기 정확한 진단을 하지 못하여 진균각막염을 악화시킨 과실이 있다.

6. 사건의 쟁점

가. 진균각막염이 라식수술 상의 주의의무 위반에 의한 것인가?

1) 진균각막염은 보통 공기 중 먼지, 수건, 손 등 신체부위 접촉, 점안약 사용 등 여러 원인으로 발생할 수 있는데, 원고는 평소 안구건조증으로 점안약을 수시로 사용하던 점, 양

안을 같은 날 같은 기계로 동시 시술하였는데 좌안은 감염이 생기지 않은 점, 초기 증상은 미만성 층판각막염의 증상을 보이고 2004. 11. 23. 진균검사에서 세균이나 진균이 발견되지 않았으며, 전원 이후 각막절편을 들어올리는 등 다수의 외과적 시술이 행하여진 점 등에 비추어 수술 부위 및 점안약의 관리를 소홀히 하여 진균에 감염이 되었거나 전원 이후 진균에 감염되었을 가능성을 배제할 수 없는 이상, 수술 후 진균각막염이 발생하였다고 그것이 수술로 인한 것이라고 추정할 수는 없다.

2) 수술과 진균감염 사이 인과관계가 추정되더라도, 진균각막염이라는 악결과가 수술 과정에서 주의의무를 위반하여 발생한 것이라고 추정하려면, 진균각막염의 발병에 관해 원고가 피고의 주의의무 위반행위를 제외하고는 다른 원인이 개재되어 있다고 보기 어려운 여러 간접사실을 주장 · 입증하여야 하는데, 진균감염이 생겼다는 사정만으로는 시술 상 주의의무 위반을 추정할 수 없고, 원고가 주장하는 피고의 과실을 추정할 증거가 없다.

나. 피고 의사1에게 설명의무를 위반한 과실이 있는가?

1) 피고가 수술 전 원고에게 문자와 직접 기재한 메모를 통하여 수술 방법 및 필요성, 예후 및 안구건조증과 야간근시 등 수술로 발생할 수 있는 부작용에 관한 설명한 사실은 인정된다. 그러나 미만성 층판각막염 및 세균 또는 진균감염에 의한 각막염에 대하여는 구체적인 설명을 하지 않은 것으로 보이는 바, 각막절편을 연마하는 라식수술의 특성상 라식수술 후 발생하는 각막염은 라식수술에 전형적으로 수반되는 위험이라고 보아야 할 것이고, 특히 진균에 의한 각막염의 경우는 발견도 어렵고 치료도 매우 곤란할 뿐만 아니라, 예후 또한 매우 불량하여, 라식수술 여부를 결정하여야 하는 환자로서는 이러한 위험에 관한 충분한 설명 후 치료 여부를 결정할 권리가 있다. 따라서 의사로서는 라식수술을 받고자 하는 환자가 충분한 설명 하에 수술에 관한 자기결정권을 행사할 수 있도록 감염성 혹은 비감염성 각막염의 발생 위험, 특히 진균각막염의 위험에 대해 설명할 의무가 있다고 할 것이고, 위험성과 불량한 예후에 비추어 볼 때 라식수술 후 진균각막염이 발생할 빈도가 매우 희소하다고 설명의무의 대상에서 제외되는 것은 아니다.

2) 그렇다면 피고가 이러한 설명을 하지 않고 수술한 행위는 원고의 자기결정권을 침해하는 위법한 행위로서 원고에 대한 불법행위를 구성한다고 할 것이고, 이로 인하여 자기결정권을 상실한 상태에서 진균각막염에 의한 실명이라는 예기치 못한 치명적 결과를 맞게 된 원고가 큰 정신적 고통을 당했을 것임은 쉽게 짐작할 수 있으므로, 피고는 정신적 손해를 배상할 의무가 있다고 할 것이다.

다. 피고 A병원에 대한 청구에 관한 판단

피고 A병원에 전원 직후 우안 각막편을 들어올려 세척하고 균배양검사를 시행하는 등

각막염 원인균을 검출하기 위한 필수적인 검사를 시행하였던 사실, 그러나 검사에서 세균이나 진균이 발견되지 않았고, 호소하는 증상이 눈물 나고 눈이 시리다는 것으로 비감염성인 미만성 층판각막염의 증상과 유사하였던 사실, 이에 따라 미만성 층판각막염으로 잠정 진단하고 스테로이드를 투여하면서 혹시 있을지도 모르는 감염 가능성을 고려하여 광범위항생제를 함께 점안하도록 한 사실, 피고 병원의 조치로 증상이 호전되어 퇴원까지 하였으나 10일 후 다시 증상이 악화되며 피고 병원에 재입원한 사실, 피고 병원 의료진은 다시 스테로이드 제제와 항생제를 투여하였으나 호전되지 아니하자 진균각막염의 가능성을 염두에 두고 항진균제를 점안하고 복용하도록 지시한 사실, 그러나 각막편까지 들어올리고 심부에서 얻은 절편에서도 원인균이 발견되지 아니하자 통상적인 각막염 치료방법대로 스테로이드와 항생제를 계속 점안하면서 B병원으로 전원시킨 사실이 인정되는 바, 내원 당시 원인균이 검출되지 않았고 초기 증세가 비감염성인 미만성 층판각막염의 증세와 유사했던 점 등에 비추어 진균각막염을 조기에 발견하지 못한 것에 과실이 있다고 보기 어렵고, 그럼에도 피고 병원 의료진이 여러 가능성을 열어 놓고 진균이 검출되지 않은 상황에서도 항진균제를 점안하고 복용시키는 등 진균각막염을 의심하고 그에 대한 대처를 하였고, 감염에 의한 각막염이 아닌 미만성 층판각막염의 경우는 스테로이드의 투여가 적절한 치료방법일 뿐 아니라 그러한 스테로이드의 투여가 늦을 경우 염증으로 인하여 심각한 시력손상을 유발할 수도 있는 점 등에 비추어 볼 때, 계속되는 검사에서도 진균이 발견되지 않아 비감염성인 미만성 층판각막염으로 잠정 진단할 수밖에 없었던 이상, 그에 대한 필수적인 치료제인 스테로이드 제제를 점안하는 치료행위는 당시 피고 병원의 의료진이 취할 수 있는 최선의 선택인 것으로 보이고, 그러한 스테로이드 투여가 결과적으로 진균각막염의 증상을 악화시키는 부작용을 초래했어도 피고 병원 의료진이 진료상의 주의의무를 다하지 못하였다고 할 수는 없다.

7. 손해배상의 범위

가. 위자료

수술은 시력교정을 위한 것이기는 하나 미용 목적을 일부 포함하는 점, 원고가 스스로 수술을 원하여 안과에 왔고 피고가 신속하게 전원하는 등 할 수 있는 최선의 조치를 다한 것으로 보이는 점, 각막염은 빈도가 매우 낮고 보고된 예가 많지 않아 피고로서는 진균각막염의 발생 가능성을 미처 예측하지 못하고 설명에서 제외한 점, 한편 원고는 20대 후반의 여성으로서 한 눈 실명이라는 치명적인 결과를 당하게 된 점 등 여러 사정을 참작하여 볼 때 피고가 원고의 정신적 고통에 대한 위자료로 700만원을 지급함이 상당하다.

8. 사건의 해석

가. 이 사건은 라식수술 후 진균각막염으로 실명하였고 이에 수술한 의사에게 라식수술 중 과실과 설명의무 위반, 전원 된 병원에 진단 및 치료 과실을 이유로 소송을 제기하여, 수술한 의사는 설명의무 위반으로 위자료를 지급하고, 전원된 병원은 과실 없음으로 판결된 경우이다.

나. 법원은 라식수술과 진균감염 사이의 인과 관계를 밝힐 수 없다고 판단하여 수술 중 과실은 없다고 판결하였다. 그러나 발생빈도가 매우 낮지만 생길 수 있는 합병증이고 발생하면 예후가 매우 나쁘므로 진균각막염에 대한 설명을 하지 않은 것은 환자의 자기 결정권을 침해하는 행위라 판단하여 위자료를 지급하도록 하였다.

다. 미만성 층판각막염(diffuse lamellar keratitis)

라식수술 후 가장 빈번히 발생하는 비감염성 각막염으로 약 0.5-1.0% 의 빈도로 나타난다. 원인이 확실하지는 않으나 항원이나 독소에 의한 면역반응 내지는 특이체질 반응이 원인으로 추정된다. 라식수술 후 대부분 초기 1주일 내 발생하며 모래가 뿌려진 것처럼 뿌옇게 시야가 가려지는 증상을 보여 '사하라모래증후군'이라고 불리기도 한다. 치료는 염증반응을 억제시키기 위하여 스테로이드를 점안하는데 이런 치료가 지연되어 염증이 심해지는 경우 심각한 시력손실을 초래할 수 있다. 치료 개시 후 대개 1-2주 내 염증이 소실되나, 심한 경우에는 각막편을 들어올리고 세척과 함께 스테로이드를 투여하기도 한다.

라. 진균각막염

1) 진균각막염은 주로 공기 중 먼지, 수건 등의 직물, 공기 중 노출되어 감염된 점안약 사용, 부주의한 위생관리, 손 접촉 등을 통한 진균감염으로 발생한다고 알려져 있으며, 각막에 빵 껍질 모양의 병변이 나타나고, 안통, 시력저하 등의 증상을 유발한다. 보통 식물에 의한 수상 2-3주 후부터 발생하는 것이 많으나 임상 소견과 증상이 매우 다양하다. 일반적인 진균각막염은 표층부에서 감염되어 심층부로 전이되는 것이 일반적이나, 라식수술을 통한 진균감염은 시술 특성상 절편과 각막 후반부 경계부위에서 생길 수도 있다. 진균각막염은 확진을 위해 진균을 배양하는 경우에도 정확도가 50%에 불과하고, 증상이 다른 각막염과 명확히 구별되지 않아 진단하기 가장 어려운 질환 중 하나이다.

2) 라식수술을 통한 진균각막염은 2001년 진균각막염 의증이 1례 보고되었고, 해외에서도 2000년에 최초 사례가 보고된 이후 현재까지 5건에 불과하다. 라식수술에 의한 진균각막염은 미세각막 절삭기에 묻어 있던 진균에 의한 감염, 공기 중 진균 유입으로 인한 감염, 환자 각막 표면에 묻어 있던 진균에 의한 심부 감염 등이 원인이 될 수 있다.

3) 세균각막염과 진균각막염, 그리고 감염이 원인이 아닌 미만성 층판각막염은 원인이 다르고 치료 방법도 다르므로 감별진단이 무엇보다 중요하다. 심층부로 진행한 각막염에서는 각막편을 들어올려 각막물질을 채취하거나 각막생검을 하기도 하며, 각막 찰과표본의 도말검사에서 그람염색(gram staining)과 김자염색(giemsa staining)으로 병원균을 찾고 동시에 표본을 배양하여 동정하는 방식으로 원인균을 찾는다.

4) 배양 성공률이 높지 않아 원인균이 밝혀지기 전까지는 보통 광범위 항생제를 사용하고, 감염의 경우 스테로이드를 투여하면 면역력 저하 등의 기전으로 인하여 병원체 증식과 활성화를 초래할 수 있기는 하나 각막이식술을 한 경우 또는 면역학적 질환이 동반될 수 있는 경우, 혹은 미만성 층판각막염이 의심되는 경우에는 의사의 판단에 따라 스테로이드를 사용하기도 한다.

9. 같은 일이 다시 일어나지 않으려면

라식수술 후 진균각막염은 매우 드물고, 배양검사로 균이 검출되는 확률이 낮아 진단이 어렵다. 각막상태, 항생제나 스테로이드 점안약에 대한 반응 등을 종합하여 의사의 판단에 따라 항진균제를 사용하는 경우가 많다. 드문 경우이긴 하지만 이를 막기 위해서는 수술실과 수술 도구의 소독을 철저히 하고 의료진의 위생관리도 철저히 해야겠다. 병원에서의 감염 외에도 환자의 점안약, 의류, 침구 등 다양한 감염경로가 있으므로 환자에게도 감염에 각별히 신경을 쓰도록 교육하는 것이 진균을 비롯하여 세균이나 바이러스 등의 감염을 최소화할 수 있는 길이다.

Ⅴ. 안내렌즈삽입술 후 발생한 황반원공으로 시력이 저하된 환자

1. 사건번호

○○고등법원 2010. 10. 20. 선고 2009나9332(본소), 9349(반소) 판결
대법원 2013. 6. 27. 선고 2010다96010 판결

2. 소송 결과

가. 고등법원: 원고 일부 승(책임제한 70%)
나. 대법원: 원고 일부 승(책임제한 70%)

3. 원고와 피고

가. 원고: 피고로부터 안내렌즈 삽입수술을 받은 환자
나. 피고: 개인안과 의사1

4. 사건 요약

가. 의사1은 우안 시력교정술을 의뢰한 환자에서 수술 전 검사를 시행하고 이상이 없다고 판단한 뒤, 2006. 11. 21. 홍채절제술 시행 후 2007. 1. 3. 우안 안내렌즈 삽입수술을 시행하였다. 환자는 수술 직후 번쩍임을 호소하였고, 수술 다음 날부터 사물이 왜곡되고 찌그러져 보이는 불편함을 호소하여 당일 난시축교정술을 시행하였다.

나. 이후 같은 증상을 호소하여 의사1은 렌즈삽입술 3일째 황반부 정밀검사 후 우안 황반원공을 발견하여 안내렌즈를 제거하고 같은 날 A대학병원 진료를 권유하였다.

다. 피고는 A대학병원에서 유리체절제술을 받았고, 2008. 11. 7. 황반원공은 폐쇄되었으며, 최종 교정시력이 우안 0.04, 좌안 1.0이었다.

5. 원고와 피고의 주장

가. 원고의 주장

안내렌즈삽입술 중 유리체 파동이 일어남으로써 황반원공이 생길 수 있고, 황반원공은 수술 후 불과 3일 만에 발견된 점 등에 비추어 수술 상의 과실로 인하여 발생한 것이 명백하

고, 원고가 수술 전 망막이나 황반부에 대한 정밀검사를 했다면 수술로 인한 황반원공 발생 가능성을 사전에 예방할 수 있었음에도 불구하고 정밀검사를 실시하지 않은 과실이 있을 뿐 아니라 수술 전 환자의 지병 또는 가족력을 파악하지 아니한 과실이 있으며, 원고가 홍채절제술을 수술 전 1-2주 전 하지 아니하고 6주 전 한 과실, 국내에서 18세 환자에게는 이 수술을 시행하지 아니함에도 무리하게 수술을 한 과실이 있다.

원고가 수술 전 황반원공의 후유증에 대한 설명 없이 수술을 하여 설명의무를 위반하였다. 따라서 원고는 피고가 입은 손해를 배상하여야 한다.

나. 피고의 주장

수술 부위는 수정체 앞쪽 전안부에 국한되는 것으로 안구 뒤편에 생기는 황반원공의 발생 부위와는 완전히 달라 서로 인과관계가 없고, 설령 인과관계가 있다고 하더라도 수술에는 비표준적인 의료행위라고 볼 만한 것이 없으며, 원고는 수술 전 필요한 모든 검사를 하였으므로 과실이 없다.

수술로 인한 황반원공의 발생 가능성은 당시 의료수준에 비추어 예견 가능한 위험에 포함되지 않으므로 설명하지 않았다고 하더라도 설명의무 위반이 아니다. 따라서 원고는 황반원공에 대하여 아무런 손해배상책임이 없다.

6. 사건의 쟁점

가. 안내렌즈삽입술이 황반원공 발생의 직접적인 원인이 될 수 있는가?

1) 수술 전 의사1이 안저검사에서 특이사항이 없다고 판단하였고, 수술 직후 및 다음 날 번쩍임과 변형시를 호소하였고 이후 안저검사에서 황반원공이 발견되었다는 점에서 우안 망막이상은 수술 직후 및 다음 날 발생하였다고 판단된다.

2) 황반원공이 외상에 의해 발생하는 경우 수일 내 발생할 수 있고, 수술 당시 라식수술 후 황반원공이 발생된 논문(2005년 발표) 및 일반적인 백내장수술 이후 황반원공이 발생된 논문(2001년 발표)이 있다. 안내렌즈삽입술이 백내장수술과 수술기법이 유사하다고 본다면 안내렌즈삽입술 2-3일 후 황반원공이 발생할 가능성이 있는 사실을 인정할 수 있다.

3) 의사1은 수술과 관련된 물리적 힘에 의해 유리체 파동이나 유리체 박리가 생겨 황반원공이 발생할 가능성이 있으므로, 세심한 주의를 기울였어야 함에도 이를 게을리한 잘못이 있다.

나. 원고의 기타 주장에 대한 판단

1) 홍채절개술을 수술 6주 전 한 것에 대해서는 의료과실이라고 인정할 아무런 증거가

없고,

2) 환자의 지병 또는 가족력을 파악하지 않았고 수술 전 세밀한 검사 및 확인을 하지 하지 않았다는 주장에 대해서는 환자의 지병 또는 가족력이 황반원공 발생에 영향력을 미쳤다고 볼 아무런 자료가 없는 이 수술에서 의료과실이라고 볼 수 없고, 수술 전 안저검사를 통해 망막 이상이 없음을 확인했고,

3) 국내에서는 피고가 18세 환자에게 무리하게 수술을 시행한 잘못이 있다고 주장하나, 안내렌즈삽입술은 18세 이상인 경우 가능한 점에 비추어, 원고의 주장은 모두 이유 없다.

다. 안내렌즈삽입술 전 황반원공 발생 가능성을 설명할 의무가 있는가?

1) 안내렌즈삽입술은 안구전방의 절개가 필수적이어서 안구전방이 얕아질 수 있고 유리체파동으로 황반원공이 발생할 수 있고,

2) 황반원공이 발생하면 유리체절제술 등의 수술을 하더라도 시력이 반드시 개선되는 것은 아니라는 점에서, 회복할 수 없는 중대한 결과를 가져올 수 있는 후유증이라고 볼 수 있으므로 수술 전 황반원공 발생 가능성에 대하여 설명할 의무가 있다.

라. 환자에게 황반원공의 발생 가능성에 대하여 설명하였는가?

의사의 설명의무 위반은 환자의 자기결정권 내지 치료행위에 대한 선택의 기회를 보호하기 위한 점에 비추어 환자의 생명, 신체에 대한 구체적 치료과정에서 요구되는 의사의 주의의무 위반과 동일시할 정도의 것이어야 한다(대법원 2007. 5. 31. 선고 2005다5867 판결 등 참조). 동의서에 수술 후 근시나 난시가 남을 수 있고, 각막내피 세포수 감소 및 색소녹내장 발생 가능성, 수술 후 약간의 번짐과 눈부심 현상, 안압상승에 의한 두통과 안통, 망막관련 질환, 안내염, 백내장 및 녹내장의 발병 가능성 등이 언급되어 있으나 황반원공에 관하여 아무런 기재가 없어, 설명했다고 인정할 증거가 없다.

7. 손해배상의 범위

가. 일실수입

당시 미성년자로 성년이 된 뒤 60세가 되는 날까지 매월 22일씩 도시일용노동에 종사하는 보통인부 임금 23,942원 적용, 우안 시력 상실로 32%의 노동능력 상실, 총 23,942원 × 22일 × 12개월 × 40년 × 32% = 80,905,756원.

나. 책임제한

원고와 같은 고도근시의 경우, 고도근시 자체로 인한 합병증으로 황반원공이 발생할 가능성이 있으며, 의료행위 자체가 가지는 위험성 및 불가예측성에 비추어 피고의 책임을

70%로 제한.

다. 위자료: 2,000만원

총 76,634,029원

8. 사건의 해석

가. 이 사건은 고도근시가 있는 18세 환자가 안내렌즈삽입술을 받은 후 발생한 황반원공으로 개인안과 의사의 수술 오류와 설명의무 위반으로 소송한 경우이다. 결론으로 예상 일실수입의 70%와 위자료가 청구되었다.

나. 황반원공이란 망막 중심인 황반부 중심와의 망막조직이 부분 또는 전층 결손된 구멍으로 중심시력이 저하된다. 일반적으로 단기간 내 발생하는 경우는 거의 없으나 외상에 의한 경우에는 수일 내 발생할 수 있는데, 시력은 황반원공 정도에 따라 차이 날 수 있으나 대부분 0.1-0.2 정도이다. 황반원공은 유리체 파동에 의하여 생성되는 물리적 힘이나 간접 좌상에 의한 황반괴사 또는 황반천공상 등 외상에 의하여 발생하는 경우가 있고, 그 외 망막 내층의 변화로 수포가 융합되어 생길 수 있으며, 망막혈관 노화에 따라 망막의 수포변성으로 생길 수도 있는데, 최근에는 여러 원인에 의한 황반부 유리체박리가 황반원공 발생에 있어서 중요한 역할을 한다는 이론이 등장하였다.

다. 황반원공은 상태에 따라 1-4기로 단계를 나눌 수 있는데, 3기와 4기의 전층 황반원공의 경우 주변부 시력은 남아 있지만, 중심시력은 상실하여 0.2 이하로 시력이 저하된다. 치료 방법으로는 현재 유리체절제술 등 수술이 가장 보편적인 방법으로 알려졌으나, 수술이 성공하여도 시력이 개선되는 것은 아니다.

라. 이 사건 수술은 안구전방을 절개하여 렌즈를 삽입하므로 수술 과정상 불가피하게 안구전방이 얕아질 수 있고, 드물게는 이로 인해 수정체와 유리체가 다소 전방으로 이동되면서 유리체파동이 일어날 가능성이 있으며, 이로 인해 황반원공이 생길 수 있다. 다른 가능성은 안내렌즈를 삽입하면서 발생하는 물리적 힘에 의해 유리체 견인이 유발되어 황반원공이 발생할 가능성도 있다.

마. 드문 경우이지만 라식수술 또는 백내장수술 후 황반원공이 발생한 보고가 있고, 모두 정확한 원인은 알 수 없지만 수술 중 발생하게 되는 유리체 역동학의 변화로 인한 견인을 그 이유로 추정한다. 안내렌즈삽입술을 포함한 대부분의 안과수술은 수술 중 저안압 또는 갑자기 고안압 상태가 되기도 한다. 이런 수술 중 발생하는 급격한 안압 변화가 유리체 역동학에 영향을 끼칠 가능성은 있으나 일반적으로 이러한 미세한 변화로 인해 황반원공이나 망막열공 등이 발생할 가능성은 극히 낮다. 그러나 고도근시 환자들은 유리체가 정

상인에 비해 액화되고 망막이나 공막 등 많은 구조물이 정상인에 비해 얇고 손상받기 쉬우므로 이런 합병증이 생길 가능성이 정상안보다 높을 수 있다. 실제로 이 사건은 다른 한 증례를 추가하여 외국 학술지에 증례보고하였을 만큼 드문 경우이다(Semin Ophthalmol 2014 ; 29(4) : 213-7).

바. 실제 임상에서 라식수술이나 백내장수술 또는 안내렌즈삽입술을 시행할 때 황반원공 발생 가능성을 염두에 두고 주의해서 수술하는 안과 의사는 매우 드물 것이다. 또한 황반원공 발생을 예방할 수 있는 특별한 수술 기법이 있는 것도 아니다. 고도근시로 인한 안구 내 상황이 수술로 인해 변화가 생기면서 어쩔 수 없이 발생한 것이 의사가 충분히 주의하지 않고 수술하였다고 책임을 물을 수 있을지는 의문이다. 다만 환자가 고도근시이므로 수술 후 발생할 수 있는 합병증에 대해 일반인에 비해 조금 더 광범위하게 설명하는데 주의를 기울이는 것이 필요하겠다. 그러나 황반원공이 설명했던 망막 관련 질환에 포함되므로 책임범위 70%는 과한 것으로 보인다.

9. 같은 일이 다시 일어나지 않으려면

가. 의사 측 원인 분석: 황반원공

황반원공 발생을 예방하기 위한 특별한 방법은 없다. 다만 수술 중 안압을 일정하게 유지하기 위해 노력하는 것이 유리체 역동학의 변화로 인한 유리체견인을 감소시켜 황반원공을 비롯하여 망막열공, 망막박리 등 그 외의 합병증을 예방하는데 도움을 줄 수 있을 것이라 생각한다. 또한 수술 전 검사를 철저히 하여 후유리체박리가 있는지 유리체 망막 견인은 없는지, 주변부 망막에 병변이나 열공은 없는지 철저히 검사하는 것이 수술 후 일어날 수 있는 합병증을 예방하는데 도움을 줄 것이다.

나. 설명의무 철저

설명의무는 모든 의료소송에서 항상 거론되는 점이다. 일반적으로 의사는 진료목적 달성을 위하여 환자 또는 그 보호자에 대하여 요양 방법 기타 건강관리에 필요한 사항을 상세히 설명하여 후유증 등에 대비하도록 할 의무가 있다(대법원 2006. 11. 23. 선고 2005다11688 판결 등). 이번 사건처럼 수술 후 발생 가능성이 낮은 합병증이라도 수술 전 동의서에 기재하여 수술 전 빠뜨리지 않고 설명하고 이를 꼭 기록에 남기는 것을 소홀히 하지 않아야겠다.

참고문헌

1. Arevalo JF, Mendoza AJ, Velez-Vazquez W, et al., Full-thickness macular hole after LASIK for the correction of myopia. Ophthalmology. 2005;112:1207-12.
2. Patterson JA, Ezra E, Gregor ZJ. Acute full-thickness macular hole after uncomplicated phacoemulsification cataract surgery. Am J Ophthalmol. 2001;131:799-800.

Ⅵ. 엑시머레이저수술 후 스테로이드 안약을 점안하고 녹내장이 생긴 21세 남자

1. 사건번호

서울서부지방법원 2006. 7. 5. 선고 2005가합11619 판결

2. 소송 결과

청구기각(원고 패)

3. 원고와 피고

가. 원고: 라식수술 받은 환자
나. 피고: 학교법인 A대학병원

4. 사건 요약

가. 원고는 2002. 12. 16. 라식수술을 받기 위해 A대학병원에 갔다. 검사결과 토안증과 안구건조증 외 이상은 없었고, 나안시력은 우안 0.2, 좌안 0.15, 우안 -2.50D, 좌안 -2.75D로 라식수술보다는 굴절교정레이저 각막절제술(photorefractive keratectomy)이 적합하다는 의사의 권고에 따라 굴절교정레이저 각막절제술을 받았다.

나. 2002. 12. 26. 수술 후 항생제 1일 4회, 스테로이드 계통의 안약인 플루오로메톨론(Fluoromethorone® 0.1% ophthalmic solution) 1일 4회, 비스테로이드소염제 1일 4회, 인공누액을 수시로 점안하도록 처방받았다.

다. 2003. 1. 15. 양안 나안시력이 1.0으로 플루오로메톨론 점안횟수를 1일 2회로 줄였다.

라. 1. 29.부터 양안 각막상피하 혼탁이 발견되어 플루오로메톨론을 1일 3회로 늘렸고, 2. 26.부터는 각막상피하 혼탁이 지속되고 안압이 우안 27, 좌안 22로 높아져 안압하강제인 알파간(Alphagan® Eye Drops, 성분명: brimonidine tartrate)을 1일 2회 추가 점안하였다.

마. 3. 3. 양안 안압 각 14로 되었으나, 좌안 각막상피하 혼탁이 증가되어 플루오로메톨론을 벡솔(Vexol® 1% Eye Drops, 성분명: rimexolone)로 바꿔 1일 4회 점안하였다.

바. 3. 10, 14, 28. 양안 각막상피하 혼탁이 지속되고(좌안이 우안보다 심했다) 안압이 올라 플루오로메톨론과 함께 안압하강제를 처방받았고, 4. 2. 나안시력이 우안 0.7, 좌안 0.2로 저하되고, 안압은 우안 23, 좌안 24로 높아져 플루오로메톨론을 중단하고, 안압강하제인 알파간과 티모프틱(Timoptic® Eye Drops, 성분명: timolol maleate)을 계속 처방받았다. 4. 8. 나안시력이 우안 0.8, 좌안 0.2, 우안 -1.0D, 좌안 -2.0D, 안압은 양안 각 16, 각막혼탁은 이전과 같았다.

사. 5. 7. 안압이 우안 20, 좌안 17이고 각막혼탁이 지속되자 좌안만 플루오로메톨론 1일 4회 점안과 안압하강제를 처방받았고, 5. 28. 각막혼탁이 감소되었으나 안압이 우안 27, 좌안 33로 다시 상승하자, 좌안 플루오로메톨론 점안을 1일 2회로 줄이고 안압하강제를 지속적으로 투여하도록 처방받았고, 이후 스테로이드 안약을 처방받은 바 없다.

아. 2003. 5. 31.부터 10. 7.까지 검사받았으나 안압은 정상이었다.

자. 2003. 11. 28. 안압이 우안 25, 좌안 23, 2003. 12. 5. 안압이 우안 23, 좌안 21, 시신경유두함몰비가 우안 0.5, 좌안 0.4였고, 2004. 1. 6. 나안시력이 우안 0.2, 좌안 0.4로 저하, 안압이 우안 28, 좌안 27로 상승, 시신경유두함몰비도 우안 0.5-0.6, 좌안 0.4-0.5로 증가되어 점안용 안압하강제와 경구용 안압하강제를 처방받았다. 2004. 1. 8. 상태가 호전되지 않아 의사는 주의를 주고, 수술 가능성에 대하여 설명하였으며, 5일 후 다시 오도록 하였으나 2004. 1. 13. 원고는 내원하지 않았다.

차. 2004. 1. 26. B의료재단 안과병원에서 나안 시력은 우안 0.15, 좌안 0.2, 안압은 우안 42, 좌안 37이고, 시신경유두함몰비가 양안 각 0.7였다.

카. 2004. 2. 10. 피고병원에 갔을 때 나안시력 우안 0.15, 좌안 0.4, 안압 우안 39, 좌안 40으로 증가되어 수술을 위하여 C병원으로 전원하였다.

타. 2004. 2. 12. C병원에서 스테로이드 녹내장으로 진단받고, 2. 24. 우안, 3. 3. 좌안 섬유주절제술 및 홍채절제술을 받았다.

파. 2004. 11. 26. 나안시력은 우안 안전수지, 좌안 0.25, 교정시력은 우안 안전수지, 좌안 0.5, 안압은 양안 각 15mmHg, 우안은 전반적인 시야결손으로 시력상실률 98%, 시야상실률 58%, 좌안은 시력상실률 13%, 시야상실률 36%로 전체 시기능장해률 58%, 양안 이차성 개방각녹내장으로 진단되었다.

5. 원고와 피고의 주장

가. 원고의 주장

원고에서 생긴 녹내장이 스테로이드 녹내장임을 전제로,

1) 피고가 원고에게 스테로이드제 안약을 사용하면서 부작용인 안압상승으로 인한 녹내장 발생 여부에 대한 주의의무를 게을리하여 원고에게 스테로이드 녹내장이 발생하였고, 이로 인해 원고가 우안 시력을 거의 상실하고 좌안도 시력저하에 이르는 손해를 입었으며,

2) 피고가 원고의 증상과 치료과정을 설명하지 않고 2004. 2. 12. 상태가 악화되자 뒤늦게 전원 조치한 과실이 있다.

6. 사건의 쟁점

가. 의사의 스테로이드제 안약 처방에 있어 과실이 있었는가?

1) 원고의 진단은 양안 이차성 개방각녹내장으로 엑시머레이저 수술 후 사용된 스테로이드 안약에 의하여 녹내장이 생겼을 가능성이 있으나 원발개방각녹내장 가능성도 배제할 수 없다. 그 이유로 ① 스테로이드 녹내장은 과거력상 스테로이드 사용 유무 및 일정 기간 등이 전제되어야 하는데, 2002. 12. 26.-2003. 4. 2. 동안 스테로이드제 안약을 썼고, 좌안은 2003. 5. 28. 마지막으로 스테로이드제 안약을 처방하여 수술 후 약 5달간 사용했으나, 녹내장 유발 위험이 가장 적은 플루오로메톨론을 사용하였고, 스테로이드제 안약을 쓰는 동안 안압하강제 점안만으로도 안압이 안정되었으며, 스테로이드제 안약 점안 중지 4달 후 양안 모두 안압하강제 없이도 안압은 정상범위로 유지되었고, 이 때 시신경유두검사에서 양안 모두 정상이었고, ② 녹내장 발병시기는 2003년 말부터 2004년 초로 추정되는데, 이 때는 스테로이드제 안약을 최종 처방한 때로부터 6개월 이상 경과한 시점이었다.

2) 수술 1달 후부터 각막혼탁이 생겼는데, 스테로이드제 안약을 중단할 경우 각막혼탁이 남아 영구적인 시력저하를 일으킬 수 있고, 추후 각막이식수술이 필요할 수 있어 스테로이드 안약 처방이 반드시 필요하여 안압상승 위험이 가장 적다고 알려진 스테로이드제 안약인 플루오로메톨론을 우안 약 3개월, 좌안 약 5개월 동안만 처방하였고, 그 부작용인 스테로이드 녹내장은 안압강하제로 안압을 조절할 경우 예후가 비교적 나쁘지 않은 것으로 알려져 있다. 피고병원 의사는 스테로이드제 안약을 처방하는 동안 지속적으로 상태를 보면서 안압이 상승하면 안압하강제를 투여하였고, 2003. 5. 28. 이후에는 스테로이드제 안약을 처방하지 않았던 점, 스테로이드제를 중단하더라도 안압이 계속 높은 경우 스테로이드 녹내장 치료는 원발개방각녹내장 치료와 동일하므로 최종 진단명 자체가 치료에 있어 큰 의미를 갖지 않는 것으로 보이는 점 등을 종합하면,

3) 원고에게 발생한 녹내장이 스테로이드 녹내장이라고 단정하기는 어렵고, 나아가 원고에게 발생한 녹내장이 피고병원 의사의 과실이라고 볼 수도 없다.

나. 피고병원 의사가 원고에게 증상을 설명하지 않거나 전원조치를 소홀히 한 과실이 있는가?

1) ① 피고는 엑시머레이저 수술 후 4-6개월 동안 스테로이드제 안약을 점안하여야 하고, 드물게 부작용으로 녹내장이 생길 수 있어 안약 사용기간에는 정기검사를 잘 받아야 한다고 설명하고 수술동의서를 받은 사실, ② 녹내장 발생시기는 2003. 말부터 2004. 초로 추정되는 사실, ③ 녹내장 치료는 시력을 호전시키는 것이 아니라 안압을 낮춰 더 이상 시신경손상이 없도록 하는 것인데, 통상 점안약, 경구용 및 주사제제로 안압을 조절하고, 약제로 안압이 조절되지 않으면 수술을 하는 사실, ④ 2004. 1. 6. 안압이 상승되어 점안용 안압하강제뿐 아니라 경구용 안압하강제를 처방 받았고, 2004. 1. 8. 당시 상태와 수술 가능성에 대한 설명을 들었으며, 2004. 1. 13. 피고병원에 다시 가기로 진료 예약한 사실, ⑤ 그러나, 녹내장이 진행된 2004. 2. 10.에 피고병원에 다시 갔고, 이에 따라 피고병원 의사는 바로 서울 C병원에 전원조치 한 사실을 인정할 수 있다.

2) 피고병원 의사는 원고에게 증상이나 치료과정을 설명하였고, 피고병원 의사가 2004. 2. 12. 원고를 C병원에 전원 조치한 것은 원고가 진료예약을 무시하고 약 1달 간 피고병원에 가지 아니함으로써 비롯된 것이므로, 피고병원 의사에게 전원조치를 소홀히 한 과실이 있다고 할 수 없다.

7. 손해배상의 범위

청구기각(원고 패)

8. 사건의 해석

가. 이 사건은 엑시머레이저수술 후 각막 혼탁이 생겨 스테로이드 안약을 점안하는 중 안압이 상승하여 안압 하강제를 사용하면서 안압이 조절되었으나 스테로이드 중단 수 개월 후 다시 안압이 상승하여 안압 하강제로도 안압이 조절되지 않아 결국 양안 섬유주절제술 및 홍채절제술을 한 경우이다. 우안교정시력은 안전수지, 좌안교정시력은 0.5로 저하되고 양안 시야결손이 발생하여 병원을 상대로 스테로이드제 안약을 사용하면서 그 부작용인 안압상승으로 인한 녹내장 발생 여부에 대한 주의의무를 게을리한 채 과잉 처방한 과실 및 의사가 원고의 증상과 치료과정을 설명하지 않고 상태가 악화되자 뒤늦게 전원 조치한 과실을 이유로 소송을 제기하였으나 기각되었다.

나. 스테로이드 유발 녹내장(steroid induced glaucoma)

스테로이드제 안약으로 인한 안압상승이 상당 기간 해소되지 않고 지속되면 시신경이 손상되어 녹내장이 생기거나 악화될 수 있는데, 이를 스테로이드 녹내장이라고 한다. 스테로이드에 의한 안압상승 기전은 정확히 알려진 바는 없지만 일반적으로 섬유주의 형태학적, 생화학적 변화에 의한 방수유출의 감소에 의한 것으로 보고되었다. 스테로이드제 안약 사용 전 고안압증이 없었으나 사용 후 안압이 상승하다가 안약 사용을 중단하면 수일 내지 수주 이내 안압이 정상적으로 회복되는 특징이 있다. 스테로이드 녹내장의 위험인자로 원발개방각녹내장, 가족력(원발개방각녹내장 환자의 직계가족), 녹내장의증(glaucoma suspect), 제1형 당뇨병, 고도근시, 교원결체조직질환, 각후퇴녹내장(angle recession glaucoma) 등이 알려져 있다. 스테로이드 녹내장의 약 2.8%에서 스테로이드를 중단한 이후에도 지속적인 안압상승을 보인 바 있으며, 이 경우 녹내장 가족력과 연관이 높다. 여러 스테로이드제 안약 중 플루오로메톨론은 녹내장위험도를 기준으로 한 분류에서 저위험군으로 분류되는, 안압상승 효과가 가장 적은 약제이다. 따라서 스테로이드제 안약을 지속적으로 쓸 때는 안압상승 효과가 적은 플루오로메톨론이나 벡솔을 쓰는 것이 원칙이고, 정기적으로 안압을 재고 안압상승 시 안압을 낮추는 치료가 필요하다.

다. 이 사건에서 엑시머레이저 수술 후 스테로이드 점안약 사용은 각막혼탁을 방지하기 위한 적절한 치료과정이며, 원고는 스테로이드 안약 중지 후 약 6개월 후 안압이 상승되어 스테로이드 유발 녹내장에 부합하지 않는다. 스테로이드 안약을 점안 후 안압상승에 대해 의사는 안압하강제 사용, 스테로이드 중지 또는 다른 약제로 변경 등 적절한 대처를 했으나, 환자에게 주의 및 설명을 게을리하지 않은 것으로 인정되어 법원은 피고의 과실이나 설명의무 위반을 인정하지 않았다.

9. 같은 일이 다시 일어나지 않으려면

가. 엑시머레이저수술 후 스테로이드 점안은 약 3개월 정도 지속한다. 굴절수술을 위해 내원한 환자에서 망막 및 시신경 검진을 통해 녹내장 유무를 확인해야 한다. 녹내장 환자는 스테로이드 유발 안압상승에 더 취약하고, 이로 인해 비가역적인 시야손상이 생길 수 있기 때문이다. 또한, 가족 중 녹내장이 있는지 등 문진을 해서 수술 후 녹내장 발생 가능성이 높은 환자의 경우, 상대적으로 스테로이드 점안을 짧게 해도 되는 라식수술을 고려해 볼 수 있다.

나. 위험인자가 없더라도 스테로이드에 반응하면 스테로이드 안약 사용을 중지하는 것이 좋지만 각막혼탁이 우려되므로 안압과 각막상태를 보면서 적절히 안압하강제와 병용해

서 사용하는 등 신중한 처치가 필요하다.

다. 스테로이드를 사용하는 경우, 2주 후 안압을 확인하고, 이후 2-3달 간은 4주 간격으로, 이후에는 6달 간격으로 안압을 주기적으로 확인해주어야 한다. 전신적 스테로이드제를 일일 10㎎ 이상 장기 사용하는 경우, 사용 전, 사용 1, 3, 6개월 뒤, 이후 6개월 간격으로 안압을 확인해주는 것이 권유된다.

참고문헌

Kersey JP, Broadway DC. Corticosteroid-induced glaucoma: a review of the literature. Eye (Lond) 2006;20:407-16.

Ⅶ. 엑시머레이저수술과 라식수술 5년 후 녹내장으로 진단된 환자

1. 사건번호

○○지방법원 2005. 1. 26. 선고 2000가단48392 판결

2. 소송결과

청구기각(원고 패)

3. 원고와 피고

가. 원고: 환자
나. 피고: 개인안과 의사

4. 사건 요약

가. 원고는 시력교정수술을 위하여 1994. 1. 14. 안과에 내원하여 나안 및 교정시력 측정, 자동굴절검사, 세극등검사, 자동안압계로 안압측정, 각막지형도, 안저검사를 받았다. 우안 안압 24mmHg, 좌안 22mmHg로 약간 높아 4일 후 다시 측정하니 우안 12, 좌안 16이었다.

나. 1994. 1. 27. 우안, 3. 10. 좌안 엑시머레이저(excimer laser)수술 후 4. 18. 우안 나안시력 1.0, 좌안 시력 1.2였다.

다. 수술 후 3일 간 매일, 수술 후 2주까지 3일에 1회, 4주까지 1주 1회 진찰을 받았고, 스테로이드안연고, 프레드니솔론, 플루오로메톨론(fluoromethorone) 점안약을 넣었다.

라. 1994. 2. 28. 우안 안압 30으로 플루오로메톨론 점안약과 칼테점안약(calte 1%, 안압하강제, 성분명: carteolol HCL))을 넣었고 3. 7. 우안 안압이 18로 떨어졌다. 3. 25. 우안 안압이 25로 상승하여 다시 칼테점안액을 넣어 4. 18. 양안 안압이 18로 낮아졌고, 8. 11.까지 스테로이드제 점안약을 계속 넣었으나 안압이 정상이었다. 11. 26. 양안 안압 26이었으나, 1995. 2. 27. 양안 안압이 10이었다. 1995년 5차례 피고에게 진료를 받았고, 1996년에는 1회, 1997년 1회 진료를 받았는데, 1995년 4회 스테로이드점안액을 처방하였고, 각 처방 시 원고에게 준 점안액은 1주간 사용할 양이었으며, 1996년과 1997년 각 1회에도 1주 분량의 스테로이드 점안액을 처방하였는데, 안압은 모두 정상범위 내에 있었다.

마. 1994년 11월부터 우안 나안시력이 0.5로 저하되기 시작해서 1998. 2. 9. 0.1로 떨어져 근시 퇴행으로 진단하고, 우안 라식수술을 받아 3. 28. 우안 나안시력 0.9로 향상되었다. 라식수술 전 안압은 우안 11, 좌안 15였다.

바. 8. 24.까지 7회 진찰을 받았고, 8. 24. 우안 안압 14, 좌안 12였으며, 라식수술 직후 피고가 스테로이드 점안액을 직접 넣어주었지만 이후 스테로이드 안약을 처방하지 않았다.

사. 1999. 3. 2. 종합병원에서 양안 일차개방각녹내장, 황반변성(우안)이 진행 중이라고 진단받고 이후 녹내장 치료를 받았고, 2001. 10. 26. 대학병원에서 양안 정상안압녹내장, 우안 시력감소 및 양안 시야결손으로 진단되었다.

5. 원고와 피고의 주장

가. 원고의 주장

1) 원고에게 발생한 녹내장을 스테로이드 녹내장임을 전제로, 피고가 스테로이드제 안약의 투여에 의하여 녹내장이 유발될 수도 있다고 설명할 의무를 위반했다.

2) 엑시머레이저수술 전 우안 안압이 24, 좌안 22로 측정되었으므로 수회 안압을 측정하였어야 함에도 수일 후 우안 12, 좌안 16으로 측정된 것만으로 정상이라고 쉽게 단정하여 어느 것이 원고의 상태를 정확하게 반영하고 있는지에 관하여 필요한 검사를 소홀히 하였다.

3) 엑시머레이저수술 후 치료과정에서 부적절한 스테로이드제 안약의 사용으로 안압 상승을 초래하고, 스테로이드 녹내장을 유발하였고, 그렇지 않더라도 피고의 부적절한 스테로이드제 안약 사용이 정상안압녹내장을 초래하였다.

4) 진료 도중 녹내장이 발생하였음에도 진단하지 못한 진료 상의 과실이 있다.

6. 사건의 쟁점

가. 피고가 스테로이드제 안약의 투여로 인하여 녹내장이 발병할 수 있다는 점에 관한 설명의무를 이행하지 않았는가?

1) 녹내장 발병이 스테로이드제 안약 투여로 인한 것이라는 점을 인정할 증거가 없고, 오히려 원고의 녹내장은 스테로이드제 안약의 투여와 관계없는 정상안압녹내장으로 진단되어, 위 주장은 이유 없다.

2) 원고는 엑시머레이저 전 정상안압을 넘는 안압이 측정된 점, 수회에 걸쳐 안압이 상승한 적이 있으나 안압하강제나 또는 특별한 처방 없이도 정상으로 하강하였고, 그 상승 기

간도 길지 아니하며, 1995. 2. 27. 이전부터 스테로이드제 안약을 사용하여 왔음에도 같은 날부터 1998. 2. 9.까지 수회 측정된 안압검사에서 안압 상승이 없었던 점(그 기간 내에도 수회 스테로이드제 안약이 단기간으로 처방되었다), 라식수술 이후 1998. 8. 24. 측정한 안압도 정상범위 내에 있었던 점, 스테로이드제 안약 사용으로 녹내장이 생기는 이유는 안압이 상승되어 시신경 손상이 생기는 점에 비추어 수 차례에 걸친 안압상승이 스테로이드제 안약의 사용 때문이라고 단정하기 어렵고, 또 안압상승이 스테로이드제 안약의 사용 때문이라 하더라도 안압이 안압강하제로 잘 조절되었고, 또 그 기간이 길지 아니한 점에 비추어 그로 인하여 녹내장이 발병하였다고 인정하기 어려우며, 달리 이를 인정할 증거가 없다.

3) 원고는 피고의 부적절한 스테로이드제 안약 사용으로 인하여 정상안압녹내장이 발생하였다고 주장하나, 스테로이드제 사용으로 인하여 녹내장이 발생하는 것은 안압 상승으로 인한 시신경의 손상 때문이고, 정상안압녹내장은 안압이 정상임에도 발생하는 녹내장으로서 스테로이드제 사용이 정상안압녹내장을 초래하였다고 할 수 없다.

나. 엑시머레이저수술 이전 2번의 안압검사만 하여 검사를 소홀히 한 잘못이 있나?

검사를 소홀히 하였다고 하더라도 검사 소홀과 정상안압녹내장의 발병 사이에는 상당한 인과관계가 있다고 할 수 없다.

다. 진료 도중 녹내장이 생겼는데 이를 진단하지 못하여 치료 시기가 늦어져 상당한 정도의 시야결손이 진행되었으므로 이로 인한 손해를 배상할 책임이 있나?

엑시머레이저수술과 라식수술 전 각종 검사를 시행하였으나 녹내장을 발견할 수 없었고, 마지막 진료한 1999. 2. 12.부터 불과 20여일 뒤 종합병원에서 녹내장 진단을 받은 사실을 인정할 수 있어 적어도 마지막 진료일 이전 녹내장이 발병되었다는 점은 인정할 수 있으나, 정상안압녹내장은 발병에 있어서 특별한 증상이 없다는 점, 엑시머레이저수술과 라식수술 전 각종 검사를 하였고, 녹내장을 진단할 수 있는 검사도 있었으나 녹내장 소견이 나타나지 아니한 점, 위 검사결과로 보아 녹내장은 라식수술 이후 발생한 것으로 추측되나, 라식수술 이후 스테로이드제 안약을 처방하지 않아 그로 인한 안압 상승 우려는 없었던 점, 위 수술이 정상안압녹내장을 유발하는 것으로는 알려져 있지 않은 점 등을 보면, 진료기간 내 정상안압녹내장을 진단하지 못하였다고 하여 과실이 있다고 할 수 없으므로, 위 주장 역시 이유 없다.

7. 손해배상의 범위

청구기각(원고 패)

8. 사건의 해석

가. 이 사건은 굴절교정술 5년 후 녹내장으로 진단받은 환자가 굴절수술 시 넣은 스테로이드로 인한 녹내장이라고 주장하였으나 정상안압녹내장으로 판명되어 기각된 경우이다.

정상안압녹내장과 스테로이드유발녹내장은 녹내장으로 인한 신경섬유손상이라는 점에서는 차이가 없으나 병인이 완전히 다르다. 정상안압녹내장은 안압이 정상(10-21㎜Hg)임에도 불구하고 시신경손상이 생긴 경우로서 원인은 그 안압도 높아 시신경이 손상된다는 설명과, 시신경의 혈류 장애로 인해 시신경손상이 진행된다는 2가지 설명이 있다. 녹내장의 가족력이 있거나 고혈압, 심혈관질환, 근시가 있는 경우 발병률이 높다. 자각증상이 없어 악화된 후 발견되는 경우가 많다. 동양인에서 많다. 스테로이드 유발 녹내장은 스테로이드 제재 사용 후 안압이 올라가 개방각녹내장과 비슷한 녹내장이 생긴 것이다.

나. 굴절교정수술의 합병증으로 과교정 또는 부족교정, 각막혼탁, 현휘 및 달무리, 안구건조증, 근시로 다시 돌아가는 퇴행 등이 있고, 수술 자체로 녹내장이 생기지는 않는다. 굴절교정수술 후 염증발생, 각막혼탁, 퇴행 등을 방지하기 위해 통상 3-6달 간 스테로이드 안약을 투약한다. 스테로이드제 안약은 5-6%에서 현저한 안압상승을 보이며, 상당기간 지속되면 시신경손상을 초래하므로 정기적으로 안압을 잰다.

9. 같은 일이 다시 일어나지 않으려면

가. 굴절교정수술 후 스테로이드를 쓰면서 안압이 높아지는 일이 종종 발생한다. 안압이 높아졌던 환자에서 이후 정상안압녹내장이 발견되면 환자는 스테로이드유발녹내장과 정상안압녹내장이 다르다는 사실을 이해하지 못해 이와 같은 사건은 또 생길 우려가 있다. 이 사건의 원고는 스테로이드를 쓰면서 가장 높았던 안압이 26이었고, 수술 전 가장 낮은 안압이 12였으므로 고반응군이라고 할 수도 없다.

나. 이 사건은 의사는 근시의 굴절교정수술을 하고 경과를 보았고, 환자는 근시가 아닌 다른 질병, 녹내장이 생긴 것인데 환자로서는 병인을 자세히 알지 못하므로 스테로이드로 녹내장이 생겼다고 오해한 것으로 생각된다. 이런 상황을 피하려면 환자가 올 때마다 눈 자체 문제가 없는지 정상안압녹내장은 아닌지 매번 살펴야 하겠으나, 다른 문제로 진료받던 모든 환자에서 모든 검사를 다 하면 과연 얼마나 환자가 이해해줄지 의문이다. 결국 재진 환

자도 올 때마다 마치 초진처럼 다시 새롭게 보지 않는다면 해결되기 힘든 문제인데, 이러면 환자는 또 다른 오해를 할 수 있을 것이라고 생각된다.

참고문헌

Razeghinejad MR, Katz LJ. Steroid-induced iatrogenic glaucoma. Ophthalmic Res 2012;47(2):66-80.

02 백내장 관련 소송

Ⅰ. 후낭파열이 생긴 백내장수술 후 망막박리로 시력이 저하된 환자

1. 사건번호

가. ○○지방법원 1994. 12. 14. 선고 94가합4924 판결
나. ○○고등법원 1995. 10. 11. 선고 95나5433 판결
다. 대법원 1997. 7. 22. 선고 95다49608 판결

2. 소송 결과

가. 지방법원: 청구기각(원고 패)
나. 고등법원: 원고 일부 승
다. 대법원: 원고 일부 승(위자료)

3. 원고와 피고

가. 원고: 환자, 부인, 자녀 4명
나. 피고: 재단법인 A병원, A병원 안과 의사1

4. 사건 요약

가. 원고는 1991. 12. 12. 재단법인 A병원 안과 의사1에게 우안 백내장수술을 받았다. 수술 중 수정체 후낭파열(백내장 초음파유화흡인술 중 수정체 후낭이 파열되는 빈도는 3-22%이다)로 의사1은 앞유리체절제술(anterior vitrectomy)을 하고 전방에 인공수정체를 삽입하였다. 우안 시력은 12. 18.에 0.5, 12. 28.에 0.9가 되었다.

나. 1992. 8. 29. 눈부심을 주소로 B안과병원에서 검사에서 이상은 없었으나 백내장수술을 한 피고 병원으로의 전원을 권유받았다.

다. 같은 해 8. 31. 원고는 피고 의사1에게 비문증을 호소하였고, 우안 시력은 1.0으로 정상, 안압은 27㎜Hg로서 정상보다 약간 높아 레시돈 정제 15일분을 처방받았다.

라. 이후 우안 코측 시야가 가려 보였고, 1주 후 물체가 흑백으로 보이고 물결이 흔들리는 것 같아 9. 16. C안과에 내원하여 우안 시력 0.02, 우안 망막박리로 진단받았다.

마. 9. 18. D대학병원 안과에서 우안 시력은 광각유이고 망막은 전부 박리되고 망막의 6-10시 방향으로 큰 망막열공이 보여 수술을 권유받았으나 거절하였다.

바. 9. 25. 미국에서 망막박리수술을 받고, 10. 19. 인공수정체 제거 및 가스주입술 등을 받았으나 수술 후 염증이 계속되는 등 경과가 좋지 못해 10. 27.까지 치료받다 귀국하였다. 10. 31. D대학병원에 입원, 다시 수술을 받았으나 망막박리가 계속 되고, 여러 번 수술로 각막혼탁이 생겨 우안 각막이식 및 망막박리교정술이 필요한 상태로 향후 우안 시력장애가 남을 것으로 예상된다.

5. 원고와 피고의 주장

가. 원고의 주장

1) 피고 의사1이 우안 백내장수술을 하면서 망막을 건드려 망막박리가 발생하였다.

2) 피고가 백내장수술을 하면서 잘못하여 후낭을 터뜨리고 이로 인하여 인공수정체를 안구 전방에 삽입하여 망막박리가 발생하였다.

3) 피고가 1991. 8. 31. 망막박리의 전형적인 증세를 듣고도 망막박리 여부를 판단하기 위한 검사를 하지 않아 적시에 치료 받을 기회를 상실하게 한 과실이 있다.

6. 사건의 쟁점

가. 백내장수술을 하면서 망막을 건드려 망막박리가 발생하였는가?

1) 원고에게 발생한 망막박리는 망막에 구멍이 생긴 망막열공(retinal tear)에 의한 열공망막박리인 사실, 망막열공에는 망막원공, 망막파열, 망막열개가 있다. 망막원공(retinal hole)은 망막이 변성되어 얇아진 부위에 자연적으로 구멍이 생긴 것으로 망막 주변부의 격자변성, 고도근시, 안구좌상, 낭포황반변성 등에 의하여, 망막파열(retinal rupture)은 망막과 유리체가 유착된 부위에 유리체에 의한 견인력이 작용하여 망막이 찢어져서 발생하는 것으로 노인성 변화, 외상, 고도근시, 백내장수술, 후낭레이저절개술, 안구내염증, 당뇨병, 유리체출혈, 유전성질환 등에 의하여, 망막해리(retinal dialysis)는 유리체 기저부 견인에 의하여 망막의 거상연(ora serrata)이 모양체 평면부(pars planar)에서 분리되어 생긴다.

2) 백내장수술은 후유리체 박리를 증가시킬 수 있고, 또한 유리체가 강하게 부착되어 있는 유리체 기저부 망막에 견인을 만들어 망막열공과 열공망막박리가 생길 수 있다. 낭외백내장제거술 및 인공수정체 삽입술 시 0.39-2.7%의 환자에서 열공망막박리가 생기고, 고

도근시에서는 후유리체박리 발생률이 높고 주변부 망막변성이 잘 동반되어 주변부 망막에 열공이 발생할 가능성이 높으며 열공망막박리가 발생할 가능성은 0.7-6%이다. 백내장수술 도중 망막을 건드리면 수술 직후부터 즉시 안 보이므로, 망막박리가 백내장수술 도중 망막을 건드려 생겼다는 근거는 부족하다.

나. 백내장수술 중 발생한 후낭파열에 의해 망막박리가 발생하였는가?

백내장수술 중 인공수정체를 안구 내 삽입할 때 후낭 내 또는 전방(각막과 동공 사이)에 삽입하는 두 가지 방법이 있는 데, 이는 열공망막박리 발생과는 무관하며, 후낭파열은 유리체의 전방내 유입에 의한 전후 움직임으로 후유리체박리 및 유리체 기저부 망막에 견인을 유발하여 망막열공을 만들 수 있으나 백내장수술(수정체 제거) 자체만으로도 후유리체박리와 유리체 전후 움직임을 일으킬 수 있고, 망막박리가 백내장수술 도중 후낭이 파열된 것이나 인공수정체를 전방에 삽입한 것으로 인하여 발생하였다고 단정할 수 없다.

다. 눈부심이나 비문증을 호소 받고도 적절한 검진을 하지 않았는가?

1992. 8. 31. 검진 시 피고에게 섬광 증상을 호소하였다는 사실은 인정할 증거가 없고, 백내장수술 후 우안 시력이 1.0까지 회복되어 12. 28.까지 정상시력을 유지하였고, 자각증상으로서 비문증을 호소하였을 뿐이다. 망막박리의 구체적인 증상이 나타나기 시작한 것은 피고에게 진찰받고 약 1주일 지난 후로서, 8. 31. 검진 당시 망막열공 내지 박리증상이 있었는지 여부도 단정하기 어려우므로, 검진 당시 망막박리 여부를 판단하기 위한 검사를 하지 않은 것이 피고 과실이라고 할 수 없다.

라. 피고가 설명의무를 위반하였는가?

피고는 백내장수술, 후유증 및 수술을 받지 아니할 경우 초래될 결과를 설명하지 않았다. 백내장수술도 망막박리를 일으킬 수 있고, 특히 수술 중 수정체 후낭이 파열되어 그 가능성이 커졌고, 원고와 같은 중등도 이상의 근시인 사람이 격한 활동을 할 경우에도 망막박리가 초래될 가능성이 있다는 점 등을 설명하여 원고가 대비하도록 해야 하는데 이러한 설명을 하지 않은 사실이 인정된다. 피고의 설명의무 위반으로 수술의 후유증인 망막박리의 증상, 예방 방법 및 진단 방법, 치료 방법, 치료가 지연되는 경우 초래될 결과 등에 대비할 기회를 놓쳐, 그로 인해 망막박리라는 예기치 못한 결과를 당해 정신적 고통을 입게 하였으며 가족에게도 그로 인한 정신적 고통을 입게 하였으므로 피고들은 각자 원고들에게 위 정신적 고통에 대한 위자료를 배상할 책임이 있다.

7. 손해배상의 범위

가. 위자료: 원고 800만원, 처 400만원, 자녀 4명 각 100만원, 총 1,600만원

8. 사건의 해석

가. 이 판례는 백내장수술 후 비문증을 호소하는 환자에서 망막박리 여부를 검사하지 않은 의사의 의료 과실 및 그것과 결과 사이의 인과관계는 부인되었고, 의사의 설명의무의 내용 및 그 위반이 위자료 지급 대상이 된 경우이다.

나. 백내장수술 후 비문증은 뒤유리체박리뿐 아니라 안구 내 출혈이나 염증 등이 원인이며, 당시는 통상 예상되는 후유증 발생기간인 수술 후 6개월이 이미 경과한 시점이고 시력이나 안압 등의 상태도 망막박리 등 백내장수술로 인한 후유증의 징후가 있는 것으로 볼 수 없는 상황이었으므로, 의사의 검진이 오진이라거나, 검진 당시 망막박리를 판단하기 위한 검사를 하지 않은 것이 과실이라고 단정하기 어렵고, 나아가 그러한 진단 결과나 망막박리를 판단하기 위한 검사를 하지 않은 것이 시각장애를 초래한 직접적인 원인이 되었다고 단정할 수도 없다고 보았다.

다. 비문증은 주로 후유리체박리, 안구 내 출혈, 안구 내 염증 등에 의해 발생한다. 번쩍거리는 빛이 보이는 광시증은 후유리체박리 시 망막과 유리체가 유착된 부위에 안구 운동 시 유리체에 의한 견인력이 작용하여 망막이 자극되어 생길 수 있다. 망막열공이 발생할 때 광시증, 비문증, 혹은 증상이 없을 수도 있다.

라. 열공망막박리는 대부분 초기에 주변 시야에 장막이 드리우는 것 같은 시야장애가 생기고 망막박리가 중심부까지 파급되면 시력저하, 변시증이 나타나는데, 망막박리가 광범위하게 진행되면 대개는 안압이 저하된다.

마. 안압과 시력이 정상이고 광시증, 비문증, 주변부 시야장애 등의 증상을 호소하지 않으면 대개 망막박리를 의심하지 않는다. 망막열공 및 열공망막박리를 시사하는 증상을 호소할 때 안저검사, 초음파검사, 또는 망막전위도검사를 시행하며 망막열공 및 열공망막박리가 있으면 대부분 진단이 가능하나, 이런 검사는 시간과 비용이 많이 들어 모든 환자에게 일상적으로 하기는 어렵다.

9. 같은 일이 다시 일어나지 않으려면

가. 비문증이 있으면 검사한다

1) 뒤유리체박리(posterior vitreous detachment, PVD)와 망막열공

가) 갑작스런 비문증의 83%에서 PVD가 있으며 국내 보고에서 비문증 환자 중 86.9%에서 PVD가 있었다. 17%는 PVD 없이 중심부 유리체 변성에 따른 섬유조직 형태의 혼탁이 있었다. 망막열공 발생률은 8.2-30.5%로 다양하게 보고되어 있으며 국내 보고에 따르면 비문증이 있는 1744안 중 38안(2.17%)에서 망막열공이 있었다. 이 보고는 비문증으로 내원한 환자 전체를 대상으로 하여 빈도가 낮은 것으로 생각된다.

나) 망막열공의 위험인자는 ① 고도근시, 외상, 안구내염증이 있는 경우, ② 비문증, 광시증 있는 환자에서 많은 점이 보이는 경우, ③ 유리체 출혈이나 망막 출혈, ④ 인공수정체안이나 무수정체안, ⑤ 망막 격자변성, ⑥ 반대편 눈에 망막박리 과거력이 있는 경우, ⑦ 망막박리의 가족력 등이 있다.

다) 단순 PVD로 진단된 경우 6주 후 재검하면 1.5-5.2%에서 망막열공이 있었고, PVD와 망막열공이 동반되어 치료받은 155안 중 19안(12.2%)에서 추적 경과관찰 중 새로운 망막열공이 생겼으며, 8안 중 7안이 초기 망막열공의 치료 후 12개월 내 발생하였다. 따라서, 비문증을 호소하면 가능하면 안저검사로 망막열공 등의 망막이상을 확인하는 것이 중요하겠다. 특히 다수의 비문증을 호소하거나, -6.00D 이상의 고도근시인 경우, 안저검사에서 유리체 출혈 또는 망막 출혈, 격자변성이 관찰되는 경우에서는 망막열공이 생길 위험이 높으므로 보다 주의 깊게 안저검사를 한다.

라) 초기에 안저가 정상이더라도 0.5-5.2%의 빈도에서 수주 후 망막열공이 생길 수 있으므로 특히 유리체 내 색소세포, 망막 또는 유리체출혈, 새로운 증상의 발생, 격자변성 등이 있는 경우 2-6주 간격의 주기적인 안저검사가 안전하겠다. 망막열공으로 레이저 광응고술을 받은 경우에서도 새로 망막열공이 생길 수 있으므로 주기적으로 안저검사를 하여 망막열공을 조기에 발견하면 좋겠다.

마) 비문증을 호소하면 가능하면 안저검사로 망막열공 등의 망막이상을 확인하는 것이 중요하겠다. 특히 다수의 비문증을 호소하거나, -6.00D 이상의 고도근시인 경우, 안저검사에서 유리체 출혈 또는 망막 출혈, 격자변성이 관찰되는 경우에서는 망막열공이 생길 위험이 높으므로 보다 주의 깊게 안저검사를 한다.

바) 초기에 안저가 정상이더라도 0.5-5.2%에서 수주 후 망막열공이 생길 수 있으므로 특히 유리체 내 색소세포, 망막 또는 유리체출혈, 새로운 증상 발생, 격자변성 등이 있는 경우 2-6주 간격의 주기적인 안저검사가 안전하겠다. 망막열공으로 레이저 광응고술을 받은

경우에서도 새로 망막열공이 생길 수 있으므로 주기적으로 안저검사를 하여 망막열공을 조기에 발견하는 것이 좋겠다.

나. 미리 설명한다

백내장수술 전부터 망막박리의 증상과 예방 방법 및 진단 방법, 치료 방법, 치료가 지연되는 경우 초래될 결과 등에 대해 설명하여 환자로 하여금 대비하도록 하는 것이 좋겠다.

Ⅱ. 백내장수술 후 사용한 약물로 스티븐스존슨증후군이 생겨 사망한 60세 남자

1. 사건번호

가. ○○지방법원 2006. 1. 18. 선고 2003가합25510, 2004가합64864(병합)

2. 소송 결과

가. 지방법원: 원고 일부 승

3. 원고와 피고

가. 원고: 60세 남자(망인), 처, 자녀 4명
나. 피고: 개인병원 내과 의사1, 개인병원 안과 의사2, A병원 의료재단

4. 사건 요약

가. 기왕 병력

원고는 1990년부터 당뇨 치료를 받아왔는데, 2000. 10. 12. 감기로 피고 내과 의사1에게 급성편도염이라 진단받고 디아민(경구용 혈당강하제, 성분명 gliclazide), 코대원, 액티피드, 폰탈캅셀(비스테로이드성 소염진통제, 성분명 mefenamic), 린코마이신(항생제, 성분명 lincomycin), 삐콤, 암펙솔, 아세트아미노펜(해열진통제, 성분명 acetaminophen), 데리머캅셀(항생제, 성분명 erythromycin)을 처방받았다.

다음 날 몸이 부어 내과 의사1에게 라식스(주사용 이뇨제, 성분명 furosemide)를 처방받았고, 이후 백내장수술을 받기 전까지 당뇨 치료를 받았다.

나. 2001. 9. 4 대나무에 우안을 맞은 후 시력이 떨어져 피고 안과에 내원하여 우안 전방출혈과 홍채모양체염(안구 내의 홍채와 모양체의 염증)으로 오플록사신(퀴놀론계 항생제, 성분명 ofloxacin), 소론도(스테로이드제, 성분명 prednisolone), 마로투스(염증완화제, 성분명 melilotus extract), 소말겐(비스테로이드성 소염진통제, 성분명 talniflunate), 제트자임(소화제) 등을 처방받았고, 9. 7.까지 치료받았는데 당시 약물에 의한 부작용이나 과민반응은 보이지 않았다.

다. 2002. 6. 20. 백내장수술을 위한 수술 전 검사(혈액검사, 간기능검사 등)에

서 혈당이 높아 피고 내과에서 당뇨 조절 후 11. 11. 백내장수술을 받았다. 안과 의사2는 수술 전 푸라콩(항히스타민제, 성분명 piprinhydrinate), 다이아막스(이뇨제, 성분명 acetazolamide), 케이콘틴서방(전해질 보충제)을 투여하였고, 수술 후 테네브라(항생제, 성분명 tobramycin), 겐타마이신(항생제, 성분명 gentamycin), 푸가신(항생제, 성분명 ofloxacin), 마로투스, 소말겐, 소론도, 레오다제(소염 효소제, 성분명 streptokinase), 제트자임, 락테올(정장제) 등을 처방하였다.

라. 2002. 11. 12. 새벽 3시경 두통으로 처방받은 약을 먹었고, 아침에 몸이 붓자 피고 내과에 내원하였다. 피고는 부종 증상에 대해 라식스, 후릭스(경구용 이뇨제, 성분명 furosemide), 알닥톤(경구용 이뇨제, 성분명 spironolactone)을 처방하였다. 같은 날 안과에서 백내장수술 후 경과는 좋으나, 부종 및 혈당 수치가 높아 피고 A병원으로 전원되었다.

마. 전원 당시 전신 부종과 양측 하지 통증이 있었고, 활력징후는 정상이었으나 미열과 혈당 상승이 있었다. 이후 고열이 생겨 A병원 의료진은 설피린(해열제와 진통제 성분으로 사용되는 피린계약제)을 처방하였고 이후 피부발적이 나타나 손 부위 드레싱을 하였다.

바. 이후 입 주위와 손, 발의 수포성 피부병변, 전신무력감과 배뇨 곤란을 호소하여 B병원 피부과로 입원하였다. 입원 후 내과의료진은 혈당조절 약물을 처방하였고, 피부과는 과민반응 치료를 위하여 정맥과 경구 스테로이드를 사용하였고, 비뇨기과는 신기능 약화로 인한 배뇨 장애에 대한 치료로 폴리카테터를 삽입하였다. 이후 피부병변은 호전되었으나 여전히 배뇨 장애를 호소하여 방광루형성술을 하였다.

사. 이후 폐부종이 발생하여 호흡곤란을 호소하였고, 심장기능이 저하되어 이뇨제와 강심제를 처방하였고, 2002. 12. 6. 중환자실로 전실하여 집중 관찰하였다.

아. 스티븐스존슨증후군은 거의 완치되었으나 배뇨 곤란과 폐부종이 지속되어 인공삽관 및 기계호흡을 시작하였으나 호전되지 않아 신부전과 호흡부전으로 사망하였다.

5. 원고와 피고의 주장

가. 원고의 주장

1) 약물 과민반응을 경험한 망인에게 과민반응이 있는 약물을 처방한 과실

가) 안과 의사2에 대한 주장: 백내장수술 후 스티븐스존슨증후군과 관련 있는 것으로 알려진 퀴놀론계 항생제인 푸가신과 비스테로이드성 소염진통제인 소말겐 및 이뇨제인 다이아막스를 처방한 과실

나) 내과 의사1에 대한 주장: 이상 반응을 일으킨 약물을 파악하여 설명하고 고지함으로써 다른 병원에서 진료받을 경우 과민반응을 초래할 수 있는 약물에 노출되지 않도록 해

야 하는 주의의무 위반

다) A병원 의료재단에 대한 주장: 비스테로이드성 소염진통제인 설피린을 투여하여 사망에 이르게 한 과실

2) 설명의무 위반

의사1,2에 대한 주장: 약물로 인한 과민반응의 발생 가능성을 상세히 설명하고 망인으로부터 승낙을 얻었어야 함에도 불구하고 이를 설명하지 않고 처방한 잘못

나. 피고의 주장

1) 망인처럼 장기간 당뇨를 앓던 환자에서 비스테로이드성 소염진통제 복용 후 부종이 생기고 소변량이 감소한 경우 신장기능 약화로 인한 것으로 볼 여지가 높다. 신장기능 약화는 비스테로이드성 소염진통제로 인한 과민반응이 아니라 약물의 약리학적 기능에 의한 부작용이라 할 수 있다.

2) 특정 약물을 처방한 뒤 스티븐스존슨증후군이 나타났다는 사정만으로는 의사에게 약물 처방 상 과실을 인정하기는 어렵고, 다만 의사가 환자에게 약물에 의한 과민반응의 결과로서 스티븐스존슨증후군을 의심할 만한 사정이 발생하였다는 점을 사전에 인식하였거나 적어도 인식할 수 있었을 경우에만 약물 처방에 따른 과실을 인정할 수 있다. 망인이 피고에게 약물 복용으로 인한 과민반응이 일어났다는 사실을 고지한 적이 없으며 이전 피고에게 처방 받은 동일 성분의 약을 복용 후 약물 과민반응이 나타나지 않은 점을 근거로 피고가 처방한 약물 때문에 스티븐스존슨증후군이 나타났다는 주장은 인정할 수 없다.

3) 과거력 상 비스테로이드성 소염진통제의 일종인 설피린 투여로 인한 과민반응이 있었다는 점을 인정할 만한 증거가 없고, 나아가 과거력 상 설피린 투여로 인한 과민반응의 경험이 확인되지 않은 경우에는 빈혈, 천식, 간기능 및 신장기능 이상, 고혈압, 심장질환, 다른 비스테로이드성 소염진통제에 대한 과민반응 등이 있는 환자에 대하여도 의사의 판단 하에 설피린을 투여할 수 있는 점에 비추어 볼 때, 설피린을 처방한 것은 의사의 재량 범위 내에서 이루어진 것이다.

6. 사건의 쟁점

가. 피고(내과 의사1, 안과 의사2, A병원 의료진)가 처방한 약물과 스티븐스존슨증후군 발병과의 인과관계가 있는가?

1) 내과 의사1이 처방한 약물 복용 후 부종과 소변량 감소를 호소하였는데 이는 망인이 고령이며 당뇨를 오래 앓아 신기능이 떨어진 것으로 보는 것이 옳을 것이다. 약물 과민반응이라면 이전 동일한 약물을 복용하였을 때 동일한 증상이 발생하였어야 하나 과거력 상 그

런 경력은 없었다.

2) 감염 등의 원인을 배제할 수 있고 특정 약물에 의하여 발생한 것으로 의심되면 약물에 의한 스티븐스존슨증후군으로 진단할 수 있는데 유일한 확진 방법은 환자가 호전된 후 의심되는 약물을 다시 복용시켜 같은 증상이 나타나는지 확인하는 것뿐이나 이는 위험하여 실제 임상에서 사용하기는 힘들고, 처음 복용하는 약물의 경우 실험적 방법이나 피부반응검사, 약물 과민반응의 과거력 등으로 과민반응의 발생을 미리 예측할 수 있는 방법이 전혀 없기 때문에 피고가 처방한 약물로 인하여 스티븐스존슨증후군이 생겼다고 볼 수는 없다. 또한 피고가 처방한 약물은 망인이 예전에도 복용했던 약물들로 과민반응이 나타난 적이 없다는 점도 인과관계가 없다는 근거가 되겠다. 다만 안과 의사2가 처방한 다이아막스는 망인이 처음 복용한 약물로 처음 복용하는 약물의 경우 실험적 방법이나 피부반응검사, 약물 과민반응의 과거력 등으로 약물에 의한 과민반응의 발생을 미리 예측할 수 있는 방법이 전혀 없으므로 다이아막스로 인해 스티븐스존슨증후군이 발생하였다고 단정할 수도 없겠다.

3) A의료재단 의료진이 투여한 비스테로이드성 진통제 설피린에 대해서도 과거력 상 설피린 투여 후 과민반응을 보인 과거력이 없고 과민반응의 경험이 확인되지 않았을 경우에는 빈혈, 천식, 간기능 및 신장기능 이상, 고혈압, 심장질환, 다른 비스테로이드성 소염진통제에 대한 과민반응 등이 있더라도 의사의 판단 하에 설피린을 투여할 수 있으므로 약물 투여 과실을 인정할 수 없으며 스티븐스존슨증후군과의 인과관계도 찾을 수 없다.

나. 설명의무 위반

피고들은 침습적 의료행위를 하지 않았고 또한 이전 처방한 약물에 대해 과민반응이 발생하지 않았으며 동일 성분의 약을 처방하였다는 점 등을 근거로 설명의무를 위반하였다는 근거는 없다. 다만 안과 의사2가 처방한 다이아막스에 대해서는 약물로 인한 스티븐스존슨증후군의 발생 가능성이 알려져 있으며 처음 투약하는 약물로서, 과민반응의 발생 가능성을 미리 설명하여 망인에게 약물 사용에 대해 승낙을 받아야 하였음에도 이를 하지 않은 것에는 잘못을 인정하였다. 다만 설명의무 위반이 구체적 치료과정에서 요구되는 의사의 주의의무의 위반과 동일시할 정도의 것이라거나, 설명의무 위반행위와 망인의 사망 사이에 상당인과관계가 있다고 보기는 어려워 원고들의 정신적 고통에 대한 위자료 정도로 인정하였다.

7. 손해배상의 범위

가. 피고 안과 의사2: 정신적 고통에 대한 위자료

1) 원고(망인의 부인) 400만원{=300만원(망인의 위자료 900만원 × 상속분 3/9) + 위자료 100만원}

2) 망인의 자녀 3명에게 각 250만원{=200만원(망인의 위자료 900만원 × 상속분 2/9) + 위자료 500만원}

나. 내과 의사1과 의료재단 의료진: 인과관계를 인정할 수 없어 기각

8. 사건의 해석

가. 이 사건은 오랜 기간 당뇨를 앓던 고령의 환자가 백내장수술 후 부종 및 피부 병변이 발생하고 배뇨기능 장애가 생겨 스티븐스존슨증후군(Stevens-Johnson syndrome, SJS) 의심 하에 입원 후 결국 사망하여 내과 의사1과 안과 의사2에게 처방과실과 설명의무 위반, 의료재단 의료진에게 처방과실 등의 이유로 소송한 경우이다. 결국 안과 의사2는 SJS의 원인인지 명확하지는 않으나 발생 가능성이 있다는 이유로 다이아막스 처방 시 합병증에 대한 설명의무 위반으로 원고들에게 정신적 고통을 주었다는 판단 하에 위자료를 물어주었다.

나. 내과 의사1에 대해서는 SJS과의 인과관계를 밝힐 수 없고 이전 동일한 약을 사용시 SJS이 일어나지 않았기에 기각되었고, 의료재단 의료진의 비스테로이드성 소염제 사용은 의사의 재량으로 판단하여 마찬가지로 기각되었다.

다. 스티븐스존슨증후군(Stevens-Johnson syndrome, SJS)

SJS은 다형홍반의 심한 형태로서 피부의 수포 병변과 전체 피부 중 10% 미만의 피부 박리를 동반한다. 초기 증상으로는 미열이나 인후통, 피로감 등이 있고, 수일 내 입술 및 구강 점막, 전신 피부 등에 병변이 발생하며, 눈이나 기도, 식도, 항문, 요도 등의 점막을 침범할 수 있다. 사망률은 6% 정도이고 가장 흔한 사망 원인은 피부나 점막을 통해 세균이 침범하여 발생하는 패혈증이다.

특정 약물에 의한 SJS은 임상적으로 의심할 뿐이지 확진하기는 어렵다. 이론적으로는 모든 약물이 SJS을 일으킬 수 있으나 SJS과 관련성이 잘 알려진 약물로는 ① 항생제(술폰아마이드계, 페니실린계, 퀴놀론계, 세팔로스포린계, 반코마이신 등), ② 비스테로이드성 소염진통제(디클로페낙, 술린닥, 이부프로펜, 케토프로펜, 나프록센 등), ③ 기타 항경련제(하이단토인, 카바마제핀), ④ 항결핵제(리팜핀, 에탐부톨) 등이 있다.

라. 이 사건의 쟁점

이 사건의 쟁점은 사망 원인이 약물로 인한 SJS인가이다. 안과 의사2는 백내장수술 전후 항생제, 비스테로이드성 소염 진통제, 이뇨제를 처방하였고 내과 의사1는 감기 치료를 위하여 항생제, 비스테로이성 소염 진통제, 그 후 생긴 부종 치료를 위하여 이뇨제를 처방하였다. 의료재단 의료진은 환자가 SJS 증상을 보인 후 전원되어 고열이 발생하여 비스테로

이드성 소염진통제를 처방하였다. 의사1,2와 A병원 의료진 모두 비슷한 성분의 여러 약물을 처방하였고 따라서 SJS의 특성상 어떤 의사가 처방한 어떤 약물로 인하여 환자에게 SJS이 발병하였는지 알기 어렵다. 이런 상황에서 가장 흔히 SJS이 나타나는 약물이라는 이유로, 안과 의사에게만 설명의무 위반을 인정한 것은 안과 의사에게는 과도한 처벌이라고 생각된다.

9. 같은 일이 다시 일어나지 않으려면

가. 의료진 요인: 안과에서 경구 약물 사용 시 주의할 점

약물을 처방할 때 항상 과거에 약물 과민반응이 있었는지 물어보고 그 기록을 의무기록지에 남긴다. 안과에서 많이 사용하는 경구용 약물은 안압 조절을 위한 아세타졸아마이드(acetazolamide), 수술 전후 사용하는 경구 항생제, 염증 질환에서 경구 스테로이드, 면역억제제인 메토트렉세이트(methotrexate) 등이 있다.

아세타졸아마이드의 경우 드물지만 중대한 합병증으로 SJS, 독성표피괴사융해(toxic epidermal necrolysis, TEN), 저칼륨혈증 위험성에 대해 설명하는게 좋겠다. 위험한 부작용은 아니나 손발 저림이 드물지 않게 생길 수 있어 미리 고지하고 다음 외래 내원 시 부작용이 견딜 만한지 확인하여 약물 지속 여부를 결정한다.

1) 스테로이드의 경우 여드름, 당뇨, 고혈압, 골다공증, 생리불순, 불임, 심장마비, 우울증, 감정기복, 불면증, 백내장, 음경축소, 음핵확대, 부종, 탈모, 성장장애, 다모증과 같이 잘 알려진 부작용뿐 아니라, 사용 중 시상하부–뇌하수체–부신 축 억제(hypothalamic–pituitary–adrenal axis suppression, HPA suppression)에 대해 주의해야 한다.

가) HPA suppression을 의심해야 하는 경우

① 3주 이상 하루에 당질코르티코이드(glucocorticoid)를 프레드니솔론(prednisolone)으로 치환하였을 경우 20mg에 해당되는 양을 사용한 경우

② 수주 간 프레드니솔론(prednisolone)을 evening/bedtime 용량으로 5 mg 이상 사용한 경우

③ 쿠싱양 외관(Cushingoid appearance)을 보이는 경우

나) 스테로이드 tapering regimen

tapering의 목적은 기저질환이 재활성화 되는 것을 막으면서 부신 억제에 의한 증상도 발생하지 않도록 하는 것이다.

① prednisolone을 40mg 매일 사용: 매 1–2주 간 5–10 mg/day씩 감량

② prednisolone을 20–40mg 매일 사용: 매 1–2주 간 5 mg/day씩 감량

③ prednisolone을 10–20mg 매일 사용: 매 1–2주 간 2.5mg/day씩 감량

④ prednisolone을 5–10mg 매일 사용: 매 1–2주 간 1mg/day씩 감량

⑤ prednisolone을 5mg/day로 감량 이후: 매 2–4주 간 0.5mg/day씩 감량

2) 메토트렉세이트(methotrexate)의 부작용은 경미한 것에서부터 심각한 것까지 다양하다. 부작용은 열감이나 오한, 피의 발진, 얼굴이나 후두부의 부종, 두드러기, 입 주위 감각이상, 광과민성, SJS, TEN, 간섬유화나 간염, 폐섬유화 등으로 발생 가능성을 설명하고 부작용 발생에 따라 약물을 중지할지 용량을 줄일지 결정한다.

가) 간 독성에 대해서는 약물 시작 첫 6개월 동안은 매달 간기능 검사를 시행하고 그 이후 1–3달 간격으로 시행하는 것을 권유하고 있다. 특히 당뇨, 비만, 알코올 과다 섭취자는 주의해서 살펴봐야 한다. 또 다른 연구에서는 간생검을 권유하기도 하나 침습적인 방법으로 시행하기는 힘들다.

나) 폐독성에 대한 모니터링은 약물 사용 1–5일 후 발생할 수 있으므로 약을 시작하면서 가슴 방사선촬영을 하고 이후 계속 검사한다.

3) 천식이나 기저 질환이 있는 환자는 약물 사용에 항상 주의하고 고령이며 만성질환이 있는 환자에게 부작용이 있을 수 있는 약물을 투여할 때는 설명하고 동의를 구했음을 의무기록에 남기는 것이 같은 일을 막을 수 있는 방법이다.

Ⅲ. 구후마취로 백내장수술 후 망막중심동맥폐쇄로 시력을 잃은 66세 여자

1. 사건번호

가. ○○지방법원 2008. 7. 2. 선고 2005가단237747 판결

2. 소송 결과

원고 일부 승(책임제한 40%)

3. 원고와 피고

가. 원고: 피고에게 백내장수술을 받은 66세 여자, 남편
나. 피고: 개인안과 의사1

4. 사건 요약

가. 원고는 피고에게 2005. 3. 25.에 우안, 3. 26. 좌안 백내장수술을 받았다. 원고는 귀가 후 좌안이 전혀 안 보이는 것을 알게 되어 다음 날 피고와 연락을 시도하였으나 일요일이어서 연락이 안 되었고,

나. 수술 2일 후 의사1의 전원 조치에 따라 A병원에서 좌안 망막중심동맥폐쇄를 진단받고 치료를 받았으나 현재 좌안 시력은 안전수동이다.

5. 원고와 피고의 주장

가. 원고의 주장: 피고가 망막중심동맥폐쇄가 발생할 수 있는 구후마취(retrobulbar anesthesia)를 하면서 필요한 주의를 다하지 않고 경과를 제대로 관찰하지 않았다.

나. 피고의 주장: 원고에게 고지혈증과 지방간 등의 기저질환으로 인한 혈전 등으로 망막중심동맥이 폐쇄되었고, 백내장수술과는 관련이 없다.

6. 사건의 쟁점

가. 좌안 망막중심동맥폐쇄와 백내장수술 시 구후마취가 인과관계가 있는가?

망막중심동맥폐쇄가 백내장수술 직후 발생하였고, 구후마취 시 여러 원인으로 인하여 망막중심동맥폐쇄가 생길 수 있으므로, 피고가 다른 원인에 대한 합리적인 설명을 하지 못한다면, 망막중심동맥폐쇄는 수술 시 구후마취의 부작용으로 발생하였다고 인정할 수밖에 없다.

원고의 혈중 콜레스테롤수치는 위험성이 높은 고지질혈증 상태에 있다고 할 수 없고, 안저검사상 콜레스테롤 색전이나 혈전 등이 관찰되지 않았으므로 피고가 주장하는 기저질환에 의한 혈전이 원인이라는 의견은 인정할 수 없다.

나. 수술 후 환자 관찰에 대한 주의의무를 위반하였는가?

구후마취 시 주사침의 부주의한 조절 등 시술상의 부주의로 인하여 망막중심동맥의 압박이나 경련이 발생할 수 있어 시술 이후 환자 상태를 충분히 관찰하고 상당한 시간 동안 창상부위의 염증 정도, 인공수정체의 위치, 안압 등을 확인하여 환자를 귀가시켜야 할 주의의무를 위반한 과실이 있다.

다. 책임의 제한

망막중심동맥폐쇄 발생원인을 정확하게 확인할 수 없으므로 다른 원인으로 발생했을 가능성을 전혀 배제할 수 없는 점, 망막중심동맥폐쇄는 일단 발생하면 90% 이상에서 심각한 시력장애가 발생하므로, 피고가 수술 후 적절한 경과 관찰을 했더라도, 현재 결과를 피하기는 어려웠을 것으로 책임을 40%로 제한한다.

7. 손해배상의 범위

가. 재산상 손해

기왕 치료비: 2,738,626원 × 40%(책임제한) = 1,095,450원

나. 위자료: 원고 천만원, 원고의 남편 500만원, 자녀 각 150만원

총 22,095,450원

8. 사건의 해석

가. 이 사건 판결에서 의문이 드는 점은 백내장수술에서 흔히 사용하는 국소마취 방법

인 구후마취에서 드물지만 보고된 바 있는 합병증인 망막동맥폐쇄 자체에 대해서도 의사의 과실을 인정한 것이다. 또한 24시간 운영하지 않는 개인의원에서 수술받은 경우, 환자가 시력이 저하되어 수술받은 병원에 연락하였는데 답이 없었다는 것만으로 적절하게 처치하지 않았다고 할 수 없다. 수술 후 이상 상황이 생길 경우 안과 당직의가 근무하는 대형병원 응급실을 방문하도록 교육했다면, 개인병원 의사로서는 적절한 처치 및 설명을 했다고 볼 수 있다. 다만 수술 다음 날 수술 후 상태를 확인하지 못한 점은 판결에서 환자의 수술 후 관리를 소홀히 한 것으로 인정될 위험성이 있겠다.

나. 판결문에서는 수술 후 충분히 관찰하고 상당한 시간 동안 창상부위의 염증 정도, 인공수정체의 위치, 안압 등을 확인하여 환자를 귀가시켜야 할 주의의무를 위반한 과실을 인정하였다.

1) 망막중심동맥폐쇄는 망막에 혈액을 공급하는 중심동맥이 폐쇄되어 망막에 혈액이 공급되지 못해 망막세포가 손상되는 질환이다. 90%에서 시력이 안전수동이나 광각인지 정도로 심하게 저하된다. 망막중심동맥폐쇄의 원인은 색전, 혈전, 동맥경화판, 혈관염, 고혈압, 동맥괴사, 박리 동맥류 등으로 다양하며 전신질환과 관련성이 높다. 특히 고혈압은 망막중심동맥폐쇄환자의 2/3에서, 당뇨병은 1/4에서 관찰된다.

2) 구후마취에 의해 망막중심동맥 폐쇄가 발생하는 기전은 첫째, 구후마취 주사로 시신경 연막혈관이 뚫려 시신경초 내로 출혈이 생길 수 있다. 둘째, 구후마취 주사 시 마취제가 시신경 내로 주입 되어 망막중심동맥과 중심정맥의 폐쇄, 시신경유두부종, 망막하공간으로의 공기와 액체 유입, 망막동맥 색전증 등이 나타날 수 있다. 셋째, 주사침 및 마취제에 의한 망망중심동맥의 경련 등에 의하여 망막중심동맥폐쇄가 발생할 수 있으며, 이를 방지하기 위하여 구후마취에 비하여 마취작용시간이 느리지만 합병증이 적은 눈둘레마취(peribulbar anesthesia) 등도 한다.

3) 진단 시 가장 중요한 것은 병력 청취와 안저검사로, 안저검사에서 망막 색이 하얗게 변하고 망막동맥이 가늘어져 있으며 심한 경우 혈관 내 혈액이 분할되어 보이는 등의 특징적인 현상이 나타난다. 20-40%에서 안저검사 시 색전을 발견할 수 있다.

4) 망막중심동맥폐쇄의 치료는 빨리 혈액순환을 회복시키는 것으로, 혈액관류압을 높이거나 폐쇄된 동맥을 확장하기 위하여 안구마사지, 고농도 산소흡입, 전방천자, 탄산탈수효소억제제를 쓰기도 하나 시력 회복은 어렵다. 동물실험에서 망막의 비가역적 손상을 일으키는 시간이 90-100분인 점에 비추어 진단까지 대부분 시간이 경과되어, 응급조치를 취하여도 시력을 회복하지 못하는 경우가 대부분이다.

9. 같은 일이 다시 일어나지 않으려면

가. 구후마취(retrobulbar anesthesia) 시 주의할 점

안내수술 시 많이 사용되는 구후마취 주사법은 드물지만 여러 가지 심각한 합병증을 일으켜 망막과 시신경에 손상을 입힐 수 있다.

1) **망막중심동맥과 중심정맥 폐쇄**: 구후마취 주사 후 발생한 망막중심동맥과 중심정맥 폐쇄는 1983년 Sullivan 등에 의해 보고된 이후 여러 차례 보고되었다.

가) 혈전 및 색전이 생길 위험성이 높고, 아스피린, 클로피도그렐, 와파린을 복용하는 경우, 백내장수술 중 출혈이 발생할 가능성이 낮으므로 약물 복용을 유지한다.

나) 수술 전 안축장을 확인하여 25㎜ 이상일 경우 구후마취 중 바늘에 의한 손상이 발생할 위험이 커지는 것을 인지한다.

2) **안구 혹은 시신경 천공**

가) 증상은 다양하여, 강한 안구 통증을 느끼면서 갑자기 시력이 저하되거나 안압이 떨어지기도 하고 증상이 없는 경우도 있다.

나) 끝이 뭉툭한 주사바늘을 쓰는 경우 안구나 시신경을 찌르면 근 원뿔 내(intraconal area)보다 저항이 더 심해지는 것을 느낄 수 있다.

다) 안구 및 시신경 천공이 의심되는 경우, 즉시 안저검사를 하거나 초음파검사를 하여 안구손상 정도를 평가해야 한다. 대개 계획된 수술을 중단하고 망막전문의에게 평가받도록 한다.

라) 냉동치료(cryosurgery), 레이저치료 경과 관찰 정도로 해결되기도 하지만 증식유리체망막병증(proliferative vitreoretinopathy)이 생겨 망막박리가 될 수 있다.

3) **구후출혈**(retrobulbar hemorrhage)

구후출혈은 0.03-3%로 흔하지 않다. 깊은 동맥에서 구후출혈이 발생하면, 안압이 급격히 오르고 안구가 돌출되어 안구내의 혈액 공급을 어려워지고 시력에 심각한 손상을 유발할 수 있다. 구후출혈이 의심되면 즉시 안저검사, 안압 확인, 초음파검사를 하고 필요하면 외안각절개술(lateral canthotomy)을 한다.

4) 수술 전 마취의 경우 안축장이 길거나, 포도종(staphyloma) 형태의 후극부를 가진 경우 위험이 높아지므로 주의하여 하거나, 백내장수술의 경우 환자가 협조가 되면 국소 마취(topical anesthesia) 및 테논낭하 마취(subtenon anesthesia)를 하는 것을 고려한다.

나. 수술 직후 드레싱 전 갑작스러운 시력 소실이 있는지 확인하고, 수술 다음 날 시력 및 안압을 확인하여 마취로 인한 급성 합병증이 발생하였는지 주의 깊게 관찰하고 기록을 남기는 것이 필요하다.

다. 수술 후 퇴원 전, 24시간 운영하지 않는 개인의원의 경우 이상을 느끼면 가까운 응급실에 가서 진료받도록 교육하는 것이 의사 본인을 보호할 뿐 아니라 환자에게 발생할 수 있는 응급상황에 적절한 처치를 받도록 도와주는 방법이다.

참고문헌

1. Giuffre G, Vadala M, Manfre L. Retrobulbar anesthesia complicated by combined central retinal vein and artery occlusion and massive vitreoretinal fibrosis. Retina 1995;15:439-41.
2. Pautler SE, Grizzard WS, Thompson LN, et al., Blindness from retrobulbar injection into the optic nerve. Ophthalmic Surg 1986;17:334-7.
3. Lim HW, Ko BW, Song Y, et al., Combined Central Retinal Vein and Artery Occlusion After Retrobulbar Anesthesia: A Case Report. J Korean Ophthalmol Soc 2008;49:1013-7.

Ⅳ. 백내장수술 후 시력저하를 호소하는 망막색소변성이 있는 57세 남자

1. 사건번호

가. ○○지방법원 2007. 1. 31. 선고 2005가단4169 판결

2. 소송 결과

가. 지방법원: 원고 일부 승(위자료)

3. 원고와 피고

가. 원고: 환자, 처, 자녀들
나. 피고: 학교법인 의료원

4. 사건 요약

가. 초진: 1999. 12. 31.

원고는 피고에게 '출생 시부터 밤눈이 어둡다, 7-8년 전부터 침침하다'고 호소하면서 '5-6년 전 백내장이라고 듣고 지내다가 수술 여부, 시기를 알기 위해 왔다'고 하였다. 당시 나안시력은 우안 0.15, 좌안 0.2였고, 교정시력은 양안 0.2였다. 당시 피고는 양안 후낭하 백내장, 양안 망막색소변성으로 진단하였다.

나. 백내장수술: 2000. 2. 21.

1) 2000. 2. 20. 입원 당시 나안시력은 우안 0.1, 좌안 0.2, 교정시력은 우안 0.15, 좌안 0.3이었다.

2) 의료진은 백내장수술에 앞서 수술 후 합병증(안압 상승, 녹내장, 홍채탈출, 안내염, 각막부종, 안구내출혈, 인공수정체탈구, 망막부종, 후발백내장, 망막박리, 안경착용의 가능성)에 대하여 설명하였다.

3) 피고는 2000. 2. 21. 우안 수정체유화술(phacoemulsification) 및 후방인공수정체 삽입술(PCL implantation)을 시행하였다.

4) 2. 22. 퇴원 당시 우안(나안)시력은 0.2였고, 타리비드(Tarivid), 프레드포르테(Pred-forte), 덱코실(Dexcosil) 등을 처방하였다.

다. 백내장수술 후 경과 관찰

1) 2000. 2. 25. 나안시력 0.15/0.4, 교정시력 0.2/0.4, 전방염증 +2, 점안약 처방
2) 2000. 3. 10. 나안시력 0.3/0.3, 교정시력 0.3/0.3, 전방염증 +1, 점안약 처방
3) 2000. 3. 22. 나안시력 0.3/0.2, 교정시력 0.4/0.3, 염증 없음, 증상 양호

라. 우안 후낭혼탁(posterior capsule opacification)에 대한 야그레이저(YAG laser) 후낭절개술(posterior capsulotomy)

1) 2002. 9. 24. 나안시력 0.04/0.5, 우안 후낭혼탁, 좌안 피질혼탁(cortical opacity) 및 핵경화
2) 2003. 2. 4. 나안시력 우안 0.04, 좌안 0.3, 우안 후낭혼탁, 우안 안저반사 나쁨
3) 2003. 2. 18. 나안시력 0.02/0.3, 야그레이저 후낭절개술 시행

마. 후낭절개술 후 경과 관찰

1) 2003. 2. 19. 나안시력 우안 0.02, 한가운데 흐려 보임, 후루콘 처방
2) 2003. 2. 25. 나안시력 우안 0.02, 우안 망막색소상피위축 및 부종
3) 2003. 3. 4. 형광안저조영술 시행
4) 우안 황반부종(macular edema)(의증), 우안 맥락막혈관신생(의증) 진단 후 데크롤(Decrol) 처방함
5) 2003. 4. 11. 나안시력 우안 0.02, 좌안 0.5, 안저: 황반변성 (우안) 망막색소변성(양안), 데크롤 처방

5. 원고와 피고의 주장

가. 원고의 주장

피고가 망막색소변성 환자에서 백내장수술을 무리하게 시행함으로써 수술 후 안내염, 안내염으로 인한 황반부종, 후발백내장을 초래하였고, 황반부종이 후낭절개술 후 발생한 심한 안내염과 함께 우안 황반변성을 초래하여 우안이 실명되었다.

6. 사건의 쟁점

가. 백내장수술 중 과실로 황반변성이 발생하였는가?

1) 백내장수술 후 염증은 항상 생기며 정도에 따라 낭포황반증후군(Irvine-Gass syndrome)이 생길 수도 있으나 대부분은 저절로 호전되거나 약물 치료 후 호전된다. 이 사

건에서 황반부종도 백내장수술 후 발생한 낭포황반증후군의 가능성을 배제할 수는 없지만 발생 시기 등을 고려해 볼 때 망막색소변성에 기인하는 것으로 보는 것이 타당할 것이다.

2) 일부 설명의무를 위반한 점이 있다고 하더라도 이것만으로 피고가 망막색소변성증인 원고를 상대로 백내장수술 자체를 무리하게 하였다고 보기 어렵다.

3) 결국 피고의 잘못으로 우안에 황반변성이 발생하였다거나 우안을 실명하였다는 점에 관한 입증이 충분하지 않으므로 이에 대한 원고들의 청구는 이유 없다고 할 것이다.

나. 설명의무 위반

1) 각 수술(특히 후낭절개술) 후 합병증에 대한 설명이 충분하지 않았는가?

백내장수술에 앞서 수술 후 후유증에 대하여 충분히 설명한 것으로 보이고, 후낭절개 8일 후 관찰된 부종이나 후낭절개술 후 안내염이 황반변성을 불러왔다고 볼 만한 뚜렷한 자료가 없고, 후낭절개술에 한하여 원고가 상당히 생각한 끝에 시술받기로 결정한 것으로 볼 수 있어 원고의 자기결정권 침해의 근거가 될 수 없다.

2) 백내장수술 여부와 시기를 정함에 있어 피고로부터 충분한 설명을 듣지 못했는가?

가) 의사는 환자가 수술의 필요와 효과를 현실적으로 고려하여 실제 수술 여부와 시기를 결정할 수 있도록 현재 증세가 일상생활에서 얼마나 불편을 끼치는지 자세히 확인하고, 현재 증세가 수술로 없애려는 병변으로부터 주로 야기된 것인지, 증세가 수술로 얼마만큼 개선될 수 있는지를 충분히 검사, 판단한 후 환자에게 수술의 필요와 효과를 상세히 그리고 현실적으로 설명할 주의의무가 있다.

나) 일상생활을 무리 없이 해오다가 백내장수술 여부와 시기를 알아보러 온 원고가 백내장수술을 받기로 작정하고 입원하기 전까지 피고가 현재 증세가 일상생활에서 얼마만큼 불편을 끼치는지 자세히 확인하였다거나, 현재 증세가 백내장이 주된 원인인지, 망막색소변성이 주된 원인인지, 현재 증세가 백내장수술로 실제 얼마나 개선될 수 있는지를 상세히 그리고 현실적으로 설명하였음을 인정할 자료를 찾아볼 수 없다.

다) 원고가 입원한 후 그리고 백내장수술이 임박한 시점에 이르러서야 전문의를 통해 위와 같은 설명을 하였다는 것만으로는 피고가 원고에게 백내장수술 여부와 시기에 대한 설명의무를 다하였다고 볼 수 없다. 결국 피고는 망막색소변성 환자에게 백내장수술의 필요와 효과를 상세하고 현실적으로 설명하지 않음으로써 백내장수술 여부와 시기에 대한 위 원고의 자기결정권을 침해하였다.

7. 손해배상의 범위

가. 위자료: 원고 1,000만원

8. 사건의 해석

가. 기왕증으로 망막색소변성이 있던 환자에서 백내장이 생겨 시력이 나쁜 우안을 먼저 수술하고 약 2년 뒤 후낭혼탁이 발생하여 야그레이저 후발백내장절개술을 하였다. 약 5개월 후 황반부종이 생겨 약물 치료 및 경과 관찰하였으나 점점 시력이 감소하여 백내장수술 시 과실 및 설명의무 위반으로 소송을 제기하여 수술 과실은 인정되지 않고 설명의무 위반이 인정되어 위자료를 지급한 사건이다.

이 판례는 기존의 판례보다 설명의무의 범위가 넓게 적용된 것으로 보인다. 기존 판례를 바탕으로 수술 전 설명의무에 포함되는 범위를 살펴보면, 예견 가능한 위험과 환자가 자기결정권을 행사하여 의료행위를 받을 것인지 여부를 선택할 수 있도록 해주는 것이다. 이때, 환자에게 발생한 중대한 결과가 의사의 침습행위로 인한 것이 아니거나 자기결정권이 문제되지 않는 상황에서는 설명의무 위반이 인정되지 않는다는 것이 기존 대법원 판례이다. 이 사례에 환자에게 생긴 악결과가 백내장수술에 의한 것이라 볼 수 없으므로, 의료진이 수술 전날에야 수술 설명을 해서 환자의 자기결정권을 침해받았다고 인정하는 것은 오류가 있다고 생각된다.

나. 망막색소변성은 유전질환으로서, 점진적인 망막시각세포의 손상으로 인하여 시야가 좁아지다가 결국 실명할 수 있는 질환이다. 초기에 광수용체가 침범되고 내층 망막세포 손상으로 이어져서 결국 망막 각 층에 만연한 위축을 초래한다. 그 결과 초기에는 야맹증과 시야 소실 같은 시력 장애가 있다가 마침내는 중심시력장애가 생긴다. 낭포황반부종, 미만성망막혈관누출, 망막앞황반섬유증, 망막색소상피결손 같은 합병증이 동반 될 수 있다.

다. 망막색소변성 환자는 백내장수술로 중심시력이 약간 좋아지더라도 시야장애가 호전되지 않고, 수술이 망막색소변성의 진행경과에 전혀 영향을 미치지 않음을 알아야 한다. 수술 전 환자는 시력 개선에 대하여 현실적 기대를 가지는 것이 중요하다.

라. 백내장적출 후 평균 26개월 간 경과 관찰한 환자의 43%, 2-3년 간 경과 관찰한 환자의 28%에서 후낭혼탁이 발생했다는 연구가 있다. 또한 3-5년이 지난 환자의 약 50%에서 뒤늦게 후낭혼탁이 발생했다는 연구도 있다.

9. 같은 일이 다시 일어나지 않으려면

수술 전 설명으로 일반적인 백내장수술 합병증과 주의사항에 대한 설명 외 망막색소변성의 경과, 백내장수술 후 시력의 기대치, 수술 후 황반부종 가능성, 일반적인 백내장수술과는 다른 시력 예후를 가질 수 있음을 설명하는 것이 필요하겠다.

V. 백내장수술 후 시력손상 및 동공산대를 호소하는 52세 여자

1. 사건번호

가. ○○지방법원 2008. 7. 22. 선고 2006가단406335 판결

2. 소송 결과

청구기각(원고 패)

3. 원고와 피고

가. 원고: 환자
나. 피고: 안과 의사1과 고용자

4. 사건 요약

가. 2003. 11. 14. 의사1은 원고에서 좌안 백내장수술 및 인공수정체 삽입술을 하던 중 부분적인 후낭파열이 있어 인공수정체를 고랑 내 삽입하였다. 11. 25. 2차 수술(수술 당시 만들어진 절개창을 통해 일부 남아 있는 수정체 피질을 흡입하여 제거하는 시술)을 무료로 하였다.

나. 원고는 피고 지시에 따라 2004. 2. 18.까지 외래진료를 받았다. 2005. 3. 9. 4개월 전부터 시작된 좌안 시력저하와 동공산대를 주소로 피고병원에 다시 내원하였다.

다. 수술 이후 정상인의 경우 동공 지름이 2-4㎜인 것에 비하여 좌안은 5.5㎜ 정도로 확대되어 눈부심이 심하고 현재 좌안 시력이 0.05 정도이다.

5. 원고와 피고의 주장

가. 원고의 주장

시력저하는 의사1의 수술상 또는 수술 후 처치상의 과실에 기인한 것이고, 원고 측은 각 수술을 받을 때 수술의 내용과 후유증 및 수술을 받지 않을 경우 초래될 결과에 관하여 아무 설명도 듣지 못하였다.

6. 사건의 쟁점

가. 좌안 시력 저하가 의사의 수술상 및 수술 후 처치 상의 과실 때문인가?

2003. 11. 14. 좌안 수술 당시 동공이 충분히 산대되지 않아 홍채조임근절개술이 시행되었는데 수술 중 부분적인 후낭파열이 있어 인공수정체를 고랑 내 삽입하게 된 사실, 좌안 시력이 수술 전 0.05에서 수술 후 교정시력 0.5로 향상된 사실, 원고가 2004. 2. 18.을 끝으로 위 병원을 찾지 않다가 2005. 3. 9. 4개월 전부터 시작된 좌안 시력 저하와 동공산대를 주소로 재 내원하였는데, 그 때 좌안 시력은 0.05, 좌안 동공은 5㎜로 산대되어 있었으며, 후낭혼탁과 유리체혼탁이 관찰된 사실, 시력저하는 후낭혼탁과 유리체혼탁이 원인으로 추정되나 후낭혼탁과 유리체혼탁이 의사의 과오 때문으로 볼 근거가 충분하지 않은 사실, 좌안 동공산대도 수술로 개선될 가능성이 있어 동공성형술 등의 홍채정복술 후 좌안의 장해 상태를 재평가할 필요가 있다.

나. 피고가 설명의무를 위반하였는가?

의사의 설명은 모든 의료과정 전반을 대상으로 하는 것이 아니라 수술 등 침습을 과하는 과정 및 이후 나쁜 결과 발생의 개연성이 있는 의료행위를 하는 경우 또는 사망 등의 중대한 결과 발생이 예측되는 의료행위를 하는 경우 등과 같이 환자에게 자기결정에 의한 선택이 요구되는 경우만을 대상으로 하여야 하고, 환자에게 발생한 중대한 결과가 의사의 침습행위로 인한 것이 아니거나 또는 환자의 자기결정권이 문제되지 않은 사항에 관한 것은 위자료 지급대상으로서의 설명의무 위반이 문제될 여지가 없는데, 원고 주장의 악결과가 피고병원 담당의사의 침습행위로 인한 것임이 인정되지 않으므로, 위자료 지급대상으로서의 설명의무 위반이 문제될 여지가 없다.

7. 손해배상의 범위

청구기각(원고 패)

8. 사건의 해석

가. 이 사건은 환자에게 발생한 악결과와 수술 사이의 인과관계와, 의사의 과오를 나누어 판단하여 과오를 인정하지 않았다. 또한 수술 중 시야를 좋게 하기 위해 사용한 홍채조임근절개술이 동공산대의 원인이 되지만, 동공산대가 수술로 개선될 가능성과, 수술 중 필요한 과정이었음이 인정되어 재평가가 필요한 고정되지 않은 상태로 판단하였다.

나. 최근 판례에서는 의사의 과실을 인정하지 않으면서도 환자에게 생긴 악결과가 의사의 침습적 행위의 결과인 경우, 악결과에 대해 설명하였다고 볼 근거가 없다면 환자의 자기결정권에 대한 침해를 대부분 인정해주고 있으나, 이 사건에서는 동공산대에 대해 환자의 자기결정권이 문제되지 않는 것으로 위자료 지급대상의 설명의무 위반이 아니라고 판단하였다. 이는 환자에게 발생한 동공산대 자체는 수술 후 결과일 수 있으나 환자가 주장하는 주문제인 시력저하는 수술 후 후낭 혼탁 등 다른 원인에 의한 것일 수 있고, 환자에게 발생한 문제가 비가역적인 손상이 아니라 수술로 개선될 가능성이 있다는 점이 고려된 것이라고 생각된다.

9. 같은 일이 다시 일어나지 않으려면

가. 수술 전 평가

1) 수술 전 진찰 및 검사에서 홍채가 충분히 산동되는지 여부를 다양한 조도의 빛에서 관찰하고, 산동제 점안 후 반응 여부를 보는 등으로 확인하여,

2) 수술 중 홍채에 대한 조작이 필요할 수 있음을 환자에게 미리, 이해할 수 있도록 충분히 설명해야 한다.

나. 간단한 수술이라도 수술 전 필요한 검사와 처치가 빠짐없이 이뤄져야 하며, 특히 당뇨나 거짓비늘증후군(pseudoexfoliation syndrome) 환자에서는 산동이 충분하지 못하거나, 외상환자에서 수정체 떨림(phacodonesis)이 있거나 후극백내장이 있어 후낭 파열이 발생할 위험성이 큰 경우 등 수술 후 합병증이 발생할 가능성이 높은 환자에서는 이에 대해 검진 기록을 남기고, 수술 중 미리 준비하여 합병증 발생 위험성을 최대한 낮추고, 환자에게 수술 전 위험도가 일반인보다 높은 특성에 대해 설명해준다. 일반 수술의 경우, 고위험 환자들은 유리체절제술 등이 가능한 전문의에게 의뢰하는 것도 좋겠다.

Ⅵ. 백내장수술 후 눈물관폐쇄 등 후유증이 생긴 81세 여자

1. 사건번호

가. ○○지방법원 2011. 6. 23. 선고 2009가단486677 판결

2. 소송 결과

청구기각(원고 패)

3. 원고와 피고

가. 원고: 피고 의원에서 10여년 동안 진료받은 81세 여자

나. 피고: 개인안과 의사1

4. 사건 요약

가. 2007.3.27 피고가 의뢰하여 A병원에서 백내장수술을 받고, 2007. 9. 27부터 2009. 7. 13.까지 14회 의사1의 진료를 받았다.

나. 2009. 7. 20. 피고에게 진료를 받은 후 A병원으로 의뢰되어 우안 눈물관 폐쇄와 좌안 후발백내장으로 진단받고, 야그레이저 후낭절제술(YAG laser posterior capsulectomy)을 받았다.

다. 2009. 7. 28. 과 2009. 8. 5. 성형안과에서 양안 눈꺼풀염, 우안 눈물관폐쇄 의증으로 진단받고, 이후 피고에게 계속 진료를 받았으나 호전되지 않았다.

라. 이후 경과

1) 원고의 아들은 2009. 7. 20. 전화로 진료기록 사본 교부 요청 후 직원을 보냈으나 피고로부터 사본을 교부받지 못했고, 이후 원고가 직접 교부받았다.

2) 피고는 2009. 8. 17. A병원에서 원고에 대한 진료소견서를 교부받았다.

5. 원고와 피고의 주장

가. 원고의 주장

1) 원고가 2007년 백내장수술을 받은 사실을 잘 알고 있었고, 2008년부터는 원고가 눈이 잘 보이지 않고 눈물이 흐르며 쓰린 증상 등을 호소하였으므로 후발백내장에 관하여 적절한 검사와 조치를 하고, 눈물관폐쇄 여부를 확인하여 적절한 치료방법을 강구할 주의의무가 있음에도 불구하고, 주의의무를 다하지 못하여 원고로 하여금 오랜 기간 백내장으로 인한 고통을 겪고 눈물관폐쇄가 악화되어 수술을 요할 정도에 이르게 하였고

2) 2009. 7. 13. 원고가 14:58 진료신청을 접수하였는데도, 변호사인 원고의 아들과 수임료 정산 등과 관련한 분쟁이 있어 감정이 좋지 않다는 이유로 원고보다 늦게 접수한 환자 12명을 먼저 진료하면서 원고를 2시간 가량 진료하지 않다가 환자가 몇 명 남지 않은 상태에서 비로소 원고를 진료하였던 바, 명시적 진료거부로 인한 의료법 위반은 아니지만 교묘한 탈법적 진료거부 행위로 장기간 대기하는 정신적 고통을 입혔고,

3) 원고의 아들인 사실을 잘 알고 있으면서도 서류 미비를 빌미로 진료기록 사본 발급을 거부하여 원고로 하여금 강제로 피고 병원에 방문하도록 하였고,

4) 원고가 2009. 7. 13. 이후 피고 병원에서 진료받은 적이 없음에도 불구하고 원고가 피고를 상대로 민사조정신청을 하자 이에 대응할 목적으로 진료소견서를 발급 받아 원고의 사생활 정보를 침해하였다.

6. 사건의 쟁점

가. 의사의 진료 상의 주의의무를 위반하였는가?

1) 후발백내장의 시술 시기는 의사의 판단과 환자의 불편 정도에 따라 다르게 시행되며,

2) 눈물과 관련하여 눈물흘림증은 눈물관이 좁아지는 것 외에도 눈, 코 주변의 염증이나 종양에 의하여도 발생할 수 있고 원고의 진료기록부에 기재된 증상이 곧 눈물관폐쇄를 의미하는 것은 아니고,

3) 피고는 원고에게 염증 치료를 한 것으로 보이고,

4) 눈물흘림 역시 정도의 차이만 있을 뿐 대부분의 노인에서 발견되는 흔한 증상이므로 환자의 불편 정도와 의사의 판단에 따라 경과관찰과 수술적 치료를 결정하게 되는 사실을 인정할 수 있는 바,

피고의 진료가 합리적인 재량의 범위를 벗어나지 않았다고 인정된다.

나. 변호사인 원고의 아들과 분쟁이 있어 악감정으로 원고진료를 부당하게 지연하였는가?

피고는 원고의 아들을 소송대리인으로 선임하여 소송 중 해임한 사실, 원고의 아들은 해임 이후 수임료를 지급하지 않아 피고를 사기죄로 고소한 사실은 인정되나, 피고가 고의로 원고 진료를 지연시켰다고 인정하기 어렵고, 선착순으로 진료하지 않았다고 하여 불법행위로 보기 어렵다.

다. 진료기록사본 발급을 거부하여 원고를 강제로 병원에 방문하게 했는가?

보건복지가족부 진료기록사본발급지침에는 환자의 가족 또는 그 대리인이 진료기록사본 발급을 요청한 경우 신청서, 환자가 직접 작성, 날인한 위임장, 인감증명서를 지참하고 신분 확인 후 교부하도록 규정된 사실과, 피고는 원고의 교부 요구에는 응하였으므로, 피고의 행위는 정당한 것으로 판단된다.

라. 피고가 타 병원에서 원고의 진료소견서를 받아 사생활을 침해하였는가?

1) 구 의료법(2009. 1. 30. 법률 제9386호로 개정되기 전의 것) 제21조 제2항은 '의료인은 같은 환자의 진료에 필요하여 다른 의료기관에서 그 환자에 대한 기록, 임상소견서 및 치료경위서의 열람이나 사본 송부를 요청하거나 환자가 검사 기록, 방사선 필름 등의 사본 교부를 요구하면 이에 응하여야 한다'고 규정하고 있고,

2) 피고는 원고를 10년 이상 진료하였고 원고가 A병원에서 백내장수술을 받은 후 다시 피고에게 진료를 받았던 사실, 고령인 원고가 다른 병원에서 진료받기가 쉽지 않다는 사실, 원고와 피고 사이에 분쟁이 있다고 하더라도 A병원 진료가 끝난 후 다시 원고로부터 진료받을 가능성을 배제할 수 없는 시기였던 점 등을 종합하면, 피고가 진료소견서를 요구한 것이 A병원에서의 진료가 끝난 후 다시 원고를 진료하면서 필요한 정보를 얻기 위한 것이 아니라고 단정하기 어렵고,

3) A병원에서의 진료경과는 이 사건 소송을 통하여 당연히 법원에 제출되어야 하는 것으로서 피고가 진료소견서를 발급받지 않더라도 당연히 피고에게 알려지게 되어 있었으므로 진료소견서의 발급에 의하여 원고의 사생활 정보가 침해되었다고 보기 어렵다.

7. 손해배상의 범위

청구기각(원고 패)

8. 사건의 해석

가. 이 사건은 백내장수술 후 후발백내장이 생기고 눈물흘림이 호전되지 않는 환자에서 환자-의사 관계, 특히 의사-보호자 관계의 악화로 인해 백내장수술 후 합병증에 대한 주의의무 위반과 사생활 침해, 탈법적 진료 거부로 인한 정신적 고통 등을 이유로 소송을 제기하였으나 기각된 경우이다.

나. 백내장수술 후 후발백내장은 가장 흔한 합병증으로 그 빈도는 수술 후 1년째 11.8%, 3년째 20.7%, 5년째 28.4% 정도이다. 발생 시기와 관련해서 수술 후 평균 26개월에 후낭혼탁이 나타난다는 보고도 있다. 치료는 야그 레이저 후낭절제술을 하는데 시력이나 후낭혼탁의 정도를 보고 시행 여부를 결정한다. 후발백내장은 레이저 후 대부분 시력이 좋아진다. 수술 후 경과 관찰 도중 후발백내장이 생기면 레이저 방법이나 합병증 등에 대해 의사가 설명하고 환자가 동의하면 외래에서 즉시 시행할 수 있는 비교적 간단한 시술로서 원고의 주장처럼 주의의무를 위반하였다고 주장하는 것은 무리가 있다.

다. 눈물흘림은 노인에서 흔한 증상으로 원인은 안구 건조증, 안검염, 각막질환, 눈물관 폐쇄 등이다. 원고는 눈물관폐쇄 의증으로 진단받았는데 노인에서 기계적인 눈물관의 폐쇄 이외에도 기능적 폐쇄가 있을 수 있고 이에 대해 실리콘관 삽입술이나 기계적인 막힘이 있을 경우 코눈물관연결술 같은 수술을 고려해 볼 수 있다. 환자의 나이나 불편감, 재발 가능성 등의 정도에 따라 수술을 할지 대증적인 약물 치료를 하면서 경과를 볼지 결정한다. 원고는 코눈물관폐쇄로 확진된 경우도 아니므로 약물 치료하면서 경과 관찰한 것에 대해 과실을 물을 수 없다. 나머지 탈법적 진료 거부에 따른 정신적 고통과 사생활 침해에 대해서는 의사와 보호자의 관계 악화로 인한 감정적인 대응이라고 생각된다. 이에 대해서는 법원에서도 잘못을 인정하지 않았다.

9. 같은 일이 다시 일어나지 않으려면

가. 이 사건은 의사의 진료과정이나 치료과정에서의 과실이 주된 쟁점이 아니라 의사와 보호자와의 관계 악화가 주된 쟁점이라고 볼 수 있다. 의사는 원고의 아들(변호사)을 소송대리인으로 선임하여 소송 중 해임한 사실이 있고 이에 원고의 아들은 해임 이후 수임료를 지급하지 않아 의사를 사기죄로 고소한 바 있다. 이런 상태에서 의사와 보호자 관계가 좋기 어렵고 치료과정에서 뚜렷한 호전이 보이지 않으므로 당연히 관계는 악화될 것으로 생각된다. 감정이 좋지 않다고 진료를 거부하거나 고의로 환자에게 해가 되는 행동은 의사로서의 직업윤리에 어긋나는 일이다.

나. 비록 치료과정에서 어려움이 따르겠지만 최대한 사적인 감정을 배제하고 환자의

치료에 최선을 다해 증상이 호전되고 질병이 치료되면 관계가 회복될 수 있는 기회가 될 수 있다. 하지만 반대로 치료가 잘 되지 않거나 병이 악화되면 관계는 더욱 안 좋아질 것이다. 이때는 같은 병원에 근무하는 동료 의사가 있다면 치료를 부탁하거나 혼자 진료하는 상황이라면 환자 상태를 상세히 설명한 후 상급병원에 진료를 의뢰하는 것이 현명할 것으로 생각된다.

03 전안부 관련 소송

Ⅰ. 익상편제거술 후 각막혼탁으로 시력이 저하된 55세 남자

1. 사건번호

○○ 지방법원 2008. 11. 21. 선고 2007가단7609 판결

2. 소송 결과

원고 일부 승

3. 원고와 피고

가. 원고: 익상편제거술을 받은 55세 남자, 처
나. 피고: A안과의원 의사1

4. 사건 요약

가. 원고는 2006. 4. 11. A안과를 방문하여 양안 익상편, 좌안 결막염 진단 후 4. 12. 의사1로부터 좌안 익상편제거술을 받고, 4. 15. 봉합사를 제거하였다.

나. 이후 원고는 좌안 통증과 시력저하로 4. 24.부터 B안과에서 치료하였으나, 통증만 없어졌고 좌안 시력은 회복되지 않았다.

다. 5. 23. 의사1에게 좌안 시력이 떨어졌다고 항의하고, 5. 24. C안과를 방문하여 좌안 각막혼탁 진단을 받았다.

라. 현재 원고는 좌안 각막혼탁으로 시력이 저하되어 노동능력상실 10%이며 각막혼탁 치료는 불가능한 상태이다.

5. 원고와 피고의 주장

가. 원고의 주장

결막염이 있는 경우 결막염이 호전될 때까지 기다려야 하는데 수술하여 좌안 각막혼탁

이 생겨 시력이 저하되었다.

나. 피고의 주장

2006. 6. 1. 원고는 좌안 각막중심부혼탁과 수술 사이에는 아무런 관련이 없음을 확인하고 피고로부터 350만원을 지급받으면서 향후 일체의 이의를 제기하지 않고 민·형사상 모든 권리를 포기하는 내용으로 합의하였으므로, 원고의 소송은 부적법하다.

6. 사건의 쟁점

가. 합의 후 제기한 원고의 의료소송이 부적법한 것인가?

합의 당일 피고로부터 6개월이면 시력이 회복된다고 듣고, 몇 달 간의 생계비라도 요구하여 350만원에 합의하였다. 수술 후 2달이 채 안 되는 시점에서 의학지식이 없는 원고가 6개월 정도 지나면 시력이 회복된다는 말을 믿고 이루어진 것으로서, 합의 당시 좌안 각막혼탁이 고정되어 시력이 회복될 수 없다는 사실을 예상할 수 없었고, 이를 예상하였더라면 합의하지는 않았을 것이므로, 합의 효력이 원고의 손해배상금 중 350만원을 초과하는 부분에까지 미친다고 볼 수 없다.

나. 환자의 각막혼탁 발생에 대한 의사의 책임 여부 판단

① 2006. 4. 11. A안과: 좌안 익상편제거술, 4. 24. B안과: 각막중심부 각막상피결손과 각막염, 5. 24. C병원: 각막혼탁의 순서로 진행된 점, ② 4. 15. 봉합사를 제거한 9일 후 B안과에서 좌안 각막상피결손 및 각막염 진단을 받았는데, 결과적으로 각막상피결손과 각막염이 각막혼탁 발병의 원인이 되었다고 보이는 점(각막혼탁의 일반적인 원인은 각막외상이나 각막염이다), ③ 좌안 각막혼탁이라고 진단하였던 B안과 의사는 원고 말을 듣고 5. 24. 진료기록부에 2006. 4. 10. 철사(?)에 좌안 찔림, 6. 1. 익상편 수술 중 각막손상 받은 듯이라고 기재하였던 점, ④ 익상편제거술은 간단한 수술이고 각막에 손상을 줄 가능성은 별로 없으나, 수술용 가위를 사용하고 봉합사 끝부분에는 뾰족한 바늘이 달려 있으므로 수술도구로 인한 각막 손상 가능성을 완전히 배제할 수는 없는 점(작은 손상이라도 염증이 동반될 경우 각막중심부 손상이 커질 수 있다), ⑤ 피고는 2006. 4. 10. 원고가 처음 내원했을 때 좌안에 각막염이 경미하게 있었는데 수술 당일인 다음 날까지 완치되었다고 주장하나, 피고 안과에서 봉합사를 제거한 지 9일 만에 새로운 각막염이 발생하였다고는 보기 어려운 점, ⑥ 피고는 9일 동안 원고가 용접공으로 일하다 각막에 외상을 입었을 수도 있다고 주장하나, 원고는 2006. 4. 6.부터 4. 21.까지 왼팔의 고정핀 제거를 위하여 정형외과병원에 입원 중이었고, 퇴원 후 4. 24. B안과에서 각막염 진단을 받았으므로, 9일 동안 각막에

외상을 입었을 가능성은 거의 없다고 보이는 점, ⑦ 수술과 각막혼탁이 전혀 무관한 것이라면 피고가 원고들에게 합의금을 주면서까지 합의할 이유가 없었다고 보이는 점 등을 종합하여 볼 때, 좌안 각막혼탁은 수술 이후부터 진행되기 시작한 것으로서 새로운 원인이 개재하였을 가능성은 찾아보기 힘들고, 수술 당시 이미 완치되었다고 주장하는 좌안 각막염이 수술 이래 유지되어 각막혼탁으로 발전하였다면, 좌안 각막혼탁은 수술 중 부주의로 각막에 손상을 입혔거나 또는 좌안에 존재하던 각막염이 완치되지 않은 상태에서 응급을 요하지 않는 이 수술을 무리하게 감행한 잘못으로 인하여 초래된 것이라고 추정할 수밖에 없다.

7. 손해배상의 범위

가. 원고의 일실수입: 사고 당시 50세 4개월, 직업은 용접공, 시중노임단가 89,422원에 월 22일을 곱한 금액으로 산정, 가동연한은 만 60세로 합계 20,631,711원

나. 후유장애 및 노동능력상실: 좌안 각막혼탁 및 시력저하로 10%의 노동능력상실

다. 향후 치료비: 치료는 종결된 상태로 수술이 반드시 필요하지는 않아, 인정하지 않는다.

라. 피고가 원고에게 지급한 합의금 350만원은 공제

마. 위자료: 환자 400만원, 환자의 처 200만원

총 23,131,711원={(20,631,711원 − 3,500,000원 + 4,000,000원) + 2,000,000원}

8. 사건의 해석

이 사건은 익상편 및 결막염으로 진단받은 환자가 익상편제거술 후 각막염이 생겨 각막혼탁이 발생하여 시력이 떨어진 경우이다. 법원은 결막염이 완치되기 전에 수술을 무리하게 시행한 잘못으로 인해 각막혼탁이 발생하였고 수술 중 부주의로 각막에 손상을 입혔을 것이라고 추정하고 2,300만원의 손해배상금을 인정한 경우이다.

법원은 단순히 '각막염'이라는 진단명만으로 수술을 무리하게 시행했다고 판단했다. 그러나 각막염은 넓은 스펙트럼의 각막병변에 사용되는 단어로, 건성안이 있는 환자에서 흔히 있는 표재성 각막염(superficial punctate keratitis)부터 각막천공도 합병될 수 있는 궤양성 각막염(corneal ulcer)까지 각막 병변의 범위와 심각성, 시력 예후가 천차만별이다. 표재성 각막염이 있는 환자에게 안과수술을 하는 것이 각막혼탁을 유발할 수 있는 각막염의 발생률을 유의하게 높인다는 보고는 없고 임상적으로 그럴 가능성이 낮아 일반적으로 수술이 필요하면 시행한다. 따라서 의사가 응급을 요하지 않은 수술을 억지로 진행했다는 판단은 무리가 있다.

법원은 수술 후 새로운 원인이 개재하였을 가능성은 찾아보기 힘들다고 하였으나, 모든 수술 후에는 감염과 염증이 생길 수 있다. 특히 익상편제거술은 각막과 익상편을 분리하면서 각막상피 결함이 생기고, 감염에 취약해지므로 대부분 수술 후 경험적 점안 항생제와 점안 스테로이드제를 처방한다. 따라서 환자가 수술 후 봉합사를 제거하고 9일이 더 지나서 타 병원을 방문했는데, 충분히 그 사이에 새로운 원인으로 감염성 각막염이 생길 수 있다. 다만 판결문에 봉합사를 제거할 때 각막 상태가 어땠는지, 환자에게 수술 후 감염 및 염증 가능성을 설명하였는지 등이 없어서, 손해배상 및 설명의무 위반으로 인한 정신적 피해 보상을 위한 위자료 청구 가능성은 남아있다.

합의한 것 자체가 피고가 잘못을 시인한 것처럼 판결에 인용된 점을 보면 환자와 임의로 합의하기 보다는 한국의료분쟁조정 중재원, 한국소비자원 등을 통해 합의하는 것이 더 신중했을 것이라는 아쉬움이 남는다.

9. 같은 일이 다시 일어나지 않으려면

가. 수술 후 합병증 관리

1) 수술 전 감염예방을 위한 예방적 조치를 하고, 퇴원 시 환자를 대상으로 한 교육(투약, 병원에 문의를 요하는 사항, 내원해야 하는 증상, 수술 부위 관리 방법, 주의해야 하는 자세 또는 생활습관 등)을 시행한다. 안과수술 후 사용해야 하는 약의 종류가 많게는 5-6가지도 될 수 있으므로, 누락되는 약물이 없도록 철저히 확인하고, 환자에게 충분히 교육하고, 이상소견 발생 시 대처에 대해 설명했음을 기록으로 남겨야 한다.

2) 합병증 발생 가능성이 높은 수술인 경우 수술 후 흔히 발생하는 합병증 관련 표준진료지침을 개발하고, 이미 지침이 있다면 지침의 시행 여부에 대해 평가와 수정이 필요하다. 수술 후 늘 사용하는 점안제 외에 추가 안약을 처방하게 될 경우, 처방이 누락되지 않도록 확인하고, 의료진 간의 커뮤니케이션 결여로 인한 오류를 방지하기 위해 투약 및 퇴원 약 갯수 확인에 대한 절차를 정해둔다.

Ⅱ. 결막염 의증으로 치료받다가 후에 대상포진이 진단된 환자

1. 사건번호

○○지방법원 2011. 11. 10. 선고 2009가단465311 판결

2. 소송결과

청구기각(원고 패)

3. 원고와 피고

가. 원고: 대상포진으로 진단된 환자

나. 피고: 학교법인 B병원

4. 사건 요약

가. 원고는 2009. 7. 5.부터 눈이 충혈되고 이물감이 있어 7. 7.과 7. 8. A안과에서 결막염 의증으로 진료받았으나 호전되지 않아 큰 병원에서 진료받을 것을 권유받았다.

나. 7. 9.과 7. 10. B병원(이하 '피고 병원'이라 한다.) 안과에서 눈의 충혈과 통증을 주소로 진찰받았다.

다. 7. 11. C피부비뇨기과에서 대상포진이라고 진단받고, 7. 14.부터 21.까지 D의료원에서 입원치료 후 증상이 완화되어 퇴원하였으나 다시 통증이 생겨 마취통증치료와 안과 치료를 받고 있다.

5. 원고와 피고의 주장

가. 원고의 주장

1) 7. 9. 외관상으로 뚜렷한 발진이 광범위하게 존재하였고, 이 부위 통증을 호소하였고 피부병변이 점점 심해져 충분히 대상포진을 진단할 수 있었는데 진단하지 못했다.

2) 7. 10.까지 대상포진 진단을 받지도 않았고, 입원하지도 않았는데 피고 병원 의무기록에는 2009. 7. 10. '타 병원에 대상포진으로 입원 중'이라고 기재되어 피고 병원 의료진이 과실을 감추기 위해 진료기록을 허위기재 하였을 가능성이 있다.

3) 피고 병원 과실로 조기에 치료받을 기회를 놓쳤으므로 손해를 배상할 의무가 있다.

나. 피고의 주장

원고의 허위기재 주장에 대해: 7. 10. 포도막염검사에서 이상을 보여 원고에게 연락했는데 이미 대상포진으로 진단받고 입원 중이라고 하여 추가 기재한 것이다.

6. 사건의 쟁점

가. 진료기록 허위기재 된 것인가?

2009. 7. 10. 진료경과 기록 아래 피고 병원 의료진의 서명이 있고, 그 아래에 "타 병원에 대상포진으로 입원 중, 거대세포바이러스 면역글로불린이 85로 증가(CMV IgG 85-증가), 단순포진바이러스 면역글로불린 양성(HSV-1 positive)"이라 기재된 사실은 인정할 수 있으나, 7. 10. 진료기록을 마친 후(의료진의 서명) 그 아래쪽에 기재된 점, 7. 10. 채혈하여 같은 달 13-15일까지 시행한 검사결과가 함께 적혀 있는 점, 피고 병원 의료진이 7. 10. 대상포진을 의심하였다면 오히려 대상포진에 대하여 아무런 조치를 취하지 않은 것이 과실로 인정될 것이라는 점 등에 비춰 보면, 7. 10. 추후 기재된 것으로 봄이 상당하다.

나. 피고 병원 의료진이 원고의 대상포진을 진단할 수 있었는가?(진단과실 여부)

① 대상포진은 발진이 생기기 약 2-5일 전부터 피부절을 따라 동통, 압통, 감각이상이 나타나는 점, ② 대상포진에 의한 피부발진은 침범한 신경을 따라 띠 모양으로 분포되고 이후 빠르게 수포를 형성하는 특징적인 형태를 보이는 점, ③ 대상포진에 의한 피부병변은 처음에 홍반성 구진과 반점으로 나타나고 12-24시간 내에 수포를 형성하였다가 발진 3일째에 농포로 진행되어 7-10일이 경과하면 가피를 형성한 후 탈락하는 점, ④ 7. 19. 수포발진(vesicular eruption)이 상당히 호전되었지만 계속되었던 점, ⑤ 매우 드물게 대상포진에서 피부병변이 나타나지 않고 신경침범만 발생할 수 있으나, 피부증상이 없는 경우 통증만으로 대상포진을 진단하기는 어려운 점 등을 종합하여 보면, 피부병변이 없는 상태에서 대상포진을 진단하기는 어려운 것이므로, 원고가 7. 11. 대상포진의 진단을 받았다고 피고 병원 의료진에게 대상포진을 진단하지 못한 과실이 있다고 인정하기 부족하다.

7. 손해배상의 범위

청구기각(원고 패)

8. 사건의 해석

가. 이 사건에서는 의사가 환자의 대상포진을 오진했다고 주장하나 내원 당시 피부병변이 있었는지 불분명하며, 피부병변이 없으면 진단이 어려움을 인정하여 의사 과실이 인정되지 않았다. 다른 판례를 살펴보더라도 진단에 대해 무조건 의사 과실을 묻는 것이 아니라, 의사의 고의나 과실이 없는 경우 오진을 하였더라도 손해배상청구를 인정하지 않았다. 이런 판단에는 의사가 질환을 진단하기 위해 세밀한 검진과 필요한 검사를 빠트리지 않고 적기에 하였는지가 기준이 되므로 의료진은 항상 의무기록을 정확히 남겨야 한다. 이 사례의 경우 피부이상이 없었다는 것을 의무기록이나 전안부 사진으로 남겨두었다면 소송을 막을 수 있었을 것이라는 아쉬움이 든다.

나. 대상포진은 발진이 생기기 약 2-5일 전부터 피부절을 따라 동통, 압통, 감각이상이 나타나므로, 환자에게 이를 고지하고 이상이 발생하면 재내원하도록 지도 설명을 해주는 것이 도움이 된다.

9. 같은 일이 다시 일어나지 않으려면

가. 진단 과오를 막으려면

진단이 애매하거나 예후를 정확히 예측할 수 없는 질환 또는 단시간 내에 증상이 호전을 기대할 수 없는 질환의 경우 반드시 재내원할 것을 권유하고, 진료시간 외 증상의 변화를 보일 경우 즉시 2,3차 의료 기관을 방문할 것을 권유하는 것이 필요하다.

나. 대상포진에 따른 안구 합병증

대상포진 환자의 10-20%에서 안부대상포진(herpes zoster ophthalmicus)이 동반될 수 있고, 1명이 평생 안부대상포진이 발생할 확률은 1% 정도이다. 안부대상포진에서 발생하는 눈 합병증은 각막염, 결막염, 포도막염 등 전안부 합병증이 흔하며, 드물지만 중심망막동맥폐쇄, 망막중심정맥폐쇄, 시신경병증, 유리체혼탁, 외안근마비, 급성망막괴사증후군 등의 합병증이 발생할 수 있다.

이런 합병증이 발생할 위험은 바이러스의 독성, 개인의 바이러스에 대한 면역력 등에 따라 달라지는데, 항바이러스제를 적기에 사용하더라도 시력에 영향을 미치는 합병증을 완전히 예방할 수 없고, 초기에 내원하였을 때 단순 결막염 정도의 합병증만 있다가 나중에 안내 합병증이 나타날 수 있으므로, 안부대상포진이 의심되는 환자는 최대교정시력 측정, 안구운동이상, 동공반응검사, 그리고 망막 이상 유무까지 확인해야 하며, 초진 시 이상이 없더라도 환자에게 앞으로의 발생 가능성을 설명해주고, 적당한 간격의 추적관찰을 권유하고,

이상이 느껴지면 안과에 바로 다시 오도록 설명해야 한다.

참고문헌

Liesegang TJ. Herpes zoster ophthalmicus: natural history, risk factors, clinical presentation, and morbidity. Ophthalmology 2008;115:S3-12.

04 녹내장 관련 의료소송

Ⅰ. 다이아막스 6알 복용 후 저칼륨혈증으로 사망한 33세 남자

1. 사건번호

○○중앙지방법원 2005. 2. 1. 선고 2003가합11917 판결

2. 소송 결과

원고 일부 승(책임제한 30%)

3. 원고와 피고

가. 원고: 사망한 망인의 부모
나. 피고: 개인의원 안과 전문의, A의료재단, A의료재단 병원 응급실 수련의

4. 사건 요약

가. 33세 남자가 지속적으로 두통이 있고 눈이 뻑뻑하여 개인안과를 방문하여 백내장 및 녹내장으로 진단받고 다이아막스(Diamox, 성분명: Acetazolamide)와 리스몬티지(Rysmon TG Eye Drops, 성분명: timolol)를 처방받았다. 4일 후 2일 전부터 근육이 아프고 힘이 없다고 호소하여 안과 전문의는 다이아막스 복용을 중단시키고, 안과 직원을 동행시켜 내과에 혈액검사를 의뢰하였다. 내과에서 감기로 진단하고, 하트만용액(Hartman solution)을 주사하고 감기약을 처방하였으며, 혈청 내 전해질검사를 실시하였다. 다음 날 안과 의사는 혈청 내 칼륨 농도가 2.9mmol/L라고 듣고 환자에게 2번 전화해 혈액검사 결과를 알려주며 종합병원에서 수액을 맞아 칼륨을 보충하도록 권했으나, 망인은 힘이 없어 출근을 못하고 쉬고 있으며 혼자 병원에 가기 어려워 가족이 귀가하면 병원 가겠다고 하였다.

나. 16:53 119 구급차를 불러 17:45 A대학병원에 도착 당시 망인은 손발 마비증상이 있으나 의식은 명료하여 비응급으로 분류되었다. 안과 전문의는 A대학병원 응급실에 전화하여 혈청 칼륨 수치가 낮은 환자가 가고 있으니 잘 부탁한다고 전하였다.

다. 망인은 응급실에 도착하여, 안압 낮추는 약을 먹고 난 후부터 몸이 저리고 사지가 무감각해지며 혈액검사 결과가 나쁘다 하여 병원에 오게 되었음을 전하였다. 응급실 수련의는 17:50 망인을 침대로 옮기고 동맥혈가스분석검사를 위해 대퇴동맥에서 채혈을 하였는데, 채혈 도중 17:52 갑자기 안구편위와 안면창백을 동반한 전신성 강직간대발작을 보였다. 즉시 앰부짜기(ambu bagging)로 산소를 공급하며 심장마사지와 심전도 모니터링을 시작하였고, 17:53 기관내 삽관 및 심실제세동을 이용한 심장소생술을 시행하였다. 17:57 생리식염수 100ml에 염화칼륨 40meq/L을 혼합하여 정맥주사하였다.

라. 18:10 혈청 내 칼륨 농도가 2.06mmol/L으로 떨어진 결과가 보고되었다.

마. 18:17 중탄산염 3앰플을 투여한 후 지속적으로 심실제세동기를 이용한 심장소생술 및 아트로핀, 에피네프린, 중탄산염 투여 등의 응급조치를 계속하였으나, 19:30 사망하였다.

5. 원고의 주장과 사건의 쟁점

가. 안과 의사

1) 망인의 기저질환을 고려하지 않고 다이아막스를 1일 8정으로 과용량 처방한 과실이 있는가?

안과 의사는 다이아막스 8알을 처방하면서 처방 당일 2알을 복용하고 다음 날부터 1회 1알씩 1일 4회 복용할 것을 지시하였고, 망인은 근육통 및 속쓰림이 나타나자 복용을 중단하였으므로 과량을 처방한 과실은 인정되지 않는다.

2) 다이아막스를 처방하면서 망인의 건강상태를 살피지 않고 다이아막스의 부작용과 그에 대한 대처방안에 대하여 설명해주지 않았는가?

① 다이아막스는 전해질 불균형에 기인한 대사성산증과 저칼륨혈증의 위험이 있어 간이나 신장질환, 관상동맥경화증이 있는 경우 사용이 금지되거나 주의하여 사용해야 하는 약제이며, ② 다이아막스를 처방할 때는 칼륨제제를 같이 처방하거나 칼륨이 많이 함유된 식품을 섭취하도록 복약지도하고, ③ 저칼륨혈증은 정도가 경증이더라도 심장질환이 있으면 부정맥의 위험이 있고, 중증의 저칼륨혈증에서는 심장마비나 호흡근마비 등 치명적 결과를 초래할 수 있으며, ④ 망인은 신장 174㎝, 체중 100㎏의 비만한 체격으로 부검 결과 고도의 관상동맥경화가 있어, 최소한 건강 상태에 대한 문진을 시행하고 저칼륨혈증이 일어나지 않도록 칼륨제제를 처방하고, 증상 발생 시 대처방법을 설명하여야 할 진료의무를 다하지 않은 과실이 인정된다.

3) 망인에 대한 응급조치를 하지 않았는지?

혈액검사 결과 중등도 저칼륨혈증을 알았으며, 결과를 알려주기 위하여 망인에게 전화를 걸었다가 혼자 병원 가기 어려운 상태임을 알았다면 단순히 권고하는데 그치지 않고, 저칼륨혈증이 급격히 진행하는 것을 고려해 망인을 방문하거나 구급차를 부르는 등의 방법으로 즉시 칼륨을 보충할 수 있는 조치를 취하지 않은 과실이 인정된다.

4) 책임제한

가) 고도의 관상동맥경화로 인한 심장질환이 있는 것을 망인 자신도 알지 못하였고,

나) 다이아막스 복용을 중단하였음에도 혈청 칼륨이 2.9이고, 다음 날 2.06로 측정되는 등 저칼륨혈증이 급격하게 진행되었고,

다) 다이아막스를 과량 처방하지 않았고,

라) 병원 직원을 대동하여 혈액검사와 내과 진료를 받게 조치하였으며,

마) 전화를 걸어 칼륨 보충 필요성을 재차 알렸던 점 등을 종합하여 책임을 30%로 제한한다.

나. 응급실 의료진

1) 저칼륨혈증에 의한 심장마비 등의 위험성을 충분히 예견할 수 있었음에도 불구하고 그에 대비한 심전도검사를 하지 않고 혈액검사를 위하여 과량의 혈액을 채취한 과실이 있고, 전신성 간대발작을 동반한 쇼크 증상을 보인 후에도 손으로 심장마사지만을 시행하고 심실제세동기는 전원이 켜지지 않아 즉각 사용하지 못하고, 기관삽관 역시 뒤늦게 시행한 과실이 있다.

① 안과 의사는 구두로만 응급실 내원 전날의 혈액검사 결과를 알린 것에 불과하고 ② 저칼륨혈증 진단과 치료에서 혈청 칼륨농도 확인이 매우 중요하며 ③ 염화칼륨 정주는 반동성 고칼륨혈증 위험이 있기 때문에 심장에 부담을 주지 않도록 주의하며 시행해야 하므로 채혈을 시작한 것에 과실은 인정되지 않으며 그 양이 과량이라는 증거는 없다. ④ 병원에 도착 2분 만에 전신성 강직-간대발작을 일으켰고, 즉시 심전도모니터링을 시작하였고, 전신성 강직-간대발작 직후 지속적으로 응급조치를 하였고, 심실제세동기 전원이 들어오지 않았다거나 기관내 삽관이 형식적이었다고 인정할 증거가 없어, 주장도 이유 없다.

6. 판 결

가. 안과 의사

1) 망인의 일실수입

33세 남자로서 기대여명(38.71년) 월 175만원 소득, 월 평균 25일 가동, 생계비: 수입의 1/3. 1,750,000원×2/3×204.3471=238,404,950원의 30%

2) 장례비: 500만원

3) 위자료: 망인 1,000만원, 부모 각 250만원

총 91,521,485원

나. 응급실 의료진: 청구기각

7. 사건의 해석

이 사건은 관상동맥경화가 있던 30대 남자가 다이아막스 6알 복용 후 저칼륨으로 인한 심정지로 사망한 경우로 추정된다. 다이아막스의 부작용 중 심정지는 1% 미만으로 매우 드물다.

8. 같은 일이 다시 일어나지 않으려면

가. 이 소송을 당한 안과 의사가 한 일은 아래와 같고 실제 임상에서 이보다 잘하기는 어렵다

1) 근육이 아프고 힘이 없다고 호소하자 다이아막스 복용을 중단시켰고,

2) 병원 직원을 대동하여 내과 진료와 혈액검사를 받도록 조치하였으며,

3) 혈액검사 결과를 확인하였고,

4) 2회 전화하여 혈청 칼륨수치 저하와 칼륨 보충 필요성을 알렸고,

5) 응급실로 전화해서 저칼륨혈증 환자가 간다는 것을 고지하였다.

대부분의 안과 의사는 1)에서 끝났을 것이다. 그러나 판결에서는 위 조치로 불충분하고, 직접 망인을 방문하거나 구급차를 부르는 등의 방법으로 즉시 칼륨을 보충할 수 있는 조치를 취할 의무가 있다고 하였다.

나. 다이아막스(아세타졸아마이드)를 처방할 때 다음을 알고 조심한다.

1) non-bacteriostatic sulfonamide로서 탄산탈수소억제제로 작용하여 방수 생성을

억제하여 안압을 낮춘다. 녹내장에서는 통상 250mg을 1일 4회 복용하도록 하고 급성녹내장에서는 500mg을 일시에 투여하기도 한다. 녹내장 외에도 간질 발작, 양성 두개내뇌압증가(benign intracranial hypertension), 고산병 등에서 쓰인다.

2) 약물로 체내 중탄산염이 감소되어 대사성산증, 저칼륨혈증, 저나트륨혈증 등 전해질 이상이 나타날 수 있어 혈청 전해질에 대한 정기 검사가 권장된다.

3) 칼륨은 세포의 전기적 활성화, 세포의 용적 변화, 산염기 평형 조절에 중요한 역할을 하고, 심장근육 등의 수축에 필요하다. 정상치는 3.7–5.3mmol/L이다. 저칼륨혈증의 증상은 골격근의 근력 저하(주로 하지)이고, 심한 경우 경련, 근육 과민도 드물게 생긴다. 횡문근융해증이 병발할 수 있으며, 다뇨와 야간뇨가 있기도 한다. 가장 위험한 증상은 부정맥이다.

4) 약물 부작용으로 혈액장애, 쇽, 아나필락시스반응, 간부전, 졸음, 사지 및 안면 무감각, 운동실조, 혼돈, 경련, 이완성마비, 이명, 난청, 홍조, 두드러기, 스티븐스존슨증후군, 중독성표피괴사증(리엘증후군), 대사산증, 전해질평형실조, 고혈당, 저혈당, 식욕부진, 구토, 설사, 어지러움, 두통, 감각이상, 흥분, 초조, 우울, 신/요로결석, 권태감, 소아에서 성장지연과 피로 등이 있다. 드물게 고뇨산혈증, 복통, 변비, 미각이상, 구갈, 정신착란, 근시, 신부전, 광과민증, 발열 등이 있을 수 있다. 다이아막스 1알 복용 후 아나필락시스반응으로 사망한 예도 있고, 탄산탈수효소억제제 복용 후 재생불량성빈혈(aplastic anemia), 혈소판감소증(thrombocytopenia), 과립구감소증(agranulocytosis)으로 인한 사망이 의심되는 26명이 보고된 바 있다. 임부에서는 FDA C등급(사람에 대한 연구결과가 없으며 동물실험이 위험성을 보이거나 보이지 않은 경우. 그러나 잠재적 위험성에도 불구하고, 약물사용의 유익성이 약물사용을 정당화할 수도 있는 경우, 즉 위험성을 완전히 배제할 수 없는 경우)이다.

5) 처방 전에

가) 고염소혈증성 산증, 저나트륨혈증 또는 저칼륨혈증, 부신기능부전, 에디슨병, 간/신장 기능장애, 무뇨, 급성신부전에서는 금기이므로 이런 이상을 확인하고,

나) 중증 관상동맥경화증, 뇌동맥경화증, 중증 고탄산가스혈증, 염 제한요법 환자, 고령자, 영아, digitalis/당질코르티코이드/부신피질자극호르몬 투여 중, 간장애, 통풍에서는 주의하여 신중히 처방하고,

다) 저칼륨혈증을 유발하는 인자인 설사, 구토, 이뇨제, 대사산증(세뇨관성 산증), 당뇨병성 케톤산증, 대사알칼리증 등의 병력을 확인하고,

라) 약물 복용력을 확인하고, 약물 상호작용도 고려해야 하는 것이 안전하다. amphotericin, digoxin과 병용하면 저칼륨혈증이 더욱 문제될 수 있다. 복지부고시에서 다이아막스의 병용금기약제는 topiramate(항간질제), tramadol(진통제)이다.

6) 처방할 때

가) 현기증, 졸음을 유발할 수 있으므로 운전이나 기계조작을 피하며,

나) 손발에 감각이 없거나 저릴 때에는 의사에게 알리고,

다) 과도한 감초 섭취에서도 저칼륨혈증이 생길 수 있으므로 한약재를 같이 먹지 않도록 하고,

라) K-contin 같은 칼륨제를 같이 처방하거나 오렌지, 바나나, 감자, 고구마, 옥수수, 흰콩, 생선, 조개, 우유, 치즈 등 칼륨이 많은 음식을 먹도록 권하는 것이 좋겠다. 그러나 고칼륨혈증 역시 저혈압, 부정맥, 심장정지 등을 일으킬 수 있는 위험한 상태이다. 헤파린, 혈압약 중 일부(베타 아드레날린 차단제 등)는 칼륨을 올릴 수 있다.

7) 처방한 후에는

가) 스티븐스존슨증후군, 리엘증후군, 극발성 간괴사, 무과립세포증, 재생불량성빈혈, 다른 혈액이혼화증(blood dyscrasia, 호중구감소증, 범혈구감소증, 백혈구감소증), 아나필락시스와 같은 치명적 사례가 발생하지 않도록 살피고 그 경우 중지하며,

나) 혈청 전해질, 총 혈구 및 혈소판 수에 대한 정기적인 검사가 권장된다.

다. 약물 부작용에 대해 충분히 알고 조심스럽게 처방한다

1) 약물 부작용 빈도는 입원환자의 0.3-7%에 달하며, 특히 입원기간 중 1회 이상 약물 부작용을 경험하는 빈도는 약 15-20%에 이른다. 빈도는 항생제, 항암제, 항응고제, 심혈관치료제 순이고, 그 결과 골수기능 억제, 출혈, 중추신경계 기능손상 등이 생기며 고령자, 영아, 신장 또는 간 환자 및 복합수술을 받은 경우 빈발한다.

2) 유아에서 1알만 먹어도 사망할 수 있어 유아살인제라고 알려진 약으로는 calcium channel blocker, ß - blocker, 장뇌, 삼환계 항우울제(tricyclic antidepressant), chloropromazine, 경구 당뇨약, chloroquine, quinidine류, 항부정맥제, theophylline, 경피흡수 패치(nitroglycerin, 니코틴) 등이 있다. 이런 약은 어린이가 먹지 않도록 매우 조심한다. 히포크라테스의 "Do no harm."이 쉽지 않은 명제이다. 어느 의사나 자신에게 온 환자에게 도움이 되고 싶겠으나 해를 끼치지 않기도 쉽지 않을 수 있다.

참고문헌

1. Peralta J, Abelairas J, Fernández-Guardiola J. Anaphylactic shock and death after oral intake of acetazolamide. Am J Ophthalmol 1992;114:367.
2. Fraunfelder FT, Meyer SM, Bagby GC Jr, Dreis MW. Hematologic reactions to carbonic anhydrase inhibitors. Am J Ophthalmol 1985;100:79-81.

Ⅱ. 망막수술 후 메타졸아마이드 복용하고 스티븐스존슨증후군 겪은 후 자살한 여자

1. 사건번호

○○지방법원 2010. 12. 2. 선고 2009가합27950 판결

2. 소송 결과

원고 일부 승(위자료)

3. 원고와 피고

가. 원고: 자살한 망인의 남편과 아들
나. 피고: A대학병원, 정신과개원의

4. 사건 요약

가. 망인은 오른눈 시력저하로 A대학병원에서 망막앞막제거술을 받고, 4달 후 다시 유리체절제술, 망막앞막제거술, 내경계막제거술, 가스주입술을 받았다. 다음 날 안구통증을 호소하며 안압상승에 대해 걱정하자 A대학병원은 퇴원약으로 메타졸아마이드 5일치(5㎎ 2정씩 1일 2회 복용)를 처방하면서 메타졸아마이드의 부작용으로 손발이 저리고 소화가 잘 안 될 수 있다고 설명한 후, 망인을 퇴원시켰다.

나. 12일 후 고열, 입술 주위와 손가락 및 몸의 수포, 양안충혈 등으로 B대학병원 피부과에서 스티븐스존슨증후군으로 입원 치료하였고, 독성표피괴사융해(toxic epidermal necrolysis)으로 피부박탈이 체표면적의 90%에 이르고, 구강점막과 양안 각막표피결손 등으로 통증이 심했다. 인체백혈구 항원항별검사(human leukocyte antigen typing, HLA typing)에서 메타졸아마이드와 연관이 있다고 보고된 HLA-b*5901이 확인되었다.

다. 퇴원 이후에도 통증, 불안감, 불면증으로 정신과의원에서 치료를 받던 중 자살하였다.

5. 원고와 피고의 주장

가. 원고의 주장

1) 안과 의사에 대한 주장

가) 메타졸아마이드 처방이 불필요하였고,

나) 처방 전 검사를 시행하지 않았고 경과관찰을 소홀히 하였으며,

다) 스티븐스존슨증후군에 대해 설명하지 않았다.

2) 정신과개원의에 대한 주장

자살 가능성이 높다는 점을 파악해 주의 깊게 관찰하거나 보호실에 입실시켜 자살기도를 방지하지 않은 과실이 있다.

나. 피고의 주장

1) 안과 의사의 주장

가) 가스주입술로 인하여 안압상승 가능성이 있었으며 퇴원 당일 안압상승에 대한 불안감을 호소하였고, 당시 다이아막스 생산 중단으로 메타졸아마이드가 유일한 안압강하제였다.

나) 인체백혈구항원 항별검사는 아직까지 일반적으로 시행하지 않고, 메타졸아마이드 복용 후 스티븐스존슨증후군이 발병하는 환자에게서 특정 유전형이 확인되더라도 발병률이 일반인에 비하여 높다는 것이며, 스티븐스존슨증후군은 희귀한 질병으로 발병빈도가 극히 낮고, 외래 내원 당시 처방받은 메타졸아마이드를 모두 복용한 상태였으나, 별다른 특이소견을 보이지 않았으며, 이후 더 이상 내원하지 않았다.

2) 정신과 의사의 주장

직접진찰한 것은 한 번이었고, 이후 남편이 2회 방문하여 불안감이 좋아졌다고 하였으며, 진료 당시 죽고 싶다 등의 말을 하지 않았고, 의원에는 입원실이 없다.

6. 사건의 쟁점

가. 메타졸아마이드 처방이 불필요하였는가?

가스주입술로 인하여 안압상승 가능성이 있었으며, 안구통증과 안압상승에 대한 불안감을 호소하였고, 당시 다이아막스의 생산 중단으로 메타졸아마이드가 유일한 안압강하제였으므로 원고의 주장은 이유 없다.

나. 처방 전 검사를 시행하지 않았고 경과관찰을 소홀히 하였는가?

인체백혈구항원 항별검사는 아직까지 일반적으로 받아들여지는 검사는 아니고, 특정 유전형을 가진 사람은 메타졸아마이드 복용 시 스티븐스존슨증후군이 발병된다는 것이 아니라 발병률이 일반인에 비하여 높다는 것에 불과하다. 스티븐스존슨증후군은 대단히 희귀한 질병으로 발병빈도가 극히 낮고, 외래 내원 당시 처방받은 메타졸아마이드를 모두 복용한 상태였으나, 특이소견을 보이지 않았으며, 이후 망인은 피고 병원에 더 이상 내원하지 않아 원고의 주장은 이유 없다.

다. 설명의무 위반 주장에 관하여

1) 메타졸아마이드는 스티븐스존슨증후군을 가장 흔히 발병시키는 약제로 의학계에는 이미 알려져 있고,

2) 스티븐스존슨증후군이 생기면 진행 자체를 막을 수는 없고, 독성표피융해증후군 같은 심각한 경우에는 사망률이 30% 이상으로 회복하기 힘든 부작용이 있고,

3) 의료진으로부터 듣는 설명 외에는 스티븐스존슨증후군이라는 부작용을 알 수 없는 환자의 입장을 고려하여 의료진이 부작용 발생 가능성을 미리 설명하여 환자가 투약에 응할 것인지 스스로 결정할 기회를 가지도록 할 의무가 있는데 이를 다하지 않은 잘못이 인정된다.

4) ① 망인에게는 안압강하제 투여가 반드시 필요한 상황이었고, 당시 메타졸아마이드가 사용 가능한 유일한 약제였으며, 피고 병원에서 처방한 양도 적절하였고,

② 스티븐스존슨증후군은 특이한 체질적 소인을 가진 사람에게만 발생하는 것인데 일반화된 검사방법이 존재하지 않고 그 발생빈도 역시 극히 낮으며,

③ 스티븐스존슨증후군은 일단 발병하면 증상의 진행 자체를 막을 수는 없으므로, 증상 발생 즉시 치료를 받았더라도 그 진행을 막을 수 있었다고 보기 어렵고,

④ 치료를 받으면서 증상이 점차 호전되어 퇴원하였고, 점차 증상이 호전될 가능성이 있었다는 점에서 자살과의 인과관계를 인정하기도 곤란한 점 등을 고려하면, 피고 병원 의료진의 설명의무 위반과 망인의 자살과의 사이에 인과관계가 존재한다고 볼 수 없다.

5) 따라서 정신적 손해에 대한 손해배상만이 인정된다.

라. 정신과 의사의 의무에 대하여

직접진찰한 것은 단 한 번이었고, 진료 당시 죽고 싶다 등의 말을 하지 않았고, 입원실이 없어 자살기도를 방지할 주의의무가 있었다고 보기 어렵다.

7. 손해배상의 범위

망인의 나이, 망인과 원고의 관계, 메타졸아마이드의 복용 경위 및 결과, 복용 이후의 치료 경과 등 제반 사정을 참작하여 망인의 위자료 1,000만원, 남편 위자료 400만원, 아들의 위자료 200만원

8. 사건의 해석

가. 이 사건은 메타졸아마이드로 인한 것으로 추정되는 스티븐스존슨증후군 발생 후 회복과정에서 자살한 경우로서 안과 의료진이 설명의무 위반으로 위자료를 물어주었다.

1) 스티븐스존슨증후군은 피부표피 괴사와 박리를 특징으로 하는 생명을 위협할 수 있는 급성 피부점막반응으로 전신 장애도 동반될 수 있다. 약물이 주원인(독성표피괴사융해의 80-95% 이상, 스티븐스존슨증후군의 50% 이상)으로 알려져 있고, 약물 중에서 sulfa 약제, 항경련제, 비스테로이드 항염증제 등이 주된 원인 약물로 알려져 있다. 그 외 흔히 복용하는 감기약, 해열진통제, 항생제, 통풍치료제, 소화궤양치료제, 근육이완제, 진정제, 항불안제, 고혈압치료제 등 약 1,700여 가지 의약품이 원인이 될 수 있으며, 발생 기전이 명확하지 않다. 스티븐스존슨증후군은 미리 예측하기 어려운 희귀질환으로 특이한 체질적 소인을 가진 사람에서 나타난다. 스티븐스존슨증후군이 의심되면 원인약제를 빨리 찾고 복용을 중지하는 것이 중요하다. 추정 원인약제를 즉각 중지하면 사망률을 낮출 수 있으나 증상의 진행 자체는 막을 수 없다.

2) 메타졸아마이드(methazolamide)는 탄산탈수효소억제제로 아세타졸아마이드(acetazolamide, 상품명 다이아막스)에 비해 적은 용량으로 안압을 낮추며, 감각이상, 근무력감, 피로감 등이 아세타졸아마이드보다 덜한 장점이 있다. 단점으로는 스티븐스존슨증후군을 병발시킬 수 있다. 메타졸아마이드 관련 스티븐스존슨증후군에서 HLA-b*5901이 발견되는 빈도가 높다고 보고되나 인체백혈구항원검사는 일반적으로 받아들여지는 검사가 아니고, 모든 환자에서 할 수는 없으며, 결과가 나오는데 오래 걸려, 결과를 알고 약을 쓰기는 어렵다.

3) 부신기능부전, 간기능부전, 신기능부전, 대사산증, 저나트륨혈증, 저칼륨혈증, 간경화(간뇌병증(hepatic encephalopathy)로 진행 가능) 등이 금기이다. 흔한 부작용으로 설사, 식욕부진, 금속성 맛, 오심, 구토, 감각이상, 권태, 피로 등이 있고, 심각한 부작용으로 전해질 불균형, 대사산증, 간부전, 근육약화, 이명, 신독성, 다뇨 등이 있다. 전해질 평형에 주의해야 하고, 대량의 비타민 C와 병용 시 요로 신결석이 나타날 수 있다. 임부에서는 FDA C 등급(동물실험에서 간혹 기형이 증가하지만 사람의 경우 임신인줄 모르고 복용한 사람들 중

에서 기형이 증가하지 않은 경우로서 꼭 필요하면 선택적으로 사용해도 좋다)이다. 용량은 50−100mg(1−2tab) bid−tid이다.

9. 같은 일이 다시 일어나지 않으려면

메타졸아마이드 처방 시 스티븐스존슨증후군에 대해 설명하고 동의를 구하는 것이 필요하겠다.

Ⅲ. 아토피피부염으로 스테로이드 18달 치료 중 녹내장이 생긴 16세 남자

1. 사건번호

ㅇㅇ지방법원 2007. 2. 6. 선고 2005가합90617 판결

2. 소송 결과

원고 일부 승(책임제한 70%)

3. 원고와 피고

가. 원고: 환자, 부모, 동생 2명
나. 피고: 개인안과 전문의

4. 사건 요약

가. 원고는 양측 눈꺼풀 아토피피부염으로 2003. 10. 17. 피고 안과에 갔다. 당시 우안 시력 1.0, 좌안 0.8이었고, 안압은 17/16mmHg이었다.

나. 2003. 10. 17부터 2005. 4. 15까지 진료받으면서 덱코실 안연고(Dexamethasone, Polymyxin B Sulfate, Neomycin Sulfate)를 10회, 소론도정(prednisolone 5mg)을 3회, 플루오로메토론(fluorometholone)을 2회 처방받았다.

다. 2005. 4. 27. 피고 안과에서 양안 안압이 60으로 확인되어 안압하강제를 처방하였고, 다음 날 우안 29, 좌안 26으로 떨어졌다.

라. 2005. 5. 6.과 5. 7. 피고 안과에서 양안 안압이 60 이상이었다.

마. 5. 7. 다른 안과에서 우안 안압 49, 좌안 44로 측정되어 A병원으로 전원되었다.

바. 2005. 5. 9. A병원에서 양안 아메드 녹내장밸브 삽입술을 받았다.

사. 현재 안압은 정상 범위이나, 양안 시신경 및 시야 결손이 매우 진행된 상태이다.

5. 원고와 피고의 주장

가. 원고의 주장

덱코실 안연고 등을 장기간 사용하면 녹내장을 일으킬 수 있는데 피고는 이러한 부작용의 발생 가능성 및 구체적 증상과 대처방안을 설명하지 않았고, 2003. 10. 17.부터 2005. 4. 27.까지 다른 스테로이드 안약과 더불어 덱코실 안연고를 10회에 걸쳐 처방하면서도 안압을 전혀 재지 않았다.

나. 피고의 주장

1) 녹내장의 발병 원인

아토피 눈꺼풀피부염이 결막염으로 이환되고 전방 내 심한 염증반응을 야기하는 등으로 악화되어 녹내장이 발생한 것이므로, 피고의 의료행위와 무관하다.

2) 시력 · 시야 상실의 원인

양안 안압이 60으로 측정된 2005. 4. 27. '현재 녹내장으로 안압이 심하게 높으며, 이러한 상태가 지속될 경우 실명 등 눈에 치명적인 변화가 일어날 수 있으니, 계속해서 안압을 측정하면서 치료해야 한다.'라고 설명하였고, 그 다음 날 부모에게 같은 취지의 설명을 하였는데도, 학교시험을 이유로 4. 29.부터 5. 5.까지 안과 치료를 받지 않았으므로 시력과 시야가 상실된 것은 임의로 치료를 중단하였기 때문이다.

6. 사건의 쟁점

가. 스테로이드 안약 처방 상의 주의의무 위반

피고는 전자의무기록을 근거로 안압을 지속적으로 측정하였다고 주장하나, 직접 수기로 작성하여 원고에게 교부한 진료기록에는 2003. 10. 17.과 2005. 4. 27. 이후 안압을 측정한 결과만이 기재되어 있어 피고가 임의로 작성하거나 수정한 것으로 추정된다.

나. 녹내장 진단 및 치료 상의 주의의무 위반

2005. 4. 27. 양안 안압은 60, 5. 6. 및 5. 7.에도 양안 안압 60에 이르렀다. 이미 녹내장이 상당히 진행된 것으로 보인다. 그럼에도 피고는 원고에게 정확한 정보를 제공하여 적절한 치료가 가능하도록 하거나 또는 다른 병원으로 전원을 의뢰하는 등 조치를 취하지 않고 단지 안압이 높다는 설명만을 하면서 안압하강제를 처방하였을 뿐이다.

다. 녹내장 및 시야 손상의 원인이 진료 상 과실 때문인지?

1) 결막염 등이 나타났다는 점에 관한 아무런 기재가 없으며, A병원에서의 최종 진단

결과는 선행 질환 없이 단지 안압상승으로 인한 원발성 개방각녹내장이므로, 아토피 눈꺼풀 피부염이 결막염으로 이환되고 전방 내 심한 염증반응을 야기하여 녹내장이 발생하였다는 피고의 주장은 이유 없다.

2) 녹내장은 아토피피부염에 대한 피부과 치료약물로 인하여 야기되었다고 주장하나, 2003. 10. 17. 안압이 정상이었고, 2004. 5. 11. 이후에는 아토피피부염으로 치료받은 적이 없어서 단순히 피부과 약물만으로 스테로이드녹내장이 유발되었다고 보기는 어렵다.

3) 피고가 원고의 녹내장 발생 및 시력 · 시야 상실이 의료상 과실로 인한 것이 아니라 전혀 다른 원인에 의한 것이라는 입증을 하지 아니하는 이상, 위 과실로 인하여 원고의 현 증세가 초래되었다고 추정된다.

라. 설명의무 위반

위에서 언급한 피고의 주장과 같이 설명하였음을 인정할 자료가 없고, 현 증세가 급성으로 발생하였다고 보기도 어려우며, 2005. 5. 6. 및 5. 7. 단지 안압하강제만을 처방하였을 뿐이므로, 시야 상실이 임의로 치료를 중단했기 때문이라는 주장 역시 이유 없다.

7. 손해배상의 범위

가. 책임제한

1) 9살 무렵부터 피부 알레르기가 있어 스테로이드 경구약, 로션, 크림 등을 사용하여, 피고가 처방한 안약과 더불어 전신과 피부에 누적된 다른 스테로이드 제제에 의하여 녹내장이 유발되었을 가능성이 있는 점,

2) 안압상승에 적절하게 조치했더라도 정상이 되었을 것이라고 단정하기 어렵고, 알 수 없는 다른 원인이 게재되었을 가능성을 완전히 배제할 수 없는 점,

3) 2005. 4. 29.부터 5. 5.까지 병원 치료를 게을리하여 시야 손상이 진행한 것으로 보이는 점 등을 고려하여 피고의 책임범위를 70%로 제한한다.

나. 손해배상의 범위

1) 일실수입

가) 기준일 당시 나이는 16세 11개월 15일로서 군복무를 마쳤을 2010. 5. 27.부터 60세에 이르는 2048. 5. 26.까지 도시 보통인부 노임 월 1,215,544원(1일 55,252원×월 가동일수 22일)

나) 노동능력상실률: 시력 및 시야장애로 인하여 영구적으로 82% 노동능력 상실

1,215,544원×(275.0356－53.4545)×0.82＝220,860,092원의 70%＝169,602,064원

2) 기왕치료비: 8,419,750원

3) 위자료: 본인 1,500만원, 부모 각 700만원, 형제 각 300만원

총 201,602,064원

8. 사건의 해석

가. 이 사건은 눈꺼풀의 아토피피부염 치료를 위해 스테로이드 안연고와 점안약을 18달 쓰다가 높은 안압이 발견되었고, 이미 녹내장으로 시야와 시력상실이 초래된 경우이다.

나. 스테로이드 유발 녹내장

1) 스테로이드 제재를 사용 후 안압이 올라가서 개방각녹내장과 비슷한 녹내장이 생길 수 있다. 스테로이드 제재의 투여량, 투여 기간, 약가, 투여 방법, 개인의 스테로이드에 대한 반응성 등에 따라 생길 수 있는데 이 중 스테로이드에 대한 개인의 반응성이 가장 중요한 유발인자이다. 스테로이드 제재 중 가장 약가가 강한 약을 하루 4회 1달 투여하면 35%는 5-10mmHg 정도 상승하고, 5%에서는 안압이 15mmHg 이상 증가한다(스테로이드 반응성). 인구의 5%는 스테로이드반응자로 알려져 있다. 플루오로메톨론은 스테로이드 제재 중 안압 상승 효과가 가장 적은 약제 임에도 불구하고 스테로이드고반응군에서는 안압이 높아질 수 있다. 대개 스테로이드 안약을 중단하면 2-4주 후 안압이 정상으로 되는데 1-5%에서는 수술이 필요하다.

2) 대부분 스테로이드 점안약을 쓰고 3-6주 후 안압이 오른다고 하나 일부에서는 처음 1-2주에 오르기도 한다. 처음 5일은 거의 안압이 오르지 않는다. 대부분 안압은 서서히 올라 통증이 없으나 드물게 눈이나 이마 통증이 있기도 하다. 안압이 올라 각막부종이 생기면 흐려 보이거나 달무리가 보일 수 있다. 후낭하백내장(posterior subcapsular cataract)으로 흐려 보일 수 있다. 녹내장 외 스테로이드로 인해 약간 산동되거나 눈꺼풀이 처질 수도 있다.

9. 같은 일이 다시 일어나지 않으려면

가. 스테로이드는 항염증치료제로 널리 쓰이므로 그 부작용인 안압상승 역시 많아 이 같은 사건은 언제든 생길 수 있다. 인구의 5%는 스테로이드반응자이며, 스테로이드 고반응군의 위험인자는 개방각녹내장, 녹내장 의증(glaucoma suspect), 앞방각후퇴녹내장(angle recession glaucoma), 개방각녹내장 가족력, 고령자, 6세 미만, 결체조직질환(connective tissue disease, 특히 남자에서 류마티스관절염), 고도근시, 제1형 당뇨병(Type 1 DM) 등

이다.

나. 녹내장은 대부분 증상이 없어 우연히 정기검진에서 발견되거나, 흐려 보이거나 주변부 시야 이상으로 내원하였다가 발견된다. 특히 어린이의 경우 증상을 호소하지 않아 방치될 가능성이 높다. Yamashita 등은 어린이 중 아무도 증상을 말하지 않았으며 안압이 47인 경우에도 증상이 없었다고 하였다. 영아에서 스테로이드녹내장은 마치 선천 녹내장처럼 보일 수 있어 감별에 주의를 요한다.

다. 눈은 기능적인 면에서 매우 중요하여 노동능력 상실률이 높다는 점을 잊지 말아야 하겠다.

참고문헌

1. Razeghinejad MR, Katz LJ. Steroid-induced iatrogenic glaucoma. Ophthalmic Res 2012;47(2):66-80.
2. Yamashita T, Kodama Y, Tanaka M, Yamakiri K, Kawano Y, Sakamoto T. Steroid-induced glaucoma in children with acute lymphoblastic leukemia: a possible complication. J Glaucoma 2010;19:188-190.

Ⅳ. 섬유주절제술 중 의료진의 대화를 듣고 고소한 남자

1. 사건번호

ㅇㅇ지방법원 2012. 9. 20. 선고 2009가합21490 판결

2. 소송 결과

원고 일부 승

3. 원고와 피고

가. 원고: 환자
나. 피고: A병원 재단법인

4. 사건 요약

가. 수술 전 양안 교정시력 1.0, 양안 안압은 14㎜Hg였던 원고는 A병원에 내원하여 '만성폐쇄각 녹내장(chronic angle closure glaucoma)'으로 듣고 우안 섬유주절제술(trabeculectomy)을 받았다. 수술실에서 특진의가 'flap이 작아, 그리고 flap이 너무 뒤로 돌아갔잖아', '구멍보다 flap이 커야 하는데 구멍하고 뚜껑이 크기가 같으니 자꾸 새지'라고 하는 이야기를 들었다.

나. 다음 날 우안 핀홀시력 0.7, 안압은 21㎜Hg이었고, '눈의 통증, 충혈, 시력 저하가 발생했을 때 즉시 진료를 받으러 와야 한다'는 설명을 듣고 퇴원하였다.

다. 3일 후 내원하였을 당시 안압은 우안 8㎜Hg, 좌안 14㎜Hg였으며, 전임의가 봉합사를 제거 레이저봉합사용해술(Laser suture lysis)하였다.

라. 51일 후 시력저하로 재내원하였고 전방이 얕아져서 특진의는 전임의로 하여금 healon을 삽입하도록 하였다. 당일 밤 눈 통증으로 응급실에 왔고 안압 31-32㎜Hg로 만니톨 등을 투여받았다. 다음 날 우안에서 방수가 분출되어 내원하여 각막을 눌렀을 때 새는지 여부를 보는 검사(Seidel test)로서 누수를 확인하였다.

마. 원고는 2007. 1. 24. B안과병원으로 전원하였고, 2. 22. 교정시력은 우안 0.3, 좌안 1.0이고, 안압은 우안 24㎜Hg, 좌안 22㎜Hg이었다. 의사는 '우안의 전방이 좁고, 구멍이 막힌 듯하며, 재수술 및 백내장수술까지 같이 할지도 생각해봐야 한다'고 하였다.

바. 수술 5개월 후 B안과병원에서 홍채가 손상되었으며(내층공막절제 부위에 홍채가 감돈된 상태), 악성녹내장이 있다고 들었다.

5. 원고의 주장

가. 진료기록부를 변조하였다

'Large bleb'라는 문구, 동공모양 그림, '안내염이 있다'는 기재, 'os→no△'라는 좌안에는 이상이 없다는 취지의 문구를 기재하여 진료기록부를 변조하였다.

나. 특진계약 위반 주장

특진의가 아닌 전임의가 수술 시작부터 외측공막절편과 내측공막절편을 봉합까지 수술하였고, 나중 수술실에 들어온 특진의가 'flap이 작아, 그리고 flap이 너무 뒤로 돌아갔잖아', '구멍보다 flap이 커야 하는데 구멍하고 뚜껑이 크기가 같으니 자꾸 새지'라고 하면서 전임의가 봉합한 부분을 풀고 재봉합하였다. 수술기록에 전임의가 잘못 봉합한 것을 기록한 그림이 먼저 그려졌다가 그 위에 'error'라고 기재되고 그 오른편에 특진의가 제대로 봉합한 것을 기록한 그림이 그려져 있다. 이는 특진계약 및 감독의무 위반이다.

다. 수술 상 과실에 관한 주장

1) 섬유주절제술은 내층공막절편이 외층공막절편보다 작아야 하는데, 외층공막절편과 내층공막절편을 같은 크기로 만들어 방수가 과다하게 유출되도록 한 과실이 있다.

2) 재봉합함으로써 공막절편과 결막편 조직에 더욱 과도한 손상이 일어나게 되었다.

3) 3일밖에 지나지 않은 시점에 저안압이어서 봉합사를 제거하면 안 되는데 봉합사를 제거하여 방수의 과다유출을 촉진시켰다.

4) 섬유주와 홍채의 일부를 제거하면서 과도하게 제거하여 홍채괄약근까지 손상시켰다. 이후 healon을 주입하는 등 잘못된 처치를 함으로써 홍채 손상을 더 가중시켰다.

5) 전방이 얕아지자 복구하기 위해 healon을 주입하여 안압이 상승되었고, 결국 방수가 분출되어 더 크게 손상되었다.

6) 급성으로 안압이 높아졌으나 응급실에서 수련의의 실습대상이 되는 등 적절한 조치가 취해지지 못하였다.

7) 항녹내장약물인 다이아막스를 계속 투약하였고, 마비조절제인 아트로핀을 일찍 중단시켜 우안 손상을 가중시켰다.

라. 설명의무 위반 주장

전임의가 수술한다는 설명을 하지 않음으로써 설명의무를 위반하였다. 수술 방법, 수술 후 염증 및 전방소실 등 후유증의 발생 가능성, healon 주입하면서 전방소실로 인해 이를 주입한다거나 이를 주입함으로써 방수유출로가 막혀 안압이 상승할 수 있다는 사실, 안내염이 있다는 설명 등을 하지 않음으로써 설명의무를 위반하였다.

6. 사건의 쟁점

가. 진료기록 변조 여부에 관한 판단

1) 진료기록지에 추가 기재된 사실은 당사자 사이에 다툼이 없다. 진료기록 변조만으로 바로 손해배상책임이 인정되거나 과실과 관련된 입증책임이 전환되는 것은 아니다. 다만 의료분쟁에 있어서 진료기록 등의 기재가 사실인정이나 법적 판단에서 중요한 역할을 차지하므로, 의사측이 진료기록을 변조한 행위는 상당하고 합리적 이유를 제시하지 못하는 한 당사자 간 공평의 원칙 또는 신의칙에 어긋나는 입증방해행위에 해당한다 할 것이고, 법원으로서는 이를 자료로 자유로운 심증에 따라 의사 측에게 불리한 평가를 할 수 있을 뿐이다(대법원 1995. 3. 10. 선고 94다39567 판결 참조).

2) 'large bleb'은 여과포가 크게 생성되었다는 것인데, 봉합사제거술 후 여과포가 생성된 사실이 인정되어 여과포의 존재 자체를 기록한 것이 허위 기재라고 보기 어렵고, 여과포가 형성되었더라도 결과가 반드시 성공적인 것은 아니므로, 단순히 'large bleb' 기재 행위로 의료과실을 은폐하려고 하였다고 보기 어렵다.

3) 동공 모양의 그림도 당시 홍채가 정상이었다는 사실을 인정하기에는 부족하므로 수술 성공 여부와는 무관하고, 따라서 동공 모양의 그림을 추가 삽입하였다고 하여 의료과실을 은폐하기 위한 목적이라고 볼 수 없다.

4) 안내염이 있다는 기재도 수술의 성공 여부와는 무관한 항목이고,

5) 'os→no△'는 '좌안에 문제 없다'는 뜻인데 수술 성공 여부와는 무관한 것으로, 의료과실을 은폐하려고 하였다고 보기 어려워 원고의 주장은 이유 없다.

나. 특진계약 위반 여부에 관한 판단

1) 원고가 국소마취를 받았을 뿐이어서 정신이 명료한 상태라는 사실은 인정되나, 들은 대화는 단편적인 것에 불과하고, 눈이 가려져 수술실 상황을 소리로만 알 수 있는 원고로서는 주관적인 판단으로 대화를 파악하였을 개연성도 농후하며, 수련의가 수술실에 있는 상황에서 교수가 수술 방법에 대해 설명할 수도 있고 이를 오해했을 가능성도 존재하므로, 전임의가 수술을 집도하였다고 인정하기에 부족하다.

2) 원고는 수술 예정된 환자가 13명으로 쉬지 않고 수술하여야 가능한 일정이므로, 전임의가 환자 중 일부를 대신 수술한 것이라고 주장하나, 이전 수술받았던 10명 중 7명은 수

정체유화흡인술로 30분이면 충분하므로, 이 사실만으로는 대신 수술하였다고 추정하기에는 부족하다. 이러한 사정을 종합하면 전임의가 수술하였다는 점을 인정하기에 부족하고, 증거가 없으므로, 이유 없다.

다. 의료과실 존부에 관한 판단

1) 외층공막절편 및 내층공막절편 형성과 관련한 과실

'flap이 작아, 그리고 flap이 너무 뒤로 돌아갔잖아', '구멍보다 flap이 커야 하는데 구멍하고 뚜껑이 크기가 같으니 자꾸 새지'라고 말이 외층공막절편형성과 내층공막절편의 크기를 같게 형성한 과실을 범하였다는 유력한 증거라고 주장하나, 위 대화는 원고의 주관적 해석이 개입되었을 여지를 배제할 수 없어 과실을 인정하기에는 부족하다. 섬유주절제술에서 외층공막절편을 내층공막절편보다 크게 형성해야 하고, 만약 그렇게 못하면 더 단단하게 봉합하여 해결할 수 있다는 사실이 인정되므로, 바로 과실이 있다고 추단할 수 없다.

2) 재봉합과 관련한 과실

그림 1에 봉합사가 5개, 그림 2에 봉합사가 3개 그려진 사실은 인정되나, 전공의가 그림을 잘못 그렸을 가능성도 배제할 수 없으므로 위 사실만으로는 재봉합하였다고 인정하기에는 부족하다.

3) 결막봉합사 조기 제거 관련한 과실

매듭이 안구 표면으로 노출되었다거나 결막봉합사를 제거하였다는 사실을 인정할 증거가 없으므로, 이유 없다.

4) 수술 중 및 수술 후 잘못된 처치로 인한 홍채 손상과 관련한 과실

가) 홍채절제술을 한 사실은 인정되나, 홍채절제술로 인해 홍채가 손상된 경우 바로 홍채손상의 결과가 나타나야 하는데, 5개월이 지나 B병원에 내원한 때에서야 홍채괄약근 손상이 발견되어 수술 중 발생한 것이라고는 볼 수 없다.

나) 의사가 환자에게 부담하는 진료채무는 질병의 치료와 같은 결과를 반드시 달성해야 할 결과채무가 아니라 환자의 치유를 위하여 선량한 관리자의 주의의무를 가지고 현재의 의학 수준에 비추어 필요하고 적절한 진료조치를 다해야 할 채무, 즉 수단채무라 할 것인바, 의사의 의료행위가 있었음에도 불구하고 악결과가 발생하였다고 하더라도 그 의료행위가 잘못되었거나 적절하지 못하다는 점이 입증되지 않는 이상 그 의료행위에 과실이 있다고 곧바로 추정할 수는 없다. 일반적으로 안압이 상승하는 경우 홍채손상이 가중될 수 있는 사실, 봉합사제거술 및 healon 주입 등으로 인하여 안압이 상승한 사실은 인정되나, 적절하지 못한 과실 있는 처치라고 보기는 어렵다.

5) 봉합사제거술과 관련한 과실

봉합사제거술은 안압을 낮추거나 여과포를 생성하기 위한 시술이며, 직후 안압이 21 mmHg이고 수술 후 안압하강제인 다이아막스를 복용하였고, 시행 전 안압이 8mmHg로 측정되고, 당시 여과포가 형성되지 않았던 사실을 인정할 수 있다. 그러나 당시 저안압이었거나 봉합사제거술로 인해 방수가 과다유출되었다고 볼 수는 없는 점 등을 종합하면 부적절한 처치였다고 할 수 없다. 원고는 봉합사제거술이 아니라 '지압'을 먼저 했어야 한다고 주장하나, 의사는 진료를 행함에 있어 환자의 상황과 의료수준 그리고 자기의 지식경험에 따라 적절하다고 판단되는 진료방법을 선택할 상당한 범위의 재량을 가지고, 그것이 합리적인 범위를 벗어난 것이 아닌 한 진료 결과를 놓고 그 중 어느 하나만이 정당하고 다른 조치를 취한 것은 과실이 있다고 할 수 없으므로, 재량권의 합리적 범위를 벗어났다고 볼 만한 다른 증거가 없는 이상, 이유 없다.

6) Healon 주입과 관련한 과실

전방이 얕아진 원고에게 실명의 위험을 피하기 위하여 healon을 주입해 전방을 깊게 만들려 한 것은 합리적인 처치라고 보인다.

7) 급성발작 처치와 관련한 과실

안압이 31-32mmHg이었다는 점만으로는 급성발작이 왔다고 할 수 없고 달리 급성발작이 있었다는 사실을 증명할 증거가 없는 바, 위 주장은 이유 없다.

8) 약물 사용과 관련한 과실

아트로핀 사용을 중단한 사실, 수술 후 다이아막스를 투여한 사실은 인정되나, 다이아막스 복용 여부 및 아트로핀 사용과 중단 시기가 절대적으로 정해져 있는 것이 아니라 의사가 환자의 상태를 보고 판단한 재량범위 내에서 결정할 수 있는 것으로 보이므로, 이유 없다.

라. 설명의무 위반 여부

1) 특진계약 관련 설명의무 위반에 관한 판단

앞서 본 바와 같이 대신 수술했다고 볼 수 없으므로, 이 부분 주장은 받아들일 수 없다.

2) 수술 관련 설명의무 위반에 관한 판단

가) 설명의무 위반에 대하여 의사에게 위자료 등의 지급의무를 부담시키는 것은 의사가 환자에게 제대로 설명하지 않고 수술 등을 시행하여 예기치 못한 중대한 결과가 발생하였을 경우 의사가 그 행위에 앞서 환자에게 질병의 증상, 치료나 진단 방법의 내용 및 필요성과 그로 인하여 예상되는 위험성 등을 설명하여 주었더라면 환자 스스로 자기결정권을 행사하여 의료행위를 받을 것인지 여부를 선택함으로써 중대한 결과의 발생을 회피할 수 있었음에

도 불구하고, 의사가 설명을 하지 아니하여 그 기회를 상실하게 된 데에 따른 정신적 고통을 위자하는 것이다.

나) 섬유주절제술로 안구 모양이 바뀌게 되는 등 눈 모양이 수술 전과 달라지게 되어 시력 변화가 나타날 수도 있고, 백내장이 발생하기 쉬우며, 홍채 손상 등의 합병증이 발생할 수 있으나 시력 감소나 백내장 등의 후유증보다는 녹내장 수술로써 얻을 수 있는 이득이 많아 녹내장 수술이 필요한 사실, 안압조절이 성공적일지라도 시력은 백내장 진행이나 다른 이유 때문에 나쁘게 될 수도 있다는 점을 설명하여야 하는데 이 설명의무를 이행했다는 사실을 인정하기에 부족하다.

다) 안내염에 대한 지도설명의무가 있다고 할 것인데, 지도설명의무를 이행하였다고 볼 증거가 없으므로 안내염에 대하여도 설명의무를 위반하였다.

7. 손해배상의 범위

의사가 설명의무를 위반한 채 수술 등을 하여 환자에게 중대한 결과가 발생한 경우 환자 측에서 선택의 기회를 잃고 자기결정권을 행사할 수 없게 된 것에 대한 위자료만을 청구하는 경우에는 의사의 설명 결여 내지 부족으로 선택 기회를 상실하였다는 사실만을 입증함으로써 족하고, 설명을 받았더라면 중대한 결과는 생기지 않았을 것이라는 관계까지 입증할 필요는 없으나, 그 결과로 인한 모든 손해를 청구하는 경우에는 결과와 의사의 설명의무 위반 내지 승낙취득 과정에서의 잘못과의 사이에 상당인과관계가 존재해야 하며, 그 경우 의사의 설명의무 위반은 환자의 생명 신체에 대한 의료적 침습과정에서 요구되는 의사의 주의의무 위반과 동일시할 정도의 것이어야 한다. 피고 병원의 설명의무 위반과 원고의 손해 발생 사이에 상당인과관계가 존재하지 아니하므로, 원고는 위자료만을 배상받을 수 있다고 할 것이고, 시야 결손이 상당 부분 진행되어 수술이 필요하였던 점, 원고의 나이, 설명의무 위반 정도 등의 제반 사정을 종합하면 위자료는 2,000만원이라고 보는 것이 타당하다.

8. 사건의 해석

가. 이 사건은 환자가 수술 중 들은 이야기로 인해 의사에 대한 불신이 생겼고, 이후 섬유주절제술 후 종종 하는 봉합사제거술, healon 주입술 등 진료 상의 세세한 부분까지도 과실을 의심하게 된 경우이다. 결국 과실에 대해서는 기각되었으나 설명 부족으로 위자료를 지급하게 되었다.

1) 안구 내에서는 일정량의 방수가 생성되어 순환되는데 어떤 원인에 의해 방수 유출에 장애가 생길 경우 안압이 증가되어 시신경 손상을 유발하고 시야장애를 초래한다. 정상 안

압은 대개 21mmHg 이하이나 정상범위 안압(10−20mmHg)에도 시신경 손상이 나타날 수 있으며(정상안압녹내장), 안압이 정상보다 높아도 시신경장애가 나타나지 않는 경우도 있다(고안압증).

2) 급성녹내장은 전체 녹내장의 약 10% 정도를 차지하며, 안압이 급속도로 높아지면서 시력 감소, 두통, 구토, 충혈 등의 증상이 나타나므로 응급실로 내원하면서 발견되는 경우가 많다. 만성 녹내장에서는 시신경이 서서히 파괴되므로 특별한 증상을 느끼지 못하다가, 시야가 좁아지는 말기에 이르러 답답하다고 느끼며, 증상이 나타나면 이미 말기이므로 치료가 어렵다. 따라서 정기적인 안압검사 및 안저검사로 녹내장을 조기에 발견하여 치료하는 것이 중요하다.

나. 녹내장 정밀진단을 위해 시력, 안압측정, 굴절검사, 전방각검사, 세극등검사, 시신경검사, 시야검사, 경우에 따라 빛간섭단층촬영이나 레이저편광측정법 등의 검사를 한다. 치료로는 약물, 레이저 치료, 수술이 있다. 섬유주절제술은 여과포를 생성하여 방수 유출을 원활히 하기 위해 전방과 결막하 공간 사이에 개구부 위를 덮는 공막의 부분층편을 만들어 덮는 수술이다. 합병증으로는 방수누출로 인한 얕은 전방 또는 전방소실, 결막봉합누출, 전방출혈, 여과기능의 실패, 백내장의 촉진 등이 있다. 수술의 목적은 안압조절이며 이미 손상된 시신경을 복구되지는 못한다. 즉 녹내장으로 손상된 시신경은 다시 좋아지지 않으며, 녹내장 치료의 목적은 시신경 손상 진행을 늦추거나 멈추게 하기 위함이다. 치료받지 않은 녹내장은 서서히 진행하여 시야결손을 초래하고 말기에는 실명에 이르게 된다.

9. 같은 일이 다시 일어나지 않으려면

수술 중 오해를 살 만한 발언을 자제하며, 수술 과정에 대한 세세한 동의서와 설명이 필요하겠다.

Ⅴ. 백내장 녹내장 수술 후 한 눈 실명되고 자살한 93세 남자

1. 사건번호

○○지방법원 2010. 9. 17. 선고 2009가단22020 판결

2. 소송 결과

청구기각(원고 패)

3. 원고와 피고

가. 원고: 자살한 망인의 아들
나. 피고: 개인안과 의사

4. 사건 요약

가. 93세 남자가 피고 안과의원에 내원하여 왼눈 백내장과 녹내장으로 진단받고 백내장과 녹내장수술(홍채절제술) 시행 중 안압이 상승되어 인공수정체삽입은 하지 않았다. 12일간 치료받았고, 인공수정체삽입 시술을 권유받았으나 거부하고,

나. A병원에 내원하여 왼눈 안압이 23mmHg, 유리체출혈 및 염증을 진단받고, 점안약과 경구약 등을 복용하였으나 유리체출혈이 심해져 전원을 권유받고,

다. B대학병원에서 왼눈 유리체혼탁과 출혈, 안내염, 맥락막박리로 진단받고 진료받았으나, 왼눈이 실명되었다.

라. 백내장 수술 약 3달 후 목을 매어 심폐기능정지를 직접사인으로 사망하였다.

5. 원고의 주장

진료 상 과실로 인하여 왼눈이 실명됨으로 인해 이를 비관한 망인이 사망에 이르렀다
1) 왼눈 녹내장 진단이 오진이며,
2) 설명의무 또는 고지의무를 위반하였고,
3) 전원조치 미이행,
4) 과잉진료 및 수술과정의 부주의,

5) 수술 이후 진료를 소홀히 하였다.

6. 사건의 쟁점

가. 왼눈 녹내장 진단이 오진인가?

원고는 내원 22일 전 다른 안과에서 초기 백내장만 진단되었고, 왼눈 안압은 정상이었는데, 일시적 안압상승만으로 시신경 손상을 확인하지 않고 녹내장을 진단한 것은 오진이며, 안압검사 자체가 잘못되었고, 과숙백내장, 급성녹내장, 수정체융해성녹내장 진단은 거짓이라고 주장하지만, 과숙백내장과 수정체용해성 녹내장이 있었을 가능성이 있고, 단기간에 안압이 상승되어 급성녹내장이 있었을 가능성이 크다. 간호조무사가 안압을 잰 후 피고가 직접 안평안압계로 안압을 측정하였다. 녹내장 진단을 위해 시신경검사, 망막시신경섬유층검사, 시야검사 등도 필요할 수 있으나, 백내장이 심하면 위 검사가 불가능하고, 내원 당시 백내장이 심했던 것으로 보인다. 피고가 망인의 안압, 굴절검사, 각막지형도검사, 세극등검사 등에 근거하여 녹내장으로 진단한 것은 진단 상 과실이 없다고 판단된다.

나. 설명의무 이행 여부

1) 망인과 망인의 처는 간호조무사가 준 수술동의서에 서명만 했을 뿐, 수술 필요성이나 후유증, 위험성, 수술 이후의 예후 등에 대하여 설명을 듣지 못하였다고 주장한다.

2) 피고는 수술 전 망인의 처에게 망인에게 녹내장이 있으며, 백내장이 심해 결과가 안 좋을 수 있다고 설명한 사실, 간호조무사에게 지시하여 백내장 증상과 수술 도중 발생할 수 있는 합병증, 수술 후 치료에 대한 '백내장수술 합의 승낙서', 수술 후 합병증으로 안구내 감염, 낭포황반부종 등이 발생할 수 있음을 기재한 '수술 후 후유증 및 합병증'이라는 제목의 서류를 망인과 처에게 교부하고, 망인과 처의 확인 서명을 받은 사실이 인정된다. 수술내용과 치료계획, 부작용, 수술 후 주의사항 등에 대해 설명하였다고 봄이 상당하므로, 피고가 설명의무를 위반하였다고 보기 어렵다.

다. 전원조치 미이행

녹내장이 의심되었더라도 장비, 인력이 제대로 갖추어진 대학 병원 등으로 전원조치를 하지 않은 것은 잘못된 것이라고 주장하나 홍채절제술은 녹내장수술 중 비교적 간단한 시술이고, 백내장 수술장비가 갖추어진 곳이라면 시술이 충분히 가능하므로, 안과 전문의인 피고가 상급병원으로 전원조치를 하지 않았다고 하여 의료 상 과실로 볼 수 없다.

라. 과잉진료 및 수술과정의 부주의 여부

원고는 녹내장은 약물치료로 충분한 것임에도 홍채절제술을 하여 과잉진료를 하였고,

녹내장수술에서 안압을 낮추는 것이 필수적임에도 안압을 상승시킬 위험이 있는 플루오로메톨론 점안액 0.1%을 처방하고, 소독되지 않은 기구를 사용한 잘못이 있다고 주장한다.

백내장수술 중 후낭이 파열되어 동공 차단에 의한 전방각 폐쇄를 방지하고자 홍채절제술을 시행한 것은 적절한 조치로 의사의 합리적인 재량 범위 내라고 할 것이다. 왼눈이 실명에 이른 것은 수술 후 안내염이 발생하여 맥락막박리로 인한 것으로 볼 수 있다. 피고가 염증성 녹내장을 대비하여 수술 시 처방한 플루오로메톨론 점안액의 양이 안압을 상승하게 할 정도로 과다하였다고 볼 수 없고, 수술과정에서 과오를 인정할 증거도 없다.

마. 수술 이후 진료 소홀 여부

원고는 녹내장수술 후 부작용이 발생하지 않도록 주기적으로 안압을 측정하고, 수술 부위에 염증발생 및 유리체출혈과 같은 부작용이 발생하지 않도록 주의를 기울여야 하는데도 단 1회의 안압 측정, 3일 간의 항생제, 소염제, 안압하강제 처방과 항생제만 주사하였을 뿐, 별다른 조치를 취하지 않았다. 수술 후 1주일이 지나서도 봉합사를 뽑지 않았으며, 고의로 의무기록에 염증발생 및 유리체출혈 상태를 기재하지도 않았다고 주장한다.

피고는 안내염을 줄이기 위한 조치로 세극등검사를 하고 나서, 항생제, 소염제, 안압하강제를 처방한 사실이 인정되고, 수술 이후 실은 창상이 안정화되는 약 3주 경과 후 뽑는 것이 적당하며, 허위진단서 작성 혐의는 검사의 수사 및 서울고등법원 재정신청결정에서 모두 인정되지 않았다.

7. 판 결

청구기각(원고 패)

8. 사건의 해석

이 사건은 백내장 수술 후 유리체혼탁과 출혈, 안내염, 맥락막박리가 합병되어 실명에 이른 환자가 자살한 매우 불행한 경우이다.

9. 같은 일이 다시 일어나지 않으려면

국내 연구에 의하면 시력이 나쁜 사람에서 자살에 대해 생각하거나 실제 자살을 시도한 경우가 많았다. 2008-2012년 질병관리본부와 대한안과학회가 시행한 '국민건강영양조사 안질환 역학조사'에 참여한 만 19세 이상 성인 남녀 28,919명에서 저시력이 심할수록 자살을 자주 생각하고, 실제 자살을 시도한 위험도가 높았다. 교정시력 0.2 이하군은 1.0 시력군에 비해 최근 1년 자살을 생각했거나 자살시도가 각각 2배, 3.5배 높았다. 또한 평소 심한 스트레스가 있는 군에서 자살 생각과 자살 시도가 18배, 23배 높았다. 그러나 자살을 생각한 사람 중 10% 미만, 자살을 시도한 사람의 25% 미만이 전문 상담을 받았다. 매우 어려운 일이지만 안과 의사가 저시력자의 스트레스 정도를 알아보고 적절하게 개입할 수 있다면 바람직하겠다.

참고문헌

Rim TH, Lee CS, Lee SC, Chung B, Kim SS. Influence of visual acuity on suicidal ideation, suicide attempts and depression in South Korea. Br J Ophthalmol 2015;99:1112-9

05 망막 관련 소송

Ⅰ. 안내 금속이물을 제거하지 못하고 열공망막박리가 생긴 30세 남자

1. 사건번호

○○지방법원 1999. 11. 19. 선고 98가합1629 판결
○○고등법원 2000. 11. 28. 선고 99나68494 판결
대법원 2002. 7. 12. 선고 2001다2068 판결

2. 소송 결과

가. ○○지방법원: 원고 일부 승(책임제한 80%)
나. ○○고등법원: 원고 일부 승(책임제한 30%)
다. 대법원: 원고 일부 승(책임제한 30%)

3. 원고와 피고

가. 원고: 만 30세 남자, 부모, 여동생
나. 피고: A병원

4. 사건 요약

가. 1996. 10. 29. 자동차정비원인 신체 건강한 30세 남자가 자동차 수리 중 망치질을 하다 작은 물질이 눈을 관통하여 들어가 흐려 보여 A병원을 방문하였다. 안과 전공의1이 시진과 검안경검사 후 우안 각막열상, 외상백내장 및 안내이물로 진단하였다. 다음 날 A병원 안과 전문의2가 우안 각막봉합술, 전방 유리체절제술, 수정체절제술, 주변홍채절제술을 하였다(1차 수술).

나. 수술 당일 안와 X선 촬영에서 안와 내 이물이 의심되어 7일 후 안구 초음파검사를 하였으나 이물이 없다고 듣고 이후 퇴원하였다.

다. 1997. 5. 24. 다시 우안 시력이 갑자기 저하되어 A병원에 가서 우안 이측부 거

대 열공망막박리로 진단받고 안과 전문의3에게 공막두르기, 후방 유리체절제술, 육불화황(SF6) 가스 주입술(2차 수술), 6. 16. 후방 유리체절제술, 실리콘오일 주입술을 받고, 역시 안구내 이물을 발견하지 못하고 수술을 마쳤다(3차 수술).

라. 1997. 7. 15. B병원에서 안과 전문의4는 심한 증식유리체망막병증을 동반한 견인 및 열공망막박리로 진단하고, 안와 CT로 안구내 이물을 확인하고 7. 22. 금속성 이물 2개를 제거하였다(4차 수술).

마. 현재 망막이 비교적 양호하게 유착되었으나 시력은 안전수지 10 ㎝이다.

5. 원고와 피고의 주장

가. 원고의 주장

피고가 안내이물을 확인하기 위한 검사를 시행하지 않아 안내이물이 없다고 잘못 판단하여 거대열공망막박리의 직접 원인을 만들었다.

6. 사건의 쟁점

가. 안내이물이 거대열공망막박리를 초래하고 시력손상의 직접 원인인가?

거대열공망막박리는 일반적으로 열공 부위의 유리체 기저부에서 발생한 전반적인 견인이 원인인 것으로 알려져 있으며 견인은 여러 방향에서 생길 수 있다. 사고 당시 이물질이 각막, 수정체, 유리체를 통과하여 수정체 후낭에 박힐 정도로 속도 및 충격이 강하였으므로 그 때 발생한 견인력과 이물이 잔존함으로써 발생한 견인력 등이 원인으로 추정된다. 거대열공망막박리는 단순한 망막박리에 비하여 열공 크기가 크고 노출되는 망막색소상피의 양도 많으므로 증식유리체망막병증 등 망박박리 합병증이 더 잘 생겨 치료가 어렵고 예후도 좋지 않다. 안내이물을 즉시 발견하여 제거하고 적절한 치료를 계속하더라도 망막박리와 그에 따른 시력손상 발생을 완전히 예방할 수는 없다.

나. 안내이물 발견을 위해 필요한 검사를 시행하였는가?

1) 의사1은 외상백내장을 확인하였으므로 이러한 경우 MRI나 CT 등의 검사를 하여야만 이물질의 존재 및 위치를 정확히 확인할 수 있는데 시행하지 않아 초기에 이물질 확인을 못하였다.

2) 의사2는 보다 정밀한 CT 등을 하지 않고 이물이 없다는 초음파검사 결과를 쉽게 믿어 이물이 잔존할 경우 발생할 수 있는 망막박리에 대한 대응치료를 할 수 없게 되었고,

3) 이후 발병된 거대열공망막박리와 증식유리체망막병증 등 합병증과 시력상실의 주요

원인이 되었다 할 것이므로, 원고가 입은 손해를 배상할 의무가 있다고 판단하였다.

다. 안내이물 제거의 필요성

1) 망막 내 금속성 이물 성분이 철인 경우 백내장, 녹내장, 홍채변성, 망막변성, 시신경 위축 등을, 구리인 경우 화농성 염증 등을 유발하고 안구가 위축되며, 안내염, 망막박리, 교감안염(sympathetic ophthalmia) 등의 여러 합병증이 유발될 수 있다

2) 안과 의사로서 안내이물이 존재하는 경우 먼저 안내이물의 성분을 밝혀 금속성일 경우 제거하여야 하는데 피고 병원 의료진이 이물 성분을 밝혀내고 이물을 제거할 필요가 있는지에 관하여 진단하였는지에 대하여 아무런 증거가 없다.

라. 책임의 제한

1) 1차 수상 자체로도 이미 시력손상을 받았고, 수상 당시 충격으로 유리체 기저부에 발생한 심한 견인력도 거대열공망막박리의 한 원인이 된 점,

2) 1차 수술 시 이물을 제거하였더라도 합병증 및 시력손상은 어느 정도 불가피하였다는 점 등을 참작하여 피고의 손해배상책임을 30%로 제한한다.

7. 손해배상의 범위

가. 일실수입: 당시 30세 7개월 남자로 기대여명 41.5년이며 자동차 정비원으로 10년간 종사하였음. 월 1,728,129원의 소득을 적용하고, 우안 실명으로 24%의 노동능력을 영구히 상실하여 1,728,129원 × 24% × 216.3912 = 89,748,457원

나. 재산상 손해: 기왕치료비: 2,855,601원

다. 위자료: 원고 800만원, 부모 각 100만원, 여동생 50만원
책임제한 30%로 총 38,281,217원 지급

8. 사건의 해석

가. 의료진의 과실이 인정된 가장 큰 이유는 일반적으로 금속이물 진단에 가장 적합한 검사를 하지 않았기 때문이다. 진단이란 질병의 실태를 확인하고, 치료수단과 예후를 판단하는 의료행위이다. 진단 방법은 진찰과 각종 검사로 나눌 수 있다. 그 동안 대법원 판결문에서 다룬 진단과 치료조치에서 주의의무 위반 여부를 살펴보면 다음과 같다.

1) 환자의 손해에 대해 원인이 밝혀지지 않으면 의사의 진단과 처치에 의학적인 잘못이

있다고 단정할 수 없다.

2) 환자의 질환과 증상에 대해 통상의 의학적인 판단에 따라서 한 치료에 잘못이 없으면 처치과정에 잘못이 있다고 할 수 없다.

3) 의사가 환자 질환을 발견하고도 확인하기 위한 적절한 진단 방법을 시행하지 않은 채 환자에게 나타난 임상 증상을 가볍게 생각하고 필요한 진단 및 치료조치를 취하지 아니한 것은 주의의무를 다하지 않은 것으로 과실 책임이 있다.

4) 환자를 제때 전문의가 있는 병원에 전원시켜 확정 진단 및 수술을 받을 수 있는 필요한 조치를 했을 경우의 구명률이 50% 이상이라면 특별한 사정이 없는 한 그러한 조치를 취하지 아니하여 환자가 사망한 경우 의사 과실과 사망 사이에 인과관계를 인정함이 상당하다.

나. 이 판례는 과실과 인과관계를 분리해 판단하여 의료진의 책임에 제한을 둔 경우라고 할 수 있다.

1) 의료사고 발생 시 손해배상책임을 인정하기 위해서는 의료행위 상 과실 및 당해 과실과 발생한 손해 사이에 인과관계가 인정되어야 한다. 의료행위는 고도의 전문적 지식을 필요로 하는 분야로, 전문가가 아닌 일반인으로서는 의료행위 과정에 주의의무 위반이 있는지 여부나 그 주의의무 위반과 손해발생 사이에 인과관계가 있는지 여부를 밝히기 극히 어려운 특수성이 있으므로, 법원은 일정한 요건을 충족한 경우 과실과 인과관계를 추정함으로써 환자 측의 증명 부담을 완화한다. 의료소송 판결에서 통상적으로 과실이 추정되면 인과관계를 함께 추정하거나 인과관계에 대한 자세한 설명 없이 손해배상책임을 인정하고 있다. 대상 판결은 필요한 검사를 하지 않은 과실은 인정하였고, 이로 인한 잔존 안내이물이 거대망막박리의 원인이 되는 인과관계를 인정하나, 잔존 이물 외에도 망막박리를 유발할 수 있는 원인을 나열하고 이들 간의 인과관계를 인정하여 의료진의 책임제한을 두고 있다.

2) 이비인후과 판례에서 과실은 인정하되 인과관계는 부정하여 피고 병원의 진료 상 과실에 따른 손해배상책임을 부정한 판례도 있다. 이 사건에서는 1심과 항소심은 과실 판단에 있어서 동일한 결론을 내렸으나, 인과관계 판단은 반대로 하였다. 1심 판결에서는 출혈 발생 부위가 수술 부위를 포함하여 청신경초종이 있었던 부위에 인접한 뇌교 부분이고, 특히 뇌교부의 출혈양상이 수술 부위에 치우쳐 있음을 근거로 피고 병원의 진단 상 과실로 인하여 청신경초종이 커짐에 따라 주변조직 및 혈관과의 유착 정도가 더욱 심해진 것인 이상 피고 병원의 진단 상 과실과 원고의 뇌출혈 사이에는 인과관계가 있다고 판단한 데 반해, 항소심에서는 오히려 출혈이 발생한 뇌교 부분이 수술부위와 해부학적으로 직접 관련이 없고 자발성 뇌출혈이 호발하는 부위라는 이유로 1심 판결을 취소하고 진단 상 과실과 수술 후 발생한 뇌출혈 사이에 인과관계를 부정하였다(서울고등법원 2013. 9. 5. 선고 2012나

64613(본소), 2012나 64620(반소) 판결).

3) 의료과실로 인한 책임 여부의 법리적 판단을 위해서는 과실과 인과관계를 명확히 구분하여 판단해야 할 것이나, 각 판단에 있어 지나치게 엄격한 증명을 요구할 경우 증명부담 완화의 취지, 즉 일정한 요건 하 과실과 인과관계를 추정하여 환자 측의 증명부담을 완화함으로써 의료사고 발생 시 피해자를 보호한다는 취지가 없어질 수 있음은 주의해야 한다. 하지만 의료진에게는 의학적으로 환자에게 일어난 합병증이나 이상에 대한 원인을 충분히 찾아 인과관계를 증명한다면, 환자를 보호한다는 취지가 오히려 의사에게 과잉 부담을 짊어지게 하는 부작용을 피할 수 있는 방책이 될 것이다.

9. 같은 일이 다시 일어나지 않으려면

가. 진단 과오를 막으려면

1) 안내이물의 검사방법

가) 눈 천공상은 임상양상이 다양하다. 그러므로 초진 시 가능한 광범위하고 정확한 검사를 하는 것이 중요하다. 병력 청취는 무엇보다도 중요하며 가능한 자세하게 수상 경위에 대한 정보를 얻도록 한다. 손상과 관련된 병력은 눈 외상의 경과를 예측하게 하는 중요한 정보이다. 예를 들어 망치질 중 눈 천공상을 입었다면 금속안내이물을 강하게 의심해 볼 수 있다.

나) 눈 천공상이 의심되면 눈 검진을 철저히 시행하는 것이 중요하며 초진 시 나쁜 시력과 상대구심동공운동장애(relative afferent pupillary defect, RAPD)가 있는 것이 중요한 예후 예측인자이므로 가능하면 최대교정시력과 RAPD를 확인해야 한다. 원거리시력표를 읽을 수 없다면 안전수지(finger count), 안전수동(hand motion), 광각유(light perception) 여부를 반드시 확인한다. 동공검사, 색각검사, 안저검사, 가능하면 시야검사까지 해서 시신경 손상을 확인해야 한다.

다) 천공상의 가능한 입구와 출구를 주의 깊게 찾아보며 결막부종, 비대칭적인 전방 깊이, 저안압, 출혈맥락막박리, 안내출혈 등이 있을 경우 공막파열의 가능성을 염두에 두고 검진해야 한다. 산동하여 도상검안경(indirect ophthalmoscopy)으로 망막을 검진하여 안내이물이 보이는지 확인해야 하는데, 이 때 공막을 누르거나 전방각경검사(gonioscopy) 등 안구에 압력이 가해질 가능성이 있는 술기는 피해야 한다.

라) 병력 청취와 함께 안내이물을 발견하기 위해 X선검사, 초음파검사, MRI검사, CT검사 등을 실시할 수 있다. 이물이 주변부 망막에 위치하며 각막이나 수정체 등 매질 혼탁이 생기면 수술 중 이를 발견하기 어렵고, 이물이 나무나 유리인 경우, 이물의 크기가 매우 작

은 경우, 여러 개 이물이 침입한 경우에는 X선검사 등으로 이물을 쉽게 발견할 수 없으나, MRI검사, CT검사 등을 시행하면 비교적 쉽게 발견할 수 있다. 안와 주변을 1-2 ㎜ 간격으로 촬영한 비조영 CT검사(축 영상(axial view)와 관상 영상(coronal view))를 사용하는 것이 초음파검사보다 안구내 이물의 위치와 크기를 측정하는데 우수하며 눈꺼풀이나 안구에 직접적인 접촉이 없다는 점에서 선호된다. 또한 MRI와 비교하면 동작음영(motion artifact)이 적고, 촬영 시간이 짧고, MRI의 경우 금속안내이물이 의심되는 경우 촬영이 어렵다는 점에서 CT가 선호된다.

2) 이물에 의한 합병증

가) 안내이물은 눈 천공상의 18-41%에서 보고되며, 90%가 금속이물이다.

나) 각막을 통해 안구 내로 이물질이 들어가는 경우가 가장 흔하고 안내이물의 65%가 후방에 위치한다. 철 성분이 들어있는 금속이물이 안구 내에 오래 있으면 안구조직에 철이 침착되어 안구 조직의 색소 변화와 변성을 일으키는 철 독성이 나타날 수 있고 임상적으로 홍채이색증, 동공 확장, 각막 색소침착, 백내장, 유리체액화, 망막변성 등이 발생할 수 있다.

다) 이물이 유리체나 망막 등의 후반부에 위치하면 철 성분이 안구 전체로 퍼질 수 있으며 독성 진행이 빠르고 예후도 좋지 않으므로 수술로 제거해야 한다.

참고문헌

이동필, 정혜승, 이정선, 유현정. 2013년 주요 의료판결 분석. 의료법학 2014;15:263-302.

Ⅱ. 외상 후 생긴 유리체출혈로 수술했으나 망막박리되어 안구가 위축된 21개월 남아

1. 사건번호

ㅇㅇ지방법원 2008. 11. 19. 선고 2005가합15679 판결

2. 소송 결과

가. ㅇㅇ지방법원: 원고 일부 승(책임제한 50%)

3. 원고와 피고

가. 원고: 21개월 남아, 환아의 부모
나. 피고: A병원 재단법인

4. 사건 요약

가. 2005. 2. 26. 19:00 환아가 철사로 된 머리띠를 가지고 놀다 머리띠가 튕기면서 우안을 찔러 출혈이 생겨 20:53 피고 A병원 응급실에 내원하였다. 내원 당시 우안 각막열상과 홍채 끼임이 생기고, 방수 누출로 인해 전방 깊이가 얕아졌고, 출혈로 인해 수정체, 유리체가 보이지 않았다. 피고 병원 전공의가 우안 각막열상 및 우안 외상성 전방출혈로 진단하고, 2005. 2. 27. 07:00경 전신 마취 후 우안 각막열상봉합술 및 탈출되어 괴사된 홍채 조직을 제거하는 수술을 실시하였다. 수술 당시 전방의 다량의 혈액 응괴는 제거하지 못하였다.

나. 2005. 2. 28. 08:00경 찢어진 각막봉합 상태는 양호하였으나, 전방의 다량의 혈액 응괴로 인해 안저는 보이지 않았다. 피고 병원 의료진은 수술 부위에 항생제인 반코마이신과 포텀을 1시간마다 교대로 점안하고, 아트로핀을 1일 2회씩 점안하였다.

다. 3. 2. 우안 전방이 깊게 유지되고 혈액 응괴는 이전보다 감소하였으나 아직 전방이 뿌옇게 관찰되어 유리체 등의 관찰이 곤란하였다. 수술 후 6일째인 2005. 3. 5. 우안 전방 상태가 좀 더 깨끗해지고, 혈액 응괴가 감소하자, 안저검사를 실시하였는데, 가벼운 망막부종 소견을 보이는 등 상태가 호전되자, 퇴원 후 외래 진료를 하기로 하였다.

라. 수술 후 9일째인 2005. 3. 8. 피고 병원 초음파검사에서 우안 유리체가 혼탁하였으며, 망막이 편평하여 망막박리가 없는 것으로 판단되었다.

마. 2005. 3. 11. 및 3. 16. 피고 병원에 내원하였는데, 안저검사 또는 초음파검사를 실시하지 않았으며, 항생제 및 아트로핀을 점안하였다.

바. 수술 후 23일째인 2005. 3. 22. 초음파검사에서 우안 망막박리가 보여 B대학병원으로 의뢰되었고, 3. 23. 위 병원에 전원되었다.

사. B대학병원 의료진은 2005. 3. 23. 유리체출혈 및 이로 인한 외상 견인망막박리로 진단하고, 3. 31. 유리체절제술, 수정체흡입술 및 견인성 망막제거술, 각막 부분의 봉합사 제거술을 실시하였는데, 우안 중심에서 귀쪽으로 천공된 망막이 뭉쳐진 상태로 있어 이 부분의 망막은 제거하지 못하였다.

아. 이후 2005. 4. 4. B대학병원을 퇴원하였으며, 우안은 영구 실명되었고, 사시 및 안구 위축을 보이고 있다.

5. 원고와 피고의 주장

가. 원고의 주장

1) 내원 당시 각막열상 및 전방출혈만 진단하고 안저검사를 실시하여 유리체 및 망막을 확인하여야 하는데 의료진이 안저검사를 하지 않아 견인망막박리가 진행했다.

2) 2005. 3. 8. 초음파검사를 통하여 우안 유리체혼탁이 발견되었고 이후 견인망막박리가 발생할 가능성에 대비하여 면밀히 관찰하여 수상 후 2주 내 유리체절제술을 시행해야 함에도 불구하고 검사를 소홀히 하여 수술 시기를 놓치게 되었다.

3) 내원 당시 피고 병원에 유리체절제술 등을 시행할 안과 전문의가 없었다면, 즉시 안과 전문의가 있는 병원으로 전원했어야 했다.

나. 피고의 주장

1) 각막열상 및 전방출혈로 인하여 안저검사가 불가능한 상황이었다.

2) 모든 안천공상에서 2주 내 유리체절제술을 해야 하는 것은 아니다.

3) 내원 당시 각막열상으로 인한 저안압 상태였기에 응급으로 일차 각막봉합술이 필요한 상황이었고 즉시 유리체절제술이 필요하여 망막 전문의에게 전원해야 하는 상황은 아니었다.

6. 사건의 쟁점

가. 수술 전 검사 상의 과실 여부

1) 피고 병원 내원 당시 동공을 확대한 후 안저검사를 하여 유리체 및 망막의 이상 유무

를 확인하여야 함에도 안저검사를 하지 않고 각막열상과 전방출혈만 진단하고 각막봉합술을 시행한 과실이 있다고 주장한다.

2) 그러나 외상으로 인한 전방출혈로 인하여 수정체를 비롯한 유리체, 망막이 가려져 안저검사를 해도 안저를 보기 힘들었다. 또한 각막봉합술 시행과 동반하여 전방세척을 시행할 수도 있지만 이 경우 전방출혈을 제거하기 위한 전방세척은 안압이 너무 높거나 각막혈액침착(corneal blood staining), 커다란 혈액응괴가 10일 이상 지속될 경우 시행하며, 무리하게 전방세척 등의 조치를 취할 경우 오히려 눈에 부가적인 손상을 가할 수 있다. 안저검사 여부와 상관 없이 우측 각막과 홍채 사이 방수 누출로 인해 전방 깊이가 얕아져 안압이 낮은 상태이므로 응급으로 일차 각막봉합술을 실시하여 전방과 안압을 유지하는 것이 불가피하였고 성공적으로 시행되었다. 수술 후 6일째인 2005. 3. 5. 안저검사 결과 가벼운 망막부종 소견을 보이는 등 상태가 호전되었으므로 내원 즉시 안저검사를 하지 아니하고, 응급 각막봉합술을 한 뒤 혈액응괴가 줄기를 기다려 안저검사를 한 점에 대해서는 과실을 찾기 어렵다.

나. 경과 관찰 상의 과실 여부

1) 원고는 피고 병원 의료진이 2005. 3. 8. 초음파검사를 통하여 우안 유리체가 혼탁한 사실을 발견하였으므로 유리체출혈의 경우 견인망막박리가 발생할 가능성에 대비하여 면밀히 관찰하여 수상 후 2주 내 유리체절제술을 시행하여야 함에도 불구하고 검사를 소홀히 하여 유리체절제술의 시기를 놓치게 한 과실이 있다고 주장한다.

2) 수술 후 9일째인 3. 8. 초음파검사 결과 우안 유리체가 혼탁하였는데 이는 유리체출혈을 의심할 수 있는 소견이다. 유리체출혈의 경우 혈액 내 여러 가지 싸이토카인 등이 포함되는데 이러한 정상치유 반응에 의해 세포 증식과 증식조직의 수축이 생겨 견인망막박리가 생길 가능성이 있다. 유리체절제술은 세포증식과 관련이 깊은 유리체출혈을 포함한 매체혼탁을 제거하고, 장차 세포증식의 지주대가 될 창상 부위의 유리체 및 유리체 뒷면을 제거하여, 망막박리 발생을 예방 및 치료하는 수술이다. 유리체출혈을 동반한 안천공상의 경우 수상 후 2주 이내 유리체절제술을 하면 안내 섬유막 증식과 유리체 망막견인을 줄여 견인망막박리의 빈도를 감소시킬 수 있다는 보고가 있다. 피고 병원 의료진은 수술 후 23일째인 2005. 3. 22 초음파검사 상 우안 망막박리를 발견하고 전원하였다. 전원 후 유리체절제술 등을 하였는데, 수술 당시 귀쪽으로 천공된 망막이 뭉쳐진 상태로 있어 이전에 망막박리가 발생하였을 가능성이 있다. 따라서 피고 병원 의료진은 적어도 유리체 혼탁을 발견한 2005. 3. 8. 이후부터는 유리체출혈에 의한 망막박리가 발생할 가능성을 염두에 두고, 보다 면밀한 관찰을 행하여야 할 의무가 있다고 할 것인데 이를 게을리하여 우안 망막박리를 뒤늦게 발견한 과실이 있다.

다. 전원의무 위반 여부

내원 당시 각막열상과 전방출혈만 확인되었고 이후 초음파검사에서도 유리체출혈 외 망막박리 등 유리체절제술이 필요하거나 즉시 망막 전문의에게 전원할 상황이 아닌 것으로 판단된다. 따라서 내원 당시 피고에게 전원의무가 있었다고 보기 어려우므로 이 부분 주장은 이유 없다.

라. 책임제한

피고 병원 의료진이 내원 다음 날 실시한 우안 각막봉합술은 안압을 유지하고 안내염 등 세균감염을 예방하는 데 적절한 수술이었고, 수술 이후에도 항생제인 반코마이신과 포텀을 점안하는 등 조치를 취한 사실, 피고 병원 의료진이 망막박리 증상을 조기에 발견하여 유리체절제술을 시행하였더라도 우안 시력이 어느 정도 회복될 수 있었을지 알 수 없는 사실 등이 인정되어, 이와 같은 사실을 피고가 배상하여야 할 손해액을 산정함에 있어 참작하여 피고의 책임범위를 50%로 제한한다.

7. 손해배상의 범위

가. 일실수입: 53,560,287원

1) 성별: 남자, 사고 당시 연령: 1세 9개월, 기대여명: 72.27년

2) 가동연한 및 월 가동일수: 원고가 성인이 된 후 군복무를 마치고 만 22세가 되는 2025. 4. 28.부터 가동종료일인 만 60세가 되는 2063. 4. 27.까지 456개월

3) 월 소득 1,397,660원(1일 보통인부노임 63,530원 × 22일)

4) 노동능력상실률: 24%

나. 향후 치료비

1) 의안수술비: 4,406,697원

가) 의안수술비: 1회당 300만원

나) 원고가 성장함에 따라 의안 크기의 증가가 필요한데, 만 20세에 1회 교체 필요

2) 경과 관찰비: 3,596,673원

가) 1회 안과 진료 시 3만원의 진료비가 소요된다.

나) 원고가 A대학병원을 퇴원한 날인 2005. 4. 4.에서 3개월 지난 7. 4.부터 여명종료일인 2075. 8. 3.까지 매 3개월 간격으로 지출하는 것으로 본다.

30,781,828원=(일실수입 53,560,287원 + 의안수술비 4,406,697원 + 경과관찰비 3,596,673원) × 0.5

다. 위자료: 환아 800만원, 부모 각 200만원

총 42,781,828원

8. 사건의 해석

가. 이 사건은 21개월 남아가 사고로 우안 수상 후 각막열상 및 홍채탈출, 전방출혈 진단 하에 응급으로 일차 각막봉합술 및 홍채절제술 후 견인망막박리가 발생하여 전원 후 유리체절제술을 하였으나 증식유리체망막병증이 심하여 결국 실명하였고 안구가 위축되어 치료 및 경과관찰 도중의 과실을 이유로 소송을 제기한 경우이다. 견인망막박리를 늦게 진단한 과실이 인정되어 50%의 책임제한으로 손해배상을 했다.

나. 우안 각막열상, 홍채탈출, 전방출혈로 응급으로 일차 각막봉합술을 시행한 후 전방출혈이 흡수되기까지 기다린 것에는 과실은 없었다.

다. 수술 후 6일 째 시행한 초음파검사에서 유리체출혈이 의심되었는데 그 때 외상으로 인해 뒤늦게 망막박리가 생길 가능성에 대해 주의를 주고 수술도 할 수 있음을 설명하는 과정이 필요하겠다. 환아의 나이가 어리고 안저검사에 어려움이 있을 것이라 예상되므로 초음파검사를 성인에 비해 자주 시행하면서 합병증이 생기지 않는지 세밀하게 관찰하였다면 망막박리를 조기에 발견할 수 있었을 것으로 예상된다.

라. 그러나 21개월 소아에서 수술 후 6일째와 3일 후 같은 검사를 반복하면서 3일 만에 환자에게 진정제 투여를 한 뒤, 이상 소견이 보이지 않았는데 짧은 간격으로 진정치료가 필요한 검사를 또 한다는 것이 보호자에게 부담스러울 것을 알아서 의료진이 2주의 간격을 뒀을 것이라고 짐작된다.

마. 소아에서 외상으로 인한 견인망막박리의 경우 제때 발견해서 수술해도 증식유리체망막병증이 발생하는 경우가 흔해 시력예후가 나빠 최종시력이 달라졌을지 의문스럽다. 더욱이 각막열상 봉합술 후 각막혼탁이 생겨 약시치료를 충분히 해도 최종시력이 좋기 힘들다. 그러나 이런 의학적인 관점은 판결에서 전혀 고려되지 않았다. 의료진이 수술 9일째 검사 후 2주 뒤 초음파검사를 한 것이 시력저하에 대해 책임이 50%나 된다고 판결한 것은 과도하다.

9. 같은 일이 다시 일어나지 않으려면

가. 외상으로 인한 안구 손상

1) 각막열상, 홍채끼임, 홍채해리, 전방출혈, 외상백내장, 유리체출혈, 망막열공 및 박리, 맥락막파열, 망막진탕(retinal confusion berlin's edema), 망막하출혈 등 다양한 질환

이 발생할 수 있다. 특히 외상으로 인한 안구 손상은 출혈이나 부종 등 정확한 안과 검진이 쉽지 않기 때문에 항상 주의하며 2차 합병증이 발생할 있음을 염두에 두고 적절한 시기에 필요한 검사를 해야 한다.

2) 이 사건과 같이 전방출혈이 있거나 각막손상 및 부종, 유리체출혈, 또는 백내장 등 매체 혼탁이 동반되어 있을 때는 안저검사가 불가능하므로 내원 즉시 안구 초음파검사를 하여 망막박리 또는 망막하출혈 등의 가능성은 없는지 확인해야 한다. 내원 당시 그러한 소견이 관찰 되지 않았더라도 매체혼탁이 호전되어 안저검진이 가능할 때까지는 초음파검사를 주기적으로 하여 외상으로 인한 2차 합병증의 발생을 조기 진단하고 적절한 시기에 치료해야 한다.

나. 진료적 설명의무와 지도 설명의무

1) 의사의 설명의무는 환자의 동의 여부의 대상이 되는 사항에 한하는 것은 아니다. 설명의무는 환자에게 진단 결과와 처치방법, 효과를 설명하는 고지 의무, 환자가 준수하여야 할 지도의무로 나눌 수 있다.

2) 진료행위로서의 설명

가) 의사에게 의료상 요구되는 주의의무의 일환으로 행하는 설명을 의미하는 것으로 진료적 설명 혹은 안전설명이라고 표현된다.

나) 진료적 설명이 의료행위에서 요구되는 이유는 의사의 진료적 설명을 통하여 환자가 자신의 건강상태를 정확히 이해하고 건강상태 향상을 위하여 어떻게 행동하여야 하는가를 인식하여 질병의 진행을 방치하는 것보다 침습적 의료행위에 수반되는 위험을 감수하는 것이 더 환자에게 유리하다는 것을 이해시키는데 있다.

다) 반복적으로 같은 검사를 받아야 하고 검사를 위해 진정치료가 필요한 소아에서 이러한 설명은 필수적이다. 검사를 통해 의료진이 얻고자 하는 효과를 명확히 설명해야 한다.

3) 초음파검사는 망막박리 여부를 빨리 찾아내어 빨리 처치할 수 있고, 시력예후에 도움이 될 수 있으나, 이미 환자 상태가 시력 호전에 제한이 있음을 명확히 하고, 제때 발견하여 수술하더라도 소아의 경우 합병증의 위험이 높다는 것 또한 충분히 설명해주어야 한다.

4) 이러한 모든 설명은 환자가 이해할 수 있게 환자 및 보호자의 지능, 학력의 수준에 맞게 충분히 이해할 수 있도록 설명하여야 한다.

5) 설명의 형식은 단계적으로 접근하는 것이 좋다. 의사가 환자에게 우선 필요한 기본적인 정보를 설명하고 구체적인 부분에 대하여 환자의 질문에 따라 설명하는데, 첫째 단계에서는 의사가 보통 의학지식이나 의료기술에 문외한인 환자가 이해하기 용이한 문장으로 예상되는 의료행위와 그 위험에 대한 기본적인 정보를 설명하고, 환자가 기초설명을 듣고

의심이 나거나 알고 싶은 부분을 질문할 때 설명대화를 통한다.

참고문헌

Fani S et al., Corneal laceration by sharp objects in children seven years of age and younger. Cornea 2007;26:319-23.

Feng K et al., Risk factors, anatomical, and visual outcomes of injured eyes with proliferative vitreoretinopathy: eye injury vitrectomy study. Retina 2013;33:1512-8.

Ⅲ. 각막상피결손으로 레이저광응고술을 못받다가 유리체출혈로 시력이 저하된 48세 남자

1. 사건번호

○○지방법원 2007. 3. 15. 선고 2005가단295705 판결

2. 소송 결과

청구기각(원고 패)

3. 원고와 피고

가. 원고: 48세 남자, 배우자, 아들 2명
나. 피고: A대학병원, 안과 의사

4. 사건 요약

가. 2004. 9. 25. A대학병원에서 양안 당뇨망막병증으로 진단받고 같은 날 우안 레이저범망막광응고술, 10. 1.에 양안 레이저범망막광응고술을 받았다.

나. 10. 11. 우안 이물감으로 다른 안과를 방문하여 우안 각막염 및 각막상피결손을 진단받았고, 10. 31. A대학병원에서 결막의 심한 출혈과 각막상피결손으로 레이저광응고술을 받지 못했다.

다. 이후 우안 각막혼탁, 신생혈관녹내장, 유리체출혈 등으로 광응고술 이전 0.2 내지 0.8이던 교정시력이 현재 안전수지이다.

5. 원고와 피고의 주장

가. 원고의 주장

1) 원고가 당뇨망막병증을 진단하기 위해 제대로 검사하지 않았고,

2) 원고에게 범망막광응고술을 시행하는 것이 적합하지 않은데 치료방법을 잘못 선택하였고,

3) 수술 과정에서는 시술도구 등으로 원고 각막에 손상을 가하는 등 과실을 범하였고,

4) 이러한 잘못된 시술로 인하여 우안 시력이 실명에 가까운 정도로 악화된 상해를 입었으므로 재산상, 정신적 손해를 배상할 의무가 있다.

6. 사건의 쟁점

가. 검사를 소홀히 한 잘못이 있는가?

원고는 의사가 해야 할 검사가 구체적으로 무엇이었는지, 피고가 이러한 검사를 하지 않아 주의의무를 위반한 과실이 있었는지 주장 · 입증하여야 할 것이나, 필요한 검사를 다 하지 아니한 과실이 있다고 주장할 뿐 임상의학 분야에서 실천되는 의료행위 수준을 기준으로 할 때 피고가 할 검사가 구체적으로 무엇인지, 피고가 이러한 조치를 실제로 다하지 않았는지 하는 점에 대한 아무런 주장 · 입증을 하지 않아, 원고의 위 주장은 이유 없다.

나. 피고의 시술방법 선택이 잘못 되었나?

당뇨망막병증에 대하여는 범망막광응고술을 시행하여 손상된 망막 부분을 선택적으로 파괴하고 신생혈관 증식을 막음으로써 악화되는 것을 예방하는 것이 일반적인 치료방법인바, 원고 상태가 일반적인 경우와 달라 상기 치료에 적합하지 않다는 사실을 인정할 증거가 없으므로 범망막광응고술을 시술방법으로 선택한 것이 의사의 재량을 넘은 위법한 행위였음을 인정할 수는 없다.

다. 시술도구 등으로 각막을 손상시킨 잘못이 있는가?

1) 2004. 3. 18. 개인안과에서 이미 우안 각막상피결손 진단을 받았고 범망막광응고술을 받은 9. 25까지 위 개인안과에서 진료를 받은 사실, 마지막 수술 이후 이상 증상을 호소하지 않다가 10일 후 다른 병원을 방문하였고 당시 우안 교정시력이 0.2였던 사실 등에 비춰 의사가 각막을 손상시킨 과실이 있음을 추정할 수도 없다.

2) 레이저 치료 시 시술도구로 각막을 일부 손상시킨 사실이 인정되어도 시술 이후 당뇨망막병증을 치료하지 못하여 우안 신생혈관녹내장, 유리체출혈이 생겼고, 이와 같은 질환이 발생하는 경우 시력이 현저히 악화되거나 실명에 이르게 될 위험이 매우 높아지므로, 현재 원고 시력저하는 당뇨망막병증이 진행한 것으로, 시술행위로 인한 각막손상과 시력저하 사이에 상당인과관계가 존재한다고 단정할 수 없다.

7. 손해배상의 범위

청구기각(원고 패)

8. 사건의 해석

가. 이 사건은 당뇨망막병증으로 광응고술을 받았던 환자가 추가로 광응고술을 받아야 하나 각막상피결손이 생겨 받지 못했고, 이후 당뇨 합병증인 우안 신생혈관녹내장, 유리체 출혈이 생겨 시력이 매우 저하되어 검사와 시술의 잘못 등을 이유로 소송을 제기하였으나 기각된 경우이다.

나. 당뇨망막병증은 선진국에서 실명을 초래하는 가장 흔한 이유 중 하나이다. 광응고술 등으로 진행하는 것을 막고자 하나 항상 잘 되지는 않고, 진행하면 심각한 시력저하를 초래하므로 종종 소송의 쟁점이 되곤 한다. 실제로 이 책에 포함된 사건에서 광응고술을 20일 정도 늦게 하였고, 이 때 신생혈관과 유리체출혈이 생겨 배상한 경우도 있었다.

9. 같은 일이 다시 일어나지 않으려면

증식당뇨망막병증은 종종 의료소송의 쟁점이 될 수 있다는 점을 명심하고, 치료하지 않거나 치료하더라도 실명에 이를 수 있는 병임을 환자에게 교육하고 의무기록에 그 설명을 기재하여야 할 것이다. 또한 위 환자와 같이 각막이상 등으로 광응고술을 못한 경우 각막이 낫는 대로 추가 치료가 필요하다는 사실을 재교육하고, 의무기록에 적는 것이 필요하다.

정확한 진단과 치료를 위해 적극적으로 검사하고 여건이 되지 않을 경우 상급 의료기관으로 전원을 고려해야 한다. 의료기관의 검사 또는 치료 능력을 벗어나는 처치가 필요한 경우 즉시 상급 의료기관으로 전원해야 한다. 특히 초기 처치에 따라 예후에 중요한 영향을 미치는 질환이나 진단이나 증상이 불확실한 환자를 진료하였을 때에도 전원을 고려해야 한다. 경우에 따라 환자의 증상과 관련된 분야의 전문의나 선배 의사에게 조언을 구하는 것도 진단율과 치료 성공률을 높이는 좋은 방법이다.

Ⅳ. 비증식당뇨망막병증 치료 지연으로 실명에 이르렀다고 주장하는 당뇨황반부종이 동반된 환자

1. 사건번호

○○지방법원 2007. 6. 13 선고 2006가합42684 판결

2. 소송 결과

청구기각(원고 패)

3. 원고와 피고

가. 원고: 피고 안과의원에서 당뇨망막병증 진단 및 치료받은 환자

나. 피고: 안과 의사1

4. 사건 요약

가. 2003. 5. 22. 눈부심을 주소로 내원, 의사1이 심한 비증식당뇨망막병증, 고혈압망막병증으로 진단하고, 범망막광응고술을 시행했다. 양안 교정시력 1.0

나. 2003. 6. 4. 의사1은 추가적인 범망막광응고술 시행하지 않았으며, 이후 망막혈관촬영검사 결과 황반부종 확인되어 양안 국소레이저치료 시행

다. 2003. 7. 31. 양안 초점이 맞지 않는다고 호소, 경과 관찰, 양안 교정시력 1.0

라. 2003. 8. 7. 가끔 좌안이 안 보인다고 호소, 시야검사 정상, 양안 교정시력1.0

마. 2003. 8. 11. 좌안 부분망막정맥폐쇄 보임, 유리체출혈 없음, 교정시력 1.0/0.8

바. 2003. 8. 26. 안저검사에서 약간 진행됨, 교정시력 0.8/0.63

사. 2003. 9. 4. 황반부종, 시신경 주위 망막 내 출혈 보임, 안압강하제 처방

아. 2003. 9. 8. 갑작스런 시력저하 호소, 교정시력 0.4/안전수동

자. 2003. 9. 9. A병원 전원, 심한 비증식당뇨망막병증, 고혈압망막병증, 당뇨황반부종, 고혈압으로 인한 부분망막정맥폐쇄 진단, 교정시력 0.5/0.15, 그 후 범망막광응고술, 국소레이저치료 및 트리암시놀론 주사 시행

차. 현재의 상태: 2006. 11. 30. 당뇨망막병증, 고혈압망막증 등으로 교정시력 0.05/안전수동 상태로 시력손실률은 96%/100%

5. 원고와 피고의 주장

가. 원고의 주장

1) 피고는 2003. 5. 29. 원고를 심한 비증식당뇨망막병증으로 진단하였으므로 조기치료 당뇨망막병증 연구에서 제시하는 범망막광응고술의 적응증에 해당하고, 원고가 눈 이상을 호소하고 있는데도 적기에 시행하지 않아 시력을 매우 악화시킨 과실이 있다.

2) 피고는 원고가 망막중심정맥폐쇄가 발생하기 쉬운 상태였다면 적기에 필요한 시술을 하여야 하는데도 이를 게을리하였고, 2003. 8. 11. 원고에게 정밀한 검사를 통해 허혈성인지 비허혈성인지를 가려 레이저문합술(비허혈성), 범망막광응고술(허혈성) 등 최적의 치료를 하여야 하는데도 경과 관찰만 하여 시력을 악화시켰다.

6. 사건의 쟁점

가. 비증식당뇨망막병증에 대해 적절한 치료를 하지 않았는지 여부

1) 피고는 2003. 5. 29.에 원고를 중등도 또는 심한 비증식당뇨망막병증으로 진단하였고, 그 후 원고가 이상증세를 호소하였으나 이상이 없었고, 8. 26. 안저검사 결과 당뇨망막병증이 약간 진행된 경과를 보였다.

2) 당뇨망막병증에 의한 시력손상은 주로 황반부종, 유리체출혈, 망막박리 때문인데 이런 경우 레이저치료나 수술로 심한 시력 손상을 막을 수 있어 당뇨망막병증의 진단 및 검사의 목적은 수술할 단계에 도달했는지, 레이저치료를 할 적절한 단계에 있는지, 치료시기를 놓치지 않기 위해 앞으로 어떤 간격으로 검사해야 하는지를 알아내는 데 있다.

3) 비증식당뇨망막병증이 심하거나 매우 심한 단계라면 레이저치료의 부작용(시야장애, 조기 시력저하)을 함께 고려하여 레이저를 이용한 범망막광응고술 시술 여부를 결정할 수 있는데 시술을 하지 않기로 결정했으면 2-3개월 간격으로 검사한다.

4) 이 사건 당시 황반부종의 표준적 치료 방침에 의하면 형광안저혈관조영에서 파악된 치료 가능한 병변을 표적으로 레이저(주로 아르곤레이저의 초록파장을 이용하여 국소 또는 격자레이저치료)를 조사하고, 첫 치료가 끝나고 3개월 안에는 치료 가능한 병변 중에서 치료를 놓친 부위가 명확하게 있지 않는 한 추가치료를 하지 않는다. 치료의 목적은 두꺼워진 망막을 회복시키거나 경성삼출물을 흡수시켜 시력손상을 막는 데 있고 시력개선의 목적이 아니므로 시력이 어느 정도 떨어질 때까지 기다리는 것은 바람직하지 않고, 황반중심이 침범되는 것을 예방할 목적으로 바로 치료할 것이 권장되었다.

5) 위 인정사실에 의하면, 피고는 중등도 또는 심한 비증식당뇨망막병증이라고 진단했고 2003. 8. 26.까지는 약간 진행된 경과로 범망막광응고술 시행 여부는 의사의 재량범위

내에 있어 범망막광응고술을 시행하지 않아 과실이 있다고 보기 어렵고, 망막혈관촬영검사에서 황반부종이 확인되자 황반중심이 침범되는 것을 예방하기 위하여 바로 국소레이저치료를 시행하고 추가치료가 원칙적으로 금지되는 기간 동안 레이저 시술 없이 지켜본 것이므로 과실이 있다고 보기 어렵다.

나. 망막중심정맥폐쇄에 대해 적절한 치료를 하지 않았다는 부분

1) 피고는 2003. 8. 11. 원고를 검진하고 좌안 비허혈성 망막중심정맥폐쇄로 진단하였다.

2) 망막중심정맥폐쇄의 발생에 가장 연관이 깊은 전신질환은 고혈압이고, 대부분에서 심혈관질환, 당뇨를 동반하기는 하나, 위 전신질환에 대한 치료와 망막중심정맥폐쇄의 발생 예방과의 관련성은 밝혀진 것이 없고, 병의 진행을 예측하여 예방할 수 있는가에 대해서도 회의적이다.

3) 망막중심정맥폐쇄의 치료에서 가장 중요한 것은 허혈성(완전)과 비허혈성(부분)을 정확히 구분하여 진단하는 것이다. 비허혈성은 대부분 증상이 경미하고 시력예후도 비교적 좋으나, 허혈성은 지속적인 황반부종과 허혈로 시력저하가 심하고 회복이 힘든 경우가 많다. 비허혈성에서는 높은 강도 레이저로 망막순환과 맥락막순환 사이에 혈관문합을 만드는 치료(레이저문합술)로 폐쇄 부위에서 정맥유출로로 우회시키는 것이 유리할 수 있으나, 레이저치료 부위의 섬유 증식이나 정맥파열 혹은 맥락막정맥에서의 출혈 등의 위험이 높다. 현재까지 많은 치료법이 소개되었으나 아직 만족할 만한 치료법은 없다.

4) 위 인정사실에 앞서 기초사실에서 인정한 사실을 종합하면, 원고가 10년 전부터 앓아온 당뇨와 고혈압이 망막중심정맥폐쇄의 발생에 가장 중요한 전신질환이기는 하나, 현재의 임상의학의 수준을 고려할 때 아직까지는 망막중심정맥폐쇄의 진행을 미리 예측하기 어려우므로 피고가 원고를 치료하면서 망막중심정맥폐쇄를 예방하지 못하였다고 하여 이에 과실이 있다고 보기 어렵고, 원고는 2003. 8. 11. 비허혈성(부분) 망막중심정맥폐쇄 진단 시부터 9. 9. 타 병원 전원 시까지 레이저문합술이 치료방법으로 검토되기도 하나, 시술에 따르는 위험성이 존재하고, 그 밖에 아직까지 만족할 만한 치료법이 없다는 점에서 피고가 단순히 경과를 관찰하면서 레이저문합술 등의 치료를 시도하지 않았다고 하여 이를 과실이라고 추정할 수 없다.

7. 손해배상의 범위

청구기각(원고 패)

8. 사건의 해석

가. 이 사건은 진단 당시 심한 비증식당뇨망막병증 단계의 환자를 경과 관찰하다가 양안 당뇨황반부종이 발생하고 비슷한 시기에 좌안 망막중심정맥폐쇄가 동반되어 이후 범망막레이저광응고술, 유리체내 스테로이드 주사 등의 치료를 하였으나 좌안 시력이 안전수동으로 떨어져 의사를 상대로 당뇨망막병증과 망막중심정맥폐쇄에 대한 치료가 적절하지 못했다는 이유로 소송을 제기하였으나 기각된 경우이다.

나. 당뇨망막병증에서 시력을 위협하는 중요한 합병증은 크게 두 가지인데 첫째는 증식당뇨망막병증이고, 둘째는 당뇨황반부종이다. 원고는 증식당뇨망막병증은 아니었지만 양안 당뇨황반부종이 생겨 국소 레이저치료를 받고 이후 좌안 시력저하가 심해져 나중에 좌안 망막중심정맥폐쇄로 진단 후 타 병원 전원 후 치료하였으나 결국 시력은 안전수동으로 떨어졌다. 당뇨망막병증이 있는 환자들은 당뇨 이외에도 고혈압, 고지혈증, 심혈관계 질환 등을 동반하는 경우가 많고, 당뇨망막병증과 함께 고혈압망막병증, 망막분지정맥폐쇄, 망막중심정맥폐쇄 등의 혈관 질환이 동반되는 경우가 드물지 않다. 이 경우 시력예후는 더욱 나빠지므로 안저검사 시 망막 정맥과 동맥 두께나 구불거림(tortuosity), 동정맥 교차(arteriovenous crossing) 소견, 시신경 주위 출혈 유무, 당뇨망막병증의 병기에 맞지 않은 망막 내 출혈 소견 등을 근거로 다른 혈관 질환이 동반되었는지 감별할 수 있다. 형광안저촬영이 가능하다면 미세혈관류나 신생혈관 유무, 비관류 지역 등을 확인하는 것뿐 아니라 동정맥 통과 시간이 지연되어 있지는 않은지 확인함으로써 다른 질환의 동반 유무를 감별할 수 있다.

다. 이 사건이 발생한 시점은 2003년이다. 당시 치료 기준에 비춰 보면 치료과정에서 잘못된 점을 찾기는 어렵다. 다만 당뇨망막병증을 앓고 있는 환자에서 다른 혈관질환(망막분지정맥폐쇄, 망막중심정맥폐쇄, 고혈압망막병증, 거대망막류 등)이 발생할 수 있다는 점을 소홀히 한 점을 들 수 있지만 설사 염두에 두었더라도 위 혈관질환을 미리 예방할 수 있는 방법은 없으므로 과실을 묻기는 어렵다.

9. 같은 일이 다시 일어나지 않으려면

가. 비허혈 망막중심정맥폐쇄로 진단하였지만 이 중 약 30%에서는 추후 허혈 망막중심정맥폐쇄로 진행할 수 있다는 보고가 있다. 따라서 환자에게 당뇨 외 다른 동반 질환이 있다면 이에 대해 주의시키고 내과 치료를 보다 철저히 받을 것을 권유하며 당뇨망막병증과 동반하여 다른 질환이 언제든지 동반될 수 있음을 설명하고 의무기록에 이를 기록으로 남기면 추후에 다른 일이 발생하더라도 법적으로 큰 문제가 되지 않을 것이라 생각된다.

나. 현재 사건이 일어난 시점보다 10년 이상 경과하여 망막영역에서는 여러 대규모 임상시험 결과가 보고되었고, 당뇨망막병증으로 인한 황반부종과 망막혈관질환(분지 및 중심정맥폐쇄)으로 인한 황반부종에 대한 진단 및 치료방침이 많이 바뀌었다. 치료에 대한 최신 지견과 변경된 표준 치료방법을 주지하는 것이 시력 호전을 도모하고 치료 과실에 대한 의료 소송을 예방하는 길일 것이다.

참고문헌

Retina today (http://retinatoday.com/): Ranibizumab expanding horizons in retinal vein occlusion management retinatoday.com/pdfs/0315_supp4.pdf

Ⅴ. 좌안 유리체절제술 후 지연성 맥락막상강출혈로 시력저하 된 환자

1. 사건번호

○○지방법원 2011. 12. 13. 선고 2011가합14016 판결

2. 소송 결과

원고 일부 승(위자료)

3. 원고와 피고

가. 원고: 6회 좌안 수술을 받은 환자, 처, 자녀 2명
나. 피고: A병원 재단법인, A병원 안과 의사1

4. 사건 요약

가. 원고는 피고 병원에서 수술 받기 전 1995년경 심한 고도근시로 라식수술, 양안 수정체제거술을 받고, 인공수정체를 삽입하지 않아 양안 무수정체안이다.

나. 2007. 2. 24. 피고 병원에서 좌안 열공망막박리로 좌안 공막돌융술과 냉응고술을 받고, 3. 7. 좌안 시력 0.3이었다. 4. 9. 좌안 열공망막박리가 재발되어 4. 11. 좌안 유리체절제술, 가스주입술, 막제거술, 안내광응고술을 받고 6. 22. 좌안 시력이 0.2로 회복되었다.

다. 수술 3달 후 원고가 변시증을 호소하여, 좌안 황반전막을 확인하고 2007. 10. 11. 좌안 유리체절제술, 황반전막 제거술, 내경계막 제거술을 받았다. 수술 다음 날 좌안 안압은 12mmHg, 전막 제거 당시 생긴 유리체출혈로 망막이 흐릿하게 보였다.

라. 수술 1일 후 오후 5시경 두통, 수술 2일 후 오전 7시경 감기증상, 수술 3일 후 오후 6시경 속이 메슥거리는 증상, 밤 11시경 갑작스런 안통을 호소하여 좌안 안압 51mmHg로 측정되어 안압하강제(글리세롤)을 투여하였다. 수술 4일 후 초음파검사 상 유리체출혈 증가와 맥락막박리를 확인하고 좌안 맥락막상강출혈(suprachoroidal hemorrhage)이 발생하였다고 추정하여 오후 5시경 응급으로 국소마취 하에 전방세척술을 하였다.

마. 수술 5일 후 좌안 안압이 12mmHg, 망막하출혈이 전체적으로 있고, 새로운 망막열공이 생겨 엎드린 자세를 유지하고 안압하강제와 스테로이드 등을 투여하였다.

바. 수술 8일 후(2007. 10. 19) 공막을 절개하여 상공막출혈과 맥락막출혈을 배출시키

고, 유리체절제술과 실리콘 기름 2.5cc를 주입하였다. 그 후 좌안 통증이 줄고 안압이 호전되어 10. 25. 퇴원하였다.

사. 2007. 11. 5. 시력은 광각무, 안압은 9mmHg, 초음파검사에서 유리체출혈과 맥락막박리로 인해 망막이 접촉된 것(funnel-shape)이 발견되었다. 11. 7. 전방세척술, 실리콘 기름 제거술, 상공막출혈과 맥락막출혈 배액술, 유리체절체술을 받았다. 12. 5. 외래진료 당시 시력은 광각무, 안압은 3mmHg이며, 각막은 혈액으로 착색되어 안저가 보이지 않았다. 이후 좌안 안구위축으로 2009. 3. 12. 다른 병원에서 좌안 적출 후 의안삽입술을 받았다.

5. 원고와 피고의 주장

가. 원고의 주장

1) 피고는 좌안 망막전막에 대한 수술 중 과실로 맥락막을 손상시켜 맥락막상강출혈을 발생시켰고 이후 맥락막상강출혈에 대한 적절한 조치를 취하지 않아 상태를 악화시켰다.

2) 피고는 원고에게 수술 중 맥락막상강출혈이 생길 위험을 설명하지 않았다.

6. 사건의 쟁점

가. 진료 상 과실 유무에 대한 판단

1) 수술로 맥락막상강출혈을 발생시킨 과실 유무

① 안내수술 중 맥락막상강출혈이 발생하면 수술 중 안내출혈, 안구내용물의 손실, 망막박리 등이 발생하는데, 수술 도중 그런 일이 발생하지 않았고, ② 맥락막상강출혈이 발생하면 안구내용물이 흘러나오지 않도록 수술절개 부위를 봉합하고 방수생성억제 약제 등을 정맥 내 주사하는 등의 조치를 취해야 함에도 불구하고 그러한 조치를 취했다는 기록이 없고, ③ 수술 다음 날 좌안 안압이 정상범위 내였고, 수술 도중 맥락막상강출혈이 발생하였다면 다음 날 측정한 안압이 그보다 훨씬 높았을 것이고, ④ 맥락막상강출혈 증상으로 심한 급성 안통과 시력저하 및 안압상승 등이 있는데, 수술 2일 후 상기 증상이 발생하였다는 점, ⑤ 맥락막상강출혈의 정확한 원인이 밝혀져 있지 않고, 위험인자로 무수정체안, 고도근시, 고혈압, 고령 등이 있는데, 원고는 맥락막상강출혈이 발생할 가능성이 원래부터 높았던 점 등에 비추어 볼 때, 수술 후 불상의 원인으로 발생한 지연성 맥락막상강출혈에 해당되므로, 피고에게 수술 중 맥락막을 손상시켜 맥락막상강출혈을 발생시킨 과실이 있다고 보기 어렵다.

2) 맥락막상강출혈에 대한 적절한 조치를 취하지 않은 과실 유무

① 맥락막상강출혈은 수술 이후 발생한 것이므로 수술 당시 조치를 취할 필요가 없었고, ② 지연성 맥락막상강출혈의 경우 응고된 혈액이 용혈될 때까지 통상적으로 7-10일 후 배액술을 하는 것이 일반적인데, 원고의 경우 수술 후 바로 지연성 맥락막상강출혈이 발생했더라도 그로부터 10일 이내에 공막을 절개하여 맥락막출혈을 배출시켰을 뿐 아니라 그때까지 안압하강 약물투여 등의 보존적 조치를 계속 하였고, 2007. 11. 7. 다시 맥락막출혈을 배출시키기 위한 수술을 하였던 점, ③ 지연성 맥락막상강출혈의 경우 치료에도 불구하고 예후가 매우 불량하여 실명되었다는 사정만 가지고 맥락막상강출혈에 대한 적절한 조치를 취하지 않았다고 보기 어려운 점 등에 비춰 과실이 있다고 보기 어렵다.

나. 설명의무 위반 여부

1) 설명의무는 그 의료행위에 따르는 후유증이나 부작용 등의 발생가능성이 희소하다는 사정만으로 면제될 수 없으며, 후유증이나 부작용이 치료행위에 전형적으로 발생하는 위험이거나 회복할 수 없는 중대한 경우에는 발생가능성이 희소하더라도 설명 대상이 되며, 의사가 시술 전 환자 상태 및 시술로 인한 중대한 합병증이 발생할 가능성 정도와 예방가능성 등에 관하여 구체적인 설명을 하지 아니하였다면 설명의무를 다하였다고 할 수 없다(대법원 2004. 10. 28. 선고 2002다45185 판결 등 참조).

2) 맥락막상강출혈은 예후가 매우 불량하여 회복할 수 없는 치명적 결과를 초래할 가능성이 높고, 원고는 처음부터 무수정체안이나 고도근시 등 맥락막상강출혈의 위험인자를 가지고 있었으므로, 수술 전 수술 합병증으로 수술 중이나 이후 맥락막상강출혈이 발생할 가능성을 원고와 가족에게 설명할 의무가 있다.

3) 원고와 가족이 수술로 인한 합병증으로 맥락막상강출혈 발생 위험성에 관하여 충분한 설명을 듣지 못함으로써 수술을 받을 것인지 여부에 대한 선택의 기회를 잃고 자기결정권을 행사할 수 없었더라도, 수술 과정이나 조치를 취하는 과정에서 진료상 과실이 인정되지 아니하고, 수술이 최선의 조치에 해당하는 것으로 보여, 설사 원고와 그 가족에게 수술 합병증으로 맥락막상강출혈 발생 가능성에 대하여 설명의무를 다했더라도 원고와 가족이 수술을 거부하였을 것이라고 보이지는 않으므로, 피고의 손해배상책임은 설명의무 위반으로 인하여 자기결정권을 행사할 수 없게 됨에 따른 원고의 정신적 손해에 대한 위자료로 한정된다 할 것이다.

7. 손해배상의 범위

가. 위자료: 원고 600만원, 처 300만원, 원고 두 자녀 각 150만원

8. 사건의 해석

가. 이 사건은 이전 라식수술, 백내장수술 후 무수정체안, 망막박리로 공막돌융술을 받은 후 재발하여 유리체절제술 등 여러 번 망막수술을 받았던 고도근시 환자가 망막전막이 발생하여 다시 유리체절제술을 받은 후 지연성 맥락막상강출혈이 발생하여 조치하였으나 결국엔 실명한 후 안구위축으로 안구적출술을 받은 경우이다. 환자는 수술 중 과실로 인해 맥락막상강출혈이 발생하였고 이후 이에 대한 조치가 적절하지 않았으며 수술 전 맥락막상강출혈에 대한 설명을 듣지 못하였다는 이유로 소송을 제기하였으나 합병증 없이 수술을 마쳤고 며칠 뒤 맥락막상강출혈이 생겨 신속히 진단하고 적절히 치료한 것으로 인정되어 의료진 과실은 없는 것으로 판결되었다.

나. 맥락막박리 및 출혈

1) 맥락막박리

맥락막박리나 출혈은 주로 맥락막상강(suprachoroid)에서 생긴다. 장액맥락막박리는 종종 공막에 외부 물질을 덧댈 때 정맥 배출이 저하되거나 유리체절제술 중 관류액이 맥락막상강으로 들어가 발생한다.

유리체절제술 중 발생한 맥락막박리는 대부분 술후 2주 이내 저절로 소실된다. 그러나 맥락막박리가 매우 심하여 망막이 반대편 망막과 닿을 정도가 되거나(kissing choroid) 전방각이 매우 얕아져 이차 폐쇄각녹내장이나 각막 홍채/수정체 접촉이 발생할 정도가 되면 각막윤부 3-4 ㎜ 뒤에 공막 절개를 만들거나 기존의 공막절개부를 이용하여 맥락막상강액을 배출시킨다.

2) 맥락막상강출혈

맥락막상강출혈은 수술 중 안압이 너무 낮거나 저안압 상태에서 바늘이 공막을 통과하며 맥락막을 천공시켰을 때 생긴다. 맥락막상강출혈의 출혈량이 적으면 일단 수술을 중단하고 수술부위를 봉합한다. 만일 출혈이 심하면, 수술기구를 안구에서 빼지 말고 유지시킨 채, 액체실리콘기름교환술을 한다. 맥락막상강출혈은 술후 1-2주 사이에 혈액이 액화된 뒤 수술하는데, 적응증으로는 안압이 상승하여 망막중심동맥의 혈류를 방해하거나 황반을 침범하거나 전체 맥락막의 1/3 이상을 포함할 때, 2차 녹내장이나 전안부 합병증을 유발할 때 등이다. 수술방법은 장액맥락막박리와 비슷하지만 공막절개를 맥락막이 가장 높게 상승한 부위에서 만든다.

다. 이 사건에서 과실은 인정되지 않았으나 설명의무 위반으로 인한 환자의 정신적 손해에 대한 위자료는 인정되었다. 원고는 심한 고도근시이고, 이전 여러 번 수술을 받았고 망막박리로 공막돌융술 및 유리체절제술을 반복해서 받은 등 맥락막상강출혈이 발생하기 쉬운 위험인자를 가졌으므로 수술 전 맥락막상강출혈 발생 가능성이 매우 드물지만 위험성이 있다고 수술 전 설명하고 기록하였으면 위자료 청구를 피할 가능성이 생기지 않았을까 생각된다.

9. 같은 일이 다시 일어나지 않으려면

맥락막상강출혈은 수술 중이나 이후 생길 수 있는 심각한 합병증으로 발생빈도가 매우 낮다. 정확한 발생원인은 밝혀져 있지 않지만 노령, 고도근시, 고혈압과 동맥경화증이 동반된 환자, 수술 시 갑작스런 저안압, 여러 번의 안내수술 또는 공막돌융술 등이 위험인자이다.

맥락막상강출혈 발생을 막기 위한 특별한 방법은 없다. 단지 위험인자를 가진 환자는 수술 전 설명하고 수술 중 갑자기 저안압에 빠지지 않도록 주의하는 것이 합병증을 예방하는 길일 것이다.

설명의무 위반은 모든 의료 소송에서 항상 거론되는 점임을 인지하고 사소한 것이라도 의무기록지에 꼭 남기는 습관을 들이는 것이 모든 의료 소송에 대한 중요한 예방책이다.

Ⅵ. 경정맥 세프트리악손 부작용으로 폐쇄망막혈관염이 생긴 여자

1. 사건번호

○○지방법원 2013. 8. 13. 선고 2013가합50775 판결

2. 소송 결과

원고 일부 승(책임제한 70%)

3. 원고와 피고

가. 원고: 환자, 남편, 자녀 1명
나. 피고: A의료원

4. 사건 요약

가. 원고는 1995. 4. 21.부터 6주간 양측 경골의 급성 골수염으로 항생제 치료를 받았고, 1998. 6. 3. 좌측 경골의 골수염이 재발하여 5주간 항생제 치료를 받았다.

나. 2010. 2. 4. 좌측 하퇴부 통증을 호소하면서 피고 병원에 다시 내원하였는데, 좌측 경골의 만성 골수염이 의심되어 항생제인 세프트리악손(ceftriaxone)을 2. 17.부터 7차례 투여하였고, 특별한 이상반응은 없었다.

다. 2010. 2. 26. 피고 병원에서 세프트리악손 정맥주사 후 안면부종, 두드러기, 발열 증상 등이 있어 같은 날 피고 병원 응급실에 내원하였다. 응급실 초진 당시 활력징후는 경도의 고혈압 상태이고 맥박과 체온이 정상수치보다 높은 상태였고, 같은 날 23:40경 체온이 39℃까지 상승하였으나 6시간 후 36℃로 떨어졌다.

라. 피고 병원은 혈액배양검사를 하여 균 감염 여부를 확인하였고, 항히스타민제를 주사하고 수액요법을 시행하였으며, 항생제 교체 및 입원을 권유하였으나, 원고는 증상이 호전되자 입원하지 않고 귀가하였다.

마. 2010. 3. 3. 피고 병원에 내원하여 원고는 5일 전에 항생제 주사를 맞고 나서 이상 증상이 있었음을 알렸다. 의료진은 세프트리악손에 대한 피부반응검사 결과 이상이 없음을 확인하고 다시 투여하였고, 약 30분 후 전신 근육통 및 관절통이 발생하였으나 수액요법 후 증상이 완화되어 귀가하였다.

바. 2010. 3. 5. 원고는 피고 병원에 내원하여 3. 3.부터 좌안이 잘 보이지 않았다면서 피고 병원에서 안과 진료를 받았고, 안저검사상 양안 망막출혈이 관찰되었다.

사. 형광안저혈관조영술 결과 좌안 망막에 광범위한 비관류 지역이 관찰되어 폐쇄망막혈관염에 의한 것으로 판단하였고, 시신경유두에 신생혈관을 확인하였다. 피고 병원은 좌안 범망막레이저광응고술을 권유하였다. 원고는 B병원에서 진료 후 자가면역질환에 대한 전신검사와 범망막레이저광응고술을 권유받았다.

아. 2010. 5. 17. 피고 병원에서 범망막레이저응고술, 2010. 9. 16. 좌안 유리체절제술 및 실리콘기름 주입술, 2011. 3. 11. 좌안 실리콘기름 제거술을 받았다.

자. 현재 원고는 좌안 폐쇄망막혈관염, 증식유리체망막병증, 백내장으로 좌안 시력을 상실한 상태이다.

5. 원고와 피고의 주장

가. 원고의 주장: 피고 병원 2010. 2. 26. 세프트리악손에 대한 과민반응을 알고도 적절히 조치하지 않았고, 3. 5. 세프트리악손을 재투여한 과실로 인해 항생제 부작용으로 좌안 시력이 저하되었으므로 손해배상할 책임이 있다.

나. 피고의 주장: 특발성 망막혈관염이 발생한 것은 세프트리악손 부작용이 아니라 기존에 앓고 있던 만성 골수염이나 자가면역질환에 의한 것이므로, 피고의 과실과 원고의 악결과 사이에 인과관계가 없다.

6. 사건의 쟁점

가. 피고 병원 의료진의 과실과 원고의 악결과 사이의 인과관계

1) 피고 병원은 2010. 2. 26. 발생한 발적, 부종, 두드러기, 발열 등의 증상은 세프트리악손의 과민반응으로 보고 완화시키기 위한 수액공급 등의 치료를 하였던 점,

2) 피고 병원은 세프트리악손에 대한 피부반응검사에 반응이 없자 다시 세프트리악손을 투여하였는데, 세팔로스포린계 항생제에 과민반응이 있는 환자는 세프트리악손 투여 금기증에 해당하고 원고의 경우 세프트리악손 투여가 불가피한 경우에 해당하였다고 볼 수 없는 점,

3) 만성 골수염이 심하여 전신증상이 발현하는 경우 근육통, 전신발열 등의 증상이 나타날 수 있으나 만성 골수염의 주된 증상은 골수염 부위의 국소적인 통증 및 발적, 농양 형성이어서 2010. 3. 3. 원고에게 전신근육통과 관절통이 발생한 것이 원고의 만성 골수염 때문에 발생하였다고 단정하기는 어렵고, 원고는 세프트리악손 주사 직후 통증을 호소하였으

므로 원인은 항생제 부작용으로 인한 것으로 추정할 수 있는 점,

4) 특발성 망막혈관증의 주된 발생 사유는 전신자가면역질환인데 의료사고 당시 전신자가면역질환을 앓은 사실은 없고, 좌안 시력을 상실한 것은 세프트리악손의 투여에 따른 부작용으로 특발성 망막혈관증이 발생하였기 때문으로 보이고, 피고 병원이 원고의 장애가 세프트리악손 투여가 아닌 다른 원인으로 발생한 것이라는 사실을 입증하지 못하는 이상,

5) 피고 병원은 세프트리악손에 대한 과민반응이 발생하였던 원고에게 대체 항생제를 투여하는 등의 적절한 조치를 하지 않고 세프트리악손을 재투여한 과실이 있고, 피고 병원 의료진의 과실과 원고의 악결과 사이의 인과관계는 추정된다.

나. 책임제한

다만 세프트리악손 부작용에 망막출혈과 같은 부작용이나 이로 인한 시력 감소는 보고된 바가 없는 점, 피고 병원의료진이 7차례에 걸쳐 세프트리악손을 투여하였으나 어떤 이상 증상 없이 치료경과를 보였던 점 등을 고려하여 피고의 손해배상책임의 범위를 70% 정도로 제한함이 상당하다.

7. 손해배상의 범위

가. 일실수입: 도시일용노임으로 만 60세가 되는 2043. 10. 29.까지 월 22일 가동

나. 노동능력상실률

1) 좌안 시력 상실에 따른 24%의 전신노동능력상실

2) 기왕증: 50%

3) 기왕증을 고려한 노동능력상실률: 12%{=24% ×(100%−기여도50%)}

다. 2010. 3. 5−2043. 10. 29. 일실수익 50,141,069원

라. 기왕치료비: 2,544,290원

36,879,751원=52,685,259원(일실수입 50,141,069원+기왕치료비2,544,290원)× 70%(책임제한)

마. 위자료: 원고 1,200만원, 처 300만원, 자녀의 경우 사건이 출생일 이전 발생하였으므로 위자료 청구는 받아들여지지 않았음

총 51,879,751원을 청구함

8. 사건의 해석

가. 이 사건은 안과 의사를 대상으로 한 소송은 아니나, 전신 경정맥 항생제를 투여할 경우 안과 합병증이 생길 수 있다는 점을 보여주는 판례이다.

나. 세프트리악손을 6차례 투여 중 과민반응이 없다가, 7번째 처음으로 발적 및 두드러기, 고열이 발생하였고 대증적인 요법으로 증상이 호전되었다. 이에 의료진은 피부반응검사를 반복해 이상 없음을 확인하고 세프트리악손을 다시 주입하였는데, 이 과정에서 의료진의 과오는 없는 것으로 판단된다. 의료진의 판단은 그 동안의 경험과 증거를 기반으로 이뤄진다(evidence-based medicine). 6차례 투여에 한 번도 이상반응이 없었기 때문에 7번째 투여 후 생긴 반응이 실제로 세프트리악손에 대한 과민반응인지 불확실하고 다른 원인에 의한 것일 가능성이 많다. 이런 때에는 피부반응검사에서 반복해서 음성이 나오면 대부분 항생제를 재사용한다. 의료진이 확인 절차를 거치지 않은 것이 아니며, 환자의 과민반응이 일반적인 경우와 다르게 항생제를 7번째 투여한 뒤에야 나타난 매우 드문 경우였다는 점이 고려되지 않은 판결이라는 아쉬움이 든다.

다. 이번 판례에서 법원은 의료소송에서의 입증의 완화를 들어 폐쇄망막혈관염이 세프트리악손의 투여가 아닌 다른 원인으로 발생한 것이라는 사실을 입증하지 못한 이상, 그 인과관계를 인정한다는 논리로 둘의 인과관계를 인정하면서 동시에 70%의 책임을 부과하였다. 그러나 세프트리악손은 흔히 쓰이는데 그 합병증으로 폐쇄망막혈관염이 발생한 보고가 전세계적으로 없다는 지극히 드문 합병증이라는 점에 대한 고려가 배제되었다. 아주 드문 확률로 나타나는 합병증에 대해 70%의 책임을 의료진에게 묻는 근거가 모호하다고 생각된다. 또한 이 경우는 환자의 악결과와 세프트리악손 사용의 인과관계는 인정되더라도, 그것을 의료진에게 과오가 있다는 판단에 근거로 사용할 수는 없다고 생각된다.

9. 같은 일이 다시 일어나지 않으려면

가. 특발망막혈관염

1) 특발망막혈관염

가) 주로 주변부 망막을 침범하는 특발혈관염으로 인한 폐쇄혈관병증을 특징으로 하며 주로 건강한 젊은 성인에게 많고 양안성이다. 염증기-비관류기-혈관신생기-망막박리기 등의 시기를 거치면서 일부 환자는 청각장애와 전정기관장애로 인한 어지럼증을 호소하기도 하며 다발경화증, 소뇌운동실조, 척수증, 편마비 등의 중추신경계 질환도 생길 수 있다.

나) 대부분 원인이 불명확한 특발자가면역질환인 경우가 많고, 종종 전신 염증질환이나 감염(결핵 포함)과 관련된 경우도 있다. 감염의 증거가 발견되지 않는 경우 심한 스트레스,

면역력 저하 등으로 원인을 설명하기도 하지만 아직 의학적으로 명확하게 발생원인이 밝혀져 있지는 않다.

2) 세프트리악손의 부작용

세프트리악손 투여 시 쇼크, 과민반응, 소화기계 문제, 호흡기계 문제, 혈액계 문제, 중추신경계 문제, 피부반응, 간장 및 신장 문제, 균교대증, 비타민결핍증 등의 부작용이 생길 수 있다. 그 중 과민반응에는 발진, 두드러기, 홍반, 발적, 가려움, 오한, 발열, 알레르기피부염, 부종, 다형성홍반, 아나필락시스 또는 아나필락시양 등의 반응이 있으며, 과민반응이 나타나는 경우 투여를 중지하고 적절한 처치를 하여야 한다.

06 성형안과 관련 소송

Ⅰ. 안와봉와직염에 동반된 패혈증으로 사망한 50대 남자

1. 사건번호

○○지방법원 1998. 2. 19. 선고 95가합13907 판결
○○고등법원 1998. 12. 10. 선고 98나15691 판결

2. 소송 결과

고등법원: 원고 일부 승(책임제한 40%)

3. 원고와 피고

가. 원고: 피고병원에서 치료받은 50대 환자(망인), 처, 자녀 4명, 아버지
나. 피고: A병원 재단법인

4. 사건 요약

가. 50대 남자가 1995. 1. 2.부터 우안이 부어 오르고 통증이 생겨 2곳의 개인안과를 거쳐 1. 4.에 피고 A병원에 입원하였다. 의사1은 체온이 39.5°이고, 백혈구 수치가 1,100/㎕였으나 패혈증이라고 의심하지 못하고 안와봉와직염에 1차 선택약인 1세대 cephalosporin계 항생제인 세파졸린(cefazoline)을 정맥주사하고, 안통과 두통을 조절하기 위해 소페낙을 환자가 안통을 호소할 때 근육주사하였다.

나. 1. 7. 백혈구 수치가 400/㎕로 떨어져 B대학병원으로 전원되어 각종 검사와 치료를 받았으나, 1. 9. 패혈성 쇼크, 다발장기부전으로 사망하였다. 중간선행사인은 패혈증, 해면정맥동 혈전정맥염, 선행사인은 안와봉와직염으로 진단되었고, 망인에게 패혈증을 일으킨 원인균은 그람음성균인 녹농균으로 밝혀졌다.

5. 원고와 피고의 주장

가. 원고의 주장

의사1은 패혈증을 의심하지 못하고 치료를 지연하여 환자 사망을 유발한 과실이 있다.

6. 사건의 쟁점

가. 패혈증을 의심하지 못하고 치료한 것이 의료과실인가?

1) 망인은 이미 안와봉와직염 증세로 두 의원을 거쳐 피고 병원으로 왔으므로 증세가 가볍지 않았고, 의사1은 1995. 1. 4. 백혈구 수치가 정상보다 현저하게 적은 1,100/㎕에 불과하였다면 추정 원인균 이외 패혈증을 함께 고려하여 광범위한 항생제의 투여용량을 증가시키거나 중성구 투여를 고려하여야 하며, 세균에 대한 저항력이 낮을 가능성이 높으므로 패혈증에 대해 의심하고 원인균을 찾기 위해 혈액 또는 결막에서 검체를 채취하여 세균배양검사와 적합한 항생제를 찾기 위한 항생제 감수성검사 등을 실시하여 감염된 세균을 찾고 적합한 항생제를 사용하여야 함에도 불구하고,

2) B대학병원으로 후송할 때까지 패혈증이 발병한 것을 알지 못한 과실로 녹농균에 의해 발병된 패혈증 치료를 적기에, 적절하게 하지 못함으로써 망인이 사망하게 하였으므로, 위와 같은 의료 상 과실과 망인의 사망 사이에는 상당인과관계가 있다고 추정된다.

3) 피고병원은 의사1의 직무집행 상 과실로 인한 원고의 손해를 배상할 책임이 있다.

나. 책임제한

1) 망인이 피고 병원 내원 당시 이미 패혈증 증세를 보였고, 이후 백혈구가 계속 감소했다. 망인은 1994. 9. 8.부터 피고 병원에 내원하기 전까지 항생제 내성이 생겼던 것으로 추정되고, 피고 병원 의사1로서는 병력을 정확하게 모르는 상태에서 일단 안와봉와직염의 흔한 발병균인 황색 포도상구균이나 연쇄상구균에 적합한 항생제인 세파졸린을 처방했는데 의외로 발병균이 녹농균이어서 세파졸린이 듣지 않아 패혈증이 입원 3일 만에 갑자기 심해져 전원시켜 치료받게 하였으나 결국 패혈증으로 사망하였다.

2) 망인의 안와봉와직염은 피고 병원에 내원 시 이미 그 증세가 심하여 패혈증으로 진행되기 시작하였으므로 적절하게 치료했더라도 안와봉와직염이나 패혈증 악화로 사망 가능성이 높았던 사실을 인정할 수 있어, 의사1에게 앞서 본 바와 같은 의료 상 과실이 있다 하여 그 사용자인 피고 병원이 망인 및 원고가 입은 모든 손해를 배상하는 것은 공평의 원칙에 반하므로, 안와봉와직염 및 패혈증 등의 신체적 소인 및 투약경력, 피고 병원 내원 당시 망인의 증세 및 치료 후 경과, 패혈증의 심화속도, 담당의사의 과실유형과 그 정도 등, 이 사

건 변론에 나타난 모든 사정을 참작하면 피고 병원이 망인과 원고에게 배상할 책임을 40%로 제한함이 적정하다.

7. 손해배상의 범위

가. 일실수입: 당시 54세 1개월로 기대여명은 19.78년, 일정한 직업 없음.
22일 동안 도시보통인부의 수입 (하루 노임 금 27,218원)

나. 가동기간: 안와봉와직염을 치유하는데 소요되는 기간 이후부터 만 60세가 되는 2000. 11. 28.까지 5년 8개월

7,218원×22일×2/3×(61.3112 − 1.9875) = 23,681,862원

다. 재산상 손해

1) 수입상실 손해: 9,472,744원 (= 23,681,862원 × 40%(책임제한))

2) 장례비: 120만원 (= 300만원 × 40%(책임제한))

3) 위자료: 망인 120만원, 망인 처 120만원, 망인 자녀 4명 및 아버지 50만원

라. 상속관계

상속분: 원고 처 3/11, 자녀 4명의 상속분은 각 2/11, 원고들에게 상속될 망인의 상속재산은 21,472,744원(= 재산상 손해 9,472,744원 + 위자료 1,200만원)이다.

피고는 망인의 처에게 9,056,202원(상속분 5,856,202원 + 장례비 120만원 + 위자료 200만원), 망인이 자녀 4명에게 각 4,404,135원(상속분 3,904,135원 + 위자료 50만원), 원고인 망인의 아버지에게 위자료 50만원을 지급할 의무가 있다.

총 27,172,742원

8. 사건의 해석

가. 안와봉와직염의 합병증으로 해면정맥동 혈전증이 발생하였고, 이에 동반된 패혈증이 조절되지 않아 사망한 경우이다. 일반 안과 전문의는 경험하기 힘든 증례이며, 안와봉와직염에서 혈전으로 인한 패혈증의 진행 가능성에 대해서는 의심하고 접근하지 않으면 예측하기 힘들다.

나. 안와봉와직염

1) 안와봉와직염은 안와조직의 염증으로 여러 종류의 세균, 바이러스, 진균 등에 의해

생기며, 부비동염에서 퍼져 오는 경우가 제일 많고, 피부에 생긴 염증, 외상, 충치 등에서 세균이 전파되어 발생할 수 있다. 임상증상은 안검이 붓고 빨갛게 되며, 시력상실, 발열, 안구돌출, 눈운동장애, 동통, 결막부종 등이 있고, 해면동으로 퍼져 해면동혈전증이 되면 두통, 구토, 의식상실 등이 나타나며 사망할 수도 있는 중증 질병이다.

2) 정상 백혈구 수치는 4,400-11,300/㎕(평균 7,800/㎕)이며, 백혈구 중 주로 세균감염에 대한 방어를 담당하는 중성구가 1,000/㎕ 미만으로 감소되면 감염 위험이 현저히 높아지고, 특히 중성구가 200/㎕ 미만으로 감소되면 염증반응 자체가 소실될 수 있다. 백혈구 수치가 정상보다 현저하게 적은 1,100/㎕라면 치료 방법은 추정 원인균 외에 패혈증을 함께 고려하여 그람음성균을 방어할 수 있는 광범위한 항생제의 투여용량을 증가시키고, 중성구를 투여하기도 하며, 그 후 감염 원인균을 찾기 위해 혈액 또는 결막에서 검체를 채취하여 세균배양검사, 적합한 항생제를 찾기 위해 항생제 감수성검사 등을 하여 감염된 세균을 찾고 적합한 항생제를 써야 한다.

다. 의사의 오진이 진료 상 과실로 인정된 경우

1) 의사가 패혈증으로 진단하여 적절한 치료를 할 수 있었음에도 하지 못한 과실을 인정하였다. 의학적 오진이 법률적 과실로 인정되는 것이 아니고, 의사가 진단 시 평균적 주의를 다 하였는지, 일반의학상식을 기준으로 병을 발견하는 것이 객관적으로 가능한가를 고려해야 한다. 과실이 인정되지 않는 오진은 ① 의사로서 선택할 수 있는 재량에 속하는 행위, ② 보통 의사로서 피하기 어려운 오진의 범위에 속하는 경우, ③ 진료 방법이 결과적으로 효과적인 경우나, ④ 환자에게 무해한 경우이다. 기존 판례에서 환자의 경우와 비슷한 경우를 살펴보면 다음과 같다.

가) 맹장염을 단순한 위염으로 오진하여 복막염으로 진행되어 사망한 사례(서울고등법원 1998. 4. 30. 선고 97나17249 판결)

진찰 당시부터 우상복부의 심한 압통과 우하복부 압통이 확인되었고, 백혈구 수치가 비정상적으로 증가되었으며, 망인이 혹시 맹장염이 아니냐고 물어보는 등 급성맹장염이 강하게 의심되는 소견을 보였으므로, 소견만으로 확진하기 힘들다면 그대로 귀가시키면 안 되고 전형적인 증상의 진행성 정착 여부를 지속적으로 관찰할 의사로서의 주의의무가 있음에도 이를 게을리하여 위염으로 오진하였고, 이로 인해 수술 시기를 놓쳐 다음 날 맹장 파열로 인한 복막염으로 증세가 악화되어 패혈증이 생겨 사망에 이르게 되었다고 할 것이므로, 의료과실로 인한 망인의 사망에 대하여 불법행위 책임을 면할 수 없다.

라. 책임제한

1) 환자의 기왕증과 이미 피고 병원에 내원하였을 때 상태가 좋지 않았다는 점을 들어,

의사의 과실 책임비율을 40%로 제한하였다.

2) 의료행위의 경우, 치료방법과 선택에 대한 담당의사의 재량이 어느 정도 인정되고, 의사가 모든 결과를 예측하고 치료를 시행할 수는 없는 점 등을 고려했을 때 발생한 모든 손해를 의사에게만 부담시키는 것은 의료행위의 특성, 위험성의 정도 등에 비추어 형평의 원칙에 어긋나기 때문에 이와 같은 사정을 의사가 배상하여야 할 손해액을 산정함에 있어 참작하는 것이 손해의 공평, 타당한 부담을 그 지도원리로 하는 손해배상제도의 이념에 부합한다는 취지로 만들어진 개념이 책임제한이다.

3) 현재의 책임제한은 단순히 책임제한 사유만을 나열한 후 책임제한 비율을 '선고'하는 형식으로 당사자들로서는 그 비율을 정하는 객관적 잣대를 알 수 없거나 추측이 불가능하여 그 설득력이 부족하다는 본질적인 문제점이 있다. 또한 판례상 책임제한 기준이 모호하여 환자의 체질적 소인이나 기왕증에도 불구하고 책임제한이 전혀 고려되지 않는 경우도 있고, 그 비율도 같은 수술에서도 사건마다 차이가 있다. 따라서 책임제한에 대한 객관적 기준 설정이 필요하다.

4) 의료소송은 '의학'이라는 전문분야의 특수성이 있으므로 법원이 심리함에 의학적 사실을 고려함은 물론이나, 책임제한을 정할 때 객관적 · 수학적으로 엄연한 의학적 사실을 참작하는 것이 필요하다. 의사는 다수의 환자에서 치료법을 적용하여 결과를 평가하고 그 누적된 증거에 따라 가장 효용성이 높은 치료법을 적용하므로(evidence-based medicine), 적절한 방법으로 연구했다고 인정되는, 평균적으로 기대되는 치료 효과나 합병증에 관한 확률적 정보가 존재한다. 이 비율을 근거로 책임제한을 정하는 것이 도움이 되겠다.

9. 같은 일이 다시 일어나지 않으려면

가. 전원의무

1) 의사는 환자에 적절한 진료할 의무가 있고, 만일 스스로 이를 할 수 없을 때에는 환자에게 다른 적절한 의료기관이나 의사에게 치료를 받을 수 있도록 전원 내지는 전의해야 할 의무가 있다.

2) 완전무결한 임상진단은 불가능할지라도 임상의학 분야에서 실천되고 있는 진단 수준의 범위 내에서 그 의사가 전문직업인으로서 요구되는 의료상의 윤리와 의학지식 및 경험에 따라 신중히 환자를 진찰하고 정확히 진단하여 위험한 결과 발생을 예견하고 그 결과 발생을 회피하는데 필요한 최선의 주의의무를 다하였는지 여부를 따져 보아야 한다. 아울러 의사에게는 만일 의료기관의 설비 및 지리적 요인 및 기타 사정으로 인해 진단에 필요한 검사를 실시할 수 없는 경우에는 특단의 사정이 없는 한 환자가 검사를 받을 수 있도록 해당

의료기관에 전원을 권고할 의무가 있다.

3) 환자 상태가 충분한 치료에도 악화되고, 본인이 소속된 병 · 의원이 필요한 검사 및 치료를 제공하기에 제한이 있다고 판단되면 지체 없이 환자 및 보호자에게 충분한 설명 후 필요한 진료를 제공할 수 있는 의료기관으로 전원하도록 도와야 한다.

나. 병원 내 의료진 간 협력 강화

1) 판례에 제공된 제한적인 정보로 살펴보면 안과에서 내과에 자문을 구하지 않은 것으로 판단된다. 여러 진료과목이 함께 있는 2 · 3차 의료기관에서는 환자가 호소하는 증상이나 부위에 따라 협의진료가 이루어지기도 한다. 환자 상태와 질병 종류에 따라 야간이나 주말 등의 공휴일에도 응급으로 검사나 처치가 필요하기도 하고 이런 행위가 타 진료과목의 도움을 요하는 경우도 있다. 위 판례처럼 안과 의사가 다루는 범위를 넘어서는 전신 상태에 대한 검사 해석은 내과 전문의에게 자문을 구하는 것이 환자와 의사 모두에게 도움이 된다.

2) 대학병원의 경우, 당직 시간에 타과 환자에서 내과 문제가 발생하면 상의할 수 있는 당직의가 지정되어 있다. 전신기저질환이 있는 환자나, 갑자기 발생하는 문제에 전문적인 치료 및 환자에게 필요한 검사 및 처치를 누락 없이 시행할 수 있는 병원 내 협력체계를 구축하는 것으로 의료과오를 막는 예방책이 된다.

3) 환자와 관련된 진료과목의 의사들이 의견을 교환할 수 있도록 정기적인 원내 학술회의를 마련하고 의사와 간호사처럼 환자 치료에 직접 동참하는 의료진 간 원활한 의사소통이 가능한 분위기 조성이 필요하다.

참고문헌

1. 류동훈. 산부인과 의료소송 판결상 책임제한 비율에 관한 연구: 한 의료소송 전문 법률 사무소의 최근 20년여간의 분만사고 사례를 중심으로. 고려대학교 2014
2. 유현정 외 3. 2011년 주요 의료 판결 분석. 의료법학 제13권 제1호, 2012

Ⅱ. 안검하수 수술 후 발생한 시신경염으로 시력이 저하된 환자

1. 사건번호

○○지방법원 1997. 7. 16. 선고 95가합25836 판결
○○고등법원 1998. 12. 29. 선고 97나40164 판결
대법원 1999. 9. 3. 선고 99다10479 판결

2. 소송결과

가. 1심, 2심, 대법원 판결: 청구기각(원고 패)

3. 원고와 피고

가. 원고: 피고에게 안검하수 수술을 받은 환자, 부모, 조부, 동생
나. 피고: A대학병원 안과 의사1

4. 사건 요약

가. 원고는 선천안검하수로 3세 경 B대학병원에서 안검하수수술을 받았으나 실패하였다. 6년 전부터 시작된 우안돌출로 C대학병원에서 우측 안와종양으로 진단받았다. 1991. 7. 11. 피고 병원 안과에 내원하여 피고의 진찰을 받았다. 당시 시력은 우안 0.9, 좌안 0.7이고, 안구돌출 정도는 우안 20㎜, 좌안 정상으로 정상범위를 벗어나 우측 안와첨종양 제거술을 받기로 하였다.

나. 원고는 1991. 8. 2. 의사1에게 우측 안와첨종양 제거술을 받았다. 수술 당시 의사1은 신경조직에 있는 종괴를 제거하고, 안와 뒤쪽 두개강 내로 연결되어 있는 커다란 양성종양에 대하여는 추적관찰하기로 하여 수술을 마쳤고 환자는 수술 후 4일째 퇴원하였다.

다. 정기 추적관찰 시 이상이 없었고, 안와종양은 재발되지 않음이 확인되어 피고는 1994. 7. 22. 안검하수 교정술을 하기로 했다. 당시 시력은 우안 0.8, 좌안 0.5이고, 위눈꺼풀올림근의 기능은 우안 4㎜, 좌안 16㎜ 정도로서 우측 위눈꺼풀올림근이 거의 기능을 하지 못하였으나 안구운동이나 안저검사 등은 모두 정상이었다.

라. 원고는 1994. 7. 22. 오전 9시경부터 피고에게 안검하수 수술을 받았다. 수술 당시 피고는 수술 시작 약 30분 만에 이마근걸기술(frontalis sling)을 마쳤다.

마. 원고는 수술 당일 오후 9시경부터 좌안 시력저하를 호소하였고 의사2의 검사소견상 좌안 시력이 수술 전 0.5에서 0.4로 경미하게 저하된 외 이상이 없어 경과 관찰을 하였는데, 수술 다음 날 좌안 시력이 0.1로 떨어지고 경미하게 동공이 커졌으나 대광반사, 안저검사 등에서는 이상이 없고 원고도 일단 퇴원하기를 원하여 퇴원시켰다.

바. 퇴원 다음 날 시력이 더 저하되어 다시 왔고, 의사2가 좌안 시력이 0.02로 감소되고 동공이 산대되었으며 대광반사도 감소된 것을 확인하였고 그때서야 원고는 수술 당일 수술실로 내려가면서부터 시력이 이상하였다고 이야기하였다.

사. 다음 날 시유발전위검사(visual evoked potential), 망막전위도검사(electroretinogram)를 시행하여 시신경이나 뇌 이상이 의심되는 소견을 보였고, 두개강 내 종양은 별다른 변화가 없어 피고 병원 안과 의사는 구후시신경염(retrobulbar optic neuritis)으로 진단하였다. 당시 시력은 양안 모두 빛을 알아보지 못할 정도로 감소되었고 동공은 산대되고 대광반사도 느려졌으며 안저검사 상 시신경 유두 경계가 불명확하고 창백하게 보였다.

아. 1994. 7. 26. 스테로이드제 등을 투여하였고, 8. 1.부터 대광반사가 느려지고, 8. 3.에는 시야가 뿌옇게 보이기 시작하였으며 8. 4.에는 사람의 형체가 흐릿하게 보이고 8. 5.에는 불빛이 보다 선명하게 보이는 정도에 이르러 8. 13. 퇴원하였다. 1994. 11. 3. 미국에서 안와를 절개하여 안압을 떨어뜨리는 수술까지 받았으나 현재는 양안 모두 시신경이 위축되어 시력이 99% 상실된 상태이다.

5. 원고와 피고의 주장

가. 원고의 주장

1) 원고는 이미 안와첨종양 제거술의 병력이 있었고 원고의 기왕병력인 신경섬유종은 안검하수와 불가분의 관련이 있는데도 특이병력을 감안한 특별한 검사도 시행하지 않은 채 단지 통상적인 검사 후 수술한 잘못이 있다.

2) 피고는 좀처럼 시행하지 않는 눈썹 위 이마까지 찢는 큰 수술방법을 선택함으로써 수술 중 시신경으로 가는 혈류가 급격히 감소되어 허혈시신경병증에 이르게 하여 결국 시력을 상실케 한 잘못이 있고, 또한 수술 도중 잡담을 나누면서 무성의하게 수술에 임하는 등 수술 과정에 잘못이 있다.

3) 원고가 수술 직후부터 시력이 떨어진다고 호소하였는데도 피고 병원 의사들은 아무런 조처 없이 방치하였고 특히 시력감소 즉시 수술 시 삽입된 인조근막을 제거하지 않아 결국 시력상실에 이르게 하였다.

4) 피고 병원 의사들은 잘못을 은폐하고 변명을 뒷받침하기 위하여 의무기록을 함부로

첨가하고 검사결과지 내용을 변조하였다.

5) 피고는 원고에게 신경섬유종으로 인하여 안검하수가 발생하였고 이 경우 수술로 인하여 실명할 가능성이 있음을 충분히 설명하고 동의를 받아야 함에도 불구하고 이를 게을리 한 설명의무 위반의 잘못이 있다.

6. 사건의 쟁점

가. 안검하수 수술이 시신경염과 인과관계가 있는가

1) 안검하수란 선천 또는 후천적 원인에 의해 눈꺼풀올림근 등의 기능약화로 안검이 아래로 처지는 증상이다. 눈꺼풀올림근 기능이 어느 정도 남아있을 때는 눈꺼풀올림근 절제술을 하지만, 원고와 같이 기능이 거의 없으면 인조근막을 이용한 이마근걸기술을 시행하는 것이 일반적이고, 해부학적으로 안구 후방에 위치한 시신경이나 관련된 혈관과는 무관한 간단한 수술이다.

2) 시신경염이란 20-50세 환자에게 바이러스감염, 다발경화증에 의하여 또는 원인불명으로 시신경에 염증, 변성, 탈수초, 감염 등이 발생하여 수일-2주에 걸쳐 급격히 시력이 저하되는 질병으로서 염증 부위에 따라 대개 시신경유두에 염증이 있는 시신경유두염과 안구 뒤쪽에 염증이 있는 구후시신경염으로 분류된다. 임상증상으로는 색각장애, 대광반사지연과 함께 안통 특히 눈동자를 움직일 때 통증이 특징적이다. 대개 한 눈에 생기나 양안이 침범되기도 하며, 대부분 시력이 정상 또는 거의 정상으로 회복되는 경우가 많으나 시신경이 위축되어 시력상실에 이르는 경우(약 20%)도 적지 않다. 치료로는 스테로이드제를 정맥내 투여하기도 한다.

나. 환자의 시력저하가 기저질환인 신경섬유종과 관련 있는가

수술 전 원고의 두개강 내 신경섬유종의 악화 등에 기인한 혈액순환장애나 시신경압박이 있었다면 시력감소, 시신경유두 및 안저혈관의 변화, 안구운동장애, 안검부종 등이 나타났어야 하나 원고에게는 없었고, 수술 당시 다량의 출혈이 있었던 것도 아니어서 허혈시신경병증을 초래할 만한 요인이 없었던 점, 수술 부위는 우안 안검이었으나 시력감퇴는 양안 모두에 약 3, 4일에 걸쳐 점진적으로 진행되었고 수술 후 4일째부터 계속하여 시신경염에 특징적으로 나타나는 안통을 호소하였던 사실, 신경섬유종은 수술 전후 변화를 보이지 않았고 수술 후 검사에서 시신경유두출혈 등의 증상이 나타나지 않는 등 허혈시신경병증에 부합하는 증세가 없었던 사실을 종합하여 원고의 시력상실은 수술 후 갑자기 나타난 특발성 시신경염(idiopathic optic neuritis)에 기인한 것으로 봄이 합당하다.

다. 환자 증상이 발생한 이후 적절한 조치를 취하였는가

1) 피고 병원 의사들이 수술 후 시력저하에 대한 진단 및 치료를 방치하였다거나 그 시술상 적기를 놓친 잘못이 있다고 단정하기 어렵고, 인조근막을 제거하면 시력이 정상으로 회복될 수 있었다는 원고 주장에 관하여는 이를 인정할 증거가 없다.

2) 피고 병원 의사들이 자신들의 변명을 뒷받침하거나 책임을 완화시키기 위하여 위 진료기록부를 사후에 추가 기재 또는 변조하거나 고의로 누락하였다는 사실을 인정할 증거가 없으므로 원고들의 위 진료기록 변조주장도 이유 없다.

라. 설명의무 위반

1) 의사2는 수술 전날 원고에게 수술 필요성, 방법, 합병증에 대하여 자세히 설명하고 동의서를 받은 사실, 원고는 태어날 때부터 안검하수 증상이 있었으며 기왕력인 신경섬유종의 변화가 없었던 사실, 시신경과는 무관한 안검수술이어서 시신경염 또는 허혈시신경병증은 통상적으로 예견되는 후유증이 아닌 사실, 원고의 시력상실은 수술 전후에 걸쳐 갑자기 나타난 시신경염에 기인하는 것으로 사전에 이를 미리 예측할 수 없었던 사실이 인정된다.

2) 피고 병원 의사들이 당시 의학 발전 정도에 비추어 구체적으로 알 수 없었거나 예견할 수 없었던 시신경염 등을 설명하지 않은 것이 원고의 자기결정권을 침해한 것으로 볼 수는 없어 설명의무 위반은 인정되지 않는다.

7. 손해배상의 범위

청구기각(원고 패)

8. 사건의 해석

가. 이 사건에서 중요한 점은 뒤늦게라도 추가적인 병력청취로 시력저하가 수술 전부터 발생하였음을 알게 된 것이다. 수술 후 갑작스런 시력저하가 발생한 경우, 수술이라는 특별한 사건이 있었다고 하여 시력저하가 수술과 관련하여 발생했다고 생각하고 필요한 문진과 검진을 소홀히 하면 안 되겠다. 이 경우 수술 후 즉각적인 안과 검진 및 감별진단을 위한 영상검사를 하여 적당한 시기에 치료를 시작하였기 때문에 의료소송에서 의사의 어떠한 주의의무 위반이나 진단과정에서의 과오가 없다고 판단된 경우이다.

나. 과오가 없다고 판단하기 위해서는 의료진의 적극적인 반론과 그를 뒷받침할 의료기록이 필요하다. 이전 대법원 판결을 보면 "의료행위를 한 자에게 손해배상책임을 지우기 위하여서는 의료행위상의 주의의무 위반, 손해 발생 및 주의의무 위반과 손해 발생 사이에 인

과관계가 있어야 하나, 의료행위가 고도의 전문적 지식을 필요로 하는 분야이고, 치료방법은 의사의 재량에 달려 있는 것이기 때문에 일반인으로서는 손해발생이 의료과실에 의한 것인지는 밝히기 어려운 특수성이 있다. 따라서 피해자 측에서 일반인의 상식에 바탕을 둔 의료 상의 과실행위를 입증하고 손해발생에 일련의 의료행위 외 다른 원인이 개재될 수 없다는 점을 증명한 경우에 의료행위를 한 측이 그 결과가 전혀 다른 원인에 의한 것이라고 입증을 하지 않으면, 의료 상 과실과 그 결과 사이의 인과관계를 추정하여 손해배상책임을 지울 수 있도록 입증책임을 완화하는 것이 손해의 공평 · 타당한 부담을 그 지도원리로 하는 손해배상제도의 이상에 맞다(대법원 1995. 2. 10. 선고 93다52402 판결 참조)"고 판결한 바 있다. 즉 의사는 본인이 한 행위가 문제가 없다는 것뿐 아니라 더 가능성이 있는 손해의 발생 원인을 보여주어야 한다. 이런 반론을 위해서는 가능한 원인을 감별하는데 필요한 적절한 안과검사 및 검진소견이 있어야 한다.

9. 같은 일이 다시 일어나지 않으려면

가. 안와질환의 평가 및 수술 전 검사

침범된 해부학적인 위치와 형태, 즉 전반적인지 혹은 국소적인지, 코곁굴 혹은 골 구조물에 대한 침범이 동반되었는지, 질환이 염증이나 종양에 의한 것인지를 판단해야 한다. 진단을 위한 검사로 철저한 병력청취와 눈, 안와 및 신경안과 검사가 필요하며 특히 시신경 기능과 안구운동측정은 병의 진행 여부를 판단하는데 중요하다. 영상검사로는 조영제를 사용한 고해상도 안와 CT나 MRI가 필요하며 안와지방, 외안근, 공막, 시신경 그리고 눈물샘 침범 여부가 감별 진단에 도움이 된다.

나. 시력저하를 일으키는 시신경부종의 감별진단

수술 후 시력저하가 발생하고, 전안부와 망막 등이 정상이며 상대구심동공운동장애(relative afferent pupillary defect), 시야검사 및 색각검사 이상, 시신경부종 등이 확인되면 추가적인 병력 청취 및 영상검사를 통해 시신경질환을 감별한다.

다. 양안 시력저하를 일으키는 시신경부종의 감별진단

1) 비혈관염성 앞허혈시신경병증(nonarteritic anterior ischemic optic neuropathy, NAION)

대부분 통증 없이(10% 이내), 갑작스럽게 시력저하와 시신경 부종이 50세 이상에서 발생 시 가장 흔한 원인이다. 양안 동시에 발생하는 경우는 매우 드물고 5년 이내 15%에서 반대 눈에 발생한다. 대개 60세 이상, 유두함몰비가 없거나 0.2 이하인 밀집된 작은 시신경유두(small crowded disc), 당뇨, 고혈압, 고지질혈증 등의 위험인자가 있다. 급성기에는 시신경부종과 출혈이 있고, 수평시야 결손이 특징이다

2) **유두부종**(papilledema)

가) 증상: 오심, 구토, 이명, 눈부심, 수초 간 지속되는 일시적인 시야 흐림

나) 시야검사: 맹점(blind spot) 확대

다) 안저검사: 시신경부종, 정맥울혈, 시신경유두 주위 출혈

라) 뇌 MRI, magnetic resonance venogram(MRV)으로 종양 등 이상이 없는 것을 확인한 후 뇌압을 측정한다. MRI는 요추 천자시 탈출의 위험도가 있는 질환과 두개내압상승(intracranial hypertension)을 유발할 수 있는 이차적 원인을 감별하기 위해 시행한다. MRV는 해면정맥굴 혈전증(cavernous sinus thrombosis)을 배제하기 위해 시행한다.

3) **혈관염성 앞허혈시신경병증**(arteritic anterior ischemic optic neuropathy, AAION)

가) 양안의 급격한 시력저하 및 두통, 턱파행 등의 증상이 흔하며, 70세의 고령에서 발생한다.

나) 시력저하도 심하여 대부분 0.1 이하로 저하되고,

다) 창백한 시신경부종이 특징이다.

4) **감 염**

전방 및 유리체에 염증세포가 있는지 확인하고, 초기에는 유리체나 망막에 염증 소견이 분명하지 않을 수 있어 매독, AIDS 등 기본적인 혈청검사를 한다.

5) **독성 대사 시신경병증**(toxic metabolic optic neuropathy)

대개 점진적으로 양안 시력이 감소하여, 초기에는 정상 시신경유두를 보이나 진행하면 창백해진다. 일부에서 급성기에 시신경부종을 보이기도 한다. 진단을 위해 다른 질환을 배제하는 것이 필요하다.

라. 단안 시력저하를 일으키는 시신경부종의 감별진단

1) NAION: 급성으로 시작된 무통성 단안 시력감소가 수시간 내지 수일 간 진행하는 형태로 나타난다. 초기에 부종이 4-6주 간 지속되다 시간이 지나면서 사라지므로 2달 후에도 지속되는 시신경부종의 경우 다른 원인을 찾아보기 위한 추가 검사가 필요하다.

2) **특발성 시신경염**(idiopathic optic neuritis)

가) 젊은(15-45세) 여자환자에서, 안통이 동반되며(90%), 수일에 걸쳐 시력저하와 시야결손, 시력저하보다 심한 색각저하가 전형적이다.

나) 양안에 동시 발생하는 경우는 매우 드물고,

다) 급성기에 AION에서 동반되는 망막출혈은 흔하지 않다.

3) 침윤 시신경병증(infiltrative optic neuropathy)

가) 염증, 감염, 종양 등이 원인으로 관여하여,

나) 수일-수주에 걸친 시력감소와 시신경유두가 불투명하고 국소 육아종(focal granuloma) 형태로 나타날 수 있다.

다) 의심되는 경우 뇌영상검사, 뇌척수액검사, 가슴영상검사, 혈액검사를 시행한다.

마. 시신경부종이 동반되지 않은 경우

1) 구후시신경염(retrobulbar optic neuritis)

가) 특발성 시신경염의 경우 65%에서 구후시신경염 형태로 초기에 정상 시신경을 보인다. 시신경염이 양측이면서 대칭적인 경우를 제외하고는 상대구심동공운동장애를 보인다.

나) 가능하면 뇌 MRI로 뇌실주위백질병변(periventricular white matter lesion)을 확인하여 다발경화증(multiple sclerosis)으로의 진행 가능성을 평가한다.

2) 후허혈시신경병증(posterior ischemic optic neuropathy)

갑자기 발생한 시력저하, 상대구심동공운동장애, 초기의 정상적인 시신경 모양을 특징으로 하며, 척추, 심장, 두경부수술 중 발생할 수 있고, 혈관염(arteritic) 혹은 다른 혈관염과 관련하여, 그리고 비혈관성으로 발생할 수 있다. 수술 후 발생하는 경우 적어도 1.0L 이상의 출혈이 있으면서 6시간을 초과하는 마취가 필요한 수술에서 발생했다는 보고가 있으며, 발생률이 매우 낮아서 배제진단(exclusion diagnosis)을 한다.

Ⅲ. 반복된 메드포어임플란트 삽입술 후 안구함몰 및 주변조직 구축이 생긴 환자

1. 사건번호

○○지방법원 2007. 6. 26. 선고 2005가단112015 판결

2. 소송 결과

원고 일부 승(위자료)

3. 원고와 피고

가. 원고: 환자
나. 피고: 안과 의사1

4. 사건 요약

가. 원고는 1979. 5. 30. 좌안 각막혼탁과 양안 아래눈꺼풀속말림으로 좌안 안구적출술과 양안 호쯔씨 아래눈꺼풀속말림교정술(Hotz's entropion repair)을 받았다.

나. 2000. 10. 23. 피고는 안와삽입물이 노출되어 밖으로 나와 의안을 낄 수 없고, 결막낭 염증이 심하며 수축되어 좌안 안와삽입물 노출로 진단하고 2000. 11. 3. 안와삽입물을 제거하고, 18㎜ 다공성폴리에틸렌 안와삽입물(porous polyethylene orbital implant, Medpor®) 삽입술을 하였다(1차 수술).

다. 2000. 11. 16. 위아래 눈꺼풀에 수포성 발진이 나타나 피고는 헤르페스눈꺼풀염 의증으로 진단하였다. 2001. 3. 19. 헤르페스눈꺼풀염 의증은 호전되었으나, 좌안 메드포어 임플란트가 노출되어 6. 8. 메드포어 임플란트를 제거하고 진피지방이식편을 떼어 이식하였다(2차 수술).

라. 진피지방이식을 받은 부분이 함몰되어 2002. 4. 17. 함몰된 부분에 메드포어 웨지 임플란트 삽입물(Medpor® wedge oculoplastic implant)을 삽입하는 안구함몰보정술을 시술받았다(3차 수술).

마. 2002. 6. 3. 좌안 아래눈꺼풀 발적과 딱딱하고 작은 농포가 생겨 피고는 맥시트롤 연고(Maxitrol eye ointment, 성분명: polymixin B sulfate, neomycin sulfate, dexamethasone)와 경구약을 처방하였고, 6. 10. 상태는 호전되었으나, 이후 좌안 아래눈꺼풀에 피가 섞인 분비물이 나오고 아래눈꺼풀이 수축되어 2002. 12. 6. 메드포어 임플란트의 앞부분을 제거하고 상처 부위를 항생제로 세척하였다(4차 수술).

바. 이후 항생제를 쓰며 경과 관찰하였으나 농포, 육아종이 나타나, 2003. 12. 12. 메드포어 임플란트를 전부 제거하였고(5차 수술), 5차 수술 이후에도 안구 함몰 및 주변 조직 구축이 발생하였다.

5. 원고와 피고의 주장

가. 원고의 주장

1) 피고는 1차 수술 후 염증이 발견되었을 때 단순포진으로 오진하여 방치하였고, 이에 메드포어 임플란트가 전부 노출되어 제거할 수밖에 없었고 안구함몰도 발생하였다.

2) 피고는 2차 수술 당시 메드포어 임플란트 제거 중 2개를 남겼고, 이 블록이 결막 아래 위치하여 눈꺼풀 주변조직과 유착되었고, 안구함몰의 원인이 되었다.

3) 피고는 3차 수술 당시 일반화되지 않은 메드포어 웨지 임플란트를 사용하여 감염의 주된 원인이 되게 하였고, 임플란트를 다시 제거하면서 아래눈꺼풀 수축으로 인한 영구 장해를 만들었다.

4) 피고는 3차 수술 당시 메드포어 웨지 임플란트를 삽입할 경우 감염 등의 부작용이 있음을 설명하지 않아 설명의무를 위반하였다.

6. 사건의 쟁점

가. 안구함몰이 메드포어 임플란트로 인한 염증 치료 상의 과실 및 메드포어 임플란트 방치로 인한 것인가?

1) 피고 병원의 염증치료는 적절하였고,

2) 피고가 메드포어 임플란트가 일부 노출되었지만 2개월 19일 동안 방치하였다고 하여 안와 염증이나 안구함몰이 발생하였다고 보기 어렵다.

나. 2차 수술 당시 메드포어 임플란트의 블록 2개를 제거하지 않아 안구함몰이 생겼는가?

3차 수술기록지에 메드포어 임플란트 블록 2개를 제거하였다고 기록되어 있으나, 메드포어 임플란트는 블록으로 쪼개지기 힘든 점, 안구함몰은 안구 제거 및 2차 안와 임플란트 삽입술을 시행받은 환자에서 대부분 나타나는 점, 원고의 안구함몰은 2차 수술 뒤 2년이 지나 발생한 것으로 메드포어 임플란트 블록 2개를 제거하지 않은 것과 인과관계가 있다고 보기 어려워 원고의 주장을 인정할 수 없다.

다. 메드포어 웨지 임플란트 삽입이 감염의 원인인가?

1) 메드포어 웨지 임플란트는 안와에 잘 맞는 모양으로 만들어져 골막에 삽입하기 쉽고 필요에 따라 변형할 수 있으며, 감염이나 이동이 적은 안정성이 있는 재료로서 이를 골막 하 삽입하는 것은 무안구증 안구함몰 교정술을 위하여 가장 우선적으로 행해지는 수술법이다.

2) 원고는 과거 여러 번 상처가 터져서 봉합한 과거력이 있고, 마지막 수술 1년 후에도 봉합사가 지나간 위 눈꺼풀 부위에 계속 발적이 남아 있어 봉합사나 이물에 대하여 특이 반응을 보이는 드문 경우로 보이며, 많은 수술을 받으면서 안와 조직 손상이 있을 것이다.

3) 안구 제거 및 2차 안와삽입물 삽입술을 시행받은 환자에서 안구함몰은 안구가 제거되면서 여러 지지구조물이 손상되고, 삽입물이 안와에 위치하면서 안와지방, 아래눈꺼풀에 무게가 전달되고, 또한 안와지방의 위축과 노화변화가 발생하는 등 여러 기전에 의하여 대부분 나타나는 증상이다.

4) 5차 수술 이후의 염증이 3차 수술 당시 삽입한 메드포어 웨지 임플란트로 인해 생긴 것으로 보이지만, 피고가 안구함몰보정을 위하여 3차 수술 당시 메드포어 웨지 임플란트를 삽입한 것이 적절하지 않은 시술방법이라 보기 어렵다.

5) 따라서 5차 수술 이후 원고에게 발생한 염증이나 아래눈꺼풀 수축이 3차 수술 상의 과실이나, 5차 수술 이후 피고 병원의 과실로 인한 것이라고 보기 어렵다.

라. 피고에게 설명의무를 위반한 과실이 있는가?

피고에게는 3차 수술 당시 메드포어 웨지 임플란트를 삽입할 경우 염증과 같은 부작용이 발생할 것이라는 점을 원고에게 설명할 의무가 있는데, 피고가 원고에게 이와 같은 점을 설명하였다는 점을 인정할 만한 증거가 없다. 따라서, 피고는 위와 같은 설명의무의 위반으로 인하여 원고가 입은 손해를 배상할 책임이 있다 할 것이다.

7. 손해배상의 범위

가. 위자료: 600만원

8. 사건의 해석

이 사건은 반복되는 안와 인공삽입물 수술에도 안구함몰이 발생하자, 환자가 안구 함몰이 수술 상의 과실임을 주장한 사건이다. 이 판례에서는 환자의 주장을 반박할 수 있었던 근거로, ① 수술기록 및 의무기록을 살펴 염증 치료나 수술과정 상에 이상이 없다는 점, ② 메드포어 웨지 임플란트 삽입술이 표준적으로 널리 쓰이는 수술이라는 점, ③ 의무기록 상 남겨진 바에 따라 환자가 이물에 대한 특이체질이 인정되었고, ④ 무안구증 자체도 안구함몰을 유발한다는 점이 인정되었다.

9. 같은 일이 다시 일어나지 않으려면

가. 정확하고 세심한 진료기록 작성

1) 진료기록부는 의료분쟁 발생 시 가장 중요한 증거자료이므로 세심하고 철저하게 기록해야 한다. 특히 소홀하기 쉬운 문진 등의 결과를 기록하고 진단 결과 설명이나 후유증에 대해 설명하고 설명 상대자 및 시간 등에 대해 기록하는 것이 필요하다. 의료법 제21조에서도 의료행위에 관한 사항과 소견을 상세히 기록하고 서명하도록 규정하고 있다. 허위로 작성하면 면허자격정지 1개월, 진료기록부 등을 기록 · 서명하지 않으면 면허자격정지 15일의 행정처분이 있다.

2) 의무기록에 대한 서울고등법원 2011. 3. 8. 선고 2010나17040 판례를 보면 "의료법 제22조, 제23조에 의하여 의료진의 진료기록 작성의무가 부과되는데, 이와 같이 의료인에게 진료기록부 등을 작성하도록 한 취지는 진료를 담당하는 의사가 환자의 상태와 치료의 경과에 관한 정보를 빠뜨리지 않고 정확하게 기록하여 이를 이후 계속되는 환자 치료에 이용하도록 함과 다른 의료기관 종사자들에게도 정보를 제공하여 환자로 하여금 적정한 의료를 제공받을 수 있도록 하고, 의료행위가 종료된 이후에는 그 의료행위의 적정성을 판단하는 자료로 사용하기 위해서다. 그러므로 의사는 진료기록부에 환자의 상태와 치료의 경과 등 의료행위에 관한 사항과 그 소견을 환자의 계속적인 치료에 이용할 수 있고, 다른 의료인들에게 적절한 정보를 제공할 수 있으며, 의료행위가 종료된 이후에는 의료행위의 적정성 여부를 판단하기에 충분할 정도로 상세하게 기록해야 한다. 우리나라 개인병원이 진료기록부를 작성하면서 중요사항이나 특이사항이 있을 때만 진료 결과를 기재하고 진료 결과가 정상인 경우에는 기재를 소홀히 하는 것이 관행처럼 되어 있다고 하더라도 이러한 부실기재 행태는 잘못된 것임이 분명하므로, 이를 가지고 바로 의료과실을 추정할 수는 없다고 하더라도, 의료법 제 21조에 의하여 환자 등의 진료기록에 대한 열람권 등이 인정되기까지 한 이상, 의사 측이 진료기록을 성실히 작성하지 않아 진료경과가 불분명하게 된 데 따른 불이익을 환자 측에게 부담시키고 그와 같은 상황을 초래한 의사 측이 유리한 취급을 받아서는 안 된다"라고 판단하여 객관적으로 확인된 망아의 검사결과 및 피고 병원의 부실한 진료기

록 기재 등에 비추어 피고 병원의 과실을 인정한 사례가 있다.

3) 따라서 의무기록을 철저히 남겨 의료소송에서 부실한 진료기록 때문에 과실이 인정되거나, 소송에서 승소할 가능성이 높다고 판단되게 하여 쉽게 소송에 노출될 위험성을 줄여야 한다.

나. 정기적인 학술세미나를 통한 의료사고 사례 공유 및 예방대책 논의

의료사고와 관련된 정기적인 학술세미나를 통해 다양한 사례를 공유하고 근본 원인을 분석하여 예방과 대책을 논의해야 한다. 이러한 모임은 학회회원의 의료사고의 특성에 대한 이해도를 높이는 역할을 한다. 이를 통해 특이한 환자의 경우에도 다른 의료진의 경험을 토대로 처치 및 진료에 도움을 받을 수 있다.

Ⅳ. 반복된 안검하수 수술 후 토안 및 노출각막병증이 생긴 환자

1. 사건번호

가. ○○중앙지방법원 2006. 8. 29. 선고 2005가합14385 판결
나. ○○고등법원 선고 2007. 5. 31. 선고 2006나87158 판결
다. 대법원 2010. 8. 19. 선고 2007다41904 판결

2. 소송 결과

가. 지방법원: 원고 일부 승(책임제한 30%)
나. 고등법원: 원고 일부 승(책임제한 60%)
다. 대법원: 청구기각(원고 패)

3. 원고와 피고

가. 원고: 환자, 환자 외 1인
나. 피고: 안과 의사1

4. 사건 요약

가. 원고는 1980년경 양안 쌍꺼풀 수술, 2000년경 양안 진피이식 수술을 받았으며, 수술 후유증으로 양안 안검하수가 생겼다.

나. 2003. 2. 26. 양안 안검하수를 교정하고 자연스러운 쌍꺼풀을 만들기 위하여 의사1로부터 쌍꺼풀 재수술을 받았고 수술 후 우안이 붓고 떠지지 않고 통증이 발생하여 그 이상 유무를 확인하기 위하여 추가로 두 차례의 수술을 받았다.

다. 그 후 토안 및 노출각막병증이 생겼다.

5. 원고와 피고의 주장

가. 원고의 주장

피고가 수술하면서 눈둘레근을 지나치게 올려 결찰하였거나 수차례에 걸친 수술로 눈둘레근이 섬유조직화 함으로써 토안이 되었다.

나. 피고의 주장

원고의 경우 여러 차례에 걸친 수술로 인한 흉터조직의 발생 및 수축, 눈둘레근의 기능 저하가 토안의 원인으로 추정되고 위눈꺼풀 피부 및 위눈꺼풀올림근의 과도한 절제, 신경손상 등은 없었다.

6. 사건의 쟁점

가. 토안과 이 사건 수술이 인과관계가 있는가?

눈둘레근의 섬유조직화는 수차례에 걸친 수술의 결과일 뿐 수술 상 과실로 볼 수는 없고, 1차 수술 이후 우안이 붓고 떠지지 않는 데다가 통증까지 호소하자 이상 유무를 확인하기 위하여 두 차례의 수술을 한 것 자체로 피고에게 과실이 있다고 보기 어렵다.

나. 개연성이 담보되지 않는 사정으로 피고의 과실을 추정하여 손해배상책임을 물을 수 있는가? (대법원 판결)

1) 위눈꺼풀올림근을 지나치게 올려 결찰하였거나 수차례 수술로 눈둘레근이 섬유조직화되어 토안이 생겼다는 주장으로 수술과 토안 발생 사이의 인과관계를 추정할 수는 있지만, 토안이 피고의 과실에 의한 것이라 추정할 수 있을 정도의 개연성을 갖췄다고 보기 어렵다. 과거 두 차례의 위눈꺼풀 수술과 이 수술 등 수회의 수술로 인한 흉터조직의 발생 및 수축, 눈둘레근 기능약화 등으로 인하여 토안이 발생하였을 가능성이 충분히 있으므로 피고에게 결찰 과실을 추정하기는 어렵다.

2) 원심은 개연성이 담보되지 않는 사정을 가지고 막연하게 피고 과실을 추정하여 피고의 손해배상책임을 인정하였으나 이것은 의료사고에 있어서 과실 추정에 관한 법리오해로 인하여 판결에 영향을 미친 위법이다.

다. 설명의무 위반에 관하여

1) **원심**: 피고로서는 성형수술이 미용 목적이며, 피고가 수술하기 전 2회 수술로 인하여 안검조직 유착이 예상되므로 수술 전 수술 부위, 방법 및 정도와 후유증을 구체적으로 설명하고 사전동의를 받아야 할 업무상 주의의무가 있으나 이를 인정할 증거가 없어 설명의무를 다하지 않은 과실이 있다. 또한 원고는 수술을 받을 경우 후유증이 발생할 수 있다는 설명을 들었더라면 수술을 하지 않았을 가능성이 있으므로, 피고는 원고가 입은 손해를 배상할 의무가 있다.

2) **대법원 판결**: 피고의 수술 상 과실에 관한 원심판단에 잘못이 있어 재산적 손해 및 위자료 부분을 파기하는 이상, 피고의 설명의무 위반으로 인한 위자료 부분도 그대로 유지

될 수 없어 결국 원심판결 중 피고 패소 부분의 전부를 파기한다.

7. 손해배상의 범위

가. 상고 기각, 위자료 파기

8. 사건의 해석

가. 이 사건은 이전 시행한 양안 쌍꺼풀수술 및 진피 이식수술 후 안검하수가 발생한 환자가 교정목적으로 양안 쌍꺼풀 재수술 및 두 차례의 추가 수술을 받은 후 토안이 발생하였고 이에 대해 수술한 의사에게 수술 상 과실과 설명의무 위반으로 소송을 제기한 경우이다.

수술 도중이나 수술 후 환자에게 중한 결과의 원인이 된 증상이 발생한 경우, 그 증상 발생에 관하여 의료 상의 과실 이외의 다른 원인이 있다고 보기 어려운 간접사실들을 증명함으로써 그와 같은 증상이 의료 상의 과실에 기한 것이라고 추정하는 것도 가능하나, 그 경우에도 의사의 과실로 인한 결과발생을 추정할 수 있을 정도의 개연성이 담보되지 않는 사정들을 가지고 막연하게 중한 결과에서 의사의 과실과 인과관계를 추정하여 결과적으로 의사에게 무과실의 증명책임을 지우는 것까지 허용되는 것은 아니다(대법원 2004. 10. 28. 선고 2002다45185 판결, 대법원 2010. 8. 19. 선고 2007다41904 판결 등 참조).

나. 눈꺼풀성형술 후 일시적으로 발생하는 안검하수는 수술 후 눈꺼풀 부종이나 혈종에 의한 것이다. 눈꺼풀판앞 눈둘레근절제술(pretarsal orbicularis resection) 중 의도치 않게 위눈꺼풀올림근 열개(dehiscence)가 생기면 영구적인 안검하수와 높은 쌍꺼풀선이 생긴다. 또한 눈꺼풀종양을 제거하여 넓은 범위의 전층 눈꺼풀 결함이 생기면, 눈꺼풀이 가로로 팽팽해져(horizontal tightness) 눈꺼풀 올림에 제한이 생긴다. 피부이식편에 넓은 반흔이 생기는 경우 눈꺼풀이 가로로 팽팽해지는 것과 달리 시간이 지나도 눈꺼풀처짐이 호전되지 않아 재수술이 필요하다.

다. 안검하수 수술 후 과교정은 미용적으로 좋지 않을 뿐 아니라 노출각막병증, 아래를 볼 때 눈꺼풀내림지연, 토안 등이 더 심하게 나타나므로 조심해야 한다. 과교정은 눈꺼풀올림근의 기능이 나쁜 선천 눈꺼풀처짐 환자에서 눈꺼풀올림근절제술을 시행했을 때는 잘 발생하지 않고 눈꺼풀올림근의 기능이 좋거나 재수술을 할 경우, 또는 외상 후 나타난 눈꺼풀처짐을 교정할 때 잘 발생한다.

9. 같은 일이 다시 일어나지 않으려면

가. 수술 상 과실이라는 오해를 막으려면

환자의 상태에 부합하는 수술을 선택하였고, 그 과정 이후 발생된 증상에 대한 처치가 적절하였는지, 재수술과정에서 경과 관찰과 기간은 충분했는지, 수술 후 합병증 및 기대 효과에 대한 충분한 설명이 있었는지 등을 살펴 그 중 문제가 있다면 의사의 과실이 인정될 수 있다.

1) 수술 전 수술 결과에 대한 충분한 설명

환자 입장에서 볼 때 이전 수술 후 발생한 안검하수를 치료하기 위하여 재수술을 하였는데, 토안이 생겼으니 본인의 기대와 달라 수술 중 과실이 있다고 생각할 수 있다. 이 같은 상황을 막기 위해서는 수술 전 환자에게 이전 수술로 인해 발생한 합병증을 치료하기 위한 재수술은 수술 난이도가 높으며 일반적인 수술에 비해 성공률이 떨어진다는 점, 수술 후 생길 수 있는 합병증과 수술에 실패할 경우 선택할 수 있는 치료 방법 등에 대해 충분히 설명한 후 동의를 구해야 한다.

2) 의무기록을 철저히 남긴다

수술 전 합병증 상태를 상세하고 구체적으로 의무기록지에 남기고, 가능하면 사진 촬영이나 검사결과 등 객관적인 기록을 남긴다. 수술 중 제거한 널힘줄앞지방의 양을 사진으로 촬영하여 수술기록에 첨부하고, 국소마취 하에 수술을 시행할 경우 환자를 앉혀서 수술 중 양안 대칭이 맞는지 확인하고, 환자에게 거울을 보여주어 양안 대칭을 환자에게도 확인한 후 사진을 수술기록에 첨부하여 증거를 남기는 것이 향후 환자가 수술 결과가 마음에 들지 않는다는 이유로 수술 중 과오를 의심할 때 반박할 수 있는 증거자료가 될 것이다.

3) 의사-환자 관계를 공고히 한다

여러 차례 수술을 받게 되면 조직 유착이 심하고 출혈이나 부종으로 인해 수술 시야가 좋지 않으며 해부학적 구조물을 명확히 판단하는데 어려움이 있을 수 있다. 의사는 수술 전 수술에 대한 계획을 세우고 이를 환자와 공유하고 충분한 이해를 이끌어 내 의사-환자 관계를 공고히 하여야 어려운 수술에 대한 환자 만족도를 높이고 수술 결과를 좋게 할 수 있다.

4) 다른 의사에게 의뢰

재수술의 경우 경험이 많은 의사가 아니면 의외의 상황에 대처하는 데 미숙할 수 있고, 수술 결과가 예상보다 좋지 않을 수 있음을 인지하고, 본인이 판단하여 어려운 경우라면 다른 의사에게 의뢰를 고려해야 한다.

나. 설명의무 위반

환자나 보호자에게 일반적인 미용성형수술과는 달리 수술이 어렵고 수술 결과가 예측하기 어려운 점을 충분히 이해시켜야 한다. 반드시 저교정이나 과교정이 될 가능성과 수술이 잘 된 후에도 재수술이 필요할 수 있다는 사실에 대해 설명한다.

눈꺼풀처짐교정술은 눈꺼풀을 정상으로 회복시키는 수술이 아니므로 수술이 잘 되어도 피할 수 없는 합병증으로 토끼눈, 눈꺼풀내림지연, 부자연스러운 눈깜박임 등이 반드시 나타남을 이해시켜야 한다.

모든 환자는 눈꺼풀처짐 교정뿐 아니라 미용적으로 좋은 모습을 갖기를 원한다. 따라서 쌍꺼풀선이나 피부이완증도 같이 교정되기를 원하고 있다는 점을 인식하고 이 부분도 대칭을 만들도록 노력해야 하며, 환자에게 교정이 가능한 부분과 가능하지 못한 부분을 명확하게 알려주어야 하겠다.

07 사시 소아안과 관련 소송

Ⅰ. 결막염으로 진단되었다가 3달 후 증식유리체망막병증이 발견된 2세 남아

1. 사건번호

○○지방법원 2007. 9. 20. 선고 2004가합11300 판결
○○고등법원 2008. 10. 29. 선고 2007나5303 판결

2. 소송 결과

가. 1심: 원고 일부 승
나. 2심: 원고 일부 승(책임제한 40%)

3. 원고와 피고

가. 원고: 2세 환아, 아버지, 어머니, 누나
나. 피고: A개인의원 의사 1, 2와 경영자(의사3), B대학병원

4. 사건 요약

가. 2세 남아가 좌안이 충혈되고 햇빛에 나가면 눈을 찡그려서 A안과의원에 갔다. 의사 1이 손전등(pen light)으로 검사하고 급성결막염으로 진단하고 안약을 처방하였다.

나. 지시대로 안약을 넣고 다시 가 의사2가 손전등으로 보고 결막염이 완치되었다고 하였다.

다. 동일 증상이 계속되어 3달 후 C종합병원에서 좌안 포도막염, 각막부종, 안구위축으로 전원을 권유하여,

라. 같은 날 B대학병원에서 좌안 동공이 작고, 항상외사시, 동공후유착, 선천 혹은 이차 백내장, 포도막염이 의심된다고 들었다. 수정체가 혼탁하여 망막이 보이지 않아 진정제를 2회 투여 후 안구 초음파검사를 시도했으나, 환아가 깨서 검사를 못했다. 7일 후 안구 초음파

검사를 하여 좌안 전체 망막박리가 의심되며, 망막박리의 정확한 상태와 다른 질환 여부를 확인하기 위하여 백내장 수술 후 다시 망막을 검사하기로 하였다.

마. 8일 후 B대학병원에서 백내장제거술, 망막유착 분리와 막제거술, 후낭절제술, 앞유리체절제술을 하였고, 전체 망막박리, 말기 증식유리체망막병증으로 시력회복이 불가능하다고 판단하였고,

바. 3달 후 D대학병원에서 유리체절제술, 망막절제술 및 안구 내 레이저, 실리콘기름충전술을 받았고, 이후 좌안 최대교정시력은 광각 무(빛도 보지 못함)이다.

5. 원고와 피고의 주장

가. 원고의 주장

1) 의사 1, 2는 좌안이 충혈되고, 빛에 민감하며, 우안에 비하여 작은 등, 포도막염의 전형적인 증상이 있으므로 정확한 진단을 위해 검사했어야 하나 손전등으로 비춰보고, 급성결막염으로 오진하였고, 진료 종료 후 요양방법에 대한 설명을 안 해 실명에 이르게 하였으므로 의사 1, 2와 사용자인 의사3은 손해를 배상해야 한다.

2) B대학병원은 백내장이 심각하다고 진단하고도 응급수술을 하지 않고 15일 후 백내장 수술을 하여 상태를 더 악화시켰고, 포도막염이 방치되어 생긴 백내장을 선천백내장으로 오진하였으며, 수술 이후 좌안이 빛을 보는데도 실명하였다고 잘못 진단하여 백내장 수술 3개월 후에야 시력회복을 위한 수술을 받게 되어 조기에 적절한 수술을 받아 시력을 회복할 수 있는 기회를 놓치게 하였고, 추가적인 망막 수술이 필요하다는 설명을 하지 아니한 잘못이 있으므로 B대학병원은 손해를 배상하여야 한다.

나. 피고의 주장

1) 의사 1-3의 주장

실명 원인은 포도막염으로 인한 망막박리가 아니라 선천질환인 일차유리체증식증으로 인한 망막박리이므로 진료 상 과실이나 설명의무 위반이 없고, 설사 포도막염으로 인한 망막박리가 실명 원인이더라도 진료 당시 포도막염이 없었으며, 진료 후 발생한 것이다.

2) B대학병원의 주장

수면유도약물의 부작용을 우려하여 필요한 검사를 하지 못해 백내장수술이 늦어졌고, 유아 백내장을 흔히 선천백내장이라고 하므로 그리 적었을 뿐 선천으로 진단한 바 없다. 내원 당시 이미 증식유리체망막병증 말기로 시력회복 가능성이 없었고, 보호자에게 안구위축을 막기 위해 추가 수술이 필요하다고 설명한 바 있다.

6. 사건의 쟁점

가. 실명에 이르게 된 원인이 포도막염인지 일차유리체증식증인가?

1) 일차유리체증식증의 증상으로 동공후유착이 발생할 수 있으며,

2) 2세 아동에서 내인성 포도막염이 발생한 사례가 거의 없고,

3) 포도막염이 장기간 지속되면 저안압으로 0mmHg에 가깝게 측정되는데, 당시 좌안 안압이 16mmHg이므로 질병으로 인한 안구위축이 아닌 선천 소안구증으로 보이며,

4) 포도막염이 있었다면 망막박리가 완치되더라도 포도막염 염증치료를 받는데 B, D 대학병원에서 염증치료를 받은 바 없는 것으로 보아 실명원인은 포도막염이기보다 일차유리체증식증으로 인한 증식망막박리가 진행되었기 때문인 것으로 봄이 상당하다.

나. 의사 1, 2가 진료하면서 오진한 잘못이 있는가?

1) 의사 1, 2의 진료 당시 사시, 백내장, 소안구증이 있었을 것이므로 면밀히 살펴 발견했어야 하고, 그런 증상을 보이는 질병을 의심하여, 힘들더라도 수면제 투입 후 세극등검사 등으로 검사하거나 다른 병원에 전원하는 등의 조치를 취하였어야 할 것임에도 관찰을 소홀히 하여 이상을 발견하지 못하고 단순 결막염으로 진단한 잘못이 있다.

2) 인과관계

일차유리체증식증 치료는 초기에 받을수록 예후가 좋으며 당시 일차유리체증식증으로 인한 증식망막박리가 진행되고 있었을 것임에도 발견하지 못한 점에 비춰볼 때, 증식망막박리가 향후 치료가 불가능할 정도로 심한 상태까지 진행된 정도는 아니었다고 봄이 상당하므로 진단 상 잘못으로 일차유리체증식증을 조기에 치료받을 기회를 놓치게 되었다고 할 것이다.

3) 책임제한

일차유리체증식증은 선천 요인으로 발생하는 질병이고, 초기 치료했더라도 항상 시력을 회복하는 것은 아니며, 진료 당시 만 2세이던 원고가 진료행위에 협조하지 아니하여 정확한 진단을 내리기 어려웠을 점 등의 사정이 인정되는바 책임을 40%로 제한한다.

다. B대학병원에서 백내장 수술을 지연하였고, 선천백내장으로 오진하였으며, 시신경이 남아 있는데도 오진하였고, 안구위축을 막기 위한 수술이 필요하다는 설명을 하지 않은 잘못이 있는가?

1) 백내장 수술을 지연한 과실

수면유도약물을 반복 복용하면 호흡부전이 생길 수 있어 검사를 미뤘고, 이에 따라 전원 당일에 수술이 실시되지 못한 것이라는 경위에 비추어 볼 때, 전원 당일에 수술을 실시하

지 아니한 것을 피고 병원의 의료진의 잘못이라고 할 수 없어 이 부분 주장은 이유 없다.

2) 포도막염의 합병증인 이차백내장을 선천백내장으로 오진한 과실

백내장 원인은 일차유리체증식증에 의한 것이지, 포도막염 합병증인 것이라고 보기 어려우므로 포도막염에 기한 것임을 전제로 한 이 부분 주장 역시 이유 없다.

3) 시신경이 남아 있는데도 이를 오진한 과실

피고 병원에서 백내장 수술을 받은 후 시신경이 살아 있어 수술로 시력회복이 가능하였다는 원고 주장을 인정할 증거가 없을 뿐 아니라, 안구 초음파검사에서 증식유리체망막병증 말기에 해당하여 시력회복이 거의 불가능하였던 점, D대학병원에서도 초진 시 시력이 상실되었다고 보았고, 좌안 시신경이 거의 죽어 시력 회복은 기대하기 힘들고, 안구 보존이 더 큰 목적임을 설명한 것으로 보이는 점, 수술 후 시력이 회복되지 아니한 점, 수술 시기가 백내장 수술 3개월 후로서 B대학병원에서 동일한 수술을 받았더라도 결과가 달라졌다고 단정하기 어려운 점 등으로, 진료 당시 좌안 시력을 회복하는 것이 불가능하였을 것이므로 이 부분 원고들 주장도 이유 없다.

4) 안구위축을 억제하기 위한 수술의 필요성을 설명하지 아니한 과실

백내장 수술 후 안구를 보존하기 위해 추후 전체유리체절제술과 실리콘기름충전술이 필요할 수 있다고 보호자에게 설명한 것으로 보이므로 설명이 없었다는 원고 주장 역시 이유 없다.

7. 손해배상의 범위

가. 일실수입: 당시 2세 7일의 남아로 기대여명은 71.31년, 군복무 종료 시점부터 60세까지 매월 22일씩 도시일용노동에 종사하는 보통인부 임금 55,252원을 적용하고, 좌안 실명으로 32%의 노동능력을 영구히 상실하여 총 55,252원 × 22일 × 32% × 456개월 = 62,391,792원

나. 재산상 손해

1) **기왕 치료비**: 3,521,735원

2) **보조구 구입비**: 1.5년마다 50만원의 의안 구입비 9,278,550원

다. 위자료: 환아 1,000만원, 부모 각 300만원, 누나 100만원

라. 의사 1-3의 책임비율은 40%로서 각자 환아 34,956,716원, 아버지 8,120,114원, 어머니 300만원, 누나에게 100만원과 지연손해금을 지급하며, B대학병원에 대한 항소는 기각한다.

8. 사건의 해석

가. 이 사건은 일차유리체증식증(persistent hyperplastic primary vitreous)이 있던 2세 남아가 충혈과 눈부심을 주소로 개인안과에 갔으나 발견되지 못하였고 3달 후 대학병원에서 검진 15일 후 수술을 받았으나 시력을 회복하지 못하여 개인안과는 진단 오류와 설명의무 위반, 대학병원은 수술 오류와 설명의무 위반으로 소송을 당한 경우이다. 결론으로 개인안과에서 예상 일실수입, 치료비, 위자료를 물어주었다.

나. 일차유리체증식증이란 매우 드문 선천질환으로서 눈이 만들어질 때 일차유리체가 생기고 출생 시 퇴화되어 유리체가 되어야 하는데, 태아 시절 일차유리체 퇴화가 불완전하여 계속 증식해 생긴다. 대개 정상 임신 주수와 정상 출생 체중의, 산소요법을 받지 않고 포도막염 병력이나 가족력이 없는 정상 어린이의 한 눈에서 나타난다. 증상으로는 백색동공, 눈 못맞춤, 사시, 소안구 등이 있고, 안과소견으로는 백내장, 수정체뒤혈관섬유막, 소안구증, 사시, 유리체출혈, 얕은 전방, 연장된 섬모체 돌기, 수정체 후방의 조직, 녹내장, 망막주름, 견인망막박리, 시신경저형성, 황반부저형성 등이 있다. 드물게 포도막염이 동반될 수 있다. 위치에 따라 전부형(anterior type), 후부형(posterior type), 전부형과 후부형이 혼합된 혼합형(combined type)으로 나누는데 환아는 초음파소견과 수술소견으로 혼합형으로 분류될 수 있다. 혼합형은 망막과 수정체가 모두 침범되는 가장 심한 경우로서 시력 예후가 매우 불량하다. 치료하지 않고 두면 반복적으로 유리체출혈이나 이차 녹내장이 생길 수 있다.

다. 실명에 이르게 된 원인은 포도막염이 아니고 일차유리체증식증이다. 만일 포도막염으로 이렇게 수정체부터 망막까지 모두 붙어버리는 전체망막박리가 생긴다면 매우 심한 충혈과 더불어 통증이 있었을 것이며, 반대편 눈을 깨끗하고 한 눈에서만 이렇게 심한 포도막염이 발생하는 경우는 없고, 이 나이에서 전신 질환이 없는데 이렇게 포도막염이 있는 경우는 보고된 바가 없으며, 모든 소견이 일차유리체증식증에 합당하다.

라. 일차유리체증식증에서 시력을 회복하려면 경미한 전부형에서 일찍 발견되어 일찍 수술하고 이후 약시 치료를 매우 잘한 경우에 국한되는 것이고, 혼합형 일차유리체증식증은 시력 회복을 기대하기 어렵다.

마. 판결에서는 일차유리체증식증 치료는 초기에 받을수록 예후가 좋다고 판단하였으나, 이 환자와 같은 혼합형에서는 해당되지 못하며, 설사 단순한 백내장이라도 2세라면 이미 약시가 너무 심해 수술해도 안전수동(눈 앞에서 손 흔드는지 아는 정도의 시력)이나 안전수지(눈 앞의 손가락 갯수를 셀 정도의 시력) 정도의 매우 불량한 시력을 보이는 경우가 대부분이다. 이미 한 눈 일차유리체증식증으로 인한 심한 약시 치료 시기를 훨씬 넘은 2세에, 단순한 백내장이 아닌 혼합형 일차유리체증식증은 수술을 하거나 하지 않거나 의미 있

는 시력이 나오기는 어렵다. 15일 늦게 수술했다고 시력에 영향을 미친다는 주장은 납득하기 힘들고, 의사 1-3의 진단을 못한 과실과 원고 시력과의 인과관계는 성립될 수 없다. 2세까지 한 눈 시력이 나쁜 것을 모르던 부모와, 시력이 회복될 수 없는 선천질환 진단을 3개월 늦춘 의사 1, 2나, 15일 늦게 수술한 대학병원 중 과연 누가 과실이 있다고 할 수 있을지 의문이다.

바. 마지막으로 한 눈이 실명되면 장해율이 눈으로는 25%, 전신으로는 24%인데 이 사건의 경우 32%의 노동능력을 영구히 상실하였다고 판단한 점 역시 의문이다.

9. 같은 일이 다시 일어나지 않으려면

가. 진단 과오를 막으려면

1) 충혈의 가장 흔한 원인이 결막염이지만 바이러스나 세균결막염이라면 충혈과 함께 부종, 무엇보다도 눈곱이 있었을 것이고, 알레르기결막염이라면 눈곱이 없을 수 있겠으나 대부분 부종이 있고, 아토피나 비염 병력이 있으며, 자주 눈을 비비고, 대부분 두 눈이며, 눈꺼풀이 건조해 보이고 비늘(scale)까지 있는 경우가 많다.

2) 어린이는 이상이 있어도 이를 표현하지 못하며, 의사가 물어봐도 제대로 대답할 수 없고, 검사에 협조도 안 되어 진단의 3중고를 가졌다고 할 수 있다. 그러므로 오진 가능성이 어른에 비해 훨씬 높다. 이상적으로는,

첫째, 처음 온 모든 어린이에서 시력검사를 비롯한 모든 검사를 기본적으로 하고,

둘째, 이런 검사를 할 수 없는 상황이라면 어린이의 경우 기본검사가 어려움을 설명하고 검사가 가능한 병원에서 진료를 받도록 권유하고, 설명하고 권유한 사실을 의무기록에 기재한다.

셋째, 이상이 없더라도 어린이는 이상이 생겨도 이야기하지 못하고, 굴절상태 등이 계속 바뀌므로 정기검진을 권유하는 것이 안전하겠다.

3) 어린이는 본인 상태에 대한 정확한 표현이 불가능하기 때문에 오랜 시간 환아와 함께 하는 보호자 말을 경청해야 한다.

4) 기본검사 중 조절마비굴절검사나 안저검사는 밝은 불빛과 렌즈를 눈 앞에 대는 동안 눈을 움직이지 않아야 하는데 협조하는 어린이는 매우 적고, 나머지는 수면제를 먹여서 보거나, 억지로 붙잡고 볼 수밖에 없다. 1차 의료기관에서 오는 모든 어린이에서 수면제를 먹여서 기본검사를 한다는 것은 불가능하고, 부모도 수면제까지 먹이는 상황에 동의하지 않을 것이다. 또한 수면제를 먹여도 잘 자지 않는 경우도 많고, 매우 드물기는 하지만 호흡이 어려워지는 등의 합병증이 생기면 생명의 안전을 위협받을 수 있으므로, 현실적으로 1차 의료

기관에서는 어렵다. 1차 의료기관에서 검진에 제한이 있는 경우 보호자에게 추가 검진의 필요성을 설명하고 수면제를 먹고 잠을 깰 때까지 안전하게 환자를 모니터링할 수 있는 시스템을 갖춘 의료기관을 방문하도록 권유하는 것이 안전할 것이다.

5) 개인안과에서 짧은 시간에 비교적 용이하게 어린이를 검사할 수 있는 현실적인 방법으로는,

가) 항상 시력을 확인한다.

숫자나 그림을 알고 이야기하는 모든 어린이는 시력을 재고 그것이 안 된다면 보호자의 무릎에 어린이를 앉히고, 보호자가 아이의 한 눈씩 확실히 가리게 하고, 가까이에서 장난감을 보여주면서 주시를 하는지 확인하고, 주시를 한다면 장난감을 움직이면서 따라보는지 확인한다. 이 어린이는 좌안 시력이 매우 나쁘므로 우안을 가리고 좌안으로 보도록 하면 안 보이므로 고개를 흔들거나 짜증을 냈을 것이다. 이렇게 "주시와 따라보기"로 확인하는 방법은 짧은 시간에 장난감만 있다면 가능하다. 단 근시가 심해도 근거리 물체를 어느 정도 주시하고 따라 보므로, 양안근시 정도가 많이 다른 부등근시로 인한 약시를 간과할 수 있고, 보호자가 제대로 가리지 못하는 경우가 있어 주의해야 한다.

나) 망막의 적색반사(red reflex)를 확인한다.

적색반사는 불을 끄고 1미터 정도 떨어진 곳에서 직상검안경의 숫자를 0으로 맞추고 불을 가장 크게 해서 두 눈을 비춰서 두 눈의 적색반사가 전체적으로 모두 밝은지 양안이 대칭적인지 본다. 또 다른 방법으로는 망막검영기(retinoscope)로 각각의 눈을 비춰보면 심한 굴절이상, 백내장 같은 매체혼탁을 확인할 수 있다. 어린이 백내장은 층판(lamellar cataract)인 경우가 많아 백내장이 전체적으로 균일하여 세극등보다 망막검영기에서 더 뚜렷할 수 있다.

나. 설명과 관련되어

설명의무는 모든 의료소송에서 항상 거론된다. 일반적으로 의사는 진료목적의 달성을 위해 환자 또는 보호자에게 요양의 방법 기타 건강관리에 필요한 사항을 상세히 설명하여 후유증 등에 대비하도록 할 의무가 있다(대법원 2006. 11. 23. 선고 2005다11688 판결 등). 가장 큰 현실적인 문제는 설명했다는 사실을 의무기록에 모두 적을 만큼 시간이 넉넉하지 못하다는 점이다. 그래서 어린이의 경우 늘 기본검사가 어려움을 설명하고, 검사가 가능한 병원에서 진료를 받도록 권하고, 이상이 없더라도 어린이는 이상이 생겨도 이야기하지 못하고, 굴절상태 등이 계속 바뀌므로 정기검진이 필요하다고 설명하고, 전자의무기록에 쉽게 입력하는 방법을 모색하는 것이 안전하겠다.

다. 어린이 검사와 시술 중 안전한 마취를 위한 노력

협조가 되지 않는 소아에서 시간이 소요되는 검사나 특정 시술이 필요한 경우 정확하고 안전한 검사 및 시술을 위해 수면마취가 필요하다. 대부분 수면제를 적정량 복용하면 잠이 들어 검사할 수 있지만 간혹 예상치 못한 이상반응이 있기도 하고 일반적 용량에 잠들지 않아 여러 약물이나 적정 용량 이상의 수면제를 써야 될 수 있다. 이 때 수면마취와 관련된 이상반응이 발생하면 그에 대한 책임은 약물을 처방한 의사에게 있다. 안전한 소아수면을 위해 소아청소년과, 마취과, 영상의학과에서 소아 수면마취와 관련된 가이드라인을 제시하고 지원 받도록 노력하는 것이 필요하다.

Ⅱ. 망막박리 2번째 수술 시 마취사고가 생긴 11세 남아

1. 사건번호

○○지방법원 1991. 10. 4. 선고 89가합64731 판결
○○고등법원 1993. 6. 25. 선고 91나58002 판결
대법원 1995. 3. 17. 선고 93다41075 판결

2. 소송 결과

원고 일부 승

3. 원고와 피고

가. 원고: 11세 환아, 아버지
나. 피고: A대학병원

4. 사건 요약

가. 원고는 1989. 5. 22. 공에 좌안을 맞아 수시간 후 좌안 시력장애가 생겼고 2일 후 피고병원에서 망막박리로 진단받고 급속도로 증식유리체망막병증으로 진행되어 6. 26. 피고 병원에서 냉동응고술, 전공막돌융술, 망막주름을 펴는 수술, 외부망막하액배출술, 하부 홍채절제술 및 유리체내공기주입술을 받았다. 박리된 망막이 완전히 유착되지 않아 추가 수술을 하기로 하였고, 1차 수술 전과 동일한 사전검사를 받았으나 전신 이상이 없다고 판단되었다.

나. 7. 5. 유리체절제술, 수정체절제술, 외부망막하액배출술, 유리체내공기주입술 후 약 20분 간 수술실에 대기하고 1회 환기량과 자발호흡이 충분하여 기관내 튜브 삽관을 유지하고 회복실로 가 담당간호사가 회복과정을 관리하였다.

다. 13:00 수술이 종료되었고 13:25 회복실 도착 직후 호흡수 20회/분, 맥박 104회/분, 수축기혈압 140㎜Hg로 다소 높으나 이상 없었다.

라. 13:33 혈압을 재려는데 전신 청색증과 부종을 발견하고 기관내 삽관된 튜브에 앰뷰백(ambu bag)을 연결하여 가압식인공호흡을 하였다. 회복실 담당의사는 13:35 간호사에

게 심장마사지 등을 시키고, 13:45 흉부외과 의사에게 의뢰하여 흉부상부 피하조직을 절개하고(이때 심한 공기유출이 되었다), 14:00 부늑막강 속에 chest-tube를 삽입하여 늑막강 속 공기를 빼내었다.

마. 14:10 호흡기 중환자실로 옮겨졌는데 전신부종과 폐기흉은 호전되었으나 저산소뇌후유증으로 인한 신경마비상태가 초래되었다. 저산소증은 폐기흉과 광범위한 피하기종으로 폐가 수축되어 호흡부전이 되었거나 심장이나 대동맥이 뇌혈류 공급을 어렵게 하거나 일시정지시킬 정도로 압박되어 생긴 것으로 보인다.

5. 원고와 피고의 주장

가. 원고의 주장

전신흡입마취 과정에서 적절치 못한 시술로 기흉이 유발되었고 이후 신속하고 적절한 대처가 부족하여 저산소뇌후유증으로 인한 신경마비 상태에 이르렀다.

나. 피고의 주장

환자가 전신흡입마취에 적당하지 않은 특이체질이었다.

6. 사건의 쟁점

가. 안과수술 상 과오가 있는가?

1차 수술 실패원인은 좌안 망막전체가 박리되고 섬유화되어 망막전체 주름까지 생긴 정도로 증식유리체망막병증이 진행되었을 뿐 아니라 원고는 고도근시로서 망막 자체가 선천적으로 약하여 1차 수술로도 박리된 망막이 완전히 유착되지 않았던 것으로 추정되므로 현재 의학수준에 비추어 피고 병원 과실을 찾기 어렵다.

나. 마취 및 회복과정에서의 책임

1) 1,2차 수술 전 시행한 전신마취 적합 여부에 대한 검사에서 이상 소견이 없었고, 과거 12년의 병력 상 긴장성 기흉을 유발할 만한 특이체질을 가진 환자라 보기 어렵다.

2) 1차 전신마취 후 9일 만에 2차 전신마취가 이뤄진 점에 문제가 있거나 마취제로 인한 부작용으로 기흉이 유발되었다고 보기도 어렵다.

3) 따라서 환자 체질이나 마취약제로 인한 원인 외 전신마취 과정에서 적절치 못한 시술(예를 들어 과도양압으로 인한 폐포파열 또는 삽관시 식도손상 등)로 인해 기흉이 생기지 않았을까 추측할 수 있겠다.

4) 현대 의학 수준으로 밝힐 수 없는 원인으로 기흉이 생겼더라도 청색증으로 피부가 변색되고 피하기종으로 온몸이 부은 것을 수술 후 약 30분이 지나 발견하였고 이후 약 30분이 지나 기흉을 의심하여 흉부관삽입술을 시행하였다. 이는 의료진이 마취 후 생긴 기흉에 대해 신속하고 적절한 처치를 하지 못한 잘못이 있다고 할 수 있다.

7. 손해배상의 범위

가. 일실수입

기준일 당시 나이 11세 11월, 그 또래 우리나라 남자 평균여명은 54.66년이다. 성인남자의 도시일용노임은 1일 금 19,300원이다. 군복무를 마치게 되는 23세가 되는 2000.7.6.부터 사고일부터 60세가 되는 2037.7.6.까지 37년 간(444개월) 도시일용노동 월 482,500(=19,300 × 25일)의 수입 전부 90,709,951원

나. 개호비

개호 없이는 일상생활이 어려우므로 생존 동안에 성인여자 1인의 개호가 필요하다. 기대여명이 또래 정상인보다 4년 정도 단축된 50.66(607개월여)년 동안 성인여자 1인 개호 필요(134,961,430원)

다. 향후 치료비

1) 향후 5개월 간 입원 물리 및 작업치료비 3,990,000원, 6개월간 통원 물리 및 작업치료비 2,916,000원, 2년 간 항경직성 약물비 5,694,000원, 합계 12,600,000원

2) 보조구비용

3) 사고 후 단축된 50.66년의 여명기간 동안 휠체어 단가 50만원, 수명 5년 2,276,950원으로 총 2,399,000원

라. 위자료

위자료로 환자에게 1,000만원, 환자 아버지에게 700만원을 각 지급함.

8. 사건의 해석

가. 기흉 발생의 원인

1) 기흉의 원인은 수술 중 기관지, 식도, 폐 또는 횡경막에 직접 손상을 가한 경우, 마취 도중 기관지나 폐에 과도한 압력을 가한 경우, 호흡기질환이 있는 경우, 폐포 벽이 파열되어 큰 폐포가 형성되었거나 늑막이 약한 특이체질자인 경우 등이 있다. 전신마취에서 회

복 시 저산소혈증, 기흉 등의 합병증 발생이 우려되므로 시술 및 마취담당의사로서 환자 체위, 오심, 구토, 청색증, 호흡장애, 불안 흥분 등에 유의해야 한다. 특히 청색증이나 피하기종은 수술 중 생겨도 수술 후 명확해지는 경우가 많아 회복환자에 대한 세심한 관찰이 요구된다. 기흉에 의한 청색증은 100% 산소로 인공호흡을 하면서 빨리 흉부관삽입술을 해야 한다.

2) 이 사건 쟁점은 청색증과 피하기종 원인이 기흉을 쉽게 일으킬 만한 특이체질인지 아니면 전신마취 중 부적절한 시술 때문인지이다. 특이체질이었다면 마취 전 검사에서 이상소견이 발견되었거나 과거력 상 호흡기질환이 있어야 하지만 모든 검사에서 이상소견이 발견되지 않았고 과거력 및 이전 마취과정에서도 아무 문제가 없어 체질에 기인한 문제는 찾기 어렵다. 결국 마취과정에서 부적절한 시술 때문이라고 추측할 수 있지만 이는 정황뿐이지 시술과정에서 잘못이 있었다는 증거를 찾을 수는 없다. 그러나 마취과정 중 부적절한 시술이 없었더라도 청색증과 피하기종을 늦게 발견하였고, 처음부터 기흉을 의심하여 흉부관삽입술을 하지 않고 기흉에 적절히 대처하지 못했다는 잘못이 있다.

나. 개호비

1) 이 사건에서 일실수입과 관련된 노동력상실 비용보다도 개호비용이 훨씬 높다. 개호비란 간병비용과 비슷한 개념으로 보행, 거동, 배변, 체위 변경, 산책, 여행, 외출뿐 아니라 지적 또는 정신적 장애로 타인의 보호가 필요한 경우 인정된다. 일실수입은 월 22일로 계산하지만 개호비는 월 30-31일로 계산되며, 성인여자 일용노임을 기준으로 1일 8시간 기준으로 계산되는데 만일 수면 시간 8시간 제외한 16시간 개호인이 필요하다면 2명의 개호인이 필요한 것으로 볼 수도 있다. 그러므로 매우 큰 금액이 된다.

2) 두 눈을 실명한 경우 역시 개호비가 필요한데 개호비 전액을 인정하기도 하고, 최근 판례에서 양안시력상실 피해자에 대하여 맹인으로서 일상생활에 익숙해지는 3년 간 성인여자 일용노임을, 이후 여명기간까지 0.5인 또는 0.3인 개호비를 지급한다고 판결된 바 있다.

9. 같은 일이 다시 일어나지 않으려면

요즘은 모니터링이 잘 되어 이런 일이 생기기는 어렵겠으나 2011년 한 대학병원 조사에서 2년 간 44,915건의 마취 중 379건의 사건이 있었다. 미국 마취과학회는 physical status가 낮은 경우, 오랜 수술, 일과 시간 이후 수술에서 사고가 더 많다고 보고하였다. 사고 중에는 기도(airway)와 투약 문제가 가장 많았다. 전체 사고 중 59%는 막을 수 있었고, 48%에서 좋지 않은 결과를 보였다.

참고문헌

Saito T, Wong ZW, Thinn KK, Poon KH, Liu E. Review of critical incidents in a university department of anaesthesia. Anaesth Intensive Care 2015;43(2):238-43.

Ⅲ. 색소실조증 경과 관찰 중 망막박리로 우안 안구위축된 2세

1. 사건번호

○○지방법원 2011. 11. 30. 선고 2009가합97807 판결

2. 소송 결과

청구기각(원고 패)

3. 원고와 피고

가. 원고: 2세 환아, 부모
나. 피고: A대학병원 및 안과 전문의

4. 사건 요약

가. 원고는 생후 2일 피고 병원 소아청소년과에서 색소실조증으로 진단받고 5일에 안과 전문의로부터 양안 망막출혈이 있다고 들었다. 호전이 없으면 레이저 치료 시행 가능성을 설명 들었다. 1달 후 좌안 망막출혈은 감소되었고, 우안 출혈은 동일하였다. 2달에 좌안 출혈이 더 감소하였고 우안 망막출혈 잔유물이 유지되었다. 3주 뒤 우안 유리체/망막의 섬유혈관증식과 견인망막박리 소견이 보여 수술을 위해 B대학병원으로 전원되었다.

나. B대학병원에서 우안 견인망막박리, 좌안 광범위한 망막색소상피위축으로 우안 시력 회복은 어렵다고 들었고 이후 우안은 안구위축 상태이다.

5. 원고의 주장

가. 우안 망막출혈 발견 즉시 견인망막박리 예방을 위해 냉동응고치료나 레이저 광응고치료를 해야 함에도 경과 관찰을 하여 적절한 시기에 치료받을 기회를 상실하였다.

나. 설명의무 또는 고지의무를 위반하였다.

6. 사건의 쟁점

가. 초진 시 예방적 치료를 하지 않고 경과 관찰을 한 과실이 있는가?

원고는 출생 당시 색소실조증으로 진단받았고 피고는 1, 2, 4, 7주에 안저검사하여 호전을 확인하고 3주 후 경과 관찰을 하기로 하였으며, 좌안 전반적 망막출혈이 모두 흡수되었다. 망막출혈이 있는 모든 경우 레이저광응고술이나 냉동치료가 필요하지 않고, 냉동치료나 레이저치료를 하면 일생 시야가 좁아지는 등의 합병증 발생 위험이 높고, 레이저 치료나 냉동치료를 하더라도 망막박리로 진행할 수 있다. 경과 예측이 어려운 상황에서 1-3주 간격 경과관찰은 적절한 것으로 판단되고, 색소실조증에서 발생하는 망막증 진행속도는 수주-수년까지 다양하여 예측이 어려우며 따라서 이후 기간 중 발생한 망막박리 예측은 어려웠을 것이며, 초진시 예방적 치료를 하지 않고 경과관찰을 한 과실이 있다고 보기는 어렵고 달리 이를 인정할 증거가 없다. 따라서 원고의 이 부분 주장은 이유 없다.

나. 피고가 설명의무 또는 고지의무를 위반하였는가?

소아청소년과 의료진은 신생아실 입원 당시 부모에게 색소실조증으로 인한 시력 손실 가능성에 대하여 설명하였고, 그 후 피고가 부모에게 검사 결과 및 망막출혈이 악화되면 레이저 광응고술 등의 치료가 필요할 수 있음을 설명한 사실을 인정할 수 있으므로 원고의 이 부분 주장 이유 없다. 눈 상태가 급격히 변화할 경우에 대비하여 담당의사로서 주의할 점을 고지하지 아니한 과실이 있다고 주장하나, 당시 원고는 눈맞춤이 가능한 나이가 아니었고 환아 변화를 보호자가 파악하기는 어려웠으므로 특별히 좋지 않은 소견이 보일 때 내원할 것을 고지하지 않았다 하여 과실이 있다고 보기는 어렵다.

7. 손해배상의 범위

청구기각(원고 패)

8. 사건의 해석

가. 매우 드물고 시력예후가 나쁜 색조실조증 영아가 3주 만에 견인망막박리가 되어 안과 전문의가 예방적 치료를 하지 않은 진료과실 및 설명의무 위반으로 피소된 경우이다.

나. 색소실조증(incontinentia pigmenti)은 특이한 색소침착을 보이며 여러 기형을 합병되는 선천질환이다. 눈 이상이 33-70%에서 있고, 망막박리 등에 의한 합병증으로 약 7%에서 실명한다. 망막허혈, 신생혈관, 확장된 혈관 등을 보이는데, 눈 합병증의 발생, 자연경

과 및 치료 지침은 성립되지 않았고, 무혈관 망막에 냉동응고술이나 레이저 광응고술로 망막출혈, 박리 등을 예방하였다는 보고가 있으나 이런 치료에도 망막박리가 30%에서 발생했다는 보고도 있다. 망막박리 발생 시 유리체절제술로 망막을 유착시켰다는 보고가 있으나 이러한 치료에도 망막이 유착되지 않는 경우가 많고 예후가 불량하다.

9. 같은 일이 다시 일어나지 않으려면

가. 환자 보호자와의 유대관계 형성

어린이를 진료하는 의사는 환자뿐 아니라 보호자와 유대가 중요하다. 예후가 나쁜 질병에서 항상 보호자에게 예후에 대해 충분히 설명하고 보호자와 공감대를 형성하지 않으면 언제든 피소될 위험이 있다. 의료분쟁은 의사와 환자 간 이해부족으로 인한 상호 불신으로 종종 유발된다. 환자는 의사가 자신의 질문에 잘 대답해 주지 않거나, 들어주지 않으면 속인다고 생각하는 경우가 많다. 그러므로 의사와 환자 사이의 의사소통을 원활히 하여 상호간에 신뢰를 가지는 것이 의료분쟁을 막는 가장 효율적인 방책일 것이다.

나. 환자 보호자 교육

환아가 눈맞춤 등이 발달한 시기가 아니므로 이상 소견이 보일 때 내원할 것을 고지하지 않은 것이 과실로 인정되지 않았지만, 보호자를 적극적으로 치료에 개입시키는 것이 중요하다. 증상 변화를 일찍 발견하여 신속하게 의료진에게 알리도록 한다. 3분 진료의 의료현실로 의사나 간호사가 보호자에게 설명이나 교육을 충분히 하기 어렵다. 따라서 부모들의 흔한 궁금증과 오해를 풀어줄 수 있는 내용과 특정 질환에서 부모 역할을 안내하는 교육 자료를 제작하여 진료실에서의 부족한 교육을 보완해주면 좋겠다. 안과 진료의 특성상 산동이나 검사 등으로 대기하는 동안 읽을 수 있는 교육자료를 제공하거나, 휴대폰으로 동영상을 전송하여 보호자들이 쉽게 찾아볼 수 있도록 설명 처방을 해주는 것도 도움이 되겠다.

다. 전원의무

예후가 나쁜 질병의 환자를 끝까지 처리할 수 없었다면(이 경우 망막박리 치료가 어려웠다면) 좀더 이른 시기에 전원해도 좋았을 것이다.

Ⅳ. 외사시 수술 후 속발내사시가 생겨 복시를 호소하는 경우

1. 사건번호

○○중앙지법 2008. 7. 22. 선고 2006가단464539 판결

2. 소송결과

원고 일부 승(위자료)

3. 원고와 피고

가. 원고: 사시 수술을 받은 환자, 부모
나. 피고: A대학병원

4. 사건 요약

가. 피고 병원 이전에 1990. 4. 19. 외사시 50프리즘디옵터(PD)로 우안 외직근 7mm 후전술과 우안 내직근 7mm 절제술을, 10. 23. 외사시 30PD로 좌안 외직근 6mm 후전술과 좌안 내직근 5mm 절제술을 받았다.

나. 피고 병원에서 2003. 7. 16. 간헐외사시 25PD와 좌안 상사위 6PD였고 7. 24. 입원 시 외사시 20PD로 7. 25. 좌안 외직근 후전술을 하려다가 좌안 외직근 상태를 확인 후 양안 외직근 4mm 후전술을 하였다.

다. 2003. 7. 26. 내사시 10PD가 있어 양눈 교대로 가렸고 호전되지 않자 2003. 10.부터 프리즘안경을 쓰기 시작했다.

라. 내사시로 인한 복시가 지속되어 2004. 9. 14. B대학병원에서 우안 외직근 전진술을 받았다.

마. 현재도 내사시로 인한 복시가 있으며, 2004. 6.부터 좌측 안면신경마비, 우울, 강박장애 등을 겪고 있다.

5. 원고의 주장

가. 한 눈만 수술하여야 함에도 불구하고 양안 동시에 수술한 잘못이 있고,

나. 후전술은 최고 10㎜를 넘지 않는 범위 내에서 해야 함에도 불구하고 이를 초과하여 했고,

다. 수술 후 신속한 진단을 하지 못하여 재수술을 지연시킨 잘못이 있고,

라. 수술 당시 설명의무도 이행하지 않았다.

6. 사건의 쟁점

가. 수술 상 과실 여부

양안을 동시 수술하거나 후전술의 최고 한도를 초과한 증거가 없다. 오히려 좌안 외직근 후전술만 할 경우 외직근 힘이 너무 감소될 가능성이 있어 양안 균형을 맞추기 위하여 양안 외직근 후전술을 한 점, 외직근 후전술을 12㎜까지 해도 외전장애 등 합병증이 발생하지 않는 보고가 있는데 우안 외직근 11(7+4)㎜, 좌안 외직근 10(6+4)㎜로 위 범위 내이고, 수술 다음 날 10PD 내사시는 의도된 약간의 과교정으로 오히려 바람직한 현상인 점을 인정할 수 있으므로, 원고의 이 부분 주장은 이유 없다.

나. 수술 이후 경과 관찰 상 주의의무를 위반하였는가?

수술 후 신속한 진단을 하지 못하고 재수술을 지연시킨 잘못을 인정할 증거가 없고, 수술 다음 날부터 가림 치료 및 프리즘 치료를 하였고, 수술 후 발생하는 속발내사시는 사람마다 호전 기간에 차이가 있는데 수술 외 비수술적 치료인 가림치료와 프리즘치료를 했고, 복시가 호전되지 않자 2004. 8. 재수술을 권했으므로, 원고의 주장은 이유 없다.

다. 설명의무 위반

1) 피고가 원고에게 수술 필요성, 방법, 후유증 등에 대해 설명했다고 인정하기에 부족하고, 처음 좌안 수술만 계획하다가 별도 설명 없이 수술 도중 계획을 변경하여 양안 수술을 하여 설명의무를 제대로 이행하지 않은 잘못이 있다.

2) 의사가 설명의무를 위반한 채 수술해 예상치 못한 피해가 발생한 경우, 손해를 청구하기 위해서는 그 중대한 결과와 의사의 설명의무 위반 사이에 인과관계가 존재해야 하며, 의사의 설명의무 위반은 환자의 생명·신체에 대한 의료 침습과정에서 요구되는 의사의 주의의무 위반과 동일시할 정도의 것이어야 한다.

3) 설명의무 위반과 복시 사이에 상당인과관계가 있거나 설명의무 위반이 수술에서 초래된 주의의무 위반과 동일시할 정도에 이르렀다고 볼 증거가 없으므로, 설명의무 위반으로 인한 피고의 책임은 원고의 정신적 손해에 대한 위자료로 한정된다.

7. 손해배상의 범위

가. 위자료: 원고 500만원, 부모 각 250만원

8. 사건의 해석

가. 동일한 사시각을 동일하게 수술해도 결과는 사람마다 다르다. 외사시 수술 후 정위가 되었다가 다수는 시간이 흐르면서 점차 외사위나 외사시가 재발한다. 이 사건의 원고 역시 피고 병원에서 수술받기 전 이미 2번의 외사시 수술을 받았지만 외사시가 재발된 경우이다. 이처럼 외사시는 수술 후 재발하는 경우가 워낙 많으므로 술후 과교정이 되는 경우가 장기적으로 성공률이 높다. 즉 외사시 수술 직후 어느 정도의 과교정은 바람직하다고 할 수 있고 원고의 경우 수술 직후 10PD의 내사시는 수술 직후로서는 매우 바람직한 범위에 속한다. 그러나 원고는 다수와는 달리 시간이 흘러도 내사시가 줄지 않고 지속된 경우이다.

나. 이 사건에서 설명의무 위반으로 인한 정신적 손해에 대한 위자료를 지급하였다. 사시 수술을 할 때 부족교정, 과교정에 대해 모든 의사가 항상 설명하므로 설명을 듣지 못했다는 것은 사실과 다를 것으로 생각된다. 외사시 수술을 하면서 과교정 위험에 대해 설명하지 않고 수술하는 사시 수술자는 아무도 없을 것이다. 그러므로 설명의무 위반은 사실과 다를 것이다.

다. 수술 전 동의서 작성 시 늘 설명하는 부작용에 관해서도 단지 환자와 보호자가 충분히 이해하지 못했다는 주장에 근거하여 설명의무 위반을 적용하는 것은 문제이다. 의료진은 설명할 때 낮은 확률의 부작용이니 생기지 않을 거라는 식의 태도를 보이지 않도록 주의해야 한다. 의사와 환자 간에는 철저한 신뢰를 바탕으로 객관적인 내용을 모호하지 않게 정확히 전달하는 사회적 커뮤니케이션이 이루어져야 한다.

9. 같은 일이 다시 일어나지 않으려면

동의서에 질병의 증상, 치료방법의 내용 및 필요성, 발생이 예상되는 위험 등에 대해 자세히 기술하고, 동의서를 받을 때 줄을 긋거나 표시해서 확실히 설명했다는 것을 표시하고, 수술 후 있을 수 있는 위험에 대해 관하여 매우 강조해서 환자가 충분히 위험을 인지했다는 것은 확인한 후 수술해야 되겠다.

의료법학의 관점에서는, 같은 소송에서도 고등법원의 판결이 대법원에서 부정되는 경우가 많아 설명의무에 대한 구체적이며 명확한 기준을 확립하는 것이 필요하다.

08 처방전 교부

Ⅰ. 대리 처방과 관련된 사건

1. 사건번호

○○지방법원 2011. 6. 7. 선고 2010가단473738 판결
○○지방법원 2012. 2. 10. 선고 2011나29214 판결

2. 소송 결과

원고 일부 승

3. 원고와 피고

가. 원고: 건강보험심사평가원
나. 피고: 개인안과 의사1

4. 사건 요약

가. 의사1은 1999. 8. 11.부터 서울에서 'A안과의원'을 개설하여 운영 중이다.

나. 2004. 10. 6.부터 2007. 3. 14.까지 파주시 B의원을 주 1회 방문하여 백내장 수술 등을 하였고, 2004. 10. 6.-2007. 3. 14.까지 의사2에게 2007. 3. 21.-10. 24.까지 의사3에게 A안과의원에서 의사1을 대신하여 외래진료를 하고, 의사1이 진료한 것처럼 61,628,340원의 요양급여비용을 청구하고, 의사1 명의로 38,367,298원의 원외처방전을 발행하였다.

다. 2008. 8. 25-30.까지 A안과의원의 국민건강보험 요양급여비용 청구에 대하여 현지 조사하여 피고가 위와 같은 방법으로 99,995,550원을 원고에게 부당하게 부담시켰다는 결론을 내렸다.

라. 보건복지부장관은 2009. 9. 25. 요양기관 업무정지 78일의 처분을 하면서 요양급여비용 61,628,340원을 환수하고, 약국약제비 38,367,210원에 관하여는 민법 제750조의

규정에 의하여 38,367,210원 상당의 손해배상채권을 피고의 원고에 대한 채권과 상계하는 방식으로 환수하겠다고 통보하였다.

5. 원고와 피고의 주장

가. 원고의 주장: 피고가 의사2, 3에게 피고 명의로 원외처방전을 발행하게 하고 약국약제비 38,367,210원을 청구하여 원고에게 부당하게 부담시켰으므로, 피고는 민법 제750조에 의하여 손해배상으로 원고에게 38,367,210원 및 지연손해금을 지급할 의무가 있다.

나. 피고의 주장: 의사2, 3이 직접 진료를 하고 원외처방전을 발행한 이상 원외처방전이 피고 명의로 된 것이더라도 위법으로 볼 수 없고, 환자는 어디선가 진료를 받았을 것이고, 원고는 약국약제비를 부담하였을 것이다. 따라서 피고가 불법행위를 하였거나, 원고가 손해를 입었다고 볼 수 없다.

6. 사건의 쟁점

가. 처방전 교부에 관한 의료법 위반 여부

1) 의료법 제17조 제1항은 '의료업에 종사하고 직접 진찰한 의사 등이 아니면 처방전 등을 작성하여 환자 등에게 교부하지 못한다'고 규정하므로, 환자를 직접 진찰한 의사 등이 자신의 이름으로 처방전을 작성하여 교부해야 하고, 환자를 직접 진찰한 의사라도 다른 사람의 이름으로 처방전을 작성하여 교부하는 것은 규정에 위배되는 것이다(대법원 2010. 9. 30. 선고 2010두8959 판결).

2) 국민건강보험법 제52조 제1항에서 요양기관이 부당한 방법으로 보험급여비용을 받은 경우 그 금액의 전부 또는 일부를 징수하도록 규정한다. 요양급여비용을 지급받기 위하여 허위 자료를 제출하는 경우뿐 아니라, 관계 법령에서 정한 요양급여의 적용기준 및 방법에 따르지 않았음에도 불구하고 청구하여 지급받는 행위 모두 부당한 방법에 해당한다.

3) 피고가 제출한 허위로 발행된 처방전에 따라 원고가 피고에게 약국약제비를 지급한 이상 이미 손해가 현실화되었다 할 것이므로, 피고는 지급받은 요양급여액 28,143,880원 및 지연손해금을 지급할 의무가 있다.

나. 본인부담금까지 손해배상의 범위에 포함되는지 여부

본인부담금은 원고가 직접 지출한 것이 아니고, 원고가 피고로부터 징수한 금원을 환자에게 지급해 줄 것을 원고의 의무로 규정하면서 이를 위하여 원고에게 환자들을 대신하여 환자들이 부당하게 부담한 금원을 환수할 수 있는 권한을 수여하는 것일 뿐, 원고가 환수 여부와 관계없이 환자들이 부당하게 부담하게 된 본인부담 분을 지급할 의무가 있다는 취지가 아니므로, 본인부담금 상당의 약국약제비는 원고의 손해라고 볼 수 없다.

6. 손해배상의 범위

약국약제비 38,367,210원(공단부담금 28,143,880원, 본인부담금 10,223,330원) 중 공단부담금 28,143,880원

7. 사건의 해석

처방전 교부에 관한 의료법 위반에 관한 판례이다. 의료법 제17조 제1항에 따르면 의료업에 종사하고 직접진찰하거나 검안한 의사가 아니면 진단서, 검안서, 증명서 또는 처방전을 작성해 환자에게 교부하거나 발송(전자처방전에 한해)하지 못한다.

환자가 처방전을 교부받으려면 환자 본인이 직접 의료기관에 내원해 해당 의사의 진찰을 받은 후 발급받을 수 있다. 대리 처방은 해당 의사가 진료해왔던 환자로 동일한 질환으로 장기간 같은 처방을 받아오던 경우(해당 질환 처방전만 발급 가능), 환자가 거동이 불가능한 상태(이를 증명할 수 있는 자료 소지 시 가능)로 제한적인 경우에만 가능하다.

8. 같은 일이 다시 일어나지 않으려면

가. 대리진료(처방)

환자를 진찰했던 의사가 '보호자'를 대리상담해 처방하더라도 의학적으로 생명 · 신체 · 건강에 위험성이 없다고 판단하는 경우에 한해 대리처방전 발급이 가능하다. 보건복지부는 2006년 10월 거동이 불편한 만성질환 재진 환자는 보호자가 대리해 처방전을 교부받을 수 있도록 의료법 유권해석을 변경했다. 2010년과 2014년에도 대리진료(처방)에 관한 행정해석을 통해 "현재 '의료법' 규정에 따라 대면진료가 원칙이나, 건강보험 관련 규정에서 예외적으로 가족에 대해 동일 상병, 장기간 동일 처방, 환자 거동 불능, 주치의가 안전성을 인정하는 경우에만 처방전 대리수령과 방문당 수가산정을 인정한다"고 밝힌 바 있다. 이 경우 보호자는 배우자 및 직계존비속에 한하며 이를 증명할 자료 2가지(보호자 신분증, 주민등록등본 및 가족관계증명서)를 소지해야 한다. 반면 가족이 아닌 간병인 등 제3자는 환자 본인의 위임장을 가지고 처방전을 요청하더라도 의료법 규정에 따라 대리처방이 불가능하다.

나. 대법원에서 ① 전화진찰이 의료법 제17조 제1항 소정의 '직접진찰'에 해당하는지

여부, ② 전화진찰을 하고도 내원 진찰을 한 것으로 요양급여비용청구를 하면 사기죄에 해당하는지 여부, ③ 환자 대신 제3자 명의로 처방전을 발행하는 것이 의료법 위반에 해당하는지 여부에 대하여 중요한 판결을 선고하여 소개한다.

1) 전화진찰 후 처방전을 발행할 수는 있으나, 전화진찰을 하고도 내원진찰을 한 것처럼 요양급여비용을 청구하면 사기죄에 해당된다(대법원 2013. 4. 26. 선고 2011도10797 판결)

의사 1은 자신이 운영하는 정신과 의원에서 전화통화로 환자를 진료한 뒤 처방전을 발급했으나 환자가 직접 내원해 진찰한 것처럼 요양급여비용을 청구한 혐의로 사기죄로 기소되었다. 현행법상 직접진찰한 의사가 아니면 처방전을 발행하지 못하고, 이를 위반할 경우 형사처벌(1년 이하의 징역이나 500만원 이하의 벌금)을 받는다(의료법 제17조 제1항, 제89조).

쟁점 중 하나는 전화진찰이 '직접진찰'에 해당되는지 여부였는데, 대법원은 "의료법이 금지하는 것은 스스로 진찰을 하지 않고 처방전을 발급하는 행위를 금지하는 것일 뿐, 대면진찰을 하지 않은 상태에서 처방전을 발급하는 행위 일반을 금지하는 조항이 아니며 전화나 화상 등을 이용해 진찰하였다는 사정만으로는 직접진찰한 것이 아니라고 볼 수 없다"고 판시하여 전화진찰도 의료법 제17조 제1항의 '직접진찰'에 포함된다고 보았다.

다만 대법원은 의사1이 전화진찰을 하였음에도 내원진찰한 것처럼 요양급여비용을 청구한 점은 사기죄에 해당한다고 판단하였다. 보건복지부장관이 고시한 요양급여 대상에 내원진찰만 포함되고 전화진찰은 빠져 있기 때문이다. 대법원은 "피고가 전화로 진찰하였음을 명시적으로 밝히면서 그에 따른 요양급여비용청구를 시도하거나 구 '국민건강보험 요양급여의 기준에 관한 규칙'에서 정한 신청 절차를 통하여 전화진찰이 요양급여대상으로 포섭될 수 있도록 하는 것은 별론으로 하고, 이 사건과 같이 전화진찰을 내원진찰로 요양급여비용을 청구한 것은 기망행위로서 사기죄를 구성하고 피고의 불법이득 의사 또한 인정된다"고 판시하였다.

2) 환자 아닌 제3자 명의 처방전 발행은 위법이다(대법원 2013. 4. 11. 선고 2011도14690 판결).

의사2는 자신이 운영하는 비만클리닉에서 환자를 진료하면서 환자가 아닌 자신의 직원들 명의로 처방전을 작성하여 교부하였다.

이 사건에서 의사2가 의료법 제17조 제1항을 위반하여 처방전을 발행한 것인지 여부가 문제였는데, 대법원은 "의사와 약사 사이의 분업 내지 협업을 통한 환자의 치료행위는 의사 등에 의하여 진료를 받은 환자와 약사에 의한 의약품 조제와 복약지도의 상대방이 되는 환자의 동일성을 필수적 전제로 하며 그 동일성은 의사 등이 최초로 작성한 처방전의 기재를 통하여 담보될 수밖에 없으므로, 의사 등이 의료법에 따라 작성하는 처방전의 기재사항 중 환자의 성명 및 주민등록번호는 치료행위의 대상을 특정하는 요소로서 중요한 의미를 가진다고 보아야 하며, 따라서 의사 등이 의료법 제17조 제1항에 따라 직접진찰하여야 할 상대방은 처방전에 환자로 기재된 사람을 가리키고, 만일 의사 등이 처방전에 환자로 기재한 사람이 아닌 제3자를 진찰하고도 환자의 성명 및 주민등록번호를 허위로 기재하여 처방전을 작성·교부하였다면 그러한 행위는 의료법 제17조 제1항에 위배된다고 봄이 상당하다"고 판시하였다.

제6부 소비자원 안과 사례분석

Ⅰ. 소비자원의 의료분쟁 현황

소비자보호법 개정[1]에 따라 1999년 4월부터 전문서비스 분야(의료, 금융, 보험, 법률)에 대해서도 상담→ 피해구제→ 분쟁조정 업무를 아래 절차에 따라 시행하고 있다.

[의료분쟁 처리 절차도]

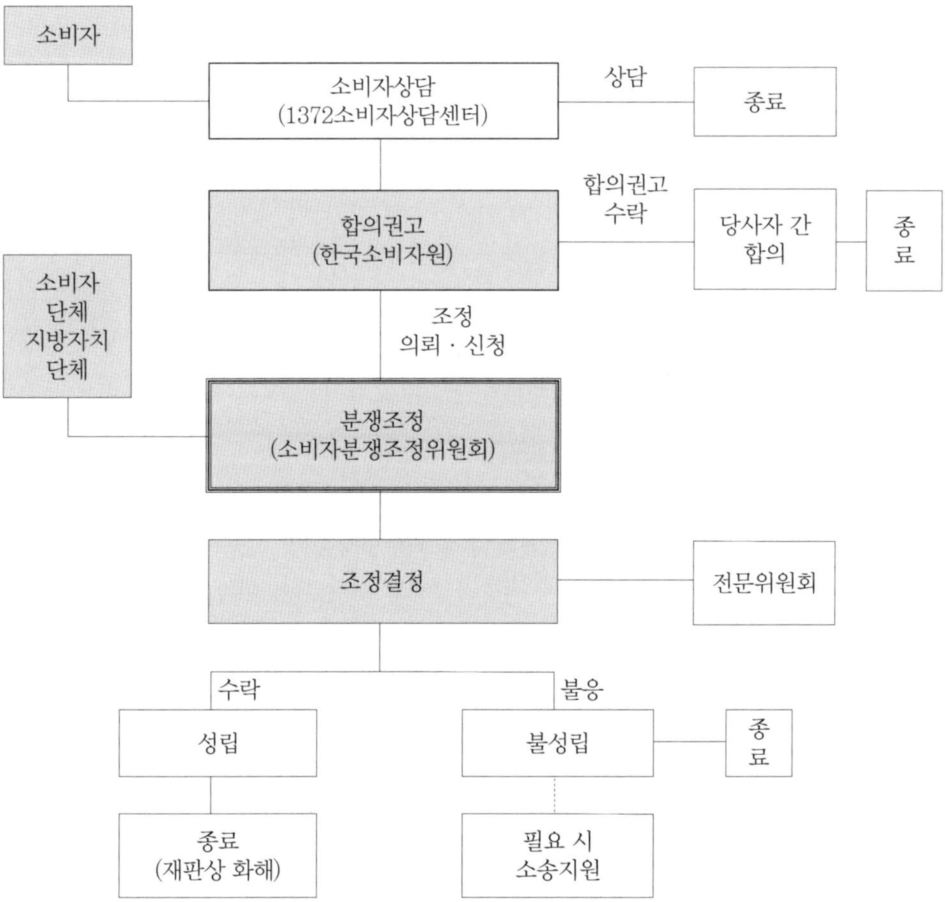

1) '한국소비자보호원'은 소비자보호법이 2006.9.27. '소비자기본법'으로 전부 개정되고, 소관기관도 기획재정부에서 공정거래위원회로 이관했으며, 2007.3.28.부터 기관명도 '한국소비자원'으로 변경됐다.

1. 의료분쟁 접수 현황

의료 소비자(신청인)는 의료기관에서 발생하는 불만이나 피해에 대해 다양한 방법을 통해 소비자원 전문 의료 상담원에게 상담받을 수 있다. 2010년 2만 7,344건에서 2014년 4만 268건으로 최근 5년 간 총 16만 6,411건이 상담으로 접수되어 해결됐고 그 중에 4천 614건(2.8%)은 피해구제로 이관되어 사실조사가 이루어졌다. 피해구제 사건 중에 1,880건(40.7%)은 소비자분쟁조정위원회로 조정이 신청되어 처리된 것으로 나타났다.

〈표 1〉 의료분쟁 접수 현황

단위: 건

구분	2010년	2011년	2012년	2013년	2014년	계
상담	27,344	35,206	26,258	37,335	40,268	166,411
피해구제	761	833	1,015	981	1,024	4,614
조정신청	112	195	352	544	677	1,880

피해구제로 이관되어 사실조사가 이루어진 4,614건을 진료과목별, 진료단계별, 피해유형별, 처리결과별로 분석한 결과는 아래와 같다.

2. 진료과목별 현황

정형외과는 인구의 고령화 등으로 인해 주로 척추협착증 및 인공관절치환술 등 수술로 인한 침습적 의료행위로 인해 피해구제 접수가 1위로 나타났다. 내과 및 치과는 외과처럼 진료 분야가 세분화되지 않고 통합되어 있기 때문에 2, 3위로 피해구제가 많이 접수되는 것으로 보인다.

〈표 2〉 진료과목별 피해구제 현황

단위: 건(%)

구분	정형외과	내과	치과	성형외과	신경외과	일반외과	산부인과	피부과	한의원	안과	기타*	계
2010	118 (15.5)	87 (11.4)	107 (14.1)	71 (9.3)	63 (8.3)	66 (8.7)	36 (4.7)	27 (3.5)	20 (2.6)	20 (2.6)	146 (19.2)	761 (100.0)
2011	91 (10.9)	122 (14.7)	101 (12.1)	87 (10.4)	79 (9.5)	58 (7.0)	65 (7.8)	28 (3.4)	36 (4.3)	25 (3.0)	141 (16.9)	833 (100.0)
2012	141 (13.9)	142 (14.0)	108 (10.6)	130 (12.3)	97 (9.5)	97 (9.5)	67 (6.6)	39 (3.9)	22 (2.2)	29 (2.9)	143 (14.1)	1,015 (100.0)
2013	153 (15.7)	135 (13.8)	137 (14.0)	110 (11.3)	101 (10.3)	65 (6.7)	31 (3.2)	52 (5.3)	24 (2.4)	28 (2.9)	145 (14.9)	981 (100.0)

2014	178 (17.4)	131 (12.8)	150 (14.6)	104 (10.2)	89 (8.7)	65 (6.3)	33 (3.2)	58 (5.7)	43 (4.2)	28 (2.7)	145 (14.2)	1024 (100.0)
합계	681 (14.8)	617 (13.4)	603 (13.1)	502 (10.9)	429 (9.3)	351 (7.6)	232 (5.0)	204 (4.4)	145 (3.1)	130 (2.8)	720 (15.6)	4,614 (100.0)

* 기타 : 이비인후과, 의약품, 비뇨기과, 신경과, 흉부외과 등

3. 진료단계별 현황

진료단계별 중에 수술(간단한 시술 포함) 관련 분쟁이 42.3%로 위험이 상존하는 의료행위에서 사고 발생이 가장 높았다. 일반적인 치료 · 처치 단계는 27.2%, 진단단계가 13.5%이고 그 외 진료비 5.1%, 주사 및 투약 관련 분쟁은 4.8%로 나타났다.

〈표 3〉 진료단계별 현황

단위: 건(%)

구분	수술(시술)	치료 · 처치	진단	진료비	주사	검사	투약	기타*	계
2010	333 (43.7)	213 (28.1)	97 (12.7	30 (3.9)	16 (2.1)	9 (1.2)	23 (3.0)	40 (5.3)	761 (100.0)
2011	326 (39.1)	268 (32.2)	105 (12.6)	35 (4.2)	17 (2.0)	7 (0.8)	23 (2.8)	52 (6.3)	833 (100.0)
2012	407 (40.1)	297 (29.2)	143 (14.1)	56 (5.5)	21 (2.1)	15 (1.5)	27 (2.7)	49 (4.8)	1,015 (100.0)
2013	395 (40.2)	275 (28.0)	136 (13.9)	58 (5.9)	16 (1.6)	14 (1.4)	13 (1.3)	74 (7.5)	981 (100.0)
2014	492 (48.1)	202 (19.7)	141 (13.8)	58 (5.7)	24 (2.3)	13 (1.3)	43 (4.2)	51 (5.0)	1,024 (100.0)
합계	1,953 (42.3)	1,255 (27.2)	622 (13.5)	237 (5.1)	94 (2.0)	58 (1.3)	129 (2.8)	266 (5.8)	4,614 (100.0)

* 기타 : 병원안전관리, 분만, 마취 등

4. 피해유형별 현황

의료사고 이후 유형을 살펴보면 부작용이 발생하거나 상태가 악화된 경우가 50.6%로 가장 많고, 치명적인 장애 및 사망한 경우가 22.2%로 나타났다. 효과 미흡은 주로 성형수술 결과로서 4.2%, 감염 발생이 4.0%, 장기손상은 2.5%이다.

〈표 4〉 피해유형별 현황

단위: 건(%)

구분	부작용 악화	사망	장애	효과 미흡	장기 손상	감염	약해	기타*	계
2010	412 (54.1)	115 (15.1)	66 (8.7)	29 (3.8)	–	34 (4.5)	7 (0.9)	98 (12.9)	761 (100.0)
2011	446 (53.5)	138 (16.6)	80 (9.6)	26 (3.1)	14 (1.7)	65 (7.8)	3 (0.4)	61 (7.3)	833 (100.0)
2012	546 (53.8)	131 (12.9)	108 (10.6)	41 (4.0)	18 (1.8)	16 (1.6)	2 (0.2)	153 (15.1)	1,015 (100.0)
2013	543 (55.4)	120 (12.2)	89 (9.1)	39 (4.0)	12 (1.2)	7 (0.7)	2 (0.2)	169 (16.5)	981 (100.0)
2014	389 (38.0)	85 (8.3)	93 (9.1)	58 (5.7)	71 (6.9)	61 (6.0)	–	267 (26.0)	1,024 (100.0)
합계	2,336 (50.6)	589 (12.8)	436 (9.4)	193 (4.2)	115 (2.5)	183 (4.0)	14 (0.3)	748 (16.2)	4,614 (100.0)

* 기타 : 진료비, 피해 불분명 등

5. 처리결과별 현황

피해구제로 사건 중 사실조사와 자문을 통한 결과 의료기관이 책임이 있는 건 중에 1,550건(33.6%)은 합의권고 단계에서 배상으로 처리됐고, 의료인의 책임을 묻기 어려운 '정보제공'은 652건(14.1%)으로 사건이 종료됐다. 피해구제 접수 건 중에 소비자분쟁조정위원회에 조정신청된 것은 1,880건(40.7%)이다.

소비자분쟁조정위원회 처리결과를 조정신청일 기준에 따라 분석한 결과, 병원 책임이 인정돼 조정결정 된 1,583건 중에 1,222건(77.2%)은 양 당사자가 조정결정을 수용해 조정이 성립됐다.[2)3)] 또한 주의의무나 설명의무 등 의료기관의 책임을 물을 수 없어 조정하지 않는 건(기각)은 236건이다. 기각 사건도 사실관계 등을 통해 책임이 없음이 조정결정으로 확인되면 당사자 분쟁이 대부분 종식되기 때문에 더 이상 분란이 되지 않기 때문에 의료 환경을 안정화시키는데 의미가 있다.[4)]

2) 조정성립 1,222건은 조정위원회 조정결정 전에 당사자 합의이행 420건이 포함됐고, 조정신청일 기준이다.

3) 조정결정 건의 평균 배상액은 약 1,200만원으로 의료중재원의 약 870만원에 비해 고액으로 높았다. 또한 의료중재원은 조정을 거부하는 사건은 각하시킨 이후 조정을 진행한다는 점과 비교할 때, 수용 여부와 무관하게 조정결정을 함에도 69% 성립률은 의미가 크다. 국감 보도자료, 2014.10.20.

4) 이상은 2015년 6월 29일 "의료분쟁 해결의 효율화 방안" 세미나 자료집에서 인용.

〈표 5〉 처리결과별 현황

단위: 건(%)

구분	배 상	조정신청*	정보제공	취하중지	기타	계
2010	310	112	187	98	54	761
2011	359	195	168	59	52	833
2012	400	352	137	85	41	1,015
2013	273	544	94	47	23	981
2014	208	677	66	65	8	1,024
합계	1,550 (33.6)	1,880 (40.7)	652 (14.1)	354 (7.7)	178 (3.9)	4,614 (100.0)

〈표 6〉 조정신청 건 처리결과

단위: 건(%)

구분*	조정성립	조정불성립	기각	기타**	합계
2010	44	19	15	19	97
2011	87	48	34	40	209
2012	199	91	61	70	421
2013	428	86	37	66	617
2014	464	117	89	48	718
합계	1,222 (59.3)	361 (17.5)	236 (11.4)	243 (11.8)	2,062 (100.0)

* 조정신청일 기준

** 분쟁회의이송, 신청취하, 처리중지 등

Ⅱ. 안과 의료분쟁 현황

1. 최근 안과분쟁 접수 현황

1372소비자상담센터에 접수된 안과 관련 소비자상담은 2012년 780건 → 2013년 925건 → 2014년 1,002건 → 2015년 6월 484건이다.[5]

최근 4년(2015년 6월까지)간 한국소비자원에 접수된 안과 관련 피해는 2012년 28건, 2013년 27건, 2014년 26건 등 총 100건으로 매년 지속해서 접수되고 있다.

[연도별 피해구제 접수 현황]

(단위 : 건)

연도	2012년	2013년	2014년	2015년 (1.-6.)	계
건수	28	27	26	16	100
	81				

2. 성별 및 연령별 현황

최근 3년 간 접수된 총 81건에 대해 소비자 성별을 보면 '남성'(50명, 61.7%)이 여성보다 많다.

피해 소비자의 연령은 '50대'(23명, 28.4%), '60대'(16명, 19.8%), '70대'(13명, 16.0%) 순으로 연령대가 높은 50~70대(52명, 64.2%) 연령군의 피해가 가장 많다.

[연령별 피해 현황]

(단위 : 건, %)

연령	10대	20대	30대	40대	50대	60대	70대	80대	10세 미만	미상	계
건수 (비율)	2 (2.5)	3 (3.7)	4 (4.9)	9 (11.1)	23 (28.4)	16 (19.8)	13 (16.0)	5 (6.2)	1 (1.2)	5 (6.2)	81 (100.0)

3. 피해유형별 현황

피해유형을 보면 '부작용' 피해가 75건(92.6%)으로 대부분을 차지했다.

5) 1372소비자상담센터(www.ccn.go.kr)는 공정위가 주관하며 10개 소비자단체, 16개 광역시도 지방자치단체, 한국소비자원이 참여하는 전국 단위의 통합상담처리시스템이다.

[피해 유형별 현황]

(단위 : 건, %)

피해 유형	부작용	효과미흡	기타	계
건수 (비율)	75 (92.6)	4 (4.9)	2 (2.5)	81 (100.0)

4. 부작용 유형별 현황

부작용 중 회복불능 상태의 영구적인 '시력상실'이 30건(40.0%), '염증' 15건(20.0%), '안구건조' 7건(9.3%) 순이며, 이외에 '안압상승' '망막박리' 등이다.

[부작용 유형별 현황]

(단위 : 건, %)

부작용 유형	시력상실	염증	안구건조	안압상승	망막박리	기타*	계
건수 (비율)	30 (40.0)	15 (20.0)	7 (9.3)	5 (6.7)	3 (4.0)	15 (20.0)	75 (100.0)

* 기타 부작용은 후낭파열, 불만족(주관적), 비문증, 안구건조증 등이다.

5. 진료단계별 현황

진료단계별로 보면 '수술(시술)' 관련 피해가 64건(79.0%)으로 가장 많고, 처치 8건(9.9%), 투약 6건(7.4%), 검사 관련 3건(3.7%) 순으로 나타났다.

[진료단계별 현황]

(단위 : 건, %)

진료단계	수술(시술)	처치	투약(주사)	검사	계
건수 (비율)	64 (79.0)	8 (9.9)	6 (7.4)	3 (3.7)	81 (100.0)

6. 질환 종류별 현황

질환 종류별 현황은 '백내장'이 37건(45.7%)으로 가장 많았고, '망막질환'이 15건(18.5%), '시력교정' 9건(11.1%), '전안부질환'이 6건(7.4%) 순으로, 주로 노인성 질환인 백내장, 망막질환, 녹내장이 전체의 70.4%(57건)이다.

[질환 종류별 현황]

(단위 : 건, %)

질환 종류	백내장	망막질환	시력교정	전안부질환	녹내장	외상	기타*	계
건수 (비율)	37 (45.7)	15 (18.5)	9 (11.1)	6 (7.4)	5 (6.2)	1 (1.2)	8 (9.9)	81 (100.0)

* 눈꺼풀수술, 안면거상술, 안검하수, 근긴장이상증 등

7. 질환 종류별 병력 현황

질환 종류별 병력을 분석한 결과, 전체 피해 81건 중 35건(43.2%)이 당뇨 및 고혈압 환자였고, 특히, 망막질환의 경우 15건 중 12건(80.0%)이 '당뇨' 환자로 확인됐다.

[질환 종류별 병력 현황]

(단위 : 건, %)

<table>
<tr><th>병력
질환 종류</th><th>당뇨</th><th>고혈압</th><th>병력 없음</th><th>기타</th><th>계</th></tr>
<tr><td>백내장</td><td>12(32.4)</td><td>7(18.9)</td><td>13(35.1)</td><td>5(13.5)</td><td>37(100.0)</td></tr>
<tr><td>망막질환</td><td>12(80.0)</td><td>1(6.7)</td><td>–</td><td>2(13.3)</td><td>15(100.0)</td></tr>
<tr><td>시력교정</td><td>–</td><td>–</td><td>7(77.8)</td><td>2(22.2)</td><td>9(100.0)</td></tr>
<tr><td>녹내장</td><td>1(20.0)</td><td>1(20.0)</td><td>1(20.0)</td><td>2(40.0)</td><td>5(100.0)</td></tr>
<tr><td>기타</td><td>–</td><td>1(6.7)</td><td>6(40.0)</td><td>8(53.3)</td><td>15(100.0)</td></tr>
<tr><td rowspan="2">계(비율)</td><td>25(30.9)</td><td>10(12.3)</td><td rowspan="2">27(33.3)</td><td rowspan="2">19(23.5)</td><td rowspan="2">81(100.0)</td></tr>
<tr><td colspan="2">35(43.2)</td></tr>
</table>

8. 부작용별 병력 현황

특히 영구적인 시력상실이 발생한 피해 총 30건 중 '당뇨' 질환이 있는 경우는 16건(53.3%)이며, 기타 부작용 45건 중에도 23건(51.1%)으로 나타났다.

[부작용별 병력 현황]

(단위 : 건, %)

병력 / 부작용	당뇨	고혈압	만성안과질환 (결막염, 황반부종)	감염	없음	합계
시력상실	16 (53.3)	1 (3.3)	6 (20.0)	2 (6.7)	5 (16.7)	30 (100.0)
기타 부작용	9 (20.0)	9 (20.0)	4 (8.9)	1 (2.2)	22 (48.9)	45 (100.0)
건수 (비율)	25 (33.3)	10 (13.3)	10 (13.3)	3 (4.0)	27 (36.0)	75 (100.0)

9. 처리결과별 현황

병 · 의원의 주의 또는 설명의무 소홀이 인정된 70건 중 배상, 환급 등이 이루어진 경우는 52건(74.3%)으로 나타났다.[6)]

[병 · 의원의 책임이 인정된 건의 처리결과]

(단위 : 건, %)

<table>
<tr><th rowspan="2">결과</th><th rowspan="2">피해구제 (합의)</th><th colspan="2">조정신청 후 배상 · 환급 결정</th><th rowspan="2">합계</th></tr>
<tr><th>조정성립</th><th>조정불성립</th></tr>
<tr><td rowspan="2">건수 (비율)</td><td>18 (25.7)</td><td>34 (48.6)</td><td>18 (25.7)</td><td rowspan="2">70 (100.0)</td></tr>
<tr><td colspan="2">52(74.3)</td><td></td></tr>
</table>

6) 2015년 9월 3일 '안과 관련 소비자피해' 보도자료를 인용했다.

Ⅲ. 주요 안과 분쟁사례(30건)

1. 들어가는 말

우리 몸의 각 지체는 필요한 고유의 기능을 지니고 있다. 당연하게 생각하며 몸을 사용하다 그 기능의 일부라도 상실하게 되면 비로소 소중함을 느끼게 된다. 많은 지체 중에서도 특히 눈은 더 언급할 필요가 없을 정도로 귀중하다.

수년 전 일요일 아침에 그러한 경험을 했다. 세수한 직후 뭔가 이물감이 있으면서 눈 뜨기가 어려웠다. 응급실을 거쳐 안과에서 제거한 것을 보니 세면대에 붙어 있던 미세한 이물질로 추정됐다. 눈을 제대로 뜰 수 있게 되자 그 시원함이란, 고마운 마음이 저절로 들었다.

실제 눈 속 이물질 관련 분쟁을 처리했던 기억이 난다. 밤을 따다 가시가 눈 속으로 들어갔는데 일부만 제거한 상태로 수일 간 외래진료를 받다가 결국 다른 병원으로 옮겨서 작은 가시를 제거 받은 후에 피해구제로 접수한 것이다. 이러한 상황을 사소하게 생각할 수도 있으나 당사자인 환자는 매우 절실하게 느껴지는 것이다. 동일한 사실관계를 어느 관점에서 보느냐에 따라 입장 차이가 확연하게 다르기 때문이다. 99도에서는 물이 끓지 않고 100도가 되어야만 끓듯이 1도의 작은 차이가 모든 것을 좌우한다는 사실을 의료분쟁 업무를 하면서 피부로 깨닫고 있다.

더구나 안과 분쟁은 당뇨나 고혈압 등 기저질환이 있는 환자에게 발생하는 경우가 비교적 많은 편이다. 고령, 기왕력 등 질병 상태를 고려하면 수술 후에 시력상실이 불가항력 사고일 가능성이 높아도 그 결과를 쉽게 수용하는 환자는 많지 않다. 오히려 수술과정에 문제가 있다며 사고 원인을 의사 잘못으로 전가하고 싶은 투사 심리가 더 앞설 것이다.

이렇게 사고 발생의 책임을 의사에게 돌리는 환자에게 '법대로 하라'는 일방적이면서 극단적인 대응을 하게 되면 분쟁은 치열해질 수밖에 없다. 그 말을 듣는 환자는 무시당하고 인간적인 대화조차 거부당했다는 불만이 커져 분노로 치솟기 때문이다. 일반적으로 환자는 다른 사람의 돌봄이 필요하다는 '특권의식'이 있고, 몸이 아픈 만큼 마음도 약해져 있는 상태에 있으므로 사소한 말 한마디에도 쉽게 상처를 받을 수 있다.

99년 후반부터 한국소비자원에서 의료분쟁 업무를 담당하고 있는 필자도 최근에 비슷한 경험을 했다. 사실관계 및 전문가 자문을 정리한 '합의권고(안)'을 받은 피신청인 의원에서 전문가 자문 결과를 전혀 수용할 수 없다면서 '일 똑바로 해' 하는 말까지 덧붙였다. 뚜껑이 열리는 순간이었다. 즉각적인 교감신경 반응에 따라 자동적으로 맞대응하는 말투가 튀어나왔다. 싸우거나 도망가기(Fight or flight) 상태가 된 것이다. 해당 전문위원은 평소에 공정하고 상세하게 자문 답변을 주는 편이고, 더구나 쉬고 있는 점심시간에 갑자기 전화를 받았다. 이러한 상황에서 편도체 뇌의 '위험경보기'가 작동하면 대뇌피질의 해마가 작동하지 않기 때문에 편도체 신호를 받은 몸과 마음은 이성을 잃게 된 것이다.

잠시 후 감정조절을 한 후에는 '진료하는데 얼마나 힘들었으면 분쟁 당사자도 아닌 분쟁 담당자에게 그런 말을 했을까, 오죽하면... 그럴 수 있겠다'는 생각이 들었다. 감정을 수용할 수 있는 그릇이 커진 것이다.

최고 법익인 '인신사고'는 분쟁 당사자인 환자와 의사는 물론 분쟁 조정자도 소위 '감정노동'에 시달리는 실정이다. 인간의 마음에는 과학자와 변호사 모두가 존재한다고 한다. 그 둘의 관계가 사이좋게 협력하기 보다는 충돌을 하기 쉽다. 분쟁 양 당사자는 무의식적으로 자기 입장에서 '설득하고 싶은 결론'을 먼저 정해놓고 과학적으로 증명할 수는 없으나 주관적인 믿음으로 의견을 피력하기 쉽다. 따라서 작은 것을 소홀히 함으로써 초래되는 분쟁은 예방해야 하고, 이미 발생된 분쟁이라면 초기에 적절한 대응이 필요하다. 무엇보다 상대방의 아픈 마음을 어루만져 줄 수 있는 여유, 감정을 자제할 수 있는 '평정심'을 유지하는 노력이 요구된다.

질병을 치료함으로써 타인의 건강에 기여한다는 그 자체에 행복을 느끼고 또한 소명의식(calling) 가운데 진료를 함으로써 행복한 삶을 이어가는 의료인이 많기를 기대한다.

"행복은 현재에 존재하는 즐거움을 '발견'하고 과거에 존재했던 고마움을 '기억'하고 미래에 다가올 기쁨을 '기대'하는 마음 상태입니다."(Present 2016 행복 다이어리북, 최인철)

2. 분쟁사례

'내가 누군가를 이해하기 힘든 것은 나도 누군가에게는 이해받아야 할 같은 인간이기 때문이다.' 이렇듯 양면성을 지닌 사람들 간의 갈등을 해결하는데 선정된 분쟁사례가 미력이나마 도움이 됐으면 하는 마음이다. 소위 안과 환자는 눈이 나쁘고, 안과 의사는 운이 나쁘다고 하는데, 시력문제는 일상생활에 큰 영향을 주기 때문에 치료 후에 원치 않은 결과(사고)에 따른 환자의 절박한 심정을 공감하는 계기가 됐으면 한다.

안과 관련 분쟁 사례 중에서 백내장, 망막, 굴절, 기타로 구분하여 30개 사례를 소개하고자 한다.[7)]

---

7) 아래 소개하는 30개 사례는 소비자원 및 소비자분쟁조정위원회에서 안과 피해사례를 엄선하여 다시 정리했다. 사례에서 피신청인은 의료기관, 신청인은 환자(사망한 경우는 환자 가족), 신청외 병원은 분쟁 당사자가 아닌 병원을 의미한다.

[1] 백내장수술

백내장수술은 주로 술자나 환자 모두 간단한 수술로 생각하기 쉽기 때문에 수술 전 설명이 미흡한 책임을 묻는 경우가 많다. 당뇨, 고혈압 기저질환이 있는 환자는 합병증 발생 가능성이 높기 때문에 반드시 수술 전에 백내장수술의 목적, 합병증에 대해 상세하게 설명하는 것이 중요하다. 또한 고령 환자임을 감안하여 수술 이후에 안내염 예방을 위한 관리에 대해서도 이해하기 쉽게 설명해야 한다. 노안 시력교정렌즈 삽입은 보험 적용이 되지 않아 환자가 500만원 내외의 고비용을 부담하기 때문에 기대감이 높다. 따라서 무리하게 수술을 권하거나 사소한 부작용이 발생하면 분쟁화 되기 쉽다.

백내장수술과 관련된 분쟁은 주로 수술 후에 발생하는 염증(안내염, 안검염, 각막손상)과 황반변성, 신생 녹내장, 다초첨렌즈 삽입, 시력상실 등이다.

01 백내장수술 후 합병증으로 안구내용제거술에 따른 손해배상 요구 (분쟁 처리결과: 300만원으로 조정결정)

신청인(50년생)은 2000년경 당뇨로 인해 좌안 시력을 상실한 후 2007. 5. 8.부터 피신청인 병원에서 정기 검진을 받았다. 2011. 3. 30. 좌안 백내장수술을 받은 후 좌안 안압상승으로 섬유주절제술, 전방출혈로 천자술을 받았으나, 안통과 안압이 조절되지 않아. 같은 해 9. 6. 신청외 대학병원에서 좌안 안구내용물 제거술을 받았다.

신청인은 피신청인 권유에 따라 미용 목적으로 좌안 백색동공에 대한 백내장수술을 받았는데 수술 전 발생할 수 있는 합병증에 대한 충분한 설명을 듣지 못했고, 백내장수술 후 합병증이 발생해 안구내용제거술까지 받았다며 손해배상을 요구했다.

피신청인은 2007. 5. 8. 신청인의 좌안은 실명상태로 시기능 호전 가능성은 없으나, 백내장으로 인한 백색동공으로 신청인이 미용 목적으로 백내장수술을 원했고, 2011. 3. 30. 백내장수술 후 5. 11. 사이 출혈성 경향(만성신부전, 당뇨 등)으로 전방출혈이 발생하여 전방출혈천자술 및 섬유주절제술을 시행해 안압을 낮추었으나, 이후 병원에 오지 않아 이후의 안압상승에 적절한 치료를 할 수 없었고, 따라서 본원 수술로 인해 안구내용제거술을 받게 되었다고 볼 수 없다고 주장했다.

가. 사실 관계

※ 기왕력은 2000년 당뇨로 인한 좌안 시력상실, 2002년부터 만성신부전으로 혈액투

석을 시작했다. 2005년부터 고혈압, 2010. 7. 하지동맥 폐색으로 수술을 받고 항응고제(와파린 등)를 복용 중이다.

1) 피신청인 진료 내용

2007. 5. 8. 신청인은 우안 시력 저하로 내원, 시력은 우안 0.04, 좌안 측정불가였다. 우안은 유리체혼탁, 좌안은 백내장과 망막박리가 있었다. 2007. 5. 21. 우안 백내장수술 후 2009. 2. 5.까지 시력은 우안 0.02-0.5, 좌안은 시력 호전 가능성이 없었다. 2010. 3. 24. 우안이 뿌옇고 잘 보이지 않아 내원, 시력은 우안 0.5, 안압 우안 16.9, 좌안 9.7이다. 2010. 7. 23. 시력 우안 0.5, 안압 우안 16.6, 좌안 11.0이다. 2010. 9. 17. 안압 우안 20.3, 좌안 12.4, 2010. 10. 15. 안압 우안 21.3, 좌안 15.8이다.

2011. 3. 30. 미용 목적으로 좌안 백내장수술(낭외적출술)을 받았다. 수술 후 발생할 수 있는 안압상승, 녹내장, 망막박리, 실명, 안구적출 등 합병증에 대해 동의서를 작성(신청인 자필서명)했다.

※ 신청인은 피신청인이 미용 목적으로 백내장수술을 권했으며, 수술에 대한 설명을 듣지 못했고 수술동의서에 서명하지 않았다고 주장했다. 피신청인은 좌안 백내장이 심하여 '백색동공'으로 육안으로도 타인이 알아볼 수 있는 상태라 신청인이 미용상 목적으로 백내장 제거를 원하여 시력 호전과 상관없는 시술임을 설명 후 수술을 했으며, 초음파 검사상 망막박리 및 시유발전위도에서 시신경기능이 소멸된 상태이므로 시력 호전 가능성이 없어 인공수정체삽입술을 하지 않았으며 백내장 상태도 경성 상태라 초음파유화술이 불가능한 상황이므로 낭외적출술을 했다고 주장했다.

2011. 4. 6. 안압은 우안 17.6으로 체크됐다. 2011. 4. 25. 안통, 오심 증상으로 입원했다. 안압은 좌안 70으로 녹내장으로 진단했다. 좌안 레이저 홍채절제술을 했으나 안압 저하되지 않아 섬유주절제술을 시행했다. 수술 후 발생할 수 있는 안압상승, 전방출혈, 실명, 안구적출 등 합병증에 대해 동의서를 작성했다(신청인 자필서명).

2011. 4. 27. 좌안 전방출혈에 대해 천자술을 시행, 수술 후 발생할 수 있는 출혈 등 합병증에 대해 동의서를 작성했다(신청인 자필서명함). 2011. 5. 4. 안압은 좌안 34.3으로 체크됐다.

2) 신청외 대학병원 진료 내용

2011. 7. 22. 신청인은 좌안 통증으로 내원, 우안 시력 0.3, 안압 우안 15, 좌안 9, 우안 정상안압녹내장, 망막앞막(의증), 좌안 출혈안구로 진단받았다.

2011. 8. 5. 좌안 통증은 감소했으나, 각막부종 및 수포가 관찰됐다. 2011. 8. 24. 좌안 각막 상피세포의 해리가 관찰됐다.

2011. 8. 29. 통증을 동반한 녹내장으로 내원, 안압 조절을 위해 약물치료 중이나, 좌

안 안압이 30 정도로 지속되어 혈액투석, 항응고제 중단을 고려 후 수술 예정이다.

2011. 9. 5. 시력은 우안 0.4, 안압 우안 18, 좌안 42이다. 좌안 각막혼탁과 신생 혈관이 보여 2차녹내장으로 다음 날 좌안 안구내용제거술을 했다. 2011. 12. 1. 시력은 우안 0.16 (우안 인공 수정체안과 망막상태가 좋지 않아 시력이 안 나오는 것으로 사료됨)이었다. 현재 좌안 의안 삽입 상태이다.

3) 신청외 대학병원 진단서(2011. 11. 10. 작성)

상기 환자는 좌안 안통을 주소로 내원할 당시 좌안 안압은 42으로 조절되지 않는 상태였으며 검사 상 안내 출혈이 있는 상황이었다. 타 병원에서 시행한 검사 결과 수술 전 안압은 10.5로 측정되었고, 백내장수술 후 안압은 70까지 상승했다. 당시 안압상승의 원인은 여러 가지 일 수 있으나, 수술 후 급격히 안압이 상승했던 점을 고려해 볼 때, 백내장수술이 안압상승의 원인일 가능성이 높다. 조절되지 않는 안압으로 인한 안통과 시력향상의 가능성이 없어 좌안 이차녹내장 진단 하에 2011. 9. 6. 좌안 안구내용물제거술을 했다.

나. 전문위원 자문결과

1) 전문위원 1

① 좌안 백내장수술의 적절성(2011. 3. 30.)

신청인의 경우 의무기록에 따르면 좌안 시력이 이미 실명 상태이므로 수술 후 시력호전 기대보다는 진행된 백내장으로 수정체 혼탁이 심하여 백색동공에 대해 미용 목적인 백내장수술을 시행한 것으로 되어 있다. 미용 목적으로 백내장수술을 시행하는 경우가 있으므로 좌안 백내장수술을 결정한 것은 문제되지 않는다.

② 백내장수술 후 안압상승의 원인 등

백내장수술 후 전방출혈(눈 속의 출혈), 지속적인 염증, 점탄물질(수술 중 사용하는 물질) 등에 의하여 안압이 상승할 수 있으며, 신청인과 같이 오래된 당뇨 망막병증의 경우는 신생혈관에 출혈이 발생하게 되어 안압이 상승될 수도 있다. 이런 경우는 전방출혈 천자술 및 안압하강제를 사용하게 되며, 이후 안압상승이 지속될 경우 수술적 요법을 시행할 수 있다. 안구 위축이 진행되면서, 지속적인 안압상승으로 인한 통증이 동반되는 경우에는 시력회복 가능성이 없기 때문에 눈의 모양 회복(제거술 후 의안착용)이나 통증 조절을 위한 안구내용물 제거술을 시행할 수 있다.

③ 피신청인의 책임 여부

수술 후 1개월에 발생한 전방출혈은 신청인의 와파린 복용으로 인한 출혈성 경향의 가능성을 배제할 수는 없으나, 신청인의 경우처럼 수술 전에 당뇨망막병증이 심하여 망막박리까지 동반되었던 점, 수술 후 발생된 상황으로 보아 이는 신청인의 기저 질환인 당뇨망막병증에 의한 신생혈관 녹내장에서 기인하였을 가능성이 높다. 이런 결과까지 온 것은 유감이나 병의 진행상에 따른 치료가 안구내용물 제거술까지 온 것으로 사료됨에 따라 특별히 문제가 될 사항은 없다.

④ 종합 의견

백색동공으로 인한 미용상의 문제로 백내장수술을 결정하거나 시행하는 과정에는 문제가 없다고 생각되며 상태에 따른 조치도 적절했다고 생각된다.

2) 전문위원 2

① 2011. 3. 30. 좌안 백내장수술의 적절성

신청인처럼 좌안 시력을 상실한 당뇨환자의 경우 항상 권하는 것은 아니나 미용상 도움이 된다고 판단되고, 환자가 원한다면 백내장수술을 시행할 수 있다. 하지만 환자가 만성 당뇨병 상태로 전신 조건이 좋지 않다면 여러 가지 합병증 발생의 비율이 다소 높을 수 있다는 것에 대한 설명이 충분히 이루어져야 한다.

② 백내장수술 전 필요한 설명

당뇨, 고혈압 등 만성질환이 있는 환자는 일반적인 경우보다 월등히 합병증 발생 가능성이 높을 수 있다. 따라서 충분한 주의를 주어야 하며 이 경우처럼 이미 시력을 상실하고, 망막박리가 보이는 경우 수술 후 회복과정에서 유리체출혈이나 안압상승이나 감소 등 여러 가지 중한 합병증이 올 수 있음을 예상 가능하다. 단, 이러한 것들이 수술의 금기는 아니므로 환자와 충분한 설명 후 결정하는 것이 필요하다. 환자의 자필사인이 있는 수술 전 설명 동의서가 있으므로 수술에 대한 설명은 한 것으로 보인다.

③ 피신청인의 책임 여부

만성질환의 말기로 안과적으로는 백내장수술 전 이미 제 기능을 하지 못하는 실명상태의 안구이므로 좌안 안구 적출이 피신청인의 책임이라고 볼 수 없다. 만약 백내장수술을 하지 않았더라도 시간이 흐르면서 안압이상이나 망막의 완전박리 등으로 인한 안구위축 등 안구를 유지하기 어려워 질 수 있다. 백내장수술을 함으로써 이러한 경과가 다소 앞당겨진 것이라 하더라도 이 역시 백내장수술 전 환자와의 동의에 따른 수술결정이라면 피신청인 기술적 책임으로 볼 수 없다.

④ 종합 의견

이미 실명상태에 이른 눈의 미용적 안내수술을 하는 경우, 수술이라는 외부조작이 간신히 유지되던 균형을 깨는 충격으로도 작용하고, 시간경과에 따른 질병상태의 악화와 합쳐져 좋지 않은 경과를 밟을 수 있기 때문에 환자와 의사 간에 충분한 상의와 수술에 대한 사전설명, 충분한 이해에 기반한 수술 동의가 매우 중요하다. 이 경우, 환자의 동의서가 있어 수술 전 설명의무는 다한 것으로 보이고, 수술 후 한 달 이상 안압이 잘 유지되고 있었는데,

그 이후 피신청인이 병원을 내원하지 않았고, 그 이후에 안구내용물 제거하게 되는 가장 최악의 수순으로 진행한 경우로, 피신청인의 과오로 판단할 수 없다.

다. 책임 및 범위

1) 책임 유무

신청인은 피신청인의 권유에 따라 미용 목적으로 좌안 백내장수술을 받았는데 수술 전 발생할 수 있는 합병증에 대한 충분한 설명을 듣지 못했고, 백내장수술 후 합병증이 발생해 안구내용물제거술까지 받은 점은 피신청인의 책임이므로 이에 대한 손해배상을 요구하고 있다.

좌안이 실명된 상태에서 백색동공을 제거하기 위해 미용 목적으로 백내장수술을 한 것은 적절했고, 오래된 당뇨 망막병증이 있는 경우는 백내장수술 후 신생혈관의 출혈로 안압이 상승될 수 있으며, 수술 후 1개월인 2011. 4. 25. 발생한 전방 출혈은 와파린 복용으로 인한 것일 수 있고, 피신청인의 섬유주절제술 및 전방출혈천자술 등의 조치는 적절했다는 전문위원의 견해를 종합적으로 고려할 때 피신청인의 수술 및 진료상 주의의무 위반을 인정할 수 없다고 판단된다.

다만, 일반적으로 의사는 환자에게 수술 등 침습을 가하는 과정 및 그 후에 나쁜 결과 발생의 개연성이 있는 의료행위를 하는 경우 또는 사망 등의 중대한 결과 발생이 예측되는 의료행위를 하는 경우에 있어서 응급환자의 경우나 그 밖에 특단의 사정이 없는 한 진료계약상의 의무 내지 위 침습 등에 대한 승낙을 얻기 위한 전제로서 당해 환자나 그 법정대리인에게 질병의 증상, 치료방법의 내용 및 필요성, 발생이 예상되는 위험 등에 관하여 당시의 의료수준에 비추어 상당하다고 생각되는 사항을 설명하여 당해 환자가 그 필요성이나 위험성을 충분히 비교해 보고 그 의료행위를 받을 것인가의 여부를 선택할 수 있도록 할 의무가 있는바, 피신청인은 신청인에게 그 수술을 하기 전에 부작용 등에 관하여 설명할 의무가 있다. 신청인은 당뇨로 인하여 좌안 시력을 상실했고, 만성신부전으로 혈액투석 중이며 하지 동맥 폐색으로 수술을 받고 항응고제를 복용 중이고, 고혈압 등 만성질환이 있는 환자로 일반적인 경우보다 월등히 합병증 발생 가능성이 높기 때문에 피신청인은 이에 대한 충분한 주의를 주어야 한다는 전문위원의 견해를 고려하여 보았을 때, 이미 시력을 상실하고, 망막박리가 보이는 신청인과 같은 경우 수술 후 회복과정에서 유리체출혈이나 안압의 상승이나 감소 등 여러 가지 중한 합병증이 올 수도 있음을 예상할 수 있는 상황이므로 피신청인은 신청인에게 충분한 설명을 하고 수술을 선택할 수 있도록 할 의무가 있다.

비록 2011. 3. 30. 안압상승, 녹내장, 망막박리, 실명, 안구적출 등의 합병증에 대한 내용이 담긴 수술 동의서에 신청인의 자필서명이 있으나, 신청인은 피신청인에게 발생할 수 있는 합병증에 대하여 전혀 들은 바가 없으며, 단순한 미용 목적의 간단한 수술이라는 설명만 듣고 피신청인의 권유에 의하여 수술을 받게 되었다고 진술하고 있는 점, 신청인은 2010. 7. 12. 하지 동맥 폐색으로 피신청인 병원 흉부외과에서 혈관성형술을 받고 이후 아스피린과 와파린을 처방 받아 복용 중이었음에도 불구하고, 피신청인은 신청인에게 와파린 사용 중지에 대한 설명 없이 2011. 3. 25. 수술 예약을 잡고 2011. 3. 30. 백내장수술을 했던 점 등에 비추어, 피신청인은 당뇨환자인 신청인의 상태를 충분히 파악하고 수술을 권했다고 보기 어렵다. 2011. 3. 30. 수술동의서의 기재만으로는 피신청인이 신청인에게 수술의 부작용 등에 관하여 구체적으로 충분한 설명을 하고, 신청인이 이러한 부분을 고려하였을 때에도 미용목적의 백내장수술을 원하여 선택하였다고 인정하기에 부족하다고 판단된다. 따라서 피신청인은 신청인에게 백내장수술에 대한 충분한 설명을 하지 않은 데 따른 손해를 배상할 책임이 있다고 사료된다.

2) 책임 범위

위자료는 피신청인의 설명의무 위반으로 인한 자기결정권 침해의 점, 신청인의 나이, 사고의 경위, 상해의 정도, 치료기간 기타 이 사건에 나타난 여러 사정을 종합하여 300만원으로 결정했다.

[메모] 만성질환(당뇨로 좌안 시력 상실, 만성신부전으로 혈액투석, 하지 동맥 폐색으로 수술 후 항응고제 복용, 고혈압)으로 합병증 발생이 매우 높은 환자에게는 '백색동공제거수술을 단순한 미용 목적의 간단한 수술'로 이해한 점을 고려해 수술동의서가 있으나 충분한 설명을 인정하지 않은 사례이다. 따라서 수술의 결과는 추단하기 어렵기 때문에 최악의 경우도 상세하게 언급하고 기재하는 것이 좋다.

02 백내장수술 후 실명에 따른 손해배상 요구 (분쟁 처리결과: 500만원으로 조정결정)

신청인(48년생)은 2008. 10. 29. 피신청인 의원에서 우안 백내장수술을 받았다. 신생혈관녹내장 진단 하에 신청외 대학병원으로 전원해 2009. 4. 8. 우안 섬유주절제술을 받았으나, 현재 우안 실명인 상태로 시각장애 6급 판정을 받았다.

신청인은 백내장수술은 아주 간단하다고 들었고, 수술 전 자세한 설명이나 수술동의서를 작성하지 않았다. 만일 수술이 어렵고 기왕력 등으로 인해 심각한 합병증이 예상됐다면 상급병원에서 수술받았을 것이다. 수술받지 않으면 실명이 된다고 하여 우안 수술을 결정했으나, 같은 수술을 권유받은 좌안은 수술받지 않고도 현재까지 아무 이상이 없으므로 수술 시기가 부적절했거나 불필요한 수술을 받았다고 생각된다. 또한 수술 후 우안 심한 통증과 안압상승 등 합병증이 발생했는데도 치료 가능한 병원으로 조기에 전원조치 하지 않아 우안 상태가 악화됐다며 손해배상을 요구했다.

피신청인은 수술 전 신청인의 당뇨망막병증이 심해지고 양안(특히 우안) 백내장이 상당히 진행됐으며(교정시력 0.2), 후낭혼탁이 심해 정확한 안저검사에 지장을 주어 시력호전 및 당뇨망막병증에 대한 정확한 망막상태 확인을 위해 수술이 필요하다고 설명했다. 이전 약 5년 간 동일한 병명으로 진료했으므로 신청인이 이에 대해 충분히 주지하고 있었다. 수술 후 안압을 조절하며 경과 관찰했고, 수술 후 약 4주째 염증소견 없이 깨끗하여 스테로이드 안약 점안도 종료했다. 수술 후 안압상승은 오랜 당뇨에 의한 허혈로 인한 반응으로 생긴 신생혈관이 방수 통로를 막으면서 발생한 것으로 신생혈관에 의한 녹내장이 원인이다. 일반적으로 당뇨가 없는 환자는 백내장수술 후 신생혈관이 생기지 않기 때문에 신생혈관 녹내장은 수술과 무관하고 당뇨에 의한 합병증으로 생각된다. 수술은 정상적으로 깨끗하게 진행되었고 약 1달 후 나안시력이 0.6까지 호전되었으며 이후 계속적으로 치료했으나 양안 안압이 크게 상승하고 홍채 신생혈관이 발견되어 대학병원으로 전원했으므로 신청인의 요구를 수용할 수 없다.

가. 사실 관계

1) 피신청인 병원 진료 내용

※ 기왕력은 25년 전 당뇨로 진단받고 의원에서 경구 혈당강하제, 인슐린으로 조절하고, 30년 전 고혈압이 있고 심근경색 약을 복용하던 중 2008. 3. 심혈관조영술을 받았다.
2006. 7. 22. 우안 망막내 미세혈관 이상 같은 것이 보이나 정확하지 않다.

2008. 1. 7. 눈이 침침하다고 호소, 양안 시신경유두 정상, 안저검사 상 양안 경도에서 중등도의 비증식성 당뇨성망막병증, 난시, 녹내장 의증으로 6개월 후 내원하기로 했다.

※ 이후 신청인은 2008. 3. 4. 심장수술 등 타과 치료로 인해 내원하지 못했고, 2008. 9. 23. 신청외 내과의원 진료기록에서 혈당 216mg/dL, 당화혈색소 10.0%로 확인됐다.

2008. 10. 23. 침침함 및 시력저하를 호소, 혈당은 인슐린 맞으면서 조절(200mg/dL 이하)하고 수정체핵경화 3+/3+, 후낭하백내장 3+/2+, 안저검사에서 중등도의 비증식성 당뇨성망막병증, 홍채신생혈관은 없었다. 하메론점안액(인공눈물), 프레드포르테점안액(점안 코티코스테로이드제), 펜렉스정(경구 소염진통제), 다이아막스정(경구 이뇨제), 레보스타점안액(점안 항생제), 노팍신정(경구 항생제) 등을 처방받았다.

※ 신청인은 안과 검진 차 내원하였고, 피신청인이 "백내장이 많이 생겼다. 두 눈 모두

수술해야 한다. 수술하지 않으면 실명할 수 있다"고 하여 수술을 결정했다고 한다. 피신청인은 내원시 시력(우안/좌안)은 나안 0.2/0.3, 교정 0.2/0.6 정도로 우안은 교정이 되지 않을 정도로 시력저하가 있었고, 백내장이 심해 핵경화 및 후낭혼탁 우안 3단계, 좌안 2단계 정도였다고 진술했다.

2008. 10. 29. 우안 백내장수술 및 인공수정체삽입술을 시행했다. 핀포인트 국소마취, 2.85㎜ 외측각막절개, 인공수정체 낭내삽입, 무봉합 방법을 시행했다.

※ 신청인은 수술 전 아주 간단한 수술이라는 설명만 들었고 동의서를 작성하지 않았다고 진술했다(수술동의서 없음). 피신청인은 백내장수술이 주로 고령의 환자에게 시행되기 때문에 작은 글씨로 보기 힘들게 쓰여진 수술동의서를 받는 것은 형식적이라 개원 초에는 수술동의서를 받았으나 현재는 받지 않지만 환자가 이해하도록 충분히 반복해 설명하고, 신청인은 오랫동안 경과를 봐 온 환자로서 매 진료 시마다 당뇨망막병증에 대해 잘 설명했다고 진술했다.

2008. 10. 30. 우안 각막, 전방, 동공, 인공수정체가 안정적인 상태로, 당뇨망막병증, 급성 및 아급성 홍채섬모체염, 안구내 염증에 속발된 녹내장으로 진단 후 레보스타, 프레드포르테 점안액을 4시간마다 점안하도록 했다.

※ 신청인은 수술 받고 귀가한 이후 우안 안구가 빠질 것처럼 심한 통증과 출혈이 지속되어 수술 후 통원치료를 했으나 호전되지 않았다고 한다.

2008. 10. 31. 우안 안압 23㎜Hg, 나안시력 0.3, 우안 중심에 작은 낭종이 있었다. 약을 먹으니 속이 아프고 좋지 않다고 하여, 약을 하루에 2번 3일만 복용하도록 설명했다. 2008. 11. 1. 우안 안압 22㎜Hg, 나안시력 0.3, 신청외 내과의원 진료기록에 란투스 20단위를 투여 받는 상태로 혈당은 186mg/dL으로 기재됐다. 2008. 11. 5. 우안 안압 39㎜Hg, 우안 시력 0.4, 교정시력 0.5이었다. 2008. 11. 13. 눈 시림을 호소, 우안 각막미란, 안압 24, 우안 시력 0.5으로 녹내장 의증으로 진단받았다. 레보스타점안액, 프레드포르테점안액, 리프레쉬플러스점안액을 처방받았다.

2008. 11. 17. 신청외 내과의원 진료기록에 란투스 24단위를 투여 중으로, 혈당은 446mg/dLm으로 기재됐다.

2008. 11. 24. 우안 안압 42㎜Hg, 나안시력 0.5, 우안 각막이 깨끗해, 기존 안약을 모두 중단하고, 콤비간점안액(녹내장치료제) 및 다이아막스정, 케이콘틴서방정을 처방, 2일 후 재검하기로 했다. 2008. 11. 26. 우안 안압 16㎜Hg, 나안시력 0.5, 우안 각막이 깨끗하고 인공수정체가 제 위치에 있다. 다이아막스정 투여를 중단하고 콤비간 점안액만 유지하며 2일 후 재검사를 권유했다. 2008. 12. 1. 우안 안압 22㎜Hg, 나안시력 0.6, 콤비간 점안액을 유지하고 1주 후 재검을 권유했다.

2008. 12. 23. 신청외 내과의원의 진료기록 상 란투스 30단위 투여 중으로, 혈당은 249mg/dL이었다.

2009. 1. 12. 우안/좌안 안압 60/50㎜Hg, 우안 나안시력 0.2, 교정시력 0.4, 콤비간 점안액을 유지하고 코솝 점안액을 추가 처방, 우안 홍채신생혈관이 관찰되었다. 2009. 1. 14. 안압 28/30㎜Hg, 콤비간 점안액을 며칠 전부터 안 넣었다고 하여, 콤비간 점안액을 다시 처방하고, 반드시 점안액(코솝, 콤비간) 2가지를 모두 다 넣도록 했다. 원발성 개방각녹내장, 당뇨망막병증으로 진단했다. 2009. 2. 19. 안압 32/28㎜Hg, 우안 교정시력 0.6, 우안 홍채신생혈관은 같은 정도로 2주 내 재검 필요함을 설명했다.

2009. 3. 12. 우안 안압 45㎜Hg, 코솝, 콤비간 점안 중, 우안 홍채신생혈관이 관찰되어 안약 및 메조민 복용을 유지, 대학병원 진료를 권하고 진료의뢰서를 발급했다. 2009. 3. 14. 안압 28/18㎜Hg, 우안 홍채신생혈관 및 증식당뇨망막병증으로 진행돼 대학병원 진료를 설명했다.

2) 신청외 대학병원 진료 내용

2009. 3. 19. 시력 이상을 호소, 안압 우안/좌안 21.3/11.7㎜Hg였다. 2009. 3. 30. 시력 우안/좌안 안전수동(+)/0.5, 안압 우안/좌안 35㎜Hg/14㎜Hg, 15% 만니톨 500㎖ 정주한 후, 우안 안압을 다시 측정, 27.5㎜Hg 이었다. 2009. 4. 6. 안압 우안/좌안 42/15㎜Hg, 15% 만니톨 500㎖을 정주한 후, 우안 안압이 27㎜Hg로 측정, 우안 수술을 계획했다. 2009. 4. 7. 입원, 안압 29/16㎜Hg 다음 날 우안 신생혈관녹내장 진단 하 섬유주절제술을 시행했다. 2009. 4. 20. 시력 우안/좌안 안전수동(+)/0.6, 안압 12.7/15.7㎜Hg, 이후 매월 내원하여 관찰했다.

2009. 10. 19. 시력 우안/좌안 안전수동(+)/0.5, 안압 우안/좌안 11/14.7㎜Hg, 2009. 11. 9. 신청외 내과의원 진료기록에 란투스 34단위를 투여 중으로 혈당의 기복이 심하고 혈당 350mg/dL, 당화혈색소 12.3%였다.

2012. 8. 23.까지 지속적으로 외래 관찰을 받았고, 2011. 12. 8. 우안 빛 인지 없음이 기재되어 있다.

3) 진단서 등

진료의뢰서(피신청인 병원, 2009. 3. 12. 발행) 병명은 우안 홍채신생혈관녹내장, 망막출혈, 당뇨 20년, 고혈압, 협심증 치료 중인 자로 2008. 10. 29. 본원에서 우안 백내장수술은 정상적으로 시행되었고 수술 당시 특이사항은 없었음. 수술 후 안압상승이 있었으나 안압 조절 후 정상화 됨. 2009. 1. 12. 우안 안압이 45㎜Hg로 상승했고, 홍채신생혈관이 발견되어 안압조절을 시작하였으나 이후 신청인이 잘 내원하지 않아 경과관찰할 수 없었음. 금일(2009. 3. 12) 내원 시 안압이 조절되지 않고 망막출혈이 보여 의뢰함.

소견서(신청외 대학병원, 2013. 12. 31. 발행) 진단명은 우안 신생혈관녹내장(수술 후 상태), 2009. 4. 8. 우안 신생혈관녹내장으로 우안 섬유주절제술을 시행하였으며, 현재 우안 시력 광각무로 실명상태, 좌안 나안시력 0.15, 우안 안압 57mmHg, 좌안 안압 17mmHg로 측정됐다.

나. 전문위원 자문결과

1) 전문위원 1(안과)

① 수술 적응증 및 적절성

일반적인 백내장수술은 백내장으로 인해 시기능이 저하되어 불편함이 있거나, 정기적인 안저검사가 필요한데 수정체 혼탁으로 안저 확인이 어려울 때 결정하게 된다. 대개 당뇨환자의 경우는 수술 후 시력 예후가 안 좋을 위험성이 높은 편인데, 이는 수술이 당뇨망막병증을 진행시키거나, 황반부종을 가져올 수 있고, 홍채신생혈관 및 신생혈관녹내장이 발생할 수 있기 때문이다.

당뇨환자의 경우 시력이 활동에 상당한 지장을 줄 때까지 수술을 연기하는 경우가 많으나, 백내장이 심하면 망막검사가 힘들 뿐 아니라 망막병증에 대한 치료도 불가능하기 때문에 백내장이 검사나 필요한 치료에 방해가 될 경우 백내장수술을 권한다.

본 건은 수술 전 교정시력이 우안 0.2, 좌안 0.6으로 양안, 특히 우안 백내장이 상당히 진행되었고, 당뇨망막병증에 대한 검진이 필요하나 우안 백내장으로 안저가 잘 관찰되지 않아 정확한 상태 파악이 어려워 수술을 시행한 것으로 우안 백내장수술의 시기는 적절했다. 그러나 홍채 신생혈관이 발생한 경우 필요한 치료를 제공할 수 있는 상급병원으로의 전원이 바로 이루어져야 하나, 2개월이 지난 뒤 전원한하여 이는 부적절하다고 생각된다.

② 안압상승의 원인 및 처치의 적절성

백내장수술 후 초기 3주 이내에는 수술할 때 사용하는 점탄물질이 잔류해 있거나 초기에 발생하는 경미한 홍채염 등으로 인해 일시적인 경미한 안압상승은 있을 수 있으며, 기존 녹내장이 있거나 포도막염 등이 있는 경우 수술 후 초기 안압상승 정도가 더 심할 수 있다. 초기 3일 째 측정된 안압은 백내장수술 후 초기에 나타나는 일시적 안압상승으로 생각할 수 있으나, 1주째 측정된 39mmHg의 안압은 비교적 높은 편으로 녹내장이 병합되었을 가능성을 시사한다. 수술 2달 후에도 지속되는 안압상승과 함께 우안 홍채신생혈관이 관찰되거나, 전방각경검사에서 전방각신생혈관이 방수가 빠져나가는 섬유주를 막고 있으면 신생혈관녹내장으로 인한 안압상승을 시사한다.

수술 후 1주째(2008. 11. 5.) 나타난 안압상승(39mmHg)에 대한 처치가 없었던 점이 아쉬우나 다행히 별다른 치료 없이 2008. 11. 13.에 측정한 안압이 24mmHg로 낮아졌고, 이후 2008. 11. 24. 우안 안압상승(42㎜Hg)에 대해 안압하강제를 점안하였으므로 치료는 적절했다.

③ 당뇨환자의 녹내장 발생 확률 등

당뇨가 있을 경우 일반적으로 원발개방각녹내장이나 신생혈관녹내장의 형태로 나타난다. 당뇨 환자는 정상인에 비해 안압이 높고 개방각녹내장의 유병률도 1.6-4.7배 높은 것으로 보고되며, 역으로 개방각녹내장의 6-16%에서 당뇨가 있다고 알려져 있다. 신생혈관녹내장은 당뇨망막병증과 매우 밀접한 인과관계가 있고, 당뇨망막병증은 망막 허혈을 일으켜 허혈 부위에서 발생한 혈관증식인자가 전방으로 이동하여 홍채 혹은 전방각 신생혈관을 생성하고 그로 인해 안압상승을 유발하여 신생혈관녹내장이 발생한다고 알려져 있다. 당뇨가 있을 때 홍채신생혈관 발생은 1-17%까지 다양하게 보고되고, 당뇨 유병기간이 길어지거나 증식당뇨망막병증이 있을 경우 발생 빈도가 증가하여 증식당뇨망막병증의 경우 33-65%로 높은 발생률을 보인다. 증식당뇨망막병증이 있는 환자의 약 50%에서 홍채신생혈관이 발생하고, 홍채 신생혈관이 있는 당뇨환자에서 신생혈관녹내장의 발생률은 13-22%로 보고된다.

당뇨망막병증이 있는 환자에서 신생혈관녹내장의 발생 빈도는 눈 수술과도 밀접한 관계가 있으며 후낭이 완전히 보존된 경우는 망막에서 생성된 신생혈관 유발인자가 전안부로 전파되는 것을 막아 홍채신생혈관의 생성을 억제한다고 알려져 있으나, 증식당뇨망막병증이 있는 눈에서는 후낭이 보존되어도 백내장수술 후 홍채신생혈관이 발생 가능한 것으로 알려져 있다. 비증식당뇨망막병증이 있는 눈도 백내장수술 후 혈당이 잘 조절되더라도 반대편 눈의 변화 없이 급속히 홍채신생혈관이 생기는 경우도 간혹 있어 백내장수술 후에는 정기적으로 홍채를 관찰해야 한다.

④ 종합 의견

안압 조절을 시작한 이후 신청인은 피신청인 병원에서 권유한 간격대로 내원하지 않고 안약을 제대로 점안하지 않는 등 순응도가 떨어진 것으로 보인다. 만약 신청인이 피신청인 병원의 권고대로 내원하여 치료를 받았다면 더 나은 시력 예후를 기대할 수 있었거나 더 빠른 시기에 상급병원으로의 전원을 고려할 수 있었을 것으로 보인다. 다만 수술 전 피신청인이 당뇨 및 당뇨망막병증이 있는 환자에서 백내장수술 후 발생할 수 있는 여러 합병증에 대한 충분한 설명과 경과 도중 발생한 안압상승 시 예상되는 예후 등에 이해가 되도록 충분히 설명했다면 치료에 대한 순응도가 좋았을 것으로 사료된다.

2) 전문위원 2(안과)

① 녹내장 발생 원인

백내장수술 후 당뇨 망막허혈에 속발된 홍채 신생혈관에 의해 방수가 빠져나가지 못해

2차성 녹내장이 생긴 것으로, 일반적으로 백내장수술이나 유리체수술과 같이 망막과 홍채 사이를 막아주는 벽이 제거되면 신생혈관이 더 잘 생긴다.

② 처치의 적절성

안압상승에 대한 처치는 적절했던 것으로 보이나, 2009. 1. 안압상승의 직접적인 증거인 신생혈관을 관찰한 후 2달 후 전원했으므로 전원시기가 부적절했다고 사료된다. 그러나 25년 전부터 당뇨가 있었고, 망막병증이 있었으며, 홍채신생혈관이 생성된 후에는 예후가 불량하여 2009. 1. 바로 전원됐더라도 1-2개월의 기간이 예후에 큰 영향을 미치지는 않았을 것으로 보인다. 실명은 신생혈관녹내장이 원인으로서 일반적으로 신생혈관녹내장의 경우 섬유주절제술을 시행해도 신생혈관으로 인해 방수 배출로가 잘 막혀 실패하는 경우가 많다. 수술시기 및 방법은 적절하나, 수술에 관한 충분한 설명 및 동의가 이뤄졌어야 한다.

다. 책임 및 범위

1) 책임 유무

① 수술의 적절성에 대한 판단

신청인은 백내장수술 시 의사가 수술을 받지 않으면 실명이 된다고 하여 수술을 결정했으나, 같은 수술을 권유받은 좌안은 수술을 받지 않고도 현재까지 아무 이상이 없으므로 수술시기가 부적절했거나 불필요한 수술을 받았다고 주장한다.

일반적인 백내장수술은 백내장으로 인해 시력이 저하되어 불편함이 있거나 수정체 혼탁으로 안저 확인이 어려울 때 수술을 한다. 특히 당뇨환자의 경우 시력이 활동에 상당한 지장을 줄 때까지 수술을 연기하는 경우가 많은데, 백내장이 심하면 망막을 검사하기 힘들 뿐 아니라 망막병증에 대한 치료도 불가능하기 때문에 망막검사에 방해가 되거나 레이저 치료를 해주는 것이 필요하다고 판단되면 백내장수술을 하는 것이 권유된다. 신청인의 경우 수술 전 교정시력이 우안 0.2, 좌안 0.6으로 양안, 특히 우안 백내장이 상당히 진행됐고, 당뇨가 있어 당뇨망막병증에 대한 검진이 필요하나 우안 수정체혼탁으로 안저가 잘 관찰되지 않아 정확한 상태 파악이 어려웠으므로 우안 백내장수술 시기는 적절하고 수술방법도 적절했다는 전문위원의 견해 등을 고려하면, 수술결정 및 과정에서 피신청인이 주의의무를 다하지 않았다고 보기 어렵다.

② 수술 후 안압상승에 대한 처치과정의 적절성에 대한 판단

피신청인은 백내장수술 이후 계속 치료했으나 2009. 1. 양안 안압이 크게 상승했고 홍채신생혈관이 발견되어 대학병원으로 전원했으므로 처치과정에서 과실이 없다고 주장한다.

수술 후 약 4주째에 나타난 안압상승에 대해 녹내장 치료제가 처방되었고 정기적인 재검 및 안약 점안을 권한 내용이 확인되어 안압상승에 대한 처치는 적절하였으나, 2009. 1.

12. 급격한 안압상승 및 안압상승의 직접적인 증거인 홍채신생혈관을 확인한 후 바로 전원됐어야 한다는 전문위원의 견해를 고려하면, 피신청인은 신청인의 상급병원 전원시기를 지연시킨 점에 대해서는 책임이 있다고 판단된다.

③ 설명의무 위반에 대한 판단

피신청인은 수술 전 신청인 눈은 당뇨망막병증이 심하고 양안(특히 우안)에 백내장이 상당히 진행됐으며(교정시력 0.2), 후낭혼탁이 심해서 정확한 안저검사에 지장이 있는 상황이기 때문에 백내장수술로 시력호전 및 당뇨망막병증에 대한 정확한 망막상태의 확인을 위해 백내장수술이 필요하다고 설명했으며, 이전에 약 5년 간 동일 상병으로 진료한 이력이 있어 신청인이 이에 대해 충분히 주지했다고 주장한다.

당뇨환자의 경우 수술로 인해 홍채신생혈관 및 신생혈관녹내장이 발생할 수 있고, 신청인의 경우 2008. 10. 23.의 진료기록 상 중등도의 비증식당뇨망막병증이 있어 백내장수술 후 급속히 홍채신생혈관이 생길 수 있으므로 이에 대해 충분히 설명하여 수술을 결정할 수 있는 기회를 제공했어야 하나 수술동의서도 작성되지 않았고, 진료기록 상 수술 전 수술 목적 및 합병증 등에 대해 설명한 정황 역시 확인되지 않는바, 피신청인은 설명의무를 다하였다고 보기 어려우므로 설명의무 미흡으로 신청인이 수술 여부를 선택할 수 있는 자기결정권을 상실한 데 따른 책임을 부담함이 상당하다.

2) 책임 범위

홍채신생혈관이 생성된 후에는 예후가 불량하여 2009. 1. 바로 전원되었더라도 1-2개월 기간이 예후에 큰 영향을 미치지 않았을 것으로 보인다는 전문위원 견해를 고려하면, 손해배상 범위를 위자료로 한정함이 상당하다.

위자료는 이 사건의 진행 경과, 신청인의 나이, 현재 상태, 설명의무 위반 정도 등 여러 사정을 참작하여 500만원으로 결정했다.

[메모] 백내장수술 후 당뇨 망막허혈에 속발된 홍채 신생혈관에 의해 방수가 빠져나가지 못해 녹내장이 발생된 것으로 백내장수술 후 일시적 안압상승이 아닐 경우 예상되는 예후를 충분히 설명하여 진료에 협조하게 하고 홍채 신생혈관 등 심각한 합병증이 발생한 경우 상급병원 전원을 지체하지 않아야 한다.

03 백내장수술 후 안내염으로 시력저하에 따른 손해배상 요구 (분쟁 처리결과: 300만원으로 조정결정)

> 신청인(47년생)은 피신청인으로부터 노인성 백내장으로 2013. 7. 23. 우안 백내장수술, 같은 해 7. 25. 좌안 백내장수술을 받은 후 좌안에 안내염이 발생했다. 같은 해 7. 29. 신청외 안과병원에 전원하여 유리체절제술 등을 받았으나 시력이 저하되어 장해진단을 받았다.

신청인은 피신청인이 수술 중 감염관리에 소홀하여 안내염이 발생했고, 2013. 7. 27. 좌안에 문제가 있을 때 안구 내 항생제를 주입할 것이 아니라 신속하게 상급병원으로 전원하여 적합한 치료를 받도록 했어야 하나 이런 조치가 지연돼 치료시기를 놓쳐 시력이 악화됐다며 손해배상을 요구했다.

피신청인은 수술 전 합병증 발생 가능성 및 수술 후 주의점 등을 설명한 후 동의를 받고 수술을 하였고, 수술 전후 항생제 치료 및 소독 등 감염관리를 하였을 뿐만 아니라 안내염 발견 즉시 항생제를 유리체 내 주사한 후 호전이 없어 신청외 안과병원으로 전원시키는 등 진료과정에서 교과서적으로 적절한 조치를 다했으므로 손해배상 책임이 없다고 주장하였다.

가. 사실 관계

1) 피신청인 의원 진료 내용

2013. 7. 17. '책을 오래 보면 눈이 시리다'고 호소해 시행한 안저검사 및 세극등현미경검사에서 양안 노인성 백내장 및 건성각막결막염으로 양측 백내장수술(초음파유화술 및 인공수정체삽입술)을 하기로 했다. 백내장수술 동의서 상 안내염, 유리체출혈 등의 합병증 발생 가능성이 인쇄되어 있고, 신청인이 서명했다. 시력은 우안 0.1, 좌안 0.5이었다. 2013. 7. 19. '안약을 잘 못 넣었다'고 하여 안약을 잘 점안하도록 했다. 2013. 7. 23. 우안 백내장수술을 받고 다음 날 진료를 받았다. 2013. 7. 25. 좌안 백내장수술을 받고 항생제(이연리보스타마이신) 및 해열진통소염제(타마돌) 주사를 맞았다. 2013. 7. 26. 약간의 결막부종이 있고 전방축농이 중등도(++)로 있었다. 항생제(바이넥스세픽심캡슐), 부신호르몬제(소론돈정), 해열진통소염제(록소스타정)를 처방받았다.

신청인은 좌안 수술을 받고 26일 안대를 풀고 나니 잘 보였으나, 당일 오후부터 시력이 흐려지기 시작했고 밤에는 전혀 보이지 않은 상태였다고 한다.

2013. 7. 27.(토요일) 신청인이 어제 밤부터 좌안이 아프고 안 보이는 증상으로 내원,

검진 결과, 좌안의 안내염이 의심되어 항생제(vancomycin, ceftazidime)를 유리체 내 주사하고, fortified 안약(vancomycin 등의 항생제가 포함된 안약)을 만들어 주면서 1시간마다 점안토록 했다. 추가로 안압약 도티몰과 항생제 안약 가티 등을 점안토록 했다.

※ 피신청인이 일요일 내원하여 진료를 받도록 권했으나 신청인이 업무 상 시간이 안 된다고 하여 항생제(세픽심캡슐) 등을 처방한 후 월요일 진료하기로 했다. 2013. 7. 29.(월요일) 염증이 지속되어 신청외 안과병원으로 전원했다.

2) 신청외 안과병원 진료 내용

2013. 7. 29. 좌측 안내염으로 입원하여 좌안 유리체절제술, 막박피술, 안내광응고술, 실리콘기름주입술, 항생제유리강내주입술을 받고 8. 2. 퇴원했다. 좌안은 동공막과 전방축농으로 망막이 보이지 않았다.

2013. 9. 27. 우안 망막부종으로 트리암시놀론주입술을 받았다. 2013. 10. 23. 좌안 부분유리체절제술, 실리콘기름제거술, 막박피술, 안내광응고술, 공기액체교환술을 받고 다음 날 퇴원했다. 2013. 10. 29., 2014. 4. 18. 양안 망막상태는 양호했다.

3) 진단서

후유장애진단서(신청외 안과병원, 2014. 6. 9. 발행) 병명은 좌안 안내염, 우안 망막부종이다. 소견은 2013. 7. 29. 좌안 안내염에 대해 좌안 유리체절제술, 막박피술, 안내광응고술, 실리콘기름주입술, 항생제유리강내 주입술을 했다. 2013. 10. 23. 좌안 부분유리체절제술, 실리콘기름제거술, 막박피술, 안내광응고술, 공기액체교환술을 했다. 2013. 9. 27. 우안 망막부종이 관찰되어 우안 테논낭 아래 트리암시놀론주입술을 했고, 2013. 10. 11. 우안 망막부종이 감소되었으며, 2013. 10. 29. 양안 망막상태는 양호했다. 2014. 4. 18. 양안 망막상태도 양호하며, 4개월 후 경과 관찰할 예정이다. 교정시력은 좌측 0.1(시각장해 65%) 우측 0.8(시각장해 3%)로 최종 노동능력상실률은 55%이다.

나. 전문위원 자문결과

1) 전문위원 1(안과)

① 백내장수술의 필요성 및 안내염 발생 원인

검사 소견 및 신청인의 증상 등을 종합하면 백내장수술에 문제가 없으며, 수술 전 필요한 검사가 시행되었다. 안내염 발생원인은 백내장수술과 관련되어 발생했을 수도 있으나 수술 후 눈을 비비거나 안약 점안을 잘못하는 등 환자가 수술 후 관리를 잘못하여 발생했을 가능성도 있기 때문에 안내염 발생원인에 대해서는 제출된 자료만으로 알기 어렵다.

② 안내염 진단 및 처치의 적정성

안내염 진단 시 유리체강내 항생제 주사를 하며, 시력이 안전수지 이하이거나 안저소견이 확인되지 않을 만큼 전방축농 또는 유리체혼탁이 심한 경우, 유리체강내 항생제 주사 이후에도 증상 및 시력의 호전이 없는 경우 유리체절제술을 고려하게 된다. 본 건은 피신청인이 시행한 유리체내 항생제 주입술은 일차처치로 적절하게 이루어진 것이며, 안내염은 특징상 실명을 초래하는 심각한 합병증으로 눈 속에 염증이 빠르게 진행되기 때문에 다음 날 진료 후 치료방침을 결정하여야 하지만 신청인이 시간이 안 된다고 하여 진료를 못한 부분이 아쉽다. 안내염이 발생하면 진행이 빠르고 염증으로 인하여 망막에 대해 회복 불가능한 손상이 발생하므로 적절한 처치를 받았더라도 시력예후가 좋지 않을 수 있다.

③ 종합 소견

백내장수술 후 발생하는 안내염은 발생 빈도가 0.1%정도로 낮은 편이나 일단 발생하면 염증 파급 및 조직손상이 심하여 적절한 치료에도 불구하고 시력상실을 유발할 수 있는 심각한 질환이다. 본 건은 피신청인이 안내염 진단 당시 적절하게 일차 처치를 하였으나 병이 빠르게 진행되면서 적절한 치료에도 불구하고 시력이 저하되었다. 또한 치료 결과는 동일할 수 있으나 의료진이 더 적극적으로 병의 심각성에 대한 설명을 했더라면 하는 아쉬움이 있다.

2) 전문위원 2(안과)

① 백내장수술 필요성 및 술전 처치의 적절성

수술 전 세극등검사 상 수정체 매질혼탁 소견이 관찰되고 신청인의 증상 내용 등을 고려하면 백내장수술 후 시력 호전을 기대할 수 있는 상황으로 사료된다. 수술 전 필수적인 검사들을 시행했고 수술동의서 및 환자 교육이 이루어졌기 때문에 적절한 조치를 취한 것으로 판단된다.

② 수술 전후 설명 적정성

수술동의서를 살펴보면 발생할 수 있는 합병증(안내염, 각막부종, 안압상승, 유리체출혈, 망막박리)에 대해 설명이 이루어진 것으로 판단되며, 일반적으로 수술 후 안내염 예방을 위해 항생제 안약 점안을 정확히 하고 점안 전후 위생관리를 잘 하도록 설명한다.

③ 안내염 발생 원인

일반적으로 감염의 주된 원인은 눈꺼풀, 누낭, 결막에 상존하는 균이며, 백내장수술 후 감염 빈도는 0.1%로 수술 후 관리상의 문제 등으로 인해 눈꺼풀, 누낭, 결막에 상존하는 균에 의한 감염일 가능성이 있다.

④ 안내염 치료 및 전원의 적절성

수술 2일째 안내염 소견으로 유리체강내 항생제 주입 및 Fortified 점안 항생제, 경구 및 주사 항생제 투여를 했으나 신청인 사정으로 다음 날 내원하지 못했다. 일반적으로 항생제의 유리체강내 주입술 후 48-72시간 내 증세가 악화되거나 호전되지 않을 때에는 재 주사나 유리체절제술을 고려하기 때문에 전원시기는 적절하다.

⑤ 종합 소견

피신청인은 안내염 진단 후 즉시 필요한 조치를 취한 것으로 보인다. 안내염 발생빈도는 높지 않으나 발생하면 적절한 치료를 하더라도 시력 예후가 좋지 않으므로 신청인의 시력저하는 적절한 치료에도 불구하고 진행된 안내염에 의한 것으로 사료된다. 수술 전 안내염 발생 가능성에 대해 설명하였고, 수술 후 2일째까지 매일 진료하였으며, 안내염 의심 소견으로 유리체강내 항생제 주사 및 경구, 주사 항생제 치료를 한 후 치료에 대한 호전 소견이 보이지 않아 신청외 병원으로 전원한 점으로 미루어 보아 피신청인의 진료과정은 문제가 없어 보인다.

다. 책임 유무 및 범위

1) 책임 유무

① 안내염에 대한 진료 상 과실 유무에 대한 판단

신청인은 피신청인의 수술 상 부주의로 안내염이 생겼고 이에 대한 적합한 처치가 신속하게 이루어지지 않아 시력이 악화되었다고 주장한다.

신청인이 백내장수술을 받은 후에 안내염이 발생했는데, 백내장수술과 관련된 안내염은 수술기구의 오염뿐 아니라 면역력 저하 등 다양한 원인으로 인해 발생할 수 있고, 주된 원인은 수술 후 관리상의 문제로, 눈꺼풀, 누낭, 결막에 상존하는 균에 의한 감염 가능성이 높은 것으로 알려져 있다. 신청인의 수술 전후 항생제 치료가 시행되었고, 수술 과정에서 무균조작이 이루어지지 않았다고 볼 만한 사정이 확인되지 않은 상황에서 백내장수술 후 안내염이 발생하였다고 하여 안내염이 감염관리 소홀 등 피신청인의 수술 상 과실에 의한 것이라고 추정하기는 어려워 보인다.

또한 백내장수술 후 피신청인은 계속해서 신청인의 상태를 확인하였고 안내염이 의심되어 유리체강내 항생제주입술 등의 치료를 하고 호전이 없자 신청외 안과병원으로 전원조치를 하는 등 일련의 치료과정이 적절하게 이루어졌고, 피신청인의 적절한 일차치료에도 불구하고 안내염이 빠르게 진행되면서 시력저하가 발생된 것으로 봄이 타당하다는 전문위원들의 견해 등을 고려하면, 피신청인의 진료 상 과실로 인해 신청인의 시력이 저하되었다고 보기도 어렵다.

② 설명의 적절성에 대한 판단

백내장수술 후 안내염 발생 빈도가 높지는 않으나 저항력이 약하거나 관리를 소홀히 할 경우 발생할 수 있고, 일단 발생하면 실명 등 회복할 수 없는 중대한 결과를 가져올 수 있으므로 피신청인은 신청인에게 백내장수술 후 안내염 발생 가능성에 대하여 충분히 설명하여 신청인이 이러한 후유증을 감수하고 수술을 받을지 여부를 선택할 수 있도록 할 의무가 있고, 수술 후 관리(안정과 안구에 물이 닿거나 들어가는 외출 삼가 등)의 중요성 또한 설명하여 신청인이 수술 후 세심한 관리를 할 수 있도록 할 의무가 있다. 진료기록부 상 피신청인이 신청인에게 수술 후유증 등을 구체적으로 설명하였다고 인정할 근거가 없고 수술 부작용 등이 인쇄된 수술동의서에 신청인의 서명이 있으나 이외 아무런 기재가 없어 누가 어떠한 설명을 어떻게 하였는지를 확인할 수 없는 바, 피신청인이 신청인에게 위와 같은 설명을 다하였다고 인정하기 어려우므로 설명 미흡에 따른 책임을 부담함이 상당하다.

2) 책임 범위

설명의무 미흡으로 인한 손해배상으로 위자료는, 신청인의 당시 상태는 백내장수술이 필요한 상태였던 점, 안내염 발생 후 피신청인이 적절하게 치료하고 신속하게 전원조치를 취하는 등 최선의 조치를 다한 것으로 보이는 점, 신청인이 피신청인의 지시에 따르지 않고 늦게 내원한 점도 시력악화에 어느 정도 영향을 미쳤을 가능성도 배제할 수 없는 점, 피신청인이 안내염 치료비 일부(신청외 안과병원의 수술비 약 200만원)를 부담한 점 등 여러 사정을 참작하여 300만원으로 결정했다.

[메모] 백내장수술 후에 안내염이 발생하는 원인은 수술과정, 수술 후 관리문제로 구분할 수 있으므로 수술 후 통증이나 염증을 호소할 경우엔 적극적인 조치를 해야 하고, 수술 후 관리에 대해 상세하게 설명해야 한다.

04 백내장수술 후 시력저하에 따른 손해배상 요구 (분쟁 처리결과: 400만원으로 조정결정)

신청인(46년생)은 2013. 1. 16. 좌안 눈물, 이물감으로 피신청인 의원에 내원하여 노인백내장 진단 후 양안 다초점인공수정체삽입술(1차 수술)을 받았다. 이후 시력이 저하되어 양안 단초점인공수정체 교환술(2차 수술)을 받았으나, 현재 수술 전보다 시력이 저하된 상태이다.

신청인은 백내장이 아님에도 고가의 백내장수술을 권유했고, 2차례 수술에도 불구하고 수술 전보다 시력이 저하된 상태인 바, 손해배상을 요구했다.

피신청인은 신청인의 검사 상 백내장 초기에서 중기 사이로 확인되어 다초점인공수정체삽입술에 대해 충분한 설명 후 수술을 권유했고, 수술 2일 후 나안시력이 0.4에서 1.0으로 개선되었으나 이후 뚜렷한 시력저하의 원인 없이 불편함을 호소하여 단초점렌즈로 재수술을 통해 교체했다. 신청인은 1차 수술비용의 일부를 납부하지 않았고 2차 수술은 무료로 진행했으므로 미납된 진료비 완납을 요구했다.

가. 사실 관계

1) 피신청인 병원 진료 내용

2013. 1. 16. 좌안 눈물이 나고 뭔가 낀 것 같은 이물감을 호소했다. 좌안 나안시력 0.4(교정시력 1.0) 우안 나안시력 0.5(교정시력 0.9)로 세극등검사 상 양안 수정체 전면에 중등도(Grade 2)의 전낭하혼탁이 있어 백내장으로 진단했다. 수술 필요성을 설명한 후 좌안 초음파유화술 및 후방 다초점인공수정체삽입술을 시행했다(1차 좌안 수술). 수술동의서에 '야간 빛번짐, 근거리 작업 시 안경 착용 가능성, 인공수정체 적응시간은 6개월 이상 지속될 수 있음'으로 기재되어 있고 신청인 서명이 있다.

※ 신청인은 수술 전 의사가 500만원을 내고 수술을 하면 돋보기도 쓰지 않게 해준다고 설명했고, 다초점인공수정체가 무엇인지도 모르고 의사 권유에 따라 수술받았다고 진술했다.

2013. 1. 17. 좌안 통증이 없고, 나안시력 0.7, 교정시력 0.7, 우안 나안시력 0.3, 교정시력 0.9로 확인됐다. 2013. 1. 18. 우안 초음파유화술 및 후방 다초점인공수정체삽입술을 시행했다(1차 우안 수술). 좌안 나안시력 및 교정시력 1.0이다.

※ 피신청인은 좌안 원거리 나안시력이 1.0으로 개선되었고, 신청인이 만족하여 동의하에 우안 백내장수술을 시행했다고 한다.

2013. 1. 19. 좌안이 잘 보이지 않고, 우안은 괜찮다고 하며 좌안 나안시력 0.8, 우안 나안시력 0.4이다. 피신청인은 세극등현미경검사 상 염증 및 부종 소견이 거의 없어 수술에 의한 창상회복 및 도수 변화에 의해 적응기간이 필요함을 설명하고 경과관찰을 했다고 한다. 2013. 1. 24. 수술 후 원거리가 어른거리고 안개 낀 듯 보인다고 호소, 좌안 나안시력 0.5, 우안 나안시력 0.3이며, 황반부 이상은 없다.

2013. 2. 7. 재수술 상담을 했다. 진료기록부에 '안 보인다고만 하심, 깜빡이면서 읽혀도 안 보인다고 안 읽음'이라고 기록되어 있다. 2013. 2. 21. 재수술을 원했으나 안경 적응 여부 확인하고 재수술하기로 했다. 좌안 나안시력 0.2, 우안 나안시력 0.2로 안경을 처방했다. 2013. 3. 4. 좌안 나안시력 0.15, 우안 나안시력 0.15로 재수술을 결정했다. 수술 후 안경착용이 필요하며 증상이 호전되지 않을 수 있음에 대해 설명 후 신청인이 동의했다.

2013. 3. 13. 우안 인공수정체교환술(기존 다초점인공수정체를 단초점인공수정체로 교환하는 수술)을 시행했다(2차 우안 수술). 2013. 3. 14. 수술 후 원거리는 이전보다 잘 보이고 근거리는 덜 보인다고 한다. 2013. 3. 20. 좌안 인공수정체교환술(기존의 다초점인공

수정체를 단초점인공수정체로 교환하는 수술)을 시행했다(2차 좌안 수술).

2013. 3. 21. 좌안 나안시력 0.5, 우안 나안시력 0.6이다. 2013. 4. 4. 우안은 보이는 것이 나아진 것 같고, 좌안은 안 좋다고 한다. 2013. 5. 28. 앞이 보이지 않는다고 하여 안경 처방전을 발행했다. 2013. 11. 15. 안경 착용 시 불편함으로 안경은 거의 사용하지 않고, 흐리게 덜 보인다고 한다(안경 착용에 대한 거부감이 매우 심함). 나안시력은 좌안 0.2, 우안 0.2이고, 교정시력은 좌안 0.2-0.4, 우안 0.2-0.3이다.

2) 신청외 병원 진료 내용

2013. 10. 21. 신청외 안과의원에서 양안 이물감으로 내원해 인공눈물 처방 및 적외선 치료를 받았다.

2013. 1. 29. 백내장수술 후 양안 시력저하로 신청외 병원을 내원, 나안시력은 좌안 0.4, 우안 0.4, 교정시력은 양안 0.8로 후방인공수정체가 삽입된 상태이다. 2013. 2. 27. 진료기록 상 '수술은 잘 되어 있고 렌즈도 잘 위치해 있으며 인공수정체에 적응하는 방법밖에 없음'으로 기재되어 있다. 2013. 4. 12. 재수술 후 내원해 현재 렌즈에 적응해 보도록 설명했다. 2013. 5. 22. 각막은 깨끗한 상태로 나안시력 좌안 0.08, 우안 0.2, 교정시력 좌안 0.5, 우안 1.0로 확인됐다.

※ 신청인은 현재 안경을 사용하지 않으면 일상생활이 어려우나, 안경을 사용하면 잘 보인다고 함.

※ 진료비(본인부담금): 피신청인 의원 양안 인공수정체삽입술 비용 500만원 중 140만원 납부했고, 8회 진료저비는 38,800원이다. 2차 수술은 무료로 진행했다.

나. 전문위원 자문결과

1) 전문위원 1(안과)

① 진단의 적절성

내원 당시 검사를 고려할 때 백내장 초기에서 중기 사이로 수술을 고려할 수 있을 것으로 보이나 신청인의 불편함 정도(시력)가 심하지 않으므로 경과 관찰 후 수술을 진행해도 무리가 없을 것으로 보인다.

② 2차 수술 필요성

일반적으로 2차 수술은 1차 수술을 잘못했거나 1차 수술만으로 치료가 충분치 않은 경우 시행되는데, 신청인의 경우 수술 결과에 만족하지 못하고 다른 불편함의 원인을 찾지 못해 가장 보편적인 인공수정체로 교체한 경우로 신청인이 재수술을 원했다면 시도해 볼 수 있었던 것으로 보인다. 시력악화의 원인은 수술에는 문제가 없어 보이며 시력회복 정도가 저조한 원인은 정확히 알 수 없다.

③ 종합 소견

전반적으로 피신청인의 진료상 문제가 있다고 보이지 않으나 수술 결정 당시 수술 목적과 이로 인한 효과, 수술 후 느낄 수 있는 불편감 등에 대한 충분한 설명과 환자의 이해가 필요하다고 보인다.

2) 전문위원 2(안과)

① 진단 및 치료의 적절성

진료기록을 검토할 때 백내장으로 진단할 수 있다고 보이며, 치료는 수술이 유일한데 초기에는 백내장을 늦추는 안약을 투여하기도 한다. 수술은 초음파유화술 후 단초점렌즈를 삽입하거나 신청인의 경우처럼 다초점인공수정체를 삽입할 수 있는데, 단초점렌즈의 경우 안경을 사용해야 하는 불편함이 있다.

② 수술 후 상태

세극등현미경검사 상 염증 및 부종소견은 없고, 수술 직후 시력이 좋아졌던 점을 고려하면 신청인의 시력저하 원인은 렌즈 문제일 가능성이 있다. 2차 수술의 필요성은 시력이 흐려 보이는 경우 시간이 지나면서 자연적으로 회복되는 경우가 있는데 환자가 너무 힘들어하면 재수술을 하여 단초점인공수정체로 바꾸기도 한다. 수술이 너무 오래 지연되면 수정체낭에서 수정체를 꺼내기 힘들어 위험할 수 있으므로 적절한 시기에 이루어졌다고 보인다.

③ 종합 소견

백내장수술 결정은 백내장 정도, 시력, 직업, 성격, 의사의 주관 등 여러 요인을 고려해야 하는데, 신청인이 받은 다초점인공수정체의 경우 개발된 지 오래되지 않아 효과가 확실치 못한 경우가 많고, 의료보험에 해당되지 않아 환자의 부담이 많은 수술에 해당되므로 수술 전에 여러 가지 가능성에 대해 충분한 설명을 통한 동의 하에 수술이 이루어져야 한다.

다. 책임 유무 및 범위

1) 책임 유무

피신청인은 초기에서 중기로 진행하는 백내장으로 다초점렌즈삽입술에 대해 충분한 설명 후 수술을 했고, 뚜렷한 시력저하 원인 없이 불편함을 호소하여 단초점렌즈로 비용을 받지 않고 재수술을 시행했으므로 책임이 없다고 주장한다.

① 수술 적절성에 대한 판단

신청인은 백내장 초기에서 중기 사이로 다초점렌즈삽입술을 받았는데, 전문위원 견해에 따르면 백내장 치료는 수술이 유일하며 일반적으로 초음파유화술 후 단초점렌즈를 삽입하거나 신청인의 경우처럼 다초점인공수정체삽입술을 한다. 수술 후 세극등현미경검사 상 염증 및 부종소견은 없고 수술 직후 시력이 좋아진 점, 시력회복 정도가 저조한 이유는 수술과의 관련보다는 렌즈 자체 문제가 있는 것으로 추정된다. 수술 결과에 만족하지 못하고 다른 불편함의 원인을 찾지 못할 때 적절한 시기에 단초점렌즈로 교체가 이루어졌던 점 등을 종합하면, 피신청인의 수술 과실로 인해 시력이 저하되었다고 보기는 어렵다.

② 설명의무 소홀에 대한 판단

신청인은 피신청인 의원에 내원 당시 나안시력이 좌안 0.4, 우안 0.5로 시력저하가 심하지 않고 일상생활에 불편함이 없었다. 백내장 치료는 수술이 유일하나 초기에는 백내장을 늦추는 안약을 투여할 수 있는 점, 신청인이 받은 다초점인공수정체삽입술은 개발된 지 오래 되지 않아 효과가 확실치 않고 국민건강보험에 해당되지 않아 환자의 부담이 많은 고가의 수술인 점, 수술 후 신청인의 경우처럼 다초점렌즈에 적응하는데 시간이 걸릴 수 있고 불편감이 있을 수 있으며 렌즈의 문제 등으로 인해 재수술이 이루어질 수 있는 점, 백내장 수술은 응급수술이 아님에도 불구하고 내원 당일 수술이 이루어진 점, 신청인의 백내장의 정도가 심하지 않고 일상생활에 불편함이 없을 경우 보존적인 치료가 가능한 점 등을 종합하면, 피신청인은 인공수정체 삽입술의 경우 다초점 및 단초점 수술이 있고 이에 따른 장·단점에 대해 설명할 의무가 있으나 진료기록부 등을 고려할 때 신청인에게 충분한 설명이 이루어졌다고 보기 어려운바, 피신청인은 신청인에게 설명의무 소홀에 대한 책임이 부담함이 상당하다.

2) 책임 범위

설명의무 위반에 대한 손해배상은 위자료로 한정하되, 다초점렌즈 삽입술이 실패하여 결국 단초점렌즈 삽입술이 이루어진 점, 수술 전보다 수술 후 시력이 더 저하된 점 등을 고려하여 400만원으로 산정, 미납액 360만원을 공제한 40만원을 지급하도록 결정했다.

[메모] 백내장과 노안을 해결하기 위해 다초점렌즈 삽입을 할 경우 돋보기를 사용하지 않을 기대, 고액을 지불하기 때문에 부작용이 발생할 경우 수용하기가 쉽지 않으므로 수술의 목적과 합병증에 대해 설명하는 것은 필수적이다.

05 백내장수술 후 합병증 발생에 따른 손해배상 요구 (분쟁 처리결과: 25,367,000원으로 조정결정)

신청인(58년생)은 양안의 뿌옇고 빛번짐 증상으로 2009. 11. 23. 피신청인 의원에서 백내장 진단을 받고 양안 다초점인공수정체삽입술을 받았다. 2010. 1. 29. 양안 익상편(일명 백태, 결막에 삼각형 모양의 섬유혈관성 조직)수술을 받았는데, 이후 사시 및 양안 각막천공이 발생했다. 같은 해 10. 21. 신청외 대학병원(A)에서 우안 외직근절제

> 술, 내직근후전술 및 양막이식술을 받았다. 좌안의 눈물샘 폐쇄로 인해 2012. 8. 1. 신청외 대학병원(B)에서 좌안 눈물샘수술을 받았다.

신청인은 피신청인이 백내장 노안수술 및 익상편수술을 잘못하여 많은 피해가 발생했다며 손해배상을 요구했다. 피신청인은 신청인의 백내장수술 및 익상편제거술에 대한 결정은 당시 실제 대표원장이 결정했고 신청인 요구를 수용하기 어렵다고 주장했다.

가. 사실 관계

1) 피신청인 의원 진료 내용

2009. 11. 23. 신청인은 양안이 뿌옇고 좌안 야간 빛번짐 및 아지랑이 증상으로 두통이 있어 내원했다. 원거리시력이 (우/좌)0.7/0.8, 근거리시력이 (우/좌)0.1/0.1로 확인됐다. 현성굴절검사(manifest refraction) 결과 우안(+0.25 −1.50 ×60°, 원거리시력 0.7, 근거리시력 0.1), 좌안(+0.50 −0.50 ×50°, 원거리시력 0.8, 근거리시력 0.1)로 확인됐다. 안저검사에서 심한 노년백내장 및 심한 노안 소견으로 백내장 노안수술인 양안 다초점인공수정체삽입술을 계획했다.

※ 수술동의서에 발생 가능한 합병증으로 시력저하, 출혈, 각막부종, 혼탁, 감염, 열창에 의한 재수술 가능성, 망막박리, 황반부 부종, 녹내장, 홍채위축, 포도막염, 복시 등에 대해 기재되어 있으며, 신청인의 서명이 기재됐다.

2009. 11. 26. 좌안 초음파수정체유화술 및 다초점인공수정체 삽입술을, 2009. 11. 27. 우안 초음파수정체유화술 및 다초점인공수정체 삽입술을 했다. 2009. 11. 28. 원거리시력이 (우/좌)0.7/1.0, 근거리시력이 (우/좌)0.3/1.0으로 확인됐다. 2009. 11. 30. 원거리시력이 (우/좌)0.7/1.0, 근거리시력이 (우/좌)0.4/0.8로 확인됐다. 2009. 12. 3. 봉합사를 제거, 2009. 12. 10. 좌안으로 사물이 길게 대각선으로 보인다고 하여 야그(YAG) 레이저시술을 계획했다.

2010. 1. 29. 양안 익상편제거술을 받았다.

※ 피신청인은 양안 익상편은 백내장수술과 무관하게 다초점인공수정체수술 전부터 신청인의 양측 결막에 존재한 것으로 신청인이 보기 싫다고 제거를 요구해 문제점 등에 대해 설명 및 동의 후 수술을 했다고 하나, 제출된 자료에 수술동의서는 확인되지 않았다.

2010. 1. 30. 야그(YAG)레이저시술을 시행했다. 원거리시력이 (우/좌)0.7/0.8, 근거리시력이 (우/좌)0.6/0.8로 확인, YAG 시술 후 너무 밝아져서 편하다고 했다. 2010. 3. 9. 원거리시력이 (우/좌)0.7/0.5, 근거리시력이 (우/좌)0.65/1.0로 확인됐다. 근거리는 편하나 원거리는 아른거리고 잘 보이지 않으며, 익상편수술 후 두통 등으로 힘들다고 호소

했다. 좌안의 출혈 호전시기, 우안의 따끔거리는 증상, 빛번짐 증상에 대해 불편함을 호소했다. 2010. 3. 11. 좌안이 옆으로 번져 보인다고 한다. 2010. 3. 24. 원거리시력이 (우/좌)0.5/0.2, 근거리시력이 (우/좌)1.0/1.0로 확인되어 안경처방을 했다.

2010. 4. 29. 각막궤양 및 각막염으로 안약을 처방했다. 2010. 5. 20.-7. 22. 경과를 관찰했다. 2010. 9. 10. 원거리시력이 (우/좌)0.5/0.6, 근거리시력이 (우/좌)0.8/0.8로 확인되고, 눈동자를 조금만 돌려도 사물이 두 개로 보인다고 호소했다. 2010. 9. 16. 빛번짐으로 야간 운전이 힘들다고 호소했다.

2010. 10. 7. 레이저 난시교정술(좌안 Enhance-surface)을 했다. 수술동의서 상 수술 후 아주 드문 합병증으로 각막상피 손상, 감염, 각막편의 편위, 각막상피의 실질내 침범, 각막하 출혈, 부정난시, 망막이상, 근시퇴행 등에 대해 기재됐고 신청인의 서명이 확인됐다. 2010. 10. 11.-2011. 1. 13. 경과를 관찰했다.

2011. 1. 27. 레이저 난시교정술(우안 Enhance)을 했다. 2011. 2. 25. 원거리시력이 (우/좌)0.7/1.0, 근거리시력이 (우/좌)0.65/0.5로 확인됐다. 2011. 7. 21. 좌안에 눈물이 심하게 나고, 번져 보인다고 한다. 2011. 9. 24. 좌안에 눈물 및 복시 증상이 있어, 상급병원 진료를 의뢰했다.

2) 신청외 대학병원(A) 진료 내용

2011. 10. 11. 양안의 백내장수술(다초점인공수정체삽입술) 후 위를 볼 때 물건이 둘로 겹쳐 보이고 눈 주위를 만지면 통증이 있으며, 좌안에 항상 눈물이 고이는 증상으로 내원했다. 2011. 10. 21. 우안 외직근절제술(5.0㎜), 우안 내직근후전술(5.5㎜), 우안 양막이식술을 했다. 2011. 10. 27. 항생제(크라비트, 타리비드, 비가목스)를 처방했다. 2011. 11. 3. 수술 후 복시는 없으나 좌안이 붓고, 우안은 가렵다고 호소했다. 2011. 11. 10. 복시는 호전되었다고 하나, 2011. 11. 29. 빛번짐이 있어 운전이 힘들다고 호소했다. 2011. 12. 20. 상태는 비슷하며, 안구의 건조함이 심해 인공누액을 사용하도록 했다.

2012. 1. 10. 우안 불편감이 남아 있으나 예전보다는 좋아졌다고 했다. 2012. 3. 13. 우안이 쓰리고 아프다고 호소, 우안의 육아조직이 관찰되어 육아조직 생검을 했다.

3) 신청외 대학병원(B) 진료 내용

2012. 8. 1. 좌안 눈물길 폐쇄 진단에 따라 좌안 내시경적 누낭비강문합술 및 실리콘 튜브삽입을 받았다.

4) 소견서 등

소견서(신청외 병원, 2014. 3. 31. 발행) 병명은 공막연화, 거짓수정체, 마른눈증후군으로 양안 초음파수정체유화술 및 다초점인공수정체삽입술 및 익상편수술 후 빛번짐, 사시 발생으로 신청외 대학병원(A)에서 수술했다. 현재 빛번짐, 건조증, 각막 자극증상 있어 양안 공막연화증으로 지속적 경과관찰이 필요하며, 향후 공막연화증에 대해 자가결막이식 또는 양막이식술이 고려된다.

진단서(신청외 대학병원, 2014. 10. 20. 발행) 병명은 괴사성공막염, 공막연화, 낭성황반부종으로 우안 석회화판 제거 및 귀연골막이식술을 시행할 예정이다.

※ 진료비(본인 부담금)는 피신청인 의원 500만원(백내장수술 비용), 이후 수술 및 진료비는 수납하지 않고 무료로 진료를 받았다. 신청외 대학병원(A) 2,131,330원(2011. 10. 11.-2012. 11. 20.), 신청외 대학병원 1,165,370원(2012. 7. 6.-2012. 8. 2.), 약제비는 275,300원이다.

※ 현재 신청인은 우안으로 볼 때 사물이 찌그러져 보이고, 안구통, 안구건조증이 심한 상태라고 진술했다.

나. 전문위원 자문결과

① 노안 백내장수술의 적절성

노안과 백내장을 함께 교정하는 방법으로 일반적인 적응증에 해당되나, 난시가 있거나 다른 눈 질환이 동반된 경우 피해야 한다. 신청인은 2009. 11. 23. IOL master 값이 -0.63D로 난시가 심하지 않은 것으로 측정되어 수술을 결정한 것으로 보이나 다른 난시 검사인 현성굴절검사 상 우안에 -1.50디옵터로 난시가 있기 때문에 수술을 신중하게 결정했어야 한다.

② 익상편수술의 적절성

익상편수술은 노화 등의 원인으로 발생하는 익상편을 절제하는 수술이며, 수술 후 난시와 각막곡률에 변화를 주는데 레스토어 백내장수술을 한 상황에서 수술 후 발생할 수 있는 시력변화를 고려해 신중하게 수술을 결정했어야 한다. 복시 및 사시는 익상편수술 후 발생하는 일반적인 합병증이 아니라 심각한 합병증의 하나로 볼 수 있고, 공막연화증은 가끔 볼 수는 있으나 대부분 익상편수술 후 최소 5년, 일반적으로 10년 이상 경과한 후 발생하는 것이므로 지나치게 일찍 발생한 것으로 볼 수 있다.

③ 합병증 발생의 원인

노안 백내장수술 후 난시의 굴절교정수술을 받은 것은 수술 전에 난시가 있었던 점을 고려하지 않아 발생한 합병증이다. 익상편수술 후 발생한 심한 합병증들은 신청외 대학병원(A) 수술방법이 최근 잘 시행하지 않는 수술방법인 공막노출법(bare sclera)이고, 연화증으로 양막이식술까지 시행된 점을 고려하면 피신청인의 익상편수술 방법이 부적절했다고 볼 수 있다.

다. 책임 유무 및 범위

1) 책임 유무

① 수술 상 과실 여부에 대한 판단

신청인은 노안백내장수술인 다초점인공수정체삽입술 후 굴절교정술을 받았는데, 전문위원 견해에 따르면 신청인의 시력상태를 고려하면 노안 백내장수술의 적응증에 해당될 수 있고, 2009. 11. 23. IOL master 값이 -0.63D로 난시가 심하지 않은 것으로 측정되었으므로 피신청인의 백내장수술이 부적절했다고 보기는 어렵다.

한편 신청인은 노안 백내장수술 후 익상편절제술을 받았는데, 전문위원 견해에 따르면 익상편수술은 수술 후 난시와 각막곡률에 변화를 줄 수 있어 노안 백내장수술을 시행한 신청인의 경우 심각한 합병증이 발생할 수 있으므로 신중하게 수술을 결정했어야 했다. 익상편 제거술 후 발생한 복시 및 사시는 일반적인 합병증이 아니라 심한 합병증이고 공막연화증 또한 익상편수술 후 최소 5년이 경과한 후에 발생하는 합병증이나 지나치게 일찍 발생했다고 볼 수 있다. 이러한 심한 합병증들은 신청외 대학병원(A)의 수술방법이 최근 잘 시행하지 않는 공막노출법이고, 연화증으로 양막이식술까지 시행된 점을 고려하면 피신청인의 익상편수술 방법이 적절하였다고 보기 어려우므로 피신청인은 부적절한 익상편수술로 인해 발생한 신청인의 손해에 대해 책임을 부담함이 상당하다.

② 설명의무 위반 여부에 대한 판단

살피건대, 신청인은 노안 백내장수술 전 다른 난시검사인 현성굴절검사 상 우안에 -1.50디옵터로 난시가 있었던바, 이러한 경우 추가적인 굴절교정술이 필요할 수 있으므로 충분한 설명이 필요했으나 제출된 진료기록 상 이러한 점에 대해 충분한 설명을 했다고 볼 만한 자료가 확인되지 않는바, 피신청인은 설명의무 소홀에 대한 책임 역시 부담해야 한다.

2) 책임 범위

신청인의 백내장 및 익상편 등의 안과적 기왕력, 연령, 치료기간, 의료행위의 특성 상 항상 합병증의 위험이 따르고 예상 외의 결과가 생기는 것을 피할 수 없는 측면이 있는 점을 고려하여 피신청인의 책임 범위를 60%로 제한함이 상당하다.

재산상 손해에 대해서는 피신청인 의원 및 신청외 대학병원(A), 대학병원(B)의 진료비, 약제비의 합계 8,572,000원(=5,000,000원+2,131,330원+1,165,370원+275,300원)과 합병증 치료를 위해 입원한 기간 동안(신청외 대학병원(A) 3일, 신청외 대학병원(B) 2일)의 일실이익 373,240원(=2011년 하반기 도시일용노임 74,008원×3일+2012년 상반기 도시일용노임 75,608원×2일)을 합한 8,945,240원의 60%인 5,367,144원으로 산정함이 상당하다.

위자료에 대해서는 이 사건의 경위, 신청인의 나이, 향후 재수술이 필요한 점 등 여러 사정을 참작하여 2,000만원으로 조정결정했다.

[메모] 안과 질환(익상편)이 있거나 난시를 동반한 백내장 및 노안교정술은 신중하게 결정해야 한다. 백내장수술 후 익상편절제술은 난시와 각막곡률에 변화를 줄 수 있는데 무리하게 공막노출법을 시행한 결과 공막연화증으로 양막이식술까지 받은 경우로서 무리한 수술은 자제하는 것이 중요하다.

06 백내장수술 후 후유장해가 발생하여 보상 요구 (분쟁 처리결과: 500만원으로 합의)

신청인(여, 1935 생)은 폐경화증으로 피신청인 병원에서 입원 치료를 받던 중, 우안 백내장에 대한 안과검진을 받았다. 수술이 필요하다는 소견에 따라 2011. 8. 1. 백내장 수술을 받던 중 수정체후낭 파열로 인해 수정체제거술과 부분 유리체절제술 후 추후 재수술을 받기로 했다. 수술 후 각막부종에 대해 경과관찰을 하던 중 망막박리가 발생했다. 2012. 6. 5. 각막이식술, 유리체절제술, 인공수정체공막고정술을 받았으나 시력호전이 없었다.

2013. 1. 16. 신청외 병원을 방문하여 정밀 검사를 받은 결과, 우안 시력상실 96%, 시야상실 92%, 우안 시력 시야상실 100%로 시기능장해율 25%, 전신장해율 24%로 후유장해진단을 받았다.

신청인은 백내장수술은 30분 정도 소요되는 간단한 수술이며, 수술 후 시야 회복이 가능하다는 피신청인의 설명을 신뢰하여 우안 백내장수술을 받았으나 각막손상이 발생했다. 이후 2차례의 재수술 및 장기간을 인내하며 시력 회복을 기대했으나, 시력을 상실하게 된 것은 피신청인의 수술 시 부주의로 인한 결과라고 주장하며 이에 상응하는 손해배상을 요구했다.

피신청인은 수정체초음파유화술과 관련된 수정체후낭파열 및 각막부종, 망막박리는 1-2%에서 발생 가능한 합병증이며 환자 나이가 많을수록 그 빈도가 증가하고, 신청인은 현재 각막이식 및 망막유착도 잘 되어있는 상태로 수술이 잘못된 것이 아니라 수정체초음파유화술과 관련된 합병증을 3회 수술로 처리하였으며, 시력회복이 되지 않는 것은 망막기능 감소로 인한 것으로 생각되므로 본원 처치로 인한 것은 아니라고 생각한다.

가. 사실 관계

1) 피신청인 진료 내용

※ 기왕력은 고혈압(40년) 경구약 복용, 당뇨병 1년 전 진단받고 약물 치료(글리메피리드 1mg, 메포민 500mg), 4년 전 좌측 안와주변부 피부암 진단받고 치료받았다. 2011. 4. 천식, 간질성폐질환 진단받고 메틸프레드니솔론 복용중이다.

2011. 7. 25.-8. 3. 호흡곤란, 안면부종, 전신무력감 수면장애, 스테로이드로 인한 혈당조절장애로 피신청인 병원에서 입원치료 중 양안이 흐릿해지는 증상으로 안과 협진 후 백내장 진단을 받았다. 우/좌안 나안시력은 0.2/0.3, 우안 망막에 격자변성이 있고, 양안 안압(우/좌: 13/12㎜Hg), 결막이완증(conjunctivochalasis) 관찰된다. 당화혈색소 7.2%, 소변검사 상 포도당 4+로 스테로이드 복용에 의한 당뇨로 추정된다.

2011. 8. 1. 백내장수술(수정체초음파유화술 및 인공수정체삽입술)을 시행 예정이었으나, 수정체 후낭파열로 백내장 적출 및 전방유리체절제술을 시행했다. 수술동의서에 수술과정 및 방법, 수술 시 발생 가능한 합병증 및 후유증에 대한 부동문자와 추가용지에 수술내용 및 각막, 홍채, 유리체, 망막 손상가능성에 대한 설명이 있고 신청인의 아버지(김○○)의 서명이 기재됐다.

※ 수술소견은 공막터널절개 후 원형전낭절개술을 시행한 후 수정체초음파유화술 중 수정체후낭이 파열, 백내장적출술 및 부분유리체절제술을 시행했다. 망막 격자변성 부위에 안내레이저광응고술을 시행했다. 각막부종으로 인공수정체를 삽입하지 못하고 수술을 종료했다.

2011. 8. 2. 유리체 혼탁하며, 망막박리 관찰되지 않았다. 2011. 8. 9. 시력(우: 안전수동, 좌: 0.6), 안압(우/좌: 12/17㎜Hg), 각막부종과 데스메막주름(Descemet's fold)이 관찰됐다. 2011. 8. 30. 각막부종으로 인공수정체 삽입이 어려움과 추후 각막이식 가능성을 설명했다. 시력(우: 안전수동, 좌: 0.6+1), 안압(우/좌: 12/17㎜Hg), 각막부종과 데스메막주름(Descemet's fold)이 관찰됐다. 2011. 9. 17. 혈액검사 상 혈당 89mg/dl, 2011. 9. 30. 데스메막박리(Descemet's membrane detachment) 관찰, 시력(우: 안전수동, 좌: 0.4), 안압(우/좌: 9/19㎜Hg) 체크됐다.

※ 신청인은 각막부종으로 경과관찰 중 열공망막박리 발생하여 망막수술을 권유받고 2011. 10. 24.-27. 입원하여 수술을 받았다. 유리체절제술 동의서에 수술과정 및 방법, 수술 시 발생 가능한 합병증 및 후유증에 대한 부동문자, 그 위에 그림으로 수술 방법 및 수술 후 자세에 대한 설명이 관찰되고 신청인의 아버지가 서명했다.

2011. 10. 24. 망막박리가 발생하여 입원 후 부분마취 하에 무봉합 유리체절제술(transconjunctival sutureless vitrectomy), 액체기체치환술(fluid-air exchange, SF6 가

스 2.5cc 주입), 안내레이저광응고술을 시행했다. 2011. 10. 25. 우안 안압 8, 2011. 10. 26. 우안 안압 8.7, 6, 7으로 체크됐다. 2011. 11. 1. 외래 내원, 시력(우: 30㎝ 내에서 손가락 세기 가능함, 좌: 0.4), 안압(우/좌: 8.5/13.5㎜Hg) 확인됐다. 안초음파검사 결과, 유리체 내 가스 관찰되고 망막은 평편하고 망막박리 관찰되지 않았다.

2011. 11. 15. 시력(우: 안전수동, 좌: 0.5), 안압(우/좌: 9.5/13㎜Hg), 안초음파검사 결과 유리체 깨끗하며, 망막 평편하고 망막박리 관찰되지 않았다. 2011. 11. 21., 2011. 12. 19., 2011. 2. 13. 이상 소견 없었다.

2012. 5. 16. 망막박리가 재발됐다. 시력(우: 빛 인지 가능, 좌: 0.4), 안압(우/좌: 8.7/12.3㎜Hg), B-스캔검사 결과 망막박리 재발이 확인됐다. 2012. 6. 4.-8. 입원하여 수술을 받았다. 2012. 6. 4. 혈액검사 상 혈당 153mg/dl이다. 2012. 6. 5. 수포각막병증(bullous keratopathy), 무수정체(aphakia)로 전층각막이식술(penetrating keratoplasty), 인공수정체공막고정술(IOL scleral fixation), 망막박리수술을 받았다. 2012. 6. 11. 시력(우: 측정불가, 좌: 0.08), 안압(우/좌: 10/9㎜Hg)으로 확인됐다. 2012. 6. 18. 시력(우: 빛 인지 가능함, 좌: 0.08), 안압(우/좌: 14.7/11.3㎜Hg)으로 확인됐다. 2012. 7. 2, 2012. 8. 6.,2012. 10. 8., 2012. 12. 3., 2013. 1. 28. 시력 안압 이상 없음이 확인됐다.

2) 신청외 병원 진료 내용

① 신청외 1병원

2007. 2. 27. 시력 저하로 검사 결과, 노인성 백내장으로 진단받았다. 2008. 4. 29. 난시, 녹내장 의심 소견, 노년 핵백내장, 2011. 9. 9. 우안 부종 관찰되었고, 결막 실밥 제거했다. 2012. 12. 3. 좌안 백내장수술을 받았다.

② 신청외 2병원

2013. 1. 16. AMA 장해평가에 따른 후유장해진단서 상, 우안 시력 상실 96%, 시야상실 92%, 우안 시력 시야상실 100%로 시기능 장해율 25%, 전신 장해율 24%로 진단받았다. 우안 최대 교정시력 0.05이고, 시야가 중앙부 5도 정도만 남아있다. 현재 우안 각막은 상태 양호하나 망막에 전반적인 변성과 황반부 부종을 보이고 있어 시력저하와 시야감소가 발생한 상태로, 시력 호전 가능성은 희박하고 추가적인 합병증 발생 가능성이 있다.

※ 진료비(본인 부담금) 피신청인 병원 진료비 4,821,737원이다.

[메모] 고혈압, 당뇨, 간질성폐질환(스테로이드 복용)으로 혈당 조절이 되지 않은 상태에서 백내장수술 과정에서 수정체 후낭파열로 인공수정체를 삽입하지 못했다. 수술 후 각막부종이 있어 관찰 중에 열공망막박리가 발생해 유리체절제술을 했으나 시력장해를 받은 경우로서 각막이식도 예상했으나 조정결정 전 합의한 사례이다. 기저질환 상태(혈당 조절, 약물 복용)를 종합적으로 고려해 적절한 수술시기를 결정하는 것이 중요하다.

07 백내장수술 후 실명에 따른 손해배상 요구 (분쟁 처리결과: 100만원으로 조정결정)

> 신청인(55년생)은 강직성척추염 및 좌안의 만성 포도막염을 기왕력으로 가지고 있는 환자로 2008. 7. 8. 좌안 백내장으로 수정체적출술 및 인공수정체삽입술을 받았다. 이후 포도막염 소견이 있어 계속 치료를 받았으나 2010. 1. 19. 나안시력 우안 0.02, 좌안 광각인지 상태에서. 2014. 4. 19. 좌안 광각무 실명상태가 됐다.

신청인은 좌안 실명 원인이 염증치료를 잘못했거나 백내장수술을 잘못해 발생한 것이므로 실명에 따른 손해배상을 요구했다. 피신청인은 신청인의 시력저하 원인은 백내장수술에 의한 합병증이 아니라 포도막염 재발로서 이는 강직성척추염과 관련되므로 신청인 주장을 인정할 수 없다고 주장했다.

가. 사실 관계

1) 피신청인 의원 진료 내용

2008. 6. 10. 초진 당시 교정시력 우안 1.0, 좌안 안전수지(10㎝ 정도에서 손동작만 인지), 좌안 전방내염증, 홍채후유착 수정체혼탁 상태로 좌안은 포도막염 및 백내장, 우안은 경도 백내장으로 진단하고, 스테로이드 및 포도막염 안약을 투여했다.

※ 피신청인은 신청인이 내원 시 6개월 전부터 좌안이 잘 보이지 않고, 15일 전부터 신청외 대학병원에서 치료받았다고 진술했다.

2008. 6. 14. 좌안 포도막염으로 스테로이드 및 포도막염 안약을 투여했다. 2008. 6. 20. 좌안 포도막염이 호전되는 양상이다. 2008. 6. 30. 신청인이 장애진단서 발급을 요구했으나, 백내장수술 후 시력개선 여지가 있어 백내장수술을 권했다.

2008. 7. 8. 좌안 백내장수술을 받았다.

※ 진료기록 상 수술동의서는 확인되지 않고, 신청인도 백내장수술 후 합병증에 대해 설명을 듣지 못했다고 진술했다.

2008. 7. 9. 좌안 나안시력 0.2로 호전되었고, 항생제 및 스테로이드 제제를 투여했다. 2008. 7. 11. 좌안 염증이 있어 점안약 횟수를 증가, 2008. 7. 12.-9. 1. 7회 진료를 받았다. 2008. 10. 22. 좌안 통증을 호소했고, 좌안 포도막염 상태이다. 2008. 11. 6.-29. 3회 진료를 받았고, 포도막염은 호전되는 상태이다. 2008. 12. 9. 교정시력 우안 0.3, 좌안 0.02이다.

2008. 12. 16.-2009. 10. 12. 18회 진료를 받았고, 포도막염 재발 및 호전을 반복했

다. 2010. 1. 9. 신청인이 장애진단서를 요구했고, 교정시력 우안 0.08, 좌안 광각인지이다.

※ 피신청인은 신청인으로부터 강직성척추염으로 5급 8호 장애진단을 받았다는 사실을 들었다며 포도막염 재발 이유는 강직성척추염 때문으로 진술했다. 2010. 1. 19. 나안시력 우안 0.02, 좌안 광각인지이다.

2) 신청외 병원 진료 내용

① 대학병원

2008. 4. 30. 시력저하로(7~8개월 전부터, 가끔씩 점이 날아다니는 것 같다) 신청외 의원에서 포도막염 진단을 받고 치료를 받았으나 증상이 심해져 내원했다. 진료기록 상 시력이 우측 0.15(0.6), 좌측 0.1(0.1)이며, 안압은 우/좌: 12/8mmHg이다. 2008. 5. 6. 안과 진료를 받았고, HLA검사를 권유했으나 거절했다.

※ 신청인은 강직성척추염과 관련해 진단을 받거나 검사를 권유받은 적이 없다고 진술했다. 2008. 7. 3. 양측 포도막염 진단을 받았고, 백내장수술은 다음에 받기로 했다. 이후 피신청인 의원에서 백내장수술을 시행하였다.

② 안과의원

2009. 12. 11. 홍채섬모체염, 유리체혼탁, 녹내장 의증, 노년백내장으로 약물치료를 받았다. 시력은 우안 0.2, 좌안 안전수지 30㎝이다. 2009. 12. 31. 우안 백내장수술을 받았다. 2010. 3. 9.-29. 우안 익상편으로 6회 치료받았다. 2010. 4. 5.-2014. 3. 26. 황반변성, 급성결막염, 마른눈증후군으로 46회 진료를 받았다.

※ 후유장애진단서(신청외 대학병원, 2014. 4. 19. 발행) 좌안 안내염 상태로 나안시력 우측 0.6, 좌측 광각무이고, 교정시력 우측 1.0, 좌측 교정불가 상태로 전신노동능력상실률 24% 상태이다.

나. 전문위원 자문결과

① 내원 시 상태

좌안 백내장 정도나 안전수지 10㎝인 것을 고려하면 반복된 포도막염으로 인해 황반을 포함한 망막 기능저하가 있는 상태이며, 만성 포도막염을 시사하는 홍채후유착이 있어 시력예후가 불량할 것으로 보인다.

② 백내장수술의 적절성

일반적으로 포도막염이 있는 백내장수술은 시력예후가 불량한 것으로 알려져 있는데, 홍채후유착 소견이 보였던 점을 고려하면 수술 외 다른 대안이 없고 수술이 필요한 시기가 되어 수술을 시행한 것으로 보이며 수술 상 문제는 없어 보인다.

③ 포도막염 치료의 적절성

포도막염 치료는 원인 및 환자 상태에 따라 치료가 다양하여 직접 환자를 보지 않고 판단하기 어려우나 진료기록 등을 고려할 때 특별한 문제는 없어 보인다. 2008-2014 호전된 적이 없는 것으로 보아 향후에도 호전될 가능성은 희박하다. 시력저하 원인은 단정하기 어려우나 반복된 포도막염으로 인한 기능저하로 보이며, 백내장수술 자체가 염증을 일으키고 악화시키는 원인으로 작용했을 수 있다.

④ 종합 소견

포도막염이 동반된 백내장수술의 경우 수술 후 예후가 더욱 불량하고 수술과정도 힘든 경우가 많아 수술 전 예후 불량 가능성에 대한 충분한 설명이 필요했던 것으로 보인다.

다. 책임 유무 및 범위

1) 책임 유무

피신청인은 신청인의 시력저하 원인은 백내장수술에 의한 합병증이 아니라 포도막염 재발로 인한 것이고, 반복적인 포도막염 재발은 신청인의 기왕질환인 강직성척추염으로 인한 것이므로 신청인의 주장을 수용하기 어렵다고 주장한다.

① 피신청인 처치 상의 과실 여부에 대한 판단

전문위원 의견에 의하면, 신청인은 2008. 6. 10. 피신청인 의원에 내원 당시 좌안 안전수지 10㎝ 상태였고, 만성포도막염을 시사하는 홍채후유착이 있던 점을 고려하면 반복된 포도막염으로 인해 황반을 포함한 망막 기능저하가 있어 시력예후가 불량할 것으로 보인다. 포도막염 치료는 진료기록을 고려할 때 적절한 치료는 이뤄졌던 것으로 보이는 점, 백내장수술은 포도막염이 동반되어 있더라도 금기증이 아니며 홍채후유착을 보였던 것을 고려하면 백내장수술 외 다른 대안이 없다. 수술상 문제는 없던 것으로 보이는 점, 시력저하 원인은 단정하기는 어려우나 반복된 포도막염으로 인한 기능저하로 보이는 점 등을 종합하면, 피신청인의 백내장수술 및 포도막염 치료 상 과실이 있다고 보기 어렵다.

② 설명의무 소홀 여부에 대한 판단

백내장수술에 있어 포도막염이 동반된 경우 수술 후 예후가 더욱 불량할 수 있고 포도막염은 재발 가능성이 높으며 반복될 경우 실명이 될 수 있어 수술 전 충분한 설명이 필요했던 것으로 보이나, 수술동의서는 확인되지 않고 달리 진료기록부 등에 설명이 이루어졌다고 볼 만한 사정이 없으며, 신청인 또한 설명을 듣지 못했다고 진술하고 있는 바, 피신청인은 신청인에게 설명의무 소홀에 따른 책임을 부담함이 상당하다.

2) 책임 범위

설명의무 위반에 대한 손해배상으로 위자료에 대하여는 신청인 연령, 치료 기간, 합병증 정도 등을 고려하여 100만원으로 결정했다.

[메모] 반복된 포도막염이 있고 홍채유착 소견이 있어 백내장수술 외에는 대안이 없는 경우로서 황반을 포함한 망막 기능저하가 있어 시력예후가 불량할 것이 추정되기 때문에 수술 전에 구체적인 부작용 설명 이후 동의서를 반드시 작성하는 것이 중요하다.

08 백내장수술 후 안내염으로 실명에 따른 손해배상 (분쟁 처리결과: 100만원으로 조정결정)

신청인(33년생)은 안검염(눈꺼풀염증)으로 간헐적으로 안과치료를 받던 중, 2013. 4. 25. 피신청인 의원에서 우안 백내장수술을 받았다. 수술 후 안내염이 발생하여 같은 해 4. 29. 신청외 병원으로 전원해 유리체절제술을 받은 후 추가로 안구내 항생제주입술 및 전방세척술 등을 3차례 받았으나 실명(광각무) 상태이다.

신청인은 안검염으로 치료를 받고 있었으나 피신청인이 눈 상태를 정확하게 파악하지 않고 설명이나 동의도 받지 않은 채 무리하게 백내장수술을 시행했다. 수술 후에도 안내염 예방 등에 대한 주의사항이 없었고, 수술 후 발생한 통증에 대해서도 별다른 조치 없이 방치하고 상급병원 전원조치도 늦어져 안내염이 진행돼 실명했다고 주장했다.

피신청인은 만성 안검염에 대한 치료를 하고 시력 개선을 위해 충분한 검사를 한 후 백내장수술을 시행했고, 수술 전 합병증과 수술 후 주의사항까지 설명하고 가족에게 수술예정임을 알리도록 했으나, 혼자 살기 때문에 누구에게도 연락할 사람이 없다고 했다. 수술 당일 동서가 같이 내원하여 설명한 후 동의서에 서명을 하도록(신청인이 선이라도 직접 그으라고 함) 했다. 또한 수술 후 증상 및 시력이 호전되다가 같은 해 4. 29. 안내염을 확인한 즉시 안내염 억제를 위해 항생제 등의 각종 안약을 사용토록 하고 신속하게 대학병원에서 진료를 받도록 했다.

가. 사실 관계

1) 피신청인 진료 내용

2007년경부터 여름에 눈곱이 자주 끼어서 신청외 안과의원에서 안약을 처방받았다. 2012년경 백내장 진단을 받았으나 안검염 치료가 종료되면 백내장수술을 하자는 설명을 들었다고 한다.

2013. 3. 26. 먼 곳이 보이지 않고 시린 느낌으로 내원하여, 안과검진 후 양안 백내장,

안검결막염, 눈물샘장애, 홍체섬모체염, 안와염증으로 진단되었으며, 안검염 치료 후 우안 백내장수술을 먼저 하기로 했다. 굴절조절검사, 안압측정, 세극등현미경검사, 적외선치료, 결막이물제거술을 시행했다. 백내장(+++, 좌>우), 안압 12/12mmHg, 나안시력 우/좌 0.6/0.3, 양안 만성안검염으로 눈꺼풀청소와 약으로 염증을 줄인 다음 수술하기로 했다. 알레락정(알르레기용약), 알비스정(소화성궤양용제), 록프로정(소염진통제), 세클캡슐(항생제), 옵티브이 0.1%(염증성질환 점안액), 옵티마이점안액(항균점안액) 처방 및 휴메딕스덱사메타손, 휴온스린코마이신(항생제)을 주사했다.

2013. 4. 24. 약 처방을 위해 내원, 양안 백내장과 만성안검염으로 빨리 수술해야 함을 설명했다(우안 먼저, 좌안 나중). 안압 16/17mmHg, 나안시력 0.5/0.2, 약 처방 및 검사, 처치 이전과 동일하다.

2013. 4. 25. 우안 백내장수술(수정체유화술 및 인공수정체삽입술)을 받았다. 수술동의서 상 녹내장, 수정체 위치이탈 및 인공수정체의 위치이탈, 난시, 유리체출혈, 전방출혈, 각막염, 안내염(0.1-0.4%), 망막박리(1%), 후발 백내장(약 30%) 등의 발생 가능한 합병증 및 수술 후 주의사항으로는 감염 가능성으로 약 1주일 간 수술한 눈에는 물을 넣거나 비비면 안 되고, 지시한 안약 및 내복약 복용, 갑작스런 통증 및 불편 시 내원, 수면 시 보호안대 적용 등의 내용이 기재되어 있으며, 신청인의 서명(옆에 '사인 대신 해달라 함'이라고 기재)이 확인됐다.

※ 피신청인은 신청인이 글자가 안 보여 못하니 간호사에게 대신해 달라고 부탁하여 어쩔 수 없이 간호사가 직접 신청인의 손을 잡고 볼펜을 같이 잡은 상태에서 수술동의서에 이름을 적고 '사인 대신 해달라 함'이라는 문구까지 작성하였으며, 신청인에게 '수술 후 주의사항' 유인물을 주면서 구체적으로 설명하였다고 한다.

니소론정, 다이아막스정(이뇨제)을 투여하고, 항생제(휴온스린코마이신, 세테졸)를 결막하 및 각막내, 정맥내 주사하고, 디크란점안액(수술 후 염증방지), 크라비트점안액(항생제) 등을 점안했다.

2013. 4. 26. 우안 백내장수술 후 경과관찰 중으로, 고장성안약(5% NaCl)을 제공했다. 큐레틴정, 시메티딘정, 세클캡슐 등 약 5일분과 프레드포르테점안액(수술 후 염증예방), 크라비트점안액을 처방하고, 덱사메타손과 린코마이신을 주사했다. 안압측정, 세극등현미경검사, 정밀안저검사, 안근기능검사 및 폭주검사-프리즘가림검사, 굴절 및 조절검사를 시행하고 적외선치료 및 각막이물제거술을 시행했다. 안압 13/13mmHg, 우안 나안시력 0.1이다.

※ 신청인은 수술 후 일주일 뒤 내원하면 된다는 설명을 들었으며, 수술 다음 날 2013. 4. 26. 눈이 불편하여 피신청인 의원에 내원하지 못하고 전화로 피신청인에게 문의 후 피신청인으로부터 수술 후 발생하는 증상으로 부종이 빠지면 괜찮다는 설명을 들었을 뿐이며 피

신청인의원에 방문한 사실이 없는데 진료기록부에는 시력 및 처치 등이 기재되어 있는 것으로 보아 진료기록이 허위로 기재된 것이라고 주장했다.

※ 피신청인은 수술경과를 확인하기 위해 수술 다음 날 반드시 내원하도록 하고, 2013. 4. 26. 신청인에 대한 진료 후 항생제 등의 구강약 5일분과 안약을 처방했다고 한다. 당시 시력(0.1)이 수술 전(0.3)보다 덜 나온 것은 각막부종이 아주 심한 상태였기 때문이고, 당시 안내염을 의심할 만한 다른 증상이나 소견은 전혀 없었으며, 각막부종을 최대한 빨리 호전시키기 위해 각막실질 내의 수분을 최대한 빨리 제거할 수 있는 고장성안약(5%NaCl)까지 처방했다고 한다.

※ 국민건강보험공단 의료급여내역서에 신청인이 2013. 4. 26. 피신청인의원에서 후발백내장으로 진료받은 것으로 되어 있고 당일 중앙약국에서 약을 조제받은 것으로 확인됐다.

2013. 4. 27.(토요일) 신청인이 우안이 안 보인다고 호소하자, 피신청인이 붓기가 덜 빠져서 그럴 수 있으니 약 복용을 잘 하고 4일 후 경과 관찰하자고 설명, 덱사메타손, 린코마이신을 주사하고, 적외선치료를 했다. 안압 11/14㎜Hg, 나안시력 0.3/0.15이다.

※ 신청인은 아침에 일어나니 통증이 심해 피신청인 의원에 전화하니 내원하라고 하여 진료받았으나 수술 후 잘 아물고 있다는 설명을 들었다고 한다.

※ 피신청인은 수술 후 이틀째 각막부종이 전일보다 호전된 상태였고 시력 또한 0.1에서 0.3으로 호전된 상태였다고 한다. 이 당시 안내염이 조금이라도 있었다면 시력호전은 어려웠을 것이며 각막부종도 절대로 호전될 수 없었고 안압도 상승해야 하고 전방에 염증세포나 축농, 윤부주위 충혈, 안구 통증 등의 다른 소견이 나타났을 것인데 신청인은 잘 보이지 않는다는 증상 이외에 다른 어떤 증상도 없었으며 검사 시에도 안내염을 의심할 만한 어떤 소견도 발견되지 않았다고 한다.

2013. 4. 29.(월요일) 수술한 우안이 안 보이고 통증이 있다고 하여 진료한 결과, 안내염(우안 전방축농, +++)으로 안약을 1시간마다 넣도록 했다. 제이레인점안액(각결막상피장해치료보조제), 프레드포르테점안액, 비가목스점안액(염증치료제)을 처방, 안압 24/15㎜Hg, 나안시력은 우/좌 안전수동/0.1 이다.

※ 신청인은 아침에 눈이 캄캄해 보이지 않아 피신청인의원에 내원하니 고령환자인 신청인에게 큰 병원에 가보라고 하였을 뿐 구급차를 이용하여 전원조치를 하지 않았고 위험성에 대한 설명을 하거나 보호자에게 연락을 취하지 않아 안내염 치료가 늦어져 실명하였다고 진술했다. 피신청인은 신청인이 내원 당시 전일 눈이 아팠다고 했고 기본검사 상 시력은 안전수동으로 저하되었으며 안압상승, 윤부주위 충혈 및 전방축농이 관찰되어 심각한 상태임을 수차례 설명하고 상급병원에서 진료를 받도록 설명했다고 한다.

2) 신청외 안과병원 진료 내용

2013. 4. 29. 18:49경 안내염 소견으로 의뢰되어 시행한 안저검사 상 우안 전방에 전방축농이 매우 심했고 안저는 전혀 관찰되지 않았고, B-scan 상 안내염이 매우 심한 소견을 보여 응급으로 유리체절제술 및 안구내 항생제 주입술을 받았다. 안압 11/12mmHg, 나안시력 광각무/0.4으로 측정되었다. 수술을 여러 번 시행할 수 있으며 적절한 치료에도 불구하고 시력예후가 매우 불량할 가능성이 높고, 실명하거나 안구위축이 올 가능성이 아주 높음을 설명했다.

2013. 4. 30. 통증은 없으나 보이는 것은 차이가 없어 다음 날 유리체내 항생제(vancomycin, ceftazidime) 주입술 및 전방세척술을 받았다. 2013. 5. 2. 통증 없으나 2013. 5. 4. 유리체내 항생제(vancomycin, ceftazidime) 주입술 및 전방세척술을 받았다. 현재 눈 상태가 매우 좋지 않으며, 수술 당시 안내염이 매우 심해 이미 망막이 거의 괴사된 상태였고 수술과 반복적인 항생제 투여에도 염증이 완전히 가라앉지 않아 성공적으로 염증이 가라앉더라도 향후 시력호전은 어려우며 결국 실명할 가능성이 매우 높음을 설명했다. 또한 안구 위축이 예견되므로 통증이 심하게 오기 시작하면 안구제거술 등을 고려할 수 있음을 설명했으나, 당시는 보존적 치료만 원해 2013. 5. 6. 퇴원했다. 2013. 5. 10. 우안 염증은 많이 가라앉았으나 향후 시력호전은 어렵고 향후 안구위축 가능성이 있다고 설명하고, 비가목스, 토브라덱스, 프레드포르테 점안액을 처방받았다. 이후 2013. 12. 16.까지 정기적으로 안과 외래진료를 받았으며, 우안 시력이 광각무 상태였다. 신청인은 2014. 2. 좌안 백내장수술을 받고 시력이 개선되었다고 진술했다.

3) 신청외 안과병원 진료회신서 및 진단서 등

진료회신서(2013. 5. 18. 발행)에 본원에서 시행한 안저검사 상 전방에 전방축농이 매우 심했고 안저는 전혀 관찰되지 않았다. B-scan 상 안내염 매우 심한 소견 보여 응급으로 유리체절제술 및 안구내 항생제주입술 시행했다. 수술 당시 이미 망막이 모두 괴사된 상태였다. 충분한 유리체절제술과 수술 후 3회까지 안구내 항생제 주입하여 현재 염증은 많이 가라앉은 상태이나 향후 시력호전은 어려울 것으로 보이며 환자에게 잘못된 백내장수술로 발생한 것 같지는 않다고 설명했다.

장애진단서(2013. 12. 16. 발행) 시각(시력)장애로 진단은 우안 안내염 수술 후 상태, 좌안은 백내장, 장애원인은 수술 후 안내염이다. 2013. 12. 16. 시행한 굴절조절검사 상 최대교정시력 우안은 광각무, 좌안은 0.6이다. 우안 시력 회복이 어려우며 좌안 시력저하 가능성이 있어 재판정이 필요하며 재판정 시기는 2년이다. 후유장해진단서(2014. 6. 30. 발행) 병명은 우안 안내염 수술 후 상태이며 수술 후 외래에서 정기적으로 경과관찰 중이다. 2014. 2. 20. 시행한 굴절조절검사 상 최대교정시력 우안 광각무, 좌안 0.6, 맥브라이드식 장해평가로 시각-우안-시력, 노동능력상실률 29%이다.

나. 전문위원 자문결과

1) 전문위원 1(안과)

① 수술 전 상태 및 수술의 적정성

양안 노인백내장, 안검결막염, 눈물샘장애, 홍채섬모체염, 안와염증 소견으로 시력은 0.6/0.3, 백내장 정도는 (+++), 좌안>우안으로 백내장수술을 고려할 정도가 되며, 만성 안검염(양안)으로 세수, 약으로 염증을 줄인 후 수술을 하였으므로 수술계획 및 시행에 있어 부적절한 사항은 없어 보인다. 백내장수술 전 세극등검사를 통하여 안구 주위와 안구내 전반적인 검사, 즉 안구 주위나 안구내 감염 여부 및 염증의 정도, 안압 등을 파악하는 것이 중요한데, 수술 전 검사 및 조치는 큰 무리가 없다. 수술동의서 상 설명되어야 할 중요한 사항은 설명된 것으로 여겨지며, 수술 후 주의사항도 일반적인 것으로 적절한 것으로 생각된다.

② 안내염 발생 원인 및 조치의 적정성

수술 후 눈을 비비거나 안약 점안을 잘 안 하는 등 환자가 수술 후 관리를 잘 못하여 안내염이 발생했을 가능성도 있기 때문에 백내장수술 후 안내염이 발생한 정확한 원인 및 특히 시점에 대해서는 명확히 알기는 어렵다. 일반적으로 안내염 진단 시 유리체강내 항생제 주사를 시행하며, 시력이 안전수지 이하이거나 안저소견이 확인되지 않을 만큼 전방축농 또는 유리체혼탁이 심한 경우, 유리체강내 항생제 주사 이후에도 증상 및 시력의 호전이 없는 경우 유리체절제술을 고려하게 된다. 따라서 피신청인 의원에서 검사 상 안내염이 의심되어 상급병원으로 전원했으므로 시행된 조치가 부적절한 측면은 첨부된 자료 상 찾기 어렵다.

③ 안내염 진단지연 여부 및 실명 관련 여부

안내염 특성 상 빠르고 심하게 진행되는데, 안내염에 대한 진단이 지연되었을 가능성은 낮아 보이며, 진단 즉시 신청인이 상급병원인 안과병원으로 전원되어 유리체절제술 및 유리체강내 항생제주입술을 시행 받은 것으로 처치가 지연되었다고 보기는 어려울 것으로 보인다.

④ 실명 원인

백내장수술 후 안내염은 빈도는 낮으나(0.1%) 염증파급 및 조직손상이 심하여 일단 발생하면 적절한 치료에도 불구하고 약 53%의 환자만이 20/40 이상의 시력을 얻을 수 있는 것으로 알려져 있다. 안내염이 발생하면 병의 진행이 빠르고 염증으로 인하여 망막에 대해 회복 불가능한 손상이 발생하므로 적절한 처치를 받았다고 해도 많은 경우에 시력 예후가 좋지 않다. 안내염은 안과 모든 수술에서 올 수 있는 합병증이므로 백내장수술과 수술 후 관리와 연관은 있을 수 있으나 실명은 병의 특성으로 온 것이지 수술이나 이후 조치 여부에 따라 온 것으로 단정하기 어렵다.

2) 전문위원 2(안과)

① 수술의 적응증 및 적절성

백내장이 Grade 3, 중등도로 수술적응이 된다. 백내장수술 대상은 검사 상 시력을 저하시킬 만한 백내장이 있고 환자가 시력저하로 인한 불편을 느낄 때 수술을 하는데, 신청인의 안검염은 대부분 만성염증이고 수술 후 감염을 뚜렷하게 높이는 요인은 아니기 때문에 수술이 가능하나 주의하는 차원에서 안검염 치료를 미리 시행하고 약 1개월 정도 후에 수술을 시행한 것은 충분한 조치로 판단된다.

② 수술 전 후 설명되어야 할 사항

수술 전 필요한 검사는 충분히 시행된 것으로 판단된다. 수술동의서 상 필수적인 기본 검사 설명이 기재되어 있고 직원의 필체로 중요한 내용이 추가, 강조되어 있는 내용이 보인다. 또한 그 내용 중에 안검염 관리의 중요성과 감염관리의 중요성에 대한 내용이 포함되어 있는데, 기록으로 봐서는 필요한 설명은 충분히 이루어진 것으로 보인다. 수술 후 주의사항은 따로 표기된 것과 같이 1주간 물이 들어가거나 비비지 않는 등 감염예방 주의사항이 가장 핵심이고, 상태가 안 좋을 때 병원에 즉시 오는 내용 등이 포함된다.

③ 안내염 발생 원인 및 시기, 조치의 적정성

원인은 세균 감염으로, 수술 후 1, 2일째 큰 이상 없었고 4일째 안내염 소견으로 전원한 것으로 보아 28일 전후에 발병한 것으로 의심되며, 진행경과로 볼 때 수술과정에서 보다는 수술 후 위생관리 등의 원인이 더 클 것으로 보인다. 안내염은 안과의원에서 치료할 수 없는 것이므로 즉각적인 치료가 가능한 병원급으로 의뢰하여 치료하는 것이 맞는데, 29일 안내염을 발견하고 신청외 안과병원으로 전원되어 당일 수술을 시행한 것으로 보아 처치는 신속하게 잘 이루어진 것으로 보이므로 진단이나 치료가 늦어졌다고 볼 수 없다.

④ 실명 원인

안내염은 1-2일 사이 심각하게 나빠질 정도로 급격히 진행하고 그에 따라 최종 시력 결과에 큰 영향을 미치는 것이 사실이다. 본 건에서 1-2일 만에 빠르게 진행되어 망막이 영구적으로 손상된 것으로 보이며, 빠르게 진행하는 질환의 특성 상 치료가 신속하게 이루어져도 실명하는 경우가 드물지 않다.

⑤ 안내염 진단으로 전원 시 조치할 사항

생명이 위급하거나 촌각을 다투는 것은 아니므로 대개 구급차는 이용하지 않고 개인적으로 이동한다. 다만 응급실에서 진료가 많이 지연되거나 수술이 다음 날로 미뤄지는 경우 등을 막기 위해 병원에 전화로 부탁을 하거나 가능한 당일에 필요한 조치가 취해지도록 한다. 도시에서 이동은 시간이 많이 지체되므로 대개 지역 내 큰 병원으로 의뢰를 부탁하는 경우가 일반적이다.

다. 책임 유무 및 범위

1) 책임 유무

① 안내염에 대한 진료 상 과실 유무에 대한 판단

신청인은 피신청인이 안검염 등에 대한 적절한 조치 없이 부적절한 상태에서 백내장수술을 하여 안내염을 발생시켰을 뿐만 아니라 이후 진단 및 조치도 신속하고 적절하게 이루어지지 않아 실명에 이르게 되었다고 주장한다.

신청인이 안검염으로 진료를 받는 과정에서 시력저하를 호소하여 시행한 검사 상 중등도 백내장으로 수술 적응증에 해당하는 점, 비록 안검염이 안내염 발생의 위험요인이기는 하나 피신청인이 안검염에 대한 치료를 하고 백내장수술을 시행한 점, 수술 후 진료과정은 문제가 없고, 안내염 진단 즉시 피신청인이 상급병원으로 전원조치를 하여 신청인이 당일 유리체절제술 및 항생제주입술을 받았으므로 처치가 신속하게 이루어진 것으로 보인다는 전문위원들의 견해, 안내염이 발생하게 되면 진행이 빠르고 적절한 치료에도 불구하고 시력의 예후가 불량하다는 점 등을 고려하면, 피신청인에게 수술 및 수술 후 조치 상 과실이 있다고 보기 어렵고 신청인의 실명과 인과관계가 있다고 인정하기도 어려워 보인다.

② 설명의무의 적절성에 대한 판단

백내장수술 후 발생하는 안내염을 예방하기 위해서는 안내로 균이 유입되지 않도록 위생관리를 철저히 해야 하는바, 수술 후 2일째 눈의 시력이 다소 호전되다가 4일 뒤 안내염이 발견된 것으로 보아 수술과정보다는 신청인의 위생관리가 안내염 발생 원인이 되었을 가능성이 높아 보이므로 백내장수술 후 안내염을 예방하기 위해 사전 설명과 수술 후 관리 사항 등에 대하여 충분한 설명이 이루어졌는지 여부가 중요하다. 수술동의서 상 직원의 필체로 중요한 내용이 추가, 강조되어 있는 내용이 확인되고 그 내용 중에 안검염 관리 및 안내염 등에 대한 내용이 포함되어 있다. 하지만 안내염으로 인해 시력저하나 실명이 될 수 있다는 내용이 없는 점, 고령의 신청인이 안검염 기왕력이 있는 상태에서 백내장수술을 받았으므로 일반적인 경우보다 안내염 발생 가능성이 높기 때문에 세심한 사후관리가 요구된다는 점 등을 고려해보면, 피신청인이 '수술 후 주의사항' 유인물을 제공한 것만으로는 신청인이 이러한 위험성을 알고 수술을 받았다거나 위생관리 등 사후 관리의 중요성에 대하여 이해하고 수행한 것으로 인정하기 어렵다. 따라서 피신청인은 백내장수술 후 사후 관리에 대해 충분히 설명하지 않아서 신청인이 실명이라는 예기치 못한 결과로 정신적 고통을 입게 된 것에 대하여 위자료를 지급하여 위로함이 상당하다.

2) 책임 범위

위자료는 이 사건 진행경과, 실명 결과, 신청인 나이 등 여러 사정을 참작하여 100만원으로 결정했다.

[메모] 80세 고령으로 만성 안검염이 있는 환자로 백내장 목요일 수술하고 다음 날 각막부종이 매우 심한 상태였고 주말이 끼었는데 수술 4일째인 월요일 전방 축농 안내염이 심해 망막이 거의 괴사된 상태로 전원이 된 경우이다. 안내염은 급속히 진행되기 때문에 주말이 있는 경우 수술부위 관리에 대한 주의사항을 상세히 설명하고 상급병원 진료의 필요성까지, 악화될 경우를 고려해 진료의뢰서를 교부하는 것이 좋다.

09 시력교정술 후 합병증 발생에 따른 손해배상 요구 (분쟁 처리결과: 200만원으로 조정결정)

신청인(83년생)은 2012. 9. 28. 피신청인 의원에서 초로성 백내장으로 양안 수정체를 제거하고 다초점인공수정체삽입술을 받았다. 같은 해 11. 11. 후발백내장으로 야그레이저 치료를 받았다. 같은 해 12. 14., 2013. 5. 16. 잔여 각막 난시를 교정하기 위하여 1, 2차 라섹수술을 받았다. 2014. 1. 24. 신청외 대학병원에서 양안 후발백내장, 유리체혼탁, 고도근시 등의 진단에 따라 유리체절제술 등을 받았다. 이후 원거리 및 근거리시력의 지속적인 불편감을 호소한다.

신청인은 백내장이 없었으나 피신청인이 허위로 진단명을 작성하여 수술을 받게 했고, 수술 전 근거리시력은 거의 문제가 없었는데 수술(다초점인공수정체삽입술 및 라섹수술) 이후 시력저하가 심해져 자주 넘어져 골절되고 운전이 불가능한 상태가 된 것은 피신청인의 수술이 잘못됐다는 결과라고 주장하며 수술 방법 및 예측 가능한 합병증 등에 대한 설명을 상세하게 들었다면 수술 및 병원을 선택하는 데 신중하였을 것이므로 설명이 불충분한 것에 대해 손해배상을 요구했다.

피신청인은 수술 전 검사에서 초로기 백내장 소견으로 수술을 진행하였고, 다초점인공수정체삽입은 근거리시력 등을 보완할 수 있는 장점이 있으므로 수술 후 근거리시력 저하가 생겼다는 신청인 주장에 동의할 수 없다. 상담 및 수술하기까지 약 3주 간의 여유가 충분하므로 설명을 듣지 못했다는 신청인의 주장을 인정할 수 없다.

가. 사실 관계

1) 피신청인 의원 진료 내용

신청인은 9년 간 하드렌즈를 착용하면서 생활에 전혀 지장이 없고 2009. 안과진료 이후 2012. 6. 25. 종합건강검진 상 기초검사(안저사진 자료제출)에서 교정시력이 우/좌 0.9/1.0로 확인됐다.

2012. 8. 6. 렌즈착용 중 트러블이 있어 라식 시행 여부를 위한 검사를 받은 결과 교정시력이 양안 모두 0.7로 측정됐다. 세극등현미경검사 결과 급성 결막염, 초로 백내장(좌측)으로 진단, 점안액 및 항생제 등을 처방했다. 2012. 9. 7. 세극등현미경검사 및 안압측정, 굴절 및 조절검사, 정밀 안저검사를 받고 상병명이 초로 백내장(양쪽)으로 변경됐다.

※ 피신청인은 신청인의 각막두께 등의 검사 결과를 바탕으로 권고 잔여 각막기준에 근접하여 레이저시력교정술이 불가하여 이를 대체할 수 있는 안내렌즈삽입술은 가능하나, 신청인이 초로성 백내장 소견이 나타나고 있어 안내렌즈삽입술보다 수정체적출술이 적합하다고 판단해 신청인에게 안내렌즈삽입술을 시행할 경우 향후 백내장이 진행됨에 따라 시력개선 효과가 떨어질 수 있다는 설명과 함께 다초점인공수정체삽입을 권했다고 진술했다.

2012. 9. 27. 점안액 및 복용약을 처방, 다음 날 좌안 백내장 및 다초점인공수정체삽입술을 받고 9. 29. 우안 같은 수술을 받았다.

※ 신청인은 수술동의서를 작성하지 않았다고 하고, 피신청인은 작성했으나 분실하여 입증자료로 제시하지 못한다고 진술했다.

2012. 10. 2. 세극등현미경검사 및 안압측정을 하고, 항생제 주사를 투여했다. 2012. 10. 8. 시력검사 상 우안은 0.8(난시 -2.25), 좌안은 0.7(난시 -1.50)로 확인됐다. 2012. 10. 11. 세극등현미경검사 후 상병명에 이차성 홍체섬모체염으로 기재됐다. 2012. 10. 22. 항염제(스테로이드제) 및 항생제 점안액을 처방했다. 2012. 10. 29. 근시, 원시, 난시 정도를 측정했다. 2012. 11. 11. 후발 백내장(양측) 소견 하에 야그레이저를 시행했다(무료). 2012. 11. 7. 양안 이물감으로 세극등현미경검사 후 상병명에 아데노바이러스에 의한 각결막염으로 기재됐고, 11. 19.까지 이 병명에 의한 치료를 받았다. 2012. 11. 26. 난시가 계속돼 굴절 및 조절검사를 시행하고, 규칙난시 및 마른눈증후군으로 진단해 인공눈물을 처방했다.

2012. 12. 14. 1차 시력교정수술(라섹수술)을 시행, 상세불명의 각막염으로 기재됐다. 2012. 12. 18. 항생제인 옥타신 점안액을 처방했다. 2012. 12. 31. 우안 시력 0.8(난시 -1.25), 좌안 0.9(난시 -1.50)이었다. 2013. 1. 10.-4. 26. 상병명에 주로 상세불명의 각막염, 마른눈증후군, 규칙난시, 표재각막염 등으로 기재됐고 이에 대해 관련 약물을 처방받은 내용이 확인됐다. 4. 15. 우안 시력 0.7(난시 -1.50), 좌안 0.8(난시 -1.00)이었다. 2013.

5. 16. 2차 시력교정수술(라섹수술)을 시행했다. 2013. 5. 20. 기타 및 상세불명의 표재각막염, 중심 각막궤양으로 진단, 항생제인 옥타신 점안액, 인공눈물제인 유니알디스포 점안액을 처방했다. 2013. 5. 30. 양안시력 1.0이었다. 2013. 6. 12. 좌안 이물감을 호소했다. 2013. 6. 24. 세극등현미경검사, 정밀안저검사, 전방우각검사, 시신경유두입체검사, 안저촬영, 시신경섬유층 사진 등 정밀검사를 시행, 녹내장 의심, 양안 중심각막궤양, 표재각막염으로 진단했다. 2013. 8. 21. 우안 시력 0.8, 좌안은 1.0이었다. 녹내장 약 라타노 점안액을 처방했다. 2013. 9. 17. 항생제 레보카신 점안액을 처방했다. 2013. 9. 23. 항염제 참훌루오로메토론 점안액, 항생제 레보카신 점안액을 처방했다. 2013. 10. 24. 상병명에 상세불명의 안검염, 표재각막염으로 기재됐다. 2014. 1. 18. 우안 시력 0.8, 좌안 1.0이었다.

2) 신청외 대학병원 진료 내용

2013. 10. 25. 침침하다며 내원, 우안 시력 0.8-2, 좌안 0.9-2이었다. 세극등검사에서 각막혼탁 및 다초점렌즈가 차이가 나며, 후낭이 좁게 뚫려 있고, 난시로 시력저하 상태를 설명했다. 2014. 1. 24.-29. 입원하여 후발백내장, 유리체혼탁, 고도근시에 대해 유리체절제술을 받았다.

소견서(신청외 대학병원 2014. 1. 24. 발행)에 병명은 양안 후발백내장, 향후 치료의견은 2012. 개인 안과에서 인공수정체삽입술, 라섹 시행한 자로 양안 후발백내장 진단 하 안과 진료를 봤다. 내원 시 시행한 안과검사 상 후낭에 수정체 실질조직이 남아 있는 것으로 보이며 야그레이저를 시행한 것으로 보이나 좁게 뚫려 있었다. 상기 소견이 시력저하 특히 야간 시력저하의 원인이 될 수 있을 것으로 사료된다. 유리체절제술(1. 24. 우안, 1. 27. 좌안)을 받았다.

신청인은 양안시력이 현재까지 0.7 내외로 측정되나, 근거리가 보이지 않아 악보와 신문보기, 아이 손톱 깎아주기 등을 전혀 못하는 상황이라고 진술했다. 피신청인 병원 진료비(본인 부담금)는 500만원(2012. 9. 28. 다초점인공수정체삽입술 비용), 신청외 대학병원 진료비는 1,755,850원(2013. 10. 25.-2014. 4. 4.)이다

나. 전문위원 자문결과

1) 전문위원 1(안과)

① 다초점인공수정체삽입술의 적절성

굴절교정수술을 고려할 때 환자의 잔여각막 두께가 중요한데, 두께가 얇아 합병증이 발생할 가능성이 높기 때문에 단순 시력교정수술(라식, 라섹)을 고려하지 않은 것으로 보이며 이런 경우 안내렌즈삽입술을 권할 수 있다. 또한 백내장이 있고, 수술이 필요한 경우면 안내 렌즈삽입술보다는 백내장수술을 진행하면서 인공수정체로 교정을 도와줄 수 있으며 젊

은 환자에게 백내장수술시 단초점렌즈로 원거리를 잘 보이게 맞추면 근거리가 보이지 않아 생활에 큰 불편을 초래하므로 단초점과 근거리와 원거리시력을 모두 해결할 수 있는 다초점렌즈의 장단점을 설명한 후 다초점렌즈를 삽입할 수 있다고 사료되므로 피신청인 의원의 수술 방법이 부적절했다고 할 수는 없다. 하지만 초로기 백내장이 있었다고 하나 아주 초기일 것으로 사료되므로 환자와 의사 사이에 수술에 대한 충분한 설명과 이해가 필요한 경우로 보인다.

② 시력교정수술(라섹)의 적절성

다초점렌즈삽입 후에도 남아 있는 미세한 근시나 난시를 교정하기 위해 라섹수술을 할 수는 있으며 1차 라섹수술 후 시력 호전이 없던 원인으로 잔여 난시 및 건성안 때문인 것으로 추정된다. 2차 라섹수술 후 진료 기록 상 시력호전이 있고, 1차 라섹 후 남아있던 잔여 난시도 거의 없어졌음을 확인할 수 있으나, 중심 각막궤양 및 망막부종 진단명이 기재돼 있는 것으로 보아, 이 영향으로 시력저하가 일어났을 가능성이 있다.

③ 수술 후 진료의 적절성

백내장수술 직후 흔히 홍채섬모체염이 동반될 수 있고 이는 점차 시간이 지나면서 호전됐다. 후발 백내장 역시 정도의 차이가 있지만 대부분의 백내장수술을 받은 환자에게 생길 수 있으며 망막부종 역시 드물지만 발생 가능한 합병증이다. 그러나 중심각막궤양은 수술 이후 수술 상처의 이차감염으로 인하여 생길 수도 있고, 이와는 별도의 질환으로서 발생할 수도 있으며 녹내장 역시 수술과 무관하므로 반드시 이 사건의 수술(백내장수술이나 라섹)과 관련하여 중심각막궤양 및 녹내장이 발생했다고 보기는 어렵다. 또한 백내장수술 후 발생한 후발백내장으로 2012. 11. 1. 야그레이저를 시행한 것으로 보이며 라섹수술 전후로 야그레이저를 시행했다는 기록은 첨부된 진료기록 상에서 확인하기 어렵다.

④ 유리체절제술을 받은 원인

후낭 근처에 수정체 조각이 잔존해 있다는 것과, 주변부 후낭혼탁이 남아 있는 것은 엄연히 다른 소견인데, 신청외 대학병원 초진기록 상 시축 중심부 후낭혼탁이 적게 없어져 있다는 내용은 있으나, 후낭 근처에 수정체 조각이 남아 있다는 기록은 없으며, 수술기록에도 우안〉후발백내장, 유리체혼탁, 고도근시, 좌안〉후발백내장, 유리체혼탁, 고도근시, 망막원공으로 기재되어 있을 뿐, 수정체 조각이 남아서 유리체절제술을 시행했다는 기록은 없다. 백내장수술 후 발생한 후낭혼탁(후발백내장)은 보통 야그레이저를 통해 중심부의 후낭혼탁을 제거하며 유리체절제술을 시행하지는 않으므로 첨부된 수술 기록으로 유추해 보면, 유리체혼탁으로 인해 유리체절제술을 받았을 것으로 생각되므로, 신청외 병원에서 수술을 받게 된 것에 대한 피신청인의 책임이 있을 가능성은 매우 낮다고 사료된다.

⑤ 확대피해 여부

2014. 1. 3. 마지막 진료 시 우안 시력 0.8, 좌안 시력 1.0으로 측정되므로 시력저하로 인해 골절을 입었다는 신청인의 주장은 납득하기 어렵고, 백내장수술을 받아도 원거리, 중간거리 및 근거리 주시 시 안경착용이 필요한 경우가 적지 않으며 건성안이 생겨 인공눈물이 필요한 경우도 흔하므로 신청인이 호소하고 있는 문제는 백내장수술 후 흔히 호소하는 불편과 같다.

⑥ 종합 의견

치료방법의 선택에서 백내장이 초기였다는 점과 45세 이후의 노안, 신청인이 악보 보기 등 근거리 작업을 주로 한다는 점과 잔여 각막두께 등을 고려하여 굴절교정을 위한 다양한 방법을 여러 각도로 함께 고민을 해 볼 수도 있지 않았나 하는 아쉬움이 드는 사건이다.

2) 전문위원 2(안과)

① 백내장수술의 적절성

백내장에서 본 건의 수술방법은 흔하게 시행되어 의료과실은 없다고 사료되나, 신청인 나이가 너무 젊고 수술 전 콘텍트 렌즈로 1.0 정도의 교정시력이 나옴에도 수술을 시행한 경우로서, 통상적으로 백내장수술은 교정시력 0.5 이하 시력에서 시행하므로 문제소지는 있다.

② 렌즈삽입 후에도 시력저하 원인 및 유리체혼탁 원인

다초점인공수정체가 최신방법이라고 해도, 근거리시력 저하, 빛번짐 현상, 야간시력 저하 등의 불편감이 발생할 수 있고, 이러한 사유로 다초점인공수정체를 다시 제거하는 경우도 있으므로 이러한 점에 대한 충분한 설명과 환자 이해가 부족한 것으로 생각된다. 고도근시에서 유리체혼탁이 일찍 발생할 수 있으나, 진료기록부 내용 및 신청인 상태를 직접 검진한 사항이 아니어서 유리체절제술을 왜 했는지 명확하게 알 수는 없다.

③ 종합 소견

수술에 대해 충분한 설명이 되지 않았고, 신청인이 이해하지 못한 상황에서 수술을 진행한 것으로 보이기에 이 점이 문제의 소지가 된 것으로 보이며 신청인도 기왕의 고도근시였던 점을 이해해야 할 것으로 보인다.

3) 전문위원 3(안과)

2012. 9. 28. 피신청인 의원에서의 수술 2개월 전인 2012. 6. 25. 촬영한 안저사진 상 어느 정도 투명한 소견이기 때문에 백내장 소견은 명확하게 보이지 않으나, 백내장이 한 곳으로 집중되어 발생한 경우 안저사진에서는 관찰되지 않을 수 있고, 초기 백내장에서도 안저사진에서는 관찰되지 않을 수도 있다. 따라서 세극등검사 자료가 없기 때문에 명확히 수술 이전 초기 백내장 유무에 대한 입증은 어려운 상태이나 통상적으로 초로기 백내장은 35

세 이후부터 발생하는 점을 감안해야 한다. 또한 후발백내장은 기존 백내장 소견 유무와 관련 없이 후낭에 백태가 침착되는 질환이기 때문에 반드시 백내장수술로 인해 발생한 것으로 단정할 수 없으므로, 이 사건에서는 설명의무 여부에 대한 판단이 쟁점일 것으로 보이며 수술 전 예측 가능한 결과 등에 대해 상세히 설명한 후 수술을 시행했어야 한다.

다. 책임 및 범위

1) 책임 유무

피신청인은 수술 전 검사에서 초로기 백내장 소견 하에 수술을 진행하였고, 다초점인공수정체 삽입은 근거리시력 등을 보완할 수 있는 장점이 있으므로 수술 후 근거리시력 저하가 생겼다는 신청인의 주장에 동의할 수 없으며, 상담 및 수술 시까지 약 3주 간의 시간적 여유가 충분히 있었으므로 설명을 듣지 못했다는 신청인의 주장을 인정할 수 없다고 주장한다.

① 백내장수술 및 다초점인공수정체삽입술의 적절성에 대한 판단

백내장이 있어 수술이 필요한 경우라면 안내렌즈삽입술보다는 백내장수술을 하며 인공수정체로 교정을 할 수 있고, 이 경우 단초점과 근거리와 원거리의 시력을 모두 얻을 수 있는 다초점렌즈를 삽입할 수 있는 점 등을 고려하면 피신청인의 수술 방법이 부적절했다고 보기 어렵다. 다만 초로기 백내장은 35세 정도부터 발병하는 것이 통상적이며 백내장 유무에 대한 정확한 진단은 세극등검사 자료에서 확인할 수 있는데, 피신청인은 신청인에게 초로기 백내장 소견이 있었다고 주장할 뿐, 입증 자료에 대해 제출하지 않는 점, 초로기 백내장이 있었더라도 아주 초기일 것으로 보여 수술 결정은 신중히 해야 한다는 전문위원의 견해, 후발백내장은 통상적으로 백내장수술을 받은 이후 발생할 수 있는 합병증에 속하므로 피신청인의 백내장수술로 인해 결국 후발백내장이 발생한 것으로 볼 수 있는 점 등을 종합하면, 피신청인이 신청인에게 백내장이 있어 수술을 시행하였다고 인정할 만한 명확한 근거가 없으므로 피신청인은 불필요한 수술을 받게 되었고 후발백내장으로 치료를 받게 된 신청인의 손해에 대하여 책임을 부담함이 상당하다.

② 라섹수술의 적절성에 대한 판단

피신청인은 다초점인공수정체 삽입 후 신청인에게 잔여 난시가 지속되어 1, 2차 수술을 시행하였는데, 전문위원의 견해에 따르면 다초점렌즈를 삽입하여도 잔여근시 및 난시 등을 교정하기 위해 라섹수술을 추가로 할 수 있으므로, 피신청인에게 라섹수술을 함에 따른 책임을 묻기 어렵다.

③ 유리체절제술을 받게 된데 따른 피신청인의 책임 유무에 대한 판단

신청인이 신청외 대학병원에서 고도근시 및 유리체혼탁으로 인해 유리체절제술을 받은

것은 피신청인의 수술과 연관성이 있다고 보기 어려우며 피신청인의 수술 잘못으로 유리체 절제술을 받게 됐다고 볼 수 없다는 전문위원의 견해, 다초점인공수정체삽입술을 받아도 시력교정이 완벽하게 될 수 없고, 신청인은 기왕의 고도근시였던 점 등을 종합하면, 피신청인에게 신청인이 신청외 대학병원에서 수술을 받게 된 데 따른 책임을 묻기 어렵다.

④ 설명의 적절성에 대한 판단

위 수술을 받아도 원거리, 중간거리 및 근거리 주시 시 필요하다면 안경착용이 필요한 경우가 적지 않고, 건성안 때문에 인공누액 점안이 필요한 경우도 종종 발생할 수 있으며 신청인이 호소하고 있는 문제는 주로 백내장수술 후 불편감을 호소하는 증세와 유사한 점을 고려할 때, 피신청인은 시력교정을 위한 다양한 수술 방법에 대해 설명하여 수술 여부 등 자기결정권에 영향을 미치는 사항에 대하여 설명을 해야 할 의무가 있다. 하지만 수술동의서가 없고, 진료기록부 등 자료에서도 이와 같은 설명을 하였다고 볼 만한 객관적인 자료를 확인하기 어려우므로 피신청인은 신청인에게 설명 미흡에 따른 책임을 부담함이 상당하다.

2) 책임 범위

피신청인이 후발 백내장에 대한 야그레이저 및 라섹수술을 무료로 2회 시행해준 점, 이 사건 수술 후 1년 7개월이 지난 2014. 1. 18. 피신청인 의원에서 측정한 시력검사 상 우안 0.8, 좌안 1.0으로 유지되고 있는 점, 의료의 특수성, 전반적인 진료과정 등을 고려하여 피신청인의 책임 범위를 60%로 제한함이 상당하다. 재산적 손해에 대해서는 피신청인 의원 수술비용 500만원 중 60%인 300만원으로 산정하고, 위자료는 이 사건의 진행 경과, 신청인의 나이와 피해 정도 등 여러 사정을 참작하여 200만원으로 결정했다.

[메모] 29세 하드렌즈 착용으로 생활에 지장이 없는 상태이나 라식교정술을 상담하던 중에 초로성 백내장으로 진단돼 수술을 받은 경우로 특이 사례로 생각된다. 초기 백내장의 경우 안저사진에서 관찰되지 않을 수 있어 세극등검사 자료로 초기 백내장 여부를 입증할 수 있으나 그러한 자료가 부재하고, 구체적인 설명 여부를 확인할 수술 동의서도 분실(신청인은 작성하지 않았다고 주장)한 상태라고 하므로 수술의 필요성에 대한 설명의무에 대한 책임은 면하기 어렵다.

10 백내장수술 후 부작용 발생에 대한 손해배상 요구 (분쟁 처리결과: 취하로 종결)

신청인(54년생)은 2011. 2. 피신청인 의원에서 양안 백내장 진단을 받고 같은 해 4. 4 우안 백내장 초음파유화흡인술 및 인공수정체삽입술, 4. 8 좌안에 동일 수술을 받았다. 수술 후 망막 염증이 발생하여 같은 해 6. 9.까지 치료받았으나 호전되지 않았다.

피신청인 권유로 2013. 9. 24.까지 신청외 병원에서 치료받았으나 증상이 악화되고, 양안 황반변성 및 좌안 망막염, 황반반흔, 이차녹내장으로 최종 진단받았다.

신청인은 수술하면 완치될 수 있다고 설명했고, 수술이 성공적이라고 했으나, 수술 상 부주의로 수술 후 망막염증이 발생했으며, 망막염증 발생 후 치료가 적절히 이루어지지 않아 증상이 악화된 것이다. 염증 치료에도 호전되지 않자 피신청인은 염증치료를 받을 수 있는 병원으로 전원을 권유하였으나, 수술을 시행한 곳에서 염증치료를 할 수 없다는 것은 납득이 되지 않고 전원은 적절하지 않다고 생각된다. 수술 및 수술 후 부적절한 조치로 인해 현재 양안 황반변성 등의 진단을 받은 상태이며 향후 실명 가능성이 있다며 손해배상을 요구했다.

피신청인은 술후 1달반 이상 경과관찰상, 양안 수술 직후 통상의 경미한 백내장수술 부위 염증은 모두 호전되어 양호한 상태였고, 5. 23. 시력은 우안 0.8, 좌안 0.7 정도로 양안 백내장수술 부위 상태 및 안저에 특이소견 없었다. 6. 9. 백내장수술 부위는 양호했으나 좌안 불편감을 호소하여 시행한 산동검사상 좌안 안저 맥락망막변성 주위에 염증 의심 소견이 관찰되었으나 좌안 백내장수술 부위와는 상관없는 눈의 다른 부위에 염증이 발생한 소견으로 기본적인 항염제를 사용했으며, 망막세부전문의에 의한 특수검사, 원인규명, 추가치료를 통해 시력예후에 도움을 줄 수 있을 것으로 판단하여 상급병원과 본원에서 병행치료를 받기를 권했다. 황반변성은 일반적인 노화에 의한 연령관련 황반변성의 진행이 주된 원인으로 보이며, 본원의 백내장수술 부작용이 아니라고 주장했다.

가. 사실 관계

1) 피신청인 의원 진료 내용

2011. 2. 21. "백내장 상담"을 주소로 내원하여 안과검사 상 양측 초로 백내장, 시력은 우안 0.4, 좌안 0.5로 확인됐다. 안약 사용해보고 이후 수술을 고려하기로 하고, 점안액(가리유니 점안액, 타리비드 점안액) 처방했다.

※ 피신청인은 신청인 안저검사상 우〉 좌안의 중등도 핵경화와 심한 피질혼탁을 동반한 백내장, 좌〉 우안의 경미한 황반변성으로 백내장만으로도 심한 시력장해를 유발할 만큼 진행된 상태였다고 한다. 보관된 영상자료는 없다고 한다.

2011. 3. 31. 약을 다 써서 내원, 안압은 우안 22 좌안 12, 백내장수술을 권했다.

※ 피신청인은 경과관찰 및 반복검사상 양안의 백내장 증가 및 이로 인한 시력장해와 흐리고 뿌옇게 보이는 등의 백내장 증상이 악화되어 수술로 회복될 수 있는 부분을 설명하고 원하면 수술받기를 권했다고 한다.

2011. 4. 4. 안압은 우안 15, 좌안 16이다. 수술동의서에는 수술 후 시력이 호전되지 않을 가능성, 후발성 백내장 발생 가능성, 눈부심, 안경 착용 가능성, 기타 합병증(안내염, 망막박리, 맥락막출혈, 녹내장, 초자체출혈 등)에 대한 내용이 인쇄된 동의서에 신청인 서명이 있다. 수술 전 예방적 항생제(세프테졸 1g)를 사용했고, 오플록사신정, 타로스정, 알리신정을 1일 간(3회) 투여했다. 우안 백내장 초음파유화흡인술 및 인공수정체삽입술을 받았다. 피신청인은 수술 직전 안검 및 안면부의 철저한 소독 후 각막윤부소절개를 통한 초음파 백내장유화흡인술 및 후방인공수정체의 삽입이 성공적으로 이루어졌고, 수술 중 후낭파열 등 특이사항은 없었다고 진술한다.

2011. 4. 5. 우안이 잘 보인다고 했다. 항생제, 안과용제 등(리보신주 1g, 오플록사신정 3정, 소론도정 6정, 벤도린정 3정, 크라비트 점안액, 토브라덱스 점안액)을 처방했다. 2011. 4. 6. 우안 안압을 측정함(15). 좌안 수술을 원했다. 피신청인은 통상의 백내장수술 직후 경미한 전방내 염증도 거의 관찰되지 않았다고 한다. 2011. 4. 8. 시력은 우안 0.7, 좌안 0.3, 수술동의서에 수술 후 시력이 호전되지 않을 가능성, 후발백내장 발생 가능성, 눈부심, 안경 착용 가능성, 기타 합병증(안내염, 망막박리, 맥락막출혈, 녹내장, 초자체출혈 등)에 대한 내용이 인쇄된 동의서에 신청인 서명이 있다. 수술 전 예방적 항생제(세프테졸 1g)를 사용했고, 오플록사신정, 타로스정, 알리신정을 1일 간(3회) 투여했다. 좌안 백내장 초음파유화흡인술 및 인공수정체삽입술을 받았다.

2011. 4. 9. 안압은 우안 16, 좌안 15, 항생제, 안과용제 등을 처방했고 이후 4.11, 4.13, 4.16, 4.20 내원했고, 특이소견 없었다. 2011. 4. 25. 안압은 우안 13, 좌안 18. 점안액(크라비트, 후메론플러스)을 처방했다.

2011. 5. 2. 안경을 처방했다. 피신청인은 굴절검사 상 오차범위 내의 경미한 근시난시로 안경처방했다고 한다. 2011. 5. 23. 시력은 우안 0.8, 좌안 0.7, 안압은 우안 12, 좌안 15로 안경착용을 계속하도록 했다. 2011. 6. 1. 산동검사를 권했으나 잘 안보인다고 하며 안저검사는 다음에 원한다는 기록이 있고, 1-2주내 내원하도록 했다.

2011. 6. 9. 안압은 우안 14, 좌안 13, 안저검사를 했고, 좌안 맥락망막염 의심 소견이라 오플록사신정, 소론도정을 처방했다.

※ 신청인은 피신청인 의원에서 치료에 효과가 없자, 염증치료를 할 수 있는 의료설비가 없다는 이유로 피신청인이 타 병원 전원을 권유하였다고 진술한다.

2) 신청외 안과병원 진료 내용

2011. 6. 11. 좌안 시력 저하를 주소로 내원, 시력은 우안 0.5, 좌안 0.3으로 나이관련 황반변성(우안), 톡소플라즈마망막염(좌안), 포도막염(좌안) 의증으로 안저촬영, 빛간섭단층촬영(OCT)을 시행했다. 2011. 6. 20. 우안 유리체강내 베바시주맙(아바스틴) 주사치료(1

회)를 받았다.

※ 신청인 진술상 좌안은 시력회복 가능성이 없어 주사치료 대상이 되지 않는다고 들었고, 이후 지속적으로 추적관찰하며 점안액 등을 처방받았다. 2011. 8. 1. 우안 유리체강내 베바시주맙(아바스틴) 주사치료 (2회)을 받았다. 이후 지속적으로 추적관찰을 하며 검사 및 투약을 받았으며, 진료기록 상 시력은 2011. 8. 11. 우안 0.5, 좌안 0.3, 2012. 3. 13. 우안 0.6, 좌안 0.2, 2012. 6. 12. 우안 0.8, 좌안 0.5, 2012. 10. 9. 우안 0.7, 좌안 0.4, 2012. 12. 22. 우안 0.6, 좌안 0.3이다.

2013. 7. 20. 우안 부분 레이저광응고술을 시행, 시력은 우안 0.4, 좌안 0.1이다. 2013. 8. 12. 우안 유리체강내 베바시주맙(아바스틴) 주사치료 (3회)를 했다.

나. 전문위원 자문결과

1) 전문위원 1(안과)

① 맥락막염이 발생된 추정원인

신청인에게 발생된 맥락망막염(망막염), 포도막염은 신청외 병원 진단기록에서 보듯(안저사진에서도 확인됨) 톡소플라즈마망막염으로 판단된다. 이 질병은 세균이 아닌 기생충 감염에 의한 질병으로 고양이 등 동물에 기생하다 사람과의 접촉과정에서 옮기는 것으로 알려져 있고 몸 속에 숨어 있다가 면역저하 상태에서 잘 생기고 수술 중 기구 오염 등으로 발생되지는 않는다. 기구 오염으로 발생하는 수술 후 감염은 시기적으로도 수술 직후(1일-1주, 길어도 한달 내)에 발생하는 특징을 가지며 망막염이 아니라 안내염, 각막염 등의 형태로 나타나므로 수술과 직접적인 연관성은 없다.

② 황반변성 추정원인

기록과 사진을 검토해 보면 양안에 심하지 않은 단계의 황반변성이 존재하는데, 이것은 장기간에 걸쳐서 서서히 진행되며 백내장수술로 급격히 진행하지 않는다. 이번 사례에서 황반변성의 추정원인은 없으며 황반변성의 일반적인 원인인 노화로 사료된다. 치료 과정은 경도, 중등도 단계에서는 경과관찰을 하다가 습성황반변성 등으로 진행하면 안구내 주사, 레이저 치료, 수술 등을 시행한다.

③ 치료과정의 적절성

항생제, 항염제 치료가 주요 치료가 맞고 치료의 시작과 상급 병원으로의 전원 조치 등 적절했다고 판단된다. 백내장수술 후 드물게라도 발생 가능한 합병증은 수술 전 설명, 동의서에 기재하는데 망막염, 황반변성 등 본 사안의 핵심 질환은 없다. 즉 빈도로도 매우 드물고 직접적인 연관성이 없다고 판단된다. 단 수술 및 이후의 치료과정에서 신청인의 면역상태가 저하되고 이와 연관이 될 수는 있다고 추측은 가능하다.

④ 종합 의견

황반변성의 경우 아주 서서히 발생하고 진행되는 질환인 만큼 수술 전에도 있었을 것으로 사료되며 좌측이 더 황반변성이 심하며 백내장으로 안저(망막) 관찰이 용이하지 않았음을 기록된 것으로 보이다. 본 건에서 중요한 것은 황반변성이 아니라 망막염이므로 현재의 결과에 큰 영향을 준 문제는 아닌 것으로 보인다.

2) 전문위원 2(안과)

① 맥락막염이 발생된 추정원인

맥락막염의 범주가 넓기 때문에 그 중 어느 분류에 속하거나 정확한 진단명을 알 수는 없으나 기타 병원에서 진료 받은 내용에 따르면 톡소플라즈마망막염, 포도막염(후) 의증으로 기록되어 있어 이를 토대로 판단하면 백내장수술과는 연관성이 없는 것으로 사료된다. 톡소플라즈마증은 일반적으로 전신에는 아무 증상이 없는 경우가 많으며 고양이를 숙주로 하는 기생충에 의한 감염으로, 후포도막염의 중요한 원인이 된다고 알려져 있는데, 일반적으로 질환은 스스로 좋아지거나 양성인 경우가 많이 있으며 눈으로 오는 경우에는 병변 위치나 양상에 따라 치료 여부를 결정하는 것으로 알려졌다. 따라서 백내장수술에 의한 합병증이나 오염된 수술 기구를 통한 안내염 등의 감염과는 전혀 다른 질환이다.

② 수술 후 조치의 적절성

백내장수술 후 경우에 따라 다르나 보통 항생제를 6-8주 정도 사용하는 것이 일반적이고, 경우에 따라 좀 더 긴 기간 사용하기도 하므로 2달 정도 사용한 것에 문제가 있다고 보이지 않는다.

③ 황반변성의 추정원인

황반변성의 경우 비교적 고연령층에서 발생하며 황반부에 드루젠이라고 하는 침착물이 쌓이면서 다양한 변성이 오는 질환이므로 진행하여 후기로 갈수록 황반 중심부에 위축성 반흔이나 맥락막 신생혈관이 발생하며 시력저하를 유발한다. 나이와 흡연, 유전적 요인과 관련이 있으며 백내장과의 관련성에 대한 자료는 일정하지 않다. 황반변성의 경우 갑작스런 시력감소, 변형시, 중심암점을 호소하는 경우가 많으며, 다양한 검사를 통하여 맥락막신생혈관이 확인되면 위치에 따라 이 환자처럼 레이저 광응고술이나 항혈관내피성장인자(아바스틴) 등을 투여하는 것으로 치료를 시행하고 있다.

④ 맥락막염 발생 이후 피신청인의 이러한 치료과정이 적절성

맥락막염의 경우 다양한 치료가 있으나, 특히 포도막염(의증) 으로 진단한 경우 필요에 따라 본 경우와 같이 소론도(항염제)를 사용하는 것이 일반적이다. 항생제는 항염제 사용에 따라 병용한 것으로 문제가 없다. 특히 타 병원 진료 시 검사 결과는 없으나 오히려 우안은 황반변성 중 삼출성인 부분이 있어 이에 대하여 레이저광응고술 및 아바스틴주입술을 시행

한 것으로 생각되며 좌안의 경우 맥락막염이나, 또는 이미 황반반흔이 형성된 경우에 아바스틴 주사나 레이저 광응고술 치료 대상에 해당하지 않는다.

⑤ 황반변성, 망막염, 황반반흔, 이차녹내장의 추정원인

앞서 서술한 바와 같이 특히 좌안에 발생한 망막염이나 황반변성의 경우 백내장수술과의 관련성을 입증하기는 어려울 것으로 사료된다. 이차 녹내장의 경우 정확한 검사 결과가 없어 알 수 없으나, 백내장수술 후에도 발생 가능하나, 망막염 후에도 더 흔히 발생하는 경우가 있어 수술에 대한 합병증으로 진단하기에는 어려움이 있다.

⑥ 종합 의견

이번 사례와 관련해 수술과정에 문제가 없었고 수술 후 시력도 좋았으므로 신청인의 경우 황반변성이나 맥락망막염 등은 백내장수술과의 연관성을 찾기는 어렵다.

일반적으로 백내장수술 후 발생하는 염증의 경우에는 세균이나 곰팡이 균 감염에 의한 안내염의 가능성이 있거나, 앞포도막염이라 하여 전방내 염증이 생기는 경우로 후포도막염, 맥락망막염과 다르다.

황반변성은 피신청인의 견해대로 초기에는 치료할 필요가 없지만, 삼출성 변성(진행)하였을 경우에는 빠르게 치료를 시행하는 것이 시력예후에 좋다. 환자의 경우 초기 안저 소견이나 정밀검사 결과는 없으나 유추하건대 시력저하, 시야결손 같은 이상 소견은 없었던 것으로 생각된다. 이후 수술 전 또는 수술 후 경과관찰 기간 중 황반변성이 의심되는 경우에는 정밀검사나 치료 결정을 위하여 상급 병원으로 조기에 전원하는 것이 맞겠다.

[메모] 백내장수술 2개월 후에 맥락망막염(톡소프라즈마망막염)이 발생했는데 이후 황반변성, 이차 녹내장 등이 발생한 경우로서 수술 후 관리에 대해 설명하고 황반변성 등 상태 악화가 의심되면 가급적 조기에 상태에 대한 설명 및 전원하는 것이 중요하다.

11 백내장수술 후 시력 악화에 따른 손해배상 요구 (분쟁 처리결과: 100만원으로 합의)

신청인(49년생)은 2010. 12. 7. 피신청인 의원에서 우안 백내장수술을 받은 후 각막난시의 교정을 위하여 각막 봉합사를 제거하고 재봉합하는 과정 중 안내염이 발생했다. 치료를 받고 추적관찰을 하던 중 시력호전이 없어 2011. 11. 18. 신청외 병원에서 우안 망막손상으로 수술을 받더라도 시력 회복 가능성이 희박하다고 들었다.

신청인은 백내장수술 후에도 시력이 호전되지 않고 안구통증까지 발생됐으며, 각막난

시가 과교정되어 수회 재봉합 및 봉합사를 제거하는 등의 과정에서 잦은 자극으로 인해 안내염이 발생했고, 이에 따른 합병증으로 우안 반측시야가 보이지 않게 되어 부분실명에 이르게 됐다며 손해배상을 요구했다.

피신청인은 백내장수술 전 우안 교정시력이 광각인지여서 수술을 받더라도 시력 향상을 크게 기대할 수 없다고 설명했으며, 수술 중 각막난시가 관찰되어 각막봉합을 단단하게 봉합했고, 수술 2일 후 각막난시가 과교정되어 각막봉합사 일부를 제거했다. 수술 3일 후 전방 염증소견으로 2차 감염이 발생할 수 있어 각막을 추가 봉합한 후 상급의료기관으로의 전원을 강력하게 권하였으나 이를 거부했고, 안내염에 대해 최선을 다해 치료했으므로 손해배상 책임이 없다고 주장했다.

가. 사실 관계

1) 피신청인 병원 진료 내용

2010. 12. 1. 서서히 안 보이며 이물감과 뻑뻑함이 있다고 호소했다. 세극등현미경검사, 굴절조절검사, 안압 측정 후 양안 백내장, 각막염 진단 하에 벡솔 1%과 비가목스 0.5% 점안액을 처방했다. 시력은 우안 광각인지, 좌안 0.2였다. 2010. 12. 7. 우안 백내장수술을 했으며 수술 소견으로 우안 각막연화증이 관찰되었다.

※ 부동인쇄된 동의서에 일반적으로 예상되는 합병증과 후유증에 대해 자세한 설명을 들었으며, 이에 따른 일반적인 후유증이나 합병증에 대하여 민형사상의 소 제기 또는 이의를 제기하지 않을 것을 서약한다는 내용이며 신청인이 자필서명이 있었으나, 수술로 인한 합병증 및 후유증 등의 구체적인 세부사항에 대한 언급은 없다.

※ 신청인은 수술 직후부터 우안 통증이 있었으나 수술과 관련한 통증이라 생각되어 참았다고 주장했다. 2010. 12. 8.-29.까지 외래에서 적외선치료와 점안약인 리보스타마이신(안과용 항생제 점안제) 유지하고, 구후주사로 12.10 아미카신, 덱사메타존을 투여하면서 수술 후 경과 관찰 및 안내염치료를 지속했다. 신청인은 피신청인에게 외래에서 치료를 받고 통증이 약간 호전되었다고 한다. 2011. 1. 4.-3. 5. 표재성각막염, 결막염, 건조증후군 진단 하에 세극등현미경검사, 적외선치료 등을 시행했다. 2011. 3. 19. 우안이 서서히 보이지 않고 이물감과 뻑뻑함을 호소했다. 시력은 우안 0.01, 좌안 0.2였다. 세극등현미경검사, 굴절조절검사, 안압측정 후 적외선치료를 했다. 2011. 4. 1.-9. 17. 표재성각막염 진단 하에 세극등검사, 적외선치료 등을 시행했다.

※ 신청인은 지속적인 치료를 받았음에도 2011. 9. 당시 우안 시력이 호전되지 않고 반측시야는 까맣게 보이는 증상이 생겨 피신청인이 신청외1 병원으로 진료의뢰를 권했다고 진술한다. 진료의뢰서에는 우안 주변부 각막염과 고도난시로 인해 옛날부터 잘 보이지 않은

눈으로 백내장이 생겨 수술하였으나 고도난시와 약시가 있어서 잘 안보여 진료의뢰했다고 기재됐다.

2) 소견서

신청외1 안과병원(2011. 9. 5. 작성) 병명은 우안 후발백내장, 우측 황반주름이다. 상기 병명으로 우안 야그레이저후낭절개술을 시행, 망막주름은 수술이 필요한 상태는 아니나 지속적인 정기검진(4개월 후)을 요하며 주름이 진행될 경우 수술이 필요하다고 하였다. 신청외2 대학병원(2011. 11. 18. 작성)은 우안 중심와부위 망막혈관 순환장애로 인한 시력저하가 나타났을 가능성이 있고 유리체혼탁은 시력 저하를 유발할 정도는 아니므로 수술은 필요치 않을 것으로 생각된다고 하였다. 우안 망막손상으로 혼탁에 대한 수술 후에도 시력회복 가능성이 희박하며 망막허혈로 인한 합병증 발생 가능성이 있어 정기적인 경과관찰이 필요하다.

나. 전문위원 자문결과

1) 전문위원 1(안과)

① 수술의 적절성

광각인지 상태의 혼탁된 수정체로 인한 백내장 상태에서 망막이나 시신경에 대한 정확한 검사가 이루어질 수 없기 때문에 수술 후 시력예후를 예측하기 상당히 어려우므로 환자에게 시력예후에 대해 충분히 설명한 후 수술을 할 수는 있다.

② 안내염 발생원인

신청인의 수술 전 황반 상태는 망막주름이 심하지 않으나 우안 안저사진상 아래쪽 동맥의 굵기가 얇아져 있어 황반 및 망막전반에 혈액공급이 원활하지 못했고, 이로 인해 황반기능이 떨어져 최종적으로 시력이 저하된 것으로 생각되며, 수술 후 발생한 안내염에 의해 합병되어 망막주름이 나타났다고 볼 수 있다. 안내염은 안과수술, 특히 백내장수술에 있어 가장 심각한 합병증이기 때문에 수술 중이나 전후에 이를 방지하기 위해 최선의 노력을 하여야 한다. 수술 중 오염에 의한 세균 침투, 수술 후 상처로 인한 세균 침투 등으로 발생할 수 있지만 피신청인의 추가봉합이 안내염을 유발했다고 보기 어렵다.

③ 조치의 적절성 등

우안 상방 각막연화증으로 인해 각막을 단단하게 봉합할 수밖에 없었으나 봉합사를 조기에 제거하는 경우 이로 인한 2차 세균감염이 생길 수 있어 각막이 봉합된 후 제거하는 것이 적절하다. 백내장수술 후 발생한 혈관순환장애의 원인은 안내염에 의한 세균 독소로 발생할 수 있고 유리체혼탁은 안내염이나 유리체출혈에 의해서 나타난다. 안내염이 발생하면 세균배양검사나 응급 유리체절제술이 필요한 경우가 대부분이기 때문에 이에 대한 조치가 가능한 상급병원으로 전원하여 치료하는 것이 중요하다.

④ 종합 의견

㉮ 혼탁된 수정체로 인해 백내장수술 후 시력예후를 예측하기 어려우므로 신청인에게 수술을 받을지 선택하도록 충분한 설명을 해야 하나 진료기록부 및 수술전동의서에 이러한 근거는 없으며,

㉯ 피신청인은 각막 봉합사를 조기에 제거해 2차 세균감염에 영향을 주었다고 생각되며, 수술 후 생긴 안내염에 의해 망막주름과 안내염으로 인한 세균 독소가 원인이 되어 혈관순환장애가 발생했다고 추정돼 시력저하에 영향을 주었다고 판단되며,

㉰ 안내염이 발생했을 당시 상급병원의 조치를 권유했다는 것을 객관적으로 보여주지 못하는 한 백내장수술 후 발생한 안내염에 대해 피신청인은 일부 책임을 지는 것이 타당하다.

2) 전문위원 2(감염내과)

① 안내염의 발생원인

백내장수술 후 안내염은 전체 환자의 0.05-0.35%에서 발생할 수 있으며, 발생 시점은 수술 후 1주-수주 이내로, 이번 사례의 경우 수술 후 3일 지나 발생했고, 백내장수술 외 안내염이 발생할 다른 이유가 없었으므로 수술 시 세균에 의해 감염된 것으로 추정된다. 수술 시 불충분한 소독으로 결막내 정상 상재균이 전방 내로 들어가거나, 이미 세균에 오염된 렌즈 삽입 등 수술 시 병원성 세균이 전방에 들어간 후 안내염으로 발전했을 가능성이 가장 크다.

② 조치의 적절성

2010. 12. 10. 피신청인은 안내염이 의심되는 상황에서 구후주사로 아미카신 및 스테로이드를 사용했는데 반코마이신도 추가하는 것이 일반적인 권고사항이며, 수술 후 안내염의 많은 원인이 응고효소 음성 포도상구균(Coagulase-negative staphylococci), 포도상구균(Staphylococci aureus), 연쇄상구균(streptococci) 등 그람 양성세균이므로 반코마이신 사용이 통상적으로 권해지고 있으며 원인 세균을 검출하기 위해서는 유리체강내 액체(intravitreal fluid) 0.2-0.3ml 정도 흡인하여 배양검사를 실시했어야 한다.

다. 책임 및 범위

백내장수술 시 부적절한 소독으로 안내염이 발생한 것으로 추정되며 안내염 발생 후에도 항균제 선택이 부적절했고, 배양검사가 시행되지 않은 점도 부적절한 조치라고 판단된다. 백내장수술 시 안내염 발생 자체가 매우 드물고, 안내염을 차단하기 위해 여러 예방 조치를 했더라도 항균제 치료효과가 떨어지기 때문에 신청인이 백내장수술 이전에 이미 광각

인지 시력밖에 없어 피해를 산출하기는 어렵지만, 피신청인의 일부 과실로 인하여 시력을 어느 정도 회복할 수 있는 기회를 상실한 책임이 있다고 판단된다.

신청인은 기왕 진료비, 이에 따른 치료비용, 시력상실에 따른 위자료로 총 1억원 이상을 요구하나 수술 전 우안 상태와 수술 3일 후 발생한 병원감염, 수술 관련 설명 미흡에 대해 피신청인의 일부 책임이 인정되는 점, 의료의 특수성(합병증 발생 등), 전반적인 진료과정 등을 고려해 반맹에 대한 위자료로 100만원에 합의했다.

[메모] 백내장수술 후 안내염이 수술과정 또는 각막을 봉합하기 전에 봉합사를 조기에 제거하고 각막난시 교정을 위해 다시 봉합하는 과정에서 발생됐을 가능성이 높은 사례이다. 수술 후 안내염의 원인균은 대부분 그람 양성세균이므로 반코마이신 사용이 권장되나 원인 세균 검출을 위한 배양검사를 하는 것도 중요하다.

12 백내장수술 후 당뇨망막병증의 악화에 따른 손해배상 요구 (분쟁 처리결과: 100만원으로 조정결정)

신청인(58년생)은 2008. 1. 28. 피신청인 의원에서 양안 백내장과 당뇨망막병증 진단을 받고, 우안 백내장수술을 받았다. 수술 후 추적관찰 중 같은 해 2. 25. 시력감퇴로 신청외 의원에서 당뇨망막병증에 대해 레이저치료 후, 같은 해 3. 10. 신청외 병원으로 전원해 수차례 안과치료를 받았으나 호전되지 않았다. 2009. 7. 13. 양안 당뇨망막병증, 신생혈관녹내장으로 인한 시각장애 1급 진단을 받았다.

신청인은 10년 전 당뇨로 진단받은 병력이 있음을 수술 전에 알렸으나 백내장수술과는 관련이 없다며 무리하게 수술을 감행한 결과 당뇨망막병증이 악화되고, 당뇨망막병증에 대한 어떠한 설명도 듣지 못했으며 이에 대한 적절한 치료를 받지 못해 시각장애 1급 판정을 받았다며 손해배상을 요구했다.

피신청인은 술전검사 상 양안 피질성 백내장, 당뇨망막병증 소견으로 이에 대한 레이저 치료 효과를 증강시키고자 백내장수술을 먼저 시행했고, 이에 대해 신청인에게 충분히 설명 후 동의 하 수술이 진행됐다. 백내장수술 후 안압은 정상이었으나 망막병변이 진행됨에 따라 교정시력이 저하되어 신청외 망막전문의에게 의뢰하여 적절한 치료를 받도록 조치하였으므로 책임이 없다고 주장했다.

가. 사실 관계

신청인은 10년 전 급성 신염으로 신청외 의원에서 치료받을 당시 당뇨 진단받았으나 특별한 치료는 하지 않았다. 신청외 의원에서 "갑자기 당뇨가 왔으니 걱정할 필요가 없다"면서 치료를 권하지 않았다고 진술했다.

1) 피신청인 의원 진료 내용

2008. 1. 28. 2달 전 발생한 양안 시력 저하로 내원하여 검사를 받은 결과, 양안 피질백내장과 양안 당뇨망막병증으로 진단됐다. 시력은 우안 0.15, 좌안 0.4, 안압은 우/좌: 18/16mmHg로 정상 범위, 세극등검사 결과는 양안 피질백내장, 안저검사에서 양안 모두 원형의 작은 망막 출혈반이 무수히 퍼져 있으며 황반주변 부종, 당뇨성망막병증이 증식성으로 진행되는 소견이 관찰됐다.

※ 진료기록에 의하면 당뇨망막병증에 대하여 신청외 병원의 망막 전문의에게 백내장 수술 후 레이저 치료를 받도록 권유했고, 피신청인은 이러한 설명을 했다고 주장하나 신청인은 당뇨망막병증과 관련하여 어떠한 설명도 듣지 못했고, 백내장에 대해서만 설명을 들었다고 주장했다.

2008. 1. 29. 우안 백내장유화술 및 인공수정체삽입술을 했다.

※ 백내장수술 과정, 발생 가능한 합병증에 대해 설명한 부동문자로 인쇄된 수술동의서에 수술이 잘 되어도 망막이나 시신경 등 안구후부에 이상이 있는 경우(예: 진행된 당뇨망막병증) 시력이 잘 나오지 않고, 수술 후 이차적으로 녹내장으로 인한 시력장애가 있을 수 있다고 기재되어 있으며 본인 서명이 있다.

2008. 1. 30. 수술 다음 날 외래진료 시 안압은 정상 범위이며 수술 후 경과는 양호, 시력은 우안 0.3, 좌안 0.2, 안압은 우/좌: 14/18mmHg이다. 2008. 2. 1. 시력은 우안 0.15, 좌안 0.5, 안압은 우/좌: 16/14mmHg이다. 2008. 2. 11. 나안시력 0.2/0.4, 교정시력 0.3/0.5, 안압은 우/좌 20/14mmHg 이다. 2008. 2. 25. 우안 나안시력 0.1, 교정시력 0.15로 교정시력이 저하되었다. 안압은 정상 범위이다. 교정시력 저하로 '양안 당뇨망막병증)의 레이저치료를 위해 신청외 안과 소개함'으로 기재되어 있다.

※ 피신청인은 교정시력 저하의 원인은 당뇨망막병증으로 인한 망막출혈 때문임을 설명했으나 신청인은 마치 백내장수술이 잘못되어 망막이 나빠진 듯 오해하면서 불평했다고 한다. 신청인은 피신청인 의원에서 진료를 받는 동안 안압 측정을 전혀 한 적이 없으며, 안압에 대해서도 어떠한 설명도 들은 바가 없다고 주장했다.

2) 신청외 안과의원 진료 내용

2008. 2. 25. 신청외 안과에서 검사받고 광응고술을 했다. 우안 시력은 안전수지, 안압 27mmHg로 상승됐다. 2008. 3. 3. 광응고술을 했다. 우안 시력 0.1, 안압 34mmHg로 안압이

상승했다. 2008. 3. 7. 시력감퇴가 악화되어 진료한 결과, 우안 시력 안전수지, 안압 37mmHg로 측정되며, 각막부종으로 만니톨 주사 및 광응고술을 했다.

3) 신청외 대학병원 진료 내용

2008. 3. 10. 지속되는 시력저하와 구토로 내원하여 진료받은 결과 우안 녹내장과 양안 당뇨망막병증이 의심됐고, 우안 시력 안전수지, 안압 39mmHg이었다. 베바시주맙(아바스틴)주입술을 했다. 2008. 3. 11. 베바시주맙(아바스틴)주입술을 했다. 2008. 3. 13. 우안 섬유주절제술을 시행했다. 2008. 3. 15. 우안 안압 7mmHg로 정상 범위로 퇴원했다. 2008. 10. 30. 우안 통증으로 베바시주맙(아바스틴)주입술을 했으나 호전이 없고, 우안 안압이 50mmHg까지 상승되어 안압조절 위해 재입원했다. 우안 광응고술(2회) 후 안압 10mmHg로 조절되어 11. 5. 퇴원했다.

4) 진단서

신청외1 대학병원 장애진단서(2009. 7. 13.) 양안 당뇨망막병증, 신생혈관녹내장으로 최대교정시력 양안 안전수지, 시각장애 1급이다.

신청외2 대학병원 진단서(2010. 10. 9.) 양안 이차녹내장, 증식당뇨망막병증, 좌안 시신경위축으로 2010. 7. 22. 우안 유리체절제술 및 가스주입술, 2010. 10. 7. 우안 아메드밸브(Ahmed valve)세척술, 2010. 10. 9. 우안 아메드밸브삽입술을 받은 후 경과 관찰 중이며, 좌안은 시신경위축으로 명암만 겨우 가릴 수 있는 정도로 광각유 상태이며 우안은 최대교정시력 0.04이다.

※ 신청인은 현재 상태는 시각장애 1급으로 혼자서는 외출할 수 없는 상태이며, 관할 구청에서 시각장애 도우미를 지원받아 생활한다고 진술했다.

나. 전문위원 자문결과

1) 전문위원 1(안과)

① 백내장수술의 적절성

초진 시 환자 시력, 산동 후 안저가 선명히 보이지 않았다는 피신청인의 해명서를 종합해 볼 때, 우안은 백내장을 제거하여 당뇨망막병증 레이저치료 시 레이저 투과율 및 성공률을 높일 목적으로 백내장수술을 시행한 것은 적절하다.

② 안압상승의 추정 원인

신청외1 대학병원 기록지에 의하면, 수술 6주 후(2008. 3. 10.) 측정한 안압이 39mmHg로 급격히 안압이 올랐고, 급격히 상승된 안압에 의해 나타나는 수포성 각막병증을 보이는 점, 전방 내 세포 수 및 염증반응, 혈종, 홍채신생혈관 등이 기록되어 있는 것으로 추정할 때, 안압상승의 원인은 백내장수술보다는 신생혈관녹내장으로 인한 것으로 생각된다. 당뇨망막병증에서 백내장수술을 했을 경우 신생혈관녹내장이 발생할 수 있다는 것은 익히 알려진 사실이며 특히 이전 혈당조절이 불량하였던 경우나 레이저광응고술이 되어 있지 않은 경우에서 더욱 증가한다. 본 건은 신청인이 오랫동안 당뇨조절을 소홀히 한 점, 안저관찰이 어려울 정도의 심한 수정체 혼탁이 있던 점, 수술기록지 및 경과내용 상 이상소견을 확인하기 어려운 점, 수술 후 3일까지 우안 교정시력이 0.3까지 개선되고 안압이 정상범위인 점 신청외 안과의원에서 수술 1개월 후 레이저광응고술을 시행했던 점 등을 종합해 볼 때, 피신청인의 진료 상의 문제보다는 신청인의 지병인 당뇨 상태에 의한 좋지 않은 경과로 판단된다.

③ 종합 의견

당뇨망막병증의 진행을 억제하기 위한 범망막광응고술을 위해 백내장을 우선 제거하는 경우는 드물지 않으나, 당뇨망막병증이 합병된 환자의 경우 백내장수술 후 신생혈관녹내장이 갑자기 진행하는 경우도 간혹 발생할 수 있으므로 이에 대해 피신청인은 예측 가능한 경과에 대해 미리 설명하는 것이 필요하며, 신청인도 그에 대해 충분히 인지하고 치료하는 것이 중요하다.

2) 전문위원 2(안과)

① 백내장수술의 적절성

당뇨망막병증과 백내장이 동반되어 있는 경우 백내장수술 방법의 차이는 없으나 광응고술에 사용되는 레이저는 빛이기 때문에 백내장이 있으면 수정체 혼탁으로 인해 레이저 투과율이 낮아지므로 레이저 투과율을 높이기 위해서는 백내장수술 후 레이저 치료를 해야 된다.

② 안압상승의 추정 원인 등

당뇨망막병증은 단기간에 나타나지는 않고, 10-15년 경과된 후 나타나며 당뇨망막병증의 대표적 치료법으로는 레이저광응고술을 통해 허혈된 망막 양을 줄여 신생혈관 유발인자를 감소시키는 것이다. 신생혈관녹내장은 신생혈관이 망막에서 진행돼 전방 우각까지 침범하여 방수배출을 막아 안압이 올라가는 당뇨망막병증의 가장 나중 나타나는 합병증으로 치료에 잘 반응하지 않고 거의 실명에 이를 수도 있으며 심하면 안통 때문에 안구적출을 해야 하는 심각한 합병증이다.

신청인의 망막상태를 보면 상당히 당뇨망막병증이 진행된 것으로 보여, 이미 기저에는 신생혈관녹내장의 원인이 되는 망막허혈 상태가 심했을 거라 추정할 수 있다. 물론 백내장수술을 하면 망막의 신생혈관유발인자가 안구전방으로 침투가 용이해져 신생혈관녹내장 발생이 앞당겨질 수는 있다. 신생혈관녹내장이 생기면 안압이 상승하는데 신청인이 처음 시력저하를 호소한 2008. 2. 25. 안압은 정상이었던 점으로 보아 당시 당뇨망막병증의 합병증인 망막부종으로 인해 시력저하가 나타난 것으로 보이고, 동일 신청외 안과의원에서 안압이

상승된 것은 신생혈관녹내장이 급격히 진행된 것이라고 판단된다.

③ 종합 의견

신청인의 경우 2008. 1. 29. 백내장수술 후 4주 경과된 시점인 2008. 2. 25.부터 백내장수술 상처가 치유되었다고 볼 수 있어 레이저광응고술을 시작할 수 있는 시기였으나 신생혈관녹내장이 급격히 진행하여 결국 실명에 이르게 된 것으로 생각된다. 이는 의학에서 경우의 수가 다양하기 때문에 신청인에게 백내장수술 전 당뇨망막병증에 대한 치료 및 당뇨에 대한 종합적인 치료를 위해서 3차 병원으로 전원하는 것이 적절했는지에 대해 일률적으로 결정지을 수는 없다.

다. 책임 및 범위

신청인은 피신청인이 무리하게 수술을 감행한 결과 당뇨망막병증이 악화되었다고 주장한다. 피신청인 의원 진료 당시 양안 백내장 및 안저검사상 당뇨망막병증이 관찰되었고, 술전 안압이 정상 범위이었던 점, 백내장수술 후 당뇨망막병증의 레이저치료를 위해 신청외 병원으로 의뢰를 계획한 점, 피신청인 의원 내원 당시 안저 관찰이 어려울 정도의 심한 수정체혼탁이 관찰되고, 우안 교정시력이 0.2로 현저한 시력저하가 동반되어 있었으므로 백내장수술이 불가피했고, 당뇨망막병증의 효과적인 레이저치료를 위해 백내장수술을 먼저 시행한 것은 적절했다고 판단한 전문위원 견해, 당뇨망막병증이 있는 환자는 백내장수술을 할 경우 신생혈관녹내장 발생 가능성을 염두에 두어야 하는데 피신청인은 꾸준히 안압 측정을 하여 이에 대한 경과 관찰한 점, 수술 후에도 안압이 정상 범위에 있었던 점 등을 종합해 볼 때, 피신청인이 무리하게 수술을 진행하여 당뇨망막병증이 악화되었다고 보기는 어렵다.

다만 피신청인은 당뇨망막병증의 레이저치료를 위해서는 백내장수술을 먼저 하여 레이저광의 통과에 지장이 없도록 한다고 신청인에게 충분히 설명한 후 동의 하에 백내장수술을 하였다고 주장하나, 백내장수술을 하면 망막 신생혈관유발인자가 안구 전방으로 침투하는 것이 용이해져 신생혈관녹내장의 발생이 앞당겨질 수 있고, 특히 이전 혈당조절이 불량하였던 경우에 증가된다는 전문위원의 견해, 피신청인에게 내원 당시 신청인은 기왕 질병인 당뇨에 대해 전혀 치료받은 적이 없다고 피신청인에게 고지한 점 등을 고려하면, 피신청인은 신청인에게 백내장수술 후 예측 가능한 경과에 대해 미리 고지하고, 이에 대해 충분한 설명할 의무가 있으나 백내장수술 동의서에는 수술 후 이차적으로 녹내장이 발생할 수 있음이 부동문자로 기재되어 있을 뿐 백내장수술로 인해 신청인에게 발생할 수 있는 신생혈관녹내장에 대한 내용을 설명하였다고 볼 만한 사정이 없는 바, 피신청인은 설명의무 위반에 대한 손해배상 책임으로 위자료를 지급함이 상당하다.

위자료에 대하여는 신청인의 기왕력, 의료 행위의 특수성, 이 사건의 진행 경위 등을 고려하여 100만원으로 결정했다.

[메모] 백내장수술 전 당뇨망막병증이 진단됐고 수술 이후 신생혈관녹내장이 발생된 경우로서 수술 이후 당뇨망막병증이 급속히 진행될 수도 있기 때문에 예측 가능한 경과에 대해 상세히 설명하고 관찰하는 것이 중요하다.

[2] 망막수술

망막수술은 기저질환 당뇨로 인한 당뇨망막병증의 좋지 않은 예후가 충분히 예측할 수 있으므로 수술의 구체적인 치료 목표를 사전에 명확히 인지하도록 설명하는 것이 중요하다. 또한 수술동의서에 환자 서명을 받고 확보해 두는 것이 중요하다.

고령화 사회에 따라 당뇨를 기왕증으로 가진 환자가 증가하는데 정기적인 안과 검진을 받지 않고 당뇨망막병증이 발생된 이후 예후가 불량한 상태로 진료를 받는 경우 분쟁이 증가할 여지가 높다.

망막수술 관련 분쟁은 주로 당뇨망막병증 수술 후 실명, 약물 및 주사 부작용 등이다.

13 당뇨망막병증수술 후 시각장애에 따른 손해배상 요구 (분쟁 처리결과: 위자료 500만원으로 조정결정)

신청인(59년생)은 당뇨 기왕병력이 있는 자로, 2011. 5. 6. 피신청인 병원에서 양안 증식당뇨망막병증, 우안 유리체출혈, 좌안 망막박리에 의한 시력저하 소견에 따라 좌안 유리체절제술 및 레이저광응고술(1차 수술) 등을, 같은 해 7. 5. 우안 유리체절제술 및 베바시주맙(아바스틴®) 주입술(2차 수술) 등을 받았으나 호전되지 않아, 좌안은 재수술을 받았고 우안도 추가로 5차례 수술을 받은 결과 좌안은 실명, 우안은 시력저하 상태로 6급 장애진단을 받았다.

신청인은 교수가 아닌 전공의가 부주의하게 1차 수술을 하여 좌안 시력이 저하되고, 이후 좌안에 대해 여러 차례 수술을 받았으나 결국 실명되었다고 주장한다. 또한 1차 수술 후 이상이 없던 우안까지 수술받지 않으면 실명될 수 있다고 수술을 권해 2차 수술을 받았으나 우안 시력까지 악화됐다. 결과적으로 수술 전 시력이 저하(실명)될 수 있다는 설명을 들었다면 수술을 받지 않았을 것이나 이에 대한 설명을 듣지 못한 채 수술을 받았을 뿐 아니라, 수술도 부적절하여 결국 시력장애가 됐다고 주장했다.

피신청인은 당뇨망막병증이 진행된 상황으로 망막유착을 목표로 1차 수술을 하였으나 망막이 유착되지 않고 망막박리 범위가 넓어져 이에 대해 설명한 후 재수술을 계획했다. 우안 수술 후 시력이 악화된 이유는 수술 후 안저에 유리체 출혈이 산재되어 있고 수술 전 주변혈관신생이 있었으며 유리체출혈 및 견인막 재발 가능성이 높았기 때문이다. 좌안 실명 및 우안 시력악화에 대하여 각 수술 전 신청인에게 설명하고 동의를 받았다. 유리체절제술,

유리체강내 주입술 등의 처치가 지체되지 않고 시기적절하게 이뤄졌음에도 초진 시부터 예후가 불량한 상태로서 자연적인 병의 진행 경과일 뿐 본원의 처치와는 관련이 없다고 주장했다.

가. 사실 관계

※ 기왕력으로 2011. 4. 당뇨, 고혈압으로 진단받고 약물치료를 받고 있다.

1) **피신청인 병원 1차 입원진료**(2011. 5. 6.-9)

2011. 5. 6. 2주 전부터 양안 시력저하가 계속되고 최근 좌안 시야 흐림이 심해져 피신청인 병원에 내원(2011. 4.)하여 양안 증식당뇨망막병증, 우안 유리체출혈, 좌안 망막박리 진단을 받고 수술을 위해 입원하였다. 수술 전 시력이 좌우 각각 0.3에서 당일 좌안 전유리체절제술, 눈속레이저광응고술, 수정체유화술, 각막절개술, 후방인공수정체삽입술, 견인막박피술, 공기액체교환술 실리콘기름 주입술을 받았다. 수술기록에는 안과전문의사(교수)가 수술한 것으로 기재됐다. 수술동의서에는 당뇨망막병증 상태로 수술 후 해부학적으로 회복되었어도 기능적으로 시력회복이 안 되는 경우, 염증, 출혈, 망막박리 등의 발생 가능한 합병증과 치료를 받지 않았을 경우 발생 가능한 결과(안구위축) 등에 대해 설명하고, 신청인이 서명한 것으로 기재됐다.

※ 신청인은 수술동의서를 작성한 적이 없고 서명은 자신의 서명이 아니라고 주장했다. 2011. 5. 9. 좌안 시력 저하(안전수지 30㎝: 30㎝에서 손가락 수를 맞춤)가 지속되며 안대를 붙인 상태로 퇴원했다.

2) **2차 입원진료**(2011. 7. 4.-15)

2011. 7. 4. 1차 수술 이후에도 시력저하 상태이고, 우안 시야 흐림 상태에서 수술을 위해 입원했다. 눈이 뿌옇게 보이고 좌안이 약간 심한 상태로 호소하고 혈당수치(301)가 높았다. 수술동의서에는 좌안 유리체출혈에 대해 수술을 시행하며, 수술 관련 가능한 합병증 등을 설명하고 신청인과 설명한 의사 서명이 각 기재됐다.

※ 신청인은 수술동의서에 서명한 사실이 없고 서명도 본인의 필체가 아니라고 주장했다. 2011. 7. 5. 2차 수술은 전유리체절제술, 눈속 레이저광응고술, 수정체유화술, 각막절개술, 후방인공수정체삽입술, 망막앞막 및 내경계막박피술, 견인막박피술, 유리체내 아바스틴주입술을 시행했다. 수술소견은 증식당뇨망막병증, 혈관신생, 유리체출혈, 황반부 앞막이 있으면서 망막이 접혀있었다. 우안 통증 및 충혈이 유지되며 뿌옇게 보이는 시야흐림도 있다.

2011. 7. 7. 좌안 실리콘기름이 주입된 상태로 좌안 전유리체절제술, 눈속레이저광응고술, 실리콘오일 제거술, 공막띠두름, 공기액체교환술, 실리콘오일주입술을 시행했다. 수

술 소견은 전망막박리와 망막열공이 관찰됐다. 2011. 7. 9. 우안 시력 0.05, 좌안은 안전수동, 고혈당(313) 상태였다. 7. 11. 우안 시력 0.04, 좌안 안전수동, 두통 및 안구통증이 있어 경구 진통제를 투여하고 침상안정을 권하고 7. 15. 퇴원했다.

3) 외래진료

2011. 9. 2. 신생혈관녹내장으로 진단한 이후 잦은 만니톨 및 안약을 처방했고, 2011. 9. 16.과 2012. 1. 13. 우안 아바스틴주입술을 시행했다.

4) 3차 입원진료(2012. 1. 20.-2012. 1. 30)

2012. 1. 20. 우안 시력이 갑자기 저하되어 입원하여 우안 유리체절제술, 눈속레이저광응고술, 유리체내 아바스틴주입술을 받았다.

※ 피신청인은 유리체출혈과 견인막(출혈 부위로 여겨짐)이 존재하여 레이저광응고술을 시행했다고 설명했다. 수술동의서 상 좌안 유리체출혈에 대해 수술을 시행하며, 수술 후 가능한 합병증 등에 대해 설명하였다는 내용이 기재되어 있고, 신청인의 서명이 확인됐다. 신청인은 수술동의서에 서명한 사실이 없고 신청인의 서명도 아니라고 주장했다.

2012. 1. 25. 우안 유리제절제술을 받고 다음 날 우안 시력 안전수지 20㎝로 답답하고 우안의 둔한 통증을 계속 호소했다. 2012. 1. 30. 우안 시력 안전수지 50㎝ 상태로 퇴원했다.

5) 4차 입원진료(2012. 3. 12.-31)

2012. 3. 12. 수술 이후 시력 호전이 있었으나 갑자기 우안 시력이 악화되어 수술을 받으려고 입원하여 우안 유리체절제술, 눈속레이저광응고술, 유리체내 아바스틴주입술을 받았다. 수술 중 유리체출혈이 관찰되어 출혈지점으로 여겨지는 부위에 레이저광응고술을 시행했다. 안저 주변부 레이저광응고술을 보강하였고 수술 당시 홍채신생혈관 및 전방출혈도 관찰되었다. 2012. 3. 13. 우안 시력 0.02, 2012. 3. 22. 우안 시력 안전수지 10㎝였다. 2012. 3. 23. 우안 신생혈관녹내장 진단 하 섬유주절제술을 받았다. 2012. 3. 24. 우안 시력 안전수동, 2012. 3. 29. 우안 시력이 0.06, 안압이 정상범위 상태로 3. 31. 퇴원했다. 2012. 5. 25. 우안 아바스틴주입술을 추가로 시행했다.

6) 신청외 안과의원 진료 내용

2011. 11. 24.-2014. 4. 19까지 정기적으로 안과진료를 받았다. 2011. 11. 24. 초진 시 우안 시력은 0.4, 좌안 시력은 안전수지 5㎝, 2014. 4. 19. 우안 시력은 0.4이었다.

7) 장애진단서 등

장애진단서(신청외 안과의원, 2014. 4. 21. 발행)에 질환은 양안 당뇨망막병증, 좌안 망막박리, 양안 신생혈관녹내장, 소견엔 좌안 견인 및 열공망막박리로 좌안 시력이 보이지 않고 망막박리 상태, 시신경위축, 광각 없음, 교정 불가이다.

장애심사결정서(○○시장 2014. 4. 30 발행)는 장애유형 및 결정등급 시각장애 6급, 좌안 실리콘오일충전안, 양안 녹내장, 제출된 장애진단서 및 진료기록지, 안구광학단층촬영 결과, 안저사진 등을 고려할 때 좌안 시각장애 6급으로 결정했다.

※ 피신청인 병원 본인 부담 진료비는 8,860,478원(2011. 5. 1.-2014. 6. 10.)이다.

나. 전문위원 자문결과

① 수술의 적정성

신청인의 수술 전 망막상태를 볼 때, 증식성 변화가 보이고 견인망막박리의 소견이 보이므로 가능한 한 신속히 수술이 필요하다고 생각되며, 수술이 늦어질수록 견인망막박리가 생겨 수술기법도 힘들어지고 예후도 좋지 않다.

② 1차 수술의 적정성 및 재수술과 인과관계(좌안)

견인증식막이 동반된 증식당뇨망막병증의 경우에는 유리체절제술 외에 대안이 없으며, 망막이 당뇨망막병증에 의해 정상 망막보다 약해져 있고 수술과정에 출혈이 심해 시야확보가 어려워 실패하는 경우도 많다. 1차 수술 중 망막열공이 생기거나 출혈이 지속되거나 견인하는 힘이 남아있으면 재수술을 할 수밖에 없고, 수술자 숙련도에 따라 수술성적이 차이 날 수 있으나 평균적으로 예후가 불량하다. 신청인의 수술 전 사진을 보면, 시신경에서부터 나타나는 견인망막박리가 심하여 망막이 유착되지 않을 수 있고, 수술 중이나 후 나타나는 출혈이 흡수되는 과정 중에 망막을 잡아당겨 망막이 뜨는 경우가 있기 때문에 수술이 실패한 것으로 보기 어렵다.

③ 2차 수술(우안)의 적정성

수술 전 의무기록을 보면, 좌안보다는 경미하나 증식망막병증의 소견이 보이며 망막전막 소견으로 그냥 둔다면 좌안과 비슷한 상태가 되어 수술이 힘들고 예후가 나쁠 것으로 예상된다. 다만 수술 전 한쪽 시력이 남아 있고 다른 눈 시력이 나오지 않으면 수술 후 시력예후가 불량할 가능성이 높다는 것을 예상할 수 있는데 이러한 불량한 예후를 신청인에게 더 적극적으로 설명했어야 한다. 신청인은 좌안 시력이 나빠 상대적으로 우안 시력이 좋다고 느꼈으나 교정시력이 0.2밖에 나오지 않을 정도였고 그냥 두면 좌안처럼 손 쓸 수 없게 된다. 수술 전 망막을 기술한 기록을 보면 황반부만 유착이 있어 아직 시력이 남아 있으나 견인증식막이 당기고 있어 언제 좌안처럼 변할지 모르는 상태였다.

④ 좌안 실명 원인

증식당뇨망막병증은 오래 된 당뇨에 의한 혈관변화로 망막세포 자체가 기능이 떨어져 시력이 저하되고 견인망막박리로 시신경 허혈이 오므로 시력이 저하될 수 있으며, 더 진행되면 신생혈관녹내장으로 시신경세포층이 손상을 받아 시야손상 및 시력저하가 생긴다. 당뇨망막병증에서 재수술이 많은 것은 망막세포가 강하지 못해 유착력이 떨어지며 수술 중 의인망막열공을 만들어 망막이 떨어질 수 있거나 견인을 시키는 막을 깨끗이 제거하기 힘들어 망막이 붙으려 하는 힘이 약하고 혈관이 약해 수술 중이나 후 망막 위로 출혈되고, 이 출혈이 접착제같이 망막을 잡아당기게 되어 망막박리가 유발된다면 다시 수술해야 한다. 이러한 여러 기전이 복합적으로 작용하여 증식망막병증이 있는 경우 시력예후가 불량하다.

⑤ 병원 측 처치와 시력악화와의 인과관계 여부

의무기록을 검토한 결과 전반적으로 신청인 상태에 따른 치료 및 수술 시기는 적절한 것으로 생각된다. 어떤 망막전문의라도 같은 판단을 내리고 조치를 했을 것이다. 수술 후 예후가 불량할 것이 충분히 예상되므로 신청인에게 수술 전 설명을 더 상세하게 하고 신청인을 납득시켰으면 좋았을 것이다.

다. 책임 및 범위

1) 진료와 시력저하의 인과관계 여부

당뇨망막병증은 당뇨를 오래 앓은 환자에서 발생하는 당뇨합병증으로 시력저하와 실명을 초래하는 진행성 병변이며, 엄격한 혈당조절을 통하여 그 발생을 지연시킬 수 있으나 일단 발생한 당뇨망막병증은 혈당을 조절하더라도 진행을 멈추게 할 수 없다. 심한 증식당뇨망막병증에 이를 때까지 별다른 증상이 없어 조기 진단하여 적절히 치료해야 합병증을 예방할 수 있다. 신청인이 여러 번 수술을 받고 시력이 악화됐지만, 시력저하로 피신청인 병원에서 시행한 망막검사 상 증식망막병증과 견인망막박리 소견으로 이미 당뇨망막병증이 많이 진행된 상태였던 점, 신청인과 같은 증식당뇨망막병증의 치료 목적은 시력개선이 아닌 시력저하 예방이고, 증식당뇨망막병증이 진행된 경우 적절한 치료에도 불구하고 시력예후가 불량하다는 점, 피신청인 병원 의료진이 신청인 상태와 증상에 대해 적절하게 치료 및 수술을 시행했다는 전문위원의 견해 등을 종합하면, 시력악화는 당뇨망막병증의 진행경과로 보는 것이 타당하므로 피신청인의 처치 상 과실로 인해 시력이 악화되었다는 신청인의 주장은 인정하기 어렵다.

2) 설명의무 위반 여부

피신청인은 좌안 실명 및 우안 시력 악화와 관련하여 각 수술 전 신청인에게 설명하고 동의를 받았다고 주장한다. 당뇨망막병증에 대한 유리체절제술은 합병증 발생률이 높고 예후 또한 불량하여 수술 여부를 결정해야 하는 신청인으로서는 이러한 위험에 관한 충분한 설명을 듣고 치료행위의 승낙 여부를 결정한 권리가 있다. 신청인이 피신청인으로부터 수술과 관련하여 시력저하나 실명 가능성 등에 대한 설명을 받지 못했다고 주장하고, 피신청인이 수술을 앞두고 신청인에게 받은 각각의 수술동의서 상 신청인의 현재 상태와 발생 가능한 합병증 등에 대한 기재나 그림 등이 있으나 수술동의서마다 신청인의 서명이 각각 다를 뿐 아니라 오히려 각각 수술동의서를 설명한 의사 서명과 거의 일치해 보이는 점으로 볼 때, 피신청인이 신청인에게 구체적인 설명을 하고 동의를 받아 수술한 것으로 보기는 어렵다. 따라서 피신청인은 위와 같은 설명과 동의를 받지 아니한 채 수술을 시행하여 신청인의 자기결정권을 침해한 위법한 행위로 인하여 신청인이 자기결정권을 상실한 상태에서 실명 및 시력악화라는 치명적 결과를 맞게 된 정신적 고통에 대하여 위자료를 지급함이 타당하다.

3) 책임 범위

위자료는 사건의 진행 경과, 설명의무 위반 정도, 신청인이 50대 중반의 남성으로서 시력 장해에 이른 점, 기왕력 등 여러 사정을 참작하여 500만원으로 결정했다.

[메모] 50대 중반의 당뇨망막병증 환자로서 예후가 불량하기 때문에 양안 상태에 따른 치료방법, 치료목적, 예후 등을 적극적으로 설명해야 한다. 또한 형식적인 수술동의서는 구체적인 설명을 하고 동의받는지 여부에 입증자료로 중요하기 때문에 세밀한 설명을 하고 환자 서명을 받아야 한다.

14 당뇨망막병증수술 후 시각장애에 따른 손해배상 요구 (분쟁 처리결과: 기각으로 조정결정)

신청인(49년생)은 양안이 잘 보이지 않는 증상으로 2011. 7. 4. 신청외 병원에서 중증 당뇨망막병증, 황반부종, 백내장 진단에 따라 약물치료를 받던 중 상급병원에서 백내장수술을 받도록 권유받았다. 2012. 7. 6. 피신청인 병원에서 양안 백내장수술(1차 수술), 같은 해 8. 6. 당뇨망막병증과 황반부종 등에 대해 양안 유리체절제술, 안구내트리암시놀론 및 아바스틴주입술(2차 수술)을 받았는데, 우안 신생혈관녹내장 등이 생겨 안압이 상승되어 2013. 1. 28. 우안 안압 조절을 위해 아메드밸브삽입술(3차 수술)을 받았으나 회복되지 않고 시각장애 1급 상태이다.

신청인은 1차 수술 상 과실로 인해 시력이 상실됐다며 손해배상을 요구했다.

피신청인은 1차 수술 당시 이미 중증 당뇨망막병증과 백내장이 진행된 상태로 시력예후가 좋지 않으므로 시력상실은 신청인의 기왕력으로 인한 결과라고 주장했다.

가. 사실 관계 및 판단

신청인은 1차 수술 전에는 시력이 좋았으나, 피신청인 병원 의사의 수술이 부적절하여 1차 수술 이후 시력이 상실됐고 2차 망막수술, 3차 안압을 낮추는 수술까지 받았으나 회복되지 못하고 시각장애 판정을 받았다고 주장한다.

1) 1차 수술의 적절성에 대한 판단

신청인은 피신청인 병원 초진 진료 당시 양안 백내장, 중증 당뇨망막병증 소견이었고, 양안 시력은 안전수지로 현저한 시력저하가 있던 점, 백내장으로 인한 수정체 혼탁으로 정확한 안저검사가 불가할 뿐 아니라 이에 대한 치료로 범망막광응고술을 하는 경우에도 백내장으로 인해 흡수율이 현저하게 저하되어 치료가 어려워지므로 1차 수술을 먼저 시행한 것은 적절했다는 전문위원의 견해를 고려하면 피신청인 병원 의료진이 시행한 1차 수술에 과실이 있다고 보기 어렵다. 또한 1차 수술 전 진료기록부에 수술 후 망막 상태에 따라 시력예후가 결정되며, 백내장수술 동의서를 통해 수술을 받아도 시력 호전은 제한적이고 추후 레이저시술이 필요할 수 있다는 내용에 대한 설명이 이루어졌으므로 피신청인에게 설명의무 소홀에 따른 책임 역시 묻기 어렵다.

2) 2차 수술의 적절성에 대한 판단

전문위원의 견해에 따르면, 당뇨망막병증에 대한 수술인 유리체절제술 및 안구내 아바스틴 및 트리암시놀론 주입술은 당뇨망막병증의 황반부종 및 신생혈관 생성 억제를 위하여 시행하는 것으로 2차 수술은 적절했으며, 진행된 당뇨망막병증의 경우 유리체절제술을 하더라도 황반부종 및 시신경병증 등으로 인해 예후가 불량한 경우가 대부분이다. 신청외 병원의 진료기록부 상 지속된 황반부종 및 중증 비관류(안저 내 모세혈관의 혈액순환이 잘 되지 않는 상태) 소견이 관찰된 것으로 볼 때, 이로 인해 시력 호전이 없던 것으로 추정되는 점, 2차 수술 전 진료기록부에 수술로 시력이 좋아지는 것은 한계가 있으며 이후 황반부종에 대한 치료가 지속적으로 필요할 수 있다는 설명이 이루어진 점 등을 종합하면 2차 수술에 대해 피신청인에게 책임을 묻기 어렵다.

3) 3차 수술의 적절성에 대한 판단

3차 수술 전 진료기록부 상 우안 신생혈관녹내장으로 인해 안압이 50mmHg까지 상승되었는데, 전문위원 견해에 따르면, 안압이 상승된 상태로 지체되면 시신경 손상으로 인한 시력 손상을 막을 수 없어 3차 수술 시행은 적절했고, 3차 수술인 아메드밸브 삽입술은 시력 호전이 목적이 아니며 안압조절을 위한 수술이기 때문에 수술 후 안압이 15mmHg 정도로 잘 유지되고 있어 부적절했다고 볼 수 없다. 녹내장수술 동의서 상 수술목적은 안압저하이고, 시력을 좋게 만드는 수술이 아니라는 설명이 이루어진 점 등을 종합하면 3차 수술에 대해 피신청인에게 책임을 묻기 어렵다.

[메모] 60대 초반으로 6개월 간 백내장수술, 유리체절제술, 안압조절수술(방수유출장치인 아메드밸브 삽입)까지 수술을 받았으나 시력이 상실된 경우로서 환자의 연령, 기왕증 등을 고려하여 각각의 수술을 하기 전에 수술의 구체적인 목적 및 기대 등을 상세하게 설명하고 근거를 남겨두는

것이 필요하다.

15 당뇨망막병증수술 후 장해에 따른 손해배상 요구 (분쟁 처리결과: 신청 취하로 종결)

신청인(54년생)은 시력저하로 2004. 12. 1. 피신청인 병원에 방문하여 양안 증식당뇨망막병증 및 황반부종, 유리체출혈을 진단받고 2006. 4. 20. 좌안 유리체절제술, 막제거술, 레이저광응고술, 유리체강내가스주입술, 같은 해 6. 13. 우안 수정체유화술 및 인공수정체삽입술, 유착해리술을 시행한 후 같은 해 6. 20. 좌안 막제거술, 같은 해 6. 29. 우안 유리체절제술 및 막절제술, 레이저광응고술 및 유리체강내 실리콘기름삽입술을 추가로 시행했다. 2007. 1. 23. 우안 실리콘기름제거술을 받았으나, 현재 우안 광각무, 시야검사 결과 좌안 시야 5도 이내로 맥브라이드식 노동력상실률 85%로 진단받았다.

신청인은 2007. 1. 23. 시행한 우안 실리콘기름제거술 및 부분 유리체절제술 후 시력저하를 호소하였으나 적절한 조치를 시행하지 않아 현재 우안 실명상태가 되었다며 배상을 요구했다. 피신청인은 2004. 12. 내원 당시 양안 고위험 증식당뇨망막병증, 황반부종, 유리체출혈의 진단 하에 범망막광응고술 등의 치료를 권유했으나 2006. 3. 27. 다시 내원할 당시에 양안의 견인성 망막박리, 증식당뇨망막병증, 백내장이 진행된 상태라 수술 후에도 시력예후가 매우 불량함을 설명했다. 당뇨망막병증이 진행되고 양안의 시력저하가 유발된 상태로서 책임이 없다고 주장했다.

가. 사실 관계

※ 기왕력으로 2007년 신장이식을 받고 당뇨, 고혈압에 대해 약물치료를 받고 있다.

1) 피신청인 병원 진료 내용

2004. 12. 1. 우안 시력 저하를 주소로 내원 당시, 시력은 우/좌: 0.04/0.2, 안압은 우/좌: 14/15mmHg, 안저검사에서 양안의 경성 삼출물(hard exudate), 섬유막, 유리체출혈이 확인되었고, 우안은 홍채후유착(post synechia)이 심하여 산동이 거의 되지 않았다. 2004. 12. 6. 안저촬영 및 빛간섭단층촬영 등 검사 결과 양안 고위험 증식당뇨망막병증, 황반부종, 유리체출혈로 진단하였고, 양안 범망막광응고술, 우안 유리체강내 스테로이드주입술(IVTA)을 권했다. 2004. 12. 10. 레이저치료에 따른 불안감으로 보호자와 상의하고 내원하기로 했으며, 피신청인은 양안 고위험 증식당뇨망막병증 등에 따른 치료가 필요함을 설

명했다.

2005. 2. 16. 및 4. 20. 보호자가 내원하여 경구약(Dobesylate, Doxium®)을 처방하였으며. 2005. 7. 7. 혈당화색소(HbA1c)가 6.7%임을 확인하였다.

2006. 3. 27. 양안 시력 저하(안전수동) 상태로서 양안 견인성 망막박리, 증식당뇨망막병증 및 백내장이 악화된 상태로 좌안 유리체절제술이 필요한 상태였고 이후 안정되면 우안 백내장수술 및 유리체절제술을 시행하기로 계획했다. 2006. 4. 20. 좌안 유리체절제술, 막제거술, 레이저광응고술, 유리체강내 가스주입술, 유리체강내 스테로이드주입술 등을 시행했다. 수술동의서에는 마취의 일반적인 합병증 및 수술 목적, 방법에 대한 설명과 당뇨망막병증이 계속 진행되어 수술로 진행을 억제하되 시력예후는 떨어진다는 설명이 포함되어 있었고 대리인(자녀) 서명이 확인됐다. 2006. 5. 22. 시력은 우안 0.02, 좌안 0.02였고 2주 후 우안 수술을 계획했다.

2006. 6. 13. 우안 수정체유화술 및 인공수정체삽입술, 유착해리술을 시행했다. 수술동의서에는 마취의 일반적인 합병증 및 수술 목적, 방법에 대한 내용과 신청인의 서명이 확인됐다. 2006. 6. 20. 좌안 망막전막이 악화되는 소견으로 좌안 막절제술, 안내레이저 치료 및 액체공기교환술을 시행했다. 2006. 6. 29. 우안 유리체절제술 및 막절제술, 레이저광응고술 및 유리체강내 실리콘기름삽입술을 시행했다.

2006. 7. 19. 시력은 0.02/0.04로 점안제를 처방했고 2006. 10. 18. 시력은 양안 0.04로 1개월 이후 경과관찰 하기로 했다. 2006. 11. 6. 시력은 안전수동/0.08로 실리콘기름제거술을 고려했다.

2007. 1. 23. 우안 실리콘기름제거술 및 부분 유리체절제술, 액체공기교환술을 시행했다. 신청인은 수술 이후 우안이 보이지 않아 피신청인에게 문의했고, 2년 후 시력이 회복된다고 했으나, 이후 망막박리로 안압이 저하되어 시력이 상실되었다는 설명을 들었다고 진술했다. 2007. 3. 19. 시력은 우안 안전수동, 좌안 0.15, 안압은 우안 12mmHg, 좌안 12mmHg이었다. 2007. 4. 16. 시력은 우안 안전수동, 좌안 0.15, 안압은 우안 5mmHg, 좌안 7mmHg. 우안 홍채 신생혈관(NVI)을 동반한 허혈 손상이 확인되어 우안 베바시주맙(아바스틴®) 치료(IVB)를 시행하기로 했다. 2007. 4. 17. 첫 번째 우안 베바시주맙(아바스틴®)주입술(0.05ml)을 했다. 2007. 5. 21. 시력은 우안 안전수동, 좌안 0.3으로, 우안 베바시주맙(아바스틴®) 치료 및 점안제를 처방받았다. 2007. 5. 29. 두 번째 우안 베바시주맙(아바스틴®)주입술을 시행, 2007. 6. 18. 점안제를 처방받았다. 2007. 7. 16. 우안 홍채 신생혈관이 확인되며, 점안제를 처방, 안압은 우안 7mmHg, 좌안 10mmHg, 안저검사 결과, 우안 후극부에 망막은 안정적이나 시신경은 창백한 소견 보였고, 좌안은 후극부 망막과 시신경은 안정된 소견이었다. 2007. 9. 23. 우안 각막 혼탁 및 홍채 신생혈관, 유착 소견 등이 확인되며,

점안제 투약하며 경과관찰하기로 했다. 2007. 11. 12. 시력은 우안 안전수동, 좌안 0.15, 안압은 우안 15㎜Hg, 좌안 26㎜Hg으로 좌안에 안압하강제인 잘라탄(Xalatan)을 투약했다. 2007. 12. 17. 시력은 우안 안전수동, 좌안 0.2이며, 섬유내생 및 홍채신생혈관으로 잘라탄, 아트로핀 등을 투약했다.

※ 2007. 12. 31. 당뇨 및 말기 신부전으로 신청외 병원에서 신장이식을 시행했다.

2008. 7. 14. 3일 전부터 시야가 흐려보임을 호소하였고 당시 시력은 우안 광각유, 좌안 0.06이었으며 두꺼운 망막주름이 확인됐다. 2008. 8. 11. 시력: 우안 광각유, 좌안 안전수동 상태로 내원하여 안저촬영 검사를 시행하였으나 좌안 안저가 관찰되지 않았다. 2008. 9. 1. 시력은 우안 광각유, 좌안 안전수동 상태로 우안 테논낭하 스테로이드주입술 40mg을 처방했다. 2008. 10. 7. 첫번째 좌안 베바시주맙(아바스틴®)주입술(0.05ml)을 시행, 2008. 10. 24. 좌안 유리체출혈이 지속되며 안저(fundus) 확인이 되지 않았다. 2008. 11. 20. 좌안 유리체출혈로 인해 유리체절제술, 유리체강내 세척술 및 레이저 치료를 시행했다. 바로타제정, 타로스정, 가나톤정 등을 처방하였고 당화혈색소는 (HbA1c) 9.6%이었다.

2009. 3. 23. 및 6. 22. 시력은 우안 광각유, 좌안 0.15이다. 2009. 11. 2. 우안 광각무, 좌안 안전수동 상태로 좌안 초음파 검사 결과 망막박리는 확인되지 않았다. 2009. 11. 3. 두 번째 좌안 베바시주맙(아바스틴®) 주입술을 시행했다.

2010. 1. 13. 2일 전에 좌안 유리체출혈이 다시 발생하여 내원했다. 2010. 1. 18. 세 번째 좌안 베바시주맙(아바스틴®) 주입술을 시행, 2010. 2. 23. 네 번째 좌안 베바시주맙(아바스틴®) 주입술을 시행했다. 2010. 5. 19. 및 6. 28. 약물처방 및 보존적인 치료를 시행했다. 2010. 8. 25. 시력은 우안 광각무, 좌안 0.02, 시야검사 결과 우안은 검사가 불가하며, 좌안 5도 이내였다. 2010. 10. 12. 시력은 우안 광각무, 좌안 0.06, 좌안 안정적이고 출혈 소견이 없다.

2011. 1. 19. 시력은 우안 광각무, 좌안 0.02이며, 상기약물을 처방했다. 2011. 2. 24. 좌안의 경미한 유리체출혈이 확인됐다. 2011. 4. 4. 시력은 우안 광각무, 좌안 안전수지(FC) 50㎝였다. 2011. 8. 29. 우안 통증. 좌안 빛 번쩍거림 및 검은 물체가 보였다. 2011. 12. 12. 시력은 우안 광각무, 좌안 안전수지 30㎝이다.

2012. 3. 12. 및 6. 18. 점안제를 처방했고 이후 3회 진료는 (2012. 7. 25, 9. 25, 12. 17.) 시력은 우안 광각무, 좌안 안전수동 상태로 확인됐다.

2) 신청외 서울아산병원 진료 내용

2013. 3. 8.-7. 15. 당뇨망막병증 및 황반변성 등으로 추적 관찰받았다. 시력은 우안 광각무, 좌안 0.03이며, 양안 시력 및 각막 혼탁으로 안저검사가 불가한 상태로 추후 경과를 보면서 악화되면 수술적 치료가 가능함을 설명했다. 2013. 8. 13. 수상하여 식탁 모서리

에 부딪힌 후 전방출혈이 발생, 안구부종 및 통증으로 내원했다. 당시 빛의 유무만 확인이 가능하고 안전수지 불가능하며, 각막내 출혈소견이 확인됐다. 안압상승 및 홍채 유착 가능성이 있음을 설명하였으며, 산동제를 점안했다. 2013. 8. 16. 시력은 우안 광각무, 좌안 안전수동 상태로 전방출혈(4㎜, RBC2-3+)이 확인되며, 감소하지 않을시 전방세척술을 시행할 수도 있음을 설명했다. 2013. 8. 22. 전방출혈로 인한 전방세척술을 시행했다. 2013. 9. 27. 전방세척술 후에도 좌안 전방출혈(0.5㎜)이 확인됐다. 2013. 11. 25. 우안 광각무, 좌안 안전수동 상태로 점안제()등을 처방했다. 2014. 1. 10. 우안 광각무, 좌안 안전수지 30㎝이며, 좌안 유착이 확인됐다. 2014. 3. 17. 우안 광각무, 좌안 안전수지 30㎝이며, 양안 저안압증(hypotony)으로 오큐비전 1T를 처방받았다.

3) 진단서

장애진단서(피신청인 병원, 2014. 2. 19. 발행), 질환은 우안 안구로, 각막혼탁, 양안 증식당뇨망막병증으로 교정시력 우안 광각무, 좌안 안전수동이며, 시야검사에서 좌안 시야 5도 이내이다. 후유장해진단서(신청외 서울아산병원, 2014. 3. 17. 발행), 당뇨망막병증, 유리체절제안, 황반반흔로 맥브라이드식 장해평가 최종 노동력상실률이 85%이다. 소견서(신청외 서울아산병원, 2014. 7. 15. 발행), 양안 증식당뇨망막병증, 우안 각막혼탁, 좌안 증식당뇨망막병증 및 황반부종 소견이 보이는 환자로 우안은 각막 혼탁으로 안저검사를 할 수 없고 2013. 7. 15. 시행한 시력검사 상 우안 광각무, 좌안 0.03임. 정기적인 경과 관찰 예정이다.

※ 피신청인 병원 본인 부담 진료비는 3,476,720원이다.

나. 전문위원 자문결과(안과)

① 내원 당시 상태 및 수술 지연의 영향 등

2004. 12. 내원 시 양안의 삼출액 및 섬유막, 유리체출혈 등의 소견이 있어 고위험 증식당뇨망막병증이 매우 진행된 상태로서 지속적으로 적절한 치료를 받아도 점차 진행할 가능성이 높다. 2004. 12. 양안 범망막광응고술을 권유받았으나 신청인이 거부한 것으로 확인되는데, 당시 범망막광응고술을 적절히 시행했다면 질병의 진행 정도나 시기를 늦출 가능성은 있다고 보인다. 2006. 3.까지 치료받지 못하여 상태가 더욱 악화된 것으로 생각되나 이미 당뇨망막병증이 많이 진행된 단계지만 수술을 시행했다면 그 진행 가능성이 다소 감소됐을 것으로 보인다.

② 수술의 적절성

당뇨병성 망막병증의 경우 수술 대상 적응증은 흡수되지 않은 유리체출혈이나 혼탁, 황반부를 위협하는 견인망막박리, 유리체 망막견인, 황반부종 등의 경우에 수술을 시행하는

데, 본건은 유리체출혈 및 견인망막박리가 있었던 것으로 보이는바 유리체절제술 및 막제거술을 적절한 것으로 보인다. 또한 유리체절제술 후 망막의 해부학적 재유착을 막기 위해 실리콘기름 삽입술을 시행하고, 신청인의 경우와 같이 심한 증식당뇨망막병증의 경우에는 비영구적인 가스나 공기보다는 실리콘 기름과 같은 충전물 사용이 비교적 적합하다.

③ 시력 저하 및 상실의 원인

증식당뇨망막병증의 경과 중 유리체 출혈, 섬유화 증식, 견인망막박리를 거쳐 계속 진행하다가 견인막이나 망막이 모두 얇아지며 시신경 유두는 창백해지고 혈관은 가늘어지게 되며 이럴 경우 시력은 대개 불량하며, 그 원인은 황반허혈 및 시신경병증에 의한 것으로 사료된다.

[메모] 50세에 범망막광응고술을 레이저치료에 대해 막연한 불안감으로 치료가 중단됐고, 16개월이 지나 안전수동 상태로 시력이 저하된 상태에서 수술을 받은 경우로서 당뇨망막에 따른 병의 진행경과를 적극적으로 설명하는 것이 중요하다. 젊은 연령층에서 실명 그 자체가 충격이 크기 때문에 병의 진행과정을 수용하기 보다는 남의 잘못이라는 투사심리가 작용하기 쉽다.

16 망막박리 오진으로 시력저하에 따른 손해배상 요구 (분쟁 처리결과: 기각으로 조정결정)

신청인(52년생)은 2011. 8. 2. 좌안이 침침하여 피신청인 의원에 내원해 초기 백내장으로 진단받았다. 2일 후 눈이 깜깜해지는 증상이 발생해 신청외 안과의원에서 망막박리로 진단받고, 당일 신청외 대학병원으로 전원해 열공망막박리 진단 하 좌안 공막돌융술과 냉응고술을 받았으나 좌안 최대 교정시력이 0.2로 측정됐다.

신청인은 2011. 8. 2. 피신청인 의원 내원 당시 망막박리로 인해 침침한 증상이 나타난 것으로 보이나, 피신청인이 열공망막박리를 발견하지 못하고 백내장으로 오진한 과실로 인해 망막박리에 대한 치료시기를 놓쳐 시력이 저하됐다며 손해배상을 요구했다. 피신청인은 신청인이 2011. 8. 2. 망막박리 시 발생하는 일반적 증상인 비문증, 시야결손, 광시증을 호소하지 않고 좌안이 침침하다고만 하였으며, 안저검사 및 안저촬영상 망막박리 소견은 보이지 않았으나 같은 해 8. 4. 깜깜한 증상이 발생한 것으로 보아 본원 내원 이후 망막박리가 발생한 것으로 추정되므로 책임이 없다고 한다.

가. 사실 관계

1) 피신청인 진료 내용

2010. 9. 24. 신청인이 우안 희미한 증상으로 피신청인 의원에 내원, 초기 노년백내장으로 진단하여 주기적인 추적관찰을 계획하고 안약(비토브라점안액)을 처방했다. 시력은 나안(우/좌) 0.2/0.2, 교정시력 0.9/1.0로 체크됐다.

2011. 8. 2. 신청인이 좌안 침침한 증상으로 피신청인 의원에 내원, 세극등현미경검사, 굴절 및 조절검사, 안압측정, 안저촬영 등을 시행한 후 초기 노년백내장(양쪽)으로 진단하고 안약(비토브라점안액)을 처방했다. 피신청인은 안저검사 및 안저촬영에서는 망막박리 소견은 보이지 않고 경도의 초기 백내장만 보였다고 한다.

2011. 8. 4. 시력저하로 신청외 안과의원에서 산동검사상 거대찢김이 있는 망막박리로 진단받고 수술을 받기 위해 신청외 대학병원으로 전원했다. 망막열공이 있는 망막박리(5시 부위, 좌안) 진단 하 좌안 공막돌융술 및 냉응고술을 받고 같은 해 8. 7. 퇴원했다.

※ 신청인은 피신청인으로부터 몸 컨디션이 안 좋으면 눈이 침침해질 수 있다며 안약을 넣고 휴식을 취하면 괜찮아질 거라는 설명을 듣고 안정을 취하던 중, 눈이 캄캄해져서 백내장수술을 받기 위해 신청외 안과의원에 내원하였다고 진술했다. 2011. 12. 5. 측정한 최대 교정시력은 좌안 0.2로 측정되었다.

※ 진료비(본인 부담금)는 피신청인 의원 19,400원(2011. 8. 2.), 신청외 대학병원은 1,161,725원(2011. 8. 4.-8. 7.)

나. 전문위원 자문결과

① 피신청인 진단의 적절성

의무기록상 신청인의 세극등현미경검사(2011. 8. 2.)에서 수정체혼탁이 있고 그 외 안압측정, 안저촬영(망막검사) 등 다른 이상 소견이 없다면 노년백내장으로 진단할 수 있다. 중년 이후 노화현상, 고도근시, 유리체 염증, 수술 또는 외상 등의 다양한 원인에 의해 안구내 유리체가 액화되어 뒤 유리체박리가 일어나고, 이때 유리체가 망막을 견인하는 힘이 작용하게 되면 열공이 생기고 이로 인해 망막박리가 발생할 수 있다. 아주 작은 망막열공이나 주변부 발생한 열공은 발견하기 힘든 경우가 많고, 열공이 있더라도 망막박리가 발생하지 않는 경우도 있다. 안저검사 당시 망막 중심부는 정상이더라도 주변부 열공으로부터 갑작스럽게 망막박리가 진행할 수 있다. 정황으로 미루어 볼 때, 백내장은 초기 정도이고 망막의 주변부에 열공(거대 찢김)이 있었으나 망막박리로는 진행되지 않다가 2일 사이에 열공(거대 찢김)을 통해 망막박리가 진행할 가능성이 있다고 추정된다.

② 망막박리 진단지연에 대한 책임

2011. 8. 2. 당시 시행한 안저검사 및 안저촬영에서 망막박리 소견은 보이지 않았으므로 당시 주변부의 열공 존재 여부는 모르나 망막박리 진단을 내리기는 어려웠을 것으로 생각된다. 망막박리가 있는 환자는 시력이 침침하기 보다는 커튼으로 가리는 것 같아 보인다(예: 위쪽 망막박리가 있으면 아래가 가려서 안 보인다고 말함)고 이야기하는 것이 통상적이다. 따라서 망막박리 발생 시기를 가늠하기 어렵고, 백내장과 망막박리는 별개의 질환으로 열공망막박리를 백내장으로 오진하였다는 신청인의 주장을 인정하기 어렵다.

③ 종합 의견

이번 사건의 쟁점은 당시 망막박리가 있었는지 여부와 그 당시 치료했다면 지금보다 시력이 좋지 않았겠느냐는 문제로 판단된다. 첫째, 열공(거대 찢김)은 망막박리를 동반하지 않을 수 있어 수년 간 모르고 지내다 우연히 발견되어 예방적 치료를 받기도 한다. 둘째, 망막박리는 급속히 진행할 수도 있어서 수 시간 차이로 안저소견에 큰 차이를 초래하고 시력이 저하될 수 있다. 열공망막박리를 조기 발견하여 일찍 치료하면 좋지만, 이번 사건처럼 망막박리 수술이 성공적으로 됐다면 치료예후는 시기에 따라서는 큰 차이가 없을 것으로 생각된다.

다. 책임 유무

신청인은 2011. 8. 2. 피신청인 의원에 내원할 당시 이미 망막박리가 있었으나 피신청인이 백내장으로 오진하여 망막박리에 대한 치료시기를 놓쳐 시력이 저하되었다고 주장한다.

망막박리가 있는 환자는 시력이 침침하기보다는 비문증, 커튼으로 가리는 것 같아 보이는 주변부 시야장애 등을 호소하는 것이 통상적으로서 위 증상을 호소하지 않으면 대개 열공망막박리를 의심하지 않은 것이 보편적이다. 피신청인이 2011. 8. 2. 좌안 침침한 증상으로 내원한 신청인에 대하여 안압측정 및 안저촬영 등에서 특이소견이 없고 세극등현미경검사에서 수정체혼탁이 있어 백내장으로 진단한 점, 망막박리 주증상인 비문증, 커튼으로 가리는 것 같아 보이는 주변부 시야장애 등의 증상이 없었던 점, 이후 이틀이 경과한 8. 4. 눈이 캄캄해져 신청외 안과에 내원하였다는 신청인 진술과 열공망막박리로 진단을 받은 사실, 망막박리는 급속히 진행할 수도 있어서 수시간 차이로 안저소견에 큰 차이를 초래할 수 있다는 특성 등을 고려해 볼 때 피신청인 의원에서 진료받은 이후 망막박리가 진행되었을 가능성이 크다. 진료경과로 볼 때 백내장 초기이고 망막 주변부에 열공이 있었으나 망막박리로 진행되지 않다가 2일 사이에 이 열공을 통해 망막박리가 진행되었을 가능성이 있어 열공망막박리를 백내장으로 오진하였다는 신청인의 주장을 인정하기 어렵다는 관련 전문위원의 견해, 망막박리의 경우 위치(황반부 포함 여부)에 따라 예후가 달라질 수는 있으나 수술시기에 따라 예후의 차이가 크지 않은 점 등을 종합하면, 피신청인이 망막박리에 대한 진단 및 검사를 소홀히 하였다고 보기 어렵다. 피신청인이 조기에 망막박리를 발견하지 못하여 시력이 회복되지 않았다는 신청인의 주장은 인정하기 어려워 이 사건 분쟁조정 신청에 대하여는 조정하지 않는 것이 타당하다.

[메모] 양안 노년백내장으로 진단받고 이틀 후에 백내장수술을 받으려고 타 안과의원에서 거대열공 망막박리로 진단받아 수술받은 경우로서, 열공은 망막박리를 수년 간 모르고 지내다 우연히 발견되고, 망막박리 급속히 진행할 수 있고 2일 간 지연진단으로 예후에 영향이 없음을 구체적으로 설명하는 것이 중요하다.

17 망막수술 후 시력저하 및 불편감에 따른 손해배상 요구 (분쟁 처리결과: 기각으로 조정결정)

신청인(38년생)은 좌안 시력 저하로 피신청인 병원에서 2012. 9. 26. 좌안 망막전막(망막주름) 진단 하에 유리체절제술 및 망막전막제거술을 받았다. 수술 후 시력이 저하되고 물체가 두 개로 보이는 증상과 이물감, 날파리증 등이 있다고 호소한다.

신청인은 신청외 의원 및 병원 의료진으로부터 황반 망막전막이 아직 수술할 단계가 아니므로 경과관찰하라고 들었는데, 피신청인 병원 의료진이 수술을 빨리 하지 않으면 실명할지 모른다며 수술을 종용해 수술을 받았다. 수술 후 시력은 오히려 떨어지고 아침에 일어나면 물체가 둘로 보이며 좌측 눈꼬리에 이물감이 낀 듯 불편감이 지속된다. 따라서 피신청인 병원 의료진이 수술을 무리하게 진행했고, 수술 상 과실로 인해 효과가 전혀 없을 뿐 아니라 부작용까지 발생했다며 손해배상을 요구했다.

피신청인은 신청인에 대한 검진 상 좌안 망막전막이 확인되어 망막전막이 진행하는 것을 예방하기 위해 수술을 시행했고, 수술 후 검사 상 좌안 망막전막은 잘 제거된 것으로 확인됐다. 또한 수술 후 굴절값 변화 등으로 사물이 겹쳐 보일 수는 있으나, 교정시력이 1.0으로서 객관적으로 시력저하 소견이 없을 뿐만 아니라 특별한 이상 소견은 확인되지 않았다고 주장했다.

가. 사실 관계

※ 기왕력으로 당뇨가 있고 2011년 6월에 좌측 백내장수술을 받았다.

1) 피신청인 진료 내용

2011. 9. 1. 좌안 시력저하로 내원, 양안 나안시력 0.9이고, 망막전막으로 진단받고 수술을 권유받았다.

※ 신청인은 신청외 안과의원 및 병원에서 진료를 받은 결과 망막전막으로 수술할 단계는 아니므로 지속적으로 관리가 필요하다는 소견을 받았으나, 좌측 눈꼬리 부분에 이물감이 있고 침침한 증상으로 불편하여 피신청인 병원에 내원해 의료진으로부터 수술을 권유받았으나 경제적 이유로 수술을 미루었다고 진술했다.

2012. 8. 7. 좌안이 불편하고 침침함을 호소하며 내원하였다. 빛간섭단층촬영(OCT) 검사를 시행하여 양안 망막전막을 확인하고 안과검진 후 망막수술을 하기로 했다.

※ 피신청인은 수술의 1차 목적은 황반 망막전막을 제거하여 황반 신경손상을 예방하기 위함이고, 수술 후에도 좌안 불편감과 침침한 증상은 지속될 수 있다는 설명을 신청인에게 하였다고 진술한다.

2012. 9. 25. 수술을 받기 위해 입원, 경과기록지에 좌안 이물감을 해소하는 데는 도움이 되지 않고, 오히려 수술 후 이물감을 더 느낄 수 있음을 설명한 것으로 기재됐다.

※ 신청인은 의료진으로부터 위와 같은 설명을 듣지 못했고, 수술 후 시력은 확실히 좋아진다는 설명을 들었다고 진술했다.

2012. 9. 26. 좌안 망막전막 진단으로 유리체절제술, 망막전막제거술, 안내레이저 시술 당시 황반 부위를 포함한 망막전막 소견과 2시 반 방향의 망막열공이 관찰됐다. 수술 후 상태가 양호하여 다음 날 퇴원했다.

※ 수술동의서에 수술 방법, 수술의 필요성, 발생 가능한 부작용 등에 대한 설명이 있다.

2012. 10. 25. 안과 외래진료 시 "아침에 일시적으로 복시가 있다"고 호소, 교정시력은 우안 1.0, 좌안 0.8이다. 피신청인은 빛간섭단층촬영검사 상 좌안 망막전막이 잘 제거된 상태로 안과검사 상 다른 이상소견이 나타나지 않았다고 진술했다. 2012. 12. 27. 신청인이 수술 후 겹쳐 보이고 매우 불편하다고 호소하여 겹쳐 보이는 증상의 원인을 감별하기 위해 사시검사를 권유했으나 거부, 교정시력은 양안 1.0이다.

2) 진료소견서(2013. 8. 30. 신청외 안과의원 발행)

병명은 기타 명시된 망막장애, 녹내장 의심(상세불명 부위), 노시안, 안구렌즈 존재, 상세불명 난시와 배경 망막병증, 양안시 기타 장애이다. 환자 상태 및 소견으로 금일 시력검사 상 나안시력 우/좌: 0.9/0.8, 교정시력 1.0/0.8이다. 현재 녹내장 진단 하에 안약 처방 중이나 환자가 검사를 거부하여 지속적 경과관찰이 되지 않으며, 안압은 17/19㎜Hg, 정밀자동시야검사 상 좌측 시야결손이 관찰된다.

시력의 침침함과 이물감에 대해서는 노안 및 과거 망막수술 등이 원인임을 설명했다.

자고 일어나면 물체가 두 개로 보이는 것에 대해 약간 외사시 소견을 보이나 안구운동검사는 정상이고, 현재 증상은 없으나 지속 시 머리 CT나 MRI 검사를 권유했다. 날파리증에 대해서는 과거 수술 및 연령 관련 증상을 설명, 계단을 넘을 때 변형 시야 및 시야장애 소견을 상담했다.

나. 전문위원 자문결과

① 망막전막수술 적절성

신청인의 OCT 사진을 보면, 망막전막이 황반부를 강하게 견인하고 있는 모습과 망막이 굴곡져 있는 모습이 보이므로 수술이 필요하다고 사료되고, 수술 후 OCT 사진 상 수술은 문제없이 이루어진 것으로 보인다. 망막전막 수술시기는 구체적으로 정해진 것이 없고, 과거 진단장비가 미숙하고 수술기법이 조잡하여 늦춰 수술하는 경향이 있어 수술 후 예후가 좋지 않았다. 근래 OCT 등의 개발로 진단기술이 획기적으로 개선되고 수술도구가 진화되어 과거보다 수술예후가 좋아져 일찍 수술하는 경향이 있다.

② 시력저하 원인

일반적으로 수정체가 있는 환자들은 유리체절제술 후 백내장이 진행되어 시력이 떨어지는 경우가 있으나, 이 건은 이미 백내장수술을 했으므로 시력저하 원인이 망막 쪽 문제라고 볼 만한 자료가 없다. 또한 당뇨 기왕증이 있으므로 당뇨에 의한 황반부종 가능성도 배제할 수 없을 것이다.

③ 복시 호소 원인

물체가 둘로 보이는 복시는 단안성과 양안성에 기인될 수 있는데, 단안성은 난시가 생기면 나타날 수 있으나 2012. 10. 25. 검사에서 난시가 심해 보이지 않아(0.5 Diopter의 난시 측정) 난시에 의해 생긴 것은 아닐 것으로 생각된다. 양안성은 외안근이 마비되면 나타나는데, 유리체절제술은 근육을 전혀 건드리지 않기 때문에 수술에 의해 복시가 나타난 것도 아니다. 75세 연령에 당뇨가 있으면 일반적으로 근력이 약하고 반사신경이 둔해져서 나타날 수 있는 소견으로 보인다.

④ 이물감 발생 원인

이물감은 결막에 흉터가 있거나 이물이 보이면 확실히 알 수 있으나 대부분 증상 없이 호소하며, 이물감은 모든 눈 수술 후 나타날 수 있는 일반적인 증상이다.

⑤ 좌안 시력 호전(1.0 정도)의 가능성

OCT 소견 상 수술 전 황반이 올라와 주름이 있어 수술에 의해 황반을 견인하는 힘이 해소되어 조직이 제 위치를 찾으면 시력이 호전될 수도 있다.

다. 책임 유무

신청인은 피신청인 병원 의료진이 불필요한 수술을 하였고, 수술도 잘못되어 시력저하 및 복시, 이물감 등의 부작용이 발생하였다고 주장한다.

망막전막수술은 망막전막이 진행하는 것을 예방하기 위한 수술이고, 망막전막이 진행된 후 수술할 경우에는 수술효과가 제한적이므로 적절한 시기에 수술하는 것이 중요하다. 신청인이 시력저하를 주 호소로 피신청인 병원에 내원하여 시행한 망막검사에서 황반을 침범하는 망막전막이 확인되어 피신청인 병원 의료진이 신청인의 동의 하에 수술한 점, 수술 후 2012. 10. 25. OCT검사 상 망막전막이 잘 제거된 것으로 확인되는 점, 수술 후 좌안 교정시력(2012. 12. 27.)이 1.0으로 측정되어 시력이 악화되었다고 보기 어려운 점, 전문위원 견해 및 신청외 안과의원 소견서 등을 참조하면, 신청인이 호소하는 복시, 이물감, 시력의 침침함 등의 호소 증상은 망막전막수술 후 발생한 결과라기보다는 당뇨, 백내장수술 등 신청인의 병력과 신청인의 나이 등에 따라 증상이 발현된 것으로 보는 것이 좀 더 부합한 것으로 보이는 점 등을 종합할 때, 불필요한 수술 및 수술 잘못으로 인해 위와 같은 부작용이 발생하였다는 신청인의 주장은 인정하기 어려우므로 이 사건 분쟁조정 신청에 대해서는 조정하지 아니함이 상당하다.

[메모] 70대 중반 당뇨환자로서 망막검사에서 황반을 침범하는 망막전막이 확인됐고 수술 후 망막전막이 잘 제거된 것(황반 견인하는 힘이 해소)으로 확인됐음에도 복시, 이물감을 호소한 경우로서, 불가피한 부작용 발생의 상세한 원인을 수술 전후 납득하게 설명하는 것이 필요하다.

18 아바스틴 주입술 후 각막 손상에 따른 손해배상 요구 (분쟁 처리결과: 기각으로 조정결정)

신청인(46년생)은 2011. 12. 6. 피신청인 병원에서 우안 아바스틴 주입술 후 시림, 따끔거림, 통증 등 이상증상이 있어 치료를 받은 후 귀가했다. 이상증상이 계속되어 12. 7. 신청외 대학병원 응급실에 내원했고, 각막 상피 결손에 대한 처치를 받은 후 다음 날 각막이 회복됐다.

신청인은 시술 전 아바스틴 주입술 부작용에 대한 전혀 설명 듣지 못했고, 피신청인 병원에서 시술 후 동의서에 서명을 요구하여 동의하지 않았다. 시술 시 갑자기 눈에 수액이 강하게 분사되는 느낌과 함께 심한 통증을 느꼈고, 바로 응급치료를 받았으나 귀가 후에도 시림, 따끔거림, 통증 등 이상증상이 지속되어 신청외 대학병원에서 진료를 받은 결과 각막이 손상됐다는 설명을 들었다. 이는 피신청인의 시술상 문제로 각막이 손상된 것이고, 아바스틴 주입술도 제대로 받지 못했으므로 손해배상을 요구했다.

피신청인은 아바스틴 주입술 직전 각막상피 결손을 확인했으나 결손 크기가 작고 아바스틴이 각막에 미치는 독성이 없을 것으로 판단해 신청인에게 설명 후 시술했고, 문제없이 시술을 마친 후 각막결손 부위 치료를 했으며, 2011. 12. 8. 각막상태가 정상임을 확인했으므로 신청인의 배상요구를 수용할 수 없다고 주장했다.

가. 사실 관계

1) 피신청인 진료 내용

신청인은 2011. 5. 26. 신청외 대학병원에서 우안 아바스틴 주입술을 받았다. 12년 전 고혈압 진단받았고, 20년 전 뇌하수체종양 진단으로 수술을 받은 후 부신피질호르몬제를 복용 중이다.

2011. 10. 11. 초진 당시 우측 눈이 잘 보이지 않는다고 호소했다. 5개월 전 망막혈관이 터져 신청외 대학병원에서 진료받은 적이 있고, 안저검사상 망막분지정맥폐쇄 및 황반부종(의증) 소견으로 시력은 우안 0.3, 좌안 0.7으로 확인됐다. 한달 후 신청외 대학병원 검사자료를 가지고 내원할 것을 안내했다.

※ 피신청인에 의하면 신청인은 우안 시력 감퇴로 안구주사를 계속 맞는데 비용문제로 피신청인 병원에 내원하였다고 한다.

2011. 11. 15. OCT검사 상 황반부종이 확인되어 아바스틴 주입술을 예약, 시력은 우안 0.2, 좌안 0.6이다. 신청인은 신청외 대학병원에서 아바스틴 주입술을 받은 적이 있는데 관련 자료를 가져오지는 않았다. 신청외 대학병원에서는 충분한 설명이 이루어졌고 시술 전 동의서도 작성했다.

2011. 12. 6. 아바스틴 주입 직전 각막 상피결손을 확인하여 환자에게 설명하고 아바스틴 주입술을 했다. 아바스틴 주입을 위해 우안을 소독하기 전부터 눈을 심하게 깜빡거리고 이물감, 이상감각이 있었다. 환자에게 소독을 하기 전부터 각막 상피 결손이 관찰되었고, 시술 후 환자에게 각막 치료용 콘택트렌즈를 착용시키고 통증과 이물감이 발생할 수 있음을 설명했다.

※ 피신청인은 아바스틴 주사 직전 각막 중앙부에 직경 3㎜ 이하로 비교적 불규칙한 경계를 보이는 원형에 가까운 각막 상피 결손이 관찰되었고, 각막에 닿지 않게 각막 주위 결막을 베타딘으로 소독하고 식염수로 씻어낸 후 아바스틴 주입술을 시행했다고 주장한다. 신청인은 시술 전 각막손상 이야기는 전혀 들은 적 없고, 시술 시 주사를 맞는 느낌은 없었으며, 갑자기 각막에 수액이 강하게 분사된 후 통증을 느껴 고통을 호소하자 피신청인이 각막상피

가 손상되었다며 응급치료를 해주었다고 주장한다. 피신청인은 시술 직전 안저검사와 OCT 결과를 확인하면서 신청인에게 안구주사가 효과가 없을 수도 있겠으나 현 상태를 유지하는데 도움이 될 수 있으므로 안구주사를 맞고 경과를 보는 것이 좋겠다고 설명했다고 주장한다. 신청인은 시술 직전 피신청인에게 신청외 대학병원에서 전에 안구주사를 맞아봤으니까 잘 알 것이라는 설명만 들은 후 시술을 받았고, 시술 후 아바스틴 주입술 동의서에 서명하라고 하여 부동의(不同意)라고 적었다고 한다. 2011. 12. 8. 각막검사 상 각막이 정상으로 확인됐다.

2) 신청외 대학병원 진료 내용

2011. 12. 7. 눈 통증으로 응급실 내원, 우측 눈으로 보면 뿌옇다고 호소했다. 우측 결막충혈이 있고, 분비물은 없다. 치료용 콘택트 렌즈를 착용한 상태였고, 렌즈를 제거 후 중심에 약 3㎜ 크기의 각막상피 결손이 확인되었으며, 침윤은 없었다. 좌안은 이상 없다. 우측 각막미란으로 진단, 우안 각막결손 부위에 패치를 붙이고, 안약을 처방했으며 시술받은 피신청인 병원에서 재검진받기를 권유했다.

나. 전문위원 자문결과

① 아바스틴 주입술의 필요성

황반부는 망막 중심부를 의미하며, 여러 원인으로 체액이나 혈액이 차서 부종이 지속되면 황반부를 압박, 파괴함으로써 황반부가 변성되어 기능을 상실해 시력을 잃을 수 있다. 진료기록부상 망막분지정맥폐쇄 및 황반부종 소견이 있어 이에 대한 아바스틴 주입술은 필요했다고 판단된다.

② 시술 전 설명의 적절성

안구내 주사는 시술의 목적과 장점, 시술하지 않았을 때 예상되는 결과, 치료 방법 및 회복과정에 대한 설명이 필요하며, 시술 시 소수에서 감염, 출혈, 망막박리 등의 부작용이 발생할 가능성 및 주의사항에 대한 설명이 필요하고 시술 직전 동의서 작성이 필요하다. 본건은 신청인이 이해할 수 있는 충분한 설명을 듣고, 시술 전 동의서가 작성되었다면 좋았겠지만, 환자가 이전에 시술을 받은 경험이 있고, 동의 하에 시술을 진행했다면 큰 문제가 되지 않는다.

③ 각막상피 손상 시점 및 원인

각막상피 손상의 원인은 매우 다양하며 눈을 비비거나 하는 마찰로도 발생할 수 있고, 콘택트렌즈 제거 시에도 발생할 수 있으며, 드물지만 환자 소독과정에서도 쉽게 발생하나, 합병증이 없으면 치유도 잘 되는 질환이다. 각막상피 손상은 언제나 발생할 수 있으나 피신청인의 진료기록 상 아바스틴 주사 직전 각막 중앙부에 직경 3㎜이하의 크기로 비교적 불규칙한 경계를 보이는 원형의 각막 상피결손이 관찰되어 환자에게 설명한 뒤 시술했다고 기록된 점을 고려할 때 각막 손상은 아바스틴 주사 주입 전 발생한 것으로 보는 것이 적절하다.

④ 각막손상 시 증상 및 치료법

각막손상 시 지각증상으로는 안구내 통증, 시력저하, 잦은 눈물, 눈부심, 심한 경우 각막혼탁이 나타날 수 있다. 각막손상 시 치료로 감염을 예방하기 위해 항생제 안약을 사용하고 각막상피회복을 위해 인공누액, 안연고를 사용하며, 각막자극을 막기 위해 안대와 콘택트렌즈를 사용하는 것이 도움이 된다.

아바스틴 주입술은 각막을 제외한 주변부 결막 및 공막에 미세한 바늘을 통해 약제를 유리체 내로 주입하는 시술로, 각막에 영향은 거의 없다. 각막손상이 크지 않고 환자 증상이 심하지 않았다면 아바스틴 주입술이 가능하다. 시술 후 각막손상 치료를 위해 치료용 콘택트렌즈를 착용해주고 점안제 가티플로를 처방해 적절한 조치를 했다.

⑤ 각막손상의 회복 기간

각막상피는 손상 후 6시간 후부터 창상치유가 시작되고, 24-48시간 후에는 손상 부위에 상피 증식이 일어나므로 경미한 각막손상의 경우 48시간 동안 회복이 가능하다. 따라서 환자에게 치료용 콘택트렌즈를 착용시키고 항생제 안약을 사용한 것은 적절한 치료로 보이며 치료 후 이틀이 지난 2011. 12. 8. 각막이 정상으로 회복되는 것은 가능한 일이다.

⑥ 종합 의견

아바스틴 주사 전 작은 각막손상이 있었고, 주사 직전 소독과 감염 방지를 위해 증류수 등의 수액으로 눈을 충분히 씻어내는데 이 과정에서 각막손상의 크기가 조금 확대되면서 통증이 발생된 것으로 판단된다. 양측 주장이 상반되나 진료기록에 따르면 각막손상은 주사 시술 전에 있던 것으로 보이며, 아바스틴과 각막의 직접적인 접촉이 없었으므로 아바스틴이 각막에 미치는 영향은 거의 없는 것으로 판단된다. 아바스틴 주입술은 성공적으로 진행되었으며 환자에게 각막손상에 대한 적절한 처치를 한 것으로 보인다. 또한 2일 뒤 각막이 정상화되고 다른 후유증이 남아 있지 않았으므로 각막 손상에 대해 피신청인 책임을 묻기는 어려울 것으로 판단된다.

다. 책임 유무

아바스틴 주사 직전 각막손상이 있었다는 진료기록, 각막상피 손상 원인은 매우 다양하며 눈을 비비거나 하는 등의 마찰로도 발생할 수 있다는 전문위원 견해 등을 고려할 때 각막손상은 주사 주입 전 발생한 것으로 보는 것이 적절하다고 판단된다.

당시 신청인은 우안 망막분지정맥폐쇄 및 황반부종이 있어 아바스틴 주입술이 필요했고, 주입술 전 각막손상이 있더라도 아바스틴 주입술은 각막을 제외한 주변부 결막 및 공막에 미세한 바늘을 통해 약제가 유리체 내로 주입되는 시술로 각막에 영향은 거의 없기 때문에 각막손상이 크지 않고 환자 증상이 심하지 않았다면 아바스틴 주입술이 가능하고, 시술 후 각막손상 치료를 위해 치료용 콘택트렌즈를 착용해주고 점안제(가티플로)를 처방한 것은 적절했다는 전문위원의 견해 등을 고려할 때, 아바스틴 주입술과정에서 피신청인의 과실로 각막을 손상시켰다고 보기 어렵고 이후 조치도 적절했다고 보인다.

한편 아바스틴 주입술 전 동의서 작성이 이루어지지는 않았으나, 각막상피 손상은 아바스틴 주입술의 부작용 때문이 아니고, 시술 전부터 존재하는 것으로 판단되므로 피신청인이 신청인에게 아바스틴 주입술에 관하여 상세한 설명을 하지 아니한 것을 잘못이라고 볼 수 없고, 의료진의 설명은 의학지식의 미비 등을 보완하여 실질적인 자기결정권을 보장하기 위한 것이므로, 환자가 이미 알고 있거나 상식적인 내용까지 설명할 필요는 없기 때문에, 신청인이 2011. 5. 26. 신청외 대학병원에서 우안 아바스틴 주입술을 받은 경험이 있고, 당시 충분한 설명을 듣고 동의 하 시술이 이루어졌다는 신청인의 주장을 고려하였을 때 피신청인에게 설명의무 위반에 대한 책임도 묻기 어렵다고 판단된다.

[메모] 흔히 의료행위 전에 하면 설명이고 이후에 하면 변명이라고 하는데, 본 건도 아바스틴 시술 후 동의서에 서명을 요구해서 더 오해가 생긴 것으로 생각된다. 각막 중앙부에 3㎜ 이하의 각막상피결손이 사전에 확인됐다면 더 상세한 설명(아바스틴 주입은 각막 주변부 결막 및 공막에 투여되므로 각막에 여향을 주지 않음)을 함으로써 분쟁을 예방할 수 있다.

19 안과수술 후 시력상실에 따른 손해배상 요구 (분쟁 처리결과: 취하로 종결)

신청인(44년생)은 20년 전 백내장수술 시 삽입한 우안 인공수정체탈구 및 열공망막박리로 2011. 5. 피신청인 병원에서 유리체절제술, 실리콘기름 주입술 및 인공수정체 공막고정술(이하 '1차 수술'로 표기)을 받았다. 2011. 6.부터 망막박리 등으로 4회 추가수술을 받고 경과관찰 결과 우안 시력 상실로 24%의 후유장애 진단을 받았다.

신청인은 피신청인 측의 부주의한 수술로, 추가수술을 4회나 받은 결과 우안 시력상실이 발생했다며 손해배상을 요구했다.

피신청인은 신청인의 수정체탈구 수술 중 발견된 망막박리로 수술 후 증식유리체망막병증으로 진행 및 여러 차례의 수술 및 안내 실리콘 기름에 의한 각막내피세포 부전에 의한 각막혼탁 발생이 시력상실 원인으로 판단된다. 망막박리는 안내수술 중 발생할 수 있는 합병증으로 1차 수술 당시 발견하여 즉각적인 조치를 취하였으나 하측의 큰 망막열공으로 인해 증식유리체망막병증으로 진행했다. 이후 공막돌륭술을 추가하는 재수술 후 망막유착을 확인하여 실리콘기름을 제거하고 시력이 호전되었으나, 망막박리가 재발하면서 가능한 한 보존적인 치료로 남아 있는 안내가스를 이용한 자세변경 및 광응고레이저술 추가하였으나 결국 재수술이 필요하게 되어 4차 수술을 하였다. 열공망막박리 수술 후 가스주입술보다는 실리콘기름 주입으로 장기적 충전을 도모하는 것이 망막 유착에 적절하다고 판단하였으며, 증식유리체망막병증으로 진행해 결국 망막 유착 실패로 망막박리가 재발하여 추가로 2회 수술(2차, 4차)을 하였다. 그렇지만 신청인은 1차 수술 전부터 인공수정체를 붙잡아주는 수정체낭이 불안정하였고, 이로 인해 망막박리수술 후 주입했던 실리콘기름이 인공수정체 앞쪽으로 나와 각막내피세포 부전을 만들어 각막혼탁으로 빨리 진행했던 것으로 판단된다. 증식유리체망막병증 수술로 실리콘기름 충전술 후 약 27%에서 각막부전이 나타난다고 알려져 있으며, 신청인의 경우 4차례의 수술과 수정체낭이 없어 수술 중 각막내피 손상이 불가피하였고, 또한 수술 후 실리콘기름이 각막내피층에 직접 닿아 각막부전을 촉진한 것으로 보이며, 본원은 각각의 상태에 따라 적절한 조치를 했다고 주장한다.

가. 사실 관계

1) 피신청인 병원 진료 내용

2011. 5. 24. 3일 전 운동 후 눈이 잘 보이지 않아 개인의원에서 수정체탈구 진단을 받고 내원했다. 1988. 5. 피신청인 병원에서 우안 백내장수술을 받았다. 안압 12/10, 나안시력 0.02/0.8, 교정시력 1.0, 굴절검사, 각막두께 및 계측, 전안부촬영, 세극등현미경검사 등을 통해 인공수정체 탈구를 진단하여 유리체절제술, 인공수정체 제거 및 새로운 인공수정체 공막고정술을 계획했다. 2011. 5. 30(1차 수술) 유리체절제술, 인공수정체 제거 및 새로운 인공수정체 공막고정술을 시행 후 상태 양호하여 항생제, 안약 등을 처방 받고 퇴원했다. 6. 29.까지 5차례 외래진료를 받았고, 마지막 진료일에 열공망막박리가 확인되어 재수술을 결정했다. 2011. 6. 30(2차 수술) 실리콘기름제거술, 냉동응고술, 아래쪽 공막돌륭술 및 실리콘기름재주입술을 시행 후 경과 양호하여 안약처방 후 7. 2. 퇴원했다. 2011. 7. 2.-9. 23. 6차례 외래진료를 받았고 망막 유착이 확인되어 수술을 결정했다. 2011. 10. 24.(3차 수술) 실리콘기름제거술과 가스주입술을 했다. 2011. 11. 4. 열공망막박리가 재발되어 경과관찰과 절대 안정을 위해 입원하여 수술한 눈이 위로 가게 옆으로 눕고 레이저광응고술(11.5, 11.6, 11.7) 후 증상 호전되어 11. 7. 퇴원했다. 2011. 11. 11. 범망막광응고술(panretinal photocoagulation)을 시행했다. 2011. 11. 15. 우안 나안시력 0.2, 좌안 0.5이다. 2011. 11. 18. 우안 나안시력 0.32, 좌안 0.8이다. 2011. 11. 23. 안압 8/14, 우안 나안시력 0.25, 좌안 0.63, 망막박리 없으나 9시 방향 황반부열공이 있고, 망막하액 없고, 가스가 1/3 남아 있었다. 2011. 12. 1.(4차 수술) 나안시력 0.04로 망막하액이 증가되어 망

막박리 재발 및 증식유리체망막증으로, 실리콘기름제거술, 안내레이저광응고술, 공막돌륭제거술, 공막띠두르기, 실리콘기름재주입술을 시행 후 상태 호전되어 퇴원했다. 2011. 12. 5.-2012. 11. 22. 외래진료를 보았고, 우안 시력이 회복되지 않았다.

2) 진단서

피신청인 병원(2012. 9. 5.작성)의 진단명은 (주) 재발망막박리, 기질성 각막혼탁, 증식유리망막병증, 인공수정체이다. 치료내용 및 결과로 2011. 5. 발생한 우안 인공수정체 탈구 및 열공망막박리로 30일 유리체절제술, 실리콘기름 주입술, 인공수정체 공막고정술을 시행하였으며, 재발로 2011년 6월 30일 부분 유리체절제술 및 실리콘기름 주입술을 시행함. 2011. 12. 1. 부분유리체절제술, 공막두르기 및 실리콘기름 주입술 시행 후 경과관찰 중이다.

각종 검사소견으로 원거리 및 근거리시력 안전수동/0.8, 교정시력 안전수동/1.0, 시력상실률은 우안 100%, 좌안 0%. 그러므로 중심시력 효율은 우안 100 - 100 = 0%, 좌안 100 - 0 = 100%, 시야 효율은 우안 시력 저하로 측정불가(0%로 간주), 좌안 100%, 안구운동 효과는 양안 복시 없다. 양안 시효율 = [(100%×100%) × 3 + (0%×0%×100%)]/4 = 75%, 시각장해는 100 - 75 = 25%이고, 이는 맥브라이드법에 의거 몸전체 장해의 24%에 해당된다.

나. 전문위원 자문결과

1) 전문위원 1(안과)

① 인공수정체 탈구 원인 및 내원시 상태

인공수정체 삽입 시 수정체낭을 보존하여 수정체낭 내에 삽입하는데 다양한 원인에 의하여 수정체낭이 약해지면서 탈구가 발생할 수 있으며, 특히 외상, 그 외 연령이 증가함에 따라 낭을 고정해주는 섬모체 소대가 약해지게 되면 탈구가 생기고 완전히 끊어지게 되는 경우 인공수정체가 뒤로 넘어가면서 유리체 내로 빠지기도 한다.

② 1차 수술의 적절성 및 경과

1차 수술은 유리체절제술을 동반하여 인공수정체를 제거한 뒤 인공수정체 공막고정술을 시행했으며, 인공수정체 탈구가 심한 경우 안전하게 인공수정체를 제거하기 위해 이와 같은 방법으로 하는 것이 바람직하며, 당시 망막하부에 커다란 열공이 발견되어 이를 부착하기 위하여 열공 주위에 레이저 광응고술을 시행하고 실리콘기름 주입술을 한 것으로 보인다. 신청인과 같이 주로 아래쪽에 위치한 큰 열공의 경우 수술 성공률을 높이기 위하여 실리콘기름 삽입술을 시행하는 경우가 많다.

주로 눈 속 수술 시 유리체 변화로 인하여 유리체망막견인이 발생하며 망막열공이 생기고, 이후 망막박리가 일어날 수 있다. 특히 신청인의 경우처럼 인공수정체가 탈구되어 있는 경우 유리체견인을 더욱 조장하므로 발생 가능성이 더 높을 수 있다. 가스주입술의 경우 점차 소멸되므로 장기간 충전효과를 요하거나 하부 열공의 경우, 또한 증식유리체망막병증이 있는 경우에는 생체 내에서 분해, 흡수되지 않는 실리콘기름 주입술을 시행한다. 본 건의 경우 전방과 후방을 구획화하는 수정체낭이 불안정하여 구획이 이루어지지 않아 전방으로 유입될 수 있다. 특히 실리콘 기름과 각막내피의 접촉으로 영양성분의 유입이 저해되는 경우 각막병증이 발생할 수 있으며 약 10-28%로 알려져 있다. 1차 수술 당시 실리콘기름을 넣지 않았다면 각막은 유지할 수 있었다고 생각되나 가스 주입술만으로는 망막박리를 해결할 수 없었다. 특히, 하부의 거대 망막열공이 확인되었으므로 가스주입술보다는 실리콘기름주입술이 더 적절했다고 생각된다.

③ 2차-4차 수술의 적절성 및 경과

2차 수술기록을 보면 술후 시력이 나안으로 0.25 정도 유지되었으며, 2차 수술 시 하부의 기존의 거대 열공과 함께 주변의 작은 열공들이 의심된다고 기록되어 있으며 하부의 망막하액을 제거하고 충전효과를 높이기 위하여 하부에 공막돌륭술을 함께 시행한 것으로 되어 있다. 일부 경우에 따라 하부의 열공을 막기 위하여 공막돌륭술을 함께 하는 경우가 있으며 이후 실리콘 오일을 재주입하여 충전한 것으로 보인다.

3차 수술은 2차 수술 후 망막이상 없이 경과관찰하였으며, 망막박리 호전된 상태 확인하고 실리콘 기름 제거술을 시행하고 충전효과를 위하여 가스 주입술을 추가로 시행한 것으로 보인다. 이후 특이소견 없이 경과관찰하던 중 새로운 열공이 발생하여 가스 주입된 상태로 레이저 광응고술 후 호전된 상태 유지했으며, 당시 시력은 0.25-0.32로 유지되고 있었으며 각막에도 이상 소견 없었다.

4차 수술 기록지를 참조하면 여러 위치에 다발성 열공이 발생한 것으로 보이며, 이에 대하여 망막하액을 제거하고 재충전을 위하여 실리콘기름을 다시 주입한 것으로 보인다. 또한 충전 효과를 높이기 위하여 기존의 공막돌륭술을 좀더 광범위하게 공막띠두르기의 형태로 시행했고, 이후 망막 안저 중심은 안정된 소견 보이고 있으나 각막 부종이 발생하게 되었으며 이후 각막 부전으로 진행한 것으로 보인다.

④ 증식성유리체망막병증의 발생 원인

증식성유리체망막병증은 망막이 박리되면서 생기는 생리적 창상치유 과정에서 세포의 과도한 증식이 생기면서 섬유증식을 일으키는 것을 의미한다. 다양한 원인인자가 있으나 망막박리의 범위가 넓거나 그 기간이 오래되거나, 거대망막열공의 경우 발생 가능성이 높아지는데 신청인도 거대망막열공을 동반한 망막박리가 있었으므로 발생 위험성이 높았을 것으로 생각된다. 치료 방법은 수술을 통하여 열공을 막고 망막박리를 적절히 수술로 치료하는 것이 주가 되며 심한 부분은 일부 망막을 절제하여 견인력을 줄여주는 것이 도움이 된다.

⑤ 우안 실명의 원인 및 이에 대한 피신청인 처처의 적절성

현재 우안 실명원인은 수차례 재발한 망막박리와 이에 동반된 증식유리체망막병증으로, 여러 차례의 수술 및 안내 실리콘 기름에 의한 각막내피세포의 부전에 의한 혼탁으로 생각된다. 실리콘 기름으로 충전 시에는 망막박리가 호전되지만, 각막기능 부전을 유발하고 이를 예방하기 위하여 제거하면 망막박리가 재발하는 상태를 반복하여 결국 실명한 것으로 보이나 각 상황에서 피신청인 처치는 비교적 적절하다고 보인다.

⑥ 종합 의견

신청인의 경우 인공수정체 탈구 후 발생한 망막박리로 인하여 유리체절제술과 실리콘 기름 충전술을 받았으나 이후 호전과 재발을 반복하면서 시력을 상실하였다. 재발한 경우마다 망막열공이 각기 다른 위치에 위치하고 있으며, 일반적으로 망막열공이 하부에 위치한 경우 예후가 좋지 않다. 특히 증식유리체망막병증이 동반된 경우는 재발 가능성이 높은 것으로 알려져 있어 안타깝게도 시력을 살리지 못한 경우로, 상태변화에 따른 재수술 처치는 비교적 적절했다고 판단된다.

2) 전문위원 2(안과)

① 인공수정체 탈구 원인 및 내원시 상태

후방인공수정체에서 중심이탈 발생 원인은 비대칭적인 지지부 삽입, 수정체낭과 섬모체소대의 지지기능이상, 거짓비늘 증후군, 수정체 피질 조각의 잔존, 진행성 홍채후유착을 동반한 홍채감돈, 수정체낭의 섬유화, 만발성 섬모체소대 열개, YAG 레이저 수정체후낭절개술 부위의 확장, 수술 후 외상 등이 있다. 신청인은 인공수정체 삽입술을 받은 후 20년이 지난 후에 이탈이 발생한 경우로 상기 원인 중에 인공수정체 탈구 이전에 눈 외상의 병력이 원인이 될 수 있고, "3일 전 운동 후 눈이 잘보이지 않아 내원"하였다고 기술됐는데 격심한 운동이나 운동 중 안 외상 등이 원인일 수 있다. 또한 신청인이 외상의 병력이 없었다고 진술하더라도 정상적인 노화로 인한 수정체낭과 섬모체소대의 지지기능이상 또는 수정체낭의 섬유화가 원인이 될 수 있는데 이는 모두 20년 전에 받은 백내장수술이 이상 없이 진행됐더라도 발생할 수 있는 합병증이다. 결론적으로, 인공수정체 탈구가 20년 전에 시행한 백내장수술 시 이상에 의한 것이라고 할 수 없다.

인공수정체 탈구는 이탈된 방향과 위치, 정도에 따라 치료 방법을 결정하게 된다. 우선 삽입된 인공수정체를 제거할 것인지를 결정하는데 섬모체소대 및 수정체낭의 지지가 있으면 인공수정체 위치 재조정술 및 필요한 경우 McCannel 봉합을 시행할 수 있고, 지지가 있더라도 재조정술 후 불안정할 것이라고 예상되거나 지지가 없을 경우 인공수정체를 제거한다. 이차인공수정체 삽입술은, 수정체낭의 지지가 있으면 표준후방인공수정체, 수정체낭

지지가 없으면 봉합 후방인공수정체(인공수정체 공막고정술) 또는 전방인공수정체 중에 술자의 선호에 따라 선택할 수 있다. 많은 술자들이 봉합 후방인공수정체를 선택하는데 전방인공수정체의 경우 수포각막병증이나 포도막염같은 합병증이 더 흔하기 때문이다. 첨부된 2011. 5. 24. 의무기록에 의해 판단할 때, 섬모체소대 및 수정체낭의 지지 여부가 기록되어 있지는 않으나 백내장수술 후 20년이 지나면 수정체낭의 수축 및 인공수정체와의 유착이 발생하므로 인공수정체 탈구가 발생하였다는 것은 섬모체소대 및 수정체낭의 지지가 없는 상태로 판단할 수 있다.

② 1차 수술의 적절성 및 경과

피신청인은 신청인의 상태를 섬모체소대 및 수정체낭의 지지가 없는 인공수정체 탈구로 판단한 것으로 보이며, 인공수정체 제거 후 인공수정체 공막고정술을 시행했으므로, 인공수정체 탈구에 대한 적절한 치료를 선택했다고 판단되며 첨부된 의무기록에 의하면 1차 수술은 이상 없이 진행되었다고 보여진다. 첨부된 2011. 6. 1.부터 2011. 6. 24.까지의 의무기록에 따라 1차 수술 후 2차 수술 전까지 경과는 수술 후 망막하액이 감소하는 등 안정적인 경과를 보이며 2011. 6. 29.의 의무기록에 따라 망막 재박리 소견을 보여 2차 수술을 하게 됐다.

열공망막박리가 발생한 원인은 다음과 같이 3가지로 나누어 볼 수 있다. ㉮ 인공수정체 탈구가 발생하기 이전에 기존에 존재하고 있던 망막박리가 1차 수술 중에 발견, ㉯ 인공수정체 공막고정술에 대한 합병증, ㉰ 1차 수술 중 유리체절제술에 의한 합병증이다.

㉮의 경우 "3일 전 운동" 중 안외상이나 20년 전 시행한 백내장수술이 원인이 될 수 있다. 특별한 문제없이 백내장 낭외적출술을 시행한 인공수정체안에서 후에 망막박리가 발생할 확률은 1-2%이다. 이는 주로 백내장수술 후 1년 내에 발생하나 그 기전이 후유리체박리와 관련이 있으므로 백내장수술 후 어느 시기에도, 즉 20년 후에도 발생할 수 있다. 2011. 5. 24. 의무기록에 근거하여, 1차 수술 전 검사에서는 주변부 망막을 명확히 관찰할 수 없는 상태였다고 기술됐는데, 이로 미루어 볼 때 1차 수술 전에 이미 존재하던 망막열공을 동반한 주변부 망막박리가 수술 전 검사에서는 발견되지 않다가 수술 중에 발견되었을 가능성이 있다. 결론적으로 본 건에서 망막열공을 동반한 망막박리는 인공수정체 탈구 전의 안외상에 의해 직접적으로 또는 20년 전 시행한 백내장수술합병증으로 인해 발생했을 가능성이 있다.

㉯의 경우는, 공막고정 인공수정체를 시행한 경우 2.7-5.4%에서 망막박리가 발생한다는 연구가 있다. 그 원인으로 술자가 공막지지부를 정확히 위치시키지 못하였을 경우 또는 술자가 윤부에서 섬모체 고랑까지의 거리를 너무 길게 측정할 경우 망막열공이 발생할 수 있기 때문이다. 2011.5.30.의 수술기록을 볼 때 망막열공의 위치는 7-8시 걸쳐 위치하고

있는데, 인공수정체 공막고정술 시 그 위치는 3시, 9시에 시행하였으므로 본건에서는 인공수정체 공막고정술이 망막열공을 동반한 망막박리 원인으로 생각할 수 없다.

㉰의 경우, 유리체절제술 중 의인성 망막열공의 발생은 약 10%로 알려져 있다. 그 원인은 두 가지로 첫째, 유리체절제침이나 기타 수술기구에 의한 직접적인 망막손상, 둘째, 유리체견인에 의한 것이다. 즉, 정상적인 수술과정에 의해서도 유리체절제술 중 망막열공은 발생할 수 있다. 의인성 열공은 발견과 처치가 중요하며 열공을 레이저나 냉동치료로 유착시켜야 한다. 결론적으로 정상적인 유리체절제술 도중 망막열공은 발생할 수 있으며, 2011. 5. 30.의 수술기록을 볼 때 유리체절제술, 레이저 광응고술, 냉동응고술, 실리콘기름 주입술을 시행하였으므로 피신청인은 발견된 열공에 대한 올바른 처치를 시행했다.

결론적으로, 이 사례에서 망막열공을 동반한 망막박리는 인공수정체 공막고정술과는 관련이 없으며, 직접적인 안외상 또는 20년 전 시행한 정상적인 과정의 백내장수술, 또는 1차 수술 중 정상적인 과정의 유리체절제술에 의해 발생할 수 있으며 피신청인은 이에 대한 적절한 처치를 시행했다.

가스는 유리체 대용물로 가장 흔하게 사용되고 있으며 거대망막열공, 물고기입현상과 동반된 커다란 열공, 후방 열공, 망막하액 배출 후 유리체 대용물, 다수의 망막열공과 자오선 방향의 주름이 동반된 완전망막박리 등에서 적응증으로 받아들여진다. 가스의 장점은 안구 내에서 저절로 흡수되므로 이를 제거하기 위한 2차 수술이 필요 없다는 점과 실리콘기름에 비해 상대적으로 각막병증 등의 합병증이 적다. 단점은 실리콘기름에 비해 안구 내 효과적인 농도의 유지기간이 짧다. 실리콘기름은 망막의 해부학적 재유착을 유지하기 위해 장기간 혹은 영구적 충전효과가 요구될 때 사용된다. 장점은 가스에 비해 안구 내 유지기간이 길다는 것이며, 단점은 각막병증 등의 합병증이 발생할 수 있다는 것이다. 망막박리와 열공, 견인의 위치와 형태, 치료기간 등을 고려하여 수술자가 가스 또는 실리콘기름 등 안구 내 충전물을 선택함. 안구 내 충전물에 대해 피신청인은 실리콘기름 주입술을 시행하였으며 피신청인의 상태와 같이 거대 망막열공에 대해 실리콘기름 주입술을 시행하는 것은 문헌상 근거가 있는 치료로 올바른 처치로 판단된다.

이번 사례는 인공수정체 탈구로 인해 기존 인공수정체를 제거하였는데 이러한 경우 전방과 후방의 공간을 분리하는 역할을 하는 수정체 낭이 제거되어 전방과 후방의 공간이 서로 연결되어 불가피하게 실리콘 기름이 인공수정체 앞쪽으로 빠져나와 각막에 접촉하게 된다. 각막부전이 발생하는 기전은 실리콘 기름이 각막 내피세포와 접촉하게 되면 그 독성으로 인해 각막 내피세포에 손상을 주게 되어 수포각막병증 등의 합병증을 발생하게 된다. 1차 수술 시 가스에 비해 더욱 안구 내 유지기간이 긴 실리콘기름을 주입하였음에도 불구하고 1차 수술 후 열공망막박리가 3회 재발하고 증식유리체 망막병증이 발생했다. 재발된 망막박리와 증식성유리체망막병증에 대해 실리콘기름 주입술은 적응증이 된다. 또한 일반적으로 실리콘기름의 제거 시기는 술후 3-6개월이 선호되고 있으나, 증식유리체망막병증에 대해서는 길게는 1년 이상 장기간 유지할 수 있다. 또한 제거 후 망막재박리 비율은 9-30%로 보고되므로 실리콘기름 제거 후에도 실리콘기름 주입술을 재시행할 수 있다. 피신청인의 상태는 실리콘기름을 유지할 수밖에 없던 것으로 판단된다. 또한 가스 주입술을 시행했다면 수술 후 망막재박리가 더욱 빨리 더 심하게 발생했을 가능성도 있다. 결론적으로 1차 수술 시 실리콘기름주입술은 적절한 처치였다고 판단되며 가스주입술을 시행했더라도 이후 불가피하게 안구 내 실리콘기름을 유지하여야 했던 경과를 보였으므로 각막혼탁까지 진행은 불가피했던 것으로 판단된다.

③ 2차 수술의 적절성 및 경과

2011. 06. 30 수술기록을 참조하여, 1차 수술 후 재발성 열공망막박리가 발생한 원인은 증식유리체망막병증이 발생했기 때문으로 판단된다. 증식유리체망막병증은 망막박리 수술의 5-10%에서 발생할 수 있으며, 발생할 경우 대부분 망막박리가 재발한다. 치료는 이전에 황반이 이미 박리되었던 경우는 수술 후 시력이 0.1이상 회복될 가능성이 희박하기 때문에 증식이 성숙할 때까지 몇 주간 기다리는 것이 좋으나, 황반박리가 없을 경우 재발의 확률이 있더라도 황반기능을 유지하기 위해 즉시 수술을 시도하는 것이 좋다. 수술방법은 유리체절제술과 함께 새로운 공막돌륭술을 병합하는 것이 필수적이다. 2차 수술 전 의무기록 및 수술기록을 참조하면 신청인 상태는 황반박리가 없는 망막박리였으며, 이를 발견하여 즉시 수술을 시행했고 유리체절제술과 공막돌륭술을 시행하였으므로 적절히 치료했다고 판단된다. 2011. 7. 2.부터 2011. 9. 23.까지 의무기록을 참조하면, 2차 수술 후 신청인의 경과는 황반박리 없이 망막유착이 잘 이루어져 안정적인 상태였으며, 이를 근거로 3차 수술을 계획한 것으로 판단된다.

④ 3차 수술의 적절성 및 경과

2011. 9. 23.의 의무기록을 참조하면, 황반박리 및 망막하액 없이 망막이 안정적이며, 전방 내에서 실리콘기름이 관찰되는 상태였다. 전방 내에서 실리콘기름이 관찰된 경우 각막과 접촉하여 각막병증이 발생할 수 있으므로 망막소견이 안정적이라면 실리콘기름을 제거할 수 있다. 피신청인은 실리콘기름 제거술 및 가스주입술을 시행하였으므로 상태에 따라 적절하게 치료받았다고 판단된다. 실리콘기름 제거술 후 가수 주입술은 실리콘기름 제거 후 망막박리의 재발을 방지하기 위한 목적으로 시행된 것으로 판단된다. 2011. 11. 4.-2011. 11. 23. 의무기록을 참조하면, 3차 수술 후 11일 째인 2011. 11. 4. 새롭게 발견된 이측 망막열공 및 그 주변으로 재발성 망막박리 소견이 관찰되어 즉각적인 레이저광응고술을 시행한 것은 적절하다고 판단된다. 이후 2011. 11. 23까지 황반박리 없이 망막유착이 안정적으

로 이루어진 상태였다.

⑤ 4차 수술의 적절성 및 경과

2011. 12. 1의 의무기록 및 수술기록을 참조하여, 열공성 망막박리가 다시 발생한 원인은 새롭게 발견된 상측 망막열공 및 그 주변으로 재발성 망막박리가 발생하였기 때문인 것으로 판단된다. 피신청인은 이에 대해 유리체절제술, 실리콘기름 주입술, 공막돌륭제거술, 둘레공막돌륭술, 주변부 홍채절제술을 시행했다. 둘레공막돌륭술을 시행하는 근거는 첫째, 주변부 망막에 걸린 전후방 견인력을 완화시켜 주변부 망막열공이 공막돌륭 위에서 폐쇄되는 것을 도우며, 둘째, 적도부 및 앞 공막의 둘레를 감소시켜 망막에 걸린 둘레견인력을 완화시키며, 셋째, 주변부 망막에 대한 360도 둘레 지지부 역할을 하여 재증식이 생기더라도 망막박리 재발을 예방할 수 있으며, 넷째, 주변부 망막을 뒤쪽으로 망막으로부터 격리시키고, 돌륭의 언덕에 위치하는 새로운 뒤쪽 거상연을 형성한다. 이를 통해 주변부 망막앞막증식으로 주변부 망막박리가 생기더라도 뒤쪽 망막은 유착상태를 유지하도록 해 준다. 따라서 피신청인은 수차례 재발되는 망막박리에 대한 치료 및 추후 재발을 방지하기 위해 실리콘기름 주입술, 둘레공막돌륭술을 시행한 것으로 판단된다. 즉, 피신청인은 신청인에게 맞는 수술 방법을 선택하여 적절히 시행하였다고 판단된다.

2011. 12. 2.-2012. 8. 22.까지의 의무기록을 참조하면, 4차 수술 후 신청인 상태는 2011. 12. 14. 망막은 황반박리 없이 안정적으로 유지되고 있으나 각막상피결손이 발견되고, 이후 2012. 1. 22.까지 각막상피결손과 부종이 지속되었다. 2012. 1. 25. 11시 방향 망막에 증식유리체망막병증이 보였고, 각막부종과 혼탁이 관찰되었고 이러한 상태는 2012. 3. 28.까지 지속되었다. 2012. 4. 8. 신청인은 “어제 밤부터 우측에서 눈물이 나고 지속적인 통증”으로 응급실로 내원하자, 각막침윤과 얇아짐, 각막상피 결손이 보여 배양검사를 시행하고 항생제 안약을 처방받았다. 이후 각막상피결속은 호전되었으나 각막혼탁과 각막신생혈관이 진행하였으며 이러한 소견은 2012. 11. 22. 외래진료까지 변화가 없었다.

⑥ 증식유리체망막병증의 발생 원인

증식유리체망막병증은 여러 형태의 망막손상에 대한 과도한 회복과정으로 볼 수 있고, 망막 신경교세포 또는 망막색소상피세포가 망막의 앞면 및 뒷면으로 이동하고 증식해 발생한다. 위험요인은 거대망막열공, 증식유리체망막병증이 이미 발생한 눈, 유리체절제술, 냉동응고술, 레이저 망막유착술, 공막돌륭술 등이 있다. 증식유리체망막병증은 망막박리 수술의 5-10%에서 발생할 수 있으며, 대부분 망막박리가 재발한다. 최근 망막유리체 수술 분야의 눈부신 발전에도 불구하고 여전히 발생률은 줄어들지 않고 있으며 수술적 치료로 해부학적으로 망막의 재유착에 성공할 수 있지만 최종적인 시력예후는 불량한 경우가 흔하다. 신청인은 증식유리체망막병증은 의무기록을 참조하면, 2011. 6. 30. 2차 수술 도중 발견됐고, 2012. 1. 25. 4차 수술 후 외래검사에서 발견되었다. 본건에서 2011. 6. 30.의 증식유리체망막병증이 발생한 원인은 1차 수술도중 발견된 거대망막열공 및 1차 수술 중 유리체절제술, 냉동응고술, 레이저 망막유착술인 것으로 판단된다. 실리콘기름주입술이 증식유리체망막병증의 발생에 영향을 미치는지 여부는 알 수 없다. 2011. 6. 30. 증식유리체망막병증이 발생한 원인은 이전에 이미 발생한 증식유리체망막병증, 1, 2, 4차 수술 중 유리체절제술, 냉동응고술, 레이저 망막유착술, 공막돌륭술인 것으로 판단된다. 증식유리체망막병증에 대한 치료는 대부분 수술적 치료이며, 둘레공막돌륭술, 유리체절제술, 레이저광응고술, 안내 가스 또는 실리콘기름 충전술을 시행한다.

결론으로 증식유리체망막병증이 발생한 가장 근본적인 원인은 거대망막열공 때문이며, 피신청인이 신청인에 대해 시행한 수술적 치료인 유리체절제술, 냉동응고술, 레이저 망막유착술, 공막돌륭술 또한 증식유리체망막병증의 원인이 될 수 있으나 이러한 수술적 처치는 모두 열공망막박리 및 증식유리체망막병증에 대한 필수적인 처치이므로 피신청인이 잘못된 처치를 하여 증식유리체망막병증이 발생하였다고 볼 수 없다.

⑦ 우안 실명의 원인

신청인의 우안 실명 원인은 망막병변과 각막병변의 두 가지 요인이 복합적으로 작용한 것으로 판단된다. 망막병변은 수차례 재발된 열공망막박리와 증식유리체망막병증의 발생이며 이러한 경우 해부학적인 망막의 유착에 성공할 수 있지만 최종적인 시력예후는 불량하므로 실명 발생 원인으로 판단된다. 각막병변은 안내 실리콘기름이 각막과 접촉하여 발생한 각막내피세포 부전과 그에 따른 각막혼탁으로 실명이 발생한 또 다른 원인으로 판단된다.

피신청인은 인공수정체 탈구와 1차 수술 시 발견된 열공망막박리에 대해 인공수정체 제거술, 인공수정체 공막 고정술, 유리체절제술, 레이저 광응고술, 냉동응고술, 실리콘기름 삽입술을 시행했는데 상기 서술처럼 모두 적절한 처치로 판단된다. 1차 수술 후 발견된 재발성 열공망막박리와 증식유리체망막병증에 대해 2차 수술인 유리체절제술, 냉동응고술, 공막돌륭술, 실리콘기름 주입술을 시행하였으며 모두 적절한 처치이다. 2차 수술 후 피신청인은 망막유착이 안정적으로 유지된 것으로 판단하고 이에 대해 3차 수술인 실리콘기름 제거술, 가스주입술을 시행하였으며, 실리콘 기름 제거술은 망막유착이 안정적으로 유지된 경우 각막내피부전 및 각막혼탁을 예방하기 위해 제거하는 것을 고려할 수 있고, 가스주입술은 실리콘기름 제거술 후 망막유착의 안정화와 망막박리의 재발을 위해 시행할 수 있는 수술로 적절하다. 3차 수술 후 피신청인은 재발된 열공 망막박리를 발견하고 이에 대해 4차 수술인 유리체절제술, 레이저 광응고술, 냉동응고술, 공막돌륭술, 실리콘기름 제거술을 시행했으므로 적절하다. 4차 수술 후 피신청인은 2012. 2. 22. 의무기록 상 각막상피결손 및 각막부종이 발견되어 실리콘기름 제거를 고려하였으나 증식유리체망막병증이 새롭게 발견됐으며, 2012. 3. 28. 실리콘기름 제거술을 2개월 뒤 고려하기로 결정했다. 증식유리체망막병증은 망막박리 수술 실패 및 재발의 원인 중 약 75%를 차지하는 가장 흔한 원인이다. 따라서 피신청인은 신청인의 상태에 대해 적절한 처치를 하였다고 판단된다. 이후 신청인의 경과는 실리콘기름의 지속적 각막 접촉에 따른 각막내피 부전과 이에 따른 각막혼탁으로 진행됐다.

결론적으로 피신청인이 인공수정체 탈구, 수차례 재발되는 열공망막박리, 증식유리체망막병증에 대해 시행한 처치는 모두 적절하며, 장기간 지속된 실리콘기름에 의해 발생한 각막혼탁은 적절한 처치에 의해 불가피하게 발생한 것으로 판단된다.

⑧ 종합 의견

상기에 기술처럼 본건과 관련하여 피신청인은 모두 적절한 처치를 시행하였으므로 기여도 및 책임은 없다고 판단되며, 처치상의 아쉬운 점 또한 문헌을 참고하여 볼 때 없다고 판단된다.

[메모] 6개월 간 4회 우안을 수술받았으나 시력상실이 된 원인은 각막 및 망막 병변이 복합적으로 작용한 것으로서, 재발된 열공망막박리, 증식유리체망막병증의 기전, 가스 및 실리콘 충전물의 장단점 등을 각각 수술 전에 납득할 수 있도록 적극적으로 설명하고 기재해 놓는 것이 필요하다.

20 대상포진 오진으로 실명에 따른 손해배상 요구 (분쟁 처리결과: 취하로 처리)

신청인(67년 생)은 2011. 1. 3. 좌측 안구통과 뿌옇게 보이는 증상으로 피신청인 병원에서 좌안 시신경염으로 진단받고 스테로이드 치료를 받았다. 2011. 1. 17. 시력이 저하되고 상태가 악화돼 신청외 병원으로 전원된 후 바이러스 대상포진에 의한 망막괴사로 진단받고 조비락스 주사치료를 받았다. 2011. 2. 9. 좌안 유리체절제술, 2013. 8. 12. 좌안 안구내용물제거술 후 의안수술을 받았으며, 2013. 12. 23. 시각장애 6급으로 등록됐다.

신청인은 2010. 12. 28. 갑자기 두통이 발생되어, 2011. 1. 3. 인근 안과의원에서 시신경염이 의심된다고 상급병원 진료를 권하여, 피신청인 안과에서 2주 간 스테로이드치료를 받았으나 증상이 지속되고 안구통증이 악화됐음에도 상태에 따른 근본적인 원인 진단을 하지 못해 망막 30%가 괴사된 상태로 대상포진 조기치료 기회를 상실해 결국 실명하게 됐다고 주장했다.

피신청인은 전방에 염증이 있고 유리체혼탁이 있어 포도막염에 준한 치료를 했으며 정확한 진단과 치료를 위해 의뢰서를 작성해 줬고 이후 급속히 망막괴사로 진행됐으며, 환자 사정으로 1주 이상 지연된 것이 문제라고 주장했다.

가. 사실 관계

1) 피신청인 병원 진료 내용

2011. 1. 3. 내원 3일 전부터 좌안 통증 및 시력감소가 발생, 2일 전 신청외 안과의원에서 좌안 시신경염 의심돼 피신청인 병원으로 의뢰됐다. 당시 안저검사 상 좌안 시신경 경계가 불명확하고 시신경 주변 혈관에 염증이 약간 있어 시신경과 주변 혈관상태를 확인하려고 형광안저조영술을 시행한 결과, 시신경 주위에 망막 정맥염 소견이 보이고, 시신경 및 주변부 혈관확장과 형광누출로 인한 과형광으로 시신경 유두 경계가 흐려져 있어 비특이적 시신경염으로 판단했다. 당시 교정시력은 0.04로 경구 프레드니솔론 50mg 복용 후 시력이 다음 날 교정시력이 0.4로 호전됐다.

2011. 1. 7. 형광안저조영술 상 초진과 비교할 때 망막소견은 변화가 없고, 교정시력 0.8로 호전돼 약 용량을 40mg으로 감량했다. 2011. 1. 11. 0.04로 시력 저하되고 유리체 내 염증 및 전방에 염증소견이 보여 경구 약을 50mg으로 증량, 포도막염 동반이 의심돼 프레드포르테 안약을 2시간 간격으로 점안하기 시작했다. 2011. 1. 12. 안저검사 시 유리체 혼탁과 유리체 염증, 전방염증이 관찰된 이후 매일 경과관찰을 했다. 2011. 1. 13.-15. 교정시력 0.06으로 시력이 회복되지 않았다. 2011. 1. 17. 경구 프레드니솔론 50mg 7일분과 프레드포르테 안약을 추가해 신청외 병원(포도막염 전문의)에 전원했다.

2) 신청외 병원 진료 내용

2011. 1. 24. 안과 진료 결과 시신경염이 아니고 바이러스로 인한 7시부터 12시 방향 급성망막괴사로 30%의 망막이 손상된 상태로 입원했다. 항바이러스(조비락스) 주사투여를 위해 2011. 1. 31.까지 파종성맥락망막염증으로 입원치료를 받았다.

2011. 2. 9. 진단적 유리체절제술을 받았다. 2011. 2. 12. 급성망막괴사, 망막혈관염으로 입원치료를 받았다. 2011. 2. 18. 조비락스 주사를 위해 10일 간 입원치료를 받은 이후 9월까지 경구 조비락스를 복용하고 2013. 10.까지 진료를 받았다.

3) 후유장해진단서(2014. 2. 4. 신청외 병원)

2011. 2. 9. 좌안 급성망막괴사, 안구위축으로 진단, 진단적 유리체절제술 시행, 2011. 3. 23. 좌안 유리체절제술, 전방세척술, 수정체 절제술 시행, 2013. 8. 12. 좌안 안구내용물절제술을 시행했다. 현재 좌안 의안착용 상태이며 최대 교정시력 우안 1.0으로 최종 노동능력상실률 24%이다.

나. 전문위원 자문결과

① 상태에 따른 진단의 적절성

통증과 시력저하는 시신경염의 특징적 증상이고 1. 4. 안저사진에서 보이는 시신경유두 변화는 시신경염을 진단하는데 합당하다. 급성망막괴사라는 진단이 확실하다면 시신경염 자체도 급성망막괴사의 한 증상으로 나올 수 있으므로 내원 시 질병이 시작되었다고 볼 수 있다. 진단 가능한 시점은 이 질환의 진단을 위한 기준 5가지가 발현할 때로서, 첫째 망막에 한두개 이상의 괴사되는 망막병변이 보인다. 둘째 항바이러스치료를 하지 않은 상태에서 진행이 급속히 일어나며, 셋째 주변부로부터 동심원상으로 진행되고, 넷째 혈관이 막히는 소견이 보이며, 다섯째 전방이나 유리체 내에 심각한 염증반응이 나타난다. 시신경염증이나 통증 등은 이 질환에서 나타날 수 있으나 진단에 꼭 필요한 것은 아니다. 진료기록을 보면 위의 언급한 진단기준에 합당한 내용이 보이지 않아 그 당시에는 전형적인 증상이 나타나지 않은 것으로 추정된다.

② 종합 의견

급성망막괴사는 광범위한 망막괴사가 일어나서 망막박리를 일으켜 실명하는 질환으로서 질병이 무서울 정도로 광범위하게 망막을 괴사시켜 망막박리를 일으키므로 수술이 힘들고 예후가 불량하다. 그러나 이 모든 것이 잘 회복되면 시력이 좋게 나올 수도 있다. 그러나 본건은 시신경을 침범하는 경우로서 시신경이 바이러스 침범 및 혈액순환장애로 시력예후가 좋지 않다. 급성망막괴사는 주변부 망막부터 손상되기 때문에 초반에는 시력이 비교적 좋다. 적어도 망막을 보전했다면 전원 시 시력 0.1 정도는 기대할 수 있었을 것으로 생각된다. 급성망막괴사는 건강한 사람에게서 우리 몸에 흔히 존재하는 바이러스가 활성화되어 망막혈관을 침범하면서 오는 병으로서 서울대병원 안과의 최근 통계를 보면 2010년 전체 외래환자 20,637명 중 3명, 2011년 18,280명 중 3명, 2012년 21,186명 중 9명일 정도로 드문 질환이다. 이 질환은 진행될 때 급속히 진행하는 경향이 있어 전원 시 1주일이란 시간을 놓친 것이 아쉽다.

[메모] 젊은 연령층에서 갑자기 급성망막괴사가 급속하게 진행돼 실명한 경우로서 납득하기 쉽지 않은 사례이다. 시신경염으로 통증과 시력저하가 있어 스테로이드 투여과정에서 시력 호전이 있었으나 전원 당시 7일분 약을 처방할 당시에 즉시 진료를 받도록 다양한 가능성을 설명했으면 바이러스 침범을 최소화할 여지도 있었다고 생각된다.

21 망막박리수술 후 실명에 따른 손해배상 요구 (분쟁 처리결과: 1,300만원으로 조정결정)

신청인(남, 67세)은 이물감 및 시력저하로 2012. 3. 27. 피신청인 병원 검진 후 우안 유리체출혈 및 망막박리로 진단받고 4. 13. 우안의 유리체절제술 및 가스주입술 등 수 회 수술을 받았으나, 시력이 회복되지 않아 2012. 12. 3. 우안 시력 무광각 상태로 시력장애 진단을 받았다.

신청인은 초기에 망막박리를 진단하지 못해 조기에 적절한 치료가 시행되지 못했고, 이후 수술 및 가스천자 등 시술 시 부주의하여 맥락막하 출혈이 되어 실명했다며 손해배상을 요구했다.

피신청인은 초기 안구초음파 상 유리체출혈 외 특이소견이 관찰되지 않아 출혈 흡수를 관찰하던 중 황반부를 포함한 망막박리가 관찰되어 발생 가능한 합병증에 대해 설명한 후, 수술로써 망막박리 재유착은 성공했으나 수술 후 주입한 가스 팽창에 의한 안압상승으로 시신경 기능상실의 가능성이 있어 불가피하게 안구를 천자하는 과정에서 예측 불가능한 맥락막하 출혈이 발생한 것으로 이후 최선의 조치를 다했으나 불가항력적인 합병증으로 시력이 상실됐다며 신청인 주장을 인정하지 않았다.

가. 사실 관계 및 판단

※ 사실 관계: 기왕력으로 2003년 당뇨, 고혈압 진단 후 약물 복용 중이다. 2011. 12부터 부정맥으로 와파린 복용 중이다. 2011. 7. 27. 시력 (0.5/0.5), 안압 우/좌: 18/18㎜Hg이다.

1) 피신청인 병원 진료 내용

2012. 3. 27. 글을 쓰던 중 갑자기 우안에 먼지 및 거미줄이 깔리는 듯한 증상과 함께 시력이 저하되어 응급실로 내원했다. 시력 안전수동/0.6, 안압 18/17㎜Hg, 우안 안저는 희미하여 보이지 않고 유리체출혈이 관찰됐다. 2012. 3. 28. 시력 안전수동/0.7, 안저는 유리체출혈, 당뇨망막병증은 없는 상태로 망막혈액순화개선제(Tagen F®)을 처방하고 상체를 올리도록 했다.

※ 피신청인은 안구초음파 상 유리체출혈 외 특이소견이 관찰되지 않고, 유리체출혈이 심해 안저가 관찰되지 않는 상태여서, 우선 출혈 흡수 정도를 지켜보기로 했다고 진술했다.

2012. 4. 5. 시력 0.02/0.7, 안압 18/19㎜Hg으로 우안 시력 및 유리체출혈 상태에 호전이 없으며 여전히 안저상태를 관찰하기 어려워 와파린 복용을 중단하도록 하고 수술을

계획했다. 2012. 4. 12. 시력 안전수동/0.7, 안압 14/16mmHg, 안저검사 상 우안 망막 상측부 열공 및 열공 주위 망막박리가 희미하게 확인되어 우안 유리체출혈 및 망막박리로 진단했다.

2012. 4. 13. 우안의 유리체절제술 및 가스주입술, 백내장수술을 시행 후 앉은 자세를 취하도록 했다. 같은 날 오후 6시경 우안 통증을 호소하고 안압이 54/21mmHg로 상승하여 유리체 가스천자(#1)를 시행했다. 밤 9시경 안압 50-51/19mmHg로 우안 안압 변화가 없어 안구천자, 가스제거 및 안구 전방에 가스 주입술(#2)을 시행하고 앉은 자세를 유지하도록 했다.

※ 수술동의서에 발생 가능한 합병증(눈물흘림, 이물감, 충혈, 통증, 안구건조증), 구후주사 부작용(충혈, 안구 천공, 동맥/정맥 파열, 신경손상, 안압상승), 수술 중 안압 조절이 불량할 경우 위험이 증가하고 시력예후가 불량함과 수술 시 망막, 맥락막 출혈, 망막박리 발생으로 추가 수술의 필요성 및 시력저하 가능성에 대해 부동인쇄된 문자로 기재되어 있고 신청인이 서명했다. 피신청인은 수술 시 망막 상측 주변부에 망막열공 및 황반부를 포함한 얕은 망막박리가 확인되어 박리된 망막의 재유착을 위해 망막하액 제거 및 열공 부위에 레이저치료를 한 후 C3F8(Perfluoropropane) 가스를 12% 농도로 희석해 유리체 내 충전 후 수술을 마쳤다고 해명했으나, 진료기록부 상 가스의 농도 및 주입량에 대한 기록은 확인되지 않았다.

2012. 4. 14. 안압이 높아 기계로 측정되지 않음/16mmHg, 우안 시력 광각 무, 안저는 가스가 차고 평편한 상태이다. 오전 10시경 가스 제거 및 안구 전방에 공기를 주입(#3)했다. 2012. 4. 15. 안압 34/17mmHg로 통증 감소, 우안 시력 광각 유이다. 안저검사 상 각막 수포로 인해 전반적으로 탁한 양상으로, 얕은 안구전방, 안저는 흐릿하게 보였다. 유리체출혈 소견으로 가스 제거 및 안구천자(#4)를 시행했으며, 가스 제거 중 주사기 내로 출혈이 확인되어 맥락막하 출혈 가능성이 의심되어 처치를 중단 후 출혈이 멎기를 기다리며 안정가료, 좌위를 유지하면서 경과를 관찰했다. 2012. 4. 16. 밤 사이 통증은 없었으나, 머리가 약간 울리고 띵하다고 한다. 안압 15/19mmHg, 우안 시력 광각 무, 중등도 결막부종, 공기방울 및 전방축농(5mm)이 보이며, 안저는 안구초음파 상 가스가 많아 관찰이 불가능하다.

※ 피신청인은 안구초음파 상 맥락막하 출혈이 의심됐으나 와파린을 복용 중이므로 추가 처치가 새로운 출혈을 일으킬 가능성이 있어 경과를 관찰하며 출혈이 흡수되기를 기다렸다.

2012. 4. 17. 통증은 심하지 않으나 흔들릴 때 약간 통증이 있고, 안압 15/19mmHg이고, 결막부종은 감소, 우안 시력 광각 무, 공기방울 및 전방축농(3mm)이 있다. 2012. 4. 18., 4. 19., 4. 20. 안압 13/16mmHg 이었다. 통증은 없으나 가려움을 호소하여 프레드니솔론

(부신피질호르몬제), 유시락스(항히스타민제)를 투여하였다. 신청인은 신청외 병원 위탁진료를 원했다. 2012. 4. 21. 안압 우/좌 9/19㎜Hg, 우안 시력 광각 무, 전방축농(2.5㎜)이 관찰됐고, 다음 날 퇴원했다.

2) 신청외 서울아산병원 진료 내용

2012. 4. 23. 우안 시력 저하로 내원하여 우안은 빛도 보이지 않는 상태로 시력예후는 좋지 않을 것으로 예상되며, 초음파 상 눈 속에 출혈이 있는 상태로 이를 제거하는 이차 수술을 고려해 볼 수 있으나 이는 안구 유지가 목적이고 시력 호전 가능성은 낮아 경과를 보면서 수술을 결정하기로 했다. 2012. 4. 26. 시력 광각 무/0.63, 안압 10/11㎜Hg이며, 안구초음파 상 맥락막하 출혈 소견으로 항생제, 인공누액 등의 점안액을 처방했다. 각막이 많이 부어 2-4주 정도 경과관찰 후 안구가 안정된 상태에서 수술을 고려하기로 했다. 2012. 5. 3. 시력 광각 무/0.63, 안압 9/16㎜Hg, 2012. 5. 7. 시력 광각 무/0.8, 우안 안압 9㎜Hg이다.

2012. 5. 8. 우안 유리체절제술, 망막하액배액술, 맥락막하액배액술, 실리콘기름주입술 시행했다. 2012. 5. 16. 시력 광각 유/0.8, 안압 8/18㎜Hg, 우안 맥락막박리 상태로 변화 없다. 2012. 8. 6. 시력 광각 무/0.8, 안압 5/15㎜Hg이고 망막 상태는 안정적이나 우안 시력 회복은 어려울 것으로 판단되었다. 2012. 12. 3. 시력 광각 무/0.8, 안압 5/17㎜Hg, 우안 망막은 안정 상태이나 향후 시력 회복은 어려울 것으로 판단된다.

3) 진단서

장애진단서(신청외 병원 2012. 12. 3. 작성), 망막박리에 의한 시각장애로 소견은 우안의 망막박리로 2012. 4. 13. 우안 유리체절제술, 가스 주입술, 백내장수술을 시행받았으며, 유리체출혈 및 맥락막하 출혈로 2012. 5. 8. 본원에서 우안의 유리체절제술, 망막하액 및 맥락막하액배액술, 실리콘기름주입술을 시행하였다. 현재 우안 시력 광각 무로 회복 가능성은 매우 희박하다.

※ 진료비(본인 부담금)는 피신청인 병원 10,600원, 신청외 병원 2,087,498원, 이 중 피신청인 병원에서 전문위탁제도에 의해 1,808,000원을 신청인에게 지급했다.

나. 전문위원 자문결과

① 영상 소견

제출된 초음파 사진 해상도가 좋지 않아 판독에 어려움이 있으나, 2012. 4. 12. 초음파 사진에서는 망막박리가 의심되는 소견이 관찰되며 이후 2012. 4. 13. 수술을 시행한 날부터 4. 22까지의 초음파 사진에서는 유리체 내 출혈로 의심되는 소견이 관찰된다.

② 진단과정 및 처치의 적절성

고도근시성 변화 및 망막 주변부변성, 망막열공 등 안저의 특별한 기저질환이 없을 경우 망막박리의 발생 가능성을 유추하기는 어려우나, 유리체출혈이 있으면 망막박리도 원인 질환 중 하나로 추정하여 가능성을 확인하는 것이 적절하다. 유리체출혈이 있는 상황에서 초음파로 망막박리를 확진하는 것은 어려우므로 초음파 상 망막박리의 가능성이 높지 않다면 유리체 내 출혈이 자연 흡수될 때까지 경과를 관찰하면서 기다리는 것이 일반적이며, 망막박리가 강하게 의심된다면 유리체절제술 및 망막유착술 등의 수술적 처치로 망막박리를 치료할 수 있다. 유리체출혈이 있을 경우 출혈의 원인에 따라 수술이 필요한 시기가 다르며, 초진 당시 광범위하거나 황반부를 침범하는 망막박리 소견이 의심된다면 즉각적으로 수술하는 것이 적절하나, 그런 소견이 없다면 우선 경과를 관찰하고 출혈이 흡수가 되지 않거나 합병증이 발생할 때 수술을 시행하는 것이 예후가 더 좋을 수 있다.

③ 안압상승의 원인 및 처치의 적절성

유리체절제술 및 백내장수술 후 광범위한 범망막광응고술, 안구내 가스 충전, 수술 후 사용하는 스테로이드 요법, 안구내 가스 팽창, 유리체출혈과 연관된 녹내장, 홍채의 전방이동으로 인한 전방각 폐쇄 등에 의해 안압이 상승할 수 있으나, 신청인의 경우 가스 주입술이나 전방에 남겨진 점탄물질로 인해 수술 후 안압이 상승했을 것으로 추정되며, 추후 시행한 치료를 볼 때 가스로 인한 안압상승의 가능성이 높은 것으로 보인다. 가스 주입술 시 눈속의 가스 팽창률이 가스의 종류뿐 아니라 유리체액의 흐름에 따라서도 변하기 때문에 최종 가스 부피의 예측은 다소 불확실하고 이로 인해 수술 후 안압이 상승할 수 있으며, 이런 경우 안압하강을 위해 안구천자를 시행해야 하므로 이번 사례에서 안압이 상승된 것을 확인한 직후 안구천자를 시행한 피신청인의 조치에 대해서는 적절했다고 판단되나, 일반적으로 가스의 정확한 희석과 정량의 주입 시 동 건과 같은 50㎜Hg 이상의 극심한 안압상승은 잘 발생하지 않는다.

④ 맥락막하 출혈의 원인

2012. 4. 15. 안구천자 중 발생한 맥락막하 출혈은 일반적으로 예후가 아주 불량하며 예측 불가능한 질환이긴 하나, 안압이 아주 높은 상태에서 안압을 급속하게 많이 하강시키는 경우 맥락막하 출혈이 발생하기 쉬우므로 안구천자 시 신중하게 주의를 기울여야 한다.

⑤ 시력 장애의 원인 및 예후

망막박리수술 시 황반부 침범 여부는 수술 후 시력의 예후와 해부학적 유착의 성공 여부에 영향을 미치는 가장 중요한 요인이므로 황반부를 침범한 망막박리의 경우 수술이 즉각 이루어지는 경우에도 시력이 회복되지 않는 경우가 많다. 망막박리 재유착이 적절하게 이루어지고 안압상승이 없더라도 시력장애가 남을 가능성은 있으나, 신청인에게 발생한 시력장애는 황반부를 침범한 망막박리, 수술 후 발생한 안압상승, 안구천자 도중 발생한 맥락막하 출혈이 모두 원인이 되었을 것으로 판단된다.

시력예후는 망막박리로 인한 유리체출혈의 경우 시력의 예후는 망막박리 원인, 망막박리 지속시간, 황반 침범 유무 및 망막박리의 범위에 따라 달라지므로 시력예후에 대해 일반화하는 것은 불가능하다. 수술 전 신청인의 시력 등을 고려할 때 망막박리로 인해 상당한 시력 손실이 있었을 것으로 판단되지만 이후 발생한 안압상승 및 맥락막하 출혈로 인해 시력이 완전 손실(광각 무)에 이르게 된 것으로 추정된다.

⑥ 종합 의견

유리체출혈의 원인을 평가하기 위해 2주 동안 경과를 관찰한 후 유리체절제술, 가스주입술, 백내장수술을 시행하고, 이후 발생한 안압상승을 해결하기 위해 전방 천자를 시행한 피신청인의 처치는 적절했다고 생각된다. 하지만 수술 시 주입한 가스로 인한 안압상승의 가능성이 높고, 안구천자 중 안압이 높은 상태에서 급속하게 하강시키는 경우 맥락막하 출혈이 발생하기 쉬우므로 신중한 주의와 충분한 설명이 필요했다고 생각된다.

다. 책임 및 범위

1) 책임 유무

피신청인은 망막박리에 대해 재유착을 성공적으로 시행했으나 수술 시 주입한 가스에 의한 안압상승으로 안구를 천자하는 과정에서 예측 불가능한 맥락막하 출혈이 발생했으며, 이후 시력 장애는 황반부까지 포함된 망막박리가 일차적 원인이라고 주장한다.

사실조사 및 전문위원의 견해에 따르면, 2012. 3. 27. 초음파 상 관찰된 초기 유리체출혈 외 출혈이 광범위하거나 황반부를 침범하는 망막박리 등 특이소견이 관찰되지 않아 출혈 흡수 정도를 경과 관찰하고 2012. 4. 12. 우안 망막박리가 확인된 후 수술을 시행한 것은 일반적인 처치의 과정으로 보이나, 수술 직후 안압이 50㎜Hg 이상으로 상승한 점, 가스의 정확한 희석과 정량의 주입시 동 건과 같이 극심한 안압상승이 잘 발생하지 않는 점으로 볼 때 이는 수술 시 주입한 가스로 인해 전방에 남겨진 점탄물질에 의해 기인했을 가능성이 높은 점, 또한 이와 같이 안압이 상승한 경우 안압하강을 위해 안구천자 시 안압을 급속하게 많이 하강시키는 경우 맥락막하 출혈이 발생하기 쉬우므로 신중한 주의가 필요하나 2012. 4. 15. 안구천자 중 맥락막하 출혈이 발생한 점, 피신청인은 신청인의 시력장애가 황반부까지 포함된 망막박리가 일차적 원인이라고 주장하나 황반부를 침범한 망막박리뿐 아니라 수술 후 발생한 안압상승, 안구천자 도중 발생한 맥락막하 출혈로 인해 시력이 완전 손실된 것으로 판단된다는 전문위원의 견해를 종합할 때, 수술 후 신청인에게 발생한 시력장애에 대해 피신청인의 책임이 인정된다고 판단된다.

2) 책임 범위

신청인의 기왕질환인 황반부를 침범한 망막박리 또한 시력장애에 영향을 미친 점, 의료의 특수성 등을 감안하여 피신청인의 책임 범위를 60%로 제한, 재산적 손해는 진료비 총액 2,098,098원의 60%인 1,258,858원, 위자료는 사건의 경위, 신청인의 나이, 여러 차례의 수술을 받았음에도 남게 된 시력장애, 여명기간 동안 한눈의 시력상실로 삶의 질이 저하되는 등 여러 사정을 참작하여 1,300만원으로 결정했다.

[메모] 안구 내 가스의 정확한 희석과 정량 주입이 중요한데, 안압상승의 원인이 가스로 생각해 천자를 통해 급속한 안압하강으로 인해 맥락막하 출혈이 발생해 시력이 상실한 경우로서 기저질환(당뇨, 고혈압, 부정맥), 연령, 내원 당시 호소내용 등을 검토해 신중하게 접근하는 것이 필요하다.

[3] 굴절수술(시력교정)

근시 및 난시의 과교정 또는 저교정으로 생각되어 불만을 제기하는 경우 설명이 미흡하여 분쟁으로 진행되는 경우가 종종 있다. 또한 노안교정의 렌즈삽입술의 부작용, 시력교정 후 합병증(야간 빛 번짐, 건성안 등)이 발생한 경우는 설명이행 정도가 중요하게 작용한다.

굴절수술 관련 분쟁은 주로 시력교정을 위한 수술(라식 및 라섹)을 받은 후 부작용이나 시력개선 효과가 미흡한 경우이다.

22 라섹수술 후 효과 미흡(근시 부족교정과 건성안 발생)에 손해배상 요구 (분쟁 처리결과: 취하로 종결)

신청인(83년생)은 2012. 1. 26. 피신청인에서 근시 교정을 위해 라섹수술을 받은 후 건성안 및 시력 저하가 발생하여 결국 수술 6개월 후 다시 안경을 착용하게 됐다.

신청인은 사전 라섹수술시 시력이 1.0까지 좋아진다고 설명했으나, 부주의한 시술로 시력 저하 및 부주의로 건성안이 발생된 것으로 생각된다며 손해배상을 요구했다.

피신청인은 라섹수술은 근시, 원시, 난시와 같은 굴절이상을 최소한으로 줄이는 목표에 초점을 두는 수술이므로 시력을 보장하는 것이 아니라 굴절이상을 최소화함에 따라 좋은 시력을 부수적으로 기대하는 수술이다. 수술 전 시행한 2회 검사에서 양안 -7디옵터 이상 고도근시, -2디옵터 근시난시로 수술 후 시력이 기대치보다 못할 수 있음을 설명하고, 안저검사 및 광학단층촬영에서 주변부 망막변성 및 근시성 망막변화가 관찰됨을 설명했다. 수술 후 야간 빛번짐 현상, 건성안 등 부작용 지속기간이 근시량에 비례해서 많아질 수 있음을 설명했다. 3차 시력검사 후 과교정의 단점을 설명하고, 과교정을 배제하기 위해 수술량을 줄여 수술하면 원거리시력이 떨어질 수 있음을 설명했다. 수술 전 근시와 난시가 심해 수술 결과가 만족스럽지 못할 수 있음을 설명하고 신청인 동의 하 수술했으며, 결과가 불만족하다고 손해배상을 요구하는 것은 적절하지 않다고 주장했다.

가. 사실 관계 및 판단

1) 피신청인 병원 진료 내용

2011. 12. 29. 나안시력 우안 0.04, 좌안 0.04, 교정시력 우안 0.9, 좌안 0.9, 양안 안압 13, 자동굴절검사 우안 -7.25-1.75×175A, 좌안 -7.00-2.00×2A, 안경은 우측 -6.50-1.00×180A, 좌측 -6.50-1.00×170A, 진단명은 고도근시, 난시로 기재됐다.

2012. 1. 10. 교정시력 우 0.7, 좌 0.6, 안압 우 13, 좌 20, 조절마비굴절검사 우안 -7.00-2.00×175A, 좌안 -7.00-2.00×5A, 양안 교정시력 0.7, 귀쪽망막 격자변성, 빛간섭단층촬영에서 황반부와 황반신경절세포층 망막두께가 얇았다. 간호기록에는 워낙 고도근시라 망막이 아주 약해져 있고, 각막 일부만 수술하는 것이고 눈 전체를 고치는 것이 아니다. 동공이 커져 야간에 빛번짐이 3-4개월 정도 갈 수 있으며, 교정시력이 0.7밖에 나오지 않는다고 되어 있다. 1. 17. 수술 여부를 결정하기로 했다.

2012. 1. 17. 동일한 검사를 다시 하였고, 동일 진단명에 Gatiflo, Pred forte, hyaluron 점안약과 Mecexin, Varidase, lobafen, Buscopan을 처방했다. 2012. 1. 26. 양안 라섹수술을 하고 Merocel, BSS용액, Mitomycin-C 처방했다.

※ 피신청인은 수술 직전 자동굴절검사에서 우안 -7.00, 난시 -1.75, 좌안 -7.00, 난시 -1.75로 측정되어 예정보다 0.25디옵터를 줄여 레이저를 조사하고, 각막혼탁 및 근시퇴행을 줄이기 위해 0.02% 마이토마이신을 60초간 수술 부위에 점적했다고 진술했다.

※ 수술동의서에는 수술 후 각막염 발생 가능성, 수술 후 저교정이나 과교정 가능성(재수술 혹은 안경착용), 눈부심 현상(심한 야간 눈부심은 2%에서 발생), 각막혼탁, 원추각막, 건성안(심한 경우 지속적으로 인공누액 등의 점액 필요), 레이저 조사 부위의 중심이탈(심한 경우 눈부심, 빛번짐 등으로 재수술) 각막절편 후 외상으로 인한 재박리 가능성, 절편과 각막간질 사이로 세균이나 상피세포 등의 증식 가능성에 대해 기재됐고 신청인 서명이 있으나 신청인은 읽어 보지 않고 바로 서명만 했다고 주장했다.

① 2012. 1. 30. 나안시력 우/좌: 0.7/0.4, 안압 우/좌:12/13, 자동굴절검사 우안 -1.25Dsph – 0.50Dcyl×3A, 좌안 -1.25-1.75×17A로 Tarivid, Flumetholon(0.1%), Hyaluron 점안약을 처방했고, 간호기록에 1주후 2월 9일 외래 예약, 다음 날부터 처방된 안약 넣도록 교육하였다.

② 2. 9. 나안시력: 우/좌: 0.7/0.6, 안압: 우/좌: 13/9, 자동굴절검사 우안 -0.50=-1.00×A171, 좌안 -0.50=-1.75×A17, 기록에 수술 2주째로 좋아지고 있고, (환자분: 약을 잘못 넣었습니다.) 약 넣는 횟수가 중요하며, 하루 4회, 인공눈물 잘 넣도록 교육하였음이 기재되어있다.

③ 4. 20. 나안시력 우/좌: 0.7/0.5, 안압 우/좌: 16/10, 자동굴절검사 우안 -1.00=-0.75×176A, 좌안 -1.50=-0.75×3A, Tarivid, Flumetholone(0.1%), Hyaluron 점안약. 진단명 고도근시, 난시, 추가 건성안, 간호기록에 눈이 건조, 안약 하루 2회, 인공눈물 자주 넣고, 4주 후 5월 22일 예약 받았다.

※ 이후 방문 내역 없음. 순조롭게 수술이 진행되었으며, 점안 항생제, 점안 스테로이드성 소염제, 인공 눈물을 점안하도록 교육하고 수술 3개월 후까지 내원하였으나 이후 4개

월, 5개월 후에는 내원하지 않았다. 본원은 수술 후 최소 5개월까지, 고도근시의 경우 6개월까지 추적관찰을 반드시 하고 있으나 신청인은 내원하지 않았다. 수술 6개월 후 내원하여 "2개월 전부터 시력이 급격히 떨어졌다"고 호소하였으며, 자동굴절검사상 교정시력 양안 1.0으로 측정되었고 눈에 큰 이상은 없었으나 2개월 이상 안약을 점안하지 않아 근시로의 회귀현상이 나타나고 있음을 설명하였고 다시 안약 점안을 시작하였으나 근시 회귀는 조금씩 더 진행되고 있는 것으로 사료되며, 2차 수술을 권유하였으나 비용 발생하기 때문에 거절했다고 피신청인은 주장했다.

※ 신청인은 피신청인 병원 간호사인 동생을 포함한 자매 3명이 이 병원에서 시력교정술을 받았고, 나머지 자매들이 수술 후 3개월부터는 안약을 넣지 않아도 효과가 좋아서 본인도 넣지 않았고 개인적인 업무로 바빠서 내원하지 않았다고 한다.

④ 7. 19. 나안시력 우 0.3, 좌 0.3, 안압: 우 13, 좌 12, 자동굴절검사 우안 -1.25 −0.75×178A(1.0) 좌안 -1.75−0.75×2A(1.0), Tarivid, Flumetholon(0.1%), Hyaluron, Tagen−F 점안, 간호기록에 2개월 전부터 시력이 급격히 떨어졌다고 하며 눈의 큰 이상은 없는 것 같다. 안경을 착용하거나 2차 수술을 하는 방법, 약물 치료 후 경과관찰을 하는 방법이 있다. 안약 하루 2회, 영양제 처방하고 4주 후 외래 예약받았다.

⑤ 8. 24. 나안시력 양안 0.2, 안압 양안 13, 자동굴절검사 우안 -1.75=-1.00×A173, 좌안 -2.00=-1.00×A180 pachymeter: R) 505 L) 493, 환자는 아침에 뻑뻑해서 눈도 못 뜬다고 하였고 피신청인은 각막 상태가 2차 수술을 할 수 있는지 다시 확인하고 충분히 남아 있어야 수술 할 수 있다고 설명하였다.

⑥ 9. 27. 나안시력 양안 0.2, 안압 양안 11, 자동굴절검사 우안 -1.75=-1.00×A175, 좌안 -2.50=-1.00×A7, 신청인은 비용문제로 2차 수술을 다시 생각해보기로 했다.

2) 진단서

진단서(안과의원 2012. 10. 9. 발행), 병명은 복성 근시난시(양안), 향후 치료의견: 상기 환자는 금년 1월 타 병원에서 양안 라섹수술을 받았고, 현재 현성굴절검사상 우안 1.75−0.05×180(1.0), 좌안 1.75 0.05×180(1.0) 소견을 보이며 그 외 다른 전안부 이상 소견은 보이지 않는다.

나. 전문위원 자문결과

① 라섹수술의 목적 및 적절성

라섹수술은 근시, 난시, 원시를 교정하기 위하여 각막상피를 벗겨내고 엑시머레이저 각막절삭기를 이용하여 각막을 절삭하는 수술이다. 신청인의 굴절상태는 고도근시 및 난시 상태로 수술 적응증에 해당된다. 라섹수술의 교정 효과는 총 굴절이상에 반비례하는 경향이 있다. 즉 수술 전 근시나 난시가 많은 경우 레이저굴절교정수술의 결과가 목표치에 도달하지 못하는 경우가 있다.

라섹수술 후 안구 건성안이 발생하는 기전은 정확히 알려진 바 없으나 수술 후 각막신경 절단이 눈물샘으로 가는 신경에 자극을 적게 하여 눈물 분비량이 적어진다고 생각된다. 라섹수술 후 건성안의 기간은 환자에 따라 다르나 보통 6개월 이내에 분비량은 회복된다고 하나 더 길어질 수 있다. 이후 안구 건성안에 대한 진단 및 치료가 이루어 지지 않아 건성안이 의뢰인의 시력 저하에 미치는 영향에 대해 평가하기 어렵다.

② 수술 후 시력 저하의 원인 및 투약과의 연관성

라섹수술 후 발생하는 근시회귀현상은 수술받은 각막의 섬유화 및 세포증식, 세포로부터 분비되는 세포외기질 등으로 인해 절삭된 각막이 다시 두꺼워지면서 발생한다. 처방된 안약 중 스테로이드는 근시로의 회귀를 일시적으로 억제하는 효과가 있으며, 수술 후 지속적인 약물 투여와 근시회귀와의 직접적인 관계는 알 수 없다. 수술 후 시력저하 원인은 충분하지 못한 교정, 수술 후 근시로의 회귀 가능성이 있고, 건성안 자체가 시력저하로 이어질 가능성은 거의 없다. 하지만, 수술 후 4개월째부터 시력이 감소하였다면 수술 후 근시로의 회귀 가능성이 더 많고, 시력이 최대교정 시력의 약 3-40%에 해당한다고 볼 수 있다.

③ 피신청인의 책임 여부

일반적으로 고도근시는 굴절이상이 충분히 교정되지 않아 시력저하에 따른 불편을 호소하는 경우가 중등도 이하 근시에 비해 많다. 따라서 충분한 설명이 이루어졌는지가 진료의 적정성을 평가하는데 가장 중요하다고 생각된다. 동의서를 충분히 읽고 동의한 경우라면 저교정 혹은 근시로의 회귀 가능성에 대해서 환자가 수술 전 이해하고 있을 것으로 생각된다. 일반적으로 근시로 회귀되는 경우 경과관찰 후 재수술이 이루어지며 이 사례는 재수술시 나안시력 회복 가능성이 높으며, 적절한 재수술이 된다면 시력의 영구적 저하나 기타 문제 가능성은 없다고 생각된다.

[메모] 피신청인 병원에서 신청인 가족 3명이 시력교정술을 받았고, 고도근시로서 근시회귀 가능성이 더 많아 스테로이드 투여 등 6개월까지 추적관찰이 필요한 경우이기 때문에 수술 이후에도 구체적인 설명이 필요하다. 신청인은 수술동의서를 읽어보지 않고 바로 서명했다고 주장하며, 라섹수술을 받으면 시력이 1.0까지 좋아진다고 설명했다고 주장하는 점을 고려할 때, 기대치를 너무 장담하는 것은 자제하는 것이 좋다.

23 라섹수술 후 좌안 시력저하로 손해배상 요구 (분쟁 처리결과: 800만원으로 합의)

신청인(84년 생)은 2012. 1. 양안 안내렌즈삽입술을 받고 2012. 1. 7., 1. 14. 좌안과 우안에 각각 라섹수술을 받았다. 좌안 건성안, 충혈, 통증이 발생되어 치료받았으나 호전되지 않았다. 2014. 1. 2.부터 신청외 병원에서 좌안 각막혼탁 및 불규칙 난시로 진단되어 치료받았다. 2014. 5. 신청외 병원에서 좌안 안내렌즈교환술을 받았으나 2014. 6. 19. 좌안 나안시력은 0.4로 확인됐다.

신청인은 시술 전 시력저하, 각막궤양 등의 부작용에 대한 설명을 듣지 못했고, 수술 후 건성안과 통증이 지속됐으며, 보호렌즈를 착용한 후 염증이 더 심해져 결국 증상이 악화되어 각막염이 발생했으나 조치 미흡으로 시력저하 등(좌안 시력 교정되지 않음, 우안 건성안과 통증 지속)에 따른 손해배상을 요구했다.

피신청인은 합병증인 건성안은 사전검사로 미리 알 수 없고 수술 전 설명 후 동의를 받았으며, 건성안 발생은 신청인의 근무환경, 체질, 관리 등 원인이 다양하다. 발생된 각막염에 대해서는 불가피한 합병증이고 염증치료에 대해 일체 비용을 청구하지 않았으며 최선을 다했다고 주장했다.

가. 사실 관계

1) 피신청인 의원 진료 내용

2011. 12. 23. 시력교정을 위해 피신청인에게 진료받고 2011. 12. 27. 시력교정술 전 레이저 홍채절개술을 받았다. 2011. 12. 28. 좋은 홍채절개술 후 상태, 2011. 12. 31. 안압 우/좌 13/13㎜Hg, 2012. 1. 7. 좌측 안내렌즈삽입술을 받았다. 수술동의서에 수술 후 발생 가능한 합병증 등이 설명되었고 신청인 서명이 기재됐다. 2012. 1. 8. 자동굴절곡률계검사, 안압검사를 했고, 좌안 안내렌즈와 각막내피세포와의 거리가 각막두께의 50%였다. 2012. 1. 11. 자동굴절곡률계검사, 안압검사를 했다. 2012. 1. 14. 우측 안내렌즈삽입술을 받았다.

2012. 1. 15. 굴절검사 우안 +0.50−0.50×A22, 좌안 +0.50−1.00×A154, 교정시력 0.6/0.9 안압 14/14, 2012. 1. 20., 2.2., 3. 7., 4. 7. 경과관찰 및 검사를 받았다. 2012. 5. 7. 굴절검사 우안 +1.00−2.10×A10, 좌안 +1.00−2.10×A170, 교정시력 0.8/1.0로 측정됐다. 우안 빛번짐이 있고 안경을 착용해도 불편하다고 호소하였다. 7. 13. 우안이 뿌옇게 보이며, 추가 라섹수술(Bioptics)을 원했다. 2012. 8. 16. Bioptics, Pachymetry,

펜타캠 등의 검사를 받았다. 2012. 8. 22. 현성굴절검사 우안 +0.75−2.25×A10, 좌안 +0.50−2.00×A175이고 나안시력 양안 1.0이다.

2012. 9. 18. 현성굴절검사 후 난시교정을 위한 추가 라섹수술을 받았다. 부동인쇄 수술동의서에 신청인 서명이 기재됐다. 수술 전 검사 결과, 우안 +0.75−2.00×A8, 좌안 +0.25−1.75×A173이다. 2012. 9. 28. 눈물 난다고 호소하였고, 자동굴절검사 결과 우안 +0.25−0.25×A120, 좌안 plano=-1.25×A29, 교정시력 0.7/0.6−0.7, 각막은 정상소견이었다. 2012. 10. 23. 자고 일어나니 아프고, 눈물이 많이 난다고 호소하였다. 2012. 10. 27. 아침에 눈이 굉장히 건조하고 아프다고 호소하였고, 표층각막염(superficial punctate keratitis)있어 옵타젤, 플루메토론을 처방받았다. 2012. 11. 21. 2일 전 갑자기 눈이 따끔거리다 잘 떠지지 않음을 호소하였고, 각막 결손 있어 우안에 관련 약물을 처방받았다.

2012. 11. 24. 렌즈착용 중 우안 각막침윤(infiltration)이 있어 렌즈를 제거하고 관련 약물을 처방받았다. 2012. 12. 1. 각막이 깨끗해 Vigamox 점안을 중지하고 눈물약, 옵타젤을 처방받았다. 2012. 12. 29. 우안이 아침에 충혈된다고 호소하였고, 각막 상태 정상이었다. 2013. 1. 26. 우안 퍼져 보이는 것이 여전하며 안내렌즈와 각막내피세포와의 거리가 각막두께의 우안 75%, 좌안 20−50%였고 각막 정상소견이었다. 수술 전 챠트 상 우안 시력이 더 낮음을 설명 받았다. 2013. 3. 30. 눈물약을 처방받았다. 2013. 7. 9. '통증, 잘 안 보임, 어제 아침 눈을 뜰 수 없을 정도로 통증 있음을 호소하였고 굴절검사 -0.75=+5.75×20, -1.00=+1.57×A139로, 교정시력 0.4/0.9, Vigamox, 눈물약을 처방받았다. 2013. 11. 15. 아침에 눈이 안 떠진다고 호소했다. 최근 좌안 각막미란 발생, T−lens 지속 착용에 대해 상담했다.

2013. 11. 18. 알케인 사용 중이며, 좌안 통증이 있었다. 심한 각막부종, 섬모충혈(ciliary injection)이 있고, 전방축농(hypopyon) 2㎜ 있어 스테이로드제제를 근육 주사했고, 세척술 후 Vigamox, 토바신 등을 처방받았다. 2013. 11. 19. 좌안 각막과 결막 부종이 줄어들었고 조금 편하다고 하였다. 각막부종이 있으며, Vigamox, 토바신, 덱사 등을 처방받았다. 2013. 11. 21. 아트로핀을 투여했고 세파 및 덱사 약물을 주사 투여, 안약은 이전과 같이 처방받았다. 2013. 11. 25. T−lens를 교환했다.

2014. 5. 신청외 병원에서 좌안 안내 렌즈교환술을 받았다.

2) 사실조사를 진행하는 중 양 당사자가 800만원에 원만히 해결하기로 합의서를 작성하여 사건을 종료했다.

[메모] 시력교정을 위해 양안 안내 렌즈삽입술을 받고 8개월 후 난시교정을 위해 라섹수술을 받은 이후에 각막염이 발생해 렌즈를 제거한 이후에도 각막부종, 전방축농이 있어 스테로이드, 항생제

등 치료를 받았다. 1년 후 렌즈 교환을 받았으나 시력은 0.4로 확인된 상태로 수술 후 발생한 염증을 고려해 당사자가 합의했다. 신청인의 요구에 의해 난시교정을 목적으로 라섹수술을 했는데 2년 간 염증치료를 한 경우로서 처음부터 환자상태에 따른 세밀한 치료계획을 수립하고 치료를 하는 것이 필요하다.

24 라식수술 후 부작용(과교정과 눈부심)에 따른 손해배상 요구 (분쟁 처리결과: 취하로 종결)

신청인(65년생)은 근시와 노안으로 피신청인 의원에서 2011. 1. 라식수술을 받은 후 현재까지 원시 및 난시로 인한 시력저하, 빛번짐, 건성안을 호소하고 있다.

신청인은 원거리가 잘 보이지 않아 라식수술을 위해 상담받고, 좌안은 가까운 곳을, 우안은 먼 곳을 잘 보이도록 계획하고 수술을 받았으나, 원거리와 근거리가 모두 잘 보이지 않고 빛번짐, 건성안, 난시가 생겨 계속 안경을 착용하는데, 이는 노안이 있는 상태에서 라식수술을 하는 것은 적절하지 않고 피신청인의 부주의한 수술이 원인이라고 주장했다.

피신청인은 양안 나안시력 0.02-0.05이고 교정시력은 0.5-0.6 원거리시력에 만족하며, 검사를 통해 주시안인 우안은 정시로, 좌안은 약 -1.00 ~ -1.25 디옵터의 잔여근시를 남겨 안경 없이 근거리와 원거리를 볼 수 있는 것을 수술 목표라고 설명했다. 수술 약 2개월 후부터 원시 및 난시로 인한 근거리시력의 불편감을 호소하여 통상적으로 발생하는 근시로 퇴행되면 근거리시력이 향상되고 굴절상태가 안정되기까지 약 6-9개월 정도 시간이 소요되므로 원시가 감소되길 기다린 후 그래도 감소되지 않으면 원시 및 난시에 대해 재수술이 가능하다고 설명했다.

수술 후 8개월째 좌안 원시로 근거리를 보는 것이 불편하여 피신청인은 좌안 재수술을 권유하였으나 신청인은 재수술을 위해 검사 후 수술 일자를 정하던 중 수술을 거부하고 안경처방 후 경과관찰을 원했다. 상피내생 등의 합병증 없이 재수술이 안정되게 이루어질 수 있는 기간이 약 1년 정도 더 남았으므로 2011. 12. 22. 마지막 검사하고 2개월 후 다시 검사하기로 했으나 내원하지 않았다.

수술 전 나안시력이 0.1도 되지 않았는데, 수술 후 나안시력이 0.7-0.8 정도 유지됐고, 수술 약 1-3개월 후 나타날 수 있는 건성안을 신청인은 수술 후 5개월째 호소하여 누점폐쇄술로 치료하였으며, 수술 후 검사에서 빛번짐을 호소한 적도 없으며, 라식수술과 비문증과는 연관성이 없다. 2012. 11. 신청인이 보상을 요구할 때 좌안 재수술로 근거리시력을 향상시킨 후 우안 원시와 난시를 교정하는 수술을 하자고 제안했으나 신청인은 금전적인 배상을 요구했다. 피신청인은 수술 전 제시한 결과에 미치지 못한 점에 대해 도의적 책임을 회피할 생각은 없으나, 신청인이 타 병원에서 시력개선을 위한 수술을 받고 입증자료를 제출한다면 수술비용을 전액 배상하거나 공인기관에서 평가하는 적정한 보상액을 지불할 의사는 있다고 하였다.

가. 사실 관계

1) 피신청인 병원 진료 내용

2011. 1. 17. 안경 착용상태로, 노안 라식수술(Mono LASIK)에 대한 검사 및 상담을 받았다. 시력 및 굴절검사, 세극등현미경, 안압 및 동공반응검사, 눈물량 분비검사, 각막 형태검사, 정밀 안저검사, Wavescan검사, 각막두께 검사 등을 했다. 굴절검사 우안 -5.50 Dsph = -1.50 Dcyl×Axis 180, 좌안 -4.50 Dsph = -1.25 Dcyl×Axis 182이며, 나안시력은 우안 0.05, 좌안 0.05이며, 교정시력은 양안 1.0이다. Schirmer 검사에서 양안 5㎜, 안압은 우/좌: 16/17㎜Hg이다. 일반 레이저 시력교정술 서약서에 신청인 서명이 있는데, 수술 방법 및 수술 후 발생 가능한 합병증(수술 중 각막절편 이상, 수술 후 염증), 시력은 개인차 및 양안 차이 있으며 최대 목표는 양안 0.8 이상, 근시가 진행되어 시력이 저하되거나 노안 진행 시 추가적인 라섹시술이 필요함에 대해 추가 기재된 수술설명서가 있다.

2011. 1. 18. 시력은 양안 0.7, 굴절검사 우안 +0.50 디옵터, 좌안 -0.50 디옵터였고, 점안항생제인 Cravit과 점안 스테로이드제인 Fluorometholone, 인공눈물 Kynex를 처방받았다. 2011. 1. 25. 시력은 양안 0.8, 굴절검사 우안 + 0.50 디옵터, 좌안 plano로 점안제 Cravit을 중단하고, 인공눈물 Hyalein을 처방받았다.

2011. 2. 16. 시력 우/좌 0.6/1.0, 안압 우/좌: 9/10㎜Hg, 굴절검사 우안 +0.50, 좌안 plano로 Fluoromotholone을 중단했다. 2011. 3. 17. 나안시력 우/좌 0.7/0.8, 안압 우/좌: 9/10㎜Hg, 굴절검사 우안 +0.25 Dsph = +0.50 Dcyl×Axis 180 좌안 +0.25 Dsph = +0.50 Dcyl×Axis 180였고, Hyalein을 처방받았다. 2011. 6. 17. 나안시력 우/좌 0.7/0.8, 안압 우/좌: 8/9㎜Hg, 굴절검사 우안 0.75 Dsph = -0.75 Dcyl×Axis 180 좌안 +0.50 Dsph = -0.50 Dcyl×Axis 90, 교정시력 양안 0.8이다. 눈이 뻐근하고 아프며, 양안 눈물점에 삽입한 플러그가 돌출되어 있었다. 2011. 9. 20. 나안시력 우/좌 0.7/0.8, 굴절검사 좌안 +0.50=-0.75×90A, 교정시력 좌안 1.0이였고, 각막지형도는 이전과 동일하였으며 1달 후 좌안 재수술을 고려하기로 했다. 2011. 10. 21. 나안시력 우/좌 0.7/0.8, 굴절검사 우안 +1.25=-1.00×80A, 좌안 +0.50=-0.75×95A 교정시력 양안 1.0이었다. 재수술을 원하지 않아 임시 안경을 처방하고 2개월 후 외래진료를 예약했다.

※ 신청인은 수술을 실패한 피신청인을 믿을 수 없어 재수술을 거절하고 안경 처방을 요

청했다고 진술했다. 2011. 12. 22. 시력 우안 0.7, 좌안 0.8, 굴절검사 우안 +1.25−1.00×80A(1.0), 좌안 +0.50−0.75×90A(1.0). 2개월 후 외래를 보기로 했다.

2) 소견서

신청외 병원 소견서(2012. 12. 11. 작성), 진단명은 양안 원시, 양안 난시. 소견은 현재 수술 이후 잔여 원시 및 난시로 인한 시력저하로 사료되며, 추가적인 수술적 교정 시에는 상피내생 혹은 난시 등의 합병증도 가능할 것으로 사료된다.

신청외 안과의원 진료의뢰서(2013. 1. 11. 발행), 진단명은 유리체혼탁, 눈물샘이상. 소견은 시력교정술 후 눈부심(photophobia)과 유리체부유물로 진료의뢰, 나안시력 양안 0.6이며, 교정시력 양안 1.0이다.

나. 전문위원 자문결과

① 라식수술 및 노안 라식술에 대하여

라식수술 즉 굴절교정수술(refractive surgery)은 근시, 원시, 난시 등 굴절이상을 교정하여 나안시력을 개선하는 것을 목적으로 한다. 대표적인 굴절교정수술은 각막교정술인 라식(LASIK), 라섹(LASEK), 레이저각막절제술(PRK)로서 세 가지 수술 모두 엑시머레이저(excimer laser)를 이용하여 컴퓨터 제어 하에 얇게 각막절편을 만든 후 환자에 맞는 적정량을 조사하여 각막을 절삭한다. 후유증은 과교정, 저교정, 퇴행(다시 근시가 생겨 나안시력이 저하됨), 건성안, 빛번짐, 감염, 외피 내생, 기질 융해, 중심부 융기, 각막확장증, 각막혼탁, 비특이성 미만성 층판각막염 등이 대표적이다. 노안라식은 40대 이후 노안이 발생한 사람에게서 시행하는 것으로 일반 라식의 경우 굴절이상을 모두 교정하여 정시에 가까운 시력을 목표로 하나 노안의 경우 한눈 또는 양 눈을 약간의 근시로 교정하여 돋보기 필요성을 줄이기 위한 목적으로 시행되며 교정량을 결정하는 것에서만 차이가 있을 뿐 수술과정 자체는 동일하다. 노안은 아직 의학적으로 정복되지 않은 분야로 치료에 한계가 있고, 이번 사례처럼 양안을 조금 차이를 두게 교정해서 각 눈이 원거리와 근거리를 각각 보게 교정하는 방법도 사용된다. Mono LASIK은 해당 병원 고유의 브랜드명으로 생각되며, 모노비전(monovision)의 원리를 LASIK에 적용한 노안 교정술로 사료된다. 즉 주시안은 원거리를 주시하도록 정시로 만들고, 비주시안은 근거리를 보도록 약간의 근시를 남기는 개념으로써 굴절 목표치만 다를 뿐 일반적으로 시행하는 라식수술과 같은 방법이다. 이는 흔히 시행되는 노안 수술방식 중 하나로서 나이나 노안의 정도가 굴절교정수술의 금기에 해당되지 않는다.

② 수술의 적응증 및 적절성 등

수술 전 현성굴절검사(필요 시 조절마비검사도 함께), 안압, 안저, 각막지형도, 각막두께 검사 등을 시행하는데 수술 전 검사에 부적절한 부분은 보이지 않고 신청인의 경우 양안 중등도 근시와 난시가 있는 상태로 라식수술이 가능한 상태로 판단된다. 우안은 근시를 모두 교정하여 정시가 되도록 해 원거리시력을 교정, 좌안은 1.0디옵터 정도의 근시를 남겨(저교정) 근거리시력을 교정하고자 하는 애초의 목적대로 잘 이루어진 것으로 판단되어 수술과정에 문제가 없고 이후 치료과정에서도 문제는 없다. 우안 원시와 난시로 인한 불편은 정도가 심한 편은 아니고 정상적 과정 이후에도 개인적인 특성 등으로 발생 가능한 부분으로 생각된다.

건성안이나, 빛번짐, 비문증도 마찬가지인데 이 부분에 대해서 사전에 발생 가능성에 대해 충분히 설명하고 동의했는지가 중요하다. 피신청인은 수술 후 근시 퇴행을 염려하여 -0.25디옵터를 더 교정한 것으로 보이나, 과교정 결과는 근시보다 난시의 과교정이 주된 요인으로 생각되며 그럼에도 불구하고 난시 입력값은 정확한 것으로 판단된다. 한편 레이저 모드가 LASIK이 아닌 PRK를 시행한 것으로 수술기록지에 기록되어 있으나 이 또한 대부분의 경우 수술 결과에 큰 영향을 미치지는 않는다.

③ 수술 후 경과

통상적으로 굴절오차를 구면대응치(spherical equivalent, 근시 혹은 원시 + 난시의 1/2값)로서 ±0.5디옵터 이내로 만드는 것이 굴절수술의 목표이다. 굴절계산치를 엑시머레이저 장비에 정확하게 입력했다면 기계나 환자 눈 상태에 따라서 어느 정도 오차가 발생하는 것은 불가피하다. 한편 신청외 병원 의무기록을 참고할 때, 신청인의 구면대응치는 우안 +0.75디옵터, 좌안 0디옵터로 많은 양의 오차가 발생한 경우가 아니다. 즉 엑시머레이저에 의한 각막절삭은 목표치에 근접하여 이루어졌다고 생각된다. 일반적으로 이 정도의 기계에 의한 오차는 충분히 발생할 수 있지만(같은 레이저를 조사하더라도 환자 각막의 강성에 따라 레이저에 의해 절삭되는 양이 미세하게 다를 수 있어, 저교정 혹은 과교정이 충분히 발생할 수 있음), 신청인의 경우 젊은 사람과는 다르게 이미 술전 노안에 의한 조절력이 저하된 상태였다는 점이 문제이다. 즉 원시 및 난시로의 작은 과교정이 발생했더라도 약간의 굴절오차를 극복할 만한 조절력조차 부족하여 신청인은 근거리시력 저하를 충분히 호소할 수 있다. 피신청인은 신청인의 불편한 증상을 개선하기 위하여 조기에 재수술을 권했으며 이러한 조치 및 치료계획은 적절하다고 판단된다.

④ 시력 불편감, 빛번짐, 건성안의 원인

주시안의 나안시력이 대략 0.7 정도로 측정되고 비주시안인 좌안의 경우 근거리시력이 잘 보이도록 근시 및 난시를 일정량 남겨야 했으나 예상보다 과교정되어 거의 정시로 맞추어졌으므로 신청인이 호소하는 원거리 및 근거리시력 저하로 인한 불편감 호소는 객관적으로 타당성이 있다고 생각되며, 이 증상은 피신청인의 수술로 인한 것이므로 둘 사이의 연관성이 성립된다고 판단된다. 하지만 수술 전 신청인에게 수술 후 원거리시력이 0.8-1.2 정도로 개인차가 있을 수 있음을 설명하였고, 건성안이 심할 경우 시력저하를 유발할 수 있으므로 현재 신청인 원거리시력인 0.7-0.8의 시력이 의학적으로 문제가 있다고 보기 어렵다. 다만 시력이란 주관적인 부분이 강하여 객관적인 0.7-0.8의 시력에도 신청인이 느끼는 불편감은 심할 수 있다.

건성안은 통상 라식수술 후 악화된 후 일부 회복되는 것으로 알려져 있고, 수술 전 환자에게 설명했음을 의무기록에서 확인할 수 있다. 건성안의 중등도를 확인하기 위하여 쉬르머검사(Schirmer test)가 시행되었으나 본 검사는 환자 증상과의 일치도가 높지 않다. 또한 수술 전 쉬르머검사치가 양안 5㎜이었고 수술 후 신청외 안과에서 시행한 검사치는 양안 10㎜이었으므로 건조증이 악화되었다고 보기도 어렵다. 노안으로 인한 눈 피로 증상을 건성안으로 오해하는 경우도 있으며, 수술 후 약 2년여의 시간이 지난 것을 고려할 때, 신청인이 호소하는 건성안의 악화는 수술 전 건성안이 자연적으로 진행되는 상태임을 배제하기도 어렵다. 또한 수술로 인하여 건성안이 악화될 수 있음이 설명서에 적혀서 신청인에게 고지되었다.

빛번짐 역시 각막을 절삭하는 경우 누구에게나 발생할 수 있고, 그 정도는 수술 전 굴절오차의 양, 동공 크기, 건성안 등에 의하여 좌우되며, 수술 전 신청인에게 얼마나 빛번짐에 대한 설명이 이루어졌는가가 쟁점인데, 수술 전 수기로 작성한 수술설명서에 빛번짐에 대한 언급이 있으므로 이 또한 수술 전 일정 부분 설명이 이루어진 것으로 생각된다.

⑤ 향후 치료 가능성

일반적으로 라식 등 엑시머레이저를 이용한 굴절교정수술 후, 목표치와의 오차는 종종 발생할 수 있으며, 실제로 발생하는 오차에 대한 재교정(재수술)도 빈번히 이루어지고 있다. 이번 사례의 경우 라식수술을 시행한 상태로서, 각막절편을 다시 들어 올려 재교정을 할 수도 있고, 부작용이 우려될 경우 라섹수술로 재교정도 가능하다. 즉 재수술 시행으로 굴절오차를 일정 부분 교정할 수 있는 가능성이 있다. 다만 이러한 재수술의 경우 첫 번째 수술 후 잔여 각막기질 두께(residual stromal bed thickness)가 일정량 이상이 되어야 가능한데, 제출된 의무기록에서 이를 확인하기 어려우며, 또한 신청외 병원의 기록과 마찬가지로 라식수술의 경우 첫 번째 수술로부터 재수술까지의 시간이 길어질수록 상피 내생 등의 합병증 발생률이 높아질 수 있다. 즉, 재수술이 가능하다면 되도록 첫 번째 수술 후 눈 상태가 안정된 후 가능한 빠른 시간 내에 시행하는 것이 적절한 조치이다.

현재 신청인은 경도의 우안 원시, 난시, 좌안 난시가 보이며 이런 경우 원거리시력도 다소 저하되고, 근거리는 돋보기 없이 보기 어려운 상태로 판단되며, 또 유리체 혼탁으로 인한 비문증이 있는 것으로 보인다. 굴절이상은 수술 결과로 보아야 할 것이며 유리체혼탁은 직접적인 연관성이 낮다. 재수술이 불가능하지 않는 것으로 생각되지만 타 병원에서 설명한 부분은 라식수술을 재수술을 하는 경우 합병증이 증가하는 경향이 있음을 설명한 것으로 보이며, 시기는 어느 정도 지나면 가능하여 문제가 없다.

⑥ 종합 의견

세 병원의 의무기록을 참고할 때, 발생한 과교정 양이 크지 않고, 수술 후 각막지형소견으로도 절삭 부분의 중심잡기(centering) 등은 적절하여 수술 자체는 큰 문제가 없는 건으로 판단되나 안타깝게도 원시로의 과교정 및 도난시로의 과교정이 발생하여 이미 조절력이 저하되어 노안이 있던 신청인의 불편감은 적지 않았을 것으로 판단되며, 동반된 건성안과 빛번짐 역시 악영향을 주는 것으로 생각된다. 하지만 수기로 작성된 수술설명서를 참고하였을 때 이러한 부작용에 대한 설명은 충분히 이루어졌다고 생각되며, 수술 후 이 정도 교정오차 역시 불가항력적인 부분이라고 판단된다.

[메모] 노안 라식수술은 40대 이후 노안이 발생한 사람이 대상이며, 젊은 연령층과 다르게 조절력이 저하된 상태이므로 원시 및 난시의 작은 과교정이 발생해도 약간의 굴절 오차를 극복할 굴절력이 부족하다는 점을 고려해야 한다. 사전 교정오차(과교정, 저교정), 퇴행 등에 대해 구체적으로 설명하는 것이 필요하다.

25 라식수술 후 부작용(건성안 악화와 빛번짐) 발생에 따른 손해배상 요구 (분쟁 처리결과: 위자료 200만원으로 조정결정)

신청인은 2011. 3. 17. 피신청인 의원에서 라식수술을 받은 후 시력이 호전되지 않고 건성안, 야간 빛번짐 증상이 나타났다. 같은 해 11. 11. 신청외 병원 검진 결과, 나안시력은 우안 0.63, 좌안 0.8 정도이며 양안 건성안, 큰 동공, 개방각녹내장 의증으로 진단받았다.

신청인은 수술 전 부작용에 대해 설명을 듣지 못하였고, 수술 후 즉시 시력이 좋아진다고 했으나 시력이 호전되지 않았으며, 수술 전 없던 건성안 및 야간 빛번짐, 개방각 녹내장이 발생하여 일상생활의 불편함이 크다며 손해배상을 요구했다.

피신청인은 신청인에게 수술 전 수술에 대한 전반적인 안내와 수술 후 주의사항 등을 설명했고, 신청인은 양안 -6.0 디옵터 이상의 고도근시였으나 수술 후 나안시력이 우안 0.6, 좌안 0.7로 호전됐다. 또한 수술 전 안압, 안저검사상 녹내장 소견은 없었고, 수술 후 건성안은 신청인의 눈물샘의 기능 변화로 발생된 것이며, 건성안이 좋아지면 빛번짐 현상도 함께 좋아지므로, 수술로 건성안, 빛번짐, 녹내장 등이 발생했다는 신청인의 손해배상 요구를 수용할 수 없다고 주장했다.

가. 사실 관계

1) 피신청인 진료 내용

2011. 3. 17. 신청인은 라식수술을 받기 위해 피신청인 의원을 내원했다. 쉬르머검사(schirmer's test) 우측 4㎜, 좌측 4㎜(정상, 10㎜ 이상), 우측 -6.5 디옵터, 좌측 -7.0 디옵터, 목표 교정시력은 우측 1.0, 좌측 1.0, 각막두께는 우측 544um, 좌측 550um(평균 각막두께, 500-550um), 안압은 우/좌: 18/14㎜Hg(정상, 10-21㎜Hg), 동공 크기(주간/저녁/야간)는 우측 5.5/7.1/7.7㎜, 좌측 5.1/6.5/6.8㎜이다.

진단명은 근시, 건성안으로 피신청인에게 수술 전 검사상 라식수술이 가능한 상태라는 설명을 듣고, 라식수술을 받았다.

※ 신청인은 피신청인으로부터 수술 전 라식수술과 관련된 합병증에 대한 설명을 듣지 못했고 수술동의서도 작성하지 않았다고 진술했다. 피신청인 진술에 따르면, 수술동의서는 작성하지 않았으나 신청인에게 수술 부작용을 설명했고 동의서 대신 안내책자를 읽어보도록 했다. 피신청인이 제출한 안내책자에는 수술 내용 및 방법, 수술의 장점, 수술 후 유의사항만 기재되어 있다.

2011. 3. 19.-9. 7. 총 8회 피신청인 의원 진료를 받았고, 수술 후 시력은 우측 0.4, 좌측 0.6이다.

※ 신청인은 피신청인에게 수술 후 시력이 호전되지 않고, 눈이 건조하며 빛번짐이 심한 증상 등을 호소하여 외래를 방문할 때마다 인공누액을 처방받아 사용했다고 진술했다.

2) 신청외 병원 진료 내용

2011. 9. 9. 라식수술 후 시력이 좋아지지 않고 심한 건성안 증상이 있다고 호소했다. 시력은 우측 0.5, 좌측 0.32, 눈물막파괴검사에서 양안 5초, 안저촬영에서 양안 시신경섬유층이 얇았다. 진단명은 양안 결막염, 건성안, 양안 원발성 개방각녹내장, 큰 동공이다.

2011. 11. 11. 안압은 우/좌: 9/9㎜Hg 빛간섭단층촬영 양쪽 시신경섬유층 감소, 시야검사는 특이 변화 없고, 눈물막파괴검사에서 양안 5초이다. 녹내장이 의심된다.

※ 진료기록부에는 "시신경섬유층 결손이 명백해서 안압약을 쓰면서 지켜보는 것이 좋겠다"는 내용이 기재되어 있다.

소견서(2011. 12. 23. 작성)에 병명은 건성안, 개방각녹내장 의증, 근시, 고위수차이다. 2011. 3. 17. 타원에서 양안 라식수술을 받은 후 양안 건성안 및 빛번짐 증상 호소하는 상태이다. 2011. 11. 11. 검사상 나안시력 우/좌 0.63/0.8이다. 현재 건성안, 개방각녹내장 의증 진단 하 양안 안압하강제 점안하면서 치료 중이며 현재 양안 시야검사상 이상소견 없으나, 양안 시신경섬유층 결손이 명확하여 추후 지속적인 경과관찰 필요하다.

※ 신청인은 안경을 써야 사물을 구별할 수 있고, 양안 건성안으로 인공 눈물을 자주 점안해야 하는 등 일상생활의 불편함이 크다고 진술했다.

나. 전문위원 자문결과

① 라식수술과 녹내장 발생 등

수술 전 녹내장이 확인되더라도 라식수술은 가능하고, 라식수술이 녹내장을 발생시키거나 기존 녹내장을 악화시키지 않는다. 녹내장은 시야검사, 시신경섬유층검사, 시신경유두 모양 분석 등을 필요로 하나, 이러한 검사가 라식수술 전 기본검사에 해당되지 않아, 기본 검진에서 확인되지 않은 경우가 종종 있다. 녹내장이 있어도 라식수술 금기는 아니나 신중한 차원에서 수술을 진행하지 않는 경우가 더 많으나, 라식수술을 시행할지 여부는 위와 같은 사항을 신청인에게 충분히 설명한 후 결정한다.

② 야간 빛번짐 발생 추정 원인

수술 전 시행한 동공 크기가 야간의 경우 7㎜가 넘었으므로 빛번짐 우려가 충분히 있기 때문에 수술 전에 빛번짐 가능성에 대한 설명이 필요하다.

③ 건성안의 발생 추정 원인

신청인의 경우 수술 전 쉬르머검사상 4㎜ 정도로 보아, 수술 전부터 건성안이 있던 것으로 판단된다. 건성안의 원인은 수술 전 콘택트렌즈 사용 등으로 인한 안구 표면 손상, 생활 습관 등 다양하다. 수술 후 발생한 건성안의 경우 시간이 지나면서 호전되는 양상을 보이는 경우가 많은데, 본 건은 수술 후 1년이 넘지 않았으므로 더 경과를 지켜봐야 할 것으로 생각된다. 또한 수술 후 눈물막파괴시간이 5초 정도로 측정된 것으로 보아 건성안은 경증에서 중증 사이로 추정되고, 건성안에 대해 좀 더 적극적인 치료를 하는 것이 좋을 것으로 보인다.

④ 종합 의견

수술 전 검사에서 야간 동공 크기가 다소 크고, 눈물 분비량 부족으로 수술 후 건성안 악화와 야간 빛번짐 현상이 예견되므로, 수술 전 이에 대한 충분한 설명이 필요했던 경우라고 생각된다.

다. 책임 및 범위

1) 책임 유무

피신청인은 신청인에게 수술 전 라식 수술에 대한 전반적인 내용과 수술 후 주의사항 등을 설명했고, 신청인은 양안 -6.0 디옵터 이상의 고도근시였으나 수술 후 우안 0.6, 좌안

0.7로 호전되었으며, 수술로 건성안, 빛번짐, 녹내장 등이 발생하지 않았다고 주장한다.

진료기록부 상 수술 전 우안 -6.5 디옵터, 좌안 -7.0 디옵터이었는데, 라식수술 후 약 8개월이 지난 2011. 11. 11. 우안 0.63, 좌안 0.8로 시력이 호전됐고 라식수술 자체로 녹내장이 발생되지 않고, 라식수술 이전에 녹내장이 확인되더라도 수술은 가능하다는 자문견해에 따라, 라식수술 후 시력이 호전되지 않았거나 라식수술로 녹내장이 발생되었다는 신청인 주장은 인정하기 어려워 보인다.

다만 수술 전 쉬르머검사 결과는 4㎜ 정도로 정상 범위인 10㎜에 비해 눈물 분비량이 부족하여 수술 후 건성안이 악화될 수 있고, 우안 동공 크기가 야간 약 7.1-7.7㎜ 정도로 커져 야간 빛번짐 우려가 충분히 예견되므로 피신청인은 신청인에게 수술 전 부작용에 대해 자세히 설명하고 신청인으로 하여금 이러한 부작용을 감안하고서 수술을 받을지 여부를 선택하도록 하여야 하나, 피신청인이 제출한 진료기록부, 안내책자에는 수술 방법, 종류, 수술 후 주의사항에 대한 내용만 기재되어 있어, 건성안 악화, 야간 빛번짐 등 발생 가능한 증상에 대한 충분한 설명이 이루어진 것으로 보기 어려워 피신청인은 설명의무 위반에 따른 위자료 배상책임을 부담함이 상당하다.

2) 책임 범위

위자료에 대해서는 사건의 진행 경위, 피해의 정도, 설명의무 위반 정도 등 여러 사정을 참작하여 200만원으로 결정했다.

[메모] 라식수술 후 녹내장이 의심되는 경우인데 수술 전부터 콘택트렌즈 사용 등으로 건성안이 있던 경우로서, 라식수술이 녹내장을 발생시켰거나 기존 녹내장을 악화시키지 않았던 점을 고려할 때, 수술 전에 진단된 상태에 대해 수술 후 예후를 구체적으로 설명하는 것이 중요하다.

[4] 기 타

안검내반 진단, 안연고로 인한 시야장애 사건은 매일 반복되는 진료지만 더 세심하게 접근할 필요가 있다. 특히 부신피질호르몬제 등 장기적인 투약을 처방하는 경우는 약으로 인한 부작용이 치명적일 수 있기 때문에 수시로 체크하고 기록하는 것이 중요하다.

안연고 부작용으로 시야장애 발생, 성형술로 안면거상술 후 피부괴사, 진단 관련(안검내반증 및 녹내장 진단 지연) 사례를 소개한다.

26 녹내장 진단 지연에 따른 손해배상 요구 (분쟁 처리결과: 취하로 종결)

신청인(55년 생)은 2012. 3. 피신청인 병원 종합건강검진에서 안저 및 안압검사 후 정상으로 통보받았다. 약 5개월 후 시야장애 등의 증상으로 신청외 병원에서 진료받은 결과 녹내장으로 진단되어 약물치료 중이다.

신청인은 안압 및 안저검사 상 녹내장이 있는 상태였으나 피신청인이 이를 간과하여 정상으로 판정하였으며, 녹내장은 조기 진단 및 치료가 매우 중요한 질환이나, 피신청인이 진단을 지연함으로써 상태가 악화되어 시력저하와 시야결손까지 발생했다고 주장했다.

피신청인은 2009. 3. 안과검진 시 이미 녹내장으로 진단하여 이후 안과진료가 예약되었으나 신청인이 내원하지 않았으며, 그 이후 3년 만에 내원하여 안저검사 및 안압측정만으로 진단 지연을 주장하는 것은 적절하지 않다고 주장했다.

가. 사실 관계

1) 피신청인 병원 진료 내용

2009. 3. 17. 가정의학과 검진에서 녹내장이 의심되어 안과에 의뢰됐다. 정상안압녹내장으로 진단되어 약물을 처방받았다. 3. 31. 추적 관찰을 하고 4. 28. 외래 예약됐으나 신청인이 내원하지 않았다. 2012. 3. 23. 피신청인 병원에서 종합건강검진을 받았으며, 안과검사로 시력검사(나안시력 우/좌안 0.6/0.5), 안압검사(우/좌: 21/16㎜Hg), 안저검사를 받았으나 특이소견이 없는 것으로 통보받았다. 2012. 6. 시력저하로 개인의원에서 진료 결과 녹내장으로 진단되어 약물치료를 받았다.

※ 신청외 병원에 2012. 8. 9. 약 1년 전부터 시력저하가 있었으며, 약 2개월 전 신청외 개인의원에서 녹내장으로 진단되어 약물치료(안약 Combigan)를 받던 중 경과관찰을 위

해 방문했다.

나. 전문위원 자문결과

진단 지연 여부 및 확대 피해 정도에 대해 살펴보면, 2012. 3. 23 시행한 검사에서 안압은 정상이나, 안저검사 상 녹내장이 의심되는 상황이기 때문에 추가적으로 시야검사 등을 통해서 녹내장 여부를 확인하는 것이 필요해 녹내장 진단 지연은 인정된다. 2012. 8. 신청외 병원 진료기록에 의하면 양안 시신경유두함몰비율이 우안 0.8, 좌안 0.9 로 2012. 3. 23. 시행한 안저검사와 비교해서 큰 차이는 없다. 녹내장의 진행 여부를 평가하는 중요한 지표인 시야검사 결과가 없어 정확한 수치 비교는 어려우나 안저검사 결과로는 명확하게 진행됐다고 보기 어렵다.

다. 처리 결과

신청인은 녹내장 진단 지연에 대해 주장하나, 사실조사 및 전문가 견해를 종합적으로 고려할 때, 5개월 간의 진단 지연으로 확대피해가 발생했다고 단정하기 어렵다. 2009년에 피신청인 병원에서 녹내장으로 진단받고 치료받았으나 신청인이 이후 외래진료를 받지 않아 현재 발생한 녹내장에 따른 피해는 신청인의 책임이 크고, 피신청인 병원에 책임을 묻기 어렵다고 대리인(신청인 딸, 피신청인 병원 간호사)에게 설명했다. 대리인은 2009. 3. 녹내장 진단 및 치료받은 사실에 대해 알지 못했다면서 사건 신청을 취하했다.

[메모] 타 진료과에서 안과로 의뢰된 정상안압녹내장 환자로서 외래 예약진료에 내원하지 않은 점과 5개월 간 확대피해가 발생하지 않은 점을 적극적으로 설명한다면 분쟁을 조기에 중단할 수도 있다.

27 안검내반 진단 지연에 대한 손해배상 요구 (분쟁 처리결과: 위자료 500만원으로 조정결정)

신청인(92년생)은 피신청인 병원에서 난시와 근시로 진단받고 7년 간 정기검진과 시력교정을 받았다. 2011. 11. 14. 난시와 근시, 표재성각막염 진단을 받았으나, 같은 날 신청외 안과의원에서 안검내반으로 진단받았다. 같은 해 11. 25. 신청외 성형외과에서 안검내반교정술 및 몽고주름교정술을 받았다.

신청인은 2005. 1.부터 정기적으로 피신청인 병원에서 진료를 받았으나 안검내반을 진단하지 못해 안검내반교정술이 지연되어 옆에 둔 안경을 찾을 수 없을 정도로 시력이 저하됐다며 손해배상을 요구했다.

피신청인은 진료기간 동안 특별한 불편감을 호소하지 않은 것은 안검내반이 없거나 정도가 심하지 않은 것으로 생각된다. 근시와 난시의 악화 정도는 성장기에 있을 수 있는 정도로 생각되므로 안검내반 진단 지연으로 시력이 저하됐다는 주장은 수용할 수 없다고 주장했다.

가. 사실 관계

1) 피신청인 병원 진료 내용

날짜	굴절 및 조절검사, 세극등현미경검사				진단 및 처방
	우안		좌안		
	근시	난시	근시	난시	
2005. 1. 8.	-3.75	-2.75	-3.75	-2.50	·
2005. 6. 21.	-4.25	-3.00	-4.25	-3.00	·
2006. 1. 18.	-4.50	-3.25	-4.50	-3.50	·
2006. 7. 18.-2009. 4. 3.(5회 외래통원) : 근시 난시 검사, 굴절 및 조절검사, 세극등현미경검사					·
2010. 5. 18.	-6.00	-3.00	-6.00	-3.00	·
2011. 5. 24.	-7.00	-4.50	-6.75	-4.00	·
2011. 11. 14.	-8.75	-5.00	-8.00	-5.25	표재성각막염 진단, 히아루론 처방.

2) 신청외 안과의원 진료 내용

날짜	세극등현미경검사, 굴절 및 조절검사, 안압측정, 각막곡률반경측정				진단 및 처방
	우안		좌안		
	근시	난시	근시	난시	
2011. 11. 14.	-8.00	-5.00	-7.25	-5.25	근시, 규칙난시, 마른눈 증후군 기계적 안검내반 진단, 안경처방.
2011. 11. 15.	적외선 치료 처방				근시, 규칙난시, 마른눈 증후군 기계적 안검내반 진단, 안경처방.
2011. 12. 30.	-8.25	-5.25	-7.50	-5.25	근시, 규칙난시, 마른눈 증후군 기계적 안검내반 진단, 안경처방.

※ 신청인은 지속적인 시력저하로 피신청인에게 치료방법에 대해 문의했으나 특별한 치료방법을 설명하지 않아, 시력교정술(라식, 라섹 등) 상담을 위해 신청외 안과의원에 내원했고, 안검내반 진단으로 눈썹을 뽑았다고 진술함.

3) 신청외 대학병원 진료 내용

2011. 11. 17. 양안 속눈썹찔림(우>좌), 중학생(6년 전) 정도부터 어머니 보기에는 눈을 자주 비빔. 3년 전 정도부터는 눈썹 찌른다고 듣고 불편할 때마다 눈썹 뽑으면서 지냈고 어제, 그제 눈썹을 뽑았으며 안통, 유루가 있고 눈에 손을 자주 댄다고 보호자가 설명했다. 각막은 우안 상측부 미란, 좌안은 깨끗하고 안검하수로 진단, 인공눈물 처방, 눈썹 뽑지 말고 1개월 뒤 재진을 권했다.

4) 기타 진료 내용

2011. 11. 25. 신청외 성형외과의원에서 상안검내반증 진단, 양측 상안검 속눈썹이 아래로 향해 있어 답답해 보여 속눈썹 방향 교정이 필요, 안검내반교정술, 몽고주름교정술 받았다.

2012. 1. 14. 신청외 안과의원에서 세극등현미경검사, 굴절 및 조절검사, 각막곡률측정, 안압측정, 정밀안저검사, 안저촬영을 했다.

우안		좌안		진단 및 처방
근시	난시	근시	난시	
-8.50	-5.25	-8.00	-5.00	주진단) 근시 부진단) 규칙난시/녹내장 의심, 양쪽

※ '녹내장 의심'이라는 부진단은, 렌즈 처방을 위해 안압 측정이 필요하고, 안압 측정을 위해서 상기 진단이 필요하다고 진술했다.

2012. 2. 7. 세극등현미경검사, 각막곡률측정, 부하조절마비굴절검사 후 주진단은 근시, 부진단은 규칙난시/녹내장의심, 양쪽/조절의 부전마비로 RGP 렌즈를 처방했다.
2013. 1. 11. 세극등현미경검사, 굴절 및 조절검사, 각막곡률측정, 눈물분비기능검사를 시행하였다.

렌즈교정시력	우안(근시)	좌안(근시)	진단 및 처방
렌즈교정시력	-6.75	-6.00	주진단) 근시 부진단) 규칙난시/녹내장 의심, 양쪽/조절의 부전마비/마른눈 증후군 하메론미니 처방

현재 신청인은 안검내반교정술 후 눈을 비비는 증상은 없어졌고, 현재 RGP렌즈로 시력교정 중이다.

나. 전문위원 자문결과

① 안검내반 진단 및 치료방법

안검내반은 원인기전에 따라 치료법이 달라지므로 정확한 진단이 중요하며, 육안 혹은 세극등현미경으로 안검 방향과 각막에 눈썹이 닿는지 여부를 확인함으로써 가능하다. 안검내반은 청소년기의 아동에서 흔한 질병으로 그 정도에 따라 치료가 다르며, 안검연이 안으로 말려들어가 있지만 눈썹이 각막에 손상을 주지 않는 경우라면 치료가 필요하지 않거나 항생제 안약과 안연고 등을 일시적으로 사용하며, 소수의 눈썹이 각막에 닿을 경우 눈썹을 뽑아주거나 열로 모공을 소작시켜 눈썹을 제거해 준다. 하지만 안검내반을 치료하지 않고 방치하면 지속적으로 각막 및 결막이 자극되어 각막미란과 결막염이 발생할 수 있고, 심할 경우 각막혼탁 및 신생혈관 형성, 결막반흔 등의 합병증이 발생해 시력이 저하될 수 있기 때문에 수술이 필요하다.

② 시력저하의 추정원인 및 안검내반의 관련 여부

청소년기(7-20세)는 안구가 길어지고, 빈번한 근거리 작업으로 과다한 조절작용이 생겨 근시가 진행한다. 신청인의 경우 근시진행이 가장 활발히 이루어지는 연령대인 7년(12-19세) 동안 근시가 -3.75 - -8.75디옵터, 난시 역시 -2.75 - -5.25디옵터까지 진행하였다. 만약 난시의 원인이 안검내반에 의한 각막 손상이라면, 진료 기간 동안 양안 난시가 비대칭적으로 진행했을 수 있는데, 신청인의 경우 수년 간에 걸쳐 근시 및 난시가 대칭으로 서서히 지속적으로 진행됐다는 점, 수술이 필요한 정도의 안검내반이라면 수년 동안 끊임없는 불편감(눈물흘림, 눈부심, 찡그림, 비빔, 안통 등)을 호소하고 주위에서 인지할 수 있는 경우가 대부분임을 감안할 때, 7년 동안 별다른 주관적인 불편함을 호소하지 않았다면 심한 안검내반이나 그로 인한 각막염은 없었을 것으로 추정된다. 따라서 신청인의 시력저하는 안검내반으로 인한 각막병변이 원인이라기보다는 성장하면서 진행하는 근시와 난시로 인한 굴절이상이 원인일 가능성이 높다. 또한 심한 안검내반으로 인해 속눈썹이 만성적으로 각막 및 결막을 자극하면 각막혼탁과 신생혈관이 유발되어 시력저하를 일으킬 수 있어 RGP 렌즈나 안경으로 시력교정이 되지 않는다. 2011. 11. 17. 신청외 병원 자료에 따르면 우안은 상측부 각막미란이 있고 좌안은 각막병변 없이 깨끗하다고 기록되 있으므로 안검내반으로 인한 각막병변이 심하지 않음을 추정할 수 있다. 하지만 장기간 신청인을 진료하면서 시력저하 원인과 해결 방법을 자세히 설명하고 안검내반의 진행 양상과 발생 가능한 증상 및 합병증을 사전에 고지했다면 적절한 조치를 했을 가능성이 있으므로 설명 부족으로 인한 신청인의 각막 자극 및 불편감에 대해서는 책임이 있다고 생각된다.

다. 책임 및 범위

신청인은 피신청인에게 약 7년에 걸쳐 정기검진을 받았음에도 피신청인이 안검내반을 진단하지 못해 시력이 저하되는 피해가 발생하였다고 주장한다.

—신청인은 가장 활발한 근시진행이 이루어지는 연령대에 근시 및 난시가 대칭적으로 서서히 진행된 점, 피신청인의 진료기록상 신청인이 특별한 불편감을 호소한 내용을 확인할 수 없는 점, 안검내반으로 인하여 난시가 진행되었고 수술을 해야 할 상태였다면 신청인이 끊임없는 불편감을 호소하였을 것이라는 전문위원의 견해 등을 종합할 때, 피신청인의 안검내반 진단 지연으로 인해 시력저하가 악화되었다고 보기 어렵다. 다만 오랜 기간 각막 자극 및 불편감이 있었다는 신청인의 진술로 미루어 보아 안검내반에 대한 설명이 있었다면 보다 빨리 수술을 하는 등의 적절한 조치를 했을 가능성을 배제할 수 없고, 당시 신청인이 중 · 고등학생인 점을 감안할 때 학업에 영향이 있었을 것으로 사료된다. 설명 부족에 따른 책임이 있다고 인정되므로 정신적 손해에 대해 위자료를 지급하고, 위자료는 이 사건 경위, 나이, 의료의 특수성 등 여러 사정을 참작하여 500만원으로 결정했다.

[메모] 7년 동안 진료를 받을 경우 증상 변화를 간과하기 쉽기 때문에 환자 호소를 경청하는 것이 필요하다. 안검내반이 심하지 않더라고 집중관찰함으로써 시력저하나 각막염의 구체적인 발생원인을 진단하고 치료방법을 설명하고 기록하는 것이 중요하다.

28 안면거상술 후 피부절개 부위 괴사에 따른 손해배상 요구 (분쟁 처리결과: 10,210,000원으로 조정결정)

신청인(1944생)은 2011. 11. 4. 피신청인으로부터 안면거상술을 받은 뒤, 수술부위 통증, 발적, 부종 등의 이상증상이 나타났다. 같은 해 11. 14. 신청외 대학병원에서 양쪽 수술부위 괴사(우측 13×3㎝, 좌측 12×2.5㎝) 진단을 받고, 같은 해 11. 24. 괴사부위 절제 및 피부이식술을 받았다. 현재 수술부위에 색소침착과 추형이 존재한다.

신청인은 수술 후 발생할 수 있는 부작용에 대한 설명이 없었고, 수술 당시 피부를 과도하게 절제하여 수술 직후부터 통증, 발적, 부종 등의 이상증상이 나타나 이를 피신청인에게 알렸으나 피신청인은 아무런 조치를 취하지 않았으므로 수술 기술 상의 문제 및 수술 후 관리에 대한 설명 부족, 이상 증상에 대한 신속한 조치 미흡으로 조직괴사까지 발생하여 신청외 대학병원에서 괴사부위 절제 및 피부이식술까지 받게 되었고, 현재 색소침착 및 추형이 남았다며 손해배상을 요구했다.

가. 사실 관계

1) 피신청인 진료 내용

2011. 11. 4. 안면거상술 후 경구약 처방받고 귀가했다.

※ 신청인은 당시 지인으로부터 병원을 소개받고 집이 멀어 유선으로 수술을 예약했으며, 예약 당일 바로 수술을 받았다. 수술에 대한 구체적인 설명은 전혀 듣지 못하였으며, 진료기록부상 수술에 대한 구체적인 설명 내용(수술 방법, 기대효과, 합병증 등)은 확인되지 않으며, 수술동의서 및 수술기록은 없다. 신청인은 피신청인 의원에 거의 매일 전화해 욱신거리는 증상을 호소하였으나 병원을 방문하라고는 하지 않고 자연적인 현상이니 곧 나을 것이고, 괜찮아진다고만 이야기하였다. 2011. 11. 14. 수술부위에서 고름까지 나와 개인의원을 방문하니 큰 병원 진료를 받으라고 하여 신청외 대학병원을 방문했다(신청인 진술).

※ 신청인은 신청외 병원에서 수술 깊이가 너무 깊고, 수술 방법도 잘못되었으며, 피신청인이 수술에 사용한 봉합사도 통상의 성형외과에서 보기 힘든 것으로 문제가 있다고 들었다. 해당 보건소에 문의한 결과 피신청인 의원은 신청인과 유사한 피해를 입은 환자들이 속출하는 곳으로 확인됐다.

2) 신청외 대학병원 진료 내용

2011. 11. 14. 수술부위의 지속되는 통증, 발적, 부종 등의 이상증상으로 진료 소견상 발적(+), 압통(+), 가피(+), 양쪽 수술부위 괴사 및 염증소견이 관찰됐다. 2011. 11. 15.-22.까지 총 8회 외래 방문하여 가피제거 등의 소독치료를 받았다. 2011. 11. 23. 입원 후, 다음 날 전신마취 하에 변연절제술 및 부분층 식피술을 받고 6일 간 입원치료 받은 이후 외래진료(2011. 11. 30.-12. 28.)를 받았다. 소견서(2011. 12. 19. 작성)에 의하면 내원 당시 양쪽 귀 앞 부분 피부조직의 광범위한 괴사소견(우측 13×3㎝ / 좌측 12×2.5㎝)이 관찰되어 2011. 11. 24. 전신마취 하에 변연절제술 및 부분층 식피술 시행, 양측 수술부위 색소침착 및 추형이 예상되는 상태이다.

※ 진료비(본인부담금) 피신청인 병원 수술비는 1,050,000원, 신청외 대학병원 진료비는 3,536,630원이다.

나. 전문위원 자문결과(성형외과)

① 수술적절성 여부 및 괴사 발생 추정원인

안면주름 제거를 위해 피부절제봉합법을 시행한 것으로 추정되나 절개선의 위치가 너무 앞쪽으로 전진되어 있다. 초기 사진에서도 봉합부위 긴장이 심하였던 것이 관찰되는데 신청인에게 특별한 질환이 없었다면 안면 피부의 과도한 절제와 견인으로 인하여 피판 혈행이 원활하지 않아 변연괴사가 발생된 것으로 추정된다.

② 수술 전 설명할 내용

통상적으로 안면 주름 성형 전에는 과도한 이상 반흔, 비대칭, 멍, 출혈, 안면신경마비, 피판의 괴사 가능성 등을 설명해야 한다.

③ 수술 후 처치 적절성 등

부분 마취이므로 수술부위 출혈이 없고 환자 상태가 정상이라면 당일 귀가는 문제가 되지 않으나 통상적으로는 1-2일 경과관찰을 한다. 치료나 봉합사 제거 등이 필요했으나 그런 일정이 없는 것은 납득하기 어렵다. 흉터 완화를 위하여 레이저치료나 연고 등을 사용할 수 있으나 결국은 시간이 지나면 지금보다는 좋아질 것으로 추정된다. 하지만 어느 정도까지 좋아질지에 대한 예측은 어렵다.

④ 종합 소견

피판의 과도한 절제와 견인이 빚은 결과로 사료된다. 절개선 위치가 너무 앞으로 치우쳐서 흉을 더 눈에 띄게 하는 결과를 초래할 것으로 추정된다. 수술계획과 피판 절제 결정 과정에서 무리가 있었던 것으로 보인다.

다. 책임 유무 및 범위

1) 책임 유무

신청인은 피신청인의 수술 상 과실 및 수술에 대한 설명의무 위반, 이상 증상에 대한 신속한 조치 미흡으로 조직괴사까지 발생하여 신청외 대학병원에서 괴사부위 절제 및 피부이식술까지 받게 되었으므로 이에 따른 손해배상을 요구하고 있으며, 이에 대하여 피신청인은 아무런 주장을 하지 않고 있다.

수술 후 사진을 관찰한 결과 피부 절개선 위치가 통상의 안면거상술에 비하여 과도하게 앞쪽으로 전진되어 있으며, 봉합부위 긴장이 심하였던 것으로 관찰되는 점, 피부 괴사부위가 특정 부위가 아닌 피부 절제가 시행된 수술 부위로 그 원인이 안면 피부가 지나치게 절제되면서 과도한 피부 견인으로 인하여 피판 혈행에 지장이 초래되면서 발생된 것으로 추정된다는 전문위원의 견해를 고려할 때, 수술 계획 및 피판 절제 결정 과정에 있어서 피신청인이 주의의무를 다하지 못한 부분이 있다고 사료된다. 또한 신청인은 수술 후 통증, 발적, 부종 등의 이상증상을 수차례 피신청인에게 전화하여 문의하였지만, 피신청인은 수술 상태에 대한 구체적인 관찰 없이 단순히 괜찮아진다고만 했다는 진술, 안면거상술 1-2일 후 경과관찰을 하며, 치료나 봉합사 제거 등이 필요했으나 그런 일정이 없다는 것은 납득하기 어렵다는 전문위원의 의견을 고려하여 볼 때 수술 진행과정뿐만 아니라 수술 이후 충분한 사후관리를 하지 않은 것으로서 환자의 문제상황에 대한 불성실한 대응으로 인하여 수술부위 피부괴사가 발생하였다고 판단된다. 따라서 피신청인은 수술한 의사로서 신청인의 상태 경과를 관찰하여 적절한 치료를 받을 수 있도록 조치하지 않았고, 수술 후 관리에 있어서도 충분한 주의의무를 다한 것으로 보기 어렵다. 또한 신청인의 수술부위 괴사는 이러한 업무상 과실 외 다른 원인이 개입되었다고 볼 수 없다. 따라서 피신청인의 업무상 과실과 신청인의 손해 사이에 상당인과관계가 인정된다.

위의 내용들을 종합적으로 고려할 때, 수술 후 발생된 수술부위 괴사와 관련하여 피신청인의 책임이 크다고 사료되는 바, 피신청인은 수술부위 괴사로 인하여 신청인이 입게 된 육체적, 정신적 고통에 대한 손해배상 책임이 있다.

2) 책임 범위

신청인의 안면거상술 피부절개부위 괴사에 따른 손해를 피신청인이 배상할 책임이 존재하나 다만, 인체의 침습 행위에 있어서는 항상 부작용의 위험이 따르므로 공평의 원칙상 피신청인의 책임 범위를 손해의 70%로 제한함이 상당하다.

신청인의 재산적 손해는 피신청인 의원에서의 수술 비용 및 신청외 대학병원에서의 괴사부위 절제 및 피부이식술 비용, 입원치료비와 외래진료비를 합산한 환자 본인 부담 4,586,630원 중, 70% 책임제한을 한 3,210,641원으로 산정함이 상당하다.

위자료에 대해서는 신청인의 나이, 사고의 경위, 상해의 정도, 치료기간, 피신청인의 설명의무 위반으로 인한 자기결정권 침해의 점 기타 이 사건에 나타난 여러 사정을 종합하여 참작한 7,000,000원이 상당하다.

이상을 종합하면 피신청인은 신청인에게 재산적 손해 및 위자료 합계 10,210,641원으로 결정했다.

[메모] 일반적으로 수술 후에 통증을 호소하면 자연적인 현상으로 시간이 지나면 좋아진다고 설명하는데, 특히 성형수술의 경우 지속적인 사후관리가 중요하다. 매일 절개부위가 욱신거려 전화를 했음에도 적극적인 대처를 하지 않자, 신청인은 수술부위에서 고름이 나오자 타 병원을 찾았고, 결국 과도한 절제와 견인으로 봉합부위가 괴사되어 피부이식까지 받게 된 과정을 고려해 책임을 강하게 물은 사례이다.

29 안연고 사용 후 녹내장으로 인한 시야장애로 손해배상 요구 (분쟁 처리결과: 5,400만원으로 합의)

신청인(남, 99년생)은 2008. 6. 4. 눈 충혈과 가려움으로 피신청인에게 급성 아토피 결막염으로 진단받고 같은 해 7. 21.부터 안연고(네오덱스)를 점안하였다. 2009. 10. 16. 두통이 있고 시야가 흐려져 내원하여 안압상승으로 진단 후 10. 17. 타 대학병원으로 전원해 치료받았다. 2011. 12. 28. 양안 시야장해로 맥브라이드식 장애평가로 26% 노동능력 상실로 진단되었다.

신청인은 피신청인이 스테로이드 안연고를 부적절하게 장기간 처방하였고, 스테로이드 안연고를 장기간 사용할 경우 발생할 수 있는 합병증을 설명해주지 않았고, 안압을 주기적으로 측정하지 않아 안압상승을 조기에 치료할 기회를 놓쳤고 이에 시야손상이 생긴 것에 대해 손해배상을 청구했다.

피신청인은 2008. 6. 4. 급성 아토피결막염으로 진단하고 치료를 시작했으며, 같은 해 7. 21. 증상이 심해져 안연고(네오덱스)를 처방했다. 20세 이하 환자에서 안압측정은 심사평가원 삭감 기준으로 현실적 어려움이 있고, 2009. 10. 16. 두통을 호소하자 안압을 측정하였고, 적절하게 조취했다. 통상 스테로이드유발 안압상승은 해당 약물을 중단하고 치료하면 후유장애가 남지 않으므로, 신청인의 장애는 개인적 소인이 크기 때문에 신청인 주장을 인정하기 어렵다고 주장하였다.

가. 사실 관계

1) 피신청인 병원 진료 내용

신청인은 피신청인 병원에 시력검사 및 안경처방을 받기 위해 3회(2006. 6. 7, 2007. 10. 23, 10. 27.), 2008. 6. 4. 눈 충혈과 가려움으로 내원했다. 급성 아토피결막염으로 진단하고 항히스타민제(로다인정), 소화제(레보팜정), 스테로이드제(피디정), 안약(아제란)을 처방했으나, 시력, 시야검사는 시행하지 않았다. 2008. 6. 9.-7. 7. 기존 약을 유지하고, 안약(클레신)을 추가 처방했다. 2008. 7. 21. 기존 약을 유지하고, 안연고(네오덱스)를 추가 처방했다. 2008. 8. 21.-2009. 2. 18. 항히스타민제(로다인정), 소화제(레보팜정), 스테로이드제(피디정), 안연고(네오덱스)를 유지하면서 안약(에디펜 또는 케토핀프리)을 처방했다. 2009. 3. 6.-10. 5. 안연고(네오덱스), 항히스타민제(레티신정), 소화제(레보팜정), 스테로이드제(피디정), 안약(파타놀)을 유지했다. 2009. 10. 16. 신청인은 약 한달 전부터 두통이 있고 시야 흐림 증상이 있었다고 하여, 안저 검사 및 안압을 측정(48/45~42/43mmHg)했다. 스테로이드 유발성 녹내장 가능성을 보호자(어머니)에게 설명한 후 안압을 낮추기 위한 약물을 처방(코솝점안액, 트라바탄점안액, 세리타제정, 다이아막스정, 레포팜정)하고 만니톨을 주사했다.

2009. 10. 17. 대학병원 녹내장 전문의에게 진료의뢰서를 작성하고, 향후 최선의 치료를 받을 수 있도록 조치를 다하고 치료비는 본원에서 부담하기로 약속했다. 당시 안압은 21/22mmHg 측정됐다.

※ 2009. 11. 7. 피신청인은 스테로이드 연고를 장기간 사용할 경우 발생할 수 있는 합병증 등에 대해 설명이 없었던 점, 치료 과정 중 안압을 측정하지 않은 점 등에 대해 책임이 있고, 치료비를 부담한다는 각서를 작성했다(피신청인 서명함).

2) 신청외 대학병원 진료 내용

2009. 10. 19. 신청인은 1년 전부터 알레르기결막염으로 치료를 받던 자로 안압상승(42/43mmHg)에 따른 시신경손상 소견으로 내원했다. 당시 교정시력(우/좌) 0.7/0.7, 안압(우/좌) 14/17mmHg으로 측정되어 약물(다이아막스정)과 안약(아제란과 파타놀)을 처방했다. 2010. 10. 28. 좌안 섬유주절제술을 시행, 2011. 2. 9. 우안 섬유주절제술을 시행했다. 2011. 2. 28. 교정시력(우/좌) 1.0/1.0, 안압(우/좌) 8/6mmHg임, 2011. 12. 23. 교정시력(우/좌) 0.6/0.8, 안압(우/좌) 9/9mmHg이다.

3) 장애진단서 등

피신청인 진료의뢰서(2009. 10. 17. 작성) 녹내장 의증(양측), 급성 아토피결막염으로 약 1년 전부터 지속적으로 알러지결막염 진단 하 치료받던 중 2009. 10. 16. 측정한 안압이 42/43mmHg으로 2009. 10. 17. 안압 21/22mmHg까지 조절한 상태이다.

신청외 대학병원 후유장애진단서(2011. 12. 28. 작성) 개방각녹내장(양안)으로 2010. 10. 28. 좌안 섬유주절세술을, 2011. 2. 9. 우안 섬유주절제술을 시행받았으며 외래 경과관찰 중이다. 교정시력은 양안 1.0, 시야는 골드만 및 자동시야계 검사 상 양안 시야이상을 보인다. 장애내용은 시야상실률- 우안 14%, 좌안 72%, 양안시효율 71.5%, 양안시효율상실률 28.5%, 전신노동능력상실률 26%(맥브라이드식 장애평가, 시각-양안-시야)이다.

나. 전문위원 자문결과

① 알러지(아토피)결막염의 치료법

알러지결막염은 모든 알러지질환과 같이 원인이 되는 항원을 찾아 환자의 생활환경에서 제거하는 것이 가장 중요하다. 결막부종과 소양증 완화를 위해서는 항히스타민 점안제, 비만세포안정제 등을 경구 또는 점안제로 투여하며, 알러지비염에 비해 전신사용약제는 효과가 적어 점안제로 주로 투여한다. 이러한 치료가 효과가 없을 경우 비스테로이드성 항염증약물(NSAID) 점안제 또는 경구약 투여도 증상을 줄이기 위해 사용할 수 있으며, 부신피질호르몬제는 녹내장이나 백내장의 위험성이 있어 증상이 심한 경우에 국한하여 조심스럽게 사용할 수 있다.

② 피신청인 처방의 적절성

2008. 6. 4. 신청인이 양안 가려움증을 처음 호소한 때부터 항히스타민 점안제인 아제란 점안액과 함께 경구용 부신피질호르몬제인 피디정(메틸프레드니소론 4mg)을 하루 3회

씩 2일에서 3일분을 처방했다. 증상이 재발하자 2008. 7. 21.부터는 부신피질호르몬제와 항생물질 복합제인 네오덱스안연고를 처방하기 시작했다. 2008. 6. 4. ~ 2009. 10. 9. 약 15개월 동안 피디정(하루 3회 복용)은 총 108일, 네오덱스안연고는 총 11개 처방하였고, 특히 신청인 안압이 상승할 무렵 네오덱스안연고가 월 2회 정도로 빈번히 처방되었다. 피신청인의 처치는 초기부터 전신적으로 부신피질호르몬제를 사용했다는 점 등에서 과다한 치료를 한 것으로 판단된다.

③ 안연고(네오덱스) 처방 시 주의할 사항

네오덱스안연고에는 부신피질호르몬제가 포함되어 있으므로 3주 이상 사용할 때는 안압이 상승할 수 있으며, 장기간 사용 시 백내장이 합병될 수 있고 이차적인 감염에 취약해질 수 있다. 당시 신청인 연령이 10세이므로 한창 알러지결막염 증상이 심할 나이다. 따라서 이 시기에는 알러지를 일으키는 항원물질을 찾아 원인물질을 피하는 노력과 함께, 사춘기가 지나면 증상이 호전되는 경우가 많으므로 증상이 심한 시기를 부작용이 적은 항히스타민제 또는 비만세포안정제 정도로 조절치료가 더 선호된다. 부신피질호르몬제를 3주 이상 사용할 경우 안압상승이 예상되므로 이에 대해 적절히 검사(안압측정, 시신경유두관찰)해야 부신피질호르몬제에 의한 안압상승과 이로 인한 이차녹내장을 예방할 수 있다.

④ 안연고 처방과 안압상승의 인과관계

신청인이 다른 기저질환이나 외상 병력, 다른 전신질환 치료를 위한 약물복용의 병력이 없었다면 네오덱스안연고와 피디정의 장기 사용이 안압상승을 유발했다고 볼 수 있다. 안압상승 발견 즉시 부신피질호르몬제를 모두 끊게 하고 최대한의 약물치료 (코솝점안액, 트라바탄 점안액, 다이아막스정, 만니톨주사액)를 시행한 후 다음 날 다시 안압을 측정하여 안압이 하강한 것을 확인하고 바로 상급 의료기관으로 전원했으므로 조치는 적절하다고 판단된다.

⑤ 후유장애에 대한 책임 여부

피신청인의 주장대로 스테로이드유발 안압상승은 해당 약물을 중단하고 치료하면 상승되었던 안압은 정상으로 돌아오게 되나, 후유장애가 남지 않는다는 것은 잘못된 의견이다. 약물을 중단하고 안압이 정상으로 되기 전에 안압상승 기간이 장기화됐다면 그 기간에 녹내장시신경병증이 영구적인 후유로 남게 된다. 피신청인은 10세 환자에게 15개월 동안 경구용 부신피질호르몬제제와 점안용 부신피질호르몬제를 처방하면서 안압을 한 번도 측정하지 않은 것은 잘못됐다고 판단된다. 또한 신청외 병원 의무기록을 보면 안압상승이 발견된 지 3일째 시행한 시야검사, 안저검사, 빛간섭단층촬영검사에서 상당히 진행된 녹내장시신경병증 소견이 확인된다. 이는 신청인의 안압상승이 상당히 오랫동안 있었다는 것을 보여주는 소견이다. 따라서 피신청인은 신청인의 후유장애에 대해 책임이 있다고 판단된다.

다. 책임 및 범위

피신청인은 2008. 6. 4. 아토피결막염으로 진단한 후 신청인의 보호자에게 충분히 설명하고 안연고(네오덱스) 등을 적절하게 처방했으며, 2009. 10. 16. 안압상승 소견으로 응급조치 후 상급의료기관으로 진료를 의뢰했으므로, 이후 발생한 시야장애는 신청인의 개인적 소인이 크다고 주장한다.

사실조사와 전문위원의 자문 결과, 일반적으로 부신피질호르몬제는 녹내장 위험이 있어 심한 경우에 국한해 조심스럽게 사용해야 하나 피신청인은 2008. 6. 4. 처음 증상 호소시부터 항히스타민 점안제와 함께 부신피질호르몬제를 처방했으나, 투약 부작용에 대한 설명 내용은 확인하기 어렵다. 2008. 7. 21.부터는 부신피질호르몬제와 항생물질의 복합제인 네오덱스안연고를 처방하고 특히 안압이 상승할 무렵 네오덱스안연고를 월 2회 정도로 빈번히 처방한 것은 과잉치료로 생각되고, 부신피질호르몬제(네오덱스안연고)를 3주 이상 사용할 경우는 안압이 상승하므로 이에 대한 적절한 검사(안압측정, 시신경유두관찰 등)를 했어야 하나 하지 않았다. 2009. 10. 19. 신청외 대학병원에서 시행한 시야검사, 안저검사, 빛간섭단층촬영검사에서 이미 상당히 진행된 녹내장시신경병증의 소견이 확인되고, 이는 신청인의 안압상승이 상당히 오랫동안 있었다는 것을 보여주는 소견이라는 점 등을 종합할 때 피신청인의 주장은 인정하기 어렵고 신청인의 후유장애에 대해 책임이 있다고 판단된다. 다만 안압상승 소견 시 응급조치 및 조기에 상급 의료기관으로 진료를 의뢰한 점 등을 감안하여 피신청인 책임을 50%로 제한하는 것이 적절하다고 생각된다.

[메모] 매일 많은 환자를 보는 진료환경에서 처방전도 일상적으로 발급할 여지가 있다. 투약 부작용은 장기적인 경우에 주로 발생하기 때문에 부신피질호르몬제 약물을 처방할 경우엔 스테로이드 유발 안압상승을 염두에 두고 안압체크와 부작용 설명을 해야 한다. 안압상승이 상당기간 지속되어 시야장해 상태로 조금만 더 늦었다면 시력상실까지 피해가 예상된 사례로서 희박하나 치명적인 사고이다.

30 산동제 투여 후 눈 부작용 발생에 따른 손해배상 요구 (분쟁 처리결과: 50만원으로 조정결정)

신청인(43년생)은 2013. 10. 10. 좌안 시야가 흐릿해지는 증상으로 피신청인 병원에서 양안을 산동하여 검사하고 좌안 황반변성으로 진단받았다. 당일 오후부터 두통과 구토 등의 증상이 생겨 피신청인 병원 응급실에 내원하여 진료를 받은 결과, 산동제 투여로 우안 폐쇄각녹내장 가능성이 있다는 소견으로 10. 15.까지 치료를 받고 퇴원했다.

신청인은 산동제 투여 시 부작용 발생 가능성에 대해 전혀 듣지 못한 상태로 검사를 받았으며, 산동제로 인해 현재까지도 두통 등이 지속되어 고통을 받는다며 손해배상을 요구했다.

피신청인은 신청인의 양눈 안저상태를 정확하게 관찰하기 위해 산동검사가 꼭 필요한 상태였고, 통상적으로 산동검사는 동의서를 받지 않고 점안 전 구두로 산동제 부작용 등에 대해 설명 후 시행한다. 또한 진료 후 산동제로 인한 부작용은 없었으나 신청인의 전방각이 상대적으로 좁아 산동제에 의해 폐쇄각이 되어 안압이 상승됐다가 저절로 호전됐을 가능성이 있어 신청인의 손해배상 요구를 수용할 수 없다고 주장했다.

가. 사실 관계

신청인은 우안 시력장애(어릴 때 병을 앓은 이후로 잘 보이지 않는 상태)가 있고, 2011경 좌안 백내장수술을 받았고 고혈압 약을 복용 중이다.

1) 피신청인 진료 내용

신청외 의원에서 나이와 관련 황반변성으로 상급병원 진료를 권유받아 피신청인 병원 안과로 내원했다. 2013. 10. 10. 7-8개월 전부터 좌안 시야가 뿌옇게 보인다고 했다. 우측 광각 유(교정 안 됨), 좌안 나안시력 0.3, 교정시력 0.4, 안압은 우/좌 11/8㎜Hg(정상범위)였다. 세극등현미경검사 후 비접촉안저검사용 렌즈를 이용하여 안저검사 시 우안은 백내장으로 안저가 잘 관찰되지 않았고, 좌안은 황반변성이 있었고, 망막의 다른 부위를 확인하기 위해 산동하였다.

※ 진료기록부 상 산동제 점안 전 발생할 수 있는 부작용에 대해 설명한 내용은 없다.
산동 후 검사 결과는 우안 안저는 백내장이 심해 여전히 망막이 뚜렷하게 관찰되지 않는 상태이며, 좌안 안저는 나이와 관련 황반변성과 후극부 포도종이 관찰돼, 망막정밀검사를 위한 형광안저촬영(FAG), 빛간섭단층촬영(OCT) 검사를 권유하고 나이와 관련 황반변성에 대해 생활습관을 교정하도록 교육했다. 피신청인은 신청인이 귀가 당시 산동제 점안과 관련하여 부작용을 호소하지 않았고, 신청인도 귀가 직후 특별한 증상은 없었다고 한다.

오후 7시 저녁식사 이후부터 두통 및 구토, 어지럼증이 지속되어 밤 11시 21분경 119 통해 응급실로 내원했다. 뇌 전산화단층촬영(Brain CT)를 권했으나 신청인이 거부해, 증상이 지속되거나 추가 증상이 발생된 경우 추가 진찰 및 검사를 받아야 함을 설명했다. 이후 두통이 감소하여 진통제 등을 처방한 후 다음 날 새벽 1시 9분 귀가 조치했다.

2013. 10. 11. 새벽 3시 7분 증상이 지속된다며 응급실을 다시 내원, Brain CT촬영을 한 결과 이상 소견이 없어 신경과 진료 후 말초성현훈(어지러움), 산동제로 인한 부작용 등을 의심하여 보존적 치료 및 정밀검사 위해 신경과로 입원했다. 2013. 10. 13. 우안 통증

및 충혈이 지속되어 안과에 의뢰했다. 안압은 정상(16/16㎜Hg)이기에 명확하지는 않으나 병력 및 안과검진 상 우안 전방각이 상대적으로 좁아져 있어 산동제 사용 후 폐쇄각이 되어 안압이 상승되었다가 저절로 호전되었을 가능성이 있다고 판단하여 약물사용에 주의하라는 회신을 받았다. 2013. 10. 14. 우안 주위 부종 및 외전장애 등 안과적 평가 위해 진료를 받은 결과, 안압은 정상(16/14㎜Hg)이며 양눈 외전장애가 있는 것으로 보인다. 제6뇌신경(외전신경)마비에 대한 평가도 필요하다는 회신을 받았다. 2013. 10. 15. 증상이 호전되어 진통제 및 어지럼증 치료제 등을 처방한 후 퇴원 조치했다. 2013. 10. 23. 안과로 내원하여 좌안 나이와 관련 황반변성과 포도종 소견으로 인공눈물 및 크라비트 점안액(항생제)을 처방했다. 2013. 11. 6. 간헐적인 두통으로 신경과로 내원, 이비인후과 협진 의뢰하여 전정기능검사 등 제반검사를 예약했다.

※ 신청인은 경제적인 문제로 검사를 받지 않았다고 진술했다. 2014. 1. 23. 시력 우안 광각 유, 좌안 시력은 0.4, 안압 측정결과 우/좌 8/10㎜Hg으로 특이 소견은 없었다. 인공눈물 및 큐레복스 점안액(항생제)을 처방하고 4개월 후 경과관찰 지시했다. 신청인은 간헐적인 두통 및 눈곱 끼는 증상 등이 현재까지 지속된다고 진술했다.

나. 전문위원 자문결과

① 산동 검사의 필요성

우안 백내장이 있었다고 기재되어 있는데, 백내장이 있는 경우 빛이 통과하기가 어려워서 일반 검사로는 망막 상태를 알 수 없다. 따라서 동공을 확장시키는 약(산동제)을 사용하여 산동 후 망막 및 주변부의 상태를 확인하고, 황반변성은 양안에 생기는 경우가 많아 일반적으로 양눈을 산동하여 망막을 검진한다.

② 두통과 산동제의 부작용과의 연관성

일반적으로 산동제와 관련하여 부작용(일시적인 안압상승 및 근거리가 뿌옇게 보이는 등)이 있을 수 있으나, 산동제는 통상 6시간 정도 약효가 지속되므로 산동제로 인해 지연성으로 나타나는 부작용은 없다고 판단된다. 산동제 투여시 동의서는 따로 받지 않고, 산동제 또한 일종의 약물이므로 약을 처방하면서 동의서를 받지 않는 것과 같은 논리로 보는 것이 타당하다.

다. 책임 및 범위

신청인은 피신청인으로부터 산동제 투여 시 부작용 발생 가능성에 대해 전혀 듣지 못한 상태로 검사를 받았으며, 산동제로 인해 현재까지도 두통 등이 지속되어 고통을 받고 있다고 주장한다.

신청인은 신청외 개인의원에서 좌안 나이와 관련 황반변성이 의심되어 피신청인 병원에 내원하였는데, 나이관련황반변성은 양측으로 발병하는 경우가 대부분이고 백내장이 동반된 경우 일반적인 검사로는 망막 상태를 알 수 없어 산동하여 망막 주변부를 확인하는 점을 감안하면 양안 산동검사는 불가피했다. 산동제는 6시간 정도 약효가 지속되므로 지연성으로 나타나는 부작용은 없는 것이 전문위원의 견해이므로 신청인에게 현재까지 지속되는 두통 및 눈곱이 자주 끼는 증상은 산동제 부작용과 인과관계가 있다고 볼 수 없으므로 산동제로 인해 두통이 지속된다는 신청인의 주장은 받아들이기 어렵다.

다만 산동제의 부작용으로 일시적으로 안압이 상승할 수 있고, 피신청인도 신청인에게 나타난 증상이 산동제 부작용일 가능성을 배제할 수 없다고 해명한 점 등을 감안하면, 의료진은 신청인에게 산동제 점안 후 생길 수 있는 부작용에 대해 적절히 설명하여 이러한 부작용이 나타날 경우에 대비하도록 해야 한다. 진료기록부 상 산동제 점안 전 이러한 설명이 이뤄졌다고 객관적으로 확인할 수 없고 피신청인이 설명의무를 다하였다는 점에 대한 입증이 없으므로, 피신청인은 신청인에게 설명의무 위반에 따른 책임을 부담해야 한다. 설명의무 위반에 따른 손해배상으로 위자료에 대하여는 이 사건의 경위, 피해의 정도, 전반적인 진료과정 등 여러 사정을 참작하여 50만원으로 결정했다.

[메모] 검사 전에 신청인의 과거병력(어린 시절 우안 시력상실, 좌안 백내장수술, 고혈압)과 연령을 고려하여 산동제 약물의 부작용, 약효 지속시간을 사전 설명하고 기록해 두는 것이 중요하다.

부 록

대한안과학회지 2015년 제 56 권 제 7 호
J Korean Ophthalmol Soc 2015;56(7):1104-1110
ISSN 0378-6471 (Print) · ISSN 2092-9374 (Online)
http://dx.doi.org/10.3341/jkos.2015.56.7.1104

Original Article

25년 동안의 안과 관련 의료소송

Litigations in Ophthalmology for 25 Years in Korea

류영주[1] · 이경권[2] · 황정민[1,3]
Yung Ju Yoo, MD[1], Kyung Kwon Lee, MD, Attorney[2], Jeong-Min Hwang, MD[1,3]

서울대학교 의과대학 안과학교실[1], 법무법인 엘케이파트너스[2], 분당서울대학교병원 안과학교실[3]
Department of Ophthalmology, Seoul National University College of Medicine[1], Seoul, Korea
Law Firm LK Partners[2], Seoul, Korea
Department of Ophthalmology, Seoul National University Bundang Hospital[3], Seongnam, Korea

Purpose: To analyze the characteristics of defendants, court rulings and the compensation received in medical disputes relating to ophthalmology.

Methods: Retrospective analyses of ophthalmic claims obtained from websites between 1989 and 2014 were performed.

Results: Among 42 cases, 26 cases were ruled partially in favor of plaintiffs and 16 cases, ruled in favor of the defendant. Regarding the type of hospital, private clinics accounted for 22 claims, tertiary referral hospitals took 16 claims, and the secondary hospitals took 6 claims. The judgment amount of all of the lawsuits was ₩1,770,466,250 and average amount was ₩66,743,168 (₩5,000,000-₩455,869,936). The condition with the highest mean payment per claim was glaucoma (₩223,788,608). The consolation money for emotional distress due to violation of liability for explanation comprised a large proportion of the compensation, accounting for 62% of total payment. The conditions most likely to result in payment were those related to the retina, which occurred in 7 cases (70%). The conditions most likely to be appealed to a higher court were those involving oculoplasty (100%). Mismanagement of tests and misdiagnosis occurred in 8 cases (62%), mismanagement of treatment occurred in 3 cases (23%), and mismanagement of anesthesia and recovery occurred in 1 case (9%).

Conclusions: Among all claims, those involving private clinics were most commonly involved (52%) and 62% of all claims were decided partially in favor of plaintiffs. Violation of liability during the explanation of the condition and negligence during the act of diagnosis and treatment were significant reasons for payment. Examination of these cases will help to promote patient safety and reduce repeated medical disputes.

J Korean Ophthalmol Soc 2015;56(7):1104-1110

Key Words: Medical disputes, Negligence, Ophthalmology

의료분쟁이란 의료사고로 인한 다툼(의료사고 피해구제 및 의료분쟁조정 등에 관한 법률 제2조 제2호)으로 정의된다.[1] 우리나라에서 발생하는 의료분쟁 건수에 대한 정확한 통계는 없으나 법원과 관련 단체에 접수되는 건수를 바탕으로 추정하면 1년에 약 15,000건 이상으로 추정된다.[2]

영국에서는 1995년에 설립된 National Health Service Litigation Authority (NHSLA)가 의료 분쟁을 조정하는 국가적 기구로 활동하며, 이 자료를 기반으로 조사한 안과 분과별 의료과실에 관한 연구가 있다.[3-5] 이런 연구를 통해 안과 의료분쟁의 발생 이유를 이해하고, 의료분쟁이 생길 소지가 큰 분야를 찾아 대책을 마련하고 환자의 안전을 향상

■ **Received:** 2015. 1. 23. ■ **Revised:** 2015. 5. 13.
■ **Accepted:** 2015. 5. 20.

■ Address reprint requests to **Jeong-Min Hwang, MD**
Department of Ophthalmology, Seoul National University Bundang Hospital, #82 Gumi-ro, 173beon-gil, Bundang-gu, Seongnam 463-707, Korea
Tel: 82-31-787-7372, Fax: 82-31-787-4057
E-mail: hjm@snu.ac.kr

© *2015 The Korean Ophthalmological Society*
This is an Open Access article distributed under the terms of the Creative Commons Attribution Non-Commercial License (http://creativecommons.org/licenses/by-nc/3.0/) which permits unrestricted non-commercial use, distribution, and reproduction in any medium, provided the original work is properly cited.

시킬 수 있다.[3] 그러나 국내에서는 아직 안과와 관련된 의료분쟁을 살펴본 논문은 매우 드물다.[6]

이 연구는 국내에서 법원에 제기된 안과영역의 의료분쟁을 대상으로 피고인 의사의 특성, 소송의 결과, 법원에서 인정된 안과의사의 과실 유형 및 인정된 손해배상액수 등을 분석하고자 하였다.

대상과 방법

1989년 11월부터 2014년 10월까지의 국내 의료소송 중 안과와 관련 있고, 법원에서 종결된 판례를 대상으로 하였다. 아직 대법원에서 의료소송을 과별, 유형별로 정리하여 판결문을 제공하고 있지 않아 안과 영역에서의 의료소송과 관련된 판례는 판례 검색 서비스를 제공하는 웹사이트(Ministry of legislation. Accessed online May 14, 2011. At: http://www.moleg.go.kr; Lawnb, Inc., Accessed online May 14, 2011. At: http://www.lawnb.com)를 통해 "안과"를 검색어로 하여 수집하였다. 국내 법원은 판결문을 선별적으로 공개하기 때문에, 검색할 수 없는 미공개 판례는 이 연구의 대상에서 제외하였다.

조정, 강제조정, 화해권고결정, 기각, 일부인용의 정의는 다음과 같다. '조정'이란 법관 또는 조정위원회가 간편한 절차에 따라 분쟁의 당사자로부터 각자의 주장을 듣고 관련 자료를 검토하고, 여러 사정을 참작하여 당사자들이 서로 양보하고 타협하여 합의하도록 주선, 권고함으로써 화해에 이르게 하는 법적 절차이다.[7] 강제조정은 법률적으로는 '조정에 갈음하는 결정'이라고 하며 합의가 성립되지 아니한 경우에 조정담당판사(또는 조정위원회)가 상당한 이유가 없는 한 직권으로 '조정에 갈음하는 결정'을 하게 된다. 당사자의 이익 및 기타 모든 사정을 참작하여 사건의 공평한 해결을 위하여 강제조정을 할 수 있도록 한 것이다. 조정신청을 하였으나 '조정을 하지 아니하는 결정'이 있거나(민사조정법 제 34조), 조정이 성립되지 아니한 경우, 또는 '조정에 갈음하는 결정'에 대하여 당사자가 이의신청을 한 경우에는 자동으로 소송으로 이행된다.

'화해권고결정'이란 소송 중인 사건에 대하여 직권으로 당사자의 이익, 그 밖에 모든 사정을 참작하여 청구의 취지에 어긋나지 않는 범위 안에서 사건의 공평한 해결을 위한 결정으로(민사소송법 제225조 제1항), 당사자가 화해권고결정의 조서 또는 그 결정서의 정본을 송달 받은 날로부터 2주 이내 이의를 신청할 수 있고(민사소송법 제226조 제1항), 이의신청이 적법하면 소송은 화해권고결정 이전의 상태로 되돌아가고, 그 이전에 행한 소송행위는 그대로 효력을 가진다(민사소송법 제232조제1항). '기각'은 소송을 수리한 법원이 그 심리 결과로 소송이 이유가 없거나 적법하지 않다고 판단하여 무효를 선고하는 것으로, 소송절차에 관한 신청을 기각한 결정이나 명령에 대한 불복신청을 '항고'라고 한다(민사소송법 제439조).

'일부인용'이란 원고의 청구 중 일부를 인정하는 것으로 원고 일부 승의 경우 원고의 청구를 일부 인용한 것이다.[7]

검색된 판례를 소송의 원인에 따라 진단 단계, 치료 단계로 크게 나누어 분류하였다. 진단 단계에서 의료 과실 발생 원인은, 검사결과를 보고 진단하면서 판단 착오를 일으키는 경우(대법원 선고 89나1062), 실시해야 할 검사를 하지 않아 병의 진단이 제대로 이루어지지 않은 경우(대법원 선고 95가합21400), 검사 시 사용하는 약물의 부작용으로 인한 경우(대법원 선고 89나1062) 등이 해당된다. 투약 과정에서는 부작용 유무, 금기약제의 종류, 효용이나 용법 용량 등의 과실 등이 발생할 수 있다(대법원 선고 97다12778). 수술은 수술 필요성, 수술 적응증에 해당되는지에 대한 판단, 수술 설명 의무, 수술 기록에 관한 주의의무, 이물질 잔류, 수술 후 관리 문제가 발생할 수 있으며(대법원 선고 99다42407, 대법원 선고 97도2625, 대법원 선고 96다37862), 마취 역시 방법 선택, 사용량, 시술 후 관리상 주의의무의 문제가 생길 수 있다(대법원 선고 98다32045, 대법원 선고 96다46903, 대법원 선고 95다41079, 대법원 선고 95다56905).

결　　과

검색된 안과 의료소송 57건 중 중복된 13건은 제외하고 총 42건의 의료소송을 분석하였다. 병원유형은 의원 22건, 상급종합병원 16건, 병원 6건으로 의원이 가장 많았다. 피고 의료기관의 위치는 서울 30건, 경기도 2건(수원 1건, 파주 1건), 대구광역시 2건, 부산광역시 2건, 인천광역시 2건, 경상북도 1건, 강원도 1건, 대전광역시 1건이었다. 전체 피고 42명 가운데 8명(19%)이 전임의 이상으로 의료사고 발생 당시 교수였고, 세부전문과목으로는 망막 2명, 성형안과 2명, 각막 2명, 녹내장 1명, 소아사시 1명이었다. 주 진단명에 따라 세부전문과목별로 분류하면, 시력교정술 15건, 망막 10건, 백내장 7건, 녹내장 5건(3건은 시력교정술과 중복), 성형안과 4건, 전안부 2건, 사시 1건, 세부전문과목으로 분류될 수 없는 의료법 위반 1건이었다.

원고의 성별을 알 수 없는 6건을 제외하고, 원고는 남성 22명, 여성 14명이었다. 원고의 연령을 알 수 없는 14건을 제외하고 소송 시작 당시 원고의 평균 연령은 38.2세(생후 5일-93세)였다. 심급별로 분석하면 1심으로 종결된 경우가

'able 1. Ophthalmic subspecialties ranked by total damages, mean damages and the paid to closed ratio

;ubspecialty	Number of claims	Percentage of total claims (%)	Total damages (₩)	Percentage of total payments (%)	Mean damages (₩)	Paid to closed ratio (%)
₹efractive surgery	15	33.33	724,152,633	32.53	72,415,263	60
/itreo-retina	10	22.22	591,309,578	26.56	84,472,797	70
'ataract	7	15.56	43,595,450	1.96	14,531,817	43
;laucoma*	5	11.11	671,365,825	30.16	223,788,608	60
)culoplasty	4	8.89	134,637,109	6.05	44,879,036	50
\nterior segment	2	4.44	23,131,711	1.04	23,131,711	50
;trabismus	1	2.22	10,000,000	0.45	10,000,000	100
/liscellaneous	1	2.22	28,143,880	1.26	28,143,880	100
'otal	30	100	2,226,336,186	100	501,363,112	-

Three cases overlapped with refractive surgery.

5건, 항소심으로 진행된 건수는 19건, 상고심으로 진행된 경우는 8건이었다. 항소심 중 3건은 강제 조정되었고, 3건은 조정, 6건은 항소 기각되었고, 3건은 화해 권고되었다. 상고심 중 2건은 원심판결 중 원고 패소부분을 파기하였고 건은 상고를 기각하였다. 소송결과는 26건은 원고가 일부 승소하였으나 피고의 책임을 제한하여 배상액이 조절되었고, 16건은 원고의 청구가 기각되었다.

전체 소송의 판결금액은 총액 1,770,466,250원이었으며 평균 66,743,168원(5,000,000원-455,869,936원)이었다. 책임제한을 적용하기 전 청구 인정액은 총 2,017,929,137원이며 평균 144,137,796원(2,738,626원-478,744,374원)이고, 위자료의 경우 총 370,000,000원으로 평균 14,230,769원(4,500,500원-35,000,000원)이었다(Table 1). 평균 청구 금액은 녹내장이 223,788,608원(20,000,000원-455,869,936원)으로 가장 많았으며, 백내장이 14,531,817원(10,000,000원-22,095,450원)으로 가장 적었다. 세부 분야별로 원고 일부 승으로 사건이 종결된 경우는 사시 1건을 제외하고 망막이 7건(70%)으로 가장 비율이 높았고, 백내장이 3건(43%)으로 가장 비율이 낮았다. 1심의 판결에 불복하여 2, 3심으로 진행된 경우는 성형안과가 총 4건 중 4건(100%)으로 비율이 가장 높았고, 망막이 총 10건 중 4건(45%)으로 비율이 가장 낮았다. 원고에게 배상이 이뤄진 판결의 과실유형으로는 진단 및 치료상 주의의무 위반이 12건, 설명의무 위반이 26건, 의료법 위반이 1건이었다.

배상이 이뤄진 판결 중 진료 과실은 없으나 설명의무위반을 이유로 한 위자료 지급이 26건(61.9%)으로 인용판결의 많은 부분을 차지하였다. 의사가 배상한 판례 중 13건은 진료상 과실이 인정되었고, 검사 및 진단행위 과실 8건, 처치행위 과실(2건), 마취 및 회복과정 과실(2건), 허위 처방전에 의한 1건이 있었다(Appendix). 전체 26건의 판례의 판시 사항 중 세부분야별로 대표적인 예를 요약하여 아래에 기술하였다.

사시수술 관련 소송(서울중앙지방법원 2009.8.19 선고 2006가단464539 판결)

다른 병원에서 외사시 수술 2회 후 피고 병원에서 양안 외직근 후전술을 받고, 속발내사시로 인한 복시로 타 병원에서 우안 외직근 전진술을 받았으나 복시가 지속되었다. 법원은 후전술의 최고 한도를 초과하여 후전술을 한 수술상 과실이 없고, 수술 후 내사시는 의도된 약간의 과교정으로 오히려 바람직하며, 속발내사시의 치료 과정상 주의 의무 위반도 없었으나, 수술의 필요성, 방법, 후유증 등에 대한 설명이 부족하였고, 좌안 수술을 계획했다가 별도의 설명 없이 양안 수술을 하여 설명의무를 제대로 이행하지 않았다고 설명의무 위반으로 원고와 원고 부모의 정신적 손해에 대한 위자료 각 1천만 원, 5백만 원, 5백만 원을 지급하도록 하였다.

굴절수술 관련 소송(서울중앙지방법원 2007.5.22 선고 2006가합22600 판결)

근시교정을 위한 레이저각막절삭가공성형술(Laser *in situ* Keratomileusis, LASIK) 3회 후 잔여각막두께는 우안 204 μm, 좌안 227 μm였다. 6년 후 우안 -13.25디옵터, 좌안 -4.0디옵터, 교정시력 우안 0.1, 좌안 0.5로 시각장해율 우안 100%, 좌안 15%가 되었고, 각막확장증으로 각막 이식술 외 시력호전 가능성이 없었다. 법원은 술자가 각막확장증 가능성을 인식하였을 것이므로, 각막절삭가공성형술과 유사한 정도의 기준을 적용해 수술했어야 하나 당시 LASIK 수술에서 잔여각막두께 기준이 명확하게 정립되지 않았고, 원고 또한 LASIK 수술 부작용의 가능성을 짐작할 수 있었을 것이며, 고도근시가 각막확장증의 위험요인이므로 원고의 체질적 소인도 상당부분 기여했을 것이므로 피고의 책임비율을 40%로 제한하여 105,648,668원을 배상하도록 하였다.

망막수술 관련 소송(서울동부지방법원 1999.11.19. 선고 98가합1629 판결)

각막열상, 외상성 백내장, 안내 이물로 1차 수술 시 안와 X선 촬영에서 안와내이물이 의심되어 초음파검사를 하였으나 이물을 찾지 못했다. 이후 열공성 망막박리로 2차 수술을 받았고, 안구내 이물을 발견하지 못했다. 타 병원 전산화단층촬영에서 안구내 이물이 발견되어 3차 수술로 금속이물을 제거하였고, 우안 망막은 유착되었으나 시력은 안전수지가 되었다.

법원은 증식성 유리체 망막병증 및 망막박리 등의 합병증으로 인한 시력상실은 피고가 전산화단층촬영 등을 하지 않아 이물을 제거하지 못한 과실로 인한 것이나 원고는 눈의 상태에 주의하고 진찰을 받는 등의 주의의무를 소홀히 한 과실이 있어 피고의 책임은 80%로 제한하여 148,928,184원을 배상하도록 하였다.

범안저광응고술 관련 소송(서울중앙지방법원 2009.11.5 선고 2007가합83989 판결)

병원 입원 중 당뇨망막병증으로 진단 받고 81일 후 범안저광응고술을 받았으나, 이후 초자체 출혈 등의 당뇨 합병증이 진행하여 시력장애로 인한 노동능력상실률이 85%가 되었다. 법원은 피고가 범안저광응고술을 늦게 한 과실이 있다고 하였다. 그러나 진찰 당시 이미 고위험 증식당뇨망막병증 단계로, 범안저광응고술을 해도 심한 시력손상의 위험을 줄일 수 있을 뿐 시력상실의 위험을 막을 수 없는 점 등을 고려하여 피고 병원의 책임을 50%로 제한하여 105,051,235원을 배상하도록 하였다.

백내장 수술 관련 소송(서울중앙지방법원 2008.7.2 선고 2005가단237747 판결)

백내장 수술 후 전혀 안 보여 다음 날 연락했으나 일요일이라 연락이 안 되고, 수술 2일 후 망막중심동맥폐쇄로 진단 및 치료를 받았으나 안전수동이 되었다. 법원은 망막중심동맥폐쇄가 백내장 수술 직후 발생하였고, 구후마취로 인해 망막중심동맥폐쇄가 생길 수 있으므로, 구후마취 부작용으로 인정할 수밖에 없고, 시술 후 상태를 충분히 관찰하고 귀가시켜야 할 주의의무를 위반한 과실이 있으나 망막중심동맥폐쇄 원인을 정확하게 확인할 수 없으므로 다른 원인으로 발생했을 가능성을 전혀 배제할 수 없고, 망막중심동맥폐쇄는 일단 발생하면 90% 이상 장애가 발생하므로, 수술 후 적절한 경과 관찰을 했더라도 현재 결과를 피하기 어려웠을 것으로 보여 피고의 책임을 40%로 제한하여 22,095,450원을 배상하도록 하였다.

녹내장 관련 소송(서울중앙지방법원 2007.5.22 선고 2005가합90617 판결)

1년 6개월간 양측 눈꺼풀 아토피성피부염으로 덱코실 안연고 10회, 소론도정 3회, 풀루오로메토론을 2회 처방 받아 사용하였다. 초진 1년 6개월 후 처음 잰 안압이 양안 60 mmHg여서 피고에게 안압하강제를 처방 받았다. 이후 녹내장성 시야결손이 진행되어 타 병원에서 양안 아메드 밸브 삽입술을 받았고, 시력장애로 인한 노동능력상실률이 82%였다. 법원은 피고가 부작용의 발생 가능성 및 구체적 증상과 대처방안을 설명하지 않았고, 안압검사를 하지 않은 주의의무 위반이 있으며, 적절한 치료를 하거나 다른 병원으로 전원을 의뢰하는 등의 조치를 취하지 않아 녹내장 진단 및 치료상의 주의의무를 위반하였다고 보았다. 피고는 녹내장이 아토피피부염 치료 약물 때문이라 주장하나, 초진 시 안압이 정상이었고, 초진 6개월 이후 아토피피부염 치료를 받은 적이 없어 적절한 이유가 없다고 하였다. 또한 안압상승으로 실명될 수 있으므로 계속 안압을 측정하면서 치료해야 한다고 설명하였다는 피고의 주장에 대해, 설명하였음을 인정할 자료가 없다고 보았다. 그러나 스테로이드 안약과 더불어 전신과 피부에 누적된 다른 스테로이드 제제에 의하여 녹내장이 유발되었을 가능성이 있고, 안압상승을 조기에 발견하고 적절한 조치를 하였더라도 정상이 되었을 것이라고 단정하기 어려우며, 일부 기간 병원치료를 게을리하여 결과가 확대된 점을 고려하여 책임 범위를 70%로 제한하여 195,495,889원을 배상하도록 하였다.

성형안과 관련 소송(서울남부지방법원 1998.2.19. 선고 95가합13907 판결)

64세 남자가 안와봉와직염 증세로 입원 2일 뒤 백혈구 수치가 400이 된 후 타 병원으로 전원되었으나 패혈성 쇼크, 다발성 장기부전으로 사망하였다. 법원은 패혈증을 고려하여 광범위한 항생제 투여 용량을 증가하거나 중성구 투여를 고려하지 않았고, 세균배양검사 및 항생제 감수성 검사 등을 하지 않아 패혈증 치료를 적절하게 하지 못해 사망했으므로 의료상 과실과 사망 사이에 상당한 인과관계가 있다고 하였다. 그러나 내원 당시 이미 증세가 심해 적절히 치료하더라도 패혈증 악화로 사망 가능성이 높았던 사실이 인정되어 책임비율을 40%로 제한하여 27,172,742원을 배상하도록 하였다.

전안부수술 관련 소송(부산지방법원 2008.11.21. 선고 2007가단7609 판결)

군날개 제거술 후 통증과 시력저하로 타 병원에서 치료받았으나, 각막혼탁으로 인한 노동능력상실률이 10%가 되었다. 법원은 각막혼탁이 수술 이후부터 진행되었고, 피고가 수술 당시 완치되었다고 주장하는 각막염이 수술 직후 각막혼탁으로 발전하였다면, 수술 중 부주의로 각막에 손상을 입혔거나 또는 각막염이 완치되지 않은 상태에서 응급을 요하지 않는 수술을 무리하게 감행한 잘못으로 초래된 것이라 판단하여 23,131,711원을 배상하도록 하였다.

고 찰

소송의 주된 원인은 대부분 진료상 과실로, 약물 투약으로 인한 부작용, 진단 검사 미시행으로 인한 오진, 합병증의 조기 발견 및 적절한 치료 실패, 경과관찰상 과실 등으로 구분되었다. 또한 진료상 과실은 없으나 설명의무위반을 이유로 위자료가 지급된 경우가 손해배상의 많은 부분을 차지하였다.

의료진의 주의의무는 현재 의학 수준에 비추어 필요하고 적절한 진료조치를 다해야 할 채무로, 악결과가 발생하였다고 하더라도 그 의료행위가 잘못되었거나 적절하지 못하다는 점이 입증되지 않는 이상 그 의료행위에 과실이 있다고 곧바로 추정할 수 없다. 원고에게 나타난 부작용이 피고의 주의의무 위반 행위에 의한 것이라 추정하려면, 원고가 부작용 발생에 관해 다른 원인이 있다고 보기 어려운 간접사실들을 입증해야 하며, 의사의 과실로 인한 결과 발생을 추정할 수 있을 정도의 개연성이 담보되지 않는 사정을 가지고 막연하게 의사의 과실을 추정함으로써 결과적으로 무과실의 입증 책임을 지우는 것까지 허용되는 것은 아니다(대법원 2004. 10. 28. 선고 2002다45185).

의료행위에 있어 설명의무는 수술 후 요양방법, 약의 복용 요령 등의 일반적인 설명의무와 신체에 대한 침습의 승낙을 얻기 위해 환자에게 질병의 종류, 내용, 치료방법 및 그에 따른 위험 등 환자의 진료에 관계되는 중요 사항을 설명하는 설명의무의 두 가지로 나눠진다.[8] 설명의무위반에 따른 손해배상의 범위를 정할 때는 그 중대한 결과와 의사의 설명의무 위반 내지 승낙취득 과정에서의 잘못 사이에 상당인과 관계가 존재하고, 그때 의사의 설명의무 위반은 환자의 자기 결정권 내지 치료행위에 대한 선택의 기회를 보호하기 위한 점에 비추어 환자의 생명, 신체에 대한 구체적 치료과정에서 요구되는 의사의 주의의무 위반과 동일시할 정도여야 하는데(대법원 2004. 10. 28 선고 2002다45185 판결 참조) 안과 관련 의료소송에서는 의사의 설명의무 위반이 의사의 주의의무 위반과 동일시할 정도로 인정된 판례는 없었다. 2006가단406335에 따르면 의사에게 위자료 등의 지급의무를 부담시키는 의사의 설명은 모든 의료과정 전반을 대상으로 하는 것이 아니라 수술 등 침습을 과하는 과정 및 그 후에 나쁜 결과 발생의 개연성이 있는 의료행위를 하는 경우 또는 사망 등의 중대한 결과 발생이 예측되는 의료행위를 하는 경우 등과 같이 환자에게 자기 결정에 의한 선택이 요구되는 경우만을 대상으로 해야 한다고 하여 설명의무 위반이 인정되지 않았다. 2004가합96731에서는 본인의 질문에 수술을 담당할 의사가 만족할 만한 충분한 답변을 해 주었다고 인쇄된 '시력교정수술 청약서'에 원고가 서명한 사실이 인정되더라도 위 사실만으로는 충분히 이해한 후 수술 청약을 하였다고 보기에 미흡하다는 이유로 설명의무 위반이 인정되었다. 반면 2009가단22020에서는 주체가 간호 조무사였음에도, 합병증이 기재된 수술 후 후유증 및 합병증이라는 제목의 서류를 직접 원고에게 확인 서명을 받은 경우 설명의 의무를 다하였다고 인정되었다.

진료의무 또는 진료적 설명의무는 환자의 자기 결정권과 관계된 일반적인 설명의무와 다른 것으로서, 진료의무의 내용 중 하나인 '의사가 진료 과정 중 또는 진료종료 후 진료 목적의 최대실현을 위해 환자가 실천해야 하는 사항, 주의사항 등을 지시, 권고할 의무'이다. 2008가합107110 판결에서는 라식 합병증인 각막확장증의 치료 중 적절한 치료방법인 특수렌즈 처방을 하였음에도, 진단명을 알리지 않고, 상기 치료방법을 따르지 않을 경우 발생할 결과 및 심각성에 대해 정확히 알리지 않은 사실만으로 각막확장증 악화에 기여한 과실을 인정하였다.

의료과실 소송의 가능성을 줄일 수 있는 의료진의 중요 행동지침 중 가장 중요한 것은 환자와의 의사소통으로, 어떻게 의료진의 메시지가 전달되는지가 내용만큼 중요하다.[9] 외과 전문의의 의료상담을 녹음한 테이프를 억양, 말하는 속도, 음의 높낮이, 리듬만을 남겨 분석한 결과, 지배적인 표현이 많고, 걱정이 담긴 표현이 적은 음성을 가진 외과 전문의가 유의하게 더 많이 의료소송을 경험하였다.[9] 1차 의료 의사의 진료내용이 녹음된 테이프를 분석한 바 정기적인 추적방문에 더 많은 시간을 할애하고, 환자에게 기대결과에 대한 정보를 주고, 환자가 이해하는지 확인하며, 유머를 많이 쓴 경우 의료소송 경험이 유의하게 낮았다.[10] 영국의 General Medical Council은 유해경험 발생 후 충분하고 정직하게 환자에게 설명하고 사과하는 것이 때로 의료과실이 소송이 될 가능성을 낮춘다고 하였다.[11] 적절한 시기에 다른 병원으로 의뢰하는 것은 강력한 방어책이 되고, 환자가 의료진의 처치와 의견에 불만족한 경우 필수적이다.[12]

이 연구는 판례를 포괄하여 내용을 정리하는 수준이며 소비자원 등에서 접수된 자료에 비해 그 수가 상대적으로 적은 한계가 있다. 그러나 안과 의료분쟁의 사례를 살펴봄으로써 향후 환자의 안전을 도모하고, 의료소송을 줄이는

데 기여할 수 있다는 의의가 있다.

REFERENCES

1) Jeong YY. An inducement problem on the principle liability without fault in a legislative bill of injury and relief in a medical accident. Korean Soc Law Med Semi 2006;7:271-310.
2) Kim BI. Status and problems of medical disputes by ADR. Chungnam University Legal Research 2005;16:240.
3) Mathew RG, Ferguson V, Hingorani M. Clinical negligence in ophthalmology: fifteen years of national health service litigation authority data. Ophthalmology 2013;120:859-64.
4) Ali N. A decade of clinical negligence in ophthalmology. BMC Ophthalmol 2007;7:20-3.
5) Cook TM, Bland L, Mihai R, Scott S. Litigation related to anaesthesia: an analysis of claims against the NHS in England 1995-2007. Anaesthesia 2009;64:706-18.
6) Lee MS, Hwangbo M, Seo HS. The judicial precedent analysis of medical litigation in the field of pediatric ophthalmology. J Korean Med Ophthalmol Otolaryngol Dermatol 2012;25:78-87
7) Ministry of Government Legislation. Information of Life Law. http://oneclick.law.go.kr. Accessed June 1, 2014.
8) Lee JK. A study on negligence and comparative negligence in medical malpractice. Inha University Graduate School of Law 2005; 8:85-9.
9) Ambady N, Laplante D, Nguyen T, et al. Surgeons' tone of voice: a clue to malpractice history. Surgery 2002;132:5-9.
10) Levinson W, Roter DL, Mullooly JP, et al. Physician-patient communication: the relationship with malpractice claims among primary care physicians and surgeons. JAMA 1997;277:553-9.
11) General Medical Council. Good Medical Practice. http://www.gmc-uk.org/good_medical_practice_July_1998.pdf_25416527.pdf. Accessed July 1, 1998.
12) Brick DC. Risk management lessons from a review of 168 cataract surgery claims. Surv Ophthalmol 1999;43:356-60.

= 국문초록 =

25년 동안의 안과 관련 의료소송

목적: 안과와 관련된 의료분쟁에서 피고의 특성, 법원의 판단결과와 손해배상금액 등을 분석하고자 하였다.
대상과 방법: 1989년부터 2014년까지 국내 안과 관련의료소송 중 판결이 종결된42건의 판례를 판례 검색 웹사이트를 통해 수집하였다.
결과: 최종 분석된 안과 관련 소송 결과는 원고 일부 승 26건, 기각 16건이었다. 피고 병원 유형은 의원 22건, 상급종합병원 16건, 병원 6건이었다. 전체 소송의 판결금액은 총액 1,770,466,250원이었으며 평균 66,743,168원(5,000,000원–455,869,936원)이었다. 평균 청구 금액은 녹내장 분야가 223,788,608원으로 가장 많았다. 손해배상 청구의 62%가 설명의무위반으로 인한 정신적 손해에 대한 위자료 지급이었다. 의사가 배상한 경우는 망막 분야가 70% (7/10)로 가장 비율이 높았다. 1심 판결에 불복하여 2, 3심으로 진행된 경우는 성형안과 분야가 가장 높았다(4/4). 의사가 배상한 판례 중 8건(62%)은 검사 및 진단행위 과실, 3건(23%)은 처치행위 과실, 1건(9%)이 마취 및 회복과정의 과실로 판결되었다.
결론: 의원이 가장 많이 피소되었고, 62%에서 원고가 일부 승소하였다. 의사의 배상 이유로 설명의무 위반과 검사 및 진단행위 과실이 가장 많아 이를 인지하는 것이 환자와 의사의 안전을 도모하고 의료 소송을 줄이는 데 도움이 되겠다.
〈대한안과학회지 2015;56(7):1104–1110〉

Appendix. The summary of medical litigation decided in favor of the plaintiff in ophthalmology

사건번호	소송원인	사건요약	의사패소판결의 주안점	최종 시력
89가합64731	마취	망막박리유착수술을 위한 전신마취 회복 중 나타난 저산소뇌후유증으로 인한 신경마비가 의사 과실로 인한 것으로 추정	주의의무 위반 [마취 및 회복과정에서의 책임]	평가불가(저산소뇌후유증으로 인한 신경마비)
95가합13907	검사 및 진단행위(진단)	안와봉와직염에 동반된 패혈증 진단이 늦어져, 적절한 치료시기를 놓쳐 패혈성 쇼크, 다발성 장기부전으로 사망. 세균 배양검사 미시행	주의의무 위반 [경과 관찰상의 과실]	평가불가(사망)
95가합6410	검사 및 진단행위(진단)	엑시머레이저 후 발생한 스테로이드녹내장에 대하여 검사나 녹내장에 대한 레이저나 수술은 하지 않았고, 치료하는 1년간 상태에 대한 설명하지 않음. 장해율 우안 100%, 좌안 74%	주의의무 위반 [경과 관찰상의 과실] 설명의무 위반	우안 안전수동, 하부 일부 시야 좌안 상반부 및 비측 일부 시야
98가합1629	검사 및 진단행위(진단)	각막열상, 외상성 백내장, 안내 이물로 1차 수술과 이후 열공성 망막박리로 2차 수술에서 안구내 이물 발견 못함. 타 병원 CT에서 안구내 이물 발견되어 금속이물 제거하였으나 시력은 안전수지	주의의무 위반 [진료상의 과실 (안구내이물 오진)]	안전수지
2004가합11300	검사 및 진단행위(진단)	회중전등으로 2세 환아를 급성결막염으로 진단. 타병원에서 망막박리와 말기 증식성 유리체망막병증으로 실명	주의의무 위반 [진료상의 과실 (단순 결막염으로 오진)]	영구 실명
2005가단237747	검사 및 진단행위(진단)	백내장 수술 위한 구후 마취 후 망막중심동맥폐쇄	주의의무 위반 [경과 관찰상의 과실]	빛인지
2005가합15679	검사 및 진단행위(진단)	각막열상과 외상성 전방출혈 수술 9일째 초음파검사상 유리체출혈 의심. 23일째 초음파 검사로 망막박리 발견하여 2차 수술했으나 망막이 뭉쳐진 상태로 영구 실명	주의의무 위반 [경과 관찰상 과실 (진단 시기 늦어 치료가 늦어짐)]	영구 실명, 사시, 안구 위축
2005가합90617	검사 및 진단행위(진단)	눈꺼풀 아토피피부염으로 스테로이드 안약을 처방1.5년 후 처음 측정한 안압 양안 60	주의의무 위반 [경과 관찰상 과실 (안압검사 미시행)]	노동능력상실률 82%
2006가합22260	처치행위(수술)	라식수술 3회 후 잔여각막두께가 우안 204 μm, 좌안 227 μm. 이후 근시 퇴행 및 각막확장증으로 각막이식술 외 시력호전 가능성 없음	주의의무 위반 (잔여각막두께가 얇아 각막확장증과 인과관계 인정)	우안 20/200, 좌안 20/40 (우안 100%, 좌안 15% 시력 상실)
2007가단7609	처치행위(수술)	군날개 제거수술 9일부터 좌안 통증 및 시력저하로 각막염 치료받았으나, 좌안 각막혼탁	주의의무 위반 [치료행위상 과실 (각막염 있는데 수술)]	노동능력상실률 10%
2007가합83989	검사 및 진단행위(진단)	형광안저혈관조영술에서 고위험증식당뇨망막병증이었는데 2개월 후 범안저광응고술	주의의무 위반 [진료상의 과실 (처치시기 지연)]	노동능력상실률 85%
2009가합9332	처치행위(수술)	시력교정을 위한 안내렌즈 삽입술 후 발생한 황반원공으로 유리체절제술 후 황반변성으로 시력저하	주의의무 위반 [진료상의 과실] 설명의무 위반	20/500
2011나29214	허위 처방전	타인이 외래 진료하고, 피고 명의의 원외처방전 발행	의료법 위반	-

사 항 색 인

공저자약력

황정민
- 서울대학교 의과대학 및 대학원 졸업
- 서울대학교 의과대학 안과학 교실 교수
- 분당서울대학교 병원

김경례
- 고려대학교 법학박사(민법)
- 국립의료원 간호대학(현, 성신여자대학교) 졸업
- 한국소비자원 의료팀장

이경권
- 성균관대학교 법학과 졸업, 동대학원 석사 수료 (민법 전공)
- 가톨릭대학교 의과대학 졸업
- 법무법인 엘케이파트너스 대표변호사

류영주
- 서울대학교 의과대학 졸업
- 서울대병원 안과 전공의 수료
- 분당서울대병원 사시소아안과 전임의

임강섭
- 고려대학교 정치외교학과 졸업
- 제49회 행정고등고시 합격
- 보건복지부 보건의료정책과 사무관

판례와 사례로 본 **안과의료분쟁**

2016년 3월 20일 초 판 제1쇄인쇄
2016년 3월 30일 초 판 제1쇄발행

공저자와 협의하여 인지첩부를 생략함

공저자 황정민 · 김경례 · 이경권 · 류영주 · 임강섭
발행인 이명재 · 이종은
발행처 **신 조 사**
서울특별시 마포구 독막로 295 삼부골든타워 212호
전 화 (02) 713-3069 FAX (02) 713-0403
등 록 1994. 7. 4, 제17-179호(倫)
E-mail: sinjosa@sinjosa.co.kr http: //www.sinjosa.co.kr

파본은 바꿔드립니다.
본서의 무단복제행위를 금합니다.

정 가 30,000원 **ISBN 979-11-86377-17-8**